PETER P. PACHL

SIEGFRIED WAGNER

»Ich lege eine Partitur nach der anderen ins Schubfach.
Wenn ich einmal tot bin, wird man sie hervorholen!«

PETER P. PACHL

SIEGFRIED WAGNER
GENIE IM SCHATTEN

Mit Opernführer, Werkverzeichnis, Diskographie und 154 Abbildungen.

NYMPHENBURGER

Bildnachweis
Alle Abbildungen aus dem Archiv der *Internationalen Siegfried Wagner Gesellschaft e. V.* und des Verfassers.

Satz: Filmsatz Schröter GmbH, München
Gesetzt aus: 10/11 Helvetica leicht auf Linotron 202
Schutzumschlag: Wolfgang Heinzel, München
Reproduktionen: Gebr. Czech, München
Druck und Binden: Wiener Verlag, Himberg bei Wien
Printed in Austria
ISBN: 3-485-00576-2

Wolfgang Wagner,
der mich durch seine oppositionelle
Haltung erst auf den rechten
Weg brachte

Inhalt

Anhang

DANKSAGUNG

Ich habe zahlreichen Personen und Institutionen für ihre Mithilfe beim Entstehen dieser Biographie zu danken: Ilse Aign, Bayreuth; Peer Baedeker, Bayreuth; Prof. Claus Victor Bock, London; Manfred Burbach, Brüder-Busch-Gesellschaft e. V., Hilchenbach-Dahlbruch; Dr. Manfred Eger, Richard-Wagner-Archiv, Bayreuth; Günter Fischer, Richard-Wagner-Archiv, Bayreuth; Universitätsbibliothek Frankfurt, Gilbert Graf Gravina (†), Bayreuth; Anneliese Hammer, Hamburg; Ruth Jost-Arden, Bayreuth (†); Dr. Michael Karbaum, München; Dr. Walter Keller, Birmensdorf; Horst Klein, Nürnberg; Felix Mahler, Jegensdorf; Tamara Oswatitsch, München; Martin Reinecke von Fromberg, Hamburg; Wolfgang Schmidt-Köngersheim, Mainz; Gerda Schüler-Stassen, Mannheim; Irma Ulmer-Niehrenheim (†), Bayreuth; Internationale Siegfried Wagner Gesellschaft e. V., Bayreuth; sowie einer Reihe von Personen, die mir mit wichtigen Informationen dienlich waren, aber ausdrücklich darum gebeten haben, nicht genannt zu werden und last but not least Dr. Claudia Savelsberg, die dieses Buch mit Umsicht lektoriert hat.

Vorwort

Goethes Wort: »Was du ererbt von deinen Vätern, erwirb es, um es zu besitzen!« wurde in unserem Jahrhundert durch Brecht uminterpretiert: »Was du ererbt von deinen Vätern, vergiß es, um dich zu besitzen.« Beide Sätze, so diametral sie in der Aussage auch sind, treffen für Siegfried Wagner zu und wurden durch dessen Zwillingsnatur eingelöst. Er hat die ererbten Veranlagungen erfüllt, er hat die Partituren von Vater und Großvater studiert, sie zu seinem geistigen Eigentum gemacht. Er war nicht nur der gesetzliche, sondern auch der geistige Erbe. Trotzdem war er solange nur »der Sohn«, ein reproduzierender Künstler, wie er nicht – für Stunden zumindest – vergessen konnte, was er ererbt, um selbst zum produzierenden Künstler zu werden, sich selbst im Abbild seines eigenen Schaffens zu besitzen.

Und es paarte sich für ihn Richard Wagners Überzeugung, »(...) er wird seines Vaters Namen erben und seine Werke der Welt erhalten«, mit der Kehrseite dieser Bestimmung: »Er wird schwer an einem solchen Vater zu tragen haben.«

Außergewöhnliche Themen verlangen ein außergewöhnliches Vorgehen. Siegfried Wagner, der Enkel Franz Liszts und einzige Sohn Richard Wagners, wurde in eine außergewöhnliche Situation hineingeboren, er faßte den außergewöhnlichen Entschluß, mit seinen Ahnen als Komponist zu wetteifern, er lebte ein in vieler Hinsicht außergewöhnliches Leben.

Eine Biographie des Menschen, Dichter-Komponisten, Dirigenten, Regisseurs und Festspielleiters scheint – oberflächlich betrachtet – leicht zu erzählen: ist er doch der Sohn Richard und der Vater Wieland Wagners, und was sich zwischen Fin de siècle und dem Dritten Reich auf dem Festspielhügel in Bayreuth abspielte, scheint hinlänglich bekannt. Die Opern, ja, da wird es schon etwas schwieriger, denn die kennt kaum einer, und es schiene das einfachste für einen Biographen, sie zu vernachlässigen. Allerdings sind gerade diese Opern Siegfried Wagners ureigenste Schöpfungen, unverstellte Äußerungen des sonst in allerlei Zwängen befangenen Menschen, vielleicht sogar so etwas wie gigantische Tagebücher. Und wieder: außergewöhnlich in ihren Titeln, außergewöhnlich in ihren Themenstellungen, außergewöhnlich in ihren Anforderungen an die Ausübenden wie an das Publikum und zumindest ungewöhnlich in ihrer Aussage.

Wenn wir an den Anfang der Biographie das Horoskop Siegfried Wagners stellen, so ist dieses Vorgehen ebenfalls ungewöhnlich, bietet sich aber für dieses Leben geradezu an.

In Siegfried Wagners vierter Oper »Sternengebot« bekennt der Held, der autobiographische Züge trägt, über die Deutung der Sterne: »Schicksalsspruch, er blieb sich treu« und »wie die Kunde, die du erhalten, so wird das Los sich dir gestalten«.

Ob sich der »Schicksalsspruch« auch im Falle Siegfried Wagners treu blieb, wird sich im Verlauf der Betrachtung von Siegfried Wagners Leben erweisen.

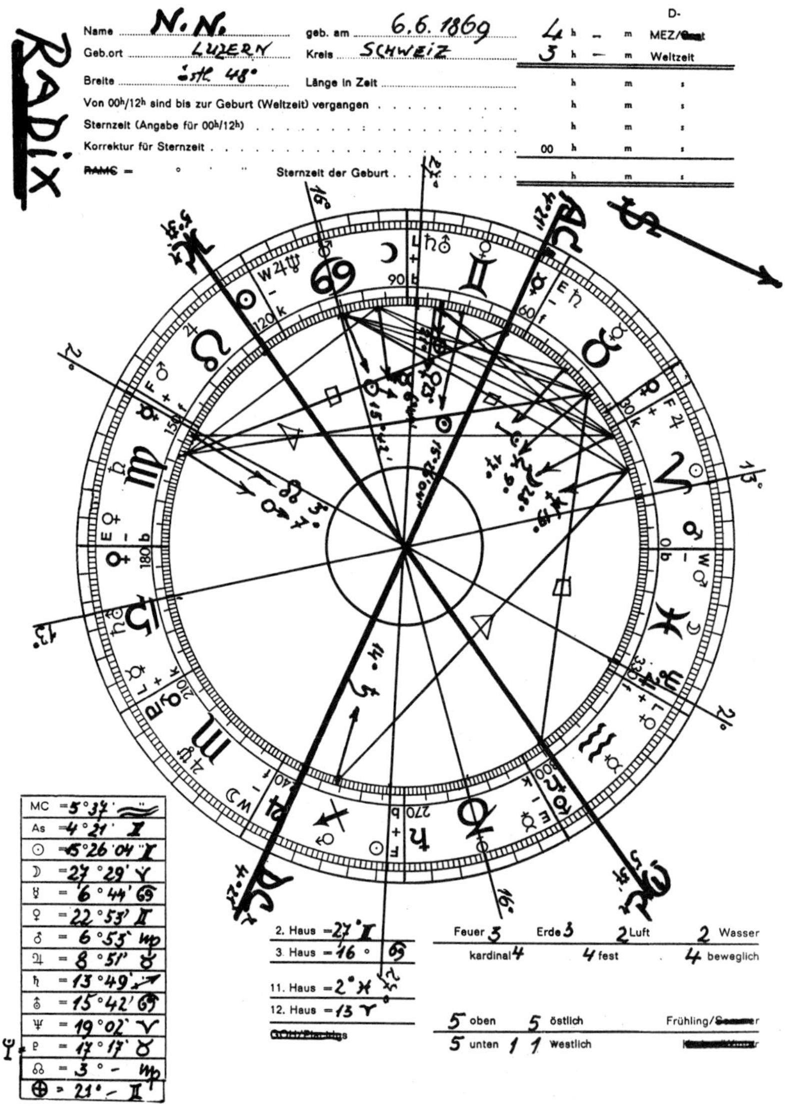

Radix-Horoskop, erstellt im Jahr 1985

Das Bild des Horoskops

Schenkt man dem Astrologie-Lehrbuch von Gertrud I. Hürlimann Glauben, so steht das Zeichen der Zwillinge, in dem Siegfried Wagner geboren ist, für vielseitige Begabung, Beredsamkeit, Vermittlungstätigkeit und klaren Verstand. Der Zwilling (22. Mai bis 21. Juni) ist vorurteilslos und stets für Neues zu haben. Er ist impulsiv, strebt aber auf reale Anpassung hin. Dabei zeichnen ihn Wißbegierde, Besitzgleichmut und gute Beobachtungsgabe aus. Er ist arbeitsam, höflich, witzig und kritisch, aber auch leicht veränderlich und beeinflußbar, ruhelos und – insbesondere, was seine Verschwiegenheit angeht – nicht immer verläßlich. Oft ist der Zwilling künstlerisch und wissenschaftlich begabt, so findet man unter diesem Zeichen besonders häufig Journalisten, Kritiker, Wissenschaftler, Schriftsteller und Tänzer.

Das Zwillings-Signum mit seinen beiden Is-Runen steht für die doppelte Persönlichkeit. Zu den männlichen Vertikalen treten die weiblichen Horizontalen, je eine empfangende und eine abgebende Schale, die das positiv polarisierte Kommunikationszeichen, im Sinne des Empfangens und Weitergebens von Informationen, zu einem neutralen machen. So neigt der Zwilling auch in seiner Sexualität zur Unentschlossenheit. Es ist schwer, in das eigentliche, tiefere Wesen des Zwillings-Geborenen einzudringen, denn er gibt sich anders, als er ist, ist anders, als er scheint und gehört eher zu den gespaltenen Persönlichkeiten. In der Regel überwiegt bei ihm der Verstand das Gefühlsleben.

Das Tierkreiszeichen – oder besser: Tyrkreiszeichen, denn die Germanen widmeten den Lebenskreis, den die Sonne beschrieb, dem Gott Tyr und nannten ihn daher Tyrkreis – des Zwillings hat Siegfried Wagner mit seinem Vater gemein, der allerdings, am 22. Mai geboren, ein sehr »früher« Zwilling ist. Das Horoskop erweist Siegfried Wagner als einen doppelten Zwilling, denn auch der Aszendent, die Geburtsminute, steht in diesem janusköpfigen Zeichen. Damit sind alle Eigenschaften dieses Tyrkreiszeichens bei ihm potenziert. Was die Berufswahl beim Aszendent Zwilling angeht, so führt Hürlimann aus, daß dieser sich gut zum Karikaturisten oder zum Reporter eignet, der die Ereignisse, mit Humor durchzogen, wiedergibt. »Sein Körper braucht Bewegung und sein Geist Abwechslung. Eventuell kommen auch Kunst, Musik, Tanz, Gymnastik in Betracht. Es besteht die Tendenz, daß er den Beruf wechselt. Hat er den richtigen Beruf gefunden, dann versucht er, ihn so vielfältig wie möglich zu gestalten.«

Um ein Horoskop, eine Stundenschau, zu erstellen, ist allerdings neben der Geburtsminute auch der Geburtsort von Bedeutung, da von diesem aus die astronomische Skizze der Himmelssituation im Augenblick der Geburt betrachtet wird. Hierzu hat der Verfasser den Astrologen Maxim Osward beauftragt, dessen Berechnung zu dem folgenden Ergebnis führt:

DAS RADIX UND SEINE AUSLEGUNG
NN, GEBOREN AM 6. 6. 1869, 4.00 UHR MEZ, LUZERN

Zunächst fällt das ungewöhnliche Bild des Radix ins Auge, mit seinem Gewirr aus roten Linien (Sextilen und Trigonen: positiv), die sich von der Spitze des 3. Hauses (Familie, Verwandtschaft, Umwelt) über das 2. Haus (Finanzen, Geld) und das 1. Haus (Ego, Gene, Veranlagung) über den ACr (Aszendenten) und fast das gesamte 12. Haus (Feinde, Behinderungen, Hemmungen) ziehen und eine Krone bilden, die nur eine blaue Linie (Quadrat: negativ) als Basis hat. Es ist ein breites Stellium von sechs Gestirnen, die um den Aszendenten (ACr) liegen, wie eine Skala von Stärke und Schwäche, ein Konglomerat psychischer Zerrissenheit. 3 kardinale Feuerzeichen, 3 feste Erdzeichen, 2 Luft- und Wasser-, die sehr beweglichen Charakter haben, sind die Anlagen und Temperamente des Eigners.

Im 1. Haus steht die Venus (die Muse, das Empfinden, Ästhetik, Erotik) neben der Sonne, glänzend bestrahlt, und ist mit Neptun (der höheren Venus, der geistigen Liebe) im Sextil verspannt. Sie läßt eine reiche Phantasie des Eigners zu, dessen musische Anlagen, darunter Malerei und Zeichnen, Musik und Dichtung, zum Ausdruck kommen. Durch die Verspannung Sonne mit Neptun sind die Intuitionen verstärkt, sie gleichen Eingebungen. Da aber der Merkur Regent des Zwillings ist und im 1. Haus steht, werden die Einfälle mit viel Optimismus angegangen, fortgeführt, verflachen jedoch. Durch die Launen bedingt, befaßt sich der Eigner schnell mit dem nächsten Produkt seiner Phantasie. Dies trifft besonders für den Anfang seines Lebens zu. Venus ist auch im Sextil mit dem Mond (das Weibliche, die Masse, das Unbewußte, die Mutter) verspannt. Der Mond steht nicht günstig im 12. Haus, wie auch Neptun. Frauen spielen eine große Rolle im Leben des Eigners, denn er besitzt Charme und Leichtsinn, liebt Geselligkeit und ist überaus lebenslustig. Die Masse, auch für Publikum stehend, wäre ihm wohlgesonnen, wenn nicht das 12. Haus für Blockierungen des Erfolges sprechen würde. Venus verspricht durch ihre günstige Stellung und Bestrahlung Harmonie in der Liebe, aber um diese Ruhe und Beschaulichkeit zu erhalten, wird die künstlerische Potenz aufs Spiel gesetzt. Dazu führt noch der Mond zu Abweichungen. Der Mond steht aber auch für die Mutter, das Gefühl. Das Glücksrad (eine errechnete Figur aus Sonne, Mond und ACr) zeigt jedoch an, daß vieles, was anfangs für den Eigner schlecht aussieht, sich zum Guten wendet. Er selbst verspürt die Bürden nicht so stark, wie sie sind.

Der Regent des Zwillings, Merkur (Verstand, Intellekt, Kommunikation), ist günstig plaziert, deutet auf einen Verstandesmenschen, der sich der finanziellen Aufgaben glänzend entledigt. Merkur steht unbeschädigt und allein im

2. Haus und dirigiert die Scala der roten Linien auf und ab. Er hat jedoch keine leichte Aufgabe zu erfüllen, denn seine Strahlungen führen auch ins 12. Haus und pendeln hin und her. Der Eigner könnte einen guten Techniker und Finanzmann abgeben, aber diese Gaben werden auch unterdrückt durch die Situation im 12. Haus.

Das 3. Haus ist durch Uranus (der Plötzliche, der Reiseleiter, die Intuition) besetzt, das bedeutet, er steht in einem Quincunx (Verbindung zweier gleicher Zeichen verschiedener Polarität). Er bildet ein Quadrat zu Neptun im 12. Haus, welches die Basis der Krone bildet. Dieses Quadrat stört das gesamte Radixhoroskop und zeigt, daß der Eigner kein leichtes Auskommen mit der Verwandtschaft und der Familie hat.

Das 5. Haus (Kinder, Kunst, Spiel und Theater) ist bei dem Eigner doppelt besetzt durch den Mondknoten (Verträge) und Mars (Energie, Kraft, Willen), der ein klares Quadrat zum ACr spannt, aber auch seine Energien zu Merkur und Jupiter (dem Glücksbringer) sendet. Der Mondknoten ist auch trigonal verspannt mit dem Mond. Mit Jupiter verbunden ist Mars, beide werden aber durch Pluto gestört. Alles im Bereich der Kunst ist nicht einfach zu bewältigen, die Kraft ist geschwächt, Verträge sind nicht einfach zu schließen, aber nach den Schwierigkeiten werden die Hürden doch genommen, dank Jupiter, dem Glücksbringenden, und der positiven Verspannung mit dem Mond, der intuitiv leitet.

Das 6. Haus (Arbeit und Gesundheit) liegt in der Waage, mit dem Herrscher Venus, und im Skorpion, dessen Herrscher Mars und Pluto sind. Das bedeutet, diese Herrscher Mars und Venus initiieren starke Arbeitsschübe. Der schwergewichtige Pluto setzt den Arbeitsschüben später ganz klare Grenzen.

Das 7. Haus (das Du, die anderen, die Öffentlichkeit) ist das Gegenstück zum 1. Haus. Mit dem Deszendenten (DCr) beginnt das berühmte Haus des Aufstiegs. Es ist in diesem Falle negativ durch Saturn (die Angst, die Zeit, die Grenze) besetzt. Saturn, er wird auch die schwarze Sonne genannt, steht in Opposition zur Sonne im 1. Haus des Ego. Der Eigner wird sich bemühen, immer nach anderen Lösungen zu suchen, als es die öffentliche Meinung tut. Er wählt immer das konträre Mittel und findet deshalb nicht die Anerkennung, jene Reflexion also, die der Eigner zu seinem Selbstverständnis benötigt. Da Saturn aber schwach mit Neptun im Widder verbunden ist, läßt das auf Erfolg in Widderorten schließen, beispielsweise in Deutschland. Das 7. Haus ist auch das Ehehaus und ist deshalb ebenfalls mit Saturn besetzt. Der Gegensatz zum Ego des Eigners könnte nicht größer sein als in dieser Konstellation.

Das 9. Haus (Reisen, Religion, Weltanschauung) zeigt die Sehnsucht nach der Ferne, doch der Eigner ist gebunden. Uranus ist eingeklammert, und er verdammt zur Unbeweglichkeit. Der Eigner ist durch Verwandtschaft und Familie gehemmt.

Am medium coeli (MCr, Zenit, Höhepunkt des Lebens) beginnt das 10. Haus (der Beruf, die Berufung). Es liegt beim Eigner im Wassermann und reicht

noch zwei Grad in die Fische. Der Wassermann ist das Zeichen unseres beginnenden Zeitalters, das nach dem Tod des Eigners herrscht. Die Berufung bedeutet Lebenserfolg. Seine Berufung wird von höherer Warte aus entschieden. Die Quadrat-Verbindung Jupiter zum medium coeli (MCr) verhindert viel Gutgewolltes in diesem Leben.
Das 11. Haus (die Freunde) wird regiert von Jupiter und Neptun, dem Planet der Intuition, und liegt zum Hauptteil im Widder. Die Freunde sind also an den von Widder regierten Orten, wie beispielsweise Berlin, Verona, Florenz, Neapel, Deutschland, England, Japan, zu finden und werden geleitet durch geistige Gemeinsamkeiten, Inspiration, Ethik und Esoterik.
Viel stärker bestrahlt jedoch ist das 12. Haus (Feinde, Behinderungen), wie durch die vorhergehenden Verspannungen gezeigt ist. Dieses Haus ist stark besetzt durch Neptun, Mond, Jupiter und nicht zuletzt durch Pluto (den Herrn der Unterwelt, der höheren Macht, der Metaphysik). All diese Gestirne stehen eingesperrt und gehemmt in ihren positiven Strahlungen. Der Mond, mit Mars im Trigon, wird durch Jupiter teilweise befreit. Überschäumende Lebenslust und Kraft werden abgebremst, verkürzen die Laufzeit des menschlichen Lebens und gehen doch knapp ans Genie. Pluto, auch der Regent der Massen, im Haus der Feinde und Behinderungen, zeigt auch nach dem Lebensende des Eigners noch ein Erkennen der Fähigkeiten und des Erbes. Große Aufgaben, die zu Lebzeiten im Entstehen sind, kommen nicht mehr zur Ausführung, da Pluto, der Todesregent, dem Wirken ein Ende setzt.
Wäre dieses Bild einer diamantenen Krone statt am ACr (1. und 12. Haus) um das MCr gelagert, so hätte sein Ingenium ihn zu einer genialen Figur gemacht. Unter dem Druck der Gene ist er nicht immer seiner inneren Stimme, der Intuition, gefolgt.

Tribschener Idylle

Ein Sohn ist da!« ruft das Dienstmädchen Vreneli, aus dem Geburtszimmer kommend, dem Vater im Treppenhaus zu. Der Vater, ein deutscher Tonsetzer namens Richard Wagner, Gesamtkunstwerker, geht in den Salon und verarbeitet die Kunde mit den Eindrücken des Augenblicks: Das Schreien des Kindes, das Zwitschern eines Vogels und ein überraschend schöner Feuerglanz, der sich an der orangefarbenen Tapete der Schlafzimmertüre mit nie gesehener Farbenglut entzündet, sich widerspiegelnd auf dem blau gerahmten Portrait der Mutter des Neugeborenen, der Cosima von Bülow. Die Sonne, die soeben über den Rigi getreten ist und den Salon des Hauses Tribschen auf der Halbinsel vor Luzern erfüllt, scheint den Geburtstag des Sohnes prachtvoll zu verklären. Aus tränenvollen Augen – denn er liebt es, Freude und Leid mit heftigen Tränenausbrüchen zu empfinden – blickt er, da soeben das Geläut der Morgenglocken Luzerns über den See dringt, auf seine Uhr und stellt fest, daß sein Sohn um vier Uhr morgens geboren wurde.
Nun erhält das Leben des ruhelosen Komponisten mit einem Mal einen neuen Lebensinhalt: »Jetzt hat jeder Besitz, Domizil, Bürgerrecht, Vermögen, Alles hat jetzt einen Sinn, den es nie für mich hatte.« Und die Impressionen jenes Sonntags, des 6. Juni 1869, der Ausruf »Ein Sohn ist da!«, das Treppenhaus, der orangene Widerschein des Sonnenaufgangs mit den Vogelstimmen des erwachenden Morgens, sie verdichten sich zu einer Komposition, »Tribschener Idyll mit Fidi-Vogelgesang und Orange-Sonnenaufgang«.
Über ein Jahr später, zum dreiunddreißigsten Geburtstag der Mutter Cosima, sollte diese Komposition in jenem Tribschener Treppenhaus zur Uraufführung kommen und viel später erst den Namen »Siegfried-Idyll« erhalten. Und noch viel später würden böse Zungen behaupten, das beste an Richard Wagners Sohn Siegfried sei das Idyll, das der Meister anläßlich der Geburt seines Stammhalters komponiert habe.

»Es war Dein opfermutig hehrer Wille,
der meinem Werk die Werdestätte fand,
von Dir geweiht zu weltentrückter Stille,
wo nun es wuchs und kräftig uns erstand,
die Heldenwelt uns zaubernd zum Idylle,
uraltes Fern zu trautem Heimatland.
Erscholl ein Ruf da froh in meine Weisen:
›ein Sohn ist da!‹ – der mußte Siegfried heißen.

Für ihn und Dich durft ich in Tönen danken, –
wie gäb es Liebestaten holdren Lohn?
Sie hegten wir in unsres Heimes Schranken,
die stille Freude, die hier ward zum Ton.
Die sich uns treu erwiesen ohne Wanken,
so Siegfried hold, wie freundlich unsrem Sohn,
mit Deiner Huld sei ihnen jetzt erschlossen,
was sonst als tönend Glück wir still genossen.«

Am 25. 12. 1870 erklingt dieses Werk erstmals, um Cosima Wagner symphonisch aus dem Schlaf zu wecken. Richard Wagner selbst leitet das fünfzehn Mann starke Kammerorchester, das im Tribschener Treppenhaus Aufstellung genommen hat. Wer das heutige Richard-Wagner-Museum auf der Halbinsel Tribschen bei Luzern besucht, ist verwundert, wie das Orchester auf der schmalen Treppe Platz finden konnte. Da kein Raum für Notenpulte vorhanden ist, hatten die Musiker ihre Stimmen mit Wäscheklammern an dem Rücken des jeweiligen Vordermanns befestigt. Zu den Instrumentalisten gehört auch der Dirigent Hans Richter, der eigens für diese »Treppenmusik«, wie das Idyll im Familienkreis fortan heißt, das Spiel auf der Trompete erlernt hat.

Die musikalischen Bausteine des Idylls sind ebenfalls autobiographischer Natur: Im Mai 1864 hatte Wagner das von Ludwig II. für ihn gemietete Haus Pellet in Kempfenhausen am Starnberger See bezogen, wohin ihm Cosima mit ihren Töchtern im Juni gefolgt war; ein Thema, das ihm hier eingefallen war, hatte er Cosima als Quartett versprochen. Silvester 1868 komponierte er dann ein Kinderlied für Eva, »Schlaf Kindchen, schlafe«, das im »Idyll« ebenso enthalten ist wie jenes »Starnberger Thema«. (Die Wagner-Forschung bezweifelt allerdings, ob das Eingangsthema des »Idylls« wirklich aus der Starnberger Zeit stammt, zumal Wagners erste Niederschrift mit »14. Nov. 64« datiert ist.) Mit Ausnahme des Schlafliedes, das den Seitensatz der Exposition des »Idylls« bildet, sind alle Themen auch in der gleichzeitig entstandenen Partitur des dritten Aufzugs »Siegfried« enthalten.

Anläßlich einer erneuten Privat-Aufführung des »Idylls« notiert Cosima Wagner in ihrem Tagebuch: »R. sagte, wie merkwürdig es ihm sei; in der Absicht habe er nur das Thema, das in Starnberg ihm gekommen sei (bei unserem dortigen Zusammenleben), und das er mir als Quartett versprochen hatte, zur Morgenmusik verarbeitet, und nun habe er unbewußt unser ganzes Leben darin verwoben, Fidis Geburt, meine Genesung, Fidi's Vogel usw.« Die Intimität der Komposition sieht Cosima bereits gestört, als Richard Wagner, anläßlich einer Probe mit dem Mannheimer Orchester, ihr das »Idyll« mit großem Orchesterapparat als »Geburtstagssymphonie« vorspielt. Offenbar gefällt Wagner der volle Orchesterklang, denn Cosima notiert: »R. aufgeregt, spricht vom Idyll, tut mir dabei sehr weh.«

Wohl nicht zufällig verfaßt Wagner gerade am zwanzigsten Hochzeitstag der

Ehe Cosimas mit ihrem ersten Gatten, Hans von Bülow, am 19. 8. 1877, das oben zitierte Widmungs-Gedicht an Cosima. Sie versteht, was Wagner damit sagen will: jene Menschen, die sich dem Komponisten und seiner Gattin »treu erwiesen«, sollen mit Cosimas Huld jenes stille Glück genießen dürfen, das Wagner in Töne gefaßt hat.

Zwar übt Cosima verzweifelt Kritik, daß sie ihr »teuerstes Hab« der Welt hingeben muß, und selbst Richard Wagner bezeichnet es einmal als eine »Absurdität, das in einem Konzertsaal aufzuführen«. Aber das Siegfried-Idyll, wie es seit der Veröffentlichung heißt, erfreut sich der Beliebtheit des Konzertsaal-Publikums, und es erscheint irrelevant, ob man es mit Richard Wagner als eine symphonische Dichtung auffaßt (»Der Segen der beglückten Liebe«), als Stimmungsbild (»Die Streicher sind wie der Wald und die Bläser wie die Vögel darin«), oder – gemäß dem Widmungsgedicht – als einen familiären Mikrokosmos gegenüber dem Makrokosmos der Welt des »Ring des Nibelungen« (»Die Heldenwelt uns zaubernd zum Idylle«).

Das »Siegfried-Idyll« ist Richard Wagners bedeutendste Instrumentalkomposition – und auch das einzige Werk, das der Hausfreund und Philosoph Friedrich Nietzsche selbst noch nach seiner Abkehr von Wagner gelten ließ, als eine Musik, die »heiter und tief ist, wie ein Nachmittag im Oktober«.

Eudaimon

Richard Wagners erste Ehe mit Minna Planer war kinderlos geblieben, da Minna, aufgrund einer unfachmännisch durchgeführten Abtreibung, unfruchtbar geworden war. Auch Wagners zahlreiche Amouren blieben ohne Kindersegen, wohl da er, wie alle Jungdeutschen des »Ardinghello« und der »Seligen Inseln«, es verstand, Leidenschaft zu genießen, ohne dabei zu zeugen. Erst die Verbindung mit der Frau seines Freundes Bülow ließ Wagner alle Vorsichtsmaßnahmen bewußt vergessen. Unter leidenschaftlichen Tränen hatte er sich gemeinsam mit ihr die alleinige, endlose Partnerschaft geschworen. Und das, obwohl sie bereits mit dem Dirigenten und Komponisten Hans von Bülow verehelicht war und mit den Töchtern Daniela und Blandine das Bestehen der Bülow-Ehe manifestiert hatte.
So war es für diese außereheliche Liebe auch nebensächlich, daß Cosimas nächste zwei Töchter, Isolde und Eva, der Öffentlichkeit gegenüber als Töchter Hans von Bülows geboren wurden und ihren Vater »Onkel Richard« nannten. Ja, zumindest im Falle Isoldes war sich Bülow wohl selbst nicht ganz sicher, wer eigentlich der Vater des Kindes ist.
Ludwig II., der träumerische König von Bayern und Wagners bedeutendster Mäzen, wurde in die mißliche Lage gebracht, der Öffentlichkeit gegenüber bezeugen zu müssen, daß das Verhältnis des – ebenfalls noch verheirateten – Richard Wagner zu seiner Privatsekretärin und Muse Cosima von Bülow ideell und platonisch, also durchaus moralisch sei. Erst nach Wagners Weggang von München nach Tribschen fanden die Gerüchte ihre Bestätigung – als nämlich Cosima, mitsamt ihren Töchtern und dem gesamten Haushalt, Wagner endgültig nach Tribschen folgte. Trotz Cosimas Gewissensbissen, ihren Kindern und Bülow gegenüber, schien das parafamiliäre Idyll auf Tribschen fraglos in sich gefestigt, eine Legalisierung überflüssig. Erst die Tatsache der Geburt eines Sohnes evoziert im Hause Wagner bürgerliches Denken. Am Tag der Geburt dieses Sohnes, am 6. Juni 1869, hat Cosima später in ihrem Tagebuch nachgetragen: »Das Geschenk, welches uns das Schicksal durch die Geburt eines Sohnes machte, erschien mir sogleich von unermeßlich tröstendem Werte. Ein Sohn Richards ist der Erbe und einstige Vertreter des Vaters seiner Kinder; er wird der Schützer und Geleiter seiner Schwestern sein.« Da Wagner gerade am dritten Aufzug des »Siegfried« arbeitet, erhält auch der Sohn diesen Namen.
Der künstlerische Kosmos der Musikdramen wird aufs Leben angewandt, findet seinen bourgeoisen Nachvollzug: »Wir besprachen das von uns zu wünschende zukünftige Verhältnis des etwa ungefähr acht Monate älteren

Sohnes unseres treuen Hausverwalters zu Siegfried: Richard sagte, er hätte jenen Knaben damals sogleich ›Kurwenal‹ nennen lassen; denn etwa wie Kurwenal zu Tristan möchte er, daß Wilhelm sich zu Siegfried verhalten solle.«
Siegfried, um den sich in erster Linie eine Wartefrau, eine englische Gouvernante, kümmert, erhält am 9. September den Spitznamen »Fidi«, den er ein Leben lang beibehält. Er leitet sich her vom »Fidi-Vogelgesang«, der ursprünglichen Benennung des »Siegfried-Idylls«. Doch es tauchen auch von dem Namen »Fidi« abgeleitete Formen wie »Fidius«, »Fidel« und »Fidala« und später die fränkische Version »Fudala« auf. In den ersten Jahren treten neben den Kosenamen »Fidi« noch andere schmückende Bezeichnungen, wie »Eudaimon«, »Sonnenstrahl«, »mein guter Genius«, »unser Kurfürst«, »der blonde Beethoven«, »Fidi Albrecht Dürer«, »Fidi der Olympier«, »der Regenbogen« und »Fidi unsere Sonne«. Sie geben Zeugnis von dem Glück, das dieses Kind für die Eltern bedeutet haben muß. Und sie gipfeln in jenem seltsamen Kosenamen, den wohl nur ein Richard Wagner seinem Sohn verleihen kann: »(...) meine Lebensversicherungsanstalt rückwärts und vorwärts.«
Tatsächlich ist Siegfried das erste Kind, das – erstmals am 2. April 1870 – »Papa« zu Richard Wagner sagt, denn seine Töchter Isolde und Eva sprechen ihn zu diesem Zeitpunkt noch mit »Onkel Richard« an. So verwundert es nicht, daß nun Fidi für ihn der Inbegriff eines Kindes ist. Alles wird auf Fidi bezogen, sei es die politische Situation, sei es ein Brief aus der Verwandtschaft, der zu der Hoffnung Anlaß gibt, daß Fidi dort dereinst »vielleicht eine freundliche Beziehung haben wird«. Die Autobiographie »Mein Leben«, die Richard Wagner auf Wunsch des Königs Ludwig II. Cosima in die Feder diktiert hat, soll nun, nach Cosimas Wunsch, doch nicht dem König geschenkt werden; denn schließlich könnte sie durch irgendeine Indiskretion an die Öffentlichkeit gelangen und dann Fidi »um sein einziges Kapital« bringen, die Herausgabe nach dem Tode der Eltern. Auch ein Dankschreiben Bismarcks an Richard Wagner wird als kostbares Autograph, als »Schatz für Fidi«, aufgehoben.
Die Überlegungen Richard Wagners, wie aus seinem Sohn ein freier Mensch werden könne, drehen sich auch um die Frage der wirtschaftlichen Unabhängigkeit, was, angesichts der ständigen finanziellen Notlagen im Leben Richard Wagners, nicht verwundert. Er will dem Sohn ein Haus und eine Rente von 1500 Talern hinterlassen, damit Siegfried »niemals für Geld arbeiten und daher unfrei sein« müsse. Falls er doch für Geld arbeitet, so will Richard Wagner in seinem Testament aufsetzen, würde er die Rente verlieren.
Doch das Hauptproblem für die Eltern liegt vorerst darin, daß das Kind mit vier Monaten immer noch Siegfried von Bülow heißt, vom juristischen Standpunkt aus. Die Rechtslage macht es Wagner vorerst unmöglich, dem Kind seinen Namen zu geben. Sie verändert sich jedoch durch Wagners Trauung mit Cosima, die am 25. August 1870 in der protestantischen Stadtkirche von Luzern stattfindet. Für den darauffolgenden Sonntag ist Fidis Taufe geplant,

aber eine fiebrige Erkrankung Isoldes macht die Verschiebung der Zeremonie auf den 4. September notwendig.
Am Vorabend der Taufe wird in Tribschen die Nachricht von der französischen Niederlage bei Sedan gefeiert. Cosima notiert in ihrem Tagebuch: »(...) die ganze Armee unter Wimpffen kapituliert, Napoléon III. sich dem König ergeben!!! Das ist ein Taufgeschenk für Fidi! 9 Schlachten in einem Monat, alle siegreich, und dieser Abschluß!«
»Ich bin den Napoléons verderblich«, ist Richards Kommentar, »wie ich sechs Monate alt war, kam die Schlacht bei Leipzig, und Fidi manscht das ganze Frankreich zusammen.«
Gräfin Karoline Waldbott-Bassenheim aus Luzern und Ludwig II. sind als Taufpaten eingesetzt, der König aber ist nicht selbst zugegen. An seiner Statt fungiert Dr. François Wille, der unterwegs das Taufgefäß, einen silbernen Becher, verloren hat. Gerade noch rechtzeitig, bevor Pfarrer Tschudi um 4 Uhr mit seinem Taufspruch beginnt, wird das unerläßliche Requisit von einer alten Frau gefunden und im Haus Tribschen abgegeben. Cosima notiert, daß gleich hierauf, zu Beginn der Taufe, »ein furchtbarer Donnerschlag« erfolgte: »Helferich Siegfried Richard benimmt sich leidlich.«
Ludwig II. liebte es, bei kinderreichen Familien den Taufpaten zu spielen und jenen Söhnen, die auf diese Weise seinen Namen führten, als Taufgeschenk eine Uhr zu übersenden. Siegfried Wagner ist wohl das einzige Patenkind des bayerischen Königs, das nicht seinen Namen führt. Die Begründung hierfür, eine verkappte Entschuldigung, liefert Richard Wagner dem königlichen Freund mit der ihm eigenen Suada: zwei Namen sollen das Kind als den Sohn Richard Wagners ausweisen, nämlich Siegfried und Richard. »Dem stelle ich aber noch ›Helferich‹ voran, d. h. der ›Hilfreiche‹.« Siegfried müsse nämlich erlernen, »eine Wunde zu heilen oder doch wenigstens einen ersten Verband anzulegen«. Daß der wahre ›Helferich‹ in Richard Wagners Leben Ludwig II. war, und, so gesehen, Siegfried mit doppeltem Recht auch den Namen Ludwig als Beinamen führen müßte, wird in Richard Wagners Schreiben an den König nicht tangiert.

Erziehungsfragen

Früh schon wird die Frage von Siegfrieds Erziehung diskutiert. Dabei stoßen die unterschiedlichen Erziehungsprinzipien der Eltern mehr als einmal aufeinander. Richard Wagner war, wie er selbst sagt, in Anarchie aufgewachsen, mehr oder weniger elternlos, ein Autodidakt. Cosima hingegen, Tochter Franz Liszts und der Gräfin Marie d'Agoult, war streng nach den Regeln des Ancien régime erzogen worden. Richard Wagner hatte seine Freiheit genossen. Cosima dagegen hatte unter der Abwesenheit der Eltern, insbesondere der Mutter, gelitten. Richard Wagner will Siegfried weggeben, sobald dieser herangereift: »(...) zur Zeit, wo er zum Manne wird, muß er unter Menschen kommen, da muß er die Adversität kennenlernen, sich herumbalgen, die Ungezogenheiten begehen, sonst wird er zum Phantasten, vielleicht zum Crétin, wie wir so etwas an dem König von Bayern sehen.« Später soll er zur Ausbildung in jene Stadt, »wo Nietzsche Professor sein wird. Wir werden von weitem zusehen, wie Wotan der Erziehung von Siegfried zusieht. Er wird bei Nietzsche zweimal die Woche Freitisch haben, und alle Sonnabende werden wir Berichte erwarten.«
Cosima will Siegfried grundsätzlich vor schlechtem Umgang bewahren, doch Richard sieht gerade in dieser Konfrontation die Möglichkeit des Reifeprozesses: wenn man Siegfried vor schlechtem Umgang bewahrt, »dann wird er ihm erst recht preisgegeben sein; ›negativ‹ ist nichts zu machen, nur ›positiv‹. Ihm den Sinn für das Ideale wecken, daß er männlichen Widerstand leistet, das ist das einzige. Wenn er das Auge sinnend auf etwas heften wird, dann hat das Sinnliche, das Gemeine keine Gewalt über ihn. Ich weiß, mein Vater und meine Mutter, so unruhig und kärglich es auch dort herging, haben doch diesen idealen Sinn in mir angespornt. Ist das geschehen, dann kommt auch brav der Ekel vor allem Niedrigen; denn ich habe alles Schlimme erfahren, was man nur erfahren kann.« Trotzdem soll Fidi einen Beruf erlernen, »denn ein bestimmtes Handwerk muß jeder haben«.

Gemäß dem Vornamen Helferich wird der Beruf des Wundarztes ins Auge gefaßt, denn diesen Namen führt in Richard Wagners Operndichtung aus dem Jahre 1850 »Wieland der Schmied«, Wielands Bruder, ein Arzt. Schrecklich hingegen erscheint den Eltern der Gedanke, Siegfried könnte Sänger werden, wie es der Dirigent Hans Richter in Anbetracht der lieblichen Stimme des Kindes erwägt. Aber die Stimme des Waldvogels, von Siegfried gesungen, erscheint Richard Wagner denkbar, und Cosima notiert vorsorglich: »Eine Vogelstimme« »Herr Fidi Wagner«. Die Idee hingegen, daß auch der Sohn ein schaffender Künstler werden könne, begeistert den Vater: »Wenn dieser Junge nicht besser und größer wird als ich, dann lügt alle Physiognomik.« Denn daß Siegfried, als Enkel Franz Liszts und Sohn Richard Wagners, sich auch der Musik zuwenden oder, wie Cosima es ausdrückt, »dem Zauber der Musik verfallen wird«, ist für Richard selbstverständlich: »Wenn er es nicht würde, wäre er ein Vieh!« Er spielt mit dem Gedanken, daß Siegfried sein unvollendetes Werk fertigstellen würde, falls er plötzlich stürbe. Denn während er selbst »so eine Art Siegmund« sei, dem alles schwer würde, werde Siegfried »das Goethe'sche Welterobernde« haben. Zumindest soll Siegfried die Autobiographie »Mein Leben«, das Werk für den König, vollenden: bis zur Vereinigung mit Cosima in Tribschen will Richard Wagner noch diktieren, »dann soll Fidi es machen«.

Die Frage, ob Fidi ein Genie würde, wird von Cosima verneint: »Ich glaube nicht an eine so rasche Aufeinanderfolge des Genies, da dies ohne Beispiel in der Geschichte, will froh sein, wenn unser Sohn ein fester Charakter ist und eine geweckte Intelligenz.« Richard stimmt ihr zunächst zu, »denn er müßte gar keine Individualität besitzen, wenn er bloß auf meine Fußstapfen treten sollte«. Doch beinhaltet seine Antwort auch folgende Überzeugung: »Wenn er nicht nach irgendeiner Seite excediert, so muß er mit seinem dicken Kopf und seinem wuchtigen Wesen ein ganz ungeheurer Kerl werden. Er soll dann die Sachen, die ich nicht habe machen können, zustande bringen«, kurzum: »Es wird ein Genie!«

Richard Wagner ist sich bewußt, daß gerade seine Nicht-Erziehung ihn zum Genie werden ließ. Als Theoretiker bekennt er in seinem »Siegfried«: »Wen ich liebe, laß' ich für sich gewähren: er steh oder fall, sein Herr ist er.« Und in der »Walküre« hat er manifestiert: »Selbst muß der Freie sich schaffen.«

Doch in der Praxis scheitert der Familienvater – an der Gemahlin. Wenn er scherzhaft erklärt: »Ich habe es anders gemacht als Wotan und Sachs! Ich lasse die Guten vortreffliche Dinge sagen, hüte mich aber, sie zu befolgen«, klingt das doch nur wie eine Entschuldigung. Denn Cosima ist es, die seine Erziehungsmethoden mit voller Absicht durchkreuzt: »Wie will ich ihn (Siegfried, Anm. d. Verf.) sorgsam erziehen! Gewiß haben die Sterne alles bestimmt, und er ist bereits, was er sein wird, doch kann die Erziehung das Wachstum begünstigen; ob er eine wuchtige Eiche oder eine hagere Pappel, ist bestimmt, doch ob der Baum schön gehalten, nicht von Parasitenpflanzen beeinträchtigt und von Würmern gequält wird, dafür ist die Pflege da, die Erziehung. Ich will der treue Gärtner sein, der dich begreift und beschützt, mein kleiner Bursch, mein guter Bursch.«

Diplomatisch bittet Richard Cosima, sich nicht zu sehr der Kindererziehung zu widmen. Es kommt zur Kontroverse, und »in Weinen und Lächeln« trennen sich die Eltern vor dem Zubettgehen. Er wundert sich, daß sich die Kinder überhaupt durch Cosimas Strenge zum Gehorsam bringen lassen; Cosima kontert mit der Tagebuch-Eintragung: »Fidi schon gehorcht froh.« Endlich gibt sich Richard geschlagen: »Fidi soll folgen, ich will mich bezwingen und dir besser beistehen als bei den Mädels, wo ich immer interveniere, was sehr unrecht ist. Ein Knabe ist verloren, der nicht gehorchen lernt. Ich bin in der wildesten Anarchie aufgewachsen; es mußte wohl so sein, da auch später keine bestehende Form für mich passen wollte, aber wie vieles hätte ich mir erspart, wäre ich an Gehorsam gewohnt gewesen.«

Auch die Züchtigung als Strafe für »Unartigkeiten« gehört zu den Erziehungsmethoden Frau Cosimas. Als sich der Vater einmal nolens volens daran beteiligt, bricht er anschließend in Tränen aus und spricht sich das Recht ab, so zu handeln. Die Mutter notiert es ins Tagebuch, zieht aber für sich keine Konsequenzen daraus.

Während die Mutter es gern sehen würde, daß Siegfried neben der Chirurgie sich zu »einem bedeutenden Staatsmann entwickeln könnte, Deutschland dereinst zu dienen«, sieht der Vater in einer solchen Tätigkeit »Mangel an Phantasie«. Ihm geht es zunächst darum, einen jungen Erzieher für Siegfried zu finden, damit Siegfried auf keinen Fall »in diesen allgemeinen Trichter der jetzigen Erziehung hineingeworfen werde«. Zunächst soll Siegfried in Mittel- und Althochdeutsch unterrichtet werden, dann »zum Griechischen wie zum vollkommenen Paradies« übergehen und durch Latein zum Italienisch, Englisch und Spanisch übergeleitet werden.

Durch Siegfrieds Erziehungsfragen angeregt, entwirft Wagner ein komplettes Erziehungsschema, das er dem bayerischen Unterrichtsminister Falk unterbreitet. Offenbar fand dieses Schema keine Anwendung, sonst hätte Cosima dies in ihrem Tagebuch sicher überschwenglich gefeiert. Daß sein Sohn Siegfried, ähnlich wie der Held im Musikdrama, »auf Taten munter einher« durch die Welt streifen würde, steht für Richard Wagner außer Frage. So macht er sich bereits Sorgen um die Pflege von Wahnfried während Siegfrieds dereinstiger Abwesenheit: »Man müßte dafür sorgen, daß es ihm, während dem unausbleiblichen Umhertreiben in der Welt, gepflegt würde, vielleicht durch eine seiner Schwestern, wenn sie sich nicht verheirate.«

Die meiste Zeit verbringt der junge Fidi, umgeben von Hunden und Hühnern, unter Aufsicht seiner englischen Gouvernante, im Garten der Villa Tribschen. Noch wird er nicht mit Lernen geplagt, aber drei Gebote werden ihm bereits »besonders scharf eingeprägt«, wie der Biograph Ludwig Karpath zu berichten weiß: »Wahrheit, Ordnung und Pünktlichkeit«. Früh schon muß sich Siegfried an die Anwesenheit von Fremden gewöhnen. Nicht nur Friedrich Nietzsche und die Idealistin Malwida von Meysenbug sind häufig auf Tribschen zu Gast, auch allerlei Künstler und Adelskreise geben sich die Ehre – und verschüchtern den Zweijährigen.

Anläßlich des deutschen Sieges über Frankreich komponiert Richard Wagner den Kaisermarsch, mit Volkschor, ad libitum, am Schluß: »Heil, Heil dem Kaiser, König Wilhelm, aller deutschen Hort und Freiheitswehr!« Offenbar wird der Chor im Haus Tribschen häufig gesungen, denn auf die Frage, was er

sei, weiß bereits der zweijährige Siegfried zu antworten: »Deutser« – und gleich darauf singt er »Heil Kaise!«
Laut Cosimas Tagebuch-Eintrag hat Siegfried schon zu Weihnachten 1870, bei der Uraufführung des »Idylls«, »alle Musiker gefreut und gefesselt durch sein leidenschaftlich bewegtes Wohlgefallen an der Musik«.
Bei der nächsten familiären Uraufführung, die in Tribschen stattfindet, kann er bereits mitsingen. Denn genaugenommen ist es keine neue Komposition, sondern ein Remake mit neuem Text, Wagners eigene Parodie auf jenen Volkschor am Ende des Kaisermarschs, die am Neujahrstag 1872, unter der Leitung Richard Wagners, als »Tribschener Kinderhymne« erklingt:

»Heil, Heil der Mutter, Unsrer Mama!
Ihrer Kinder Hort und Tugendlehr'!
Beste der Frauen, wie ziert dein Lob dich hehr!
Liebend gewonnen
soll Freude dir lohnen!
Der schön erblühten Rose gleich
umduftet dich ein Wonnereich!
Heil deinem Siegfried,
unserm Fidi,
deinem Sohne, unsrem Bruder,
unsres Lebens Steuerruder.
Welt zum Trutz,
Dir zum Schutz,
Blüh' er auf zu seiner Schwestern Heil und Nutz!«

Das »Tribschener Glück«, das »friedliche Dasein« auf der »Insel der Seligen« (Friedrich Nietzsche), wird jedoch bald schon eingetauscht zugunsten der Verwirklichung von Richard Wagners Lebenswerk, seiner Festspielidee in einem eigenen Festspielhaus. Wagner hat sich Bayreuth für die Durchführung seiner Festspiele ausgewählt. Dieser oberfränkische Ort sollte auch für Siegfried Wagner zur eigentlichen Heimatstadt werden, zu »Schilda«, wie er die Kleinstadt später in ironischer Distanz, aber mit Verbundenheit für die Mitbewohner, nennt. Am 24. April des Jahres 1872 kommt Richard Wagner zu dauerndem Aufenthalt in Bayreuth an, eine knappe Woche später folgt Cosima mit ihren fünf Kindern. Zunächst wohnt die Großfamilie, zu der auch der Hund Ruß, dessen ›Sohn‹ Marke und die Neufundländerin Brange (Kurzform für Brangäne) gehören, im Hotel Fantaisie, einem Schlößchen im Bayreuther Vorort Donndorf. Ein halbes Jahr später übersiedeln die Wagners in das Haus Nr. 7 an der Dammallee in Bayreuth.
Am 22. Mai 1872, Wagners neunundfünfzigsten Geburtstag, wird um 11 Uhr vormittags der Grundstein zum Bayreuther Festspielhaus gelegt. An die Feierlichkeiten der Grundsteinlegung hatte Siegfried Wagner später nur eine schwache Erinnerung. Wie er selber in seinen »Erinnerungen« launisch

Siegfried Wagner im Kreise seiner Schwestern: Isolde, Eva, Blandine und Daniela

erzählt, hat sich der Dreijährige – laut Auskunft seiner Familie – »ausgezeichnet sittsam« benommen. *»Als man mich fragte, was ich von der Festrede verstanden hätte, antwortete ich: ›Deutsche Männer, gute Männer‹.«* Das also war es, was bereits dem Kleinkind – und wohl nicht nur bei so feierlicher Gelegenheit wie der Grundsteinlegung des Festspielhauses – eingepaukt wurde.

Während der häufigen Reisen der Eltern liegt die Kindererziehung ganz in den Händen der Gouvernanten. Daß das Kind im Alter von vier Jahren bereits merklich auf der Basis von Angst und Schuld erzogen ist, erhellt eine vorweihnachtliche Episode. Zum Nikolaus schenkt ihm ein Mitglied des Patronatsvereins der Bayreuther Festspiele einen Puppenknaben. In ihrem Tagebuch hält Cosima fest, daß Fidi »mit seinem ›Jungen‹ die Nacht zugebracht« habe, »und wie am Morgen das Bett naß war, erklärt er: ›Nicht ich, der Junge hat naß gemacht.‹« Großvater Liszt findet den Vierjährigen immer wieder seltsam, ein »merkwürdiger Junge«. Ein Beispiel solch merkwürdigen Verhaltens führt Siegfried Wagner auch in seinen »Erinnerungen« an: *»Bei einem Spaziergang im Bayreuther Hofgarten fiel ihm* (Liszt, Anm. d. Verf.) *auf, daß ich, damals ein Bub von sechs Jahren, deutliche Zeichen schlechter Laune gab. Auf seine Frage, was ich hätte, antwortete meine Mutter: ›Er ärgert sich, daß er einen eleganten Anzug anhat. Er will immer so aussehen wie die Straßenjungen!‹«* Denselben Eindruck vermitteln auch die meisten Kinderbilder von Siegfried, in dem gerade aufblühenden Medium der Fotografie.

Jung-Siegfried-Fotos

Im Gegensatz zu Tochter Eva, von der uns früheste Kinderbilder aus Tribschen, noch als Säugling mit Vater Richard, vorliegen, wird Siegfried erst spät und mit dem Vater sogar erst als knapp Elfjähriger, am 1. Juni 1880 in Neapel, auf einer fotografischen Platte festgehalten. Das früheste Foto zeigt den jungen, kaum zweijährigen Siegfried mit Bärenfell, in der Rolle seines musikdramatischen Namensvetters, als Jüngst-Siegfried gewissermaßen. Der Dreijährige wird auf einem Stuhl stehend, mit Stiefeln, Pelzmantel und pelzbesetztem Barett, die Hand auf ein Buch gestützt, abgebildet. Anläßlich Richard Wagners fünfundsechzigsten Geburtstag debutiert der neunjährige Siegfried in der Rolle des Lohengrin – mit Schild, Gralsrittermantel und Schwanenhelm zeigt ihn ein Foto. Am selben Tag wird er aber auch erneut als Jung-Siegfried, mit Fellgewand und wildem Haarwurf, abgelichtet. Eine Aufnahme dieser Serie als Jung-Siegfried wird später zur profanen Aufnahme retuschiert: den nackten Oberkörper bedecken dann Pullover und Hemdkragen. Dies gemahnt an Cosimas Tagebucheintragung vom 16. 7. 1871: »Fidi erhält heute seine neue Tracht, die er nun beständig tragen soll; eine Blouse mit Hemd und Kragen, dazu Ledergurt und Tasche, er sieht wunderschön darin aus.« Ein verbürgerlichter Jung-Siegfried, wie ihn Adolf von Groß im Jahr 1873/74, zusammen mit seinen Eltern, auf einem Foto festhält. Auch die nächste Fotografie zeigt Siegfried in Verkleidung, in der Rolle von Richard Wagners Stiefvater Ludwig Geyer.

Besser als Cosimas Tagebuch beschreibt Richard Wagner dieses Schauspiel in Wahnfried, in seinem Brief an Ludwig II.: »In der Mitte der Halle erhob sich aber auf einem Gerüste ein neues Bild meiner Frau von Lenbach von ganz unglaublicher künstlerischer Schönheit und Vollendung: dieses war eine vorbereitete Überraschung. Vor dem Bilde stand mein Sohn Siegfried, in schwarzem Sammet und blondgelocktem Haar (dem Jungportrait Van Dycks durchaus ähnlich): dieser sollte – in bedeutungsvoller Wiedergeburt – meinen Vater Ludwig Geyer vorstellen: er wurde der Maler ›Ludwig‹ genannt, arbeitete mit Malerstock und Pinsel noch an dem Bilde und schien es eben zu vollenden. Das Ganze ging dramatisch in gereimten Versen vor sich.« Hier liegt offenbar eine Verwechslung Richard Wagners vor; denn Cosima konstatiert am 18. 9. 1875 in ihrem Tagebuch eine Ähnlichkeit zwischen Siegfried und dem von van Dyck porträtierten Wilhelm Prinz von Oranien. Doch auch als ›Ludwig Geyer‹ blickt Siegfried nicht gerade froh in die Linse.

Ebenfalls keineswegs heiter, den Hut in der Linken und den Blick zu Boden gerichtet, steht der zwölfjährige Siegfried auf dem Familienfoto, das Adolf von

Siegfried Wagner als Jung-Siegfried (1871)

Familie Wagner mit Heinrich von Stein und Paul von Joukowsky

Groß auf der Gartentreppe des Hauses Wahnfried aufgenommen hat. Das Erbe lastet bereits allzuschwer auf den Schultern des in vorderster Front stehenden Knaben, der deutlich introvertiert erscheint.
Und Belastungen gibt es genug. Das fängt schon damit an, daß der Knabe bestimmt wird, nach dem Tod seines Vaters dessen Randkompositionen, wie die As-Dur-Sonate und »Les dieux Grenadiers«, als »Kuriosum« herauszugeben und gipfelt in Cosimas ungeheuerlichem Geburtstagsgruß an ihren einjährigen Sohn: »Mein Kind, mein Sohn, deine Geburt – mein höchstes Glück – hängt mit der tiefsten Kränkung eines andren zusammen, dies war meine Daseins-Schuld, vergiß dieses nie, erkenne darin das Bild des Lebens und büße es ab, wie du kannst.«
Als Cosima im Jahr 1876 erfährt, daß Doktor Pusinelli, Wagners Arzt in Wien, zu jenen Gläubigern gehört, die ihr Geld nie wiedererhalten haben, vermerkt sie im Tagebuch: »(...) hier mache ich es Siegfried, meinem Sohne, feierlich zur Pflicht, wenn er je in den Besitz einer größeren Summe Kapitals kommt, diese Schuld an den Nachkommen Dr. Pusinelli's zu tilgen.« Doch getreu seinem Namenspatron, der den Vertragsspeer seines Ahnen Wotan zerschlägt, hat sich Siegfried Wagner später an kaum eine der Auflagen seiner Mutter gehalten. Die originale Biographie seines Vater, »Mein Leben», hat er nicht einmal gelesen, die Tagebücher Cosimas blieben von ihm unberührt. Und das war gut so; denn er hatte Wichtigeres zu tun. Außerdem war es ihm unangenehm, in privaten Aufzeichnungen anderer zu stöbern, seien es auch die der Mutter. *»Zeigen Sie den Brief nicht herum!«* ermahnt er später bisweilen die Empfänger seiner eigenen, launigen Mitteilungen.

Wahnfried und andere Domizile

Am 28. April 1874 erfolgt der Einzug Wagners und seiner Familie ins Haus Wahnfried. Über dem Eingang ist ein Sgraffito von Robert Krausse angebracht, eine allegorische Darstellung des Kunstwerks der Zukunft. Der Knabe auf dem Bild trägt die Züge des jungen Siegfried Wagner. Sein Erscheinungsbild gemahnt an Wagners Verse zu Cosimas sechsunddreißigstem Geburtstag:

»Herr Siegfried kommt: nehmt euch in Acht!
Von Keinem sei er ausgelacht!
Denn er ist dick, wenn auch noch klein;
Und wird er groß, dem Mütterlein
wird er ein Sohn und Helde sein,
der ihr und allen Freude macht.«

Siegfrieds besondere Liebe gilt Malwida von Meysenbug, die zunächst für den Knaben die nicht vorhandene Großmutter ersetzt, bald aber zu einer echten Ersatzmutter für ihn wird. Über Siegfrieds besondere Liebe zur Idealistin gibt bereits der erste erhaltene Brief Aufschluß, den der knapp Fünfjährige im März 1874 seiner Schwester Daniela diktiert. Dieser Brief soll hier in voller Länge zitiert werden, obgleich unschwer zu erkennen ist, daß die vierzehnjährige Daniela versehentlich auch die Parenthesen von Siegfrieds Diktat mit niedergeschrieben hat:

»Mutter Malwida, komm bald hierher zur Stadt und bald im neuen Haus einziehen auch. Du sollst sehr froh sein und sehr gut sein und du bekommst sehr gute Mehlspeise. Und sehr glücklich sollst du sein, ich schenke dir lauter Sachen. Du sollst sehr froh sein und sehr, sehr Freude haben und ich gebe dir lauter Küsse.

Die Malwida soll an einem Tag kommen und sehr wohl werden und Olga (ihre Tochter; Anm. d. Verf.) *soll auch mitkommen. Also einen schönen Wunsch: Mutter Malwida soll bald glücklich kommen mit der Eisenbahn.*

Die Malwida soll bald kommen, in eine Wochen und sie bekommt Kuchen und so was Schwarzes, Kartoffelding mit Sauce; einen schönen Wunsch und einen schönen Gruß, und sie soll kommen, wir werden sehr froh sein, wenn sie kommt. Also Malwidchen soll gut sein und ich schenke ihr lauter Spielsachen. Also Malwidchen, der schenke ich Sachen, daß sie recht glücklich wird. Sie bekommt einen Lebkuchen und eine kleine Mehlspeise und Marzipan und einen Dudelsack. Und sehr viel Glück und sehr fromm, und der Ruß soll sie nicht mehr anbellen.

Ach, die Mutter Malwidchen habe ich so gern, sie soll bald herkommen und der Putz gibt ihr einen Kuß. Sie soll glücklich werden und den ganzen Tag herkommen und nie spazieren gehen, weil sie so krank ist. Siegfried«

Der Garten von Wahnfried ist für Siegfried die »eigentliche Schule«, wie er es in seinen »Erinnerungen« formuliert. Die Kameraden der Kinder sind *»Hunde, Hühner, Kanarienvögel, wohl auch Salamander und Frösche, die sich, in den Kleiderschränken versteckt, wohl fühlen sollten, wenn sie auch in ihrem feuchten Elemente sich sicherlich glücklicher gefühlt hätten«.*

Bei den Proben im Festspielhaus sind die Kinder nicht zugelassen, aber auch in Wahnfried finden musikalische Proben statt und hinterlassen sicher ihre Eindrücke auf das Gemüt des Knaben. Zunächst besucht Siegfried den öffentlichen Kindergarten, der Cosima anfänglich mißfällt, seine Schwestern gehen in die städtische Schule. Als Isolde, aus dem Geschichtsunterricht kommend, einen historischen Abriß über Ludwig den Frommen zum besten gibt und mit dem Streit zwischen Ludwig und seinen Söhnen endet, bietet Fidi die Pointe: *»Sie streiten sich wie auf dem Hühnerhof!«*

Siegfrieds Schlagfertigkeit und Humor sind dem Vater eine »immerwährende Freude«. Bei jeglicher Schaffensunlust schöpft er aus der Beobachtung und dem Gespräch mit dem Fünfjährigen neue Kräfte. Auch in traurigen Momenten erheitert Siegfried seine Umgebung. Als der Hund Ruß, für den Wagners gerade ein Weibchen bestellt hatten, im Wahnfried-Garten begraben werden muß, kommentiert Fidi: *»Ach, Gott im Himmel, was wird seine Frau sagen, wenn sie kommt!«* Richard nimmt ihn sogar mit zu Angermanns Kneipe, wo ihn ein Fremder fragt, ob er auch schon Bier trinken könne. *»Ja«,* ist die schüchterne Antwort des Knaben. Bisweilen führt sie auch ein Spaziergang hinauf zum Hügel, zur Festspielhaus-Baustelle.

Meist jedoch ist er in der Obhut der Mutter, der Gouvernante oder einer der älteren Schwestern, die ihm mit ihren langen Fingernägeln die Bücher zerkratzen. So scheint es nur konsequent, daß sich bei ihm Aversionen gegen die »süßen Mädchen« breitmachen, die Überzahl weiblicher Wesen in seiner Umgebung ist eklatant. Cosima notiert Siegfrieds Ausspruch: »Mädchen sind mir zu sauer«, seine Absicht, sich einen Harem von zwölf Buben anzuschaffen und seinen Plan, wie er mit jenen leben wolle. Ein wichtiger Bestandteil dieses Wunschtraumes lautet: »seinen Schwestern die Nägel untersuchen, bevor sie seine Bücher anrühren usw.«

Im Winter begleitet er seine Schwestern aufs Eis zum Schlittschuhlaufen, denn es dauert noch ein Jahr, bis sich für ihn endlich zwei Spielgefährten finden, Erich Braun und Ludwig Reitzenstein.

Am 25. Dezember 1874, anläßlich Cosimas siebenunddreißigsten Geburtstag, erklingt in der Halle von Wahnfried erneut das »Idyll«, aber auch der »Kinder-Katechismus für Kosels Geburtstag«, der genau ein Jahr zuvor mit Klavierbegleitung zur Uraufführung gekommen war. Nun erklingt er erstmals mit Orchester und ist um ein Nachspiel erweitert, das den Schluß der soeben vollendeten »Götterdämmerung« zitiert. Mitglieder des Hofer Orchesters spielen, und Cosimas fünf Kinder singen:

> »Ros' im Mai,
> Kos' im Mai,
> Allerliebste, allerschönste Cosima!«

Das Nachspiel mit dem Erlösungsmotiv entrückt das Werk dieser familiären Idylle, mag aber tiefenpsychologisch auch eine Bitte Richard Wagners um Erlösung von den häufigen Querelen mit der Gattin bedeuten; denn Probleme treten besonders häufig dann auf, wenn es um Cosimas Vater Franz Liszt geht. Siegfried jedoch hängt leidenschaftlich an seinem Großvater: *»Seine überreiche Güte, sein originelles Eingehen auf die Eigenart eines jeden seiner Enkel hatte etwas ungemein Anziehendes für uns. Seine Ankunft brachte uns außerdem stets einen freien Tag ein, was ja bei jugendlichen Gemütern nie seine Wirkung verfehlt.«* Siegfried darf jederzeit, auch unangemeldet, in sein Zimmer kommen. Dort stöbert »Sigius«, wie Liszt seinen Enkel zu nennen pflegt, in dessen Papierkorb herum, um Notenpapiere und seltene Briefmarken zu erbeuten.

Siegfried nimmt schon früh Anteil an den allabendlichen Lesungen in Wahnfried. Insbesondere werden Dramen vorgelesen, Biographien und Romane, aber es wird auch viel musiziert. Bach und Beethoven sind die musikalischen Hausgötter, und Vater Richard singt wiederholte Male nicht etwa eines seiner Werke, sondern »Spinne Margarethe« aus der »Weißen Dame« von Boieldieu.

Nach Beendigung der Bayreuther Vorproben für die im Jahr darauf erfolgende Uraufführung des »Ring des Nibelungen« unternimmt die Familie einen Erholungsausflug nach Böhmen. Über Karlsbad, die Schlackenburg und Aussig geht es nach Prag, wo man in Richards Jugenderinnerungen schwelgt. Als würdiger Sohn des Feuerzauber-Komponisten versucht sich der Sechsjährige, der selbst noch nicht komponieren kann und daher einfachheitshalber zum Streichholz greift. In einem Hotel in Alexandersbad zündet Siegfried, um sich ein Feuerwerk zu bereiten, die Gardine an: »Großer Schrecken. Er lautlos; meldet durch Türklappern den Brand und verschwindet durch die Hintertüre; Richard beim Umkleiden, löscht ganz nackt die Brunst, während dem aber ereignet sich, was er so oft im Traume erlebt, das ganze Kurhaus hat von außen den Brand gesehen und stürmt ein, um ihn zu löschen, in seinem lächerlichen Zustand entfernt sich Richard mit Mühe.« Welch eine Szene, die Cosima am 13. Juni 1875 in ihrem Tagebuch, mit einem für sie ungewöhnlich lebhaften Stil, festhält! (Leider haben sie die Drehbuchautoren und Regisseure von Wagner-Filmen ignoriert – oder einfach überlesen.) Doch Cosimas Meinung, Fidi sei »wohl auf Lebzeiten von den Zündhölzchen kuriert«, trifft für den späteren starken Raucher ebensowenig zu wie für den Regisseur der »Götterdämmerung«, der speziell am Weltenbrand noch oft herumgebastelt hat. Und auch der Musikdramatiker Siegfried Wagner kommt ohne den Topos des Purgatorio nicht aus. Die Flammen drohen nicht nur dem Bärenhäuter Hans Kraft, sie bilden auch den Hintergrund für so manche abschließende Liebesszene, etwa in »Der Kobold« und in »Sonnenflammen«.

In Altenburg erlebt Siegfried eine Aufführung des Dramas »Die Darwinianer« von Jean Baptist von Schweitzer. Cosima findet das Stück »trostlos«, doch Siegfried beeindruckt die politische Haltung des Dichters, der Lassalle nahesteht und ein sozialdemokratischer Reichstagsabgeordneter ist. Siegfrieds frühes »socialistisches Drama« aus dem Jahr 1892 mit dem Titel »Nichts Neues unter der Sonne« scheint hier seine Keimzelle zu haben.

Der Sechsjährige hat Freude am Lesen, aber er spielt auch, wie alle Kinder, begeistert mit der Eisenbahn, was Richard zu einem, wohl nur in sächsischer Mundart wirkenden, Wortspiel animiert: »Wenn du nicht ein Genie wirst, so doch wenigstens en Genieur.«

»Ich lern jetzt schwimmmen«, erzählt Siegfried in einem Brief an Daniela, die in einem katholischen Stift untergebracht ist, *»der Herr Unteroffizier Herr Fuchs hat mich ins Wasser geworfen mit ein Gürtel um mein Bauch und noch Schwimmhosen unter, und dann hab ich geschwommen. (...) Dem Marke ist sein Schwanz ganz nach unten und jetzt ist es wieder besser. Miss Murchison, Eva, der Marke und ich sind noch auf das Theater gegangen und wir begegneten Frau Gießel und die sagte, wir könnten zu Gießels Villa gehen und mit Fritz und Elsa spielen. (...) da war eine Henne mit einem Schopf, die hat der Marke getötet, aber nicht ganz, und es war eine Henne vom Gießel.«*

Ende Oktober geht es mit den Eltern und Geschwistern wieder auf Reisen. In München bildet Franz von Lenbachs Atelier einen besonderen Anziehungspunkt, in Wien dürfen die Kinder mit ins Ballett »Brahma«, nicht aber in die »Carmen«. Denn Vater Richard plant zu der Zeit immer noch, »nach dem Parsifal« seinen Entwurf einer Buddha-Oper, »Die Sieger«, auszuführen; Georges Bizets Musik hingegen gehört zu den geschmähten Kunstwerken. Dennoch betont Siegfried später einmal, wieviel er gerade aus Bizets Partituren gelernt habe.

In der Wiener Hofoper erlebt Siegfried, vom zweiten Rang aus, am 15. Dezember 1875, erstmals den »Lohengrin«, den er selbst so oft schon, mit Schild, Schwert und Schwanenhelm, dargestellt hat. Doch nicht nur Theater, auch eine Besichtigung Schönbrunns gehört zum Programm des Wien-Besuches. Weihnachten und den Jahreswechsel begehen die Wagners in Bayreuth. Silvester wird mit Schuhe-Werfen und Bleigießen gefeiert, wobei Siegfried einen Helm und einen Schild gießt – zumindest interpretiert es Cosima so. In Anwesenheit der Kinder weiht Richard Wagner an seinem dreiundsechzigsten Geburtstag die Restauration zur Verköstigung seiner Festspielkünstler ein. Er selbst intoniert den Gesang des Nachtwächters aus seinen »Meistersingern von Nürnberg«: »Hört, ihr Leut', und laßt euch sagen.«

Für Siegfried ist dieser Tag ein einschneidendes Erlebnis. Denn von jetzt an ist er zu den Proben im Festspielhaus zugelassen. Sein besonderes Interesse wecken die technischen Spielereien, die eigens für die »Rheintöchter« konstruierten Schwimmapparate und der Regenbogen, auf dem die Götter nach Walhall einziehen.

Nach Beendigung der ersten Festspiele brechen die Wagners »mit Sack und Pack nach Italien« auf. Der folgende Herbst soll der Erziehung der Kinder gelten; die Eltern überlegen ernsthaft, nach dem Festspiel- nun noch ein Schulhaus zu erbauen, Lehrer zu bestimmen und Siegfried, gemeinsam mit sechs weiteren Knaben, erziehen zu lassen.

Verona, Venedig, Bologna, Neapel, Sorrent, Capri, Pompeji, Neapel, Rom und Florenz sind die Stationen der Reise. Kirchen, Museen, Theater und Paläste werden besichtigt. »Die Kinder bewahren in dieser langen, bei größter Hitze sehr ermüdenden Fahrt ihre Gutartigkeit, Siegfried besonders ist unermütlich heiter und gut«, weiß Cosima nach der Reise von Bologna nach Neapel, am 29. September 1876, ihrem Tagebuch anzuvertrauen. Auch auf dieser einzigartigen Ferienreise setzt der Unterricht für die Kinder nicht aus, nur sonntags wird ein »Spieltag« eingelegt. Gesänge bei der Olivenernte, von Cosima abschätzig als »Olivengejodel« bezeichnet, prägen sich Siegfried ein.

Malwida von Meysenbug, Dr. Rée und Nietzsche kommen am 27. Oktober auch nach Sorrent, wo Wagners den dritten Stock des Hotels Victoria bewohnen. Malwidas Geburtstag wird mit einem Ausflug auf Eseln gefeiert. In Neapel besuchen die Kinder ein französisches Theater. Da es der Bildung dienen soll, hat Cosima diesmal nichts gegen diesen »welschen Dunst« einzuwenden.

Nun erlernt Siegfried auch das Schwimmen. In Bayreuth hatte er sich vergeblich darum bemüht, denn dort hatte ihn der Schwimmlehrer an einem Strick über Wasser gehalten, in Neapel steht er mit ihm im Wasser. Eine italienische Lehrerin wird engagiert, um den Wagner-Kindern Sprache und Literatur beizubringen. In Rom sind Siegfried und seine Schwestern einmal bei Franz Liszts Lebensgefährtin, der Fürstin Caroline Sayn-Wittgenstein, eingeladen, was sich dem Siebenjährigen nachhaltig negativ einprägt: *»Schon die Luft in ihrem Zimmer (es wurde anscheinend nie gelüftet), der penetrante Geruch stark duftender Blumen, brennende Wachskerzen und ihr eigentümliches Aussehen wirkten erschreckend auf unsere kindliche Phantasie. Nachdem sie uns zahlreiche Photographien von Antiken gezeigt hatte, mußten wir zum Abschied einzeln vor ihr niederknien, um von ihr einen recht lang ausgedehnten und mit ritualen Gebärden ausgestatteten Segen zu empfangen, was uns einerseits – da wir so etwas noch nie erlebt hatten – ängstigte, andererseits aber auch zum Lachen reizte. Ich fürchte, daß sie das leise Kichern gehört hat, denn wir wurden nie mehr eingeladen. Die Schokoladennachmittage bei der Gräfin Voß mit ihrem reichhaltigen Kuchensegen waren uns jedenfalls damals lieber als der polnisch-kirchliche Segen!«*

Siegfried hat auf dieser Reise eifrig Baudenkmäler gezeichnet.

»Damals erwachte in mir die Leidenschaft für die Architektur. Wie besessen

lief ich von Kirche zu Kirche, von Palast zu Palast, und die ersten Versuche, mit dem Bleistift auf dem Papiere diese Eindrücke wiederzugeben, wurden anfänglich recht unbeholfen, allmählich aber ganz annehmbar gemacht, so daß meine Eltern mit Lächeln, aber auch mit Freude dieses alle überraschende Talent beobachteten, das sich da entwickelte.«

Die Vorfreude auf die Heimkehr inspiriert Siegfried zu einer Theaterszene in englischer Sprache. Vater Richard, der schon an Siegfrieds viertem Geburtstag gescherzt hatte, »wenn Fidi mit 24 Jahren seinen ›Götz von Berlichingen‹ schreibt, dann kann ich ihn vielleicht noch lesen«, ist hocherfreut: »Er wird schon genug zu tun haben, wenn er das geistige Erbe seines Vaters antritt und wirklich den Gedanken Boden schafft!«

Das Festspielhaus liegt nach dem ersten Festspieljahr für sechs Jahre brach, und bis »Der Ring des Nibelungen« wieder auf jener Bühne spielt, die für diese Tetralogie errichtet wurde, sollten noch zwanzig Jahre vergehen. Aber im Kinder-Theater in Wahnfried, einem von Richards Freundin Judith Gautier konstruierten Puppentheater, versehen mit allen Personen, Dekorationen und Requisiten der vier Abende, laufen im Januar 1877 bereits wieder die Proben zu »Rheingold«.

An Evas zehntem Geburtstag, am 17. 2. 1877, wird »Das Rheingold«, vor einer Schar von dreißig Kindern verschiedenen Alters, in diesem Puppentheater zur Aufführung gebracht. Im Fasching findet man Wagners Kinder wieder einmal als Gestalten aus des Vaters Musikdramen gekleidet, Siegfried diesmal nicht als Siegfried oder Lohengrin, sondern als Friedensbote aus dem »Rienzi«; eine Rolle, die er offenbar gern spielt, ohne konkret zu wissen, was sie bedeutet, – doch sollte er später noch öfter als ein Bote des Friedens erscheinen.

Sonntags besuchen die Kinder die evangelische Kirche. Großvater Liszt wird nach der Messe in der katholischen Kirche Bayreuths abgeholt. Zu Karfreitag erleben die Kinder Bachs Johannespassion. Die Kinder beteiligen sich auch an der »Parsifal«-Arbeit: sie radieren die Bleistiftspuren des Manuskriptes aus, da Vater Richard die Urschrift der Dichtung zunächst mit Bleistift geschrieben und dann erst mit Tinte nachgezogen hat. Im Mai 1877 brechen Richard und Cosima nach London auf. Hier will Wagner Konzerte dirigieren; die Einkünfte sollen das Defizit des ersten Festspieljahres abdecken. Siegfried und seine Schwestern bleiben in Bayreuth. Doch beim Festbankett in London, anläßlich Richards vierundsechzigsten Geburtstag, läßt man Siegfried ausdrücklich hochleben.

Am Vorabend von Fidis Geburtstag treffen die Eltern in Bad Ems wieder mit den Kindern zusammen. Cosima deutet aus Siegfrieds zärtlich-mitleidigem Blick auf den Vater, daß dieser von den schlechten Kritiken im Bayreuther Tagblatt gehört habe. Zu seinem Geburtstag erhält der Knabe einen Baukasten, den der Vater in London erworben hat; was Siegfried mit dem Zeichenstift festgehalten hat, kann er nun im Modell nachbauen. Im Kurhaus von Bad

Ems überreicht Fidi dem greisen Kaiser Wilhelm einen Kornblumenstrauß. Nach Beendigung der Kur geht es über Heidelberg, Schwetzingen, Mannheim und Heilbronn nach Luzern, wo Siegfried sein Geburtshaus wiedersieht: Cosima notiert, es sei inzwischen »verwildert und verwachsen, französische Juden bewohnen es«, was Richard mit dem Ausspruch »etwas viel auf einmal« kommentiert.

Die Heimreise führt über Zürich und München nach Nürnberg, wo sich die Eltern auf dem Hans-Sachs-Platz durch die Synagoge »sehr gestört« fühlen, wie Cosima, mit akribischem Antisemitismus, der Nachwelt überliefert. Bevor es nach Bayreuth geht, unternimmt die Familie noch einen Abstecher nach Weimar. Der Besuch bei Großvater Liszt wird mit einer Besichtigung der Wartburg, dem Schauplatz von Wagners »Tannhäuser«, verknüpft. Cosima und Isolde bleiben beim Abbé, Richard reist mit Siegfried, Eva, Daniela und Blandine heim.

Doch nach ihrer Rückkehr nach Bayreuth widmet sich Cosima wieder dem täglichen Unterricht ihrer Kinder, selbst dann, wenn sie »etwas leidend« das Zimmer hüten muß. Da ihr Fidi »gar weichlich« erscheint, hält sie ihn zu einer Knabenfreundschaft an. Der Vater freut sich über Siegfrieds neuen Umgang und schenkt den beiden Pfeil und Bogen. Einen Monat später ist diese von Cosima gestiftete Freundschaft jedoch bereits zu Ende, da sie es so will. »Der ersehnte Knabenumgang erweist sich als überaus gemein«, vermerkt sie im Tagebuch, »Roheit, Gemeinheit, tückische Trägheit«. Was mag wohl vorgefallen sein?

Inzwischen hält Richards Bemühung an, für den inzwischen achtjährigen Sohn einen Lehrer in Bayreuth zu finden, doch die vorhandenen Lehrkräfte entsprechen seinen Ansprüchen und Vorstellungen nicht.

Anfang Oktober liegt Siegfried mit einem Geschwür darnieder. Wo dieses Geschwür sitzt, verrät Cosimas Tagebuch nicht. Die zum Protestantismus konvertierte Katholikin hält ihre Kinder zur Feier der christ-katholischen Feste an. So besucht sie zu Allerheiligen den Friedhof, und da in Bayreuths Erde keine Verwandten ruhen, läßt sie die Kinder das Grab eines Dekans bekränzen, den sie noch gekannt hat.

Am darauffolgenden Sonntag besucht sie mit den Kindern eine Märchenvorstellung, »Schneewittchen«. Angeregt durch dieses Erlebnis, beschließen Cosimas Töchter, die Eltern ihrerseits durch eine Märchenaufführung zu überraschen. »Aschenputtel« steht auf dem Programm. Den Vogel in dieser Aufführung schießt jedoch Fidi ab: »in der erheiterndsten Weise« spielt er eine der bösen Schwestern. Die Rolle dürfte ihm nicht sonderlich schwergefallen sein, hat er doch täglich ausreichend Anschauungsmaterial, das er mit Genuß komödiantisch umzusetzen weiß.

Anfang Dezember stellt sich wieder einmal ein Lehrer für den inzwischen achtjährigen Siegfried vor. Doch wieder fällt das Vorstellungsgespräch negativ aus. Der Horizont des Kandidaten reicht »nicht über den Kreis des Seminars hinaus«, so daß der Vater seine Resignation mit dem Scherz beendet: »Zu was ihn erziehen? Ich denke zum Afrika-Reisenden!«

Weihnachten, zugleich Cosimas Geburtstag, wird wieder groß gefeiert. Cosima zuliebe hat Richard mit den Kindern einen Chor, »Willkommen lieber Christ«, einstudiert und überhäuft sie mit Geschenken, darunter auch ein japanisches Negligé. Man schwelgt in den Erinnerungen an Italien, und dabei erweist sich, daß nicht nur Siegfried die italienischen Lieder gut behalten hat, auch Eva singt, zum leisen Entsetzen der Mutter, »den Olivenjungen von Sorrento«. Überhaupt sind es mehr die fremdländischen Klänge, die sich im jungen Siegfried festsetzen. So notiert Cosima, daß Fidi im Schlaf »eine Art von türkischer Musik« vor sich hinsingt.

Im Bayreuther Hofgarten führt Siegfried den altdeutschen Anzug aus, den ein Schneider eigens zum Weihnachtsfest gefertigt hat. Den Eltern zum Vergnügen, dem Kind zum Mißbehagen, denn es will lieber so aussehen wie die anderen Knaben auch. Erkenntnis über diese und andere, nicht gerade glückliche Momente im Leben des jungen Siegfried bedingen wohl jenen Traum, den Richard Wagner kurz darauf bei einem Nachmittagsschlaf träumt: Er hört jemanden auf dem Wasser singen, Cosima entgegnet, sie könne den Gesang auf den Wassern nicht leiden; plötzlich erkennen die Eltern, daß es ihr Sohn ist, der mit den Worten »Adieu Papa, Adieu Mama!« singend versinkt.

Hier scheint sich doch ein schlechtes Gewissen ob der Erziehung bemerkbar zu machen: Siegfried, der sterbende Schwan. Denn als kurz darauf zwischen den Eltern wieder einmal Siegfrieds Zartheit zur Sprache kommt, entgegnet Richard barsch: »Muß er denn ein Rüpel sein?« Er vertritt den Standpunkt, daß Zartheit die Energie des Charakters nicht mindere, im Gegenteil, jene, die nur Energie ohne Zartheit hätten, seien »finstere, unfreie Menschen«. Und daß Siegfried »ein freier Mensch« werde, ist weiterhin des Vaters größtes Bestreben.

Doch Cosimas indoktrinierender Intoleranz, speziell wenn es um Frankreich und um das Judentum geht, setzt Richard nur selten etwas entgegen. Deprimiert meint er selbst einmal, die Juden würden alles beherrschen und nur seinen Tod abwarten, da haut Cosima als rassistische Erzieherin in die Kerbe: »Siegfried wird ihnen schon einen Strich durch die Rechnung machen, er wird deinen Gedanken vertreten, dein Genie wird er nicht haben, deinen Charakter aber auch.« Richard erwidert hierauf vieldeutig, nach der Uraufführung des »Parsifal« wolle er sich selbst um Siegfrieds Erziehung kümmern.

Mit dem durch Malwida von Meysenbug vermittelten, jungen Philosophen Heinrich von Stein, der am 20. Oktober 1879 in Wahnfried eintrifft, ist für Siegfried ein idealer Lehrer gefunden. Der um zwölf Jahre ältere Stein behandelt Siegfried wie einen Gleichaltrigen und unterrichtet ihn mehr auf der Ebene von Gesprächen als in einem herkömmlichen Lehrer-Schüler-Verhältnis.

Heinrich von Stein, Freiherr von Nord- und Ostheim, wurde am 12. Februar

1857 in Coburg geboren. Zunächst studierte er in Heidelberg Theologie, dann in Halle und Berlin Philosophie und Naturwissenschaften. Bereits mit zwanzig Jahren promovierte der von Eugen Dührings kämpferischem Sozialismus stark beeindruckte Stein mit einer Abhandlung »Über Wahrnehmung«. Auch nach Aufgabe seiner Hauslehrerstelle als Erzieher Siegfried Wagners bleibt Stein Richard Wagner verbunden und wird zu einem der wichtigsten Vorkämpfer Bayreuths. 1881 habilitiert er sich in Halle, wo er bereits im Jahr darauf ein Kolleg über Wagner abhält, 1884 wird er Professor an der Berliner Universität. Sein umfangreiches literarisches Schaffen gipfelt in dem Werk »Die Entstehung der neueren Ästhetik«. Am 20. Juni 1887 stirbt der erst Dreißigjährige in Berlin. Zu Heinrich von Steins »Helden und Welt«, einer Sammlung »Dramatischer Bilder« in Form kurzer, stilisierter Dialoge historischer Persönlichkeiten, steuert Richard Wagner ein Vorwort bei.
Insbesondere Cosima versteht es, Heinrich von Stein an die »Bayreuther Sache« zu binden, ihn – gemeinsam mit Karl Friedrich Glasenapp – zur Herausgabe eines »Wagner-Lexikons« zu bewegen, das die »Hauptbegriffe der Kunst- und Weltanschauung Richard Wagners« alphabetisch, »in wörtlichen Anführungen aus seinen Schriften«, zusammenstellt und damit ein einheitliches Denkmodell Wagners vorspiegelt. Dieser Band, zum siebzigsten Geburtstag Richard Wagners geplant, erscheint 1883 postum.
Erstaunlich ist das Pensum, das Stein mit dem elfjährigen Siegfried im Laufe eines guten Jahres bewältigt. Mit einer »Übersicht über Siegfrieds Bildungsgang« gibt er Wagner Rechenschaft über seine Tätigkeit, stellt zugleich aber auch einen Plan für die Fortsetzung dieser Ausbildung auf: »An der Spitze von Siegfrieds Wissen über Erde und Menschen sind die Namen Indien und Griechenland getreten. Indem wir letzteres in der Sprache der Hellenen und mit steten Hinweisen auf Göttersagen und Geschichte schilderten, dürfte ein bestimmter Ausgangspunkt für ein eigentliches Eindringen in Länder- und Völkerkunde gewonnen sein.« Stein berichtet dann über seinen botanischen Anschauungsunterricht, seine antieuklidische Einführung in die Geometrie. Diese drei Bildungsbereiche will er gerne selbst noch weiterführen. Doch auch die »Arbeit im Sinne des Handwerks und später der Technik« will er Siegfried noch beibringen. Ganz gleich, ob dieser einst den Beruf des Architekten oder den des Chirurgen ergreifen wird, will er die »produktive Arbeit an der Natur« dem Knaben »durch Beispiel und Teilnahme des Freundes« vermitteln. So soll Siegfried das Tischler-Handwerk erlernen und auch Gartenbau betreiben. Die Neben- und Unterordnung Siegfrieds gegenüber seinem Erzieher müsse eine »echte Notwendigkeit« darstellen, damit die natürliche Heiterkeit des Knaben erhalten bleibe. Also gelte es, Siegfried »Formen schöner Ordnung als eigene Neigung einzupflanzen und zu pflegen«. Auch soll er lernen, einen eigenen Besitz zu bewahren und zu verwalten. »Jedoch kann gewiß diese Art des Einflusses erst zu echter Geltung gelangen, wenn wir immer weniger als Befehlender und Gehorchender, ja

auch Lehrender und Lernender, aneinandertreten und uns immer mehr in gemeinschaftlicher Arbeit und enger Gemeinsamkeit des Lebens überhaupt vereint sehen. Ja, dieser wichtigste der erziehenden Einflüsse kann wohl nur so im Verlaufe der tätigen Jahre in Kraft treten.« Stein moniert, daß Siegfried bisher »in sehr einseitiger Weise zur Erwerbung seiner jetzigen deutschen Handschrift angewiesen worden ist«, so daß er es nicht geschafft hat, »ihn in gleicher Weise zur Erlernung lateinischer Schriftzüge anzuhalten«. Auch empfiehlt er, daß Siegfried mehr lesen solle, insbesondere die »in seinem Besitz sich befindenden Märchen«, da er bei ihm einen Mangel an »Gewandtheit im deutschen Lesen« festgestellt hat. Die Historie soll ihm zunächst anekdotenhaft vermittelt »und erst in reifem Alter der eigentliche Nachdruck durch biographische Kenntnisse gegeben werden«. In Siegfrieds Beherrschen der griechischen Grammatik konstatiert Stein deutliche Fortschritte, wohingegen die englische Sprache noch zu festigen sei. Auch Erd- und Länderkunde sollen ausgebaut werden. In der Mathematik würde Siegfried der Unterricht, über Steins Andeutungen hinaus, »für den Augenblick wohl nur unnütz belasten«, da »in dieser Richtung besondere Neigung nicht hat hervortreten wollen«. Abschließend lobt Stein Siegfrieds »erstaunlichen Reichtum seiner Erfindungen in Linien«, welcher, ganz abgesehen vom jeweiligen Inhalt, »durch die stete Freudigkeit und Sicherheit des zeichnenden Ausdrucks, manches erwarten und Schönstes erhoffen läßt«.
Heinrich von Stein kann nicht mehr alle Punkte seines Ausbildungsplanes selbst realisieren, da sein Vater in der Tätigkeit als Hauslehrer eine Zeitverschwendung sieht. Als sich für Stein die Möglichkeit der Habilitierung zum Professor an der Universität Halle ergibt, muß er daher Siegfrieds Ausbildung unterbrechen. Während seiner Ferien ist Stein jedoch weiterhin Wagners Gast, um Siegfrieds Bildungsgang in Wahnfried und in den italienischen Domizilen weiterzuführen.
Zu Richard Wagners sechsundsechzigstem Geburtstag ergreift der knapp zehnjährige Siegfried, nach einem »Hoch« auf seinen Vater, erstmals einen Dirigentenstab. Wagners Chorwerk »Gruß seinen Treuen«, in einer dem Anlaß gemäß veränderten Textfassung, erklingt unter seiner Leitung als Quartett, gesungen von den Schwestern Blandine, Daniela, Isolde und Eva. Der 1876 bei der Uraufführung des »Ring«-Zyklus in Bayreuth beschäftigte Ballettmeister Richard Fricke ist eigens aus Dessau angereist, um den Kindern eine von Cosima gedichtete Pantomime mit anschließendem, italienischem Tanz, die »Schulstube in Sorrento«, einzustudieren. Sie fällt bei der abendlichen Geburtstagsfeier so wirkungsvoll aus, daß Wagner um eine Wiederholung bittet.
Ein Traum, den Siegfried seinem Vater beim Baden in der Frühe erzählt, erfreut Richard, denn Fidi hat geträumt, daß er schwimmend viele Menschen aus dem Wasser rettet, was für ein erstarktes Selbstbewußtsein des Zehnjährigen spricht. Vom September 1879 ist ein ausführlicher Brief Siegfrieds an

seine Schwester Daniela erhalten, der beredt Auskunft gibt über den Tagesablauf Siegfrieds und seiner Freunde, der seine natürliche Entwicklung zum Lausbuben aufweist, aber auch seinen Hang zum Theater und zur Architektur bestätigt:

Am Sonntag, 7. Sept., gab ich eine kleine Einladung, wo der Ludwig Reitzenstein, Ernst und die zwei Jägers da waren. Wir spielten sehr lange Gefängnis und Diebe. Dann turnten wir und spielten Schlacht. Später darauf bekamen wir Sch(okoladen)mus im Garten. Ich gab jedem eine gute Portion. Als die Reihe an dem Ernst war, fiel der ganze Cream hin auf den Sand und Ernst und ich bekamen nichts. Dafür bastelte ich darauf zwei Stückchen Butterbrot und vier Kümmelstangen. Wir turnten darauf wieder und spielten Geister im kleinen Häuschen. Ich war der Geist. Ich sperrte den Fritz J. in das dunkle Zimmer, wo er so schrie, daß ich ihn raußließ. Am Montag den 8. September wurde ich bei Joseph Parseval eingeladen und wir spielten beinahe nur Soldaten (wie immer) und später bischen fragen und verstecken. Wir bekamen Bier mit Butterbrot. (...) Denke dir, ich habe mir ein kleines Haus in der Ziegelstraße gebaut, worin ich oft saß. Einmal ging – Papa in der Siegfriedstraße und sah das Häuschen. Er fand, daß es nicht hübsch aussähe und er ließ es einreißen. Ich habe es nachher hinter dem Häuschen vom Georg gebaut, viel höher, noch schöner, und ich habe mir einen kleinen, grandiosen Garten angeeignet. (...)

Am 9. Sept. wurde ich und Loldi bei Staffs eingeladen. (...) Erich und Alfred Braun waren auch dort. Wir bekamen als Abwechslung Chokolade, welche bischen sehr wässrig war. Nach dem Essen spielten wir Theater, wo die Emma und Loldi zuschauten. Nach dem Theater haben wir uns geprügelt. Wir konnten leider nicht in den Garten, denn es regnete furchtbar. Später gab uns Frau von Staff einen Teller mit Nüssen als Gewinnste, aber wir aßen sie alle im Voraus. (...) Am 10. September hatte ich eine Einladung, wo die zwei Staffs, die zwei Brauns und Ludwig Reitzenstein, Joseph von Parseval und Ferdi Jäger da waren. Wir turnten ganz zuerst und dann schaukelten wir, und als es auf einmal anfing zu regnen, (... haben wir) uns schnell in das Häuschen geflüchtet. Dort spielten wir Geister. Dann gingen wir zum Kaffee, wo der Herr Joseph sehr gefräßig war. Nachher spielten wir wieder Geister und es entstand ein sehr heftiger Streit zwischen Joseph Parseval, Ferdi Jäger und Ludwig Reitzenstein, und Joseph wollte nachhause gehen, aber ich hielt ihn so auf, daß er da blieb. Später darauf spielten wir Dieb und Gefängnis, welches sehr lustig war. Dann regnete es wieder und wir gingen wieder in das Häuschen und ich erzählte Geistergeschichten (...).«

Am 31. Dezember 1879 bricht Richard Wagner mit seiner Familie über München, wo Silvester gefeiert wird, wieder auf in den Süden. So gern er Bayreuth als jenen Ort ausgewählt hat, an dem sein »Wähnen Frieden fand«, so sehr treibt es ihn in wärmere Gegenden. »Diese verdammten

Kartoffelsäcke«, so erinnert sich Siegfried, soll Wagner, mit geballt erhobenen Fäusten, gegen den wolkenbedeckten Bayreuther Himmel gewettert haben.
In Neapel bezieht Wagner mit Kind und Kegel, Diener und Kammerjungfer die Villa d'Angri, die hoch oben, am Posilipo, gelegen ist. Mitte Januar spricht der russische Kunstmaler Paul von Joukowsky vor, den Wagner für die Ausstattung seines noch im Entstehen begriffenen »Parsifal« verpflichtet. Auch Engelbert Humperdinck macht hier im März 1880 seinen Antrittsbesuch und singt einen Gralsritter, als Wagner an seinem siebenundsechzigsten Geburtstag – von Josef Rubinstein am Klavier begleitet – die Gralsszene seines »Parsifal« aus dem Particell zur Uraufführung bringt. Das Vorspiel zu diesem Bühnenweihfestspiel durfte die Familie sogar schon in der originalen Fassung hören: es erklang erstmals am 25. Dezember 1879, zu Cosimas Geburtstag, um 7 Uhr früh, gespielt von dem Meininger Hoforchester unter Richard Wagners Leitung, in Wahnfried.
Seiner Schwester Daniela, die nicht mit nach Neapel gefahren ist, berichtet Siegfried seine täglichen Eindrücke. Am 17. März 1880 heißt es:
»Denk dir, ich war einen Vormittag mit Papa, Mama, Carlchen und Herr(n) von Stein im Gerichtshaus. Dort war so ein Gestopf und ein Geschwatz von Menschen, daß man gar nicht gehen konnte. Auch waren wir in einem großen Saal, wo ein Junge von ungefähr 20 Jahren verklagt wurde. Lauter Frauen kamen nacheinander ins Zimmer und redeten über ihn. Ich kann dir wirklich es nicht gut beschreiben. (...) Ich gebe der Boni eine Karte von Wankel und noch zwei Bilder von Wankel. (...) Der Herr von Stein ist jetzt während der Stunde sehr guter Laune.«
Die Briefe an Daniela, die er »gute Schachtel« tituliert, unterschreibt er sehr häufig mit »Büblein an der Wand« oder »Mädchenbube«. So wird er offenbar in Anlehnung an das »Spieglein an der Wand« in Grimms Märchen vom Schneewittchen von seinen Schwestern bisweilen genannt. Doch der Mädchenbube, der Bube dieser Mädchen, scheint in dem von »lauter Frauen« im Gerichtssaal verklagten jungen Mann einen Leidensgenossen zu erblicken, dessen Schicksal ihm allein aus der Konstellation ›viele Frauen gegen einen Mann‹ nahegeht.
Sehr anschaulich erinnert sich Siegfried an das Geburtstagsfest in Neapel:
»Der Höhepunkt des Neapler Aufenthaltes war die Feier des 22. Mai. Monatelang hatte meine Mutter Vorbereitungen getroffen, um den Geburtstag des Meisters heiter anregend zu gestalten. Für diese Gelegenheit dichtete sie alljährlich ein Maifestspiel, das wir fünf Kinder darzustellen hatten. Sie richtete sich dabei ganz nach unserm Alter und unsrer Begabung. Ich kam gewöhnlich mit einem recht bescheidenen Part davon, denn mit dem Auswendiglernen haperte es bei mir meistens, selbst später noch während der Gymnasiumszeit. Nur Musik behielt ich schnell. Die zu diesen Huldigungsstücken gehörende Musik stellte sie zusammen, und einem der anwesenden Musiker vertraute sie die Ausführung an. Auch Einakter von Hans Sachs und Lope de

Vega wurden dargestellt. Den Schluß des Abends bildete eine Kahnfahrt an den Ufern des Posilipo entlang.«

Nach vierundzwanzig Jahren, in denen er sich von dem in seiner Jugend häufig aufgetretenen Leiden erholt wähnte, erkrankt Wagner im August 1880 erneut an der Gesichtsrose. Eine Luftveränderung scheint not zu tun. So reisen Richard und Cosima von Neapel über Rom und Florenz nach Siena, wo sie die Villa Torre Fiorentina anmieten. Ende August kommen Siegfried und seine Schwestern nach. »*Welch ein Kontrast«,* heißt es in Siegfrieds »Erinnerungen«, »*nach den grandiosen Effekten des neapolitanischen Meerbusens, nach dem tollen Trubel der Straßen Neapels: nun diese Anmut und Stille, diese sanften Farben, lieblich heiteren Hügel, nichts Wildes, nichts die Phantasie Aufregendes. Ein wirkliches Idyll nach einem Drama.«*

Auch Liszt, der mit Daniela gerade aus Rom kommt, ist für zehn Tage Gast in Wagners neuem, befristetem Heim. Und tatsächlich scheint die anmutige Gegend beruhigend auf die Gemüter zu wirken, denn es geht diesmal ohne Streitigkeiten ab. Liszt ist überrascht, Wagner so heiter zu erleben.

Den Oktober verbringen die Wagners in Venedig, im Palazzo Contarini dalle figure. Danach geht es nach München, wo im November der »Fliegende Holländer«, »Tristan und Isolde« und – als Separatvorstellung für den menschenscheuen Ludwig II., aber in Richard Wagners Beisein – »Lohengrin« auf dem Programm stehen; dann heim nach Wahnfried.

Siegfried ist jetzt in dem Alter, in dem es wichtig ist, ein Geheimnis zu haben. Sein Geheimnis ist eine kleine, im Gartenhaus errichtete Kapelle. Hier liest er als ›Priester‹ die Messe, Spielkameraden fungieren als ›Ministranten‹. Paul von Joukowsky fördert Siegfrieds neue Leidenschaft.

»Mit dem Taschengeld, das ich ab und zu erhielt, und mit dem, was ich mir von Joukowsky und andern Freunden erbettelte, kaufte ich mir eine Gipsmadonnenfigur, Leuchter, Kerzen und Weihrauch; Joukowsky schenkte mir eine Ampel und ein Meßgewand dazu. (Beide befinden sich jetzt noch zur Erinnerung in meinem Arbeitszimmer.)« Joukowsky ahnt wohl, daß der Sohn des »Parsifal«-Komponisten seinen eigenen Gralstempel gebaut hat, sich nun selbst den Gral hütet.

Siegfrieds Kapelle ist zugleich erste Erfüllung des Architekten und des sich selbst inszenierenden Theatermannes. Doch Cosima sieht es anders: Siegfried vertändelt seine Zeit. Sie macht Richard Mitteilung von »Fidis Hauptvergnügen«, und der erblickt darin nur jenen fatalen Hang zum Religiösen, der ihn an Liszt so abstößt. Doch so kann er Liszts Tochter gegenüber nicht argumentieren, obwohl ihn nach Siegfrieds »Erinnerungen« der Anblick der zahllosen Priester in Rom derartig gereizt hat, daß keine gute Stimmung aufkommen konnte. Also schließt er Fidis Kapelle mit der Begründung, sie sei »seines Alters nicht würdig«, was Siegfried, »traurig gehorchend«, akzeptieren muß.

Hingegen zeigt der für seine jugendliche Gruppe von Blumenmädchen leidenschaftlich entbrannte Komponist seinem Sohn, daß Blumen häufig Ge-

Siegfried mit Vater Richard Wagner in Neapel

sichter tragen. In einem Stiefmütterchen erkennt Fidi auch prompt einen Bekannten, den künftigen Schwiegervater seiner Schwester Blandine, wieder: *»Ja, das ist der Fürst Ramacca!«*
Heimlich geht Siegfried an sein zweites ›Bauwerk‹, ein kleines Theater. Aber auch dieses steht nur so lange, bis es von den Eltern entdeckt wird. Siegfrieds Spielkamerad Ludwig Frölich erinnert sich fünfzig Jahre später: »Zwei ›Theater‹ haben wir seinerzeit – davon das eine wohl zum Schrecken der Nachbarschaft – erbaut oder richtiger vielleicht: erbauen wollen! Jede freie Schulstunde wurde zu ›Bauarbeiten‹ verwendet! Der erste derartige Bau wurde in der Ecke des Gartens vorn an der Richard-Wagner-Straße – Wahnfried-Straße errichtet. Unser ›Material‹ war damals noch bescheiden. Wir mußten uns in der Hauptsache auf das im Anwesen Wahnfrieds vorhandene Material beschränken. Als das ›entsprechend‹ ausgefallene Dach auf den Bau aufgebracht war und wir wieder einmal aus Leibeskräften darauf nagelten – fiel der Neubau ein! Wir gingen dann an die Erbauung eines neuen Theaters – rückwärts im Garten, rechts von dem Eingang vom Hofgarten aus. Der Bau war ›massiv‹; wir hatten neue Bretter, neue Balken; das Theater war ›unter Dach‹; eine ›Bühne‹ war schon errichtet; da ging es uns wie vielen modernen Bauherrn: es ging das Geld aus! und aus war es da auch mit dem ›Theaterbau‹.«
Cosima weiß den Nerv ihres Gatten zu treffen. Sie animiert die Kinder zu einer Überraschung besonderer Art für das Weihnachtsfest 1880. Unter Mithilfe von Paul von Joukowsky wird ein lebendes Bild, »Die heilige Familie«, gestellt, mit Daniela als Madonna, Joukowskys Diener Pepino als Josef, Blandine, Isolde und Eva als musizierenden Engeln und dem elfjährigen Siegfried als Jesus, der an einem Kreuz hobelt. Richard Wagner bittet, »tief beglückt«, den Maler Joukowsky, das lebende Bild auch in Form eines Gemäldes festzuhalten. Im folgenden Frühjahr kommt es zur Ausführung, wobei Joukowsky, auf besonderen Wunsch Richard Wagners, das Bild – ähnlich den alten deutschen Meistern – in die heimatliche Landschaft rückt: so bildet das Gemälde, das dann viele Jahre im Festsaal von Wahnfried hing, im Hintergrund die charakteristischen Türme der Bayreuther Stadtkirche ab. Anstelle des auf einem Gemälde wohl deplaziert erscheinenden Dieners Pepino, malt sich Joukowsky selbst als Josef. Aber auch Arthur Graf Gobineau, der Rassenforscher, der zur Zeit der Vollendung des Bildes in Wahnfried weilt, wird, als ein Säulenheiliger, auf dem Bildrand verewigt. So wird das Paradoxon einer »heiligen Familie«, Wahnfrieds Pseudo-Para-Religion, dem Besucher des Hauses übergroß und überdeutlich vor Augen gehalten: Legitimation für die Handlungen einer unheiligen Familie.
Richard revanchiert sich bei Cosima am darauffolgenden Morgen, ihrem dreiundvierzigsten Geburtstag, mit einem, von den Kindern vorgetragenen, »Antiken Chorgesang«. In die erste Stimme des »Antiken Chorgesanges« teilen sich Daniela und Siegfried, Eva und Isolde in die zweite, während die Altstimme allein von Blandine ausgeführt wird. Allerdings hat Richard Zweifel,

ob der elfjährige Siegfried wirklich mit der Oberstimme gut besetzt ist, weshalb das Autograph der Partitur »Fidi« mit einem Fragezeichen versieht.

»Ihr Kinder, geschwinde, geschwinde,
der Mutter das Angebinde,
bringt ihr die alte Spinde,
daß drin sie was Neues finde:
Das Neue ward alt,
doch das Warme nicht kalt;
der's vor fünfzig Jahren geschrieben,
der lernte von ihr das Lieben:
Drum Kinder, ihr Kinder, geschwinde,
daß die Mutter die Spinde
und was darin finde,
Geschreibsel, Gebleibsel,
Geschreibsel, Gebleibsel,
fürs lieb' gute Weibsel!«

Nach dieser dreiteiligen A-cappella-Komposition in G-Dur, die sich wie ein zweistimmiger Kanon anläßt und in der Reprise die Kanon-Idee nochmals dreistimmig aufnimmt, ohne sie durchzuführen, überreichen die Kinder Cosima eine Spinde, in der die vor fünfzig Jahren von Richard kopierte Partitur der Neunten Symphonie Ludwig van Beethovens, ein antikes Halsband, ein goldenes Herz, ein Salzfaß und noch verschiedene Kleinigkeiten der Kinder als Geschenk für Cosima verborgen sind. Siegfrieds Geschenk paßt jedoch nicht in diese Spinde: es ist ein von ihm selbst geschreinerter Tisch. Auf dieses neue Hobby des Schreinerns bezieht sich wohl auch das Hobeln des ›Jesusknaben‹ Fidi auf Joukowskys Gemälde.
Doch auch die Opernstoffe seines Vaters beschäftigen Siegfried zu diesem Zeitpunkt bereits nachhaltig. Im Traum erkennt er in den Protagonisten das Abbild ihres Schöpfers wieder, Erlebtes mischt sich mit kindlichen Urängsten: so träumt er, sein Vater habe als Fliegender Holländer von der Familie Abschied genommen, wobei die Familie weinend in einem Dampfschiff sitzt, und nur die Mutter, die allein in der Kajüte Abschied genommen hat, die Contenance bewahrt.
Am 1. November 1881 bricht Wagner mit seiner gesamten Familie erneut in den Süden auf. Nur Daniela ist bereits mit Großvater Liszt nach Rom vorausgefahren. In Neapel schiffen sich Wagner und die Seinen nach Palermo ein, wo sie im »Hotel des Palmes« Quartier beziehen.
Wagner ist beunruhigt, daß sein Sohn ständig aufgeregt, fast manisch zeichnet und außer dem Baedeker kein Interesse für irgendeine Lektüre zeigt. Doch von Palermo sieht und zeichnet Siegfried zunächst nicht allzuviel. Er fängt ein typhöses Fieber auf, das ihn fast einen Monat ans Bett fesselt. Der Diener Schnappauf und Mutter Cosima machen die vom Arzt verordneten

kalten Umschläge, und Vater Richard erheitert ihn mit dem Scherz: »Du hast es gut, du hast Fieber, wir andren müssen in der kalten Stube frieren.«
Am 20. März übersiedelt die Familie nach Acireale, im April geht es über Messina und Neapel weiter nach Venedig. Dort besuchen die Wagners das Goldoni-Theater, wo Scribes »Damenkrieg« gespielt wird und das Teatro Rossini, wo ebenfalls Schauspiele aufgeführt werden. Siegfried faszinieren vor allem die Kirchen und die Klöster, deren Aufhebung ihn mit Bedauern erfüllt. Sein Vater erklärt ihm, welcher erbarmungslosen Macht diese Gebäude dienten und zu welchen Zeichen des Hochmutes sie geworden wären. Ende April reisen die Wagners wieder nach Deutschland. In München steht eine Dramatisierung von Jules Vernes »In 80 Tagen um die Welt« auf dem Programm, und am 1. Mai treffen alle wieder in Wahnfried ein, wo große Freude herrscht über die Hunde und das Zwitschern der Vögel, das man in Italien so lange vermissen mußte. In Bayreuth beginnen die Vorbereitungen zu den »Parsifal«-Proben.
Siegfried hat allem Anschein nach eine stark angegriffene Gesundheit. Nach dem Typhus in Palermo befällt ihn jetzt, heimgekehrt, ein Muskel-Rheumatismus. Doch an den Vorbereitungen zu Vaters bevorstehendem Geburtstag nimmt er regen Anteil. Ein Thespiskarren überbringt dem Neunundsechzigjährigen die Gratulation. Am Nachmittag bewirtet Siegfried fünfzig Knaben, die der Festgesellschaft den Knabenchor aus dem ersten Aufzug »Parsifal« darbieten. Cosima hat mit ihren Kindern »Die beiden Plapperzungen« von Cervantes einstudiert, die den nächsten Programmpunkt bilden. Danach spielen Engelbert Humperdinck und Ernst Hausburg das Scherzo aus Wagners Symphonie vierhändig auf dem Klavier. Ebenfalls von den Kindern dargeboten, bildet das von Cosima gedichtete Stück »Die Liebes-Not« den Höhepunkt des Festes.
Richards Willen gemäß, erlernt Siegfried zunächst die griechische, dann erst die lateinische Sprache, die ihm ein Bayreuther Lehrer, Herr Toussaint, beizubringen bemüht ist. Im Juni hält Cosima in ihrem Tagebuch Siegfrieds Schwierigkeit, Latein zu erlernen, fest, was Richard grundsätzlich gegen den »scholastischen Unsinn« aufbringt. Auch in ihm hätten die alten Sprachen, wie man sie in der Schule spricht, nicht den Sinn für die Antike geweckt. Doch am Tag darauf erfreut der Knabe die Eltern durch »gute Noten«, und Richard erklärt, »daraus eine Oper machen zu wollen«.
Am 26. Juli 1882 findet die Uraufführung des »Parsifal« im Festspielhaus statt. Siegfried ist auch bei allen Wiederholungsvorstellungen zugegen. Nur einmal bleibt er fern, da es von Cosima, »zur physischen Schonung«, so angeordnet wird. Als Richard davon erfährt, ist er verstimmt.
Am 25. August wird Blandine von Bülow in Wahnfried dem Grafen Biagio Gravina angetraut. Dazu spricht Fidi einen von Richard verfaßten Vers. Zur Feier des Tages wird in den Pausen der »Parsifal«-Aufführung ein Feuerwerk abgebrannt. Als die Wagners heimkommen, ist das Haus elektrisch erleuchtet.

Am nächsten Morgen findet die kirchliche Trauung statt, der Festspielchor singt unter Hermann Levis Leitung dabei eine Messe a cappella. Richard Wagner, aber auch Liszt, sind bei dieser Zeremonie nicht zugegen, erscheinen jedoch zu aller Freude und Überraschung am Bahnhof, wo das Brautpaar in einem von der Eisenbahndirektion zur Verfügung gestellten Salonwagen gen Süden, in die Flitterwochen, reist.
Bei der letzten Festspielaufführung des »Parsifal« übernimmt Wagner nach der Verwandlungsmusik des dritten Aufzugs selbst den Taktstock. Er bringt die Aufführung besonders wirkungsvoll zu Ende und krönt damit den – ganz im Gegensatz zur »Ring«-Uraufführung – auch wirtschaftlich erfolgreichen Festspielsommer. Vom Orchestergraben aus nimmt er mit einer Rede Abschied von seinen Künstlern.
Da Heinrich von Stein beabsichtigt, sich in Halle an der Saale zu habilitieren, beginnt erneut die Suche nach einem Pädagogen. Auch der Biograph Carl Friedrich Glasenapp wird als Erzieher für Siegfried ins Auge gefaßt: Wagner fordert ihn auf, mit seiner Frau von Riga nach Bayreuth zu übersiedeln.
Anfang September reist Siegfried, begleitet von Richard Wagners Faktotum Bernhard, nach Dresden zum Zahnarzt. Der mit Wagner befreundete Dr. Jenkins sendet einen »hoch ermutigenden« Bericht. Siegfried kehrt strahlend heim, doch kurz darauf schon bekümmert die Eltern wieder »sein bleiches Aussehen«. Grund hierfür ist wohl, daß er sein mühsam errichtetes, kleines Theater im Wahnfried-Garten nun, nach seiner Heimkehr, auf Vaters Geheiß, zerstört vorfindet.
Am 14. September reist die Familie, begleitet von Heinrich von Stein und Josef Rubinstein, abends über München nach Verona. Siegfried ist bleich und klagt über Kopfschmerzen. Da Cosima eine herannahende Erkältung befürchtet, wickelt sie ihn in einen langen schwarzen Pelz. Als Siegfried so, »langsam, bleich, mit großem runden Hut«, den Eltern voran, die Treppe hinaufsteigt, ruft Richard aus: »Abellino, der große Bandit!«
Zwei Tage später treffen die Wagners in Venedig ein, wo sie sich tags darauf im Palazzo Vendramin häuslich einrichten. Am Giardino pubblico erkundigt sich Richard, ob Siegfried dort reiten lernen kann, um ihn etwas von seiner Zeichen-Leidenschaft abzulenken. Eine von Siegfried entworfene Basilika erregt jedoch Richard Wagners Staunen. Anfang Oktober stößt das junge Brautpaar, Blandine und Biagino, für die Dauer eines Monats glücklich zur Familie.
Die Kunst-Erkundigungen in Venedig unternehmen die Eltern häufig alleine mit Siegfried, manchmal ist als vierte Person Heinrich von Stein mit von der Partie. Am 10. Oktober trifft Erich Hausburg in Venedig ein, um als vorläufiger Nachfolger Heinrich von Steins sich um Siegfrieds Erziehung zu kümmern. Naheliegend, daß der musikalische Assistent der »Parsifal«-Uraufführung den Schwerpunkt der Ausbildung auf die Musik legt. Bisweilen wohnt auch der Vater dem Musikunterricht bei, Lehrer und Schüler bezeichnet er dann

scherzhaft als »Fidi und seinen Hofnarren«. Daneben lernt Siegfried das Rudern, woran vor allem der Vater seine helle Freude hat. Bald schon kann Fidi seine Eltern durch die Kanäle Venedigs rudern und singt dabei wie ein echter Gondoliere.

Am 15. Oktober reist Heinrich von Stein nach Halle ab. Siegfried, der ihn echt liebgewonnen hat, flüchtet sich in eine dramatische Arbeit. Die Coriolan-Geschichte interessiert ihn brennend, Gaius Marcius hat es ihm angetan. Er erkundigt sich beim Vater, was eine Kolik sei. Wozu er das wissen wolle? »Sie kommt in ›Coriolan‹ vor!«

Siegfried erfreut den Vater auch dadurch, daß er gut pfeifen kann. Er pfeift Partien aus Wagners Musikdramen, aber auch, was er von den italienischen Altersgenossen auf Straßen und Plätzen aufschnappt: italienische Opernarien. Einmal überraschen ihn Großvater und Eltern, wie er am Klavier sitzt, die Melodie der Schlummerarie aus der »Stummen von Portici« pfeift und sich dazu selbst begleitet.

»Auch das Sextett (...) aus der ›Lucia‹ von Donizetti, das ich wiederholt mit Gefallen am Marktplatz gehört hatte, ward von mir in dieser ›pfiffigen‹ Weise reproduziert. Der Lohn, vielleicht auch die Beschämung dafür war, daß danach sich Liszt hinsetzte und das eben Vernommene in seiner Weise wiedergab, mit einer allerdings etwas üppigeren Begleitung, als ich und auch Auber und Donizetti es ausgestattet hatten.«

Obwohl Richard unter schlechter Gesundheit, ständigen Herzkrämpfen, leidet, begleitet er Siegfried, auf dessen Wunsch, ins Teatro Malibran, wo »Giani Lupo«, ein Schauerstück, gegeben wird.

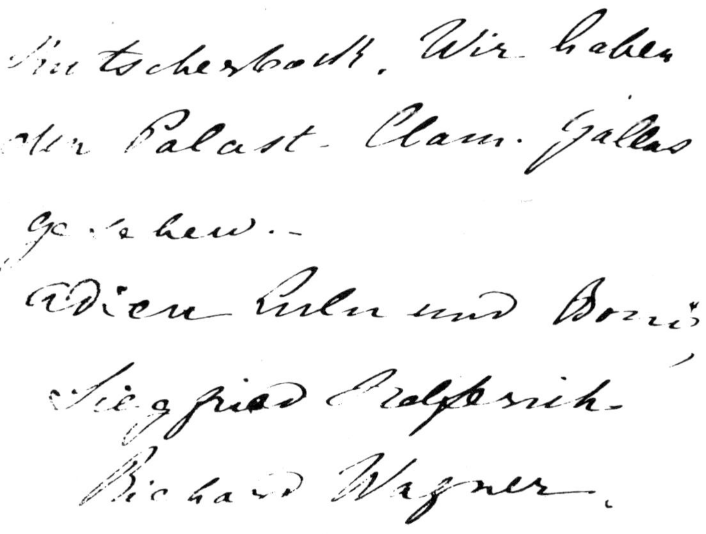

Erste Skizzenbücher

Siegfrieds Biograph Ludwig Karpath berichtet, »daß Siegfried, kaum zehn Jahre alt, vielfache Gelegenheit hatte, die zahlreichen Denkmäler italienischer Baukunst zu bewundern. Namentlich Kirchen hatten es ihm angetan. Täglich viele Stunden saß er in dem einen oder anderen Gotteshause. Diese Schwärmerei hatte einen bestimmten Zweck; hier bot sich nämlich dem Jungen hundertfacher Anlaß, eine früh entwickelte Fähigkeit auszubeuten, alles, was er sah, sofort nachzuzeichnen. (...) Alles, was Siegfried an plastischer Kunst je gesehen hatte, hatte sich seinem Gedächtnis mit einer Fertigkeit eingeprägt, die geradezu erstaunlich ist. Einen Beleg hierfür bildet die Tatsache, daß Siegfried schon als zehnjähriger Knabe jederzeit imstande war, irgend ein Ornament, das man ihm nannte, sei es, daß er es hier oder dort gesehen, sofort aus dem Stegreif auf die Platte irgendeines Kaffeehaustisches hinzuzeichnen.«
Aus den Jahren 1879 bis 1890 sind verschiedene Skizzenbücher Siegfried Wagners erhalten. Der Zehnjährige collagiert aus den visuellen Eindrücken zahlreicher Gebäude eine Traumstadt »Wankel«, mit Altstadt und Neustadt, einem Dom und einer Synagoge, der Kreuzschule, einer »Kappelkirche«, einem Zoologischen Garten, Geschäften, einem Haupthotel und einem »Hotel du Nord«. Für das Selbstbewußtsein des Knaben spricht, daß er mitten in seine gezeichnete Traumstadt das Siegfried-Wagner-Haus stellt, auf dem zahllose Monogramme »SW« und der Schriftzug »Siegfried Wagner« die Wichtigkeit dieses Gebäudes verkünden.
Ein Skizzenbuch, das er am 6. Juni 1880 in Neapel zum Geburtstag geschenkt bekommt, vereinigt Aquarelle und Bleistiftzeichnungen von Bleiendorf im Elstergebirge, Hohenthal, Altstadt, Neudorf, Judenberg, Altenberg im Riesengebirge, der alten Synagoge in Marana und einer Griechenland-Karte.
Wie in einer Kugel gestaltet er Astarte, die Höllenfürstin, sphärisch und zeigt Ophelia beim Sprung ins Wasser. Für Wankel entwirft er neue Gebäude, so einen an Haus Wahnfried orientierten »Palazzo Daniella«, für seine älteste Halbschwester, und den hochgezogenen, an ein Kirchenschiff gemahnenden »Palazzo Blandine«, ferner einen »Palazzo Isolde« und die »Villa Mäuseberg bei Wankel«, Wankel mit Insel sowie eine Parkanlage mit der Bezeichnung »Ein Platz in Wankel«. Wichtig erscheint ein weiterer Beitrag zur Traumstadt: »Neues Siegfriedtheater in Wankel.« Daß hiermit kein Theater für Vater Richards Werke, sondern eines für eigene dramatische Schöpfungen gemeint ist, verrät der Blick auf die Bühne; hier kommt ein römisches Stück zur Aufführung, vermutlich Siegfrieds Jugenddrama »Catilina«.

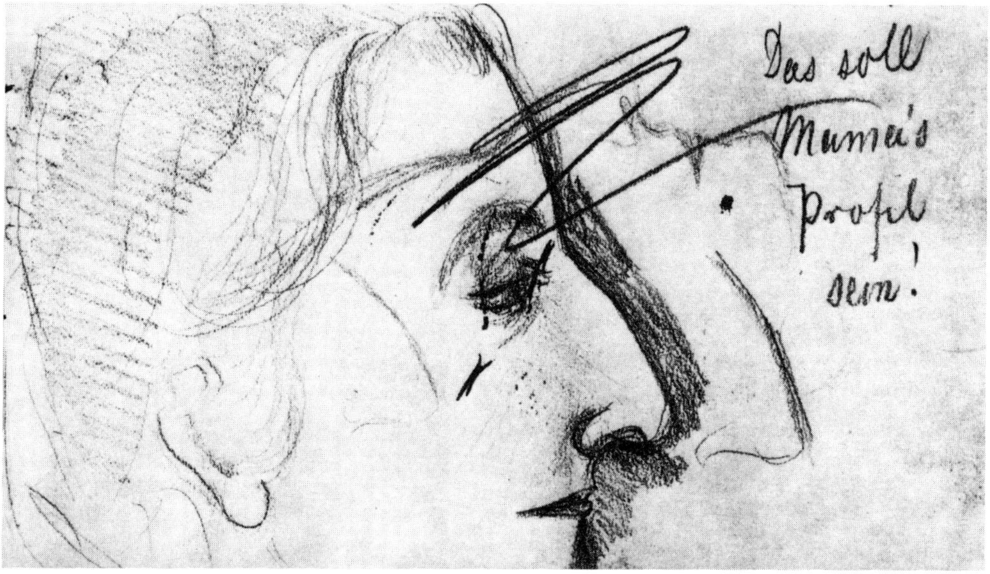

Aus Siegfried Wagners Skizzenbüchern

Das Skizzenbuch des darauffolgenden Jahres vereinigt bereits virtuose Ansichten von Wahnfried, dem »Nibelungentheater«, wie das Festspielhaus damals genannt wurde, vom Rathaus zu Siena und von zahlreichen Gebäuden in Palermo, korrekt in Grund- und Aufriß: Gotische und romanische Kirchen sowie ein chinesisches Theater, für das Siegfried damals keine andere Vorstellung hatte als seine Phantasie. Das »von Lulu, Rom 1881, zu Weihnachten« dedizierte Skizzenbuch wird angefüllt mit Ansichten von Palermo, vom Vesuv, von San Domenico und dem k. u. k. Opernhaus. Besonders reizvoll ist die Ansicht durch einen Torbogen, in dem Wäschestücke zum Trocknen hängen, die mit Städtebildern bemalt sind. Der Entwurf eines Theaters mit einer leinwandüberzogenen Decke, Murano bei Venedig, Monogramm-Versuche und die kuriose Zusammenstellung einer Madonna mit einem Hotelpagen – symptomatisch für einen Touristen in Italien – runden das Bild von Siegfrieds Erlebnissen typischer, als es ein Fotoalbum heute vermöchte.

Ludwig Karpath berichtet auch über Siegfrieds Anfänge als Musiker: »Besonderes Vergnügen bereitete ihm der Klavierunterricht nicht, und auch das Studium der Harmonielehre, deren Anfangsgründe ihm ebenfalls schon damals beigebracht wurden, vermochte keine große Begeisterung aufkommen zu lassen. Doch wurde er angehalten, fleißig zu sein, ohne daß man ihn überbürdet hätte.«

Ein Wunderknabe à la Mozart ist Siegfried in musikalischer Hinsicht also nicht, und die Lustlosigkeit ist dem Notenbuch Siegfrieds anzusehen, das die Aufschrift »1883/ Venedig/ Palazzo Vendramin/ Canal Grande/ 12. Januar« trägt: einem System mit notierten Chorälen und Partituranordnungen folgt dann etwas, was allerdings dem jungen Mozart an Drastik kaum nachsteht: In einer Mischung von Bild- und Wortsprache bringt der Dreizehnjährige zum Ausdruck, was er von diesen Musikübungen hält; ein plastisch gezeichnetes, schwarzes Loch umgeben die Wörter »Am« und »Lecken«.

Richard Wagner freut sich an dem »so schönen Profil« seines Sohnes und konstatiert: »Er hat ganz meine Figur!« Am 16. November 1882 äußert er erstmals den Wunsch, alle seine Werke in Bayreuth aufzuführen. Dazu müßte er noch zehn Jahre leben. Dann sei auch Fidi soweit, daß er die Sache leiten könne, »denn mit 23 Jahren zeigt schon einer, was er ist«. Wagner rekapituliert, daß er selbst eigentlich nie etwas von dem angewendet, was er gelernt habe. Er habe niemals nachgedacht, wie etwas zu komponieren sei, und dies gäbe wohl seinen Sachen die Naivität und würde sie erhalten.

Mit Cosima und den Kindern besichtigt er den Palazzo Giustiniani, den er im Jahre 1858, nach seiner Affäre am grünen Hügel in Zürich, freiwillig als Exil gewählt hatte, um hier, überwacht von europäischen Geheimdiensten, den zweiten Aufzug von »Tristan und Isolde« zu komponieren. Die Ankunft Franz Liszts in Venedig löst wieder Spannungen zwischen Richard und Cosima aus. Siegfried versteht es jedoch, die Sorgen seiner Eltern zu zerstreuen: er

berichtet ihnen Anfang Dezember, daß er an einem Stück schreibt, an »Catilina«. Eine italienische Dramatisierung des Hannibal-Stoffes, den er am Vorabend im Theater gesehen hat, ist hierzu der letzte Anstoß.
Auch am Klavier macht Siegfried Fortschritte. Anfang Dezember trägt er das Andante aus Beethovens 7. Symphonie vor. Aischylos liest er in Originalsprache. Der geschichtliche Unterrichtsstoff vermischt sich bei ihm mit optischen Eindrücken. Als er von der Erstürmung einer Mauer durch Alexander den Großen erzählt, führt er ein Zitat des Soldaten aus Aischylos an, »O König, wer tut, muß leiden«.
Der Wechsel in der Welt-Monotonie entstünde nur durch Werden und Vergehen, und der Gedanke, immerfort zu leben, wäre entsetzlich, räsoniert Richard, der alte Meister. Denn Fidis »Catilina« erinnert ihn an seine eigenen dramatischen Jugendwerke.

Jugendwerke

Der dreizehnjährige Siegfried entwickelt einen starken dichterischen Drang. In seinen »Erinnerungen« erzählt er: *»Ich entwarf eine Reihe aufregender Stücke, Ritterschauspiele; auch Catilina mußte herhalten. Beim Vorübergehen lugte mein Vater in mein Heft und rief lächelnd zu den Geschwistern: ›Still, Kinder, stört den Fidi nicht, daß er nicht vom Pegasus purzelt.‹«*
Doch bereits als Zehnjähriger beginnt Siegfried ein Heft, das er »Theaterstücke von S. Wagner« überschreibt. Schon das erste Stück, »Die Tannenberger«, verfügt über einen Personenstand, der mit Diener, König, Bursche, Hexe und Prinz an handelnde Personen seiner späteren Bühnenwerke gemahnt. Und häufig, wie im »Lustspiel ohne Namen«, sind die Handlungsträger den adligen Persönlichkeiten der Umwelt entlehnt, mit ihrem spezifischen Small talk: »Kennen Sie keinen Roman von Zola?«
An Grillparzers »Des Meeres und der Liebe Wellen« gemahnt der Titel einer fünfaktigen Tragödie, »Der Liebe und der Freiheit Ende«, die im 1. Viertel des 16. Jahrhunderts, zur Regierungszeit Karls V., in Valenrier spielt. Doch im zweiten Aufzug bricht das historische Kolossalgemälde ab. Von dem erwähnten »Catilina« hat sich nur ein Fragment erhalten; es endet mit den Worten: »Sieg, Sieg, Catilina ist ermordet, Friede wird nun in Rom herrschen! Sieg, Sieg!« Da diese Schlußworte von allen handelnden Figuren zusammen gesagt werden, denkt Siegfried hier wohl bereits an ein Opernfinale.
Auch von dem dreiaktigen Drama »Hermann der Befreier« ist nur der Schluß ab der dritten Szene des 2. Aufzuges erhalten: Horaz, Publius Clodius und Varus sind die römischen, Hermann, Ehrenhardt, Bertha und Dietrich die germanischen Akteure.
Stets beginnt der Knabe seine Hefte mit Übereifer, sieht im Geiste bereits gedruckte Ausgaben vor sich: »Neu! Neu! Zu beziehen durch alle Buchhandlungen / Siegfried Wagner / I / Gedichte / (II. Teil: Dramen)«, doch dann bricht das großangelegte, epische Gedicht »Karthagos Untergang« nach siebzehn Strophen ab. Den Epiker hat die Inspiration verlassen...
Ebenso ergeht es dem Trauerspiel »Calixtus«, das am Anfang des 3. Jahrhunderts spielt und als Ort der Handlung Südfrankreich angibt. Die erste Szene spielt in Rom und erinnert mit dem Ausruf »Roma soll wieder Roma sein« sehr stark an Vaters »Rienzi«. Die zweite Szene des ersten Aktes, auf einem Marktplatz in Cortentia spielend, bildet bereits den unverhofft frühen Abschluß der auf drei Akte geplanten Tragödie.
Mehrfach aufgegriffen und endlich auch durchgeführt hat Siegfried das dreiaktige, phantastische Lustspiel »Kahlinchen's Traum«, dessen verschiedene

Fassungen auch mit »Der Traum als Versöhner« und mit »Licht und Dunkel« überschrieben sind. Die komische Handlung bringt die Gegenüberstellung und Durchdringung der realen, bürgerlichen Welt des Professors Theobald Kahlinchen mit dem Reich der Kleobula-Erdgeister und den Sturmboten der Echtra. Den realen Figuren des Professors, mit seiner Frau Minna und den Kindern Klara und Hannes sowie dem Studenten Otto Werner und dem Dienstpersonal Liese und Hans, stehen die Königin des Luftreiches mit ihrem Boten Tachys (die Geschwindigkeit), dem Feenprinzen Polypathon (der Vielleidende), den Elfen Elpis, Pistis und Eros (Hilfe, Vertrauen und Liebe) und die Königin der Finsternis gegenüber. Man denkt an Richard Wagners erste vollständige Oper »Die Feen«, aber insbesondere an Raimunds »Alpenkönig und Menschenfeind«. An dieses Lustspiel erinnern auch die von Siegfried geplanten Schauspielmusiken, wie Lieder, Gesänge, ein Elfentanz und – beim Sonnenaufgang am Ende des Werkes – »schwache Musiktöne«.

Offenbar wollte Siegfried zu den Einaktern von Lope de Vega und Hans Sachs, die von den Angehörigen des Hauses Wagner und anwesenden Freunden bei festlichen Gelegenheiten, etwa zu Richard Wagners Geburtstag, gespielt wurden, als Autor selbst etwas beitragen. Die Posse in einem Akt, »Lügen werden bestraft«, ist dann auch mit ihren zahlreichen Wortspielereien und Witzen ein Opus à la Hans Sachs, das aber aus den Komödien Goldonis noch den Dottore heranzieht. *»Die Handlung spielt in der Wohnung des Doktors, zwischen 8 und 12 Uhr vormittags«:* Karl, der Diener des Doktors und der junge Joseph bringen durch die falsche Nachricht, Herr von Schönberger, der Vater Josephs, habe sich ins Wasser gestürzt, den Doktor dazu, Joseph 100 Mark zu schenken. Doch der totgeglaubte Vater taucht wieder auf, und beide werden verprügelt.

Das Duett der Priester aus dem zweiten Akt von Mozarts »Zauberflöte«, »Bewahret Euch vor Weibertücken«, wird leicht abgewandelt zum Titel einer Posse, die zunächst »Le Malad« heißen sollte. In »Hütet Euch vor Weibertükken« lobt Doktor Vielfrauer seine Gemahlin Sophie, wird jedoch von Hans Kenntsie überredet, die Frau auf die Probe zu stellen. Der Doktor stellt sich tot, Anna holt die Frau, die auch prompt darauf hereinfällt und als erstes die Uhr des Toten verkaufen will. – *»Hans: Hab ich es dir nicht gesagt? Doktor: Ja schrecklich! ectect. Hütet euch vor Weiber-Tücken.«*

»Georg Wurstknacker/ Lustspielzyklus, bestehend aus sechs einaktigen Possen von S. Wagner/ I/ Ein Streich in Bremen« ist der Titel eines weiteren geplanten Bandes mit dramatischen Werken. Das Personenverzeichnis nennt neben Georg Wurstknacker noch dessen Diener Carl, den Doktor Rappelkopf, dessen Sohn Joseph, Frans Neuwafe, einen Kellner und eine Magd. Der Name Rappelkopf entstammt Raimunds »Alpenkönig«, Neuwafe ist ein bayreutherischer Ausdruck für jemand, der pausenlos Neuigkeiten erzählt. Die einaktige Posse bricht jedoch bereits nach der ersten Szene, Georgs Aufbruch zur Reise nach Bremen, ab. Der Aufbruch zur Reise, das ist wie der

Aufbruch in ein Leben, mehr vermag der junge Dichter noch nicht zu sagen. Vermutlich wollte Siegfried in diesen Band seine anderen Possen übertragen. Doch die Übertragung wäre mit einer Überarbeitung, mit Arbeit verbunden gewesen, und so unterblieb die Ausführung des Sammelbandes.
An Carlo Goldonis »Krach in Chiozza« orientiert sich Siegfrieds – ebenfalls unvollendete – Posse in einem Akt, »Das Geisterhaus zu Venedig«. Handelnde Personen sind die Venezianer Antonio, Giovanni und Stefano, ein Polizist sowie ein Maler, hinter dem sich unschwer der jugendliche Dichter und Maler selbst versteckt. Der Maler geht in das sagenumwobene Geisterhaus – und kommt, da die Posse nicht zu Ende geführt ist, nicht mehr heraus. Einem Brief an seine Schwester Daniela ist zu entnehmen, daß in dieser Posse bereits autobiographische Erlebnisse verarbeitet werden: *»Wir gehen jetzt sehr selten ans Meer. Ich war letzthin mit Lorenzo in der Villa Salza und er hat mir das Geheimnis gezeigt. Nichtwahr, es ist ein weiß gekleideter Geist. Wir waren im Dom, welcher herrlich ist. Auch sahen wir den Erzbischof. Er hatte weiße Glacéhandschuhe und einen herrlichen Ring darüber an. Er hatte eine sehr schöne goldene Zipfelmütze.«*
In einem Monolog des Malers gibt Siegfried ein eigenes Erlebnis zum besten, dessen er auch in seinen »Erinnerungen« gedenkt. Dort erzählt er über seinen Kirchenbesuch an einem Marienfeiertag, wo er, gemeinsam mit Großvater Liszt, beim Hochamt *»die gemeinsten Galopps und Polkas, wie das damals in Italien Mode war«*, hörte. *»Bei der Wandlung konnte man das schöne Lied ›Ich möchte deine schwarzen Augen küssen‹ hören. Kurz, es ging auf dem defekten Orgelkasten recht kirchweihartig zu.«* Der entsetzte Liszt antwortet dem naiven Organisten auf dessen Frage, wie ihm seine Musik gefallen habe: »Um Ihnen die Wahrheit zu sagen: eine Gemeinheit, eine Schweinerei!«
Und im »Geisterhaus zu Venedig« erzählt der Maler: »Die Italiener laufen den ganzen Tag in die Kirche, um sich dort zu unterhalten, denn in Italien gibt es keine Kirchenmusik, sondern sie spielen Opern, Märsche, Galopps, Walzer und auch Polkas. Einmal war ich hier in San Apostoli, während der Messe, als auf einmal auf der Orgel der Straußwalzer Neu-Wien gespielt wurde. Das hatte mich so gefreut, daß ich zu tanzen anfing. Zuerst machten die Italiener lange Gesichter und krumme Mäuler, bis es ihnen zu bunt wurde, und die Herrn Priester warfen mich während des Götzendienstes heraus. Das hätte mir nicht geschadet, wäre ich nicht in den Kot gefallen, als sie mich hinauswarfen. Die Priester lachten und schimpften über mich. Seitdem war ich nimmer dagewesen.« Anschließend erzählt der Venezianer Stefano über seinen Kirchenbesuch, wo der Kanonikus eingeschlafen ist. Das Thema seiner Predigt war die Schönheit der Madonna. »Hat er sie denn gesehen?« will der Maler wissen, und es stellt sich heraus, daß der Kanonikus die Madonna jeden Sonnabend besucht, Stefano hat das durchs Schlüsselloch beobachtet. Sie wohnt nämlich auf der Insel San Clementa, wo ihr Mann ein Atelier hat und sie auch oft fotografiert...

Personenreich ist die Posse in vier Szenen, »Der Gauner«, aber auch ohne Abschluß. Ein Gauner gibt sich als Lehrer aus, jedoch der Unterricht beweist seine Unfähigkeit. Karl spielt mit dem ›Lehrer‹ Karten, gewinnt und verlangt, daß der seinen Vater verprügele. Der Gauner leiht sich überall Geld, das ihm die dümmliche Umwelt bereitwillig aufdrängt. – Hier scheint Siegfried einige seiner Wunschprojektionen verarbeitet zu haben.
Von der einaktigen Posse »Ein deutscher Stoffhändler« ist nur eine Szene ausgeführt. Auch dieser Titel hat ein Vorbild, des Vaters Novelle »Ein deutscher Musiker in Paris«. Die Szene zeigt bereits erschreckend den antisemitischen Einfluß des Elternhauses auf den jungen Siegfried, denn hier geht es augenscheinlich darum, daß ein jüdischer Händler namens Rosenheimer die Dummheit des deutschen Kaufmanns Schmidt ausnutzt: zum Entsetzen seines Sohnes verkauft Schmidt den Stoff weit unter Preis an Rosenheimer. Eine mögliche Wendung zum glücklichen Ende ist durch Rosenheimers Tochter Judith gegeben, doch die Verbindung von Judith und Fritz läßt sich nur erahnen. In seinem Monolog spricht Schmidt einige Sätze, die wir teilweise ähnlich aus Richard Wagners Mund kennen: »Wenn ich dann wieder Geld habe, nehme ich mir eine zweite Frau und werde privatisieren. Mein Sohn wird dann ein reicher Mensch und kann sich ein schönes Haus bauen und eine reiche Frau. Ach, das wird herrlich sein, vielleicht kann ich das alles noch erleben!«
Vollständig überliefert ist hingegen die metrische Übersetzung »Philemon und Baucis«, die Siegfried im Hexameter aus den »Metamorphosen« Ovids übertragen hat. Das kalligraphische Exemplar ist Marie von Groß mit der Widmung »für unsere theure Marie« zugeeignet.

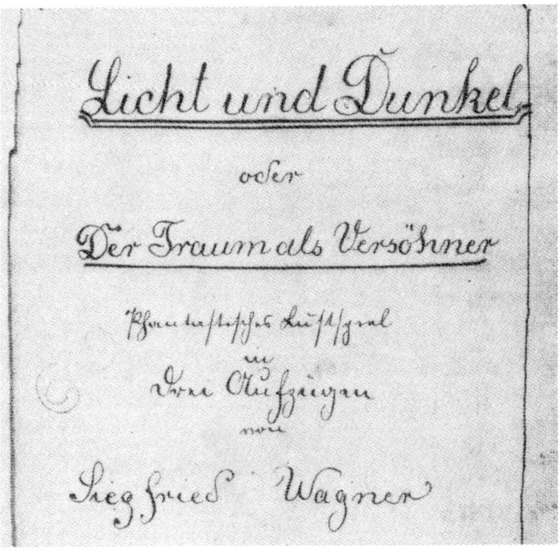

Vaters letzte Freuden

Gern war er darauf bedacht, uns eine Freude zu machen«, heißt es in Siegfrieds »Erinnerungen« über Vater Richard. *»Die größte waren die (...) von meiner Mutter nicht gern gesehenen Gänge zu dem großen Konditor Lavena. Im Theater sahen wir die Baruffe Chiogiotte und Paesiellos ›Barbier von Sevilla‹, selbst zu den Karnevalsfestlichkeiten auf dem Marktplatz wurden wir mitgenommen.«*

Theater findet sogar im Palazzo Malipiero der Gräfin Hatzfeld statt. Hier wird im Dezember 1882 eine Liebhaberaufführung von Goethes »Die Geschwister« einstudiert, in der Daniela als Marianne mitwirkt. Auch die Eindrücke dieser Schauspielproben mögen Siegfried in seinem Streben als dramatischer Dichter bestärkt haben. Anfang Dezember bereits wird im Familienkreis Siegfrieds neues Theaterstück, »Hermann, der Befreier«, diskutiert, das Richards »gute Laune erregt«.

Anläßlich Cosimas Geburtstag läßt Richard Wagner seine Jugend-Symphonie in C-Dur im Teatro La Fenice aufführen. Sie hatte lange Zeit als verschollen gegolten, bis von Arthur Seidl in einem Koffer die Orchesterstimmen aufgefunden worden waren, aus denen dann – von Wagner etwas bearbeitet – die Partitur rekonstruiert wurde. Siegfried wohnt bereits den Proben bei. Auch er komponiert nun – einen Choral, den Vater Richard im Raucheckchen des Palazzo Vendramin korrigiert. Am 18. Dezember trifft Engelbert Humperdinck in Venedig ein. Wagner hatte versucht, für ihn eine Anstellung beim Konservatorium in Venedig zu erwirken, was allerdings fehlschlägt.

Am Abend des 24. Dezember wird die Symphonie, zu Richards großer Befriedigung, als Geburtstagsgeschenk für Cosima, zur Wiederaufführung gebracht. Am Ende flüstert er Franz Liszt die Frage ins Ohr: »Hast du deine Tochter lieb? Dann setze dich ans Klavier und spiele!« Zur »jubelnden Freude aller«, wie Cosima ihrem Tagebuch anvertraut, spielt Liszt im Teatro Fenice.

Zu Neujahr begibt sich die Familie – mit Ausnahme des Großvaters – in das von Wagner so geschätzte Goldoni-Stück »Krach in Chiozza«.

Am 10. Januar spielt Liszt das Andante aus Beethovens A-Dur- und das Scherzo allegretto aus der F-Dur-Symphonie: »Richard kommt zweimal tanzend bei letzterer herein, was Fidi sehr lachen macht.« In seinen »Erinnerungen« erzählt Siegfried diese Episode, die manchem Wagnerianer als untypisch erscheinen mag, ausführlich:

»Während Liszt nämlich, umgeben von meiner Mutter, der Fürstin Hatzfeld und einigen Freunden, im Salon spielte, hörten wir Kinder im Nebenzimmer zu. Plötzlich, bei dem Scherzo, sehen wir unsern Vater eintreten und unbe-

merkt von Liszt und den Zuhörenden in der geschicktesten und anmutigsten Weise tanzen. Man hätte meinen können, einen Jüngling von zwanzig Jahren vor sich zu sehen. Wir hatten Mühe, unsre Freude an diesem Tanze nicht durch lautes Lachen kundzutun! Eines ist gewiß: Beethoven konnte sich nicht schöner sein Scherzo getanzt denken, und Isadora Duncan kann sich mit Recht auf meinen Vater berufen, wenn man ihr zum Vorwurf macht, daß sie Beethoven tanze.«

Am nächsten Morgen liest Fidi den Eltern die erste Szene seines Lustspiels »Der Lügner« vor, was Cosima stolz in ihrem Tagebuch vermerkt; es handelt sich hierbei vermutlich um die Posse »Lügen werden bestraft«. Der Vater amüsiert sich königlich, aber die Vorstellung, daß »Fidis Ruhm durch seinen Ruhm gehemmt werde«, ist ihm eine »peinliche« Einsicht: »Vor allem wünschte man seine Kinder ganz selbstisch und frei.«

Richard Wagners Tod, am Nachmittag des 13. Februar 1883, wurde von den Biographen lange Zeit nur so geschildert, wie Cosima es gerne sah. Schon der Hinweis auf starke, dem Herzversagen vorausgehende, psychische Aufregungen des Komponisten – so im Bulletin des behandelnden Arztes Dr. Keppler – wurde seitens Cosimas als eine grobe Indiskretion geahndet. Ging es doch darum, Richard Wagners letzte Liebschaft zu vertuschen. Sie galt der jungen Engländerin Carrie Pringle, die bei den »Parsifal«-Aufführungen ein Blumenmädchen gesungen hatte. Bereits Wagners Bravo-Rufe nach der Blumenmädchenszene im zweiten Aufzug des »Parsifal« hatten nicht nur das Zischen der weihevoll gestimmten Bayreuther Zuhörerschaft, sondern auch böse Blicke der Gattin hervorgerufen. Ahnte sie doch, was sich hinter den ausgedehnten Solo-Proben des Meisters mit einer jener – ja auch im Stück ruchlosen – Damen in Wirklichkeit verborgen hatte. Nun besitzt Carrie auch noch die Frechheit, ihren Besuch im Palazzo Vendramin anzumelden – und Richard reagiert hocherfreut. Cosima zwingt den Gatten, den Besuch dieser ausländischen Kurtisane abzusagen, ein Wort ergibt das andere – und Richard erleidet den tödlichen Infarkt.

In seinen »Erinnerungen« kümmert sich Siegfried nicht um die offizielle Bayreuther Hofgeschichtsschreibung. Er berichtet, daß sich seine Mutter, die sonst nie Klavier spielte, plötzlich an den Flügel setzt, an dem er gerade übt. Dem überraschten Sohn antwortet sie auf die Frage, was sie da spiele, *»mit einem ganz entrückten Blicke: ›Schuberts Lob der Tränen‹.«* In seinen »Erinnerungen« fährt Siegfried fort:

»Einige Minuten später brachte die Kammerjungfer die Nachricht, daß es schlecht um meinen Vater stünde. Nie vergessen werde ich, wie meine Mutter zur Tür hinausstürzte. Eine Gewalt leidenschaftlichsten Schmerzes drückte sich darin aus; dabei stieß sie sich so stark an dem halbgeöffneten Türflügel, daß dieser fast zerbrach. Wenn ich sie in späteren Jahren bei den Proben zu den Festspielen Rollen wie Kundry, Isolde, Sieglinde, Brünnhilde darstellen sah, mußte ich oft jenes Augenblicks in Venedig gedenken; ihre Darstellung

war von antiker Größe, wie ich sie auf der Bühne nur einmal wiedergesehen habe: bei der Verkörperung des Othello durch den damals schon siebenundsiebzigjährigen Salvini.«

Ein Auftritt von tragischer Größe also, hervorgerufen durch den Tod des noch größeren Mimen Richard Wagner. Sein Abtreten von der Bühne des Lebens ermöglicht seiner Frau den Auftritt auf der Weltbühne. Denn stärker als zuvor der Meister rückt sich nun bald die »Meisterin« ins Licht der Öffentlichkeit.

Ein nachhaltiger Einschnitt

Über München treffen Richard Wagners sterbliche Überreste, in einem Sonderzug mit der Familie, am 17. Februar nachts in Bayreuth ein. Als am darauffolgenden Morgen Wagners Kinder die Freunde des Verstorbenen empfangen, nimmt Siegfried erstmals den Platz seines Vaters ein. Neben ihm stehen sein Lehrer Heinrich von Stein und der Dirigent Hans Richter. Am Nachmittag senkt sich der Sarg in die Erde des Wahnfried-Gartens, eine ephemäre Ausnahme-Situation einer Bestattung – wobei nur wenige Freunde zugelassen sind, die sich aber auch bald nach der Beisetzung entfernen. Nur die Kinder verweilen, nach dem Weggang der Trauergäste, noch lange mit Mutter Cosima an der offenen Gruft.

Adolf von Groß und seine Frau Marie übernehmen die Vermögensbildung und Finanzverwaltung des Festspielunternehmens wie die des persönlichen Vermögens der Familie Wagner. Siegfried hat ein sehr herzliches Verhältnis zu seinem Vormund. Wie er in seinen »Erinnerungen« hervorhebt, fand seine Mutter *»an der künstlerischen Arbeit immer wieder Befriedigung, Genugtuung und Erhebung«*, während Adolf von Groß *»eigentlich nur das Mühselige, Widerwärtige, Dumme zu bewältigen«* hatte. So entsteht die im Falle jeglicher Ratlosigkeit angewandte Redewendung *»Gehen wir zu Adolf!«* Natürlich mußte diese traditionelle Redewendung der Wagner-Familie für spätere Generationen zu einem Mißverständnis führen. Und auch Siegfrieds im Jahre 1917 geborener Stammhalter sollte – als eine dankbare Reverenz an Adolf von Groß – den Namen Adolf als zweiten Vornamen erhalten, was dann später ebenfalls zu Mißverständnissen in bezug auf einen anderen Adolf aus Braunau Anlaß gab ...

Die erste Hürde, die Adolf von Groß meistert, ist die Anerkennung der Gültigkeit von Richard Wagners Ehe mit Cosima. Denn der ausgesprochene Zweifel des Konsistoriums bedeutete auch die zwangsläufige Gefahr einer Enterbung Siegfrieds zugunsten anderer Verwandter seines Vaters.

Hatte Richard Wagner zu Lebzeiten immer wieder mit Erfolg versucht, Cosimas Erziehungsmethoden zu durchkreuzen, so ist es in Wahnfried nach seinem Tod endgültig vorbei mit freiheitlichem Denken. Nicht vorbei ist es mit den Folgen von Richard Wagners Lebenslüge. Sie lastet auf den Kindern und weitet sich unter Cosima erst recht zum Ungetüm aus. Denn Richard Wagner brauchte, um sein linksgerichtetes Werk zu verwirklichen, das Geld der Rechten, er brauchte die Fürsten und Bankiers, gegen die er im Herzen und im Schaffen aufbegehrte. Und so hatte das Verhängnis seinen Anfang genommen. Seither gab es zweierlei grundlegend verschiedene Interpretationen von

Wagners Werk: die intendierte, utopisch-anarchistische sowie jene der Mentoren und Sponsoren zum Zweck der Selbstbespiegelung in Wagners hehrer Kunstwelt, wobei deren ebenfalls vorgezeichneter Untergang schlichtweg ignoriert wurde. »Hehr und richtig«, lautete nun die verbindende Devise, und das bezog sich natürlich nicht auf den Außenseiter Tannhäuser, sondern auf den Landgraf, den Einzug der Gäste auf Wartburg und Wolframs verklemmtes Bekenntnis zu Venus in seinem Lied an den Abendstern. Das bedeutete die Negation des ungeheuerlichen Verhaltens von Tristan und Isolde durch die Erklärung des Liebestrankes, obgleich Musik und Text das Gegenteil bezeugen, das bedeutete auch die Hervorkehrung der Redundanz gegenüber der Innovation in den »Meistersingern von Nürnberg«, das Bewahren der Tradition und zwangsläufig eine damit verbundene Deutschtümelei, das bedeutete ein Negieren von Wotans Freveln, Scheuklappen bei der »Götterdämmerung«, schließlich ein unkritisches Nicht-Zuhören bei der – zugegeben sehr verklausuliert geäußerten – Botschaft vom Göttlichen im Menschen, der Überwindung hierarchischer geistiger Vorherrschaft im »Parsifal«.
So wurde aus dem »Ring des Nibelungen«, mit dem der Bakunin-Freund und -Mitkämpfer Wagner Kritik am Frühkapitalismus geübt hatte, ein Mythos vom germanischen Übermenschen, das den Anarchismus verherrlichende Bühnenweihfestspiel wurde zum billigen Gottesdienst-Ersatz, endlich der sozialrevolutionäre Musikdramatiker selbst zu einem nationalsozialistischen Vorbild. Und diese Einstellung wird petrifiziert durch Cosima, durch ihren Umgang mit den Fürstenhäusern, durch die von ihr errichtete Machtstellung über die deutschsprachigen Opernhäuser mit Hilfe ergebener Kapellmeister und mit dem Lockmittel, die willfährigen Künstler nach Bayreuth einzuladen. Schlimmer noch, Cosimas Familie wird dazu gezwungen, das Machtgefüge zu erweitern: Die mit dem Grafen Gravina verheiratete Blandine hat in italienischer Sprache für die Agitation der Bayreuther Idee zu sorgen, Daniela wird dem Kulturhistoriker Henry Thode vermählt, der Vorlesungen über Richard Wagner hält, und das hoffnungsvolle musikalische Talent Richard Strauss ist lange Zeit als Schwiegersohn für Eva vorgesehen. Optimal, im Sinne Cosimas, füllt diese Position später der Ideologe Houston Stewart Chamberlain aus, der schon lange Zeit vor seiner Heirat mit Eva in Wahnfried »Onkel Houston« genannt wird – so, wie später, nach Siegfried Wagners Tod, seine Kinder Adolf Hitler, den Hausfreund seiner Witwe, »Onkel Wolf« nennen sollten ...
Einzig Isolde und Siegfried widersetzen sich den Heiratsplänen Cosimas, jeder auf seine Weise. Aber auch sie vermögen das Rad der Entwicklung nicht zu stoppen. Cosima ist Hohepriesterin des Erbes, der Macht über Bayreuth und damit auch der Macht über die Musikwelt, der Wagners Kunstwerk der Zukunft als ein bereits gegenwärtiges verkauft wird. Cosima ist vorschnell und beinhart in ihren Urteilen über alles, was nicht direkt zu Wagner hinführt oder nach ihm nicht in willfährigem Epigonentum verharrt. Auch vertritt sie eine für

eine Frau ungewöhnlich chauvinistische Einstellung, sie schürt offenen Haß gegen alles Welsche und Semitische.
Oft genug hat sie Richard Wagner ins Werk gepfuscht. Als er »Die Meistersinger von Nürnberg« komponierte, hat sie ihn drei Nächte lang nicht schlafen lassen, bis er endlich die Dichtung des Schlußgesanges, ihren Vorstellungen gemäß abgeändert, die Zeilen »Habt acht! ...« bis ›in deutscher Meister Ehr‹ eingefügt hatte, wie Richard Wagner selbst in einem Brief an den verwunderten Ludwig II. gesteht. Nun, nach seinem Tod, retuschiert sie, was noch zu ändern ist, veröffentlicht umfrisierte Brief-Ausgaben, verfälscht die Autobiographie »Mein Leben«, deren Herausgabe sie einst Siegfried zugedacht hatte. Obgleich, wie Josef Rubinstein bekundet, »gänzlich unmusikalisch«, macht sie sich auch zur Richterin über Wagners Musik und gibt, zusammen mit Felix Mottl, eine eigene Bearbeitung des »Rienzi« heraus, die sie »autorisiert« nennt. Als Karl Klindworth später den kompletten Klavierauszug der ungekürzten Oper herausgibt, kommt es deshalb zum Konflikt mit dem greisen Liszt-Schüler und Freund Richard Wagners. All das sind nur Schlaglichter auf das Unwesen jener »hohen Frau«, die mit ihren Verbrennungen von Briefen und anderen, wichtigen Dokumenten aus dem Leben Wagners die Bücherverbrennung der braunen Ära gespenstisch antizipiert.
Jener übertrieben diametrale Eifer aller Konvertierten mag eine Erklärung sein für die in französischer Muttersprache aufgewachsene, erklärt deutsche »Meisterin« Cosima. Selbsthaß ist nur eine unzureichende Entschuldigung für den Judenhaß jener Frau, die – gemäß der Terminologie der Rassentheoretiker – selbst eine »Vierteljüdin« ist.

Siegfried äußert den Wunsch, in die Kreise anderer Gleichaltriger zu kommen, nicht länger das Vorrecht eines Privatunterrichtes in Anspruch zu nehmen. Sein starker Gerechtigkeitssinn schlägt hier wieder einmal durch, so wie damals, im Hofgarten, als er auf Liszts Frage, warum er so mürrisch dreinschaue, gesagt hatte, er wolle keinen Samtanzug tragen, sondern so aussehen wie die anderen Knaben auch. Nun drängt der Vormund Cosima, Siegfried ins Bayreuther Gymnasium eintreten zu lassen. Ein entfernter Verwandter der Marie von Groß, Pfarrerssohn Heinel von der Plassenburg, wird ihm dabei als Spielgenosse zugewiesen. Heinel, der Musterschüler, nimmt Wohnung in Wahnfried, um Siegfrieds Eifer im Lernen anzustacheln.
Also fordert Cosima Glasenapp auf, in Riga zu bleiben. Gerade noch rechtzeitig, denn der Biograph Richard Wagners hatte dort bereits alle Zelte abgebrochen, um sich, Wagners Wunsch gemäß, als Hauslehrer Siegfrieds in Bayreuth anzusiedeln.
Siegfried ist endlich wieder unter gleichaltrigen Kameraden, als der Vierzehnjährige, ab Herbst 1883, das Bayreuther Gymnasium besucht. Zwar unterliegt er nun einem normalisierten Ausbildungsgang, aber in der Schule weht auch kein freierer Wind als in den Mauern Wahnfrieds.

Der Sohn jenes Meisters, der die Kleinstadt – über die Grenzen Deutschlands hinaus – nicht nur bekannt, sondern zu einem Wallfahrtsort gemacht hat, wird entsprechend behandelt; im positiven wie im negativen Sinne. So hat er das sonderbare Klassenamt inne, den Spucknapf sauberzuhalten: *»Einige meiner Mitschüler, die bemerkten, daß ich kurz vor Beginn der Stunde noch eifrig zu präparieren hatte, spuckten kurz vor dem Eintritt Großmanns heimlich in den Napf. Der Rektor tritt ein, sein erster Blick fällt auf das beschmutzte Objekt. Mit dem Fuße die Sägespäne über die unästhetischen Stellen deckend, wendet er sich zu mir und sagt deprimiert: ›Wann endlich, Wagner!‹«*
Doch der erwähnte Rektor Großmann wird für Siegfried zu einer zweiten Vaterfigur. Er beschreibt ihn als magere, fast asketische Gestalt, mit langem Bart und einer pedantischen Ordnungsliebe, die von Siegfried, als ein Teil seines Wesens, übernommen wird. Großmanns Rührung über Klopstocks Oden prägt sich ihm ebenso ein wie die durch ihn geweckte Bekanntschaft mit Tiecks »Blondem Eckbert«.
Auch der Religionslehrer Nägelsbach hat es dem jungen Siegfried angetan, wenn der auch sehr verwundert ist über Siegfrieds völlige Unkenntnis des Alten Testaments. Denn die Weltanschauung Richard Wagners setzt erst mit Beginn des Neuen Testaments ein, mit seiner Deutung des Jesus von Nazareth als Sozialrevolutionär. Kein Wunder, daß das Kennenlernen des Alten Testaments mit seinen zahlreichen Skandalgeschichten für Siegfried das Tor zu einer neuen Welt aufstößt. Der Teufel in seinem »Schmied von Marienburg« wird später die skandalösen Ereignisse aus den alttestamentarischen Schriften zum besten geben.
Anfangs hat Siegfried in der Schule durchwegs schlechte Noten. Kein Wunder, bei dem völlig anders aufgebauten Unterrichtspensum. Doch das kümmert Cosima, die dem geliebten Meister zunächst in den Tod nachfolgen will und selbst bei den Vorbereitungen für die Festspiele des Jahres 1883 in Lethargie verharrt, wenig.
Die zwölf Festspiel-Aufführungen des Jahres 1883, Wiederholungen des »Parsifal«, laufen als Trauerfeierlichkeit für den verstorbenen Komponisten ab. Das Nicht-Applaudieren nach den einzelnen »Parsifal«-Akten rührt daher und führt zu einer Unsitte, die auch nach der Wiedereröffnung Neu-Bayreuths noch einige Jahre fortdauern sollte. Heute noch gibt es in Bayreuth Streit nach dem ersten Akt, ob nun geklatscht werden darf – oder nicht.
Unter Aufsicht der Marie von Groß werden Daniela, Eva und Siegfried in das Ostseebad Saßnitz, zur Erholung geschickt, als es der immer noch apathischen Mutter zu Ohren kommt, daß Eva über Krämpfe, Siegfried über Halsschmerzen klagt. Cosimas Auflage, »möglichst viele Seebäder zu nehmen und möglichst viel Seeluft einzuatmen« wird befolgt. Daneben beschäftigt sich Siegfried intensiv mit Schillers »Jungfrau von Orleans«, die er als eine Göttin empfindet. Marie von Groß widmet er seine in hexametrischem Versmaß übersetzte Ovid-Metamorphose, »Philemon und Baucis«.

Als er Anfang Dezember 1883 wieder einmal in Dresden den Zahnarzt aufsucht, schreibt er ängstlich nach Hause: *»Ich habe nur noch 1,60 Mark. Ich habe für mich gar nichts gekauft. – Bitte seid ja nicht böse. Ich bin wie Hausburg, aber mit Recht, da ich weder in Cafés, noch in Conditoreien gehe und auch nicht Klavierauszüge von Lucia kaufe.«* Offenbar gehört seine Vorliebe weiterhin dieser Oper Gaetano Donizettis, deren Melodien er in Venedig zur allgemeinen Bewunderung nachgepfiffen hatte.

Der fünfzehnjährige Siegfried hält in einer Zeichenmappe wieder Kirchen in Grund- und Aufriß fest, teilweise aquarelliert. Daneben finden sich Porträtstudien, Adam und Eva, Marktszenen, aber auch das Festspielhaus, eine Figurine und das Schlußbild des »Parsifal«, vom Zuschauerraum aus gesehen.

Bezeichnenderweise spricht ein Entwurf Adolphe Appias den jungen Siegfried derartig stark an, daß er ihn Daniela entwendet und in seinem Zimmer aufhängt: *»Der Appia sieht sehr schön an meiner Wand aus. Hoffentlich wirst du es mir schenken«,* bittet er seine Schwester schriftlich, während Cosima von den Neuerungsvorschlägen des Schweizers nichts hält, da ja alle Bühnenbilder durch den Komponisten selbst bereits festgelegt und damit in Cosimas Augen für die Ewigkeit zementiert sind.

Zu einer »Helden-Elegie für Orchester« findet sich nur das Deckblatt, allerdings mit genauen Orchesterangaben: 2 Flöten, 2 Oboen, 2 Klarinetten, 4 Hörner in B, 3 Posaunen, 2 Fagotte, Harfe, Pauke (E H) und Streicher, also dem später zumeist von Siegfried verwendeten Instrumentarium.

Von seiner Reise nach Venedig fertigt Siegfried Wagner 1884 ein Buch »Reiseerinnerungen« an, das sich in die Kapitel »Von München nach Kufstein«, »Von Kufstein bis Trient«, »Von Trient bis Venedig« und »Ankunft in Vendig« aufteilt.

Cosima überwacht im Sommer 1884, von einem Verschlag im Zuschauerraum des Festspielhauses aus, die Proben. Ob ihre Kinder auch in diesem Verschlag Platz hatten, ist uns nicht überliefert. Nach den Festspielen des Jahres 1884 trifft Siegfried, in Begleitung von Blandine und Isolde, in München mit Liszt zusammen, um von dort aus nach Seeheim am Rhein, zur Familie von Schön, weiterzureisen. Der Fabrikant Friedrich von Schön ist Kunstmäzen und vereinigt im Dienst der Bayreuther Stipendienstiftung vereinstechnisch-organisatorische Aufgaben mit seinem aktiven politischen Engagement bei den Nationalliberalen. So gesehen ist der Urlaub der Wagnerkinder nicht nur als ein Ausruhen am Tische der Reichen, sondern auch als ein bayreuthpolitischer Schachzug Cosimas zu werten.

Sein zweites Schuljahr am Gymnasium fällt Siegfried merklich leichter. Im Juni jedoch befällt ihn eine schwere, nach Cosimas Aussage sogar »lebensgefährliche« Krankheit, die lange andauert, deren Name und eigentliche Ursache jedoch in allen Dokumenten verschwiegen wird. Am 9. Juni heißt es in Cosimas Brief an Gräfin Schleinitz: »Er ist schwer krank, und ich habe die geringste Unruhe im Haus zu vermeiden.«

Als Siegfried soweit genesen ist, daß er zwar noch zu Hause bleiben, aber nicht mehr das Bett hüten muß, will er nur noch seinen architektonischen Neigungen leben. Entwürfe zu vierzig Kirchen und Kapellen, exakt in Grundriß, Aufriß und Ansicht, mitsamt allerlei Detailzeichnungen wie Leuchtern und Taufbecken, enthält eine rote Ledermappe mit folgendem Titel in Goldschnitt: »erdacht und ausgeführt von/ Nikeirenos/ mit erläuterndem Texte von/ Boätaios/ Herausgegeben von/ Vincepax/ Schilda 6. Juni 1885.« Hinter all den ausländischen Namen verbirgt sich niemand anderes als Siegfried Helferich, hinter Schilda das kleinbürgerliche Bayreuth. Auf dem Innentitel nennt sich der Verfasser auch ›Nikeirenos Harmatios‹ und tritt als Herausgeber ›Vincepax Vehicularius‹ in Erscheinung, was griechisch und lateinisch für ›Siegfried Wagner‹ steht. Ohne jegliche Spielerei hingegen, sondern druckreif für ein Lehrbuch der klerikalen Architektur, sind die Zeichnungen. Das Vorwort läßt erkennen, daß der Verfasser bereits mit der Theorie von Wagners Schrift »Oper und Drama« vertraut ist und auf die Architektur überträgt, was sein Vater für das Drama manifestiert hat. Bei Siegfried heißt es: *»Der Architekt, dessen bindender Obhut sich Maler und Bildhauer jetzt mit so eitlem Stolze fortfahren zu entziehen, ist der eigentliche Dichter der bildenden Kunst, mit dem sich Skulptur und Maler so zu berühren hätten, wie Musiker und Darsteller mit dem wirklichen Dichter.«*

In seinen Entwürfen strebt Siegfried an, hellenistisches Kulturgut mit christlichem Gedankengut zu vereinigen. Das sieht dann mehrfach so aus wie eine »christliche Akropolis« – ein Ausspruch Hans von Wolzogens über einen von Siegfrieds Entwürfen, den dieser in seiner Mappe auch mehrfach verwendet.

Zur Sorge um Siegfrieds Gesundheit tritt für Cosima noch die um den neugegründeten Wagner-Verein, der sich ein Recht am Mitbesitz des Theaters und künstlerische Mitbestimmung bei den Festspielen »anmaßt«, eine ganz und gar unmögliche Forderung an die sakrosankte Oberpriesterin von Wagners Willen.

Heinrich von Stein kommt wieder zu Besuch nach Wahnfried, begleitet von Danielas neuem Bräutigam, Henry Thode, mit dem sich Siegfrieds Schwester am 5. Juni verlobt hat. Der 1857 in Dresden geborene Bankierssohn promovierte 1880 in Kunstgeschichte. Als Besucher der Festspiele von 1876 und 1882 nahm er bereits 1882 in Venedig mit Richard Wagner Kontakt auf. Nach seiner Heirat mit Daniela tritt Thode dem engeren Kreis der Bayreuther Gemeinde näher. 1889 wird er Direktor des Städelschen Kulturinstitutes Frankfurt, das er allerdings, nach knapp zwei Jahren, aufgrund von Kontroversen mit der Museumsverwaltung, wieder aufgeben muß. Durch Vermittlung von Wahnfried wird er, mit großherzoglicher Protektion, 1893 als Ordinarius für Kunstgeschichte an die Universität Heidelberg berufen, nimmt jedoch 1911 seinen Abschied, um am Gardasee ausschließlich seinen literarischen Plänen und seiner Tätigkeit als Vortragsredner zu leben. Seine Ehe mit Daniela wird 1914 wegen unüberbrückbarer Differenzen geschieden. In

zweiter Ehe heiratet er die Violinvirtuosin Hertha Tegner und stirbt 1920 in Kopenhagen.
Cosima ist sehr erfreut über Thode, der als Schwiegersohn nun noch gezielter für die »Bayreuther Sache« einsetzbar ist. Thode schreibt nicht nur in den »Bayreuther Blättern«, die – von Wagner als Kunstjournal gegründet – immer mehr zu einem ideologischen Organ verkommen, in dem sehr wenig von Musik, aber viel von Rasse und Deutschtum zu lesen ist, er hält 1887/88 sogar ein Kolleg über Richard Wagner an der Universität in Bonn.
Alle Verwandten und Freunde werden von Cosima zum Zweck der Agitation für Bayreuth und zur Verbreitung der Gedanken Richard Wagners und seiner Apologeten eingesetzt: So wird Blandine aufgefordert, den Band »Entwürfe, Gedanken und Fragmente« ins Italienische zu übertragen, und Malwida von Meysenbug soll ihr dabei helfen. Dabei spricht Cosima, wie der Dirigent Felix von Weingartner überliefert, stets nur in einer sehr unpersönlichen Weise von Richard Wagner: »Als wäre Wagner niemals menschlich auf dieser Erde gewandelt, so klang es in der Ausdrucksweise seiner Witwe. Die Kinder hielten in ihrer Gegenwart diesen Ton streng ein, ließen ihn aber fallen, wenn die Mutter abwesend war. Dann sprachen die Mädchen ganz einfach von Papa, während Siegfried meistens mit dem ihm eigenen, etwas melancholischen Tonfall ›mein Vater‹ sagte.«
Siegfried hält seine Reiseeindrücke des Sommers 1885, in dem in Bayreuth keine Festspiele stattfinden, in Form architektonischer Zeichnungen in Grund- und Aufriß fest: Florenz, Zahma, Pinan und Landa dienen als Anschauungsmaterial für weitere, selbständige Entwürfe in seinem Skizzenbuch. Die Trauer über die Rückreise in ein nebliges, wolkenbedecktes Deutschland gibt Siegfried ein sehr lustiges Blatt ein: eine weinende Italia, eine häßliche Fortuna, die mit ausgestreckter Hand die Reisenden nach Deutschland weist: dort warten ein entlaubter Baum, Regen und dampfende Fabrikschlote; anstelle der Germania auf seinem Entwurf bleckt auf dem fertigen Bild ein Halbmond die Zunge, und ein bayerischer, glatzköpfiger Petrus verhält sich unentschlossen.
Im Oktober 1885 kehrt Siegfried, endlich ganz von seiner schweren Krankheit genesen, ins Gymnasium zurück, wobei er sich »unter seinen Kameraden durchaus wohl und behaglich« fühlt. Als Cosima im Februar 1886 nach München reist, entzücken sie Siegfrieds regelmäßige Briefe: Einmal verfaßt er einen Brief komplett in Hexametern, was dann etwa so klingt: *»Heinel, der krummbebeinte Jüngling / nach dem hohen Theater gewallt mit traulichen Reden« und: »Gestern besucht' ich Marie, die fleißig sich schmückte mit Blumen, / abends war ja ein Ball bei den vielbegüterten Rosen.«*
Wieder heimgekehrt, lauscht Cosima Fidis Rezitation eines Vortrages über die Akropolis, den dieser in der Schule – nicht ohne nacheifernde Begeisterung – hält. Daniela schließt daraus: »Seine große und von auffallendem Talent begleitete Neigung wendet sich vor allem der Kunst der Renaissance zu, was hauptsächlich die Architektur anlangt. Ob er es vorziehen wird, dem Studium

Germania
Italia
Quis es tu!

PLANGIT ITALIA
COGIT FORTUNA
BOCHE

dieser Kunst durchaus sich zu widmen und nach abgelegtem Gymnasium ein Polytechnikum zu besuchen, ob er doch gerne eine Universität kennenlernen und beziehen möchte, darüber ist er sich noch nicht im Reinen.«

»*Die Zustände in Bayreuth sind normal*«, berichtet Siegfried in einem ausführlichen Schreiben an Daniela. »*Morgen ist Karl und ich bei Kochmandels eingeladen (zu Tisch) zu rohen Kartoffelklößen. Wie geht's in Dresden? Gut zu Fuß unter der Nase? Über die Hutschnur gehauen? Revolverschnauze angewendet? Kreuzkieselbombenelementer, dös heiß ich eine korschamerdiener Gesellschaft!*

Letzthin war hier Maskenball bei Roses: Marie (von Groß; Anm. d. Verf.) *als Japanerin; Frau Gräf als ›Französische Revolution‹ (so ungefähr) mit Zylinder, Reitpeitsche, wahrscheinlich noch in kurzen Pumphosen!! Frau Giessel als ›1820 Baronin‹. Der Geist scheint also in Bayreuth schon auf einer hohen Stufe der Entwickelung angelangt zu sein. Auch der alte Bibra war maskiert, und, wie Marie sagte, habe sie ihn schon von weitem an seinem Schnaufen erkannt – ein Jammerkerl!*«

Das Schreiben, das anfangs Verwandtschaft mit den Bäsle-Briefen Mozarts aufweist, dann zu einem Tratsch ausartet, schließt mit einer historischen Phantasie: »*In der Hoffnung, daß Du Tyrol mit Weisheit regierst, bin ich Mathias I., Kaiser des Deutschen Reiches; König in Guastall, Herzog von Kärnten, (...)*«

Von einem Elefanten im Dresdener Zoo erzählt er, daß er ihn und seinen jungen Freund Leo »*voll spuckte, weil er dachte, wir wollten ihm das Essen wegnehmen*«. Während diese Schilderung doch sehr kindlich anmutet, zeigt der Brief an Cosima, daß Siegfried in Dingen der Kunst doch schon wesentlich reifer ist. So erzählt er von einer Aufführung des »Fliegenden Holländer« an der Dresdener Hofoper, von Goethes »Iphigenie auf Tauris«, »*welche ich herrlich finde*«, von Viktor Nesslers »Rattenfänger von Hameln«, über Aubers »Stumme von Portici« und Louis Spohrs »Jessonda«, in der Therese Malten singt. Insbesondere besucht er aber mit Hingabe die Bildergalerie: »*Heute hat mir Holbeins Madonna wieder sehr gefallen*«, und er schwärmt von zwei Tintoretto-Figuren, der heiligen Barbara und der heiligen Katharina, deren Schönheit ihm erst beim wiederholten Betrachten aufgegangen sei.

Anläßlich der Trauung von Daniela mit Henry Thode, zu der auch Großvater Liszt anwesend ist, am 3. und 4. Juli 1886, legt Cosima erstmals den Witwenschleier ab und tauscht das tiefschwarze Gewand gegen eines in mattgrauer Farbe.

Einen Monat vor Beginn der Festspiele, am 13. Juli 1886, wird deren wichtigster Förderer und Protektor, König Ludwig II. im Starnberger See erschossen. Einhundert Jahre lang wird dieser Mord am König als Selbstmord ausgegeben. Doch seltsamerweise hatte Richard Wagner bereits 1873 den Tod von Siegfrieds Taufpaten in einem Traum richtig vorausgeahnt:

»R. träumte, daß König Ludwig II. erschossen worden sei, wollte mich finden, mir dies zu melden, fand mich nicht, wurde von einem bösen Hund gebissen, tröstete sich mit dem Gedanken, es sei Louis Philipp, der erschossen worden sei, auf welchen ja vielfach gezielt worden sei, darauf wachte er auf, immer nicht ganz wohl.«

Nach den Festspielen halten sich Isolde und Eva am Schliersee auf, während Siegfried Daniela in Bonn besucht: er »schwelgt in Ruinen, Kirchen, Gegend, erwischt hie und da eine Aufführung, in welcher leider nie zu schwelgen ist«, so berichtet Cosima an ihren neuen Getreuen, den Bayreuther »Tristan«-Dirigenten Felix Mottl.

Cosimas eigentliches Anliegen am Werk ihres Mannes richtet sich auf dessen szenische Realisierung. Ihre erste schöpferische Tat im Dienst der Festspielidee, die Inszenierung des »Tristan«, soll nicht ohne Anwesenheit ihres Vaters über die Bühne gehen, und so holt sie den schon vom Tode Gezeichneten nach Bayreuth, wo er tatsächlich am 25. Juli der Premiere beiwohnt, sich aber dann noch eine schwere Lungenentzündung zuzieht und am 31. Juli stirbt.

Siegfried betont in seinen »Erinnerungen« die Liebe, mit der er stets am Großvater hing. Auch später liebt er es, »Familienprogramme« zu dirigieren, wie er es halb scherzend nennt: seine eigenen Kompositionen, umrahmt von Werken seines Vaters und Großvaters.

Er erinnert sich an Liszts letzte Tage in Bayreuth, die dieser in einem bescheidenen Zimmer neben Haus Wahnfried verbracht hat:

»Er war zur Hochzeit meiner Schwester Daniela mit Henry Thode gekommen, reiste dann zu Bekannten, wo er sich den Keim zu seiner letzten Krankheit holte, und traf schwerleidend zu den Festspielen ein, um die erste große selbständige künstlerische Tat seiner Tochter, die Aufführung des Tristan zu erleben. Keine Mahnung der Umgebung konnte ihn davon abhalten, sich nach dem Festspielhaus fahren zu lassen. Die Behauptung mancher Biographen, meine Mutter habe ihn dazu gezwungen, ist falsch. Tiefergreifend für die Umgebung waren jene letzten Tage Liszts. Vater und Tochter, nach allen Trennungen eines an inneren und äußeren Kämpfen so überreichen Lebens, nun so ganz einander gegeben. Kein Störenfried! Alles wurde ferngehalten. Wohl kamen Telegramme über Telegramme aus Rom an, worin die Fürstin Wittgenstein meiner Mutter sehr erregte Anweisungen gab, damit ja nichts versäumt wurde, um Liszts Seele vor den Krallen des Teufels zu bewahren. Sie muß entschieden Angst gehabt haben, daß unser Großvater der Hölle verfallen sei. Meine Mutter kannte ihren Vater besser, wußte daher, daß der Komponist des Dreizehnten Psalms und der Heiligen Elisabeth weder Hölle noch Fegefeuer zu fürchten hatte. Unbeachtet wanderten die Telegramme dahin, wohin sie gehörten, in den Papierkorb. Noch in den letzten Stunden, die ihm verblieben, wollte er sich immer wieder aufraffen, um nach dem Festspielhaus gefahren zu werden. Das Letzte, was er sich vorlesen ließ, war Thodes Werk über den heiligen Franz von Assisi. Charakteristisch, daß gerade diese herrliche Gestalt, mit der er selbst so manche Ähnlichkeit hatte, ihn so

unwiderstehlich anzog. Seine Ruhestätte fand er im Bayreuther Friedhofe. Die schlichte romanische Kapelle wurde von Gabriel Seidl (nicht, wie das irrtümlicherweise verbreitet worden ist, von mir) entworfen. Allerdings hatte auch ich eine Skizze zu einem Mausoleum angefertigt, eine Kapelle im italienischen Frührenaissancestil, an die kleine Maria dei Miracoli in Venedig erinnernd, reich mit Marmorornamentik versehen. Dem viel einfacheren, ruhigeren Entwurf Seidls wurde mit Recht der Vorzug gegeben.«

Was sich in Siegfrieds »Erinnerungen« als einfache Entscheidung liest, ist doch – laut Isolde – ein echtes »Schiedsgericht über Großpapas Grabstätte«. Cosima sucht Lenbach in München auf, der den Bildhauer Gabriel Seidl vorschlägt, woraufhin eine engbegrenzte Konkurrenz ausgeschrieben wird. In der Jury sitzen, neben einigen Bayreuther Stadtvätern, auch Henry Thode und Paul von Joukowsky.

Begreiflicherweise ist der junge Siegfried traurig über die Entscheidung gegen seinen Entwurf. Auch wenn Professor Seidl ihm seine große Begabung bestätigt, so kann er das an die Mutter nur mit dem Satz *»ist ein dummes Talent, was ich habe«*, weitergeben. Die Mutter fordert ihn daraufhin auf, er solle bei Mottl »nur tüchtig Musik lernen«, dann wäre seine Architektur »ja sehr hübsch«. Vorläufig überhört Siegfried den Ratschlag seiner Mutter und die dahinter verborgene Absicht zugunsten der »Bayreuther Sache«.

Nach dem mageren wirtschaftlichen Erfolg der Festspielaufführungen von »Tristan und Isolde« muß das Festspielhaus im Sommer 1887 geschlossen bleiben. Als die gesamte Familie, mit Ausnahme Siegfrieds, außerhalb Bayreuths weilt, bahnt sich aufgrund eines mysteriösen Vorfalls zwischen dem Siebzehnjährigen und einer älteren Dame eine eigenartige Freundschaft an:

»Es war an einem Dezembermorgen früh zwischen sechs und sieben Uhr, da trat unser Diener an mein Bett und meldete mir, eine Dame sei im Salon und wünsche mich zu sprechen (meine Familie war verreist). Ich, sehr erstaunt, wer mich zu dieser sonderbaren Stunde aufsuchen möge, kleidete mich schleunigst an und eilte hinab, um meine Neugier zu stillen. Da stand vor mir eine große, schöne, vornehme Dame, von den Festspielen her mir bekannt, in eleganter Theatertoilette, in einen Abendmantel gehüllt; sie ging mit weitgeöffneten Armen auf mich zu und rief: ›Lieber Siegfried, ich bin gekommen, um Ihnen den Bruderkuß zu geben, der die Welt erlöst!‹ Ich stand so verdutzt da, daß sie es wohl merken mußte und vorderhand von ihrem Vorhaben abstand. Wir setzten uns nun, und aus dem folgenden Gespräche enthüllte sie mir allmählich das Rätsel. Die arme, gutmütige Frau war in die Hände eines Hypnotiseurs gefallen, der ihr suggeriert hatte, an einem bestimmten Tage das auszuführen, was sie nun von mir begehrte. Sie war abends im Dresdener Theater gewesen, erzählte mir noch, wie anders jetzt Schuch dirigiere, seitdem sie ihm den Bruderkuß gegeben habe, und wie anders sich jetzt die Menschen küssen – da plötzlich habe es ihr keine Ruhe gelassen, sie sei mitten in Tristan aufgestanden, zur Bahn geeilt, und nun sei sie hier, so wie sie

gestern im Theater gewesen sei. Zu Wolzogen wolle sie ebenfalls, um auch ihm den Bruderkuß zu geben. Ob sie bei ihm mehr Glück hatte als bei mir, weiß ich nicht zu sagen. Um ein Uhr brachte ich sie an die Bahn. Einige Wochen später erhielt ich einen Brief ihrer Schwester, worin sie mich bat, ihr zu erzählen, was vorgefallen sei. Man habe nämlich ihre Schwester in eine Irrenanstalt gesperrt. Auf Grund meines Briefes wurde die arme Frau daraus gerettet und aus den Händen eines Schwindlers befreit. Sie war mir später immer dankbar für mein Eintreten, und innige Freundschaft verband uns bis zu ihrem Tode.«

Ein Schreiben Siegfrieds an seine Schwester Blandine zeugt von seinem Humor, seiner Leichtigkeit und Leichtfertigkeit im Urteil, das nicht nur ein Anzeichen seiner Jugend ist, sondern auch bestürzend den Einfluß der »Wahnfriedler« zeigt, jene von Cosima als Para-Religion gepflegte, aristokratische, reaktionäre und extrem antisemitische Weltanschauung, die niemanden neben Richard Wagner bestehen läßt, es seien denn »Vorläufer« oder nachdienernde »Getreue«:

»Liebste gute alte Bony.

Guardate il miracolo! Heute ist Sonntag und ich habe zum Glück endlich einmal Zeit, Dir zu schreiben. Wie beneide ich Dich um Palermo, um den herrlichen Himmel, nicht aber um die faulenzenden Italiener auf dem Corso, die, wie Du so gut gesagt hast, größtenteils stinken. – Über die Schule ist nicht viel mitzuteilen. Ich hatte letzthin im Griechischen eine 2–3. Jetzt kommt bald Ostern und das Zeugnis. Pfui Teufel, ist das was Dummes.

Madame Loldi (die Schwester Isolde; Anm. d. Verf.) *ist vorgestern abends angekommen. Wie schrecklich muß es für Euch gewesen sein, so eine Schweinerei wie Mignon* (die Oper von Ambroise Thomas; Anm. d. Verf.) *zu sehen. Der gute Prinz zu Hessen* (Förderer der Festspiele; Anm. d. Verf.) *hat sich wirklich wie ein Cretin benommen. Anstatt sofort das Theater zu verlassen, bleibt er drinnen hocken und weiß nichts anderes zu tun, als zu sagen: Was soll man da nur tun? Gott, wie sind die Menschen jetzt lappig! Ich habe einmal in einem Concerte in Dresden einige Takte scheußlicher Zigeunermusik gehört; was war es? Mignon. Ich glaube, die Deutschen könnten sich besser benehmen: den alten und den neuen Schund führen sie auf, und es gefällt ihnen ausgezeichnet, im Dreck zu weiden. Während die Werke* (Richard Wagners; Anm. d. Verf.) *hie und da, und noch dazu schandbar aufgeführt werden. Ich könnte vor Wut vergehen, doch was hilft's? Ich bin etwas erstaunt über Joukowsky , daß er das Mignon Lied, oder was es ist, ›gar nicht übel‹ findet. Doch jetzt will ich aufhören, voilaisch zu sein. – Loldi geht wahrscheinlich in 8 Tagen nach Rom, hm (Marie Groß), das wird ihr sehr gut gefallen, in Lenbachs Nähe zu verweilen.*

Die Hochzeit in Bamberg hat ihr sehr gut gefallen. Matilde Standthartner (Tochter des Wiener Arztes und Freundes von Richard Wagner; Anm. d. Verf.) *ist, denk Dir, mit einem Professor Schnabel* (Zeichnung eines Ganskopfes;

Siegfried Wagner mit seinen Schwestern Isolde und Eva

Anm. d. Verf.) *in Innsbruck verlobt. Wer hätte das geglaubt. Lulu schreibt, daß der Graf Guido Henkel, der nach Plänen der Gräfin Schleinitz* (Gräfin von Wolkenstein, Förderin der Bayreuther Festspiele und Freundin Cosimas; Anm. d. Verf.) *den Mohren* (Daniela; Anm. d. Verf.) *heiraten sollte, seine verstorbene Frau, die durch Gifte vor dem Verfaulen gesichert ist, wöchentlich mit Blumen schmücke. Ist das nicht schrecklich? Wie geht es dem lieben Buben?* (Manfred Graf Gravina, erster Sohn Blandines; Anm. d. Verf.) *Hoffentlich immer gut. Das wird mal ein schöner, starker Mensch werden. Nähre Dich ordentlich, tanz nicht, lebe vernünftig. Das sind meine Vorschriften. Befolge sie ja, damit du immer gesund seiest. – Bin ich nicht ein Moralprediger? – Aber es muß so sein, wenn man so unvernünftige Schwestern hat! – Die Zahnschmerzen von Mama haben nachgelassen und mit Freude leert sie die Tütütentos aus. Ein Jammerbild! Aber niemand kann sie daran verhindern. Zu Ostern geh ich nach Dresden, natürlich wegen meiner einfältigen Zähne. Doch ich schreibe an Mich* (recte: eine Freudsche Fehlleistung Siegfrieds; gemeint ist eventuell der Dirigent Karl Muck; Anm. d. Verf.), *damit ich Tristan oder etwas anderes hören kann, damit nicht vielleicht die Königin von Saba* (Oper von Karl Goldmark; Anm. d. Verf.) *und der Trompeter von S.*(äckingen. Oper von Viktor Nessler; Anm. d. Verf.) *aufgeführt wird. In Berlin hat die Lulu* (Isolde; Anm. d. Verf.) *zweimal die Matthäus-Passion gehört, doch eine schlechte Aufführung. Ich höre täglich stattdessen die entzückende Stimme meines Professors. Das ist doch eine herrliche Entschädigung. Hoffentlich bekomme ich nach Ostern einen anderen. – Grüße den lieben Grafen Tasca* (den Wagners seit dem Palermo-Aufenthalt bekannt; Anm. d. Verf.) *und die Gräfin herzlichst von mir, wie auch den Peppino und Nicolino Scalea.* (Diener, die Siegfried ganz besonders ans Herz gewachsen sind; Anm. d. Verf.)
Lebe wohl, Teure, sei tausendmal umarmt von ganz Wahnfried und besonders von Deinem treuen Bruder Siegfried.
Die herzlichsten Grüße an den lieben Biagino.«

Bei seinem im Schreiben an Blandine erwähnten Zahnarztbesuch in Dresden erlebt Siegfried an der Hofbühne Hans von Bülows zweite Frau als Hermione. Unbefangen fragt ihn Bülow anschließend nach seinem Urteil über die neue Gattin Marie. Siegfrieds Antwort zeigt die andere Seite seiner Zwillingsnatur, er kann auch zurückhaltend, höflich und verbindlich sein.

Anläßlich der bevorstehenden Erstaufführung des »Lohengrin« reist Siegfried incognito nach Paris, kehrt allerdings nach acht Tagen ziemlich frustriert heim, da die Familie Gondillard Cosimas Aufforderung, Siegfried auf jeden Fall unerkannt bleiben zu lassen, sehr genau genommen hat und obendrein die Aufführung des »Lohengrin« verschoben wurde.

Am 20. Juni 1887 stirbt Heinrich von Stein in Berlin. Den Tod des Lehrers benutzt Cosima, um ihren Sohn in Literatenkreisen bekannt zu machen. Der Herausgabe von Wagners sozialrevolutionärem Drama »Jesus von Naza-

reth« stellt sie die Widmung voran, »Dem Andenken Heinrich von Steins widmet diese Veröffentlichung Siegfried Wagner.«
Und Siegfrieds Geburtstag feiert sie in der Öffentlichkeit, indem sie jenen Betrag, den die Drucklegung von Richard Wagners postum veröffentlichter Jugend-Symphonie gebracht hat, dem Bayreuther Stipendienfonds stiftet, der mittellosen Musikstudenten den Besuch der Bayreuther Festspiele ermöglicht. Siegfried registriert beides kaum.
In den folgenden Jahren bis 1890 stellen sich immer mehr Karikaturen von Personen neben architektonische Zeichnungen: außer Ansichten aus Riva am Gardasee und einer Hafen-Idylle, Artisten am Trapez, Gesichter mit Hakennase und jene Zeichnung, die der Betrachter für das Abbild einer Schwester halten würde, wäre sie nicht mit der Bezeichnung »Halb-Schmuhl«, also Halbjude, versehen. Von Selbstironie zeugt eine Bildunterschrift in reinem Oberfränkisch unter einem etwas »gehudelten« Portrait: *»O fudela/ mei hudela/ Sei kein Schnuckla/ lieber ein Pudela!/ S. W. der Leonardo des XIX. Jahrhunderts.«*
Bisweilen besucht Siegfried die Oper in München, so, als dort Carl Maria von Webers selten gespielte, romantische Schaueroper »Euryanthe« auf dem Programm steht. Sie beeindruckt Siegfried sehr. Nicht nur, daß er Webers Tonsprache als einen geeigneteren Ausgangspunkt für nachwagnerisches Komponieren ansieht als die gigantischen Schöpfungen seines Vaters – auch die in der »Euryanthe« dominierende Mischung einer historisierten Handlung aus Verbrechen und Leidenschaft übt nachhaltige Wirkung auf den späteren Dichter-Komponisten Siegfried Wagner aus. In Wahnfried hingegen gibt es seit dem Tod des Vaters kaum Hausmusik. Dort muß schon einmal ein Liszt-Schüler vorbeikommen, der symphonische Dichtungen auf dem Klavier interpretiert.
Um Wagners »Ring« zu sehen, der in Bayreuth für zwanzig Jahre nicht auf dem Programm steht, müssen die Kinder des Komponisten nach Karlsruhe reisen, wo Felix Mottl mit Leidenschaft die gesamte Tetralogie leitet. Allerdings ist Cosima von diesen Aufführungen sehr enttäuscht: sie mißt das Ergebnis an den Bayreuther Aufführungen von 1876, die Wagner zwar nicht befriedigt haben, die ihr aber in verklärtem Licht erscheinen.
Die Osterferien verbringt Siegfried mit Mutter und Schwestern in Meran. Heimgekehrt, gibt es für die ganze Bayreuther Bevölkerung ein aufsehenerregendes Spektakel: 16 Pferde ziehen, mit einem Zeitaufwand von achtzehn Stunden, ein Aggregat auf den Festspielhügel, das fortan die elektrische Beleuchtung der Bühne ermöglicht. Für Cosima schlägt bei der Anschaffung dieser »entsetzlichen Maschine« nur die finanzielle Ersparnis gegenüber dem Gas zu Buch. Siegfried Wagner hingegen erkennt bald die ungeheuren Möglichkeiten, mit dem Licht zu operieren. Bisher war das Gaslicht dazu da, die Kulissen zu beleuchten. Nun schafft das viel stärkere,elektrische Licht die Möglichkeit, selbst interpretierend zu wirken.

Cosima schließt bei den Festspielen des Jahres 1888 »eine große Freundschaft« mit dem Schriftsteller Houston Stewart Chamberlain, »seiner außerordentlichen Begabung und seines stolzen Charakters wegen«, wie sie einer Freundin mitteilt.
Houston Stewart Chamberlain ist am 9. September 1855 in Southsea bei Portsmouth geboren. Aufgewachsen bei einer Tante in Versailles, wurde er von einem deutschen Hauslehrer zum Deutschtum erzogen. 1878 heiratete er in Genf die schlesische Lehrerin Anna Horst. Er studierte Naturwissenschaften und übersiedelte, nach einem Nervenzusammenbruch, 1885 nach Dresden.
Von 1889 an lebt er, bis zu seiner Heirat mit der Wagner-Tochter, in Wien. Nach der Scheidung von seiner Frau Anna ehelicht er am 26. Dezember 1908 Eva Wagner.
Schon in seinen ersten Veröffentlichungen verknüpft Chamberlain sein Deutschtum mit Richard Wagner. Er besucht im Uraufführungsjahr 1882 in Bayreuth eine »Parsifal«-Aufführung und begegnet Cosima erstmals persönlich im Jahr 1888 in Dresden. Hans von Wolzogen, der Chefredakteur der Bayreuther Blätter, betont, daß Chamberlain »durch diese persönliche Bekanntschaft nun auch äußerlich in den engeren Kreis der Bayreuther eingetreten« sei. Cosima, die eine retuschierte Ausgabe der Briefe Richard Wagners an Theodor Uhlig vorbereitet, beauftragt Chamberlain, Abschriften dieser Briefe, die sich in fremder Hand befinden, aufzukaufen, auf daß Cosima, nach ihrer Veröffentlichung, von niemandem der Textkorrektur bezichtigt werden könne.
Chamberlains Hauptwerk »Die Grundlagen des 19. Jahrhunderts« wird von Cosima noch vor der Drucklegung gelesen und an einigen Stellen modifiziert. Chamberlain gestaltet in diesem Werk eine zwar offenbar auf Wagners Befürwortung von Gobineaus Theorien fußende, aber doch völlig eigenständige Rassedoktrin, die Vorstufe zu Alfred Rosenbergs »Mythos des 20. Jahrhunderts«. Während des Ersten Weltkrieges polemisiert der gebürtige Engländer mit Kriegsaufsätzen gegen sein Heimatland – auch darin beweist er geistige Verwandtschaft mit Cosima. Eine fortschreitende Lähmung fesselt Chamberlain das letzte Jahrzehnt seines Lebens an den Rollstuhl und zwingt ihn dazu, Eva seine letzten Publikationen zu diktieren. Er erlebt jedoch noch den »Triumph«, daß Adolf Hitler, der 1923 zu einem Deutschen Tag in Bayreuth weilt, ihn – als den wichtigsten Vorbereiter des Nationalsozialismus – an seinem Krankenlager aufsucht. Ein Brief, den Chamberlain daraufhin an Hitler richtet, trägt entscheidend zur Propaganda für den nationalsozialistischen Parteiführer bei. Chamberlain stirbt am 9. Januar 1927 in Bayreuth.
Mit untrüglicher Sicherheit erkennt Cosima bereits im Sommer 1888 in Chamberlain jenen Agitator, der ihr mit ideologisch gespitzter Feder künftig treuer zur Seite stehen wird als ihr eigener Sohn. Ihre Kinder schickt Cosima nach den Festspielen erst einmal mehrere Tage nach Karlsruhe zu Felix Mottl,

der dort den »Fliegenden Holländer« und Wagners Huldigungsmarsch nach Siegfrieds Beurteilung *»vorzüglich«* und *»hinreißend«* aufführt. Siegfried freut sich besonders, als er hört, daß Mottl auch den »Rienzi«, der nach Cosimas Willen nie in Bayreuth gegeben werden darf, aufführen wird. Er reist dann auch zur angesetzten Premiere nach Karlsruhe, muß allerdings wieder einmal, wegen unvorhergesehener, krankheitsbedingter Verschiebung, unverrichteter Dinge nach Hause fahren.
Felix Mottl ist für lange Zeit Cosimas engster Vertrauter und Briefpartner, von ihr zärtlich »mein Spielmann« genannt. Doch dienen ihre Korrespondenzen stets nur ihrem eigenen Interesse, das machtpolitisch ausgerichtet ist.
Siegfried Wagner dagegen, das sieht man schon an den frühesten Briefen, geht es in seiner Korrespondenz darum, Kontakte aufrechtzuerhalten, die familiären und freundschaftlichen Verbindungen nicht abreißen zu lassen.
Mit seinem um vierzehn Jahre jüngeren Neffen Manfred Gravina steht Siegfried in einem humorvollen Briefwechsel, Zeichen einer herzlichen Freundschaft. Anfang Januar 1889 spricht er davon, daß er Eislaufen geht und dabei oft aufs Eis fällt.
»Bayreuth, den 11. 1. 89
Mein lieber Manfreduzzolinello
Ich habe fast Angst, daß du den Fudala vergißt und deshalb will ich auch einmal wieder etwas von mir hören lassen. Denk dir, ich arbeite, arbeite gerade so viel wie vor einem Jahr, und bin noch nicht gescheuter. Recht kalt ist's hier; auf dem Eis bin ich oft und mache Strapazuto-Kunststücke und pflumpfe auch hie und da hin. – So gehts auf der Welt. – Leb wohl, mein Bübala, grüß Mariechen (Maria Gravina, zweites Kind Blandines; Anm. d. Verf.) *herzlich und denk an die alte Wafen* (fränkisch für Vielredner, Quatschkopf; Anm. d. Verf.) *Fudela«*

Für Siegfried rückt das Abitur näher, und für Cosima damit die Angst, den Sohn aus ihrer Nähe und ihrem direkten Einflußbereich zu verlieren: »Was mit mir wird, wenn Fidi das Gymnasium absolviert hat – ich weiß es nicht, kann mich weder von ihm getrennt, noch ihn fern von Wahnfried denken. Gott hilf uns, wenn wir keine Hilfe mehr wissen.« Andererseits betont sie jedoch ihr Bestreben, »Siegfried von jeder Bevormundung freizumachen und ihn seine Wege gehen zu lassen«.
Während Cosima nach Berlin reist, wo Siegfried sein Studium beginnen möchte, fahren die Kinder in den Osterferien wieder einmal nach Karlsruhe, um dort die Wiedergabe eines Liszt-Werkes unter Leitung Mottls zu erleben. Anschließend begleitet Siegfried den Kunstwissenschaftler Professor Franz Wickhoff, einen Freund Henry Thodes, nach Brescia. Da Cosima diese Italien-Reise wohl gar zu gern mit dem Sohn unternommen hätte, sendet Siegfried ihr zum Trost eine österreichische Buchausgabe von Goethes »Reise nach Italien«. Sie trägt folgende Inschrift:

»Wenn die Tage sonnenreicher/ Wärmt sich selbst die Kröte/ Seht, die guten Österreicher/ Lesen nun auch Goethe.«

Siegfrieds einstiger Spiel- und jetziger Klassenkamerad Ludwig Frölich erinnert sich viele Jahre später, daß Siegfried zwar gerne Sport treibt, aber keine Begeisterung »für das Tanzen, dem die Mehrzahl der Jugendgefährten (...) huldigten«, zeigt. Dennoch arrangiert Siegfried – wohl auf Betreiben seiner Freunde – am 10. November 1888 einen »Knackerla-Ball mit Damen« in Haus Wahnfried: »Das war für uns«, so Frölich, »natürlich ein Ereignis ersten Ranges! Die Tanzkarte weist 10 Touren und zwei eingeschaltete Touren auf!«

Siegfried vermag das starke Interesse seiner Kameraden am anderen Geschlecht nicht recht zu teilen, weiß dagegen den Liebeskummer seiner Freunde durch lyrische und heitere Gedichte zu lindern, da er die Launen der Frauen durch seine Schwestern zur Genüge selbst erlebt hat.

Für die bevorstehenden Feierlichkeiten des Abiturjahrganges 1888/89 zeichnet Siegfried die Einladung: in der Bürgerressurce findet am 10. August ein Gartenfest mit Tanz statt, am 12. August ist »Abschiedskneipe«.

Am 3. August 1889 erhält er am Gymnasium, der Königlich Bayerischen Studienanstalt Bayreuth, das Zeugnis der Reife, in dem besonders seine Leistungen in Französisch hervorgehoben werden.

Zur Belohnung für das bestandene Abitur darf Siegfried mit seinem Schwager Henry Thode die Weltausstellung in Paris besuchen. Er besichtigt das Pantheon und den Louvre und erlebt Dumas' »Francillon« in der Comédie Française. Wo und wie er einen jungen Bäcker, »le Boulanger« kennenlernt, den er als Akt, eine Sandale knüpfend, porträtiert hat, ist unbekannt. Doch offenbar findet er schneller männlichen Anschluß in jener Metropole, die doch sonst der Inbegriff des Ewig-Weiblichen ist.

Erstmals stehen im Sommer 1889 »Die Meistersinger von Nürnberg« auf dem Programm der Festspiele. Cosima inszeniert, Hans Richter, der Freund aus der Tribschener »Meistersinger«-Zeit, dirigiert. Richter hatte Cosima vorgeschlagen, eine Partie in den »Meistersingern« mit einem in Hamburg sehr populären jüdischen Sänger zu besetzen. Sie wehrt strikt ab: »Ich habe meine Bedenken gegen eine jüdische Erscheinung in den Meistersingern, welche meiner Ansicht nach von jeder israelitischen Mischung hätten freigehalten werden sollen.« Damit vertritt Cosima scheinbar sogar eine kritische Haltung gegenüber dem Musikdrama Richard Wagners, der in der Figur des Merkers ein Zerrbild des ihm wenig gesonnenen jüdischen Kritikers Eduard Hanslick geschaffen hat. So gesehen war es wohl auch sie, die Wagner zur Änderung des Merker-Namens von ›Hans Lick‹ zu ›Sixtus Beckmesser‹ bewogen hat.

Das doppelte Studium

Nach den Festspielen trifft Cosima sich mit den Kindern und ihrem Enkel Manfred in Riva am Gardasee. Henry Thode liest Graf Schacks Buch »Geschichte der Normannen in Sizilien« vor, was bei Siegfried offenbar starke Eindrücke hinterläßt, – wird es doch später die Hauptquelle seiner historischen Oper »Rainulf und Adelasia«.

Hauptgrund des Zusammentreffens am Gardasee ist ein Familienrat über die Zukunft Bayreuths, sprich über Siegfrieds Berufswahl. Siegfried wird zugestanden, seine architektonischen Neigungen durch ein Studium zu fundieren. Zuvor jedoch soll der Bayreuther Kronprinz in rebus musicis nachholen, was das Gymnasium in dieser Hinsicht nicht vermocht hatte, eine solide Ausbildung in Harmonie und Kontrapunkt.

Gegenüber seinem Freund und Biographen, dem jüdischen Kritiker Ludwig Karpath, äußert Siegfried später einmal den Standpunkt seines Vaters zur Frage seiner Berufswahl:

»Mein Vater hatte Freude, an allem was sich regte. Ihm wäre es sicherlich gleich gewesen, ob ich mich der Karriere des Architekten oder Musikers zugewendet hätte. Leider verhinderte ihn der frühzeitige Tod daran, dieser Frage überhaupt näher zu treten.«

Engelbert Humperdinck, Richard Wagners Adlatus bei der Uraufführung des »Parsifal« und immer noch musikalischer Assistent bei den Bayreuther Festspielen, ist dazu ausersehen, das von Richard Wagner Erlernte an dessen Sohn weiterzugeben. Cosima wünscht, daß Humperdinck Siegfried neben Musiktheorie und Partiturlesen eine gründliche und geistvolle Analyse der Klassiker, vornehmlich »Mozarts und der altfranzösischen Schule«, hingegen »kein Klavierspiel, noch irgendeine Spielerei« beibringen solle: »Ich freue mich in dem Gedanken, Siegfried einst als Musiker unter Musikern, die so recht seine Nächsten sind, verkehren zu sehen, und gerade dadurch, daß er weder komponiert, noch ein Instrument spielt, ist der Musik in seiner Erziehung die Huldigung gebracht, die unser ganzes Kulturleben ihr schuldet.«

Siegfried zieht also nach Frankfurt am Main, wo er bei Daniela und Henry Thode, der die Leitung des Städelschen Kulturinstitutes übernommen hat, ein zweites Zuhause findet: »Ich lebe jetzt in einem verkleinerten Wahnfried, von zwei so reizenden Menschen umgeben«, berichtet er der Mutter. Und er vergißt nicht, zu erwähnen, daß Joukowskys Cosima-Porträt an der Wand hängt.

Zwei- bis dreimal in der Woche fährt er von hier aus nach Mainz, um von Humperdinck zu lernen. Cosima empfiehlt Humperdinck, für Siegfrieds musi-

Ehklage
von
Franz Liszt
instrumentiert
von
Siegfried Wagner

kalische Erziehung auch die Partituren Méhuls, Grétrys, Boieldieus und Cherubinis heranzuziehen.
Vom 21. Oktober 1889 bis zum Ende Juli des folgenden Jahres hält Humperdinck in Tagebuchnotizen fest, wie er in seiner Ausbildung verfährt: der Entwicklung der Notenschrift folgt die Lehre der Akustik, nach Übungen im Kontrapunkt und in der Instrumentation steht schließlich die Komposition des Liedes »Abend auf dem Meere«, auf ein Gedicht von Siegfrieds Schwager Henry Thode.
Die Werkanalysen beschränken sich nicht nur auf die alten Meister, sondern auch Partituren von Mendelssohn, Schumann und dem jungen Richard Strauss werden, oft im Zusammenhang mit gemeinsam besuchten Konzerten, gründlich analysiert. Bald besiegelt das vertrauliche »Du« das Freundschaftsverhältnis zwischen Lehrer und Schüler.
Aus der Frankfurter Studienzeit ist ein »Adagio für Klavier« erhalten: das nur vier Seiten umfassende, unvollendete Klavierwerk aus dem Jahr 1889 enthält auch diverse Angaben zur Instrumentierung. Ob es zu einer Orchestrierung kam, ist ungewiß. Fertiggestellt, in Orchesterpartitur, liegt eine vierzigseitige, mit einem farbigen Titelbild gezierte Bearbeitung »Ekloge von Franz Liszt, instrumentiert von Siegfried Wagner« vor. Die Umschlagzeichnung zeigt einen Sonnenaufgang über den Bergen. Merklich verbindet Siegfried sein zeichnerisches Können mit der neuen Errungenschaft des Instrumentierens. Ein vierstimmiger homophoner Chor, »Stabat mater«, bleibt Skizze. Weiter zählt zu den musikalischen Studien der Quartettsatz mit einer Variation von Bachs Choral »O Haupt voll Blut und Wunden«, der später noch in Siegfrieds Opern »Der Kobold«, »Schwarzschwanenreich«, »Der Friedensengel« und »Die heilige Linde« zitiert wird.
Ist Humperdincks musikalische Ausbildung auch aufgeschlossen für Wagners Antipoden und jene Nachfolger, die nicht ins Bild der Bayreuther Kulturanschauung passen, so ist das Haus von Henry Thode ein Born nationalistischer Denkweise, wo der Verfall der Gegenwart, die Dekadenz der Moderne, der »undeutsche gemütlose Naturalismus« angeprangert werden. Zu dem Kreis um Thode gehören auch der Maler Hans Thoma und dessen Förderer, der kunstbegeisterte Arzt Dr. Otto Eiser sowie das Kaufmanns-Ehepaar Eduard und Elise Küchler.
An seine in Palermo lebende Schwester Blandine schreibt Siegfried so, wie im Hause Thode gesprochen wird: überheblich, selbstgefällig und antisemitisch. Er zieht her über »Patrie« von Palladilke, die er als *»miserable zusammengestohlene jüdische Oper«* bezeichnet, er ereifert sich über Sarah Bernhardt, die *»Vorträge über die Jeanne d'Arc hält und als Muttergottes nächstens auftreten wird«*. Getreu den Ausfällen des Vaters, die vom Haß der Mutter auf das Land ihrer Muttersprache, der einen gewissen Selbsthaß impliziert, noch geschürt wurden, gipfelt das dann in dem Satz: *»Alles, was Paris bringt, ist stinkender Schmutz.«*

Siegfried Wagner und Henry Thode

Adolf von Groß, Cosima Wagner, Daniela, Isolde, Marie von Groß, Siegfried Wagner

Von Sehnsucht nach ihrem Sohn getrieben, hatte Cosima bereits das Weihnachtsfest im Hause ihrer Tochter in Frankfurt verbracht. Auch auf der Rückreise von Karlsruhe, wo sie Felix Mottl besucht, verweilt sie einige Tage in Frankfurt.

Nun wird gegen die Wagner-Gegnerin Clara Schumann zu Felde gezogen: *»Seit Mamas Hiersein ist Frau Schumann beständig unwohl. Die gute Dame hat halt zuviel Gift angesammelt und jetzt muß sie es selber herunterschlukken. Wie traurig steht die ganze Bande da.«* Der Haß entlädt sich in der Vorstellung, daß Clara Schumann wohl selber froh wäre, »wenn sie endlich crepieren könnte«, doch dann streicht Siegfried das Wort »crepieren« und setzt milde das Wort »sterben« darüber. »Der alte Schumann-Hillersche Mist muß mal herausgeschmissen werden«, heißt es im selben Geburtstagsbrief an Blandine über die Kompositionen von Robert Schumann und Ferdinand von Hiller; hingegen ist von den »lieben Préludes« des Großvaters die Rede.

Als Richard Strauss zur Aufführung seiner symphonischen Dichtung »Don Juan« nach Frankfurt kommt, macht diese auf Siegfried einen großen Eindruck, den er dem Komponisten gegenüber nicht verhehlt. Dieser begutachtet daraufhin Siegfrieds kontrapunktische Arbeiten und läßt es an Lob ebenfalls nicht fehlen. Siegfried verspricht, Strauss zu Ostern in Weimar zu besuchen: *»Vielleicht höre ich dann das Liszt-Konzert oder sonst etwas.«* Doch zu diesem angekündigten Besuch in Weimar kommt es nicht, da Cosima ihn drängt, die Zeit in Wahnfried nicht um drei volle Tage zu verkürzen. Sie übernimmt es auch, sich bei Strauss, den sie als Schwiegersohn für ihre Tochter Eva vorgesehen hat, für die Nichteinhaltung von Siegfrieds Versprechen schriftlich zu entschuldigen.

Also verbringt Siegfried seine Osterferien ausschließlich mit Mutter und Schwester Eva in Wahnfried als »Drei-Siedler-Tage«, wie er sie in einem Brief an Blandine bezeichnet, nachdem er erstmals in seinem Leben ein halbes Jahr von zu Hause fort war. Der Kapellmeister Julius Kniese spielt am Klavier das Mozart-Requiem und Teile aus Franz Liszts »Heiliger Elisabeth«, und Cosima liest und kommentiert Richards Aufsatz »Das Kunstwerk der Zukunft«, den der Musikstudent Siegfried nun voll in sich aufnehmen kann: *»Wenn nur die guten Deutschen es einmal ernst vornehmen wollten!... Na überhaupt die Deutschen! Und ihre Fürsten!«* ist sein Fazit. Im Gegensatz zu Cosima hält er nicht viel von den deutschen Fürsten, er bezeichnet sie als *»Schoßpudeln und Troddeln«*, fügt aber für seine Schwester Isolde, die *»noch an lohengrinhafte Fürsten glaubt«*, beschwichtigend hinzu: *»Gast, werde nicht bös!«*

Innerhalb der vierzehn Tage, die er in Bayreuth, oder – wie er es nennt – in »Schilda«, verbringt, findet auch eine Soiree in Wahnfried statt:

»Leider hatte ich an dem Abende die traurige Aufgabe, mich mit der sogenannten jungen Welt zu unterhalten, was mir ziemlich sauer fiel, denn ich hätte eher noch einen Felsen zum Singen bringen können, als jene Schar zum

Sprechen. Als rettender Einfall kam das Essen, was allerdings ihre Münder zu einer ganz fieberhaften Tätigkeit verlockte. Eine Haupt-Action des Abends war die Wiedervereinigung der Häuser Giessel und Bibra, welche sich drei volle Jahre befehdet hatten, weil einst Frau Giessel über eine Überraschung von Seiten des Aristokraten empört war; Papa Bibra hatte seinen Söhnen privat von einer Wäscherstochter Tanzstunde geben lassen, um an einem Harmonie-Abend Frau Giessels Sinne zu berücken durch den Anblick dieser drei tanzenden Barönchen, was aber eine entgegengesetzte Wirkung hatte. Über die Vorwürfe: es sei doch unwürdig, von einer Wäscherin sich belehren zu lassen, brach der Baron! Das wäre der Stoff für eine Comödie! Wir hatten also das Glück, unbewußt zu versöhnen! das hat – nicht die Loreley, aber vielleicht der Maulwurf (Spitzname Julius Knieses; Anm. d. Verf.) *am Klavier getan! –«*

Auch bei Daniela in Frankfurt, im sogenannten »Mohrenheim«, werden Soireen veranstaltet und wird musiziert. Antonia Speyer-Kufferath singt hier, am Klavier begleitet von Hermann Levi, Hans von Bülows Liederzyklus »Die Entsagende«. Solche Soireen, die etwa veranstaltet werden, wenn Familie Groß aus Bayreuth zu Besuch kommt, stehen dann ganz im Gegensatz zu dem offiziellen Frankfurter Kulturbetrieb. Und Siegfried formuliert das dann so pathetisch, wie die im fernen Italien lebende Schwester es gerne hört, und so antisemitisch gefärbt, wie Cosima es ihn gelehrt hat:

»Das Judentum hier hat ja jeden germanischen Keim erstickt, und nur die traurigsten Produkte der französisch-semitischen Welt machen sich auf den hiesigen Bühnen breit. Wenn man so auf dieses trostlos wüste Treiben in allen Gebieten, in Kunst und Politik blickt, wenn man sich verzweifelt fragt, wohin noch der Wahn die rasende Menschheit treibt, da erscheint plötzlich in strahlender Glut das bayreuther Theater, vor dessen Glanz die sehnsüchtige Seele in Wonne schmilzt. Es gibt ein Glück, das ohne Reu; es gibt eine Kunst! Wenn es nicht eher sein soll, so werden wir uns dort wieder vereinigen, dort auf dem Hügel, wo das Unerhörte geschieht.«

Dieser Brief an Blandine zeugt wieder einmal davon, wie wenig Siegfried noch »erwachsen«, wie wenig sein Denken auf sich selbst gestellt ist. Aber eine eigene Denkweise kann in der ständigen Bevormundung auch kaum reifen. Dazu bedarf es anderer Einflüsse und einer gewissen Isolation, die erst später einsetzen sollte. Sie erfolgen durch einen englischen Musikstudenten am Hochschen Konservatorium in Frankfurt, Clement Harris.

Der um zwei Jahre jüngere Harris ist Schüler von Clara Schumann und im Gegensatz zu Siegfried ein Frühentwickler. Sein Vater, Friedrich William Harris, leitet die Reederei Harris & Dixon in London, sein Bruder Walter ist Diplomat in Marokko.

Clement hat mediale Fähigkeiten, er vermag die Gedanken anderer zu »lesen« und sie den verblüfften Kollegen mitzuteilen. So verwundert es nicht, daß er in Frankfurt auch mit dem »Propheten«, dem Dichter James Grun, in

Siegfried travestiert als Prima Ballerina – leider kein Originalfoto, sondern eine nachgestellte Szene aus dem 1986 uraufgeführten Musiktheater »Cosima Notte« von Edmund Gleede

Clement Hugh Gilbert Harris

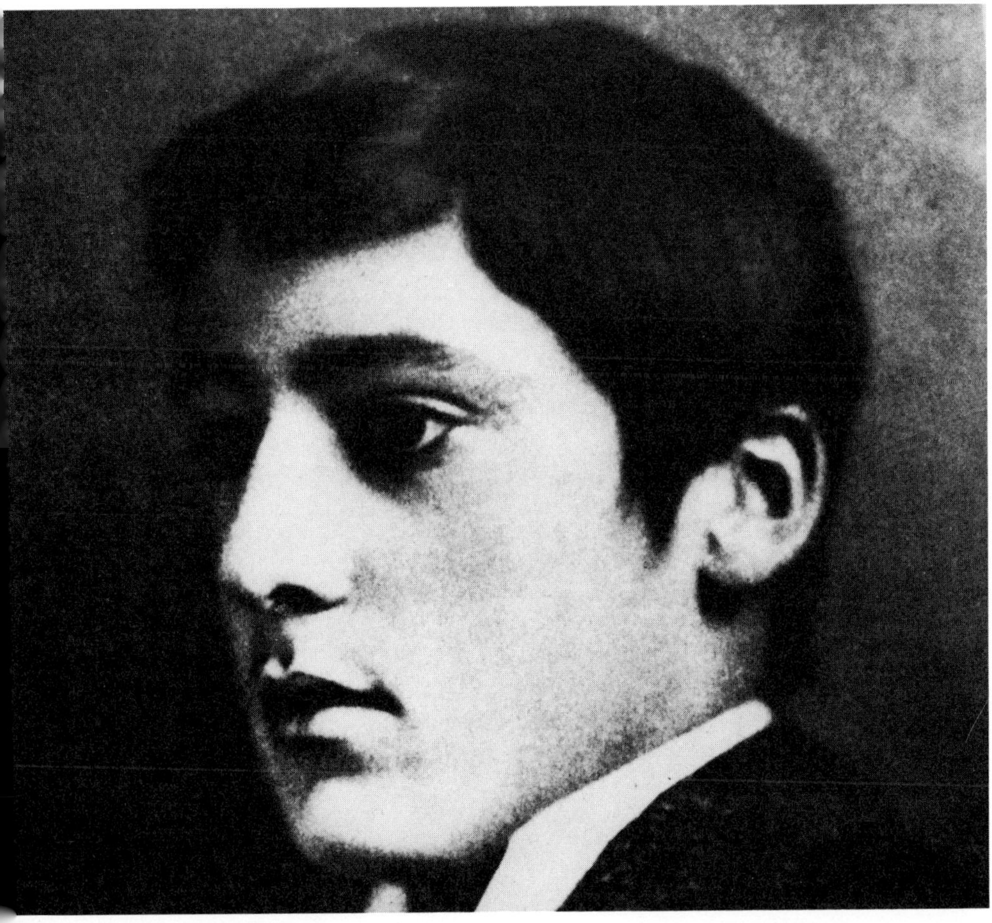

Kontakt kommt. Grun, der uns als Librettist der Pfitzner-Opern »Der arme Heinrich« und »Die Rose vom Liebesgarten« bekannt ist, läßt sich von Harris magnetisieren: im Hypnose-Zustand zieht ihm Harris Nadeln durch den Körper. So wie Harris in seinem Tagebuch sein Studienzimmer in Frankfurt beschreibt, ähnelt es dem eines Alchemisten: »Am Fußboden ausgebreitet astronomische Tabellen und – von früh auf ein Lieblingsspielzeug – elektrische Basteleien und Apparaturen, sodann das Klavier, drauf Vasen voller frischer Rosen.«

Im Juni 1889 wird Clement Harris von Clara Schumann als Schüler angenommen, was zu diesem Zeitpunkt, nach dem sechzigjährigen Künstlerjubiläum der Pianistin und Klavierpädagogin, eine große Ausnahme bedeutet, die ausschließlich auf Clements außerordentliche pianistische Fähigkeiten zurückgeführt werden darf. Der künstlerisch Vielseitige ist homosexuell veranlagt. Eine seiner leidenschaftlichen Liebschaften, die er seinem Tagebuch – in einem als Chiffre dienenden Gemisch aus Deutsch-Englisch – anvertraut, ist der Adjutant des Landgrafen von Hessen, Baron Flotow, eine andere Oscar Wilde, eine andere – Siegfried Wagner.

Regelmäßig verkehrt er im Hause des Bankiers und Kunstfreundes Edward Speyer, wo er auch Siegfried Wagner kennenlernt. Die erste Begegnung mit Siegfried Wagner ist anhand von Clements Tagebuch genau zu datieren. Am 12. Dezember 1889 notiert er: »Der Sohn des Riesen war auch da. Wir hatten ein langes Gespräch über Wagner. Er sieht seinem Vater sehr ähnlich, hat aber einen weniger mächtigen Kopf.«

Edward Speyer berichtet, daß sich Clement Harris und Siegfried Wagner bei ihrer ersten Begegnung in seinem Haus sofort voneinander angezogen fühlten. In seinen lesenswerten, in Wagner-Bibliographien kaum erwähnten Erinnerungen, »My Life and Friends« (London 1937), erzählt Speyer auch, daß Siegfried allsonntäglich den Veranstaltungen im Speyerschen Haus beiwohnte und mit Hallo begrüßt wurde, da er »begeistert in alle Späße einstimmte und, als Prima Ballerina verkleidet, auch große Beweglichkeit an den Tag legte«.

Tatsächlich liebt es Siegfried, sich als Tänzerin zu kostümieren und ernste Musik tänzerisch umzusetzen. Er kann sich dabei sogar auf seinen Vater berufen, der in Venedig, zum Klavierspiel seines Schwiegervaters Liszt, plötzlich zu tanzen begonnen hatte. Dieses tänzerische Wesen, das in fast allen Opern Siegfried Wagners zum Ausdruck kommt, paart sich allerdings beim jungen Siegfried mit der Lust zum Travestieren. Hinzu kommt, daß er es liebt, auch mit der Stimme zu travestieren. Insbesondere kann er alte Damen köstlich nachahmen.

Harris ist, obgleich leidenschaftlicher Wagnerianer und besonders vom »Tristan« hingerissen, nicht durch antisemitische Erziehung vorbelastet. In vielerlei Hinsicht ist sein Einfluß auf den älteren Siegfried gewaltig. Jene Öffnung, die den ersten Teil einer »Befreiung« von der Wahnfried-Doktrin darstellt,

belebt bereits Siegfrieds Brief an seine Schwester Blandine, den er am Johannistag, dem 21. 6. 1890, verfaßt:
»Vor einigen Tagen sah ich Donna Diana von Moreto, was du sicher kennst, ein entzückend geistvolles Stück. Jetzt, wo Heinz und ich ohne Lulu leben, die sehr zufrieden und ruhig in dem Schwarzwald zur Cur sitzt, gehen wir oft zu Speyers, welche in ihrer Liebenswürdigkeit für uns keine Grenzen kennen.«
Noch läßt sich nicht von einem Gesinnungswechsel sprechen, den vor allem die Schwester nicht verstehen würde. So erzählt Siegfried in seinem Brief zwar von der *»bedeutenden, schönen«* Frau Speyer, bemitleidet sie aber als jemand, der *»ganz in Schumann-Brahmssche Netze verfitzt und wahrscheinlich nicht daraus zu retten«* sei. Er unterbricht sein Schreiben, um *»mit drei Herren in den Wald«* zu reiten und fährt nach dem Ausritt fort:
»Heinz ist mit seiner geliebten Frau Speyer in Stockhausens Prüfungskonzert, ich gehe in einer halben Stunde zu Eisers, die ich sehr verehre und gern habe, mit denen der Verkehr aber durch die etwas sehr bürgerlichen Schranken nie so recht gemütlich geworden ist. Übermorgen gehe ich zu meinem Freunde Clement Harris nach Homburg, wo seine Familie vereinigt ist. Ein großes picknick auf dem Feldberg ist abgemacht. Vielleicht gehe ich in ungefähr 3–4 Wochen mit Clement nach Schottland, um dort herumzustrolchen, zu baden und in der Fingalshöhle an Mendelssohn zu denken.«
Am nächsten Morgen fährt er fort, daß der Abend bei Eisers *»sehr heiter verlaufen«* sei und daß Hans Thoma, dank der Hilfe Henry Thodes, nun künstlerisch und damit auch finanziell mehr Erfolg habe. *»Für Humperdinck fabriziere ich jetzt fleißig Canons. Heute habe ich sogar selber etwas angefangen, nämlich ein Gedicht von Heinz in ein Lied zu verwandeln. Sieh mal an, knickknackknock! – Wir gehen jetzt zu zweit den Don Juan durch, was mir große Freude macht. Da man gerade Mozarts Werke kaum mehr genießbar auf der Bühne hört, muß man die Partituren studieren, um erst einen Begriff von der Meisterschaft dieses großen Genius zu bekommen.«*
Das Gedicht Henry Thodes, das Siegfried sehr stimmungsvoll vertont, heißt »Abend auf dem Meere«. Verziert mit einer eigenen Titel-Vignette, widmet Siegfried seine Komposition *»verehrungsvoll Frau Antonie Speyer«*, wohl in der Hoffnung, daß die gefragte Sängerin das Lied in einer Soiree zur Uraufführung bringt. Antonia ist nicht nur hochbeglückt über dieses Lied, sondern bittet Siegfried später auch um weitere Lieder, die dieser schon anderen Gönnerinnen zugeeignet hat.
Mit einer Vertonung von Ludwig Uhlands »Frühlingsglaube« tritt Siegfried kühn in Konkurrenz zu Franz Schubert, aber er vermag sich mit seiner sehr individuellen, elegischen Textausdeutung durchaus gegenüber der berühmten Vertonung zu behaupten.
In seinem, hier bereits mehrfach zitierten Brief vom 21. Juni 1890 an seine Schwester Blandine, stellt Siegfried auch eine Hypothese über den Opernspielplan in Palermo an; dagegen würden in Frankfurt *»Mikado-Prophet-*

Armer Jonathan« zur Aufführung gelangen, *»und wenn die Werke an die Reihe kommen«* – gemeint sind hier, im Sprachduktus Cosimas, Wagners Musikdramen –, *»laufe ich erst recht weg«*. Doch kurz darauf räumt er die Larmoyanz wieder beiseite: *»Morgen ist hier ›Joseph von Ägypten‹ und Sonntag der ›Wasserträger‹, in die ich natürlich gehe.«* Natürlich, denn Méhuls und Cherubinis Opern kommen in Vater Richards Schriften gut weg.

Der liebe, lange Brief des einzigen männlichen Familienhauptes hat aber noch einen anderen Sinn: Siegfried renkt Spannungen zwischen Wahnfried und den Gravinas ein, die dadurch entstanden sind, daß Cosima – anstatt Blandine bei der Geburt von Gilberto, ihrem dritten Kind beizustehen – nach Karlsruhe zu Aufführungen der »Heiligen Elisabeth« von Franz Liszt und zu »Rienzi« gereist ist. Seitens Blandines war daraufhin das Wort »Herzlosigkeit« gefallen, was Siegfried nunmehr *»einer momentanen Überreiztheit und gesundheitlichen Schwäche«* Blandines zuschreibt, *»die ja bei dem erschlaffenden südlichen Klima erklärlich sind«*.

Mitte Juli berichtet Siegfried seiner Gönnerin Antonia Speyer, daß er ein Klavierstück seines Großvaters instrumentiert, die *»Eklogue aus den Années de Pèlerinage, ein Stück, welches sich für Orchester sehr hübsch eignet«*. Im selben Schreiben berichtet er auch über die wachsende Freundschaft zu Clement Harris:

»Von Clement hatte ich einen reizenden Brief aus München. Die Art, wie er mir für den Briefwechsel meines Vaters und Großvaters dankte, hat mich sehr gerührt. Ich bin überzeugt, daß auf der Basis gleicher Ansichten, gleicher Begeisterung, unsere Freundschaft eine dauernde, feste bleiben wird.«

Gegen die geplante Reise Siegfrieds nach Schottland hat Cosima offenbar mit gewichtigen Festspiel-Argumenten protestiert, denn Siegfried fährt in seinem Schreiben fort:

»Meine Reise nach Schottland mache ich nicht, da ich anfangs August in Bayreuth zu den Beleuchtungsproben zu Tannhäuser sein werde. Doch hoffe ich, daß sich nächstes Jahr Gelegenheit finden wird, mit Clement in seine Heimat zu wandern. (...) Die drei Tage, welche ich vor 14 Tagen bei der Familie Harris zubrachte, waren reizend. Mit dem unglaublich nüchternen Vater habe ich mich ganz gut gestellt mit Hülfe des Humors, der ja bei fast allen Engländern mehr oder weniger vorhanden ist, während die Deutschen sofort lange pikierte Gesichter machen, wenn man sich einen kleinen Scherz erlaubt...«

Ende Juli des Jahres 1890 erzählt Siegfried Antonia Speyer brieflich von einem »Angelus« aus Händels »Israel in Ägypten«, das er gerade *»mit rasender Freude«* neu instrumentiert. Die Beschreibung seines Studienzimmers ist ein Pendant zu jenem Bild, das Clement von seinem Frankfurter Zimmer gezeichnet hat. Bei Siegfried heißt es:

»Visitenkarte für Gustav D. Manzkopf, Gummi arabicum, mit dem ich heute früh einen Schuh geflickt habe, die Zirkusreiterin und ihr Stallmeister, eine

kleine Palme, die ich alle Minuten umwerfe, alte Frankfurter Zeitungen, ein neuer Schwammsack, Memoiren einer Idealistin (schönes Buch), Rechnungen von Fries, Andre und Thiele, Fidelio-Partitur, die kleine schwarze Bazar-Ampel, Pears Soap, zerissene Schuhbändchen, schwarze Hände, – dies zusammen ist meine Umgebung und ein Abbild meines Aussehens. (...) Halt! Beinahe hätte ich mein Tagesereignis vergessen: bei einer kleinen Privatlotterie des Doktor Eiser, zum Besten eines nicht aufkommenden Malers in München, gewann ich unglückseliger Mensch den Gewinnst, nämlich einen schauderhaften Tiroler mit Schnurrbart, Pfeife, faltiger Haut und namenlos philiströsem Ausdruck. Ich schwanke zwischen Lachen und Schimpfen, möchte das Bild am liebsten zu Bangel tun. Das kommt davon, wenn man generös sich an Lotterien beteiligt! Jetzt steht der Kerl mir gegenüber, in einem knallgoldenen Rahmen und raucht und raucht und versimpelt vollständig.«

Zwischen Tonia, wie Siegfried die mütterliche Freundin bald nennt, und dem häufigen Hausgast gibt es eine eigenartige Beziehung mittels einer *»Rute«*, mit der Frau Speyer ihm wiederholt droht und die – darf man Siegfrieds Briefen Glauben schenken – auch tatsächlich Anwendung gefunden hat. In einem Brief an seinen Schwager Henry Thode spricht Siegfried einmal davon, daß er Tonia einen Brief geschrieben habe, *»wo wieder einige Spitzen eingenäht waren, für die mir wahrscheinlich wieder die Rute droht«*.

Und in einem Schreiben Siegfrieds an seine – zumindest geistige – Domina heißt es: *»Ihr Drohen mit der Rute rührt mich wenig, obwohl Sie, wie mein Schwager mir sagt, extra hierher reisen, um jenes Instrument an mir zur Anwendung zu bringen.«* Immerhin hinterläßt die Rute auf Siegfried so einen nachhaltigen Eindruck, daß er sie in seiner fünften Oper als Orchesterinstrument einführt, wenn bei einem Huldigungsreigen, als ein Spiel im Spiel, der Knecht Ruprecht in Erscheinung tritt.

Seit April ist Engelbert Humperdinck Cosima Wagners Gast in Frankfurt, um noch für drei weitere Monate Siegfrieds Musikstudium fortzusetzen. Danach versichert Engelbert Humperdinck, daß Siegfried »jetzt mit allen Elementen der Musiktheorie sich vertraut gemacht hat und im Stande ist, seine weiteren Studien auf diesem Gebiet ohne Beihilfe anderer fortzusetzen«.

Humperdinck bleibt Siegfried *»stets einer der trautesten, sympathischsten Freunde«*. In seinen »Erinnerungen« führt Siegfried aus:

»Wie gern sah man in seine vergißmeinnichtblauen Augen; wie heiter stimmten uns seine neckischen Wortspiele, aber auch seine Zerstreutheit und sein traumverlorenes Wesen! Sein Zuspätkommen war sprichwörtlich geworden. Selbst den Papst hat unser Freund einmal eine halbe Stunde lang in den vatikanischen Gärten warten lassen, das heißt, der Kirchenfürst wartete nicht auf den Audienzbedürftigen, sondern unser Freund hatte das Nachsehen. Er war der Deutsche, wie er im Märchen steht. Als er mich einmal fragte, ob ich nicht einen guten Operntext für ihn wüßte, sagte ich ihm, er solle sich nur

selber komponieren, das gäbe das beste Märchenspiel. Mit seinem Schüler Siegfried war er zufrieden, ja so zufrieden, daß er meiner Mutter schrieb, er glaube bestimmt, daß die Musik die Architektur verdrängen werde.«
Noch bevor in Siegfrieds Skizzenbuch die rasch hingeworfenen, zeichnerischen Impressionen den Aufzeichnungen über Vorlesungen am Polytechnikum der Technischen Hochschule Berlin Platz machen, finden sich dort einige Zeichnungen vom Zuschauerraum des Festspielhauses aus, auch Theaterszenen und – wohl aus dem Gedächtnis – Venedig-Ansichten. Eine Zeichnung ist besonders akkurat ausgeführt und trägt die Bildunterschrift »*Clement Harris,* writing a Brahms-Canon, Homburg 29. Juni 1890«.
In Siegfried Wagners letzte Frankfurter Zeit fällt die dramatische Szene »Sieg«, die wohl seinen frühesten musikdramatischen Versuch darstellt. Die Personenangabe weist »Sieg« deutlich als Opernlibretto aus: Das Liebespaar ist mit Sopran und Tenor besetzt, der Ehemann, zunächst als Bariton konzipiert, verkümmert zur stummen Rolle. Bertha und Heinrich, die Kinder im Alter von zehn und acht Jahren, sind als Sopran und Alt, zwei Mägde ebenfalls als Soprane, zwei Knechte als Tenor und Baß geplant. Der Chor wirkt mit als »Nachbarn, Soldaten, Männer und Frauen aus dem Volk«. Die Liebesszene verwendet typisch nachromantische Topoi. Sie vermag in ihrer Wortwahl zwar die Wagner-Nachfolge nicht zu leugnen, nimmt aber bereits die Expressivität Schrekerscher Operntexte vorweg:

»Leuchtender Sonne wonnige Strahlen
Trefft uns mit Euren glühenden Pfeilen,
Das Liebesentzücken zu Flammen entbrennend!«

In jenem Heft, das die dramatische Szene »Sieg« enthält, ist ein Husar porträtiert. Die Zeichnung »Dr. Siegfried Levisohn und seine Braut Julchen Oppenheim«, Frucht antisemitischer Erziehung, offenbart Selbstironie: denn Siegfried ist nicht nur der Vorname des Wagner-Sohns, sondern in der Tat auch ein in jüdischen Familien häufig gebrauchter Vorname, und auch Siegfried Wagner hat mütterlicherseits jüdisches Blut. So trägt ›Dr. Siegfried Levisohn‹ in Siegfried Wagners Zeichnung deutlich die Züge des Karikaturisten, kurzum: es ist beinahe ein Selbstporträt.
Im selben Skizzenbuch entwirft Siegfried einen Erweiterungsbau des Festspielhauses, von dem wohl in Gesprächen bisweilen die Rede war – und den er dann auch viele Jahre später, bei der Erweiterung des Gebäudes um den Verwaltungstrakt an der Westseite, durchführen sollte.
Nach den Festspielaufführungen, die in diesem Jahr erstmals ausverkauft sind, trifft sich die Wagner-Familie in Mailand. Siegfried fühlt sich hier wie zu Hause und bietet sich den übrigen Familienmitgliedern als Fremdenführer an. Sein kosmopolitisches Wesen bricht durch.
Aus dem Grand Hotel in Bellagio berichtet Siegfried Antonia Speyer über seine Eindrücke der Bayreuther Chorkonzerte mit Julius Kniese, wo er Bachs

›Clement Harris, writing a Brahms Canon‹, Zeichnung von Siegfried Wagner

Johannespassion, Chöre von Gabrieli und Schütz gehört hat. Mit Bezug auf seine Liedkomposition »Abend auf dem Meere«, die er der Freundin nunmehr als Geschenk ankündigt, spricht er über Inspiration: *»Gott sei Dank ist die Musik die Kunst der Seele, und wo die fehlt, ist alles Musikfabrizieren keine Musik.«* Antonia Speyer bedankt sich so überschwenglich für die ihr zugeeignete Komposition, daß Siegfried sich genötigt sieht, seinerseits für diesen Dank zu danken. Wieder in Bayreuth, erzählt er ihr von dem Eindruck, den Rossinis »Wilhelm Tell«-Ouvertüre auf ihn gemacht hat, als er sie von einem Infanterie-Regiment gespielt auf dem Markusplatz in Venedig gehört hat. Inzwischen wohnt er Knieses Proben zu Franz Liszts Oratorium »Die heilige Elisabeth«, »aktiv, als Sänger«, bei:
»Die Aufführung findet am 14. November statt. Am 22. Oktober treffen wir alle in Karlsruhe zusammen zur szenischen Aufführung der Elisabeth, deren Proben meine Mutter jetzt leiten wird. (...) Thodes werden jedenfalls sich dazu aufmachen, und Clement darf auch nicht fehlen, vorausgesetzt, daß seine Lehrerin es ihm nicht verbietet, ein ketzerisches Werk anzuhören. Wollen Sie so gut sein, dem lieben Freund zu sagen, ich würde bald seinen letzten reizenden Brief beantworten.«
Ende Oktober 1890 schreibt er sich mit dem Namen ›Siegfried Richard Helferich Wagner‹ an der Charlottenburger Hochschule als Student der Architektur, »speziell Hochbau«, ein. Als Adresse gibt er auf der Immatrikel die Mittelstraße 16/17 IV (bei Stromer) an, um dann im zweiten Semester in der Friedrichstraße 134 Wohnung zu beziehen. Aus rein emotionalen Beweggründen hätte Cosima lieber gesehen, daß Siegfried in Wien studierte, da der Katholizismus dieser Stadt die konvertierte Ex-Katholikin doch besonders anzieht. Außerdem verbindet sie mit dieser Stadt ein besonderes Erlebnis: hier hatte sie – natürlich in Wiener Dialekt – erstmals den Klang deutscher Sprache vernommen.

Kaum ist Siegfried in Berlin, verlegt auch Cosima ihr Hauptarbeitsfeld dorthin. Stolz berichtet sie: »Im letzten Konzerte hat der Kaiser Fidi zu sich kommen lassen und ihn ungemein freundlich nach Bayreuth, Wahnfried und dem Stand der Dinge gefragt. Die Dichtung des Parsifal weiß er auswendig und lehnte daher den ihm angebotenen ›Text‹ mit Entrüstung ab.«
»Seit Mama und die Schwestern hier sind, bin ich noch mehr in die Wogen der Gesellschaft gefallen«, schreibt Siegfried an Tonia Speyer. *»Wenn wir auch die Bekanntschaft von vielen feinen, bedeutenden Menschen dabei machten, so bleibt doch immer ein so eigentümlich ernüchternder Eindruck auf einem lasten, der von der echten Freudigkeit abhält. Am Urquell der Dichtkunst zu weilen, war uns auch einen Abend gestattet, nämlich beim guten Wildenbruch, der durch sein phänomenales Selbstbewußtsein es uns sehr erleichterte, unsere Unkenntnis seiner dichterischen Taten zu verbergen. In einigen Tagen wird sein neues patriotisches Drama den preußischen Staat beglücken. Seine*

Siegfried Wagner mit Marie Schmedes

Siegfried Wagner mit Ernestine Schumann-Heink und Marie Schmedes

Fürstendienerei ist ihm bei dieser Gelegenheit schlecht bekommen, denn der Kaiser leitet fast alle Proben und der arme Pegasus-Besitzer muß ruhig zusehen, wie gerade das Gegenteil oft von seinen Ideen ausgeführt werden muß. Um ganz auf der Höhe zu sein, wanderten wir vorgestern in den Reichstag, der uns aber nicht besonders zu fesseln vermochte. Mama schläferte ein wenig ein, ich bekam rasenden Hunger, nur Isolde war gefesselt. Ein Umstand, der uns Übrige besonders verwunderte, da sie sonst keine Freundin von Staat, Politik, etc. ist. (...)
Eigentlich wollte ich Ihnen erzählen, daß ich in der letzten Zeit wieder mächtig instrumentiert habe. Aber da Sie natürlich nicht die Heroide élégiaque von meinem Großvater kennen, so wird Sie das wenig interessieren können. Nur das Eine will ich sagen, daß es ein großartiges Stück ist, das sich gut für großes Orchester, sehr gut eignet. Sie sehen, hochverehrte Frau, die Frechheit kann ich nicht aufgeben, – es gibt so wenig Menschen, die die Genialität haben, Frechheiten gütig aufzunehmen! (...)
Es ist Zeit, daß ich wieder mal ein ernstes Buch zur Hand nehme. In diesem Wirbel glückt es mir nur, eine halbe Stunde auf der Stadtbahn die Wanderjahre zu lesen, und nachts, wenn mir der Kopf schwirrt, nehme ich Winckelmanns Geschichte zur Kunst vor, wo ich dann regelmäßig in einer Beschreibung von Castor und Pollux einschlafe.«
Siegfried verkehrt nun auch in den Häusern der Freunde Cosimas, bei Hermann und Anna Helmholtz, bei Bodo von Knesebeck, Reinhard Graf Kekulé von Stradonitz, Anna vom Rat, Karl Klindworth und der neunzigjährigen Hedwig Olfers. Auch im Haus von Mathilde Wesendonck ist er ein gerngesehener Gast. Die Geliebte seines Vaters aus der Zeit der »Tristan«-Komposition lebt nunmehr in Berlin und ist auch dem Sohn Muse und »Gönnerin«, allerdings mehr in »kulinarischer« denn in erotischer Hinsicht. Siegfried charakterisiert Mathilde Wesendonck Daniela gegenüber als *»very kind, but oberflächlich and knöchern, looks very old«.* Hingegen hat es ihm ihre Schwiegertochter Inga sehr angetan: *»I only go there for the little Frau W, who ist the charmingst little creature I ever saw.«*
Das Stilgemisch von Deutsch und Englisch, insbesondere auf Postkarten, übernimmt Siegfried von Clement, um seine Mitteilungen für Außenstehende etwas zu chiffrieren. Offenbar können deutsche Briefträger um die Jahrhundertwende im Normalfalle englische Sprache nicht verstehen. Bei diesem Sprachengemisch kann es sich aber auch um eine in den Kreisen der homophilen Musikstudenten in Frankfurt gebräuchliche Form der Mitteilung handeln, stößt man zu dieser Zeit doch öfter darauf, wie etwa in der Reimsonate »in kis dur«, die Balfour Gardiner und Norman O'Neill dem Komponisten und späteren Münchner Opernintendanten Clemens Franckenstein widmen. Auffallend ist jedoch, daß Siegfried diese Form der Mitteilung gerade gegenüber Daniela gebraucht, die für ihn die direkteste Brücke zu Clement bildet. Und ganz unverschlüsselt heißt es ihr gegenüber auch: *»Grüß das liebe*

Clementchen herzlichst; er soll sich während der Tage, wo ich da bin, möglichst frei vom Parnaß halten.«

In Berlin bildet Siegfried die familiäre Brücke zu Hans von Bülow, dem Vater seiner ältesten Schwestern. Bülows Konzerte besucht er mit Vorliebe, und dessen Wiedergabe der D-Dur-Symphonie Mozarts übt auf ihn einen ungemein bleibenden Eindruck aus. Bülow und Siegfried Wagner begegnen sich mit großer Herzlichkeit, während Cosima weiterhin jedes Zusammentreffen mit ihrem ersten Gatten meidet.

Voller Freude berichtet Siegfried an Daniela, daß Bülow ihm eine »Tannhäuser«-Partitur geschenkt hat, moniert jedoch Bülows Programm-Zusammenstellung bei den von ihm geleiteten Konzerten: *»If only your father would make better programmes! It was really empörend last time, I am still quite dégouté.«*

Gemeinsam mit Cosima begutachtet Siegfried Heinrich von Steins künstlerischen Nachlaß, den die Mutter gerne herausgeben möchte. Doch offenbar ist es nur ein Vorwand, um in Siegfrieds Nähe sein zu können. »Fidi schlug die Waldenser auf. Wir fanden Trost und Erhebung, und es war uns lieb, sie dem geschiedenen Freunde zu danken und mit ihm auf diese Weise verkehrt zu haben, in der Stadt, wo er litt und starb.« So begründet Cosima gegenüber Adolf von Groß, dem Bayreuther Finanzverwalter, die Notwendigkeit ihres langen Berlin-Aufenthaltes. Auch die geplante Bayreuther Erstaufführung des »Tannhäuser« bereitet Cosima in Berlin vor. Um einen Sänger für die Partie des Landgrafen beurteilen zu können, läßt sie eigens eine »Tannhäuser«-Aufführung an der Berliner Hofoper ansetzen. Siegfried betreibt derweilen sein Architektur-Studium mit vollem Eifer, widmet sich aber auch weiterhin musikalischen Studien.

Am 20. Dezember 1890 schreibt Siegfried an seine Tonia:

»Das wenn auch oft recht nüchterne Fugen-Fabrizieren etc. hat doch gewaltige Spuren in mir zurückgelassen und würde sich ganz gern an die Oberfläche aufschwingen, wenn ich es nicht mittels des Zirkels tüchtig hinunterstechen würde. Was man an Kunst hier erlebt, ist in manchen Beziehungen viel besser als im seligen Frankfurt. Doch fehlt mir doch eigentlich das, was ich unter Kunst verstehe. Das ganze Element hier, die Luft, die Menschen etc., nichts ist eigentlich in wahrem Sinne künstlerisch, wie man es doch Wien zuerkennen muß. So sind die unter der einzigen Direktion Herrn von Bülows stattfindenden philharmonischen Konzerte durch die entsetzliche Zusammenstellung der Programme oft geradezu unerträglich, so wundervoll und jetzt unerreicht auch die einzelnen Leistungen gerade des Orchesters sind (...)

Überhaupt erinnert mich das Treiben der hiesigen Hochschule sehr an das ehrwürdige gleichbenannte Klapperkasten-Institut in Frankfurt. Wenn man nur den Händen dieser marmorglatten Musikmörder die arme Musik Beethovens entreißen könnte. Es ist trostlos anzusehen, die Werke der tiefsten

Wahrheit und Innerlichkeit benützt zu sehen, um die eigene Verlogenheit dahinter zu verstecken.
Sie werden wohl finden, daß ich eher auf die Kanzel gehöre als Briefe schreiben sollte, – Sie mögen Recht haben! Und ich will lieber schweigen über Dinge, die uns schon oft beschäftigt haben.«

Mehr als das Konzertleben beeindruckt ihn das Berliner Theaterangebot:
»In den Theatern habe ich schon einige hübsche Abende verlebt. Gestern sah ich Maria Stuart im Deutschen Theater und wurde das Werk durch die sorgfältige, feinfühlige Wiedergabe nur getragen. Dagegen hat mich die Neuinszenierung des Tannhäuser, wie es ja schließlich auch nicht anders sein konnte, sehr deprimiert, besonders, da ich einzelnen der Künstler gerne etwas Anerkennendes hätte sagen wollen. Um auf der Höhe des modernen Realismus zu sein, sah ich mir die Haubenlerche von Wildenbruch an, die mich aber wegen der unglaublichen dramatischen Mängel sehr wenig zu erfreuen vermochte, und habe ich jetzt fest den Entschluß gefaßt, nur noch in wirklich gute Stücke zu gehen. Denn das Mittelmäßige ist das Trägste. Es will ergreifen und kann höchstens erregen. Es rührt an die tiefsten Probleme, wühlt darin herum und kann doch kein Resultat geben. Und so verfällt man in vollständige Ernüchterung und Ärger. Gegenwärtig lese ich in jeder ruhigen Minute im Briefwechsel von Schiller und Goethe und bin vollständig beglückt über diese Größe, diese Wahrheit, diese Intensität der Empfindung, diese aus jedem Wort strahlende Liebe und Nachsicht gegen die Menschheit.«

Von Berlin aus besucht Siegfried im November 1890 Richard Strauss, um dessen letzte »Tannhäuser«-Aufführung in Weimar und dessen erstmalige Leitung der »Faust«-Sinfonie Franz Liszts anzuhören.
In einem Brief an Cosima betont Strauss, daß er sich Siegfrieds »werte Freundschaft immer erhalten möchte« und berichtet von einer Diskussion über Berlioz, in der Siegfried den Standpunkt vertreten hat, »daß das Hauptmoment der modernen Instrumentation (...) nicht in den gesteigerten Mitteln liege, die Berlioz allerdings herbeigeschafft hat, ohne sie unter dem Zwang eines gesteigerten Ausdrucksbedürfnisses verwenden zu können, sondern in der Individualisierung des Orchesters, in welcher, von Beethoven weg, Weber den ersten entscheidenden Schritt gewagt hat«. In der Diskussion mit dem dänischen Komponisten und Dirigenten Eduard Lassen nimmt Siegfried folglich jene Position ein, aus der auch sein Vater Berlioz beurteilt hat. Er vertritt also – sicher zur Freude Cosimas – den offiziellen Standpunkt Bayreuths – und das ganz im Gegenteil zu seinen eigenen Werken, die hörbar stärker auf Berlioz' Instrumentation fußen als auf der Richard Wagners.
Im kalten Winter des Jahres 1890/91 zieht sich Siegfried ein Rheumatismusleiden zu. Cosima ist voller Sorge, und aufgeregt reagiert sie, als Siegfried die Aufforderung erhält, sich beim Militär vorzustellen: er soll für ein Jahr zu den

Schweren Reitern eingezogen werden. Das stets kriegerische Wesen Cosimas befürchtet im Falle eines Krieges das Schlimmste für die Wagner-Dynastie. Und tatsächlich schafft sie es, über höchste königlich-bayerische Kreise, daß Siegfried vom Militärdienst befreit wird. Sie hat für ihn eine andere Aufgabe vorgesehen: Die Oper »Der Cid« von Peter Cornelius, wegen der es schon zu Auseinandersetzungen zwischen Wagner und Cornelius gekommen war, soll nach Cosimas Willen von Siegfried umgedichtet werden, damit er sich »dabei an solche Arbeiten gewöhne, von welchen ich meine, daß man sie aus den Ärmeln schütteln und halbdutzendweise im Jahr machen solle«. Doch daraus wird nichts. Siegfried, so viel er sich auch im Alltag durch Cosima und ihre gesellschaftlich weitgreifenden Arme bevormunden lassen muß – wohl gerne wäre der begabte Reiter im Kreise der Schweren Reiter aufgesessen –, läßt sich in Dingen, die sein künstlerisches Schaffen angehen, nicht dreinreden. So sollte es auch – bis auf wenige Ausnahmen – bleiben.

Im Februar 1891 teilt Siegfried seinem Lehrer und Freund Humperdinck mit, daß er seine musikalischen Studien nebenbei fleißig fortsetzt und gerade die Nr. 5 der Rhapsodien Franz Liszts instrumentiert hat. Von der »Heroide élégiaque, für großes Orchester gesetzt von Siegfried Wagner« hat sich jedoch nur eine Skizze erhalten, auf der Siegfried auch eine seiner Schwestern porträtiert hat.

Siegfried macht auf seiner Heimreise zu den Osterfeiertagen erneut Station in Weimar. Diesmal gilt sein Aufenthalt der Aufführung von Liszts »Christus« unter Strauss' Leitung. Begleitet wird er von einem neuen Freund, der sonst in der gesamten Wagner-Literatur keine Erwähnung findet, bei dem er aber bald darauf, in Karlsruhe Quartier beziehen wird. Es ist der junge Graf Goetzen. Um jeden Verdacht einer Intimität zu vermeiden, stellt Siegfried ihn Strauss gegenüber vorsichtshalber als einen *»begeisterten Bayreuthianer«* vor, *»der wahrscheinlich, da er eine hübsche Baritonstimme hat, sich für die Bühne ausbilden wird«*. Denn Siegfried ahnt, daß Richard Strauss fast jeden seiner Aussprüche in einem blumenreichen Schreiben an Cosima mitteilt, um weiterhin eine persona gratissima in Bayreuth zu bleiben. Nach der Aufführung fährt Siegfried mit dem Nachtzug über Leipzig nach Bayreuth, *»Goetzen fast zur selben Zeit nach Frankfurt weiter«*. Doch bleibt nach dem Konzert für Siegfried noch genügend Zeit, um mit dem ehrlich bewunderten Dirigenten Richard Strauss Duzbrüderschaft zu schließen.

Offenbar spielt eine gewisse Rivalität zwischen Goetzen und Harris um die Zuneigung Siegfrieds eine nicht unwichtige Rolle, wie sich aus der – wieder einmal deutsch-englischen – Mitteilung an Daniela herauslesen läßt:

»Heaven thunder elemente bomben, ›mein Gott‹ what have I done? Can I stampfen the thing out of the earth? I am going to write to Frau Tonia today or tomorrow. Good Clement could have wrote me so förmlich, wie don't need to be. Is that so hart-harted, that I nearly came with Goetzen to Frankfurt to go

than with you to Bayreuth and to see Sp (eyer) and Cl (ement)? What I can't do in account of my money! O you horrible thing!–«

Als Siegfried in Bayreuth eintrifft, liegt Cosima mit Grippe darnieder, und auch Siegfried steckt sich an, so daß er nicht zu Strauss' Liszt-Konzert nach Weimar fahren kann: *»Da ich aber Influenza in den letzten Tagen hatte, will Mama mich nicht so schnell fortfahren lassen«* – also etwa das gleiche Spiel zwischen Mutter und Sohn wie am Ende der Osterferien ein Jahr zuvor. Entschädigt wird Siegfried in gewisser Hinsicht durch Bachs Johannes-Passion, die Kniese mit dem Bayreuther Musikverein einstudiert hat und von der er *»einen gewaltigen Eindruck«* bewahrt.
Zu Ostern schenkt ihm Tonia eine Schar Vögel, die mit allerlei Gedanken an Frankfurt auch durch einen Fiebertraum spuken, den er der Gönnerin in einem, mit mehreren farbigen Zeichnungen illustrierten Brief wiedergibt:
»Himmel-Donner-Wetter, so fuhr ich heute nacht auf, als die am Tag so unschuldig liebenswürdig scheinenden Befiederten in wildem Chor ein non-plus-ultra-Contrapunkt-Quintett losließen, während die von mir geheilte Enten-Gans dazwischen in Synkopen ›bra bra‹ schnatterte, und die blaue – von mir anfangs für die so plötzlich abgemagerte Frau Kwast gehaltene Japanerin taktierte und ›herzlich, himmlisch, das ist Musik, das ist Kraft‹, etc. dazwischenrief. – Was sollte ich beginnen, als nun vollends der Deckel der kleinen Schachtel sich lüftete und die kleinen Insekten die Sommernachtstraum-Elfen-Getrippel-Musik zwitscherten, dann plötzlich vom ›Aufschwung‹ der anderen unterbrochen wurden, bis alle darüber übereinkamen, daß das schönste doch sei, in mächtigem Unisono etc. zu singen. Mit Wut hatte ich nichts erreicht; so griff ich zur milden Güte. Ich bildete mir ein, der hl. Franz zu sein, begann mit ihnen in seinem Sinne zu sprechen und sang ihnen schließlich das: ›Freude schöner Götterfunken‹ vor. – Alles ward ruhig; als der eine Canarienvogel mit dem wackelnden Schwanze frech bemerkte: Ach, was? Da stiehlt ja einer aus der X. Symphonie, erhob sich doch eine kleine Empörung; die Tierchen baten mich, Ihnen noch einmal das ›Lied‹ vorzusingen, ich tat es, und jetzt schallte es aus aller Munde, die Insekten mit ihren Sordinen, die Japanesin, die bunten Vögelchen, die olle Ente mit ihrer neuen Gespielin oder Gespielen und endlich auch – die Photographie. – Ich schlief sanft ein; am Morgen war alles ruhig in seinen Kästen, an der Decke, auf dem Tische. Und wer ist an diesem Spuk Schuld? – Die beigefügten Bilder, welche nur entfernt mit dem Inhalt des Briefes zu tun haben, werden Ihnen zeigen, wie sehr mir Dr. Hochs Conservatorium ans Herz gewachsen ist, wie sehr es mir unerläßlich scheint, daß Quintette zum Grün-Donnerstag aufgeführt werden, und wie rentabel eine Linke-Hand-Züchterei sich gestalten müßte. Verzeihen Sie – ich habe seit 3 Tagen Influenza. Um wenigstens ein vernünftiges Wort gesprochen zu haben, rufe ich zum Schlusse einen recht herzlichen Dank Ihnen zu für das schöne Bild und die unglaubliche kleine Bande.«

Winckelmanns Geschichte der Kunst vor, wo ich dann regelmäßig mitten in einer Beschreibung von Castor und Pollux einschlafe. Seligen Angedenkens an Frankfurt war ich heute in einem Bazar, wo Isolde und Eva auch verkauften und die Kaiserin Friedrich mit Töchtern präsidierte; meinem Geldbeutel ist es schlechter wie bei Ihnen ergangen, wo Ihr Fräulein Tochter Clement und mich vor dem Abgrund rettete.

Mit den wärmsten Empfehlungen an all die Ihrigen bin ich in treuer Dankbarkeit

Ihr verehrungsvoller Ergebenster Siegfried Wagner

verzeihen Sie die Sauerei!

ergebenen Siegfried

An die verehrten Ihrigen bin ich [illegible] Ihr stets verehrungsvollst ergebener Siegfried Wagner

Bayr. 8 April 91

HS 65/I-11

Hochverehrte gnädige Frau

Himmel-Donner-Wetter, so fuhr ich heute nacht auf, als die am Tag so unschuldig liebenswürdig scheinenden Befiederten in wildem Chor ein non-plus-ultra

O glücklichster der Menschen zwei linke Hände!

Contrapunkt-Quintett losließen, während die von mir wieder gescheite Enten-Gans dazwischen in Synkopen „bra bra" schnatterte, und die blaue – von mir anfangs für die so plötzlich abgemagerte Frau Quast gehaltene – Japanesin taktierte und „herrlich, himmlisch, das ist Musik das ist Kraft" etc. dazwischenrief. – Was sollte ich beginnen, als nun vollends der Deckel der kleinen Schachtel sich lüftete und die kleinen Insekten die Sommernachtstraum-Elfen-Getrippel-Musik

Obacht hier wird geschnacht

zwitscherten, dann plötzlich vom Aufschwung der anderen unterbrochen wurden, bis alle darüber übereinkamen, dass das schönste doch sei, in mächtigem Unisono [Noten] zu singen.

Mit Wuth hatte ich nichts erreicht; so griff ich zur milden Güte. Ich bildete mir ein, der hl. Franz zu sein, begann mit ihnen in seinem Sinne zu sprechen, und sang ihnen schliesslich das: Freude schöner Götterfunken vor. – Alles ward ruhig; als der eine Canarienvogel mit dem wackelnden Schwanze frech bemerkte: Ach, was? da stiehlt ja einer aus der IX. Symph., sich doch eine kleine Empörung. Die Thierchen baten mich ihnen [illegible] noch

Heilige Cäcilie

Im Mai 1891 lädt Siegfried Antonia Speyer ein, ihn mit Mann und Tochter Lalla in Berlin zu besuchen:
»Es ist jetzt ganz reizend hier. Musik hört man kaum, also Gekampel gäb's nur in ganz reduziertem Maße, die Natur ist anmutig, das Gemüt übermütig, die Museen mit neuen Bildern voll, im Panoptikum zweiköpfige Menschen, im Grunewald Schinken- und Eierreste im Zeitungspapier vom letzten Sonntag aufgehoben, krumme Nasen partout, zu denen ich mich natürlich auch rechne, (...) Also im Ernst: nur wenige Koffer gepackt, um Gottes Willen nicht zwanzig Dutzend Hemden! und flott nach Berlin! Wir würden solchen Blödsinn machen! Ich bin hier ja so gern, daß ich wahrscheinlich noch nächsten Winter hier studieren werde. Der Mangel jeder künstlerischen Begabung bei den Preußen ist ja schlimm, aber ihre ernste, noble, protestantische Art ist mir doch viel lieber als das schlaffe, versteckte, katholische Wesen der Österreicher und Bayern, die allerdings viel begabter sind. Die sogenannte künstlerische Atmosphäre Münchens hat mich immer sehr wenig künstlerisch angeweht. Mein Leben ist jetzt sehr vernünftig: Segelpartien, Reiten, Arbeiten, auch etwas Komponieren – was ich Ihnen aber nicht wieder aufdrängen will – und Lesen, das ist mein Tag.
Die törigen Gesellschaften haben Gott sei Dank ein Ende, ins Theater komme ich wenig, nächstens (...) tritt Weingartner mit einer neueinstudierten, strichlosen Lohengrin-Aufführung sein Amt an. Ich bin sehr begierig, ob er den Augias-Stall wird etwas ausputzen können. Fast möchte ich's bezweifeln, da ja an dem Grundblödsinn eines solchen Institutes nicht gerüttelt werden darf und selbst die energischste Tätigkeit eines genialen Menschen hier nur Stuck-Ornamente, nicht Marmor anbringen kann. Und die guten Frankfurter haben Herrn Kogel! Wohl bekomm's! Das ist einer für diese Bande! So fest im Glauben, wie unser allgeliebter Beschützer Metzler, der gegenwärtig Berlin beglückt. Ich habe ihn noch nicht gesehn, doch von ihm gehört, daß er Lobreden auf Heinz hält. Nun, das Ur-Elende, hier wards zum Mann!
Clement ist wohl noch in England. Wird der arme Mensch denn ewig an Frankfurt gekettet sein? Für einen jungen Menschen ist es gar nicht gut, immer in denselben Straßen, mit denselben, noch so lieben Menschen zu verkehren. Es täte ihm sehr gut, ein wenig hierher zu kommen und sich ein wenig mit den anderen Elementen zu reiben, wie das mir oft geschieht und wohl bekommt. Man wird dadurch seiner selbst sicherer und achtet mehr darauf, auf eine vernünftige, gemäßigte Ausdrucksweise!
Allerdings fürchte ich, daß ihm, wie mir, die Trennung von Frau Spies sehr schwer sein wird und Frau Kwasts Augen fern zu weilen, vermag nur ein Gigante zu ertragen.«
Dies ist ein ironisch gemeinter Hieb gegen die auch von anderen Studierenden des Hochschen Konservatoriums umschwärmten Lehrerinnen Hermine Spies und Toni Hiller-Kwast, vielleicht auch in Anspielung auf deren Tochter

Mimi Kwast, die hin- und hergerissen ist zwischen ihrer Beziehung zu dem drei Jahre jüngeren Percy Grainger und ihrem späteren Mann Hans Pfitzner.
Mit besonderer Erlaubnis des Rektors verläßt Siegfried am 28. Juni 1891 vorzeitig die Berliner Hochschule, um sich nach Bayreuth zu begeben. Als Begründung hatte er in seinem Gesuch angegeben, daß *»seine Beteiligung an den Vorbereitungen zu den diesjährigen Bühnenfestspielen in Bayreuth als höchst wünschenswert bezeichnet wird«.* Obgleich er noch keine musikalischen oder Bühnendienst-Aufgaben übertragen bekommt, ist er als Stammhalter, als »Kronprinz von Bayreuth«, bei der Vorbereitung und Durchführung der Festspiele von 1891 zugegen.
Mit ein entscheidender Grund für den raschen Aufbruch nach Bayreuth mag auch die bevorstehende Ankunft von Clement Harris gewesen sein, der erstmals die Bayreuther Festspiele besucht. Clement wird wie ein Familienangehöriger in Wahnfried aufgenommen, schluchzt bei den Aufführungen in der Familienloge »wie ein Kind« vor sich hin, erhält von Daniela Thode ein aus Lava geschnittenes Medaillon verehrt, das Richard Wagner seiner Frau Cosima in Neapel geschenkt hatte und das nun Clement an einer goldenen Halskette als Amulett trägt. Cosima empfindet er als »eine wirklich sehr ungewöhnliche Frau von starker Faszination«, und so verwundert es nicht, daß sie ihn in den »Dienst Bayreuths« einspannt: er erledigt die englischsprachige Korrespondenz der Festspielleitung, empfängt die englischen Gäste und führt deren prominenteste Vertreter in Wahnfried ein. In dem Berliner Hof- und Domprediger Adolf Stöcker, der während der »Parsifal«-Aufführung neben ihm in der Loge sitzt, erkennt Clement mit Schrecken »den größten Antisemiten unserer Zeit«, und er hält in seinem Tagebuch fest, daß sich auch Fürst Hohenlohe »rege an der Diskussion über die Rolle der Juden in der Zukunft Deutschlands« beteiligt.
Das in Bayreuth durch die Ideologen ausgespritzte Gift, insbesondere auch gegen die angeblich divergierenden Kunstrichtungen, führt immerhin dazu, daß Clement im Dezember dieses Jahres 1891 seine Pianistenausbildung bei Clara Schumann abbricht.
Allen Unkenrufen treu meinender Wagnerianer zum Trotz, die Wagners »Tannhäuser« als ein frühes Werk für »bayreuthunwürdig« halten, wird Cosimas Inszenierung des »Tannhäuser« in der Pariser Fassung, mit Felix Mottl am Dirigentenpult und der blutjungen Elisa Wiborg als Elisabeth, ein großer Erfolg.
Gleich nach den Festspielen immatrikuliert sich Siegfried am Polytechnikum in Karlsruhe. Wie in Berlin vereinbart, bezieht er Wohnung in der Kaiserstraße 80 II, bei Graf von Goetzen, wohin auch der junge Clement Harris häufig zu Besuch kommt.
»Leider sind die meisten Lehrer solche Philister«, heißt es in einem Schreiben an Humperdinck über die Dozenten in Karlsruhe. Dagegen erfreut ihn das musikalische Angebot. Genau das war auch Cosimas Hintergedanke, als sie

Siegfried die Fortsetzung des Studiums in dieser Stadt geraten hatte. Mottls Einfluß verfehlt seine Wirkung nicht, seine Ausführungen fachen *»immer stärker die Sehnsucht nach dem Musikerberufe an«*, wie Siegfried in seinen »Erinnerungen« schreibt. *»Ein halbes Semester noch«* arbeitet er an der technischen Hochschule, doch neben seinen Studienheften liegt die aufgeschlagene »Mazeppa«-Partitur. Übungshalber fertigt er einen Klavierauszug von Haydns Klavierquintett an, und er schreibt weiter an seinem Opernplan »Gottfried der Spielmann«, dessen Vorstufen »Der Spielmann«, »Gottfried und Solinde« schon weiter zurückreichen. Zu dem vollständig ausgeführten, dreiaktigen Opernbuch hat Siegfried auch einen Bühnengrundriß angefertigt. Obgleich ›Spielmann‹ der von Cosima für Felix Mottl gebrauchte Kosename ist, spricht vieles dafür, daß die tenorale Titelpartie von Siegfrieds »Gottfried der Spielmann« eine autobiographische Figur ist. Eindeutiger als die nachfolgenden Werke ist »Gottfried der Spielmann« als Künstlerdrama zu verstehen. Natürlich kommt es in diesem Frühwerk noch zu einem Happy-End, und Siegfried besitzt Selbstkritik und Humor genug, dramatische Parallelen zu Vater Richard zu kennzeichnen: *»3. Szene. Anbrechender Tag. (siehe Lohengrin. huhu!)«*

Vaters »Ring« beginnt der junge Dramatiker dramaturgisch zu hinterfragen. Er traut Wotan nicht, der sich wiederholt in kniffligen Angelegenheiten rühmt, eines seiner Augen geopfert zu haben. Cosima hat alle Mühe, mit Bezug auf den Entwurf zum »Rheingold« und eine, ihr aber selbst unbekannte »Sage von dem Streite Wotans mit den trotzigen Sippen der Fricka« das Bild vom positiven Gott aufrechtzuerhalten.

Fernost-Reise

Besonders beeindruckt Siegfried eine von Mottl dirigierte, von Cosima inszenierte Aufführung der »Heiligen Elisabeth« in Karlsruhe, bei der auch Clement Harris wieder zugegen ist. Doch Clement hat sich mit den ständigen Reisen von Frankfurt nach Karlsruhe psychisch übernommen: »Jene großartigen, aber erregenden Aufführungen waren für meine Nerven einfach zuviel. Als ich (danach, Anm. d. Verf.) in London ankam, war ich ein Wrack. Ich werde jetzt auf einem von Vaters Schiffen eine Seereise machen, um mich gesundheitlich wiederherzustellen.« Hinzu kommt, daß der Aufenthalt bei seinem Freund Siegfried, in der Wohnung von dessen Freund Goetzen, ihn zusätzlich strapaziert hat – er will endlich wieder einmal mit Siegfried allein sein und lädt den Freund ein, ihn auf der bevorstehenden Erholungsreise zu begleiten.
Am 19. Dezember 1891 kommt Siegfried in Bayreuth an und muß nun Mutter und Schwestern seine Absicht kundtun. Er unternimmt dies mit solcher Intensität und Beredsamkeit, daß Cosima nicht widersprechen kann. Sie schreibt ihrer Freundin, der Gräfin Wolkenstein: »Fidi begrüßte die Aufforderung zur Reise, die er unter allen Umständen begrüßt hätte, wie eine Befreiung.«
Noch vor ihrer Übersiedlung nach England hatte Antonia Speyer Siegfried gebeten, das Marie von Groß gewidmete Lied »Frühlingsblick« zu transponieren, damit sie auch diese Komposition zum Vortrag bringen könne. Dann war für längere Zeit der Kontakt abgerissen. Als Siegfried endlich Speyers neue Anschrift erfährt, macht er sich humorvoll Luft:
»*Verehrte gnädige Frau,*
es ist eine entzückende, aber nicht immer praktische Eigenschaft des ewigweiblichen Teiles der Menschheit – die Un-Logik und das Umdrehen! Ja-ja! racheschnaubend ergreife ich die Feder, um meine Unschuld (mit Ausnahme des Liedes) zu beweisen!
Am soundsovielten Oktober im Jahre domini 1891 (also christliche Zeitrechnung, nicht etwa russische oder mohammedanische!) – ich wiederhole, oder nein, ich fahre fort: also an diesem Tag geschah es, daß Frau Speyer einem gewissen Jüngling, genannt Siegfried Wagner, der sich bereit erklärt hatte, zuerst nach England zu schreiben etc., heftig, wie dies dem armen Knaben oft erging, antwortete, sie (nämlich Frau Speyer, Frau Antonie Speyer geb. Kufferath) wolle zuerst schreiben, um ihre Adresse anzugeben. Tage, Wochen, Monate vergingen – kein Wort – keine Silbe! –
Gerüchteweise – unsicher – durch Clement munkelt man von einer Verlobung – wer mit wem? Fräulein Lalla? Wirklich? Nicht möglich! Das hätte ich sicher

erfahren! – Nach einiger Zeit eine Postkarte von Daniela, wo von der Verlobung die Rede ist. – ›Lulu, bitte schreibe mir die Adresse von Speyers‹! ›Clement please to write me Speyers address.‹ – Keine Antwort. – Clement aus Claras Clauen entclommen, sinnt nur nach dem Ocean, Lulu in Weihnachtsstimmung. Ainsi la situation! und daran ist nichts zu ändern. Aus Trotz und Ärger habe ich mein Lied nicht transponiert, sondern drohe Ihnen jetzt mit Neuem! Furchtbare Rache eines gekränkten Jünglings! Stehe ich nicht da, ein goldenes Kalb, anbetungswürdig? – Doch nun endlich zu etwas anderem! Oder vielmehr, ich kehre wieder zurück, um nämlich endlich meine herzlichsten Gratulationen zur Verlobung feierlichst niederzuschreiben, sonst gibt es am Ende wieder einen pikierten Brief! Die Neujahrswünsche sind eigentlich etwas recht Albernes, aber mit den Wölfen–! Also: mes souhaits les plus sinceres! mille sinceri auguri, a bright new year, euchomai hymin kalliston eniauton, opto ac spero annum vobis prosperum fore, (. . . indische Zeichen; Anm. d. Verf.) *endlich deutsch (von Bierstimmung erklingend:) Prrrost Neujahr!*

Bin ich nun meiner Politessen-Pflichten ledig oder habe ich armer Sünder noch einige Bußübungen zu verrichten?–

Dona mihi pacem! ut requiescam in pace!–

Gott, bin ich gelehrt! Welch' köstliche Brocken habe ich noch aus der Gymnasiums-Zeit gerettet. Ja, das Latein ist die Sprache der Logik und diese Logik = Nicht-Umdrehungs-Kunst!–

Jetzt noch etwas vom Leben und Treiben. In Karlsruhe habe ich viel Herrliches im Theater erlebt: Ring, Meistersinger, Freischütz, Elisabeth, Mazeppa (o dieses Ketzerstück! Dieu Merci, daß das Mittelalter vorbei ist, sonst müßte dieses Werk im Konservatorium mit einer Ketzer-Mütze feierlichst verbrannt werden, in Anwesenheit hochlöblicher Herrschaften!)

Nun bin ich hier (in Wahnfried; Anm. d. Verf.) *zur Weihnacht mit viel Freud' und Unsinn! Ich bin jetzt zum dramatischen Dichter avanciert, da ich nämlich täglich meinen Neffen die erschütterndsten Tragödien, gewürzt mit allem mir zu Gebote stehenden Blödsinn im Kasperltheater aufführe, außerdem noch ein zu improvisierendes Socialistisches Drama für uns* (d. h. Geschwister und Schwager) *entworfen habe, welches morgen losgelassen wird – daneben immer herrliche Musik durch Kniese, bei dessen Chorprobe ich letzthin mein Dirigenten-Debut gemacht habe (Chorphantasie von B.* [Beethoven, Anm. d. Verf.]) –

Haben Sie vielleicht durch Clement schon von den großartigen Reiseprojekten gehört? Nach Indien, vielleicht auch Japan! – Freue mich rasend! – Was wird das für eine symphonische Dichtung geben: ›das Rote Meer‹!, ›die letzte Krokodilsträne‹ und ein Klarinettenquintett: ›die Pantherjagd‹.

Zu Beginn der Proben werde ich wieder zurück sein. Was sagten Sie zu Clements Verschwinden aus Frankfurt?–

In einigen Tagen wird ganz Wahnfried wieder zersprengt sein: Gravinas mit

Isolde gehen nach Rom, Mama und Eva und ich auf einige Tage nach Berlin zur Faust-Symphonie (von? (pardon))... ›Dieser freche Mensch‹, höre ich bis hierher tönen! Heute ist er aber in seinem Recht, und das nimmt ihm keine Sophistik etc. – Ich schließe; 's ist Zeit! Man darf den Besiegten nicht zu sehr martern! Sardou würde den Brief mit dem Knall-Effekt beschließen: Je pardonne! –
Obwohl dies eine Wirkung mit Ursache ist, verzichte ich darauf, und will auch einmal unlogisch sein und den Spies (nicht den Gatten der holden Clotilde) umdrehen und sagen: je demande pardon et même mille fois, ja noch mehr, ich sage: J'ai été un co... on! Nun fühle ich mich wie im Flügel-Kleide!
Tausend herzliche Empfehlungen an ihr ganzes Haus, und seien Sie nicht zu wütend auf Ihren stets verehrungsvollst ergebenen Siegfried Wagner«
Während die Erwähnung von geplanten symphonischen Dichtungen in diesem Schreiben vom 3. Januar 1892 ein Scherz ist, da Siegfried noch nicht absehen kann, daß ihn die Asienreise tatsächlich zu einer symphonischen Dichtung inspirieren wird, läßt sich den Hinweisen auf ein »Socialistisches Drama« und auf eine neue Lied-Komposition durchaus nachgehen. Das »Socialistische Drama« trägt den Titel »Nichts Neues unter der Sonne«. Das von Siegfried selbst gezeichnete Titelblatt ziert eine aufgehende Sonne mit dem Begriff Humanität und – als sei es in Siegfrieds Traumstadt Wankel – erhält das Puppentheater, in dem dieses Werk zur Uraufführung kommt, den Namen »Théatre del'Egalité«, wie der von Siegfried gemalte Theaterzettel zeigt. Als Schauplatz seines Dramas gibt Siegfried Monte Carlo und als gespielte Zeit die »gegenwärtigste Gegenwart« an. Der Theaterzettel verzeichnet folgende Besetzung:
»Der Fürst von Monaco .... Biagino
Le duc de San-Gallo: .... Marquis Montemaggiore
Blanche, seine Frau .... Isolde
Le Baron de Chan, Bade-Commisair,
redacteur du Petit Journal et ecrussaire
des Barons à Monte Carlo .... Eva
Virginia Lucretia Schehafgoff, Nihilistin .... Blandine
Adalbert Blitz, Musiker .... Fidi«
Als alternativen Besetzungsvorschlag für die zigarrenrauchende Nihilistin Schehafgoff gibt Siegfried die extrem religiöse Gräfin Wittgenstein an – eine spitzfindige Bosheit des Autors, der sich mit dem Musiker Adalbert Blitz eine Rolle auf den Leib geschrieben hat, dem aber auch die übrige Besetzung seines sozialistischen Dramas durchaus rollendeckend erscheint. Der Marquis von Montemaggiore, der die Rolle des dummen Herzogs übertragen bekommt, ist ein Freund Biagino Gravinas, den Siegfrieds Schwager zu Weihnachten mit nach Wahnfried gebracht hat.

Was die neue Komposition eines Liedes angeht, so handelt es sich hierbei

vermutlich um jenes Lied, das er Daniela in seinem Schreiben vom 24. Mai 1891 angekündigt hat:
»You old Crocodil! What are you knaunsching! I give you a slap! Did I not thank you for the Missa Choir. If I did not, I'm a pig and beg pardon; it's already finished two days, also Lenau: Frühlings Tod. Seiner süßen Schwester gewidmet. And if you are not yet pleased, I'll compose a symphonic poem: Daniela, your character-bild.«
Die versprochene Komposition, »Frühlings Tod«, bildet ein Pendant zu Siegfrieds anderen beiden Frühlingsliedern, dem »Frühlingsblick«, ebenfalls auf ein Gedicht von Nikolaus Lenau, und dem »Frühlingsglauben« auf ein Gedicht von Ludwig Uhland. Neben der Naturschilderung des Gewitters interessiert den Komponisten das Wehen der Trauerkunde, die er musikalisch mit der Ahnung des Paradieses gleichsetzt, was wiederum nichts anderes ist als das Thema »Sehnsucht«, das seine erste symphonische Dichtung durchziehen wird und das dann – leicht abgewandelt – als Thema des Zaubersteins in seinem Lieblingswerk »Kobold« neu erklingen wird. Daß er die kompositorische Gestaltung eines Textes als dessen interpretatorische Erklärung versteht, geht aus der später einmal erfolgten Ablehnung, »Wanderers Sturmlied« zu vertonen, hervor: *»Ich soll Goethe erklären? Ich der Goethe-Burg?–«*

Über Karlsruhe, wo er eine Aufführung von Berlioz' »Symphonie Fantastique« erlebt, bricht Siegfried Mitte Januar 1892 nach Paris auf. Hier besucht er ein Symphoniekonzert im Conservatoire und setzt drei Tage später, via Boulogne, nach Großbritannien über. Am Charingcross-Bahnhof in London wird er von Clement abgeholt und von dessen Eltern und Geschwistern, die er ja bereits aus Homburg kennt, aufs herzlichste empfangen. Sofort besichtigt er mit Clement das Warenschiff Wakefield, das nun für ein halbes Jahr ihr Zuhause sein wird:
»Wir haben einen reizenden Salon, eine große Kabine zusammen, darüber das Deck, wo wir immer sitzen werden. Der Kapitän sieht famos aus, sehr scharfes blitzendes Auge, etwas schon grau melierten blonden Bart.«
Bevor sie am 8. Februar nach Spanien aufbrechen, besuchen Siegfried und die Familie Harris noch eine Aufführung des »Hamlet«, bei der ein Mr. Beerbohm Tree in der Titelpartie, – *»ein sehr schöner Mensch, mit eher schwacher Stimme«*, – einen *»sehr großen, eigenartigen Eindruck«* auf Siegfried macht. Noch mehr beeindruckt ihn Oscar Wilde, dem er am 30. Januar auf einer Gesellschaft begegnet. Anfang Februar sind Clement und Siegfried in seinem Haus zu Besuch.
Da die Wakefield in Wales noch weiter beladen werden muß, geht die Reise mit einem anderen Schiff, der Shannon, zunächst nach Gibraltar, wo Siegfried und sein Freund am 15. Februar landen. Laut den Erinnerungen von Clements Schwester Isabel Graham, war die Reise »für Frau Cosima eine Quelle großer Beunruhigung«, die sich in Briefen an die Familie Harris ausspricht. Cosimas

Biograph du Moulin Eckart schreibt im Jahr 1931, daß diese »Reise, die heutzutage keineswegs als etwas Besonderes betrachtet würde, damals (...) den Charakter des Außerordentlichen trug«.

Auszüge aus seinem ausführlichen, mit zahlreichen farbigen Zeichnungen geschmückten Reisetagebuch, das erst postum gedruckt erschien, hat Siegfried in seinen »Erinnerungen« veröffentlicht. Die knapp einhalbjährige Reiseroute führt ihn *»über Gibraltar (mit einem Abstecher nach Granada), Port Said, direkt nach Singapore (...), von dort weiter über Saigon nach Hongkong, Kanton, Makao, den Philippineninseln und zurück über Zeylon nach Neapel«.*

»Seid so glücklich, wie wir zwei es jetzt sind!« heißt es in seinem ersten Schreiben aus Granada an Wahnfried, in dem er die Herrlichkeit der Alhambra beschreibt: *»Welch eine große Kultur ist da untergegangen, und an ihrer Stelle verzopfter unfreier Jesuiten-Stil, herzlos und fanatisch.«*

»Wir sitzen den ganzen Tag in unseren Deckstühlen, nur in unsere dünnsten Pyjamas gehüllt (nichts darunter als mich selbst)«, berichtet Siegfried Wagner am 28. 4. nach Hause und daß er »nach Clements Aussage ganz famos aussehen soll, wie auch er, der liebe Mensch, der Euch herzlichst grüßt (...) Ach ist das schön hier!«

Eine ganze Reihe von Aquarellen entsteht auf dieser Fahrt, die später das Treppenhaus und einige Räume von Siegfrieds Haus schmücken, teilweise auch postum als farbige Kunstdrucke veröffentlicht wurden. Mit diesen Bildern zeigt sich Siegfried als ein Maler von erstaunlicher Ausdruckskraft. Wie sehr sich diese Malerei von der des – in Wagnerkreisen hochverehrten – Hans Thoma unterscheidet, läßt ein Schreiben Clements an Edward Speyer ahnen. »Wir machten ein oder zwei Skizzen in Canton und ein paar außerhalb, auf dem lieblichen (sogenannten) Perlfluß, an welchem die Stadt liegt. Ich denke, Hans Thoma würde vor Neid und Verwunderung kollabieren, wenn er sie sehen würde. Es sind ziemlich einzigartige Muster in Kunstgeschichte und dabei ziemlich modern. Meine nicht sehr erfolgreiche Ansicht von Canton, von den Stadtmauern aus, mit einem (wie Fidi es nennt) Gouvernantenbaum auf beiden Seiten des Bildes, zur Abdeckung eines Großteils des Himmels, ist eine Studie in Farbgebung, welche wahrscheinlich den Beginn einer neuen Ära in der Geschichte der Malerei darstellt. Was Siegfrieds große Arbeit des Tempels der heiligen Schweine angeht: schon allein die Skizze hiervon wird bestimmt eine Revolution perspektivischer Erfordernisse hervorrufen!« Neben den Besichtigungen füllen Malen, Schreiben und Lesen Siegfrieds Tagesablauf aus. Reiselektüre bilden u. a. Gobineaus »Les religions et philosophies dans l'Asie centrale«, Carlyles »French Revolution«, Darwins »Descent of Man«, Goethes »Faust«, Shakespeare, Kleist, Tolstoi, Flaubert, Balzac und Wallace.

Die Schreibarbeiten nehmen einige Zeit in Anspruch, da Siegfried dieselben Eindrücke oft nicht nur seinem Tagebuch, sondern gleich mehreren Adressaten mitteilt: der Schwester Blandine in Palermo, Daniela in Venedig, Mathilde

Am neuen Hafen von Singapore

Buddhistischer Gottesdienst im Tempel von Honam
Canton, China

Der Berg Ophir in der Strasse von Malacca

Macao mit der Villa des Camoens, China

Wesendonck, die sich gerade in der Villa Traunblick, im österreichischen Gmunden, aufhält, und den »Wahnfriedlern« in Schilda.
Cosima verfolgt ihn: er träumt, daß sie gereizt ist, und sogar in einem Felsen glaubt er das Angesicht der Mutter wiederzusehen: *»Jetzt fahren wir um einen Felsen herum, der auf der einen Seite wie Mama und Weber aussieht, auf der anderen Seite vollständig wie Goethe im Alter.«* Aber er träumt auch von der noch nicht so lange zurückliegenden Schulzeit im Bayreuther Gymnasium, wie er den Religionslehrer Nägelsbach durch einen Schulaufsatz entsetzt, in dem er Darwin verherrlicht.
Ob Clement und Siegfried vor ihrer Reise schon intime Beziehungen hatten, ist nicht klar, aber wahrscheinlich. Beider Reiseaufzeichnungen umschreiben in sehr dezenter, aber amüsanter Weise ihre gegenseitige, jugendliche Zuneigung. Clement spricht davon, »wie sehr Siegfried und ich sich in dieser Hälfte der Welt aneinander erfreuen«, und daß sie, heiter und ausgelassen, »die dümmsten Witze« machen. Siegfried notiert in Singapur in sein Reisetagebuch: *»Wir landeten, krabbelten wieder herum und suchten eine geeignete Stelle zum Baden! Diese fanden wir auch bald hinter einem englischen Meilenstein; wir zogen uns aus, ließen unsere Sachen unter einem Busche – und stürzten uns – zwei Adame – in die warme See und schwammen. Ich behielt meinen Hut auf dem Kopf, aus Sorge wegen des Sonnenstichs. (...) Der Sand drang in unsere Poren, und wir sahen rot wie Krebse aus! Nein, war das lustig! Wir pfiffen und sangen, und die Kokospalmen werden wohl zum erstenmal ›Es gibt ein Glück, das ohne Reu‹ gehört haben.«* Bezeichnend auch eine andere Passage aus dem Tagebuch, die Siegfried Wagner ebenfalls in seinen »Erinnerungen« erstveröffentlicht hat: *»Solch ein Gelächter wie in Pagsanyan hab ich noch nie erlebt! Allmählich ermattete es, und wir wollten uns niederlegen; ich nahm zuerst Platz am Boden, worauf Clement schwur, er würde dann auf einem Stuhl schlafen; hartnäckig blieb jeder bei seinem Vorsatz, bis ich nachgab und mich ins Bett legte; wir waren wie Orest und Pylades im dritten Akt von Glucks Iphigenie. Da – auf einmal – erklang im Nebenzimmer die Harfe! Es war Feliça, dies war ihre letzte Kunst, uns zu bezaubern; erst stimmte sie, dann legte sie los, mit großem Geschick, einen Walzer, Polka und Marsch nach dem anderen. Wir applaudierten von unseren Betten aus! Doch schien sie enttäuscht darüber. Sie hatte versungen, vertan; wir zwei waren unbeweglich als echte ›standhafte Prinzen‹.«* Statt *»standhafte Prinzen«* heißt es im originalen Reisetagebuch, *»als echte ›Oh's‹«*, was wohl soviel bedeutet, wie Dandys vom Schlage eines Oscar Wilde.
In dieser neugewonnenen Freiheit, fernab der Heimat, reift Siegfrieds *»Entschluß, der Architektur Valet zu sagen und mich ganz der Musik zu widmen«*. Am 4. April 1892 hält er in seinem Reisetagebuch fest: *»Als wir nachmittags einen kleinen Gang machten, da hörten wir plötzlich, mitten im Gewirr der schreienden Verkäufer, der rollenden Wagen, pfeifenden Schiffe, aus einem*

großen öffentlichen Haus einen Chor aus der Johannes-Passion! Wie Eis rann es mir durch die Glieder, wir standen wie gebannt und trauten unsren Sinnen nicht; doch war es richtig, denn als wir näher gingen, merkten wir, daß da oben eine Probe abgehalten wurde für Ostern oder Karfreitag vielmehr. Es war einer der Choräle, welche ich von Kniese gehört hatte, doch mir fielen nicht die Worte dazu ein. Der Eindruck war auf uns beide so überwältigend, die Urklänge der Religion, der felsenfeste bewußte Glaube Bach's drangen so unmittelbar, so beseligend und alles andere verschwinden lassend in uns, daß wir uns gestehen mußten, nie von diesem Genie einen gleich' gewaltigen Eindruck gehabt zu haben.«

Man darf annehmen, daß der Bach-Choral nur das auslösende Moment ist und Siegfried sich schon länger mit dem Gedanken trägt, ein Dichter-Komponist zu werden. Denn neben der exotischen und erotischen Atmosphäre auf dem Schiff herrscht eine dichterische und musikalische: Clement Harris konzipiert an Bord der Wakefield die Themen zu seiner symphonischen Dichtung »Paradise Lost«, die er allerdings erst 1895, im selben Jahr beendet, als auch Siegfried mit seiner ersten symphonischen Dichtung »Sehnsucht« an die Öffentlichkeit tritt. Vorerst in Worten hält Siegfried die Ideen fest, wie, seiner Meinung nach, Schillers Gedicht »Sehnsucht« in Musik umgesetzt werden kann. Auch konzipiert er im Februar 1892 einen *»furchtbaren Roman«*, schreibt ein *»unanständiges Märchen von der Katze«*, ein dreiaktiges Stück, dessen zweiter Akt *»tüchtig gepfeffert«* ist, sowie, im März 1892, eine *»unanständige Novelle«*.

Laut einer Anmerkung seiner Gattin Winifred, die das Reisetagebuch im Jahre 1935 im Selbstverlag herausgegeben hat, sind die literarischen Produkte der Reise »verschollen«, was auf das »Märchen von der Katze« tatsächlich zutrifft. Doch bei dem nicht näher bezeichneten Stück handelt es sich vermutlich um das Drama »Gottfried der Spielmann«, wobei das Attribut »tüchtig gepfeffert« auf die Hetären-Szene im zweiten Akt zutreffen könnte. Und hinter der »unanständigen Novelle«, zu der vielleicht jener »furchtbare Roman« verknappt ist, verbirgt sich wohl »Die Sühnende«, eine breitangelegte Novelle, in der es hauptsächlich um einen verbotenen Geschlechtsakt geht. Naheliegend, daß hier Siegfrieds eigene Skrupel Verarbeitung finden, doch stützt sich die Novelle auf eine Zeitungsnotiz. Ein aktuelles Ereignis gebärt in Siegfrieds Phantasie Hintergründe, die Wirklichkeit verdichtet sich zu einer düsteren Handlung, die Erklärung sein will für ein Faktum. Die eigentlich banale Geschichte von der Liebe eines jungen Mädchens zu einem vergleichsweise erfahrenen, jungen Mann, erhält einen metaphysischen Unterbau, der ins Gebiet der Grenzwissenschaften fällt. Denn der Vater dieses Mädchens hatte einst einen Bankdirektor ermordet, und nun liebt das Mädchen, ohne es zu wissen, den Sohn dieses Bankdirektors. Nach der Liebesnacht und Erkenntnis der zwanghaften Verbindung zu ihrem Geliebten stürzt sich die Sühnende in die Spree.

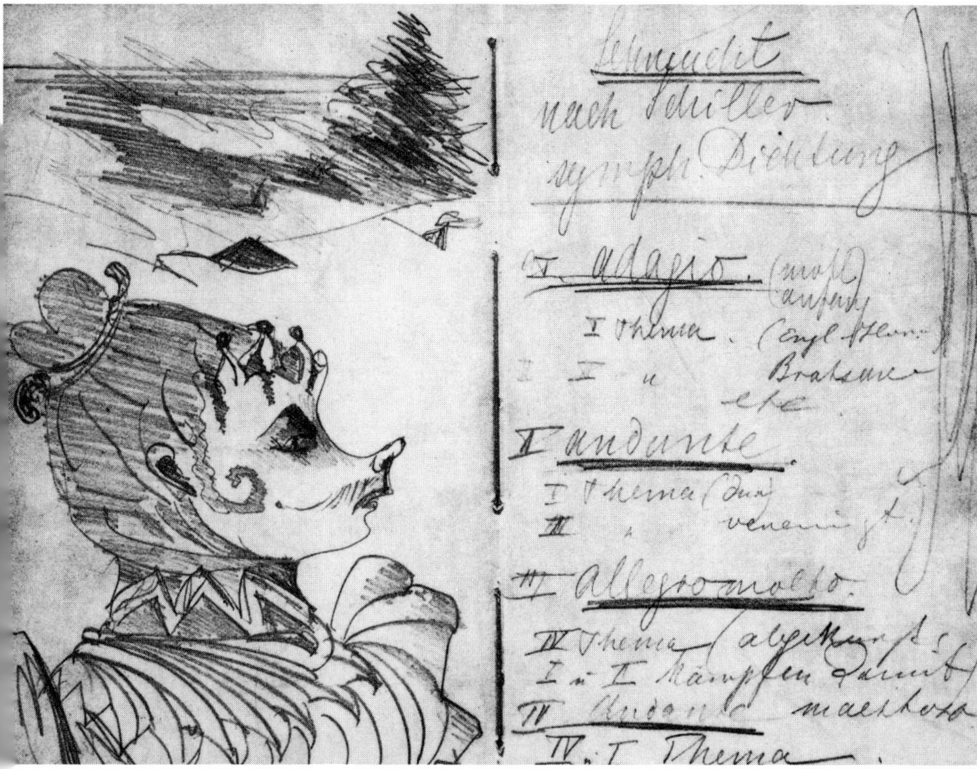

Sehnsucht
nach Schiller
symph. Dichtung

I. adagio. (moll Anfang)
I Thema. (engl. Horn
II " Bratsche
etc.

II Andante
I Thema (Dur)
II " vereinigt.)

III Allegro molto.
IV Thema (abgekämpft
I u. II kämpfen darum)
IV Andante maestoso
IV. I Thema

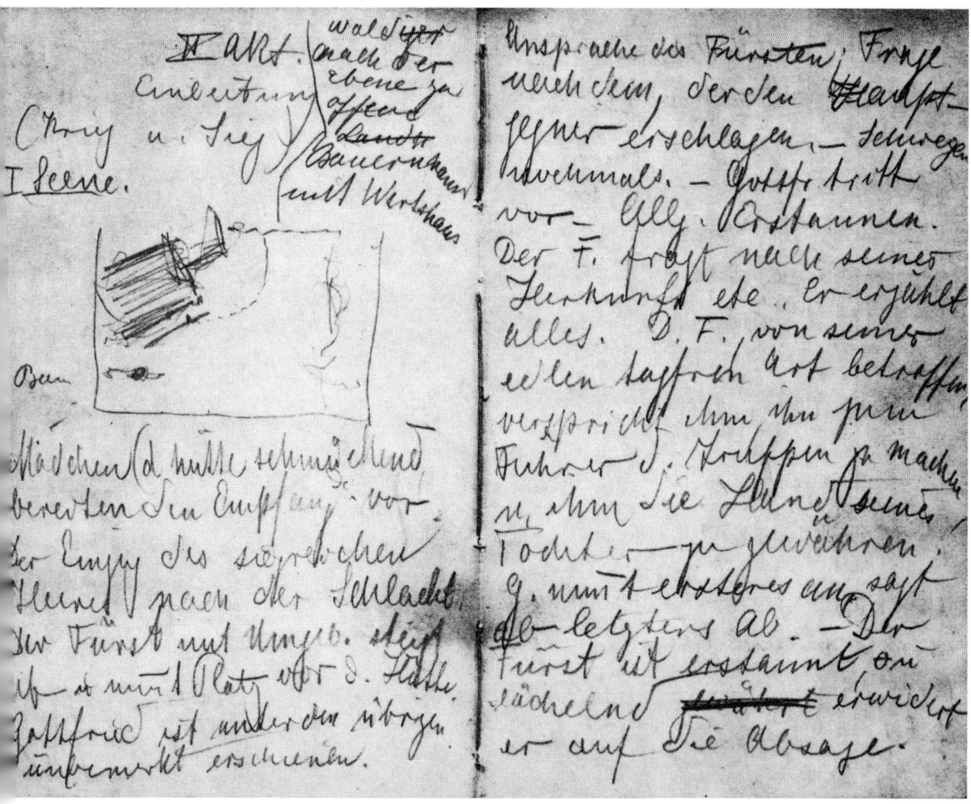

II Akt. Einleitung (Krieg u. Sieg)

waldiger nach der Ebene zu offener ~~Landstr~~ Bauernhaus mit Wirtshaus

I Scene.

Bau

Mädchen (d. Hütte schmückend, bereiten den Empfang vor. Der Empfang des siegreichen Heeres nach der Schlacht. Der Fürst mit Umgeb. steigt ab u. nimmt Platz vor d. Hütte. Gottfried ist unter den übrigen unbemerkt erschienen.

Ansprache des Fürsten; Frage nach dem, der den Hauptgegner erschlagen. — Schweigen nochmals. — Gottfr. tritt vor — allg. Erstaunen. Der F. fragt nach seiner Herkunft etc. Er erzählt alles. D. F. von seiner edlen tapfren Art betroffen, verspricht ihm, ihn zum Führer d. Truppen zu machen, u. ihm die Hand seiner Tochter zu gewähren. G. nimmt ersteres an, sagt letzteres ab. — Der Fürst ist erstaunt, lächelnd ~~[illegible]~~ erwidert er auf die Absage.

Aus Hongkong schreibt Siegfried Ende April, *»an die weise weiße Mohrenseele der Frau Daniela Thode«* nach Venedig:
»Weiß es Gott, ich schreibe nur noch unanständige, aber hypertragische Erzählungen; die unanständigen streben etwas englischen Vorbildern nach, die anderen möchten gern Kleist nachahmen; aber das will doch nicht so leicht gehen. Aus Canton übrigens bringe ich eine wahre Geschichte mit.«
Die wahre Geschichte ist ein Besuch in den Gefängnissen von Canton, wo immer noch Hinrichtungen stattfinden:
»Nach langen öden Gängen gelangten wir zuerst an ein rundes Loch in der Wand, durch das die Gefangenen von einem Kanale aus hereingesteckt werden; im Augenblicke, wo sie durchgetrieben werden, stechen von oben spitze Messer herunter, die das Fleisch der Arme blutig zerreißen. – Guarda e passa! O hätte mein Führer das mir zugerufen; doch mit der Roheit des Gemeinen erging er sich hier in den entsetzlichsten Schilderungen der Martern, und ich verstellte mich, als hörte ich gelassen und mit Wißbegierde zu. Warum man sich nur geniert, Gefühle offen kundzugeben! Ich hielt es für weibisch, hätte ich ihn gebeten aufzuhören! Das Furchtbare an der Sache hier war, daß diese Greuel immer noch geschehen – ja, daß am Nachmittage dieses selben Tages eine so greuliche Hinmetzelung stattfinden sollte und daß der Führer mich aufforderte, dahin zu gehen.«
Insbesondere aber ist es die Begegnung mit einer schönen Mörderin, die sich ihm nachhaltig einprägt:
»Eine bleiche schöne junge Frau, ja, schön, wie ich kaum eine zuvor hier in China sah; sie erinnerte mich an jene alten Madonnen des Fra Angelico, des Giotto, wie sie so dasaß an dem Tische, umgeben von sechs anderen Frauen, die, wie ich erfuhr, Kindsmörderinnen waren. Sie hielt in den feinen schmalen Händen die Dominos, um sie zum Spiele zu verteilen. Der Blick war gesenkt, als wir zuerst eintraten, doch sie hob ihn, und er ruhte scheu und fragend auf mir, als wollte sie wissen, ob ich aus den ihrigen ihre Schuld lesen könnte. Dann sah sie weg, mit einem unfreien Lächeln verfolgte sie die frechen Anbetteleien der übrigen greulichen Weiber, die wie Hexen aussahen und uns um Geld bestürmten, während wir uns die andern Räumlichkeiten ansahen.«
Wie bei der Zeitungsnotiz von der Wasserleiche an der Spree, die sich zu einer ganzen Geschichte verdichtet, entwickelt das dichterische Gemüt Siegfrieds aus der Gestalt der Kindsmörderin eine Handlung, die später in der Oper »Schwarzschwanenreich« ihren künstlerischen Niederschlag findet.

Den Theater-Erlebnissen der Reise steht er typisch europäisch, fassungslos gegenüber. Er beschreibt sie ausführlich in seinem Reisetagebuch, aber er vermag darin kaum mehr zu sehen, als *»eine religiöse Ausstattungsposse mit Ballett und Akrobateneinlagen«*. Dennoch sollte auch hier einiges Eingang finden in seine späteren Opernschöpfungen. Selbst in der letzten Oper, »Das Flüchlein, das Jeder mitbekam«, trägt die gute Frau noch deutlich Züge der

Muttergottheit Kun-Yam, der Hauptfigur einer in Canton erlebten Theateraufführung.
Siegfried sammelt und kauft, was er an asiatischen Märchen bekommen kann. Und er bemüht sich um Assimilation, wie er in seinem achten Brief nach Wahnfried schreibt:
»*Um nur einigermaßen Leben in die Gesellschaft zu bringen, machte ich nach dem Diner Zauberkunststücke und tanzte Ballett, was größten Erfolg hatte und mit sprachlosem Ernste verfolgt wurde. (...) Ich habe Katzen- und Hundefleisch gegessen. Überhaupt waren wir so einheimisch wie möglich.*«
Die Vegetation in Singapur gemahnt Siegfried an den Zaubergarten im zweiten Aufzug des »Parsifal«, der zu dieser Zeit inszenatorisch noch als unantastbar gilt, – bis er auch dieses Werk auf der Bayreuther Festspielbühne erneuern und dabei seine in Asien empfangenen Eindrücke ins Bild umsetzen wird. Seit dem Entschluß, sich ganz der Musik zu widmen, drängt es Siegfried, trotz aller fernöstlicher Genüsse, wieder nach Hause. Er will den Probenbeginn der Festspiele nicht versäumen. Auf der Fahrt zu den Philippinen plagt ihn sein inzwischen »*regelmäßiges Frühjahrsgeschenk*«, ein tüchtiger Rheumatismus, der ihn »*wie Beckmesser*« zusammenfahren läßt.
Der Rückweg von Ilo-Ilo geht wieder über Singapur wo die Wakefield am 25. Mai anlegt, von dort wieder nach Port Said. Hier erwirbt Siegfried ein Billett für ein englisches Orientschiff, das auf direktem Weg nach Neapel fährt, während Clement auf der Wakefield nach London weiterreist:
»*Mein lieber Clement begleitete mich an Bord der ›Oruba‹, wo wir Abschied nahmen, äußerlich möglichst englisch, da wir von Vielen umringt waren, innerlich aber so herzlich und innig, wie wir uns jetzt lieben gelernt haben!*«
Von Neapel aus geht es mit dem Zug heim nach Bayreuth.

Assistent und Dirigent

Der schnurrbärtige Heimkehrer wird in Bayreuth freudig empfangen. Scheint doch Cosimas Vorstellung von der Wagner-Dynastie im Bayreuther Festspielhaus um einen entscheidenden Schritt weiter gediehen. Die Einladungen zu den Bayreuther Festspielen des Jahres 1892 führen Siegfried Wagner an letzter Stelle auf, bei den »Solorepetitoren und der musikalischen Assistenz auf der Bühne«. Sein direkter Vorgesetzter ist Julius Kniese, der bei der Uraufführung des »Parsifal« als Solorepetitor erstmals im Festspielhaus gearbeitet und dabei alle Vorschriften und Anmerkungen Richard Wagners fixiert hatte. Seit 1889 lebt Kniese in Bayreuth und hat, neben der Leitung des Bayreuther Musikvereins, die sogenannte Bühnenleitung der Bayreuther Festspiele.

Als Siegfried in Bayreuth eintrifft, sind die Proben schon in vollem Gange. Neben dem seit der Uraufführung szenisch unveränderten »Parsifal« stehen Cosimas »Tannhäuser«-Inszenierung aus dem Vorjahr sowie ihre Inszenierungen von »Tristan und Isolde« und »Die Meistersinger von Nürnberg« auf dem Programm. Nun wird auch Richard Wagners Idee einer Stilbildungsschule durch Cosima und Julius Kniese in die Tat umgesetzt. Über die Aufnahmebeschränkungen notiert Cosima lapidar: »Wir haben jetzt ein Deutsches Reich jüdischer Nation. Da wollen wir ein deutsches Theater mit allen Nationen, die ›Bevorzugten‹ ausgenommen, haben.« Das heißt im Klartext: »Zutritt für Juden verboten!«

So großartig jedoch, wie Cosima diese Schule ankündigt, wird sie in der Praxis nicht. Die einzigen Schüler, die wirklich aus ihr hervorgehen, sind die Tenöre Alois Burgstaller und Hans Breuer, die dann im Jahre 1896 Siegfried und Mime singen. Man kann sich des Verdachts nicht erwehren, daß die Realisierung der Schul-Idee primär zugunsten von Siegfried erfolgt ist. Denn die Bayreuther Stilbildungsschule, an der Cosima täglich unterrichtet, ist, mit Knieses Musikverein als Seitenstück, für Siegfried der ideale Ort, sich als Dirigent zu erproben.

Obgleich doch selbst noch Lernender, eröffnet Siegfried die Bayreuther Stilbildungsschule als Vortragsredner: *»Nachdem die Bayreuther Festspiele seit der Aufführung des ›Parsifal‹ in einer stetigen Entwicklung begriffen sind, deren deutliches Kennzeichen, nach zehnjähriger Tätigkeit, in diesem Jahre die Aufführung der vier Werke ›Parsifal‹, ›Tristan‹, ›Meistersinger‹ und ›Tannhäuser‹ war, ergab sich für die Leitung und Verwaltung der Festspiele der Wunsch, die Errungenschaften, welche dieser Wirksamkeit entsprossen sind, einer Anzahl von Kunstbeflissenen zugute kommen zu lassen, und so erging*

aus Bayreuth der Ruf, dem Sie meine Herren und Damen, Folge leisteten.« Nach diesem geschraubten Aufschwung führt der vortragende Stellvertreter der neuen Schule aus, was die *»künstlerischen Merkmale«* sind, die für das Bayreuther Werk charakteristisch seien und somit auch den Unterricht bestimmen würden. Durch Sicherheit und Korrektheit werde nicht nur der Stil der Aufführung begründet, sondern auch der Respekt, der den Werken der Kunst zu bezeigen sei. Der Gesangsunterricht ist dahingehend ausgerichtet, daß der Sänger mit seinen Stimmorganen den *»sinnlich-lebensvollen und unmittelbar eindringlichen Ausdruck der seelischen Bewegungen des Kunstwerkes« wiederzugeben in der Lage ist. Besonderer Wert wird auf deutliche Aussprache gelegt, die durch »das Erlernen und Ausführen von Schauspielen« gepflegt werden soll. »Mimik und Gebärde sollen der Gegenstand eines besonderen Unterrichts werden. Endlich aber und vor allem, werden die Werke des Meisters und seiner Vorgänger Ihnen einstudiert, die in dem Geiste der Bayreuther Aufführung zur Wiedergabe gelangen sollen.«*
Selten hat Siegfried so humorlos, so pathetisch gesprochen, so daß man hinter dem »Geist« seiner Ausführung unschwer die Urheberschaft Cosimas erkennen kann. Durch Vorträge über das Leben von Dichtern und Musikern, so führt der Sprecher weiter aus, durch die gesammelten Schriften Richard Wagners, soll eine *»lebendige Fühlung mit dem Meister«* geschaffen, eine *»künstlerische Genossenschaft«* gegründet werden, die eine Basis der Bayreuther Aufführungen bilden und *»den auswärtigen Künstlern das Beispiel eines geistig und ethisch fest gegliederten Gefüges geben«* soll. Das Ende dieser Eröffnungsansprache bildet den Auftakt zu dem gemeinsam gesungenen Chor aus den »Meistersingern von Nürnberg«, jenem *»Weckgesang aus dem Werke, welches alles Hoffnungsreiche des deutschen Volkes und Lebens in sich schließt: Wacht auf!«* Noch bevor er Dirigent der Festspiele ist, noch bevor er ins Regiehandwerk einsteigt, erweist sich Siegfried mit dieser Ansprache bereits als Teil der Festspielleitung.
Als offizieller Vertreter der Festspiele unternimmt er auch im September eine Rundreise an mehrere Theater, um Sänger zu begutachten. Danach fährt er mit der Mutter und seinen Schwestern Isolde und Eva an den Gardasee. Im Luftkurort Salò, am Westufer des Sees, entsteht eine Bearbeitung des Liedes »Die junge Nonne« von Franz Schubert, für kleines Orchester. Immerhin sind Holz- und Blechbläser doppelt besetzt, und zu den Streichern und dem Schlagwerk tritt noch eine Harfe. Die Partitur trägt als Vollendungsdatum den 17. Oktober 1892.
Aber auch Siegfrieds musikdramatische Pläne machen Fortschritte. Er fertigt einen sechsseitigen Szenenentwurf zu einer Oper »Das Erdbeben von Chili« nach Heinrich von Kleists gleichnamiger Novelle an. In der szenischen Einteilung dieses Opernprojektes erkennt man bereits den für sein Schaffen typischen ›Goldenen Schnitt‹, den der Architekt ins Musiktheater mit einbringt. Siegfrieds Dramatisierung der Kleist-Novelle beginnt mit einem szenischen

Vorspiel im Klostergarten, der Entdeckung der Liebesbeziehung. In die Schauplätze »im Kerker« und »nach dem Erdbeben« teilt sich der erste Akt, der zweite spielt auf dem bei Chili gelegenen Feld, der dritte schließlich bringt die Kirchenfeier und den Tod der Heldin, die bei Siegfried nicht den Namen Donna Josephe trägt, sondern Eleonora heißt.
Aber nicht nur die Namen der Protagonisten hat Siegfried geändert, sondern auch die Mutterschaft Josephes eliminiert. Rodringier, ein falscher Freund von jenem Jeronimo Rugera, der bei Siegfried schlicht »S.« heißt, täuscht Hilfestellung bei der Flucht aus dem Kloster vor, in Wirklichkeit bewirkt er die Verhaftung von Eleonora und S. Anders als bei Kleist, wo Donna Josephe enthauptet werden soll, stellt man bei Siegfried Eleonora auf den Scheiterhaufen. Der namenlose Chorherr, der im Dominikanerdom zu St. Jago mit seiner Predigt das Pogrom gegen die frevelhaft Liebenden schürt, trägt bei Siegfried den Namen Pater Dominigo. Bei Siegfried soll die Dankfeier für die Überlebenden der Erdbeben-Katastrophe zugleich die Vermählung des Paares darstellen. Der Steinigung entgehen beide, indem S. zunächst Eleonora und dann sich selbst erdolcht: *»Sie sinken am Altar tot nieder. Die Freunde knien trauernd nieder. Die übrigen in starrem Staunen.«*
Was Siegfried jedoch ohne Abstriche von Kleist übernimmt, ist die Schilderung der Aufhebung aller Standesunterschiede nach dem Naturereignis auf dem freien Feld bei Chili – ein »Idyll auf dem Lande«. Und als jenen glücklich, aber entgegen allen Moralvorstellungen der Gesellschaft Liebenden »S.« hat sich Siegfried Wagner offenbar selbst gesehen.
Da Eva, Cosimas Sekretärin, in Salò bleibt, muß ihr Bruder Siegfried, nach Bayreuth heimgekehrt, als Sekretär für die Mutter herhalten und einen Großteil der handschriftlichen Korrespondenz übernehmen. Daneben findet er doch noch genügend Zeit für eine »Festspiel-Posse« in vier Bildern, die zum Jahresende, als ein häusliches Festspiel in Wahnfried, aufgeführt werden soll. Hierfür errichtet er, wieder einmal als Architekt fungierend, ein eigenes kleines Theater in der Halle von Wahnfried.
In der »Festspiel-Not«, wie das Stück dann endgültig heißt, spielen sämtliche sechzehn Schüler der Stilbildungsschule, zwölf Damen und vier Herren, die nach dem Austritt acht weiterer Schüler übriggeblieben sind. In dieser Posse hat Siegfried Eindrücke des vergangenen Festspielsommers verarbeitet; ein halbwegs fiktives Ereignis, die turbulente Vermählung der Darstellerin einer Grazie im »Tannhäuser« mit einem Bayreuther Schullehrer, steht dabei im Mittelpunkt. Die handelnden Personen sind Felix Mottl, Hermann Levi, Julius Kniese, Richard Strauss, die Gräfin Sporck, der herzogliche Kabinettsrat und leidenschaftliche Wagnerianer Richard von Chelius, die Choreographin Virginia Zucchi, der Musikschriftsteller Gustav Schönaich, Levis spätere Frau Mary Fiedler sowie jene Grazie der »Tannhäuser«-Inszenierung und ihr Bayreuther Schullehrer, namens Schwarzwälder.
Die Darstellerin der Grazie verliebt sich in den Lehrer Schwarzwälder und

entflieht mit ihm. Um die »Tannhäuser«-Aufführung zu retten, entschließt sich die Gräfin Sporck, die Partie der Grazie zu übernehmen. Gustav Schönaich erkennt die Grazie am Bahnhof von Eger und erreicht, daß sie nach Bayreuth zurückkehrt – aber die Gräfin läßt sich von ihrem Entschluß, im Bacchanale zu tanzen, nur schwer abbringen. Richard von Chelius traut das Paar – und die Gräfin hat das letzte Wort: sie beschließt das Stück mit einem Epilog.

Die Posse setzt gezielt den Wortwitz ein und verzichtet auch nicht auf derbkomische Situationen, wie sie in Possen üblich sind. Auffallend ist jedoch Siegfrieds kritische Haltung den Wagnerianern gegenüber, etwa in der Wehklage der Gräfin über den *»Untergang der Festspiele«.*

Auch in seinen »Erinnerungen« spricht er sich kritisch gegen die, wie er es nennt, Hyperwagnerianer aus, die ihm unangenehmer erscheinen als die offenen Wagner-Gegner:

»Leute, die von Morgen bis Abend Zitate aus den Werken meines Vaters anführten. So kannten wir eine Dame, die beim Naseputzen ihres Mannes ausrief: ›War das sein Horn?‹«

Siegfrieds musikalische Entwicklung überwacht Cosima möglichst unauffällig, nur selten tritt sie an seinen Schreibtisch oder an sein Klavier. Doch dann muß er ihr, natürlich ohne Orchester, Liszts »Préludes« vordirigieren.

Was Siegfried an dem Dirigenten Hans Richter so schätzt, ist *»der aus dem Orchester entstandende Orchestermeister«* – die Tatsache, daß Richter fast alle Instrumente selbst zu spielen versteht. So teilt Siegfried seinem Lehrer Humperdinck im Februar 1893 mit, daß er nun das *»Hornblasen und Geige, so gut es halt geht«,* erlernt. Quasi als eine Generalprobe zu seinem offiziellen Debut als Dirigent hat er sich Ende Januar als Schauspielmusiker betätigt und bei der von Cosima mit Schülern ihrer Stilbildungsschule einstudierten »Minna von Barnhelm« die Ouvertüre zu Mozarts »Entführung aus dem Serail« und den Tannhäuser-Marsch geleitet.

Am 5. August wird das erste Schuljahr der Bayreuther Stilbildungsschule – mit eineinhalb Akten des »Freischütz«, der Ouvertüre und Adriano-Arie aus Wagners »Rienzi« und der ländlichen Szene »Das war ich« von Johann Hutt – zu einem pompösen Abschluß gebracht. Die szenische Aufführung findet in Bayreuths königlichem Opernhaus, das heute Markgräfliches Opernhaus heißt, »zum Besten des Stipendienfonds der Bayreuther Bühnen-Festspiele« statt; neben den Schülern der Stilbildungsschule wirken, wie der Programmzettel verzeichnet, auch »auswärtige Künstler« mit, der Chor besteht aus Mitgliedern des Bayreuther Chorvereins und des Liederkranzes, und es spielt die Kapelle des 7. Infanterie-Regiments.

Cosima glaubt gar, in Siegfrieds Dirigieren »ein Dämonium« zu erkennen. Beim Abendessen nach dem Konzert, Siegfrieds erster Premierenfeier, bittet Cosima Humperdinck, eine kleine Rede zu halten. Humperdinck steht auf, reibt sich die Hände und setzt sich, nach kurzem Räuspern, wieder hin, ohne

ein Wort gesagt zu haben. Bei dieser Nicht-Ansprache, die Siegfried in seinen »Erinnerungen« überliefert, mag jedoch auch Kritik mitgeschwungen haben. Strauss hingegen bezeugt in einem Brief an Siegfried, daß er »voll innigster Bewunderung und aufrichtigster Freude der unvergeßlichen Stunde« dieses Konzertes gedenkt.
In Gardone, am Gardasee, wo Henry Thode nach dem Tod seines Vaters ein Haus geerbt hat, bereitet sich Siegfried Wagner auf seine weitere Konzerttätigkeit vor. Als er von Leipzig die Einladung zu einem Konzert erhält, erkundigt er sich bei seinem Freund und Kollegen Strauss nach der Qualität des Orchesters. Strauss empfiehlt ihm, da das Leipziger Orchester, eine Militärkapelle, »für Feinheiten nicht sehr zu haben ist«, nicht das geplante Siegfried-Idyll aufzuführen. Also entschließt sich Siegfried, am 6. Dezember beim Leipziger Liszt-Verein die »Préludes« und »Tasso« von seinem Großvater, die Ouvertüre zum »Fliegenden Holländer« von seinem Vater, und – als Uraufführung – die Traumpantomime aus der gerade fertiggestellten Oper seines Lehrers Humperdinck, aus »Hänsel und Gretel«, zu dirigieren.
Humorvoll beschreibt Siegfried sein Lampenfieber vor dem ersten Dirigat außerhalb Bayreuths:
»(...) mein Leipziger Konzert ist nun auf den 6. Dezember verschoben, so daß mein Wäschefabrikant vollauf Zeit hat, mir ein neues Hemd mit 20 cm langen Manschetten anzufertigen. Denn ohne das trete ich nicht auf; die Blamage wäre zu groß. Meinen dürftigen Schnurrbart laß ich stehen; Pergamenthaut allerdings kann ich nicht in der kurzen Zeit aquirieren.«
Der Schnurrbart, den er seit der Asienreise nicht nur als Ausdruck seiner Mannbarkeit trägt, sondern auch als ein Zeichen jener Erfahrung auf dieser Reise, die ihn zu seinem schwerwiegenden Entschluß bewogen hatte – der soll erst dem Messer zum Opfer fallen, wenn Siegfried zum erstenmal auch als Komponist an die Öffentlichkeit tritt.
Unter dem Pseudonym R. Gilbert, seinem dritten Vornamen, hat Clement den jungen Siegfried mit Schnurrbart auf einem Aquarell festgehalten, das wohl das schönste Abbild ist, das überhaupt von Siegfried geschaffen wurde. Selbst Siegfrieds Frau Winifred sollte sich später in dieses Jugendbildnis aus dem Jahre 1892 verlieben und stellte es auf dem Flügel in ihrem Salon auf. Noch als Witwe war sie eifrig darauf bedacht, daß es nicht in die Öffentlichkeit gelangte und niemand etwas über die Identität des Malers in Erfahrung bringen konnte. Denn ihr war nicht bekannt, daß dieses Bild bereits vor der Jahrhundertwende als Photogravure bei Bruckmann in einer kleinen Auflage für Siegfrieds Freunde, erschienen war...
Am 29. Dezember 1893 bejubelt der Wagner-Verein in Berlin Siegfried als Dirigent der verstärkten Philharmonischen Kapelle, mit den Kammersängern Rosa Sucher und Emil Götze als Solisten. Wagners Wesendonck-Lieder, die Ouvertüren und jeweils eine Arie aus den »Feen« und dem »Rienzi« sowie die Ouvertüren zum »Fliegenden Holländer« und zu »Tannhäuser« stehen auf

Königliches Opernhaus.

Sonnabend, 5. August 1893, 7½ Uhr.

Zum Besten des Stipendienfonds der bayreuther Bühnen-Festspiele

Vorstellung

gegeben von den Schülern der hiesigen Lehranstalt für Mimik und dramatischen Gesang, unter freundlicher Mitwirkung auswärtiger Künstler, der Kapelle des 7. Infanterie Regiments und Mitgliedern des bayreuther Chor-Vereins und Liederkranzes

Dirigent: *Siegfried Wagner.*

I. Aus der Oper „Rienzi"

von RICHARD WAGNER.

a) Ouverture

b) Arie des Adriano (III. Akt) . . . . Frl. *Post.*

II. „Das war ich"

eine ländliche Scene von Johann Hutt

Personen:

Der Pächter . . . Herr *Burgstaller* | Die Rose . . . . Frl. *Müller*

Die Pächterin . . Frl. *Amschler* | Der Knecht . . . . . Herr *Breuer*

Die Nachbarin Frl *Moosbach.*

III. Aus der Oper „Der Freischütz"

von Carl Maria von Weber

a) Ouverture, b) I. Akt, c) erste Hälfte des II. Aktes, d) symphonischer Abschluss.

Personen:

Kuno . . . Herr *Mosel* a. Cöln | Max . . . . Herr *Breuer*

Kaspar . . . *Hochmann* a. Halle | Agathe . . . . . . Frl. *Zimmer*

Kilian . . . *Burgstaller* | Ännchen . . . . . . *Müller*

Samiel . . . Herr *Zeggelrath*

Regie: Herr Hof-Schauspieler *Brand.*

R. GILBERT.
Bayreuth 98.

dem Programm, und endlich auch das Siegfried-Idyll, das nun, in neuer Bedeutung, dem Publikum zuruft: »Ein Sohn ist da!«
Zunächst einmal fällt den Kritikern auf, daß Siegfried Wagner mit der linken Hand den Taktstock führt. Er ist wohl von Haus aus, übrigens wie zahlreiche Künstler, Linkshänder, doch war er beim Schreiben und Zeichnen zur Arbeit mit der rechten Hand angehalten worden. Erst beim Dirigieren bekennt er sich zur linken Hand, allerdings nur einige Jahre, da ihm von den Orchestermusikern – häufig vielleicht auch als Ausrede – gesagt wird, es irritiere sie das Dirigieren mit der Linken, da sie gewohnt seien, ihre Einsätze durch die Rechte zu erhalten. Siegfried gibt sich geschlagen – und erzieht sich selbst zu einem Rechtshänder um.
Siegfried bekennt, daß er Hans Richter in der Dirigententechnik *»viele gute Ratschläge«* verdanke, doch übernimmt er nicht dessen *»wuchtige, plastische Art zu dirigieren«*, sondern tritt beim Konzert mit ruhiger Souveränität hinter die von ihm mit dem Orchester erarbeiteten Werke zurück. Damit setzt er bewußt eine Tradition fort, die sich von seinem Vater herleitet. Richard Wagner hat er dreimal als Dirigent erlebt, zweimal mit dem Meininger Orchester in Wahnfried als Beethoven-Interpret und dann Weihnachten 1882 bei der Uraufführung der Symphonie in C-Dur im Teatro La Fenice:
»Seine Art zu dirigieren, von der zu lernen seine Schüler, wie Hans v. Bülow, Klindworth, Richter, und später indirekt Mottl, Muck und Nikisch, mit Glück bestrebt waren, zeichnete sich durch plastische Einfachheit und große Klarheit aus.«
Die Werke seines Großvaters Liszt dirigiert Siegfried mit besonderer Hingabe. In seiner Agogik kann er sich auf eine Interpretation berufen, die er vom Komponisten selbst erfahren hat. Und in der thematischen Ausdeutung der symphonischen Dichtung versteht er sich als Dichter:
»Ein Nurmusiker wird kein Verhältnis zu diesen Werken haben. Man muß dichterisch mitempfinden. Es muß stets wie eine geniale Improvisation wirken. Die Fermaten über Pausen darf man nicht buchstäblich nehmen, sondern man muß sie als Zeichen zum Nichttaktschlagen ansehen. Tempo rubato im guten Sinne. Wie leicht kann zum Beispiel der erste Teil des Tasso zerrissen werden, und daher langweilig wirken, wenn der Dirigent da nicht etwas frei schaltet und geschickt über Pausen hinweghilft! Gerade diese Komposition habe ich glücklicherweise als Knabe von ihm am Klavier gehört. Außerdem noch Mazeppa (auf zwei Klavieren mit Reisenauer) und die Dantesymphonie. Da empfand man nirgends Leeren oder Lücken.«
Richard Strauss schreibt an Siegfried Wagner: »Daß Dein Konzert in Berlin so prächtig abgelaufen ist, freut mich riesig; die Judenbengel im Berliner Tagblatt haben natürlich ihre knoblauchduftenden Schnäbel an Dir gewetzt; ja, ja – man dirigiert heute nicht ungestraft die ›Tannhäuser‹-Ouvertüre im richtigen Tempo.« »Ach ja, ich bin froh«, gesteht Cosima Felix Mottl gegenüber, daß Siegfried »Musiker ist und nicht Schlösser für Bankiers baut und Bahnhöfe für

hastigtolle Tagediebe und Theater für italienischen Schund und deutsche Schande.«
Bei Siegfrieds Berliner Debut als Dirigent ist Cosima selbst nicht anwesend, doch hat sie ihre Freundin, die Gräfin Wolkenstein, gebeten, bei diesem Konzert als »Schirm- und Schutzherrin« zugegen zu sein, denn Cosima nämlich ist unterwegs nach München, wo sie am 30. Dezember die Erstaufführung von Humperdincks »Hänsel und Gretel« besucht, deren Uraufführung eine Woche zuvor unter der musikalischen Leitung von Richard Strauss in Weimar stattgefunden hat. Sie ist nach dieser Aufführung wild entschlossen, die Oper auch selbst einmal zu inszenieren, meint jedoch, das Werk zunächst verbessern zu müssen: »Es hat Klippen, gewisse Quarten und Sekunden, die eine üble Luft dem kindlichen Gemüte Humperdincks zugeführt hat, und Längen, welche aber durch eine geschickte Handhabung der Bühne zu beleben wären.« Was mag sie unter der »üblen Luft« verstehen? Doch sicher einen fremdländischen Einfluß, und das gerade in dieser gänzlich »deutschen« Märchenoper, die ohne alle Künstelei Richard Wagners harmonische und orchestrale Errungenschaften auf eine schlichte Handlung überträgt.
Daß »die ersten Sympathiebezeugungen, wie ja dies natürlich ist, nicht so sehr dem jungen Künstler, als dem Sohne Richard Wagners« gelten, weiß schon Ludwig Karpath zu berichten, der allerdings auch belegt, daß man sich spätestens bei Siegfrieds zweitem Dirigat in derselben Stadt, daran gewöhnt, »in ihm nicht nur den Sohn des Vaters zu erblicken, sondern ihn als vollwertige Persönlichkeit zu nehmen« weiß. Laut Cosimas Biograph du Moulin Eckart drängt es Siegfried ins Ausland, da er das Gefühl hat, in Deutschland werde ihm der Erfolg – »als Sohn des großen Richard« – zu leicht gemacht. So dirigiert er, nach Konzerten in Frankfurt und Heidelberg, in Brüssel, wo er erstmals das »Tristan«-Vorspiel interpretiert, in Amsterdam, Prag und Pest. Selbstverständlich ist es für ihn, die Partituren, die er als Dirigent interpretiert, vor Antritt der Orchesterproben so exakt zu studieren, daß er sie auswendig dirigieren kann.
Hans von Bülow, der bereits seit dem Oktober des Vorjahres todkrank ist, stirbt auf einer Erholungsreise nach Ägypten, auf die er sich auf Anraten von Richard Strauss begeben hat, am 12. Februar 1894 in Kairo. Der Leichnam wird nach Hamburg überführt, und am 29. 3. 1894 wird Cosimas erster Gatte, der sich bis zuletzt für das Schaffen Richard Wagners und die Erhaltung der Bayreuther Festspiele eingesetzt hatte, in Hamburg-Ohlsdorf beigesetzt. Cosima bleibt dieser Zeremonie fern. An der Spitze des Trauerzuges gehen Siegfried, seine Schwester Daniela und sein Schwager Henry Thode.
Bei den Festspielen des Jahres 1894 steigt Siegfried auch ins Regiehandwerk ein. Er betreibt seine diesbezüglichen Studien auf dem Weg der eigenen Erfahrung als Darsteller: bei den Proben mimt er jede Rolle, deren originaler Vertreter gerade nicht zugegen ist. Und das ist häufig der Fall, da parallel

probiert wird, und die Sänger zumeist mehr als eine Fachpartie verkörpern. Cosima beabsichtigt, Siegfried im Hinblick auf künftige Operndirigate auch bei den Musikern der Bayreuther Festspiele als Dirigenten einzuführen. So inszeniert sie nicht nur den »Lohengrin«, sondern nach Ende der Regieproben auch die »bedauerliche Tatsache«, daß Felix Mottl plötzlich, vor Beginn des dritten Akts, nicht auffindbar ist und kein Ersatz-Dirigent zur Verfügung steht – außer Siegfried.
Was seine Schwestern als einen »Akt grenzenloser Härte, ja Grausamkeit« beurteilen, meistert Siegfried mit jugendlicher Souveränität. Das Experiment glückt, und nach dem Schlußakkord bringen die Orchestermusiker dem Debutanten im magischen Abgrund spontan einen Ehrentusch.
Noch erfährt die Öffentlichkeit nichts von diesem Debut, wie ohnehin zu dieser Zeit in Bayreuth die Dirigenten der jeweiligen Vorstellung nicht genannt werden und die Namen nur besonders bevorzugten Insidern bekannt sind. Viel Wirbel macht in den Journalen jedoch eine andere Bayreuther Begebenheit. Als Cosimas Neufundländer erkrankt, bringt ihn ihr behandelnder Arzt auf ihre Bitte ins Bayreuther Krankenhaus. Diese ärztliche Hilfeleistung, ganz im Gegensatz zu den geltenden Paragraphen stehend, wird ruchbar und löst einen Aufstand der Arbeiterschaft aus, die in diesem Akt eine offene Verhöhnung der Armen erblickt. Mit Hilfe des Freiherrn Bodo von dem Knesebeck gelingt es Cosima, die Angelegenheit zu bereinigen und die Suspendierung des Arztes zu verhindern. Der vom Bayreuther Stadtmagistrat offen ausgesprochenen Mißbilligung der Affaire widerspricht Cosima in einem Schreiben an den Bayreuther Bürgermeister heftig: »Es gibt wohl kaum etwas, das die Menschen schärfer unterscheidet als das Verhältnis zu den Tieren und ihre Auffassung von diesem Verhältnisse. In meinem Hause möchte ich dieses Verhältnis als ein religiöses bezeichnen.«
Seltsam, wie oft sich bei den Deutschen Tierliebe mit Menschenverachtung paart. Auch Hitler soll ein großer Tierfreund gewesen sein; in bewußter Wagner-Nachfolge trat er als ein Gegner der Vivisektion auf, was sich auch in seinem – allerdings inkonsequenten – Vegetariertum äußerte.
Im November 1894 dirigiert Siegfried erstmals in der neuen Queens's Hall in London. Antonia Speyer hat Siegfried angekündigt, sie werde sein Konzert in London besuchen. Daraufhin bittet Siegfried, sie möge auch ihren Bruder mitbringen, *»er könne doch über mich etwas Nettes in der Frankfurter Z*(eitung) *loslassen!«* Zu den Gästen des Konzertes gehören auch Hans Richter und der anglo-irische Dramatiker George Bernard Shaw, der sich zu dieser Zeit noch den Großteil seines Lebensunterhaltes als Kritiker verdienen muß. Hans Richter, der den Wagner-Sohn erstmals dirigieren sieht, lobt ihn, »das freut mich, daß du die Partitur im Kopf hast und nicht den Kopf in der Partitur«, und Shaw rühmt Siegfried in geradezu überschwenglicher Weise:
»Wir sind allesamt alte Knasterbärte gegen diesen jungen Mann; er besitzt nicht nur vollkommenes Verständnis für das Poetische an der Musik seines

ARTHUR JULE GOODMAN
95
Queens Hall
June 6.

Vaters und seines Großvaters – in gewissen Punkten ein weit weniger beunruhigtes und getrübtes Verständnis als die Komponisten selbst –, sondern auch instinktive Zartheit und kraftvolle Geduld, männlich im besten Sinn des Wortes, wozu noch eine im besten Sinne weibliche Empfindsamkeit des Gefühls kommt. (...)
Siegfried Wagner ist, vorsichtig gerechnet, als Dirigent sechshundertmal größer als Cusins, Costa, Carl Rosa und Vianesi zusammengenommen, wenn man noch Dr. Mackenzie, Dr. Viliers Stanford, Mr. Cowan, Sir Arthur Sullivan, Mr. Randegger und Signor Bevignani mit in die Waagschale wirft; doch was Richter betrifft, könnte er sich nichts anderes sagen, als was Michelangelo gegen Brunelleschi vorbrachte: Anders, aber nicht besser. (...)
Ich kann nur hinzufügen, daß das Konzert (...) seine Begabung zur Interpretierung von Tonpoesie außer allen Zweifel stellte. Er wußte alles zu erfassen. Es war eine Freude zu sehen, wie er das Allerbeste aus den Spielern herausholte, ohne sich wie Richter als Befehlshaber einer Armee zu gebärden oder wie Mottl zum Angriff vorzustürmen; er ließ einfach dem Orchester reichlich Zeit, mitzugehen, und vertraute ohne Zagen und Befangenheit der Richtigkeit seiner Lesart.«
Nach dem Londoner will Siegfried nun auch das Pariser Publikum erobern. Das jedoch verbietet Cosima entschieden. Als ein Angebot aus der Seine-Metropole in Wahnfried eintrifft, verhindert sie sogar, daß Siegfried das Schreiben zu Gesicht bekommt. Ihr Haß gegen Frankreich, insbesondere gegen die welsche Hauptstadt, die Richard Wagners »Tannhäuser« ausgepfiffen hat, bleibt unüberwindlich.
Dagegen ist es ganz nach ihrem Geschmack, daß Siegfried zum Geburtstag der Großherzogin Marie im Schweriner Schloß dirigiert und seinem zweiten Berliner Konzert, Anfang des Jahres 1895, auch die Kaiserin beiwohnt, die den Dirigenten zu sich kommen läßt und mit »liebenswürdigen Worten« lobt. In Berlin gliedert Siegfried seinem Repertoire die »Meistersinger«-Ouvertüre, Beethovens Achte Symphonie, Orchesterlieder von Liszt und die drei französischen Romanzen Richard Wagners – in einer Instrumentierung von Felix Mottl – an.
Malwida von Meysenbug organisiert zusammen mit Marie von Bülow, der Gattin des späteren Reichskanzlers, Siegfrieds erstes Auftreten in Rom. Tatsächlich wird das Konzert zu einem wahren Triumph, und die »Tannhäuser«-Ouvertüre muß auf Drängen des Publikums sogar wiederholt werden. Malwida hat Siegfried in Rom eine eigene Wohnung besorgt und veranlaßt ihn, noch länger zu bleiben. Und tatsächlich wird Malwida für Siegfried zu einer zweiten Mutter:
»Bei meinen späteren Aufenthalten in Rom hatte ich die große Freude, mit dieser an Herz und Geist so reich begabten Frau viel zu verkehren. Ich wohnte ganz in ihrer Nähe am Kolosseum, und es verging wohl kein Tag, an dem ich sie nicht besucht hätte. Gemeinsame Lektüre regte die Konversa-

tion an; wir lasen Thukydides, Platon und andre griechische Autoren zusammen.«
Malwidas Liberalismus und ihre politischen Ansichten stehen in erfreulichem Gegensatz zu den Lehren Cosimas. Sie liebt das italienische Volk und widerspricht Gobineaus These, die romanischen Völker seien nur produktiv gewesen, »solange das germanische Blut bei den romanischen Völkern wirksam war«, aufs heftigste. Malwida ist eine erklärte Juden-Freundin und führt Siegfried in semitische Kreise ein.
Zu Hause erhält er dafür den Kopf gewaschen und versucht in einem Brief an Malwida den unmöglichen Ausgleich der extrem divergierenden Standpunkte:
»Heil der Schützerin sämtlicher Stämme Israels! Wie geht es Deinen lieben Schmuhls? Hast Du wieder einige unterdrückte arme Seelen unter diesem Stamme gefunden?
Ja, ja, ich würde diese Gesellschaft beneiden, wenn es nicht auch mir bei Dir so herrlich ergangen wäre. Beinahe muß ich zwar befürchten, daß Du mich für einen Verkappten hältst – ich muß Dir daher feierlich mitteilen, daß ich leider keiner bin, daß meine Nase nur so tut, als wäre es so.«
Von Spiro, mit dem Malwida ihn bekannt gemacht hatte, ist er nach einer schlechten Kritik über seine Interpretation des »Tasso« enttäuscht, scheint sich doch hier das ihm von Cosima gepredigte, grundsätzliche Mißwollen jüdischer Kritiker zu bestätigen:
»Der gute Spiro dagegen ist ein Echter. – Im musikalischen Wochenblatt hat er so häßlich über den Tasso geschrieben, daß ich drauf und dran war, ihm gehörig meine Meinung zu sagen. Aber wozu? Was hilfts! Diese Juden verändert man doch nicht.«
In Rom hat Siegfried ein Schreiben der Wiener Philharmoniker erreicht, die ihn auffordern, ein Konzert zugunsten der Krankenkasse der Mitglieder des Hofopern-Orchesters zu dirigieren. Sein Antwortschreiben wird von der Neuen Freien Presse als ein Beweis seiner Bescheidenheit abgedruckt:
»Ich weiß wohl die hohe Ehre zu schätzen, die Sie, hochgeehrte Herren, mir damit erweisen, eine Ehre, die natürlich mehr dem Namen gilt, den ich das Glück habe zu tragen, als mir persönlich, der ich als angehender Dirigent vielleicht nur das Eine für mich habe, daß ich mit ungetrübtester Liebe und Eifer den Werken unserer hohen Meister mich zu nähern suche. Diese meine Empfindungen für die Meisterwerke dem wundervollen und unvergleichlichen Wiener Hoforchester mitteilen zu dürfen, erfüllt mich mit herzlichster Dankbarkeit und Stolz.«
Auch Siegfrieds Dankschreiben nach dem Konzert wird in der Neuen Freien Presse veröffentlicht. Geschickt bedankt sich Siegfried für *»die Begeisterung, welche unsere Aufführung durchglühte, und ich kann Sie versichern, daß, wenn Sie sich von mir geführt fühlten, ich mich von Ihnen getragen empfand. Ich danke Ihnen für die unvergeßliche Freude, die ich an jeder*

der Einzelleistungen genoß und die ich als einen Erinnerungsschatz für mein Leben mitgenommen habe.«

Sein nächstes Konzert führt Siegfried erneut nach London. Selbstbewußt hatte er dort anläßlich seines ersten Konzertes eine Pressekonferenz gegeben, auf der er auch seine kompositorischen Ambitionen nicht unerwähnt gelassen hatte: *»Ich habe auch eine Sinfonie* (gemeint ist die symphonische Dichtung »Sehnsucht«, Anm. d. Verf.) *komponiert – welcher Musiker tut das jetzt nicht? – aber das beweist nichts, wenigstens nicht, daß ich ein Komponist sein will. Als ich plötzlich als Dirigent auftauchte, stutzten manche Leute und waren so freundlich zu behaupten, ich verstünde nichts von Musik. Ich schrieb die Sinfonie und dirigierte sie, um zu zeigen, daß ich davon doch etwas verstände. Ich habe bei Kniese und bei dem besten Kontrapunktisten Deutschlands, bei Humperdinck studiert – demselben Humperdinck, dessen ›Hänsel und Gretel‹ ich für die beste deutsche Oper halte, die seit ›Parsifal‹ geschrieben worden ist.«*

Die Allgemeine Musikzeitung vom 16. November 1894, in der dieser Bericht über die Pressekonferenz in London abgedruckt ist, führt weiter aus: »In seinen musikalischen Neigungen folgt Siegfried Wagner vorwiegend seinem Vater. Unter seinen Lieblingen nimmt Rossini, dessen ›Barbier‹ er hoch hält, einen ersten Platz ein; für Weber und Beethoven fühlt er die gleiche Verehrung wie Wagner, aber diesem entgegen schwärmt er auch für das ›Judentum in der Musik‹ in der Person Mendelssohns, dessen Instrumentierung er überaus liebt. Noch ein Jahr vielleicht, und dem jungen Wagner wird die Leitung der Bayreuther Festspiele anvertraut werden.«

So weit ist es noch nicht. Aber ein knappes Jahr nach dieser Presse-Mitteilung tritt er – in der Heimatstadt seines Freundes Clement Harris – offiziell zum ersten Mal als Komponist an das Licht der Öffentlichkeit. Diesen Auftritt hat er besonders gut vorbereitet, denn genaugenommen erfolgt die Uraufführung seiner symphonischen Dichtung »Sehnsucht« nicht erst in London. Bereits im Oktober 1893 hatte er Engelbert Humperdinck die erste Fassung dieser Komposition vorgelegt, die er im Februar des Jahres 1895 mit einer Militärkapelle in Bayreuth ausprobiert und bereits am 6. März in seinem Konzert in Pest zum Vortrag gebracht hat. Doch überarbeitet er diese Fassung noch einmal grundlegend und führt das Ergebnis seiner Bearbeitung im Mai 1895 erneut der Mutter vor: *»Mama gefällt es gut, und da ich gewohnt bin, daß sie mir keine Phrasen macht, so glaube ich es ihr natürlich. Bald mache ich mich nach London auf, um mein armes Opus zum ersten Mal der lieblichen Welt auszusetzen«*, heißt es in einem Brief an Malwida von Meysenbug.

Tonia Speyer fordert er Ende Mai brieflich auf, in sein Konzert zu kommen:
»Vielleicht auch in eine Probe? um mein Opus zu hören. Es ist nämlich gar nicht so übel, eine Stelle erinnert sogar an Ihren Johannes (Brahms, Anm. d. Verf.). *Tun Sie also wenigstens, als wenn es Ihnen gefiele! In London wohne ich wieder im Longham-Hotel, ich komme am 3ten an.«*

Opus 0: Sehnsucht

Wenn Clement Harris' Biograph Claus Victor Bock schreibt, daß »die Tradition, die Bayreuther Festspiele, dem Vorbild Cosimas folgend, selber zu leiten, auf Clement Harris zurückgeht«, so hat er insofern recht, als der intime englische Freund tatsächlich erreichte, was Familie und Bekannte jahrelang nicht bewirkt hatten, Siegfried Wagners Entschluß, ein Dichterkomponist zu werden.

An Bord der Wakefield hatte Harris die Themen zu seiner symphonischen Dichtung nach Milton, »Paradise Lost« entworfen, Siegfried seine symphonische Dichtung nach Schiller, »Sehnsucht«, erstmals konzipiert. Beide Kompositionen tragen als Entstehungsdatum der Endfassung das Jahr 1895, und so scheint es nur natürlich, daß Siegfried seine Komposition, als eine deutliche Reverenz dem Freund gegenüber, in London zur Uraufführung bringt.

Am 6. Juni 1895, seinem sechsundzwanzigsten Geburtstag, dirigiert Siegfried in der Queen's Hall, immer noch mit der linken Hand, aber ohne Schnurrbart, Beethovens Achte, Webers Ouvertüre zum »Freischütz«, Vaters Vorspiel zum »Rheingold« und seine dem Anfang des »Rheingold« nicht unähnliche, aber in der Entwicklung dann gänzlich andere Bahnen beschreitende »Sehnsucht«.

Der in London ansässige Hans Richter ist wieder unter den Zuhörern, hatte sich jedoch vom Wagner-Sohn eine mehr wagnerische Komposition erwartet und zeigt sich enttäuscht über das »zu lisztische« Werk. Das ist richtig erkannt und zeigt klar Siegfrieds Haltung, der als Komponist bewußt bei den Vorläufern und Antipoden seines Vaters anknüpft, um als Eigenständiger daneben bestehen zu können.

In Schillers Gedicht »Sehnsucht« sehnt sich das dichterische Ich aus nebligem Tal auf schöne Hügel; von dort erklingen Harmonien, dort herrscht ewiger Frühling. Den Zutritt zu diesem Paradies verwehrt ein reißender Strom. Der Dichter aber besteigt einen herrenlosen Kahn und segelt selbstbewußt bergauf, dem Wunderland entgegen. Siegfried Wagners symphonische Dichtung transkribiert den metaphysischen Gehalt dieser Vorlage; aus dem dichterischen Ich wird das Ich des Komponisten, der in seinem ersten Orchesterwerk den jüngst auf einer Weltreise gefaßten Entschluß, Komponist zu werden, manifestiert.

Noch im Juni findet sich ein Verleger, der Siegfried anbietet, das Erstlingswerk zu drucken, was Siegfried jedoch ablehnt:

»Für die freundliche Absicht, meine symphonische Dichtung ›Sehnsucht‹ verlegen zu wollen, bestens dankend, bedauere ich, auf dieselbe nicht

eingehen zu können, da ich zunächst noch nicht die Absicht habe, dieselbe erscheinen zu lassen.«
Doch dem Vorschlag des Dirigenten Anton Seidl, diese Komposition auf einer bevorstehenden Amerika-Tournee zu dirigieren, kann Siegfried nicht widerstehen und willigt erfreut ein. Er selbst dirigiert sein Jugendwerk nur noch einmal, am 10. Januar 1896 im Münchner Odeon, nun kombiniert mit Beethovens »Egmont«-, Wagners »Faust«- und der »Meistersinger«-Ouvertüre.
Es erhebt sich die Frage, warum Siegfried dieses Werk später nie mehr in seine Konzertprogramme aufgenommen hat. Dabei scheint weniger eine Reserviertheit gegenüber dieser Komposition eine Rolle zu spielen, als vielmehr die Geheimhaltung einer Art von »Rezept«, in dem das thematische Material für immerhin fünf nachfolgende Opern enthalten ist. Zudem gilt es vorzubeugen, damit diese symphonische Dichtung später nicht als Opern-Potpourri mißverstanden wird.
»Sehnsucht« darf als ein symphonisches Pendant zu Siegfrieds dramatisch-thematischem Arbeitskonzept verstanden werden, von dem der Komponist, vier Jahre später, beiläufig einmal seinen Freunden erzählt: »Nr. 1 (›Der Bärenhäuter‹) sei *seinen Freunden wohlbekannt, Nr. 2* (›Herzog Wildfang‹) werde *ein Lustspiel* sein, *Nr. 3* (›Der Kobold‹) *einen ›sehr traurigen‹ Gegenstand behandeln, Nr. 4* (›Bruder Lustig‹) *in seinem heiteren Gehalt wieder dem ›Bärenhäuter‹ verwandt* sein, *Nr. 5* (›Sternengebot‹) erhielt, wenn wir nicht irren, das Beiwort eines *romantischen Sujets* usw.«
In seiner umfangreichen thematischen Analyse »Die Kunst Siegfried Wagners«, die Siegfrieds bis 1918 entstandenen symphonischen Werke und Opern untersucht, läßt Paul Pretzsch »Sehnsucht« unerwähnt und vermerkt sie erst 1931, ein Jahr nach Siegfried Wagners Tod, in einem Werkverzeichnis als »ungedruckte symphonische Dichtung«. Tatsächlich sind zu Lebzeiten des Komponisten keine weiteren Aufführungen der »Sehnsucht« nachweisbar. Seit Kriegsende ist die Originalpartitur verschollen, und damit schien das Werk überhaupt nicht mehr zugänglich zu sein.
Große Überraschung bereitete daher die Mitteilung der Internationalen Siegfried Wagner Gesellschaft e.V. im Januar 1980, daß die symphonische Dichtung im Juli 1979 von Friedelind Wagner, der Tochter des Komponisten, in einem Speicherraum des Bayreuther Festspielhauses aufgefunden wurde: zwar handelt es sich bei dem Fund nicht um das Autograph des Komponisten, aber um eine bei der Lithographischen Anstalt C. G. Röder in Leipzig gedruckte (!) Partitur, mitsamt dem kompletten, ebenfalls gedruckten Aufführungsmaterial. Die erste Wiederaufführung erfolgte am 26. April 1981 unter Leitung von Siegfried Köhler mit der Nordwestdeutschen Philharmonie (WDR-Rundfunkproduktion). In drei Konzerten leitete Daniel Barenboim in Paris die französische Erstaufführung (26.–28. 1. 1983); ein Gastspiel führte das Orchestre de Paris mit Daniel Barenboim auch an Siegfried Wagners Geburtsort Luzern, wo »Sehnsucht« am 4. 9. 1983 im Rahmen der Internatio-

nalen Musikfestwochen erstaufgeführt wurde. Am 28.4. 1983 erlebte das Werk seine Erstaufführung in Peking. Der Dirigent dieser Aufführung war der Karajan-Preisträger Muhai Tang, der die Komposition anschließend auch in Shanghai, dann wiederholt mit den Berliner Philharmonikern in der Philharmonie (7./8.10.83) sowie für eine Produktion des Norddeutschen Rundfunks interpretierte. Im Oktober 1985 nahm auch das Chicago Symphony Orchestra Siegfried Wagners erste symphonische Dichtung in sein Repertoire auf, und im Oktober 1986 erfolgte mit dem Queensland Symphony Orchestra die australische Erstaufführung.

Festspieldirigent

Siegfried ist also anerkanntermaßen ein Komponist. Doch soll es mit symphonischen Werken nicht sein Bewenden haben: es drängt ihn zur Oper, zum Musikdrama.

Im Herbst erholt sich Siegfried auf ausgedehnten Wanderungen im Berner Oberland und auch einige Tage bei Thodes am Gardasee. Doch selbst bei solchem Urlaub treiben ihn Termine zu Veranstaltern, um neue Konzerte zu vereinbaren, und – im Dienste der Festspiele – in Wagner-Aufführungen, um Sänger zu begutachten. Als sein Konzert mit den Wiener Philharmonikern ausverkauft ist und wegen der starken Kartennachfrage die Generalprobe der Öffentlichkeit zugänglich gemacht wird, deutet Cosima das als »gute Vorzeichen für unsere Sache«, was soviel heißt wie Reklame für Bayreuth – und damit für eine Nation, wie sie Houston Stewart Chamberlain gerne sähe.

Feierlich ist in Wahnfried der Vertrag mit dem Verleger Bruckmann über eine zweibändige Wagner-Biographie aus der Feder Chamberlains geschlossen worden, die nach Cosimas Willen eine »philosophische Würdigung des Meisters« darstellen soll und nach Chamberlains Absicht »ein diplomatischer, oder sagen wir lieber taktischer Versuch« ist, »durch Beredsamkeit und bewußte Einseitigkeit dem Verständnis vorzuarbeiten und die Aufnahme der Kunst und der Lehren unseres Meisters fördernd vorzubereiten«. Daß es Chamberlain dabei einseitig um Wagners antisemitische und deutschnationale Einstellung geht, liegt auf der Hand. Mit diesem Vertrag sind auch die Weichen für Chamberlains »Grundlagen des 19. Jahrhunderts« gestellt, jene Bibel der Nazis, die 1899 erschienen und bis 1933 in siebzehn Auflagen sowie in tschechischer, englischer, amerikanischer und französischer Ausgabe Verbreitung finden sollte...

Siegfried schenkt dem wenig Beachtung. Er genießt es, selbst im Mittelpunkt der Öffentlichkeit zu stehen. Nach seinem Konzert im Münchner Odeon, wo er seine »Sehnsucht« interpretiert hat, wird er von Marie Oettingen mit einem Festbankett gefeiert. Zwei Lyren aus Lorbeer schmücken seinen Tisch, eine gilt dem Dirigenten, die andere dem Komponisten.

Nach zwanzigjähriger Pause soll im Sommer erstmals wieder der »Ring des Nibelungen« auf dem Programm der Bayreuther Festspiele stehen, wobei Cosima von den für sie geheiligten Vorstellungen des Eröffnungsjahres 1876 nicht abrücken will, auch wenn Richard Wagner damals selbst höchst unzufrieden über das szenische Ergebnis war.

Die alten Dekorationen sind nicht mehr verfügbar, nachdem Wagner sie – zur partiellen Deckung der Schulden des ersten Festspielsommers – an den

Theaterdirektor Angelo Neumann verkauft hat, der dann mit seiner reisenden Wagner-Bühne entscheidend zur Popularität von Wagners Tetralogie beitrug. So läßt Cosima Dekoration und Kostüme rekonstruieren. Für die Gestaltung einiger Kostüme gewinnt sie den Maler Hans Thoma, der das pseudohistorisch germanisierende Element noch verstärken hilft.

Siegfried ist es nicht wohl bei dem Gedanken, daß Theater etwas museumsartig Totes sein soll, doch wagt er nicht, sich der Mutter zu widersetzen – und zieht die Politik der kleinen Schritte vor. Bereits im Vorjahr 1895 hat er sich an den Coburger Bühnenbildner und Theatermaler Max Brückner gewandt, um gemeinsam mit ihm die Möglichkeiten technischer Verbesserungen, speziell im Hinblick auf die elektrische Beleuchtung, zu besprechen. Vor allem gilt es, die viel bespöttelte Rheintöchter-Szene zu verbessern.

Großen Wirbel verursacht in der Presse ein Schreiben Siegfrieds an den Musikschriftsteller Heinrich Chevalley in Leipzig:

»Sie schrieben in freundlicher Weise in Ihrem Aufsatze, daß ich vielleicht berechtigt sein werde, einst an der Spitze der Bayreuther Festspiele zu stehen. Da muß ich Ihnen erwidern: daß, um an der Spitze dieses künstlerischen Unternehmens zu stehen, nicht in erster Linie ein Dirigententalent in Betracht kommt, sondern daß das Hauptgewicht wo ganz anders liegt, nämlich im richtigen Sinne für das, was die Bühne ist, was die jeweiligen dramatischen Situationen erfordern, sowohl im Deklamatorischen, wie im Mimischen; ferner, wie man Massen bewegt, gliedert, belebt etc. Kurz, der Dirigent spielt in Bayreuth die 2. Rolle. Das hat mein Vater von jeher ausgesprochen, indem die Dirigenten nur seine Befehle auszuführen hatten. Daß aber die meisten Dirigenten von der Bühne wenig verstehen, das werden ihnen die Herren selber offen zugestehen. Das Dämonische der Bühne ist wenigen aufgegangen. Sonst wären unsre sämtlichen Theater nicht so mittelmäßig. Aufgegangen ist es meiner Mutter. Ob es mir aufgehen wird? Ich hoffe es! Mein Streben steht daher weniger auf das Dirigieren, als auf das Bühnenleiten in Bayreuth. Gute Kapellmeister wird man hoffentlich immer finden.«

Das gibt natürlich zum einen den Standpunkt Cosimas wieder, der in erster Linie auf das Wagnersche »Drama« hin ausgerichtet ist. Zum anderen tritt Siegfried mit diesem, auch im »Praktischen Handbuch für Festspielbesucher« des Jahres 1896 veröffentlichten Schreiben ein für das gerade im Aufstreben begriffene Regietheater so bedeutender Regisseure wie Max Reinhardt, Leopold Jessner und Otto Brahm – einer Richtung also, der er selbst einige Jahre später zugerechnet werden sollte.

Die Festspielproben beginnen am 20. April mit einer akustischen Probe der achtzehn Ambosse im »Rheingold«, einer technischen Probe in Hinsicht auf ein für die Rheintöchter in der »Götterdämmerung« geplantes Schwimmbekken und einer Pferde-Probe. Zu den Klängen des Huldigungsmarsches für Ludwig II. wird das zur Darstellung des Walkürenrosses Grane ausersehene Pferd auf seine Bühnentauglichkeit getestet.

Siegfried Wagner.

Über Cosimas Festspielleitung schreibt die Sängerin Lilli Lehmann, die bereits bei der Uraufführung des »Ring«-Zyklus im Jahr 1876 als Rheintochter engagiert war und nun, alternierend mit Ellen Gulbranson, die Brünnhilde gestaltet, »viele Wege führen nach Rom – nach dem heutigen Bayreuth nur mehr ein einziger: sklavische Unterwerfung!«
Siegfried dirigiert die Hauptprobe des »Rings«, den vierten, Hans Richter den ersten und fünften, Felix Mottl den zweiten und dritten Zyklus.
»Als ich da in den mystischen Abgrund an das Pult trat, unter mir das Riesenorchester, vor mir das Dunkel der Rheingoldtiefe, da wurde mir schon etwas schwindelig zumute. Gottlob kannte ich die Partitur so gut wie auswendig, so daß mein momentan getrübtes Auge nicht von den Noten abhängig war. Bald wich jede Erregung, ich fühlte etwas von einer segnenden Hand über mir, die mich in diesen entscheidenden Stunden beschützte.«
Was Siegfried hier in seinen »Erinnerungen« umschreibt, ist ein kurzzeitiger Schmiß im »Rheingold«, den er aber bald wieder im Griff hat.
Gustav Mahler ist unter den Zuhörern dieser Aufführung – und ihm bleibt für einen Moment das Herz stehen. Bereits 1894 war er Gast bei den Bayreuther Festspielen und fehlt auch in diesem Jahre nicht, als er von Cosima die persönliche Einladung erhält, obgleich er die Arbeit an der Komposition seiner Dritten Sinfonie unterbrechen muß.
In einem Schreiben an Cosima Wagner faßt Mahler Ende Oktober 1896 seine Eindrücke über Siegfrieds Dirigat zusammen: »Ich kann immer nur wieder mein Erstaunen ausdrücken und meine freudige Bewunderung, daß es ihm möglich gewesen ist, so ohne alle ›Routine‹ seine Aufgabe zu lösen. – Da muß wirklich eine Vereinigung von »<u>Begabung</u>« und »<u>Naturell</u>« zusammenwirken, um es verständlich zu machen. – Es ist da offenbar ein hohes Bewußtsein der Mission und ein sieghafter Glaube an die Notwendigkeit derselben vorhanden, und dies ist wohl das, was man am besten die ›Gnade Gottes‹ nennen kann, und – von ›Gottes Gnaden‹ nennt man solche Menschen. –«
Anschließend kommt Mahler auf das Pro und Contra der Meinungen über Siegfrieds Leistung zu sprechen: »Es wundert mich nicht, daß nur die Wenigsten erkannt haben, welcher Geist da wirksam war; aber das hat mich immer wieder starr gemacht, daß die rein äußerliche Tatsache von den Widersachern nicht wenigstens anerkannt worden ist, daß es ›glänzend‹ gegangen ist, und daß der junge Mann, der an dem Dirigentenpulte saß, zum erstenmal überhaupt (gemeint ist: im Bayreuther Festspielhaus; Anm. d. Verf.) den Taktstock geschwungen hatte. Wenn einem von denen damals das Herz so gestockt hätte, wie mir, als der erste Unfall im Rheingold passierte, und wenn er dann im Verlaufe der Abende sich immer sicherer und stufenweise bis zur hellsten Begeisterung sich erhoben gefühlt hätte, dann hätte er wahrscheinlich geschwiegen; sicherlich aber nicht einen Zeitungsartikel in die Welt gesetzt. Denn, was da geschah, gehört zu den Geheimnissen durch welche sich Menschen verbunden fühlen.«

Nicht nur subjektiv fällt Siegfrieds frischeres Tempo im Vergleich zu den erfahreneren Kollegen ins Auge, auch objektiv gemessen sind seine Zeitmaße kürzer an Minuten. Wache Zuhörer bemerken, was bereits Malwida von Meysenbug anläßlich von Siegfrieds Konzert in Rom erkannt hatte, »ein durchaus individuelles, ganz bewußtes Erfassen und Ausführen«, eine eigenständige Interpretation. Eine neue Ära der nachschöpfenden Festspieldirigenten ist damit angebrochen.
Dem von Siegfried dirigierten Zyklus wohnt auch Clement Harris bei, der – auf eine Empfehlung von Daniela hin – seit November 1893 Schüler des Heidelberger Musikprofessors Philipp Wolfrum ist. Harris, inzwischen ein anerkannter und in England als Edward Elgar ebenbürtig gefeierter Komponist, lernt in Bayreuth einen anderen jungen Komponisten kennen, der ihn kurz darauf in München in den Stefan-George-Kreis einführt. Dies ist der einundzwanzigjährige Baron Clemens von Franckenstein, der ebenfalls Siegfrieds Debut als »Ring«-Dirigent beiwohnt.
Ohne daß Siegfried dies bewußt würde, ist sein Zusammensein mit Clement nach der »Götterdämmerung« das letzte vor dem frühen Tod des englischen Freundes.

Opus 1: Der Bärenhäuter

Siegfried ruht nach den Festspielen nicht aus. Fürs erste gibt es wieder einmal eine Posse einzustudieren, ein häusliches Satyrspiel auf die Festspiele, besetzt mit Freunden und jungen Familienmitgliedern. Das Stück orientiert sich – mit Julius Knieses Sohn Walther als Siegfried und Marie Gravina als Bär – am Musikdrama des Vaters, doch schlägt die knapp zehnjährige Marie mit einem Prolog den Bogen vom Bären in »Siegfried« zu Siegfried Wagners »Bärenhäuter«.

So nämlich ist der Titel des ersten abendfüllenden Musiktheater-Projektes, an dem Siegfried bereits seit Anfang des Jahres komponiert. Dabei beginnt er, spezifisch für sein Schaffen, aber untypisch im Vergleich mit der knapp dreihundertjährigen Operntradition, mit der Ouvertüre. Denn die komponiert er bereits, sobald er alle Themen des Sujets im Kopf hat – in einigen Fällen Jahre vor Fertigstellung der zugehörigen Oper.

Über die Ouvertüre schreibt er schon Mitte März 1896 an Engelbert Humperdinck, daß sie – verglichen mit seiner symphonischen Dichtung »Sehnsucht« – *»besser«* sei, *»d. h. sie ist mehr ich«*. Dabei gibt er eine Definition seines Standpunktes als Opernkomponist:

»Die Rückkehr zur Einfachheit! die Kleinheit des Rahmens! Dein ewiges Verdienst bleibt es, diese Bahn eingeschlagen und sie uns gewiesen zu haben. Nur so können wir uns als wirkliche Wagnerianer bewähren. Ein harmloses, sinniges, deutsches Lustspiel, das ist, was uns eigentlich noch übrig bleibt.«

Was er hier ausspricht, würde er einige Jahre später sicher nicht mehr unterschreiben, doch für seine erste Oper ist es zutreffend.

Im Gegensatz zu seinen nachfolgenden Opernschöpfungen belegen zahlreiche Vorstufen Siegfrieds intensives Ringen um die endgültige Form und musikalische Fassung. Die für Siegfrieds Schaffen symptomatische, bisweilen ausufernde Episodenfülle erkennt er selbst bei seinem Opernerstling recht gut und streicht auch noch Szenenteile, die er bereits exakt in Partitur ausgeführt hat.

Beispielsweise spielt in der ersten Fassung der Partitur der Teufelspakt (in der ersten Szene) bewußt auf »Faust« an:

> *»Teufel: Doch hätt ich eine Bitte,*
> *nach altmod'scher Sitte,*
> *um ein Tröpfchen Blut!*

Hans: Ach! Laß mich aus!
Bin doch nicht Doktor Faust –
daß du mir nicht traust!
Nichts da! Es geht auch so!«

Diese Episode wird gestrichen, denn Siegfried erkennt richtig, es geht auch ohne, und eine zwingende Notwendigkeit ist Voraussetzung alles ehrlichen künstlerischen Schaffens. Den zweiten Akt komponiert er in Rom. Die Distanz zu Bayreuth ist ihm wichtig, um dem mütterlichen Einfluß wenigstens partiell zu entgehen; wichtig ist ihm auch die liberale Ersatz-Mutter Malwida, sein »*verehrtes, liebes, herrliches Mütterchen*«, wichtig sind ihm schließlich die »*Künstlerkreise*«. Hier zieht er sich allerdings eine Krankheit zu, die Cosimas Biograph als »Tibergeschenk« umschreibt, dem sich kaum einer entziehen könne, »der in der ewigen Stadt längeren Aufenthalt genommen hat«. Über Weihnachten reist Siegfried kurzzeitig nach Palermo, wohin es ihn weniger zu seiner Schwester Blandine, als vielmehr zu seinen Neffen Manfred und Gilberto zieht.
Cosima hatte Siegfried nach seiner Abreise mit einer versteckten Anspielung gelobt, die doch wohl mehr eine Ermahnung als eine Bestätigung darstellen soll: »Etwas ist mir durch Dich aufgegangen, was ich wohl wußte, es aber in diesem Grade nicht erlebte; nämlich: wie die moralische Welt und die künstlerische eines sind. Es ist nicht gleichgültig, ob ein wahrhaftiger, ein männlicher Mann den Stab führt. Und wenn Du wüßtest, welch einen eigentümlichen Rückblick ich, von dem Strahl Deiner Direktion erleuchtet, zurückgeworfen habe.« Anderen gegenüber betont Cosima, Siegfried sei zu ihr mehr wie eine Tochter, denn wie ein Sohn – als sei dies eine besondere Tugend.
Kaum ist Siegfried wieder in Rom, nervt ihn Cosima mit besorgten Anfragen: »Sind Deine Stuben warm? Hast Du gute Bettdecken? Bitte ›spare nichts‹! Und sei so gut, schicke mir die ersten 5 Tage jeden Morgen eine Karte, wo ›nur‹ darauf steht: ›Wohl‹, oder ›nicht ganz wohl‹, kurz die ganze Wahrheit, denn das allein beruhigt mich.« Siegfried zeigt sich gelassen. Als er aber hört, daß sein »Bärenhäuter«, von dem bereits der erste Akt fertig vorliegt, ihm juristisch gar nicht zusteht und von jemand anderem komponiert werden soll, gerät er etwas aus der Fassung. Und als Cosima in diesem Zusammenhang Siegfried auffordert, Humperdinck seine Dichtung zu lesen zu geben, wittert er auch Verrat seitens der Mutter. Denn die Pressemitteilungen besagen, daß Arnold Mendelssohn eine Oper gleichen Titels komponiert – und Mendelssohn ist Vorsitzender des Berliner Richard-Wagner-Verbandes.
Diese Gleichzeitigkeit ist nicht so zufällig, wie sie scheinen mag. Der Plan, eine auf Grimms Märchen von des Teufels rußigem Bruder basierende Oper auszuführen, geht auf Engelbert Humperdinck zurück, der sich zunächst selbst mit diesem Gedanken trug und Wahnfried davon berichtet. Als er von diesem Vorhaben Abstand nahm, war damit der Weg zur Komposition dieses Stoffes für Siegfried frei. Aber auch andere hörten davon, daß der »Bärenhäu-

ter« für Humperdinck nicht das richtige Sujet sei, so etwa Humperdincks Schwager Hermann Wette, der sich sogleich daran machte, ein Opernlibretto für seinen Freund Arnold Mendelssohn zu verfassen.

Ein Konflikt zwischen den komponierenden Kontrahenten kann nicht ausbleiben, sobald Mendelssohn öffentlich erklärt, er habe als erster mit der Oper begonnen und Siegfried habe davon gewußt. Ein langes Hin und Her, das mit einem Rechtsstreit endet, der aber auch keine Klärung bringt und alles auf einen Lesefehler Humperdincks zurückführt.

Dem sachlichen, aber völlig unnachgiebigen Standpunkt Arnold Mendelssohns in offenen Briefen bietet Siegfried auf humorvolle, aber etwas pikierte Weise mit einem, in zahlreichen Journalen abgedruckten, Schreiben Contra: *»Folgendes ist die Entstehungsgeschichte meines ›Bärenhäuters‹. Im Frühjahr 1895 schrieb mir meine Schwester, Frau Professor Thode aus Heidelberg, sie sei mit Engelbert Humperdinck zusammengetroffen, welcher ihr u. a. erzählt hätte, er habe sich mit dem Gedanken getragen, die zwei zusammenhängenden Grimmschen Märchen, ›Der Bärenhäuter‹ und ›Des Teufels rußiger Bruder‹, zu komponieren, habe es aber wieder aufgegeben, woraufhin ich die bekannten Märchen auf eine Oper hin wieder durchlas und fand, daß sich daraus etwas machen ließe. Nachdem ich den ersten Akt so ziemlich zu Ende komponiert hatte, schrieb ich an Humperdinck und erzählte ihm, welche Freude mir der hübsche Stoff verursacht. Außer den genannten Märchen wob ich noch eine Sage aus Wilhelm Hertz' Spielmannsbuch hinein, ja auch ein historisches Ereignis aus dem dreißigjährigen Krieg schien mir geeignet, dem Phantastischen des Stoffes einen realen Hintergrund zu geben.*

Erst auf diesen Brief hin erhielt ich die Nachricht, daß Herr Dr. Wette der Verfasser eines ›Bärenhäuter‹-Textes sei und daß Herr Mendelssohn die Absicht habe, Musik dazu zu schreiben. Hieraus erleben Sie, sehr geehrte Redaktion, daß von einem wissentlichen Unrecht meinerseits nicht die Rede ist, daß somit auch der geringste Vorwurf zu schweigen hat. Friedlich werden daher die beiden ›Bärenhäuter‹ in die Welt ziehen und statt eines Wette-Streites wird es einen künstlerischen Wettstreit geben, was nur der Produktion zugute kommen kann. Wie oft sind dieselben Stoffe von mehreren behandelt worden (...) Wie viel Melusinen gibt es! Wie viel Fausts etc. Gute Stoffe haben eben das an sich, daß sie von Verschiedenen verschieden behandelt werden. Und daß mein ›Bärenhäuter‹ grundverschieden sein wird, ist mir aus den Inhaltsangaben in Ihrem Artikel und in dem anderen mir zugesandten Blatte ersichtlich geworden.«

Im Gegensatz zum Rechtsstreit geht der künstlerische Wettstreit übrigens eindeutig zu Siegfrieds Gunsten aus. Nicht nur, daß er mit seiner Partitur eher fertig wird als Mendelssohn mit seiner gleichnamigen Nummernoper. Während Mendelssohns »Bärenhäuter« nur eine Saison lang gespielt wird und zehn Aufführungen zu verzeichnen hat, sollte Siegfrieds Opus 1 in

derselben Spielzeit zum meistaufgeführten Werk des deutschsprachigen Musiktheaters werden.
Außer Glasenapp müht sich niemand um einen Vergleich der auch inhaltlich unterschiedlichen Opern, und einzig Siegfried Scheffler sollte im Jahr 1929 jenen anderen »Bärenhäuter« in einer Kritik über Siegfrieds Oper nochmals erwähnen: »Um die Wende des neunzehnten Jahrhunderts erlebte die deutsche Opernwelt das merkwürdige Schicksal zweier ›Bärenhäuter‹ (...) Siegfried Wagner gelang es mit der Münchener Uraufführung seines Werkes, die Konkurrenz Arnold Mendelssohns (Berlin 1900) mit dem Vorsprung eines Jahres zu schlagen, darüber hinaus aber die bühnengemäßeren Werte seiner Oper in jener Wechselwirkung: Publikumssympathie – Theaterrepertoire deutlich zu manifestieren. Spricht man heute von einem ›Bärenhäuter‹, so meint man den Siegfried Wagnerschen, das dramatische Opus 1 seines Schöpfers, die Selbsterstarkung des Erben zu eigener Norm und individuell künstlerischen Lebensgesetzen.«
Siegfried begleitet Eva auf ihrer Reise nach Wiesbaden, wo sie im April eine Kur antritt. Bei dieser Gelegenheit besucht er ein Symphoniekonzert, verkehrt in den von ihm so geliebten Künstlerkreisen und hält auch eine leidenschaftliche Ansprache, die von seinem Harmoniebedürfnis, seinem starken Willen zum Frieden zeugt:
»Man sollte denken, daß die Musik, die doch im Grunde Harmonie ist, die so viel Frieden, Glück und Liebe predigt, auch in die Menschen Harmonie bringe; leider finden wir aber gerade unter den Musikern die schärfsten Gegensätze. Auf keinem anderen Gebiete der Kunst herrscht so viel Neid, Eifersucht und Zwietracht, als gerade unter den Vertretern der Musik. Wir haben heute Abend Werke von Beethoven und Mozart gehört, von Beethoven, dessen Musik den reinsten Frieden atmet, von Mozart, der uns durch seine Glückseligkeit entzückt. Warum vereinigen solche Werke, denen nur der Geist der Liebe entströmt, nicht auch uns in Harmonie? Ich habe in Rom viel in Maler- und Bildhauerkreisen verkehrt, aber nirgendwo ist mir eine solche Uneinigkeit aufgefallen, wie unter den Musikern. Vielleicht ist es die nervenaufregende Wirkung der Musik, welche die herrschenden Meinungsverschiedenheiten bis zur heißen Kampfeslust steigert. Mit wohlwollender Beurteilung des Nächsten ließe sich aber wohl auch unter uns Musikern ein schönes Zusammenhalten ermöglichen. Man muß jede Individualität in der Kunst achten, wenn der Betreffende es nur ehrlich mit seiner Kunst meint, wenn wir es nur mit ernsten und wahren Künsten zu tun haben. Mag die Empfindungswelt eines Künstlers uns auch noch so entgegengesetzt und fremd sein, wir müssen, sofern er nur wahr in der Kunst empfindet, seinem Streben und Wirken Achtung und Wohlwollen entgegenbringen. Als Beispiel möchte ich Ihnen zwei Erscheinungen vorhalten: meinen Großvater Franz Liszt und Spohr, die als leuchtende Muster vornehmer persönlicher Gesinnungsart dastehen.«

Daß Siegfried in dieser Rede, die von der Zeitschrift für Musik und Literatur, »Die redenden Künste«, abgedruckt wird, seinen Vater nicht als ein »Muster vornehmer persönlicher Gesinnungsart« anführt, verärgert zahlreiche Wagnerianer. Gewiß, auch Wagner hat Mozart, Beethoven, Liszt und Spohr geschätzt und auf seine Weise in seinen gesammelten Schriften verewigt, aber Siegfrieds ausdrückliche Erwähnung dieser Komponisten steht auch damit im Zusammenhang, daß er sie – und nicht seinen Vater – als unmittelbare Vorbilder ansieht. Und tatsächlich läßt sich über die Lehrerschaft von Moritz Hauptmann, Carl Reinecke, Max Bruch und Engelbert Humperdinck eine direkte Linie zu Louis Spohr herstellen; so gesehen ist Siegfried Wagner der Ururgroßenkelschüler Spohrs.
Von Wiesbaden kehrt Siegfried schnell wieder nach Bayreuth zurück, um Festspielvorbereitungen zu treffen und am »Bärenhäuter« weiterzukomponieren. Seine Augen sind angegriffen, so daß er im Mai eine Augenklinik in Erlangen aufsuchen muß. Die Anfälligkeit der Augen hat er von Cosima geerbt. Die Ärzte führen sein Leiden auf die langdauernden, intensiven Beleuchtungsproben zurück, aber Siegfrieds Leiden hat vielleicht auch psychische Ursachen: Clement, gleich Siegfried ein leidenschaftlicher Bewunderer von Griechenland, hat sich durch den Aufstand Griechenlands gegen seine türkischen Unterdrücker veranlaßt gesehen, sich von allen Verpflichtungen zu lösen, sein kompositorisches Œuvre zu ordnen und sich von Familie und Freunden zu verabschieden, um selbst in den Befreiungskampf für Griechenland einzutreten. Seinem legendären Landsmann Byron ebenbürtig, ist er, reichlich mit finanziellen Mitteln ausgestattet, nach Korfu gereist, hat dort Freiwillige angemietet und aufgerüstet. Mit dieser seiner »Rotte Korah« ist er nach Epirus übergesetzt, hat die türkische Front durchbrochen und führt einen Stellungskrieg.
Noch weiß man nichts von seinem Tod; die englischen Zeitungen sprechen von einer möglichen Gefangenschaft des Komponisten, aber Siegfried ahnt, was passiert ist und was die Weltöffentlichkeit erst am 22. Mai 1897 erfährt: Vor der heftig umkämpften Bergfeste Pente Pigadia wurde Harris verwundet, während seine freiwilligen Söldner ihr Heil in der Flucht suchten. Ein Janitschare gab dem hilflos sich windenden Clement am 23. April 1897 den Gnadenschuß.
Siegfried ist zunächst unfähig, seinen Schmerz in Worte, geschweige denn in Töne zu fassen. Doch Clement taucht als Idee eines selbstlosen Helden immer wieder in seinem musikdramatischen Schaffen auf, bis er ihm schließlich, zu seinem fünfundzwanzigsten Todestag, postum die Symphonische Dichtung »Glück« widmet.
Im Oktober vollendet er im Hotel Victoria in Rom den zweiten Akt seines »Bärenhäuter«, nachdem er im Sommer, bei den Festspielen, wieder einen »Ring«-Zyklus geleitet und auch an der Regie noch einiges verbessert hat.
Nach dem Tod ihres Mannes, der am 14. September 1897 in Palermo gestor-

ben ist, läßt sich Blandine im November in Florenz nieder. Cosima reist nach Florenz, um an der Seite ihrer Tochter mit den Vertretern der Familie Gravina über das Erbe des Grafen zu verhandeln. Wieder zieht es Cosima auch zum Atelier Adolf von Hildebrands, den sie jedoch aufgrund seiner jüdischen Abstammung als »ein wunderliches Produkt der Mischung« einstuft, »sehr begabt, sehr fest in seinem Ziel und dabei allem, was wir unter Kunst und religiöser Empfindung begreifen, fremd bis zur Öde. Er wirkte daher auf mich wie ein schöner Stein, ohne Feuer, ohne Beleuchtung.«

Adolf von Hildebrand hat Siegfrieds Münchner Dirigentendebut im Winter 1895 miterlebt und anschließend seiner Frau darüber begeistert berichtet: »Nun war aber das Konzert so famos und der Siegfried Wagner dirigierte so einfach und fest und sachlich, daß ich (...) doch noch mit zu Levi ging (...).«

Jetzt ist Hildebrand daran interessiert, Siegfried näher kennenzulernen: »Mit Siegfried war ich letzthin spazieren. Ich habe ein gewisses Zutrauen zu ihm, möchte aber doch näher zuschaun, wie weit er selber denkt, wie viel Familien Stichwort ist.«

Daß dies zweierlei ist, steht für Hildebrand außer Zweifel, und bald muß er feststellen: »Der Mangel an naivem Herangehn an die Dinge (Kunstbetrachtung, Anm. d. Verf.) ist besonders bei Siegfried stark, er ist ganz eingekapselt in bestimmte Doktrinen.« Denn knapp drei Wochen nach Ankunft der Wagners in Florenz kommt es zu einem »großen Streit« zwischen den drei älteren Töchtern Hildebrands und der Familie Wagner, als die Töchter des Bildhauers mit Cosima, Eva und Siegfried die Uffizien besuchen. Cosima betrachtet die Bilder nur auf den Stoff hin, gibt sich ganz katholisch in der »Verachtung schöner Antiken-Sachen« und vertritt ihren »fanatisch religiösen Empfindungsstandpunkt in der Kunst«. Siegfried hat keine Lust, offen eine Gegenposition zu beziehen, geht ihm doch das gesamte intellektualistische Hin und Her der fünf ihn umgebenden Frauen auf die Nerven. Durch Scherze und Blödeln versucht er sich aus der Schlinge zu ziehen, doch die Hildebrand-Töchter fühlen sich doppelt verletzt, denn sie betrachten seinen Versuch zur Beendigung des hoffnungslosen Streites als Schnoddrigkeit. Siegfried entzieht sich der potenzierten Frauenclique, indem er allein nach Rom weiterreist.

Schenkt man du Moulin Eckart Glauben, so wacht Cosima unablässig über Siegfrieds Opernkomposition, wobei sie »die Linie von Bayreuth nicht einen Augenblick aus den Augen verlor und sich nicht nach Art so vieler zu Kompromissen herbeigelassen hat, die unter Umständen doch Bayreuth hätten schaden können«. Damit meint Cosimas Biograph ein Abweichen von den durch Cosima zementierten künstlerischen Richtlinien. Offiziell, zumindest mit dem Erstlingswerk, scheint Siegfried Wagner die Pfade des Wagnerianers auch nicht zu verlassen:

»Von meinem Vater muß man lernen: Stil, Deklamation, Instrumentation, Knappheit, dramaturgischen Aufbau. Wohlgemerkt, aber sich hüten, je auf den Kothurn zu steigen, sonst werden wir jammervolle Epigonen. Seine Grenzen

kennenlernen, das ist Wagnerianer sein. Nicht mit Nibelungen-Orchester herumwirtschaften, wenn einem nichts einfällt. Vor allem die Zartheit der Modulation lernen und nicht herumpantschen in allen Tonarten, wenn auf der Bühne zwei Leuchten sich anöden und nicht einmal Guten Morgen zu sagen haben.«

Diese Erklärung Siegfried Wagners definiert den Begriff »Wagnerianer« nicht weltanschaulich, sondern gemäß den von Wagner in »Oper und Drama« für einen Opernkomponisten aufgestellten Richtlinien. Dabei opponiert er mit diesen Zeilen gegen Richard Strauss' unmotivierte Tonartwechsel, aber auch gegen den unverhältnismäßigen Einsatz des Nibelungenorchesters bei seinem Lehrer Humperdinck.

Doch der Sohn jenes Komponisten, dem Cosima in seine Musikdramen dreingeredet hat, muß es sich gefallen lassen, daß diese Frau auch bei der Dramatisierung des »Bärenhäuter«-Stoffes mitreden will und – in einem Fall – sogar vier Zeilen zur Dichtung beisteuert. Geschickt komponiert Siegfried diese vier Zeilen der Selbstcharakterisierung des Peter Schliesser im ersten Akt so, daß sie musikalisch auch wie eine Fremdzelle wirken, also leicht wieder zu eliminieren sind.

Andeutungsweise erfährt man durch Cosimas Biographen von einer neuen Männerfreundschaft Siegfrieds im ausgehenden Jahr 1897, mit einem »strammen, straffen, noch ganz in Disziplin steckenden Norddeutschen« – natürlich einem Künstler: »Fidi verließ uns soeben, um zu einem preußischen Hauptmann, der nach einem Pferdesturz Maler geworden, zu gehen.«

Eine kleinere Arbeit im Oktober 1890 hatte einem Gedicht des Lyrikers Alfred Meissner, »Abend am Meere«, gegolten, das Siegfried zunächst auch für Orchester mit Harfe ab libitum zu setzen beabsichtigte, aber die Orchesterfassung bricht – wie so oft in den Vorjahren – bereits nach einer Seite Partitur ab. Übrig bleibt die Fassung für hohe Singstimme und Klavier, *»unsrem guten Schäfer gewidmet«,* die als früheste Studie zum »Bärenhäuter« gelten darf. Ebenso, aber in stärkerem Maße mit der Opernkomposition verknüpft – in einem Verhältnis wie etwa Richard Wagners Wesendonck-Vertonung »Träume« zur Partitur von »Tristan und Isolde« –, ist das ebenfalls bereits im Jahre 1890 entstandene Lied »Frühlingsblick«, auf ein Gedicht von Nikolaus Lenau, das *»der teuren Gönnerin Marie von Groß verehrungsvoll gewidmet«* ist. Dieses Lied nämlich antizipiert das Fazit der Opernhandlung des Opus 1, das Luise ausspricht:

»Wem ein reines Herz ward beschieden
fehlt er auch und muß er irren,
ihren Segens-Schutz hienieden
kann ein Laut'rer nie verlieren.«

Für den Musiker klingt die vom Himmel gesandte Liebeskunde im »Frühlingsblick« ebenso, wie das Walten der guten Geister und Schutzengel.

An Humperdinck, dem er bereits im Vorjahr 1897 in Boppard am Klavier aus seiner im Entstehen begriffenen Oper vorgespielt hat, berichtet Siegfried Mitte April 1898:
»Kniese war so freundlich, als strenger Musiker im 1. und 2. Akt seine Kreidestriche zu machen, so daß jetzt die Partitur sauber wirkt. (...) Auch in der Instrumentation habe ich bereichert, Striche sind gemacht, kurz es ist viel besser. Den 2. Akt nehme ich bereits mit dem Orchester hier durch. Ich muß offen gestehen, daß es wirklich sehr nett klingt!«
Auch die Ouvertüre, die in der ersten Fassung sofort »Heiter«, mit dem Thema von Hans Krafts Hornruf beginnt, überarbeitet Siegfried nochmals. Die Ouvertüre entspricht nunmehr der klassischen Sonatensatzform und zeichnet dennoch symphonisch die wichtigsten Züge der Handlung vor: Dem kühn in die Welt tretenden Hans Kraft antwortet Monsieur Pferdefuß, der Teufel, doch das »Ewig-Weibliche« hält schützend die Hand über Hans. Im Durchführungsteil der Ouvertüre entspinnt sich ein Kampf zwischen Hans und dem sich immer wütender gebärdenden Teufel, aber die Kraft der Liebe siegt.
Am 6. Juni 1898, seinem neunundzwanzigsten Geburtstag, vollendet Siegfried seine Oper. Doch die Arbeit ist damit noch nicht vorbei. Während sich Kapellmeister und Liszt-Schüler Eduard Reuss, der für das Jahr 1899 erstmals als Korrepetitor bei den Bayreuther Festspielen engagiert ist, daran macht, einen Klavierauszug zu erstellen, geht Siegfried mit besonderem Eifer an die Fertigung seines Regiebuches, das dem Regisseur die Arbeit erleichtern soll und mit einer Fülle praktikabler Vorschläge aufwartet. Um die Arbeit am Klavierauszug zu beschleunigen, verpflichtet Siegfried für den zweiten Akt auch noch Julius Kniese als Mitarbeiter.
Als Verleger wählt Siegfried den weitläufig verwandten Max Brockhaus in Leipzig. München, Karlsruhe und Wien bewerben sich um die Uraufführung. Der bayerischen Metropole, in der auch Richard Wagners »Tristan und Isolde«, »Die Meistersinger von Nürnberg« sowie – gegen den Willen des Komponisten – »Das Rheingold« und »Die Walküre« zur Uraufführung gekommen sind, wird auch für Siegfrieds Opus 1 der Vortritt gelassen. Während Adolf von Groß selbstredend die geschäftlichen Vereinbarungen mit dem Opernhaus übernimmt, nutzt Cosima die Chance, mit dem Intendanten Ernst von Possart über künstlerische Fragen zu reden – und für künftige Festspiel-Vorhaben die Achse München-Bayreuth zu stärken. Du Moulin Eckart spricht aus, was Cosima und die Bayreuther Kreise über das Opern-Unternehmen Siegfrieds denken: »Gerade um Bayreuths willen und im Sinne des großen Namens (...) mußte sich sein Werk bewähren.«
Siegfried aber schwebt bereits in den Plänen eines neuen Opernprojektes, während er sich an der Riviera und in Rom von den Strapazen der letzten Wochen und Monate erholt. Glücklich genießt er die Gesellschaft mit der ihm befreundeten Künstlerschar und empfängt neue Anregungen für sein weiteres Schaffen. An Engelbert Humperdinck, der über das vollendete Werk so

begeistert ist, daß er sich zu der Behauptung versteigt, »nun« sei Siegfried »sein« Lehrmeister geworden, berichtet er über ein Treffen mit Strauss, dem er sich ein Jahr zuvor in einem Streitgespräch entfremdet hatte:
»In München verkehrte ich wieder gemütlich mit Strauss. Wir haben still eine Konvention abgeschlossen, nicht über gegenseitige Kompositions-Angelegenheiten zu sprechen, und so gibt es keine unnötigen Reibereien in Dingen, in denen man so total auseinandergeht. Er ist ein so besonderer und anregender Mensch, daß es immer Stoff zur angenehmen Unterhaltung geben wird, und da die Talente so spärlich gesät sind, wär' es doch schade, einem solchen fern zu stehen.«
Das klingt wie eine Entschuldigung. Dabei ist das kompositorische Schaffen von Richard Strauss und Siegfried Wagner aus heutiger Distanz gar nicht so diametral entgegengesetzt – im Gegenteil, es gibt zahlreiche Parallelen. Hauptursache der Entfremdung ist wieder einmal die »Bayreuth-Sache«, sprich Cosima und ihre Ideologen, gegen die sich Siegfried offiziell nicht stellen kann, so gern er es auch möchte. Denn Cosima hat Strauss aufgrund seiner symphonischen Dichtungen und der von ihm auch selbst gedichteten Opernhandlung »Guntram« nach dem Jahr 1894, als Strauss den »Tannhäuser« dirigiert hatte, nicht mehr als Dirigenten nach Bayreuth eingeladen. Richard Strauss hatte daraufhin, in einem Brief an seine Braut Pauline de Ahna, Bayreuth als »Schweinestall aller Schweineställe« bezeichnet, und über Siegfrieds Leitung als Dirigent des »Ring«-Zyklus berichtet, sie sei »miserabel« gewesen – obgleich in dem von ihm besuchten Zyklus Hans Richter und nicht Siegfried Wagner am Dirigentenpult stand.

Spätestens seit Paul Bekkers Wagner-Buch »Das Leben im Werke« betrachtet man das Leben und Schaffen eines Komponisten nicht mehr als sich gegenseitig ausschließende Bereiche. Vielmehr erfüllen sich beide, greifen ineinander über oder antizipieren einander – ein seltsames Phänomen, das aber bei vielen schaffenden Künstlern anzutreffen ist.
Benno Mahler, der Sohn eines Cousins von Gustav Mahler, hat anläßlich der Wiener Erstaufführung des »Bärenhäuter« mehrere mehrfarbige Schattenbilder hergestellt. Eines davon zeigt eine Schar von zehn huldigenden Kritikern, deren Lob der Dirigent Gustav Mahler an einen Mann im Bärenfell weiterleitet: es ist Siegfried Wagner in der Titelrolle seines Opernerstlings, Siegfried Wagner als Bärenhäuter. Unbewußt hat der Scherenschnitt-Künstler damit einen Tatbestand psychologischer Natur erfaßt. *»Wenn ich zu wählen hätte, lieber Gott zu sein, oder den Bärenhäuter zu komponieren, so würde ich das letztere vorziehen«*, bekennt der junge Komponist einmal ungefragt seiner mütterlichen Freundin Malwida. Im selben Brief aus seiner Heimatstadt Luzern heißt es wenig später:
»Ich fühle mich hier so glücklich und mir fehlt nur Eins noch: ein ›heiteres‹ Weibchen! – Ja, ja! Such ich, so find ich's nicht. Das muß kommen, ohne daß

»Der Bärenhäuter« unter Gustav Mahlers Leitung in Wien, Schattenbilder von Benno Mahler

man's ahnt, so wie die Melodie im Innern einem plötzlich erscheint, aus Nebeln tretend die Gestalt.«

Das ist in der Tat das Bekenntnis von einem, der auszog, ein Mädchen zu finden – weil er noch nie eines hatte, und weil man in der Familie bisweilen über diesen Punkt spöttelt. Die Wunsch-Projektion, beides zu haben, den Freund und das Mädchen, ist die Handlung der Oper, hinter deren Titelgestalt sich der Komponist selbst verbirgt. Hans Kraft heißt diese Gestalt, und dieser Name beinhaltet sowohl die Siegfried Wagner abverlangte Männlichkeit (Kraft), als auch das seitens der Bayreuther Kreise von ihm geforderte Deutschtum (Hans). Er ist Soldat, was Siegfried aufgrund der Ängste seiner Mutter nicht werden durfte, er ist zu Hause *»in den Bayreuther Landen«*. Als Hans Kraft aus dem Dreißigjährigen Krieg heimkehrt, ist seine Mutter gestorben, und sogar das Grab ist nicht mehr aufzufinden.

Diese Exposition der Handlung, wie auch der Name des Soldaten, kommen in den Vorlagen, Grimms Märchen »Des Teufels rußiger Bruder« und »Der Bärenhäuter«, nicht vor. Siegfried hebt die starke, aber äußert problembelastete Mutterbindung in seinem Werk kurzerhand durch den Tod der Mutter auf. Da Hans Kraft mittellos ist, begibt er sich in die Dienste des Teufels und hütet dessen Kessel, in denen die Seelen schmoren. In einem der Kessel erkennt Hans seinen einstigen Wachtmeister, der ihn auf Erden stets drangsaliert hat; ihm zahlt er durch Schüren heim, obgleich der schmeichelt: »Ehrlicher Bursch! Prächt'ger Helf'rich!« Helferich ist Siegfried Wagners zweiter Vorname.

Auch der Fremde, der mit Hans um die Seelen würfelt und im Spiel alle Seelen gewinnt, kommt bei Grimm nicht vor. Er ist aus Wilhelm Hertz' »Spielmannsbuch«, der Sage »Sankt Peter und der Spielmann«, adaptiert. Bevor er Hans verläßt, verspricht der Fremde: *»Fern von dir, deiner gedenkend, wohnt ein Freund!«* Der Teufel kommt zurück, *»findet das Schreckliche bestätigt«* und bestraft Hans damit, auf ewig, »bedeckt mit Schmutz und Kot« durch die Welt ziehen zu müssen – »wenn nicht eines dir erblüht: Daß ein Mädchen dir erglüht!« Das jedoch hält Hans – alias Helferich, alias Siegfried Wagner, vorerst – für unmöglich:

»Bist du toll? Meinst du, das tät' ich?
Ha! Fällt mir ein!
Aus dem Unfug wird nichts!«

Da Hans zuvor einen Vertrag mit dem Teufel geschlossen hatte, muß er sich nun fügen und sagt »schmerzlich«:

»Ach, wie fänd' ich wohl je
die Maid, die so mich liebt,
daß durch widerlich ekle Gestalt
mein wahr' Gesicht sie säh'?«

Die Teufel bespritzen Hans mit Ruß und Jauche, hängen ihm ein Bärenfell um und speien ihn durch ein »drachenmaul-ähnliches Loch« aus der Hölle.

Der Teufel:
»In diesen Flammen loderst Du licht,
find'st Du Dir Dein Weibchen nicht!«

Ob er will oder nicht, muß er nun auf Brautschau gehen, und er findet ein »Kind«, ein junges Mädchen, das an ihn glaubt, durch seine äußere Erscheinungsform hindurch sein Wesen erkennt. Als die märchenhafte Zeitspanne von drei Jahren vorbei ist, erhält Hans seine Gestalt zurück. Bevor er aber Luise wiederfindet, erscheint ihm, *»in einer ganz kurzen Zwischenszene zwischen zwei lebhaften Orchesterstücken«,* nochmals der Fremde, der ihn auffordert, die Schläfer auf der Plassenburg vor dem drohenden Angriff Wallensteins zu warnen.
Ist es ein Zufall, daß sich Siegfried zur Einfügung dieser Zwischenszene der Wiederbegegnung mit dem Fremden gerade an jenem Tag entschließt, als er erfährt, daß Clement Harris, mit unbekanntem Ziel, seinen Freunden auf Nimmerwiedersehen gesagt hat?
Zahlreiche Intendanten, österreichische und russische Gesandte sind vertreten, als am 22. Januar 1899, nach knapp dreiwöchiger Probenzeit, die Uraufführung des »Bärenhäuter« im Königlichen Hof- und Nationaltheater München erfolgt.
Isolde, Siegfrieds zeichnerisch begabte Schwester, hat es sich nicht nehmen lassen, Figurinen für alle Partien anzufertigen, die dem Kostümbildner des Nationaltheaters, Professor Joseph Flüggen, als Vorbild zur Neuanfertigung gedient haben. Jedoch nur zwei der sechs vorgeschriebenen Bühnenbilder wurden wirklich neu angefertigt, für die meisten Szenenbilder müssen Versatzstücke herhalten, die auch in anderen Schauspielen und Opern ihre Verwendung finden. Eine Crux für Siegfried Wagners – auch stark von der Bildwirkung her bestimmtes – Schaffen, die selbst in den Zwanzigerjahren unseres Jahrhunderts, auch an großen Bühnen, noch gang und gäbe war.
Die Personenführung fällt dagegen ganz nach Siegfrieds Wünschen aus, nicht nur, da der Intendant Ernst von Possart mit Ehrgeiz an die Einstudierung gegangen und sich dabei an Siegfrieds Regiebuch gehalten hat, Siegfried selbst hat den letzten vierzehn Tagen der Proben beigewohnt. Auch musikalisch steht alles zum besten, da Hermann Levi alle Proben überwacht hatte, wie Siegfried in seinen »Erinnerungen« erzählt: *»Bei einer Stelle im zweiten Akte, die ihm besonders gefiel, küßte er mich auf die Stirn.«* Doch Levi dirigiert aus Gesundheitsgründen nicht selbst, sondern Hofkapellmeister Franz Fischer leitet die ungekürzte, viereinviertelstündige Uraufführung, die mit Heinrich Knote als Hans Kraft, Charlotte Schloß als Luise, Georg Sieglitz als Teufel und Theodor Bertram als Fremden ein sensationeller Erfolg wird.

In schneller Folge schließen sich am 29. Januar das Neue Stadttheater Leipzig, am 25. März das Stadttheater Hamburg, zwei Tage später das K. u. K. Hofoperntheater in Wien, am 7. April das Herzoglich Sächsische Hoftheater Gotha, am 21. Mai das Großherzogliche Hoftheater Karlsruhe, am 31. Mai Angelo Neumanns Neues Deutsches Theater in Prag und am 11. Juni 1899 das Opernhaus Frankfurt mit Premieren an. Siebenundsiebzig Aufführungen erreicht das Werk bereits in der ersten Spielzeit.
In der Saison darauf folgen weitere fünfundzwanzig Bühnen und machen die Oper zum einsamen Spitzenreiter, zur meistaufgeführten Oper der Spielzeit. Auch im Ausland spielt man den »Bärenhäuter«, auf englisch, französisch und ungarisch. Einzelstücke aus der Oper erscheinen in allerlei Arrangements, für Kurkapellen und Kaffeehäuser, den Klavierauszug gibt es für besonders Musikbegeisterte auch ohne die Gesangsstimmen, nur mit überlegtem Text, und in Bayreuth eröffnet gar ein Weinlokal, das den Namen der Oper trägt und sich davon besonderen Umsatz verspricht. Wie kommt es wohl zu dieser »Bärenhäuter«-Begeisterung? Will das Publikum an Siegfried gutmachen, was es bei Richard Wagner versäumt hat, oder läuft es einfach in eine neue »Wagner-Oper«?
Siegfried selbst leidet unter dem Rummel, denn er will absolut kein »Mode-Komponist« sein. Dennoch läßt er sich bei der Wiener Aufführung bereits nach dem ersten Akt viermal, nach dem zweiten zehnmal und am Ende gar achtzehnmal vor dem Vorhang von einem enthusiasmierten Publikum feiern, das ihn kaum aus dem Theater läßt: »Das Bemerkenswerteste aber war« – so die Neue Freie Presse –, »daß dieses Applaus-Finale nicht etwa von den Galerien und vom Stehparterre allein ausging. Es geschah dies in der Wiener Hofoper ganz ungewöhnliche Ereignis, daß nicht das ganze Parkettpublikum sofort in die Garderoben hinauseilte, sondern daß ein großer Teil zurückblieb und lange am Applaus teilnahm. Ebenso blieben fast in der Hälfte der Logen die Besucher, zumeist die Damen, an den Brüstungen stehen und applaudierten, bis der eiserne Vorhang gefallen war.
Als Siegfried Wagner die Bühne verließ und ins Vestibül kam, wurde er vom Publikum erkannt und stürmisch begrüßt; die Damen wehten mit den Tüchern, die Herren schwenkten die Hüte und riefen ›Hoch Wagner!‹ Der also überschwenglich gefeierte Komponist wollte sich diesen Huldigungen entziehen und eilte aus dem Vestibül auf die Straße; doch das Publikum drängte ihm nach, und als er einen Confortable bestieg, wurde dieser umringt. Ein Wachmann eilte rasch herbei und wollte für den Wagen den Weg freimachen. Ein Herr rief ihm jedoch zu: ›Aber Herr Wachmann, das ist ja der Siegfried Wagner, und wir wollen ihm ja nichts tun!‹ Unter der stürmischen Heiterkeit, welche diese Worte hervorriefen, fuhr der Wagen endlich ab.«
Die Aufführung des »Bärenhäuter«, die an der Wiener Hofoper unter Gustav Mahlers Leitung steht, ist merklich gekürzt. Richtig hat der Theaterpraktiker Mahler erkannt, daß in dieser Oper zu viele Episoden das Ende zu lange

hinauszögern. So hat er auch Luises Gebet in der vierten Szene des dritten Aktes gestrichen. Das ist natürlich Wasser auf die Mühlen der Antisemiten. Cosima versucht mit Hilfe der Gräfin Wolkenstein zu erreichen, daß wenigstens die von Siegfried Wagner im Dezember 1899 selbst dirigierte Aufführung ›strichlos‹ über die Bühne geht, was natürlich ein erfolgloses Unterfangen bleibt, da die Erweiterung der Oper zahlreicher Proben bedürfte, die innerhalb des Spielplan-Betriebes nicht zu disponieren sind.
Wütend ist Siegfried jedoch, als er erfährt, daß die von ihm geleitete Vorstellung, entgegen der Abmachung, nicht »zu Gunsten des Pensions-Institutes« stattfinden kann. Doch Gustav Mahler versteht es, ihn mit einem Schreiben zu beruhigen:
»Mein Lieber Herr Wagner!
Ich bin ebenso wütend, wie Sie. Aus dieser Blüte des Bürokratismus ersehen Sie am besten, was ich hier zu leiden habe. – Bitte, lassen Sie sich dadurch den heutigen schönen Abend nicht vergällen! Denken Sie daran, lieber Freund, daß ganz Wien, und wir alle von der Oper an der Spitze, heute mit Dank und Liebe Ihrer gedenken; und daß dies der Tribut ist, den ich wieder einmal den Schicksalsmächten zu zollen habe, daß ich eine große Freude erlebe.
In Eile, und Mut!

Ihr
Gustav Mahler

Schon bei den Regieproben zur Wiener Aufführung hatte Mahler Siegfrieds inszenatorisches Können gelobt. Ludwig Karpath war zugegen, als Mahler »zu dem bescheiden im Hintergrunde stehenden Komponisten« sagte: »Wissen Sie was, kommen Sie zu uns als Oberregisseur!« Nach Karpath war diese Bemerkung »natürlich eine scherzhafte, sollte aber den Widerhall bilden, der allgemein verbreiteten Meinung, daß Siegfried Wagner ein bedeutender Regisseur sei«. Die künstlerische Gemeinschaft von Gustav Mahler und Siegfried Wagner hätte in der Tat hochinteressante Möglichkeiten eröffnet, doch wird sie von Bayreuther Seite zielsicher hintertrieben, da Mahler Jude ist. Zunächst einmal gibt der Erfolg Siegfried Oberwasser gegenüber Cosima und ihren Kreisen, und er erzählt freimütig:
»Als ich zuerst mit einer Komposition hervortrat, war es meine Mutter, die diese unterdrücken wollte, noch bevor sie sie gehört. Die Freunde unseres Hauses stimmten natürlich meiner Mutter bei, ja man wollte gar nicht hören, was ich komponiert hatte, denn Richard Wagners Sohn darf nur in die Fußstapfen seines Vaters treten, hieß es. Ich war da anderer Meinung; denn wenn ich bei der Fortsetzung des ›Parsifal‹ angefangen hätte, wo mein seliger Vater aufgehört, wäre ich natürlich kläglich gescheitert. In mir stand es fest, daß ich weder die Wege meines Vaters noch die anderer großer Meister gehen dürfte, sonst hätte man gerufen: Ah, er ahmt seinen Vater nach, dieser Zwerg!

und ich wäre ein Zwerg geblieben, was ich auch geleistet hätte. Die großen Meister der Tonkunst waren und sind stets mein Ideal; aber ich habe mir meinen eigenen Stil, mein eigenes Genre zurechtgelegt: die Volksoper. Ich will mit der Volksoper neue Wege gehen, und zwar Wege, die immer meinem Vater vorgeschwebt. Oft und oft sprach er davon. Hätte mein Vater länger gelebt, er würde vielleicht noch eine Volksoper in einem anderen als dem bekannten Wagnerstil komponiert haben, es wäre möglicherweise eine Märchenoper wie – ›Der Bärenhäuter› geworden, weil mein Vater ein großer Freund des deutschen Märchens war, namentlich der Gebrüder Grimm, denen ich meinen Stoff zum ›Bärenhäuter‹ entlehnt habe. – Den ›Bärenhäuter‹ speziell bezeichnete mein Vater als einen offenen Stoff für eine komische Oper. (...) Nachdem ich es endlich durch List so weit gebracht, daß meine Mutter, sowie die Freunde unseres Hauses meine kleine Komposition angehört, bestärkten sie mich selbst, in meinen Kompositionen fortzufahren. Ich las nun eine Anzahl Texte durch, fand aber keinen passenden. ›Der Text‹, pflegte mein Vater zu sagen, ›ist der Granit im Fundament jeder Opernkomposition. In's Feuer mit jeder Oper, deren Text schlecht ist.‹ Deshalb soll jeder Komponist auch Dichter sein.«

Tatsächlich beschreibt Siegfrieds Opus 1 den Weg der deutschen romantischen Volksoper, insbesondere das abschließende Gebet aller verweist auf Webers »Freischütz« und stärker noch auf Marschners »Der Vampyr«. Die durchkomponierte Form, in der auch abgeschlossene Elemente, wie Ballade, Lied, Duett und Chorsatz integriert sind, weist dagegen auf ein Musikdrama nach Wagner hin. Jegliche Anklänge und Parallelen zu Wagner sind vermieden, eher ist auch hier Franz Liszt als Vorbild auszumachen. So denkt man bei Siegfrieds Teufel, der überzeugendsten Figur dieser Oper, grotesk auch in der musikalischen Zeichnung, eher an Liszts Mephisto in der »Faust«-Symphonie als etwa an Alberich oder Beckmesser.

Es wäre jedoch falsch, den Komponisten Siegfried Wagner ausschließlich nach der Partitur des »Bärenhäuter« zu beurteilen. Zwar ist sie gefällig, einschmeichelnd und bisweilen sogar mitreißend in ihrer musikalischen Diktion, doch fehlt ihr der große Bogen. Auch gemahnt die Orchesterbehandlung noch an Lehrer Humperdinck – und damit in zweiter Linie an Siegfrieds leiblichen Vater, zu dem er sich als <u>Komponist</u> mit Recht nicht zu bekennen wagt.

Er selbst muß eine ähnliche Einstellung gewonnen haben. Nicht nur, daß er nachträglich *»für diejenigen Bühnen, welche die Oper ›Der Bärenhäuter‹ nicht ungekürzt darzustellen gesonnen sind, (...) selbst Kürzungen angegeben«* hat, er nimmt die Ouvertüre später auch nicht mehr in seine Konzertprogramme auf. Dennoch lehnt er sein Opus 1 nicht ganz ab. Noch 1925 schreibt er an seinen Agenten Louis Michel: *»Der alte ›Bärenhäuter‹, aufgewärmt, ist ja auch noch genießbar und besser wie nichts!«*

Der Festspielsommer bringt zwei »Ring«-Zyklen, die beide von Siegfried dirigiert werden, die »Meistersinger« unter der Leitung von Hans Richter und »Parsifal«, den – wie schon häufiger seit dem Uraufführungs-Jahr 1882 – Franz Fischer dirigiert.

Hermann Levi ist immer noch erkrankt. Von Luzern, wo sich Siegfried im September wieder einmal aufhält, sendet ihm Siegfried einen herzlichen Kartengruß, der darauf Bezug nimmt, daß Levi ihm eine Karte mit dem »Bärenhäuter«-Motiv zugesandt hatte. *»Schönen Dank für liebe Karte mit dem popupapagei-lären Motiv. Gott! bin ich unsterblich!«*, scherzt er.
Spät erst läßt er Levi Gerechtigkeit widerfahren, denn lange Zeit hatte er nur das antisemitische Geschwätz über diesen jüdischen Dirigenten in den Ohren. Auch Richard Strauss hatte in diese Kerbe gehauen, da er sich 1893 Chancen ausgerechnet hatte, Levis Nachfolger in München zu werden. Siegfried hatte in einem Brief an Strauss dessen Paraphrase über Rienzis »Baut fest auf mich, den Tribunen!« mit den Worten »Baut fest auf mich, den Saujuden« wiedergegeben. In seinen »Erinnerungen« widmet er Levi jedoch fast vier Seiten des nur knapp 150 Seiten umfassenden Bändchens. Da heißt es unter anderem:
»Solang wir Kinder waren, empfanden wir keine Sympathie für Levi. Erst als wir reifer wurden, vermochten wir seine seltenen Eigenschaften zu würdigen. Am liebsten hatten wir seine gemütlichen Mahlzeiten dort oben im vierten Stock in der Arcostraße. Seine Haushälterin Frau Stamm setzte sein Lieblingsgericht Rindfleisch mit Frühlingssoße vor. Es ging heiter angeregt zu. Alles, was es an besonderen, geistreichen Menschen in Europa gab, war in seinem Hause zu Gast. Kein geistiges Thema, das da oben nicht behandelt wurde. Man lachte, diskutierte, man zankte sich wohl auch, aber man schied stets in heiterer Laune. Levi hatte lebhaftes Interesse für jeden einzelnen von uns, er ging auf unsre Individualitäten ein: meine architektonischen Entwürfe zeigte er in den Münchener Künstlerkreisen herum, und nie werde ich ihm vergessen, mit welchem Eifer er sich für die Aufführung meines Bärenhäuters in München verwandte.«
Gäbe es das Flugzeug bereits als Verkehrsmittel, Siegfried könnte an fast jedem Abend des Spätherbstes in irgendeinem Theater eine Aufführung seines »Bärenhäuters« besuchen. Doch er ist gedanklich und arbeitsmäßig bereits bei seinem Opus 2, das *»wieder eine Volksoper im echt deutschen Sinne«* werden soll.

Opus 2: Herzog Wildfang

Gleich nach dem Weihnachtsfest 1899 reist Siegfried über München, wo er das »Weihnachtsoratorium« von Philipp Wolfrum, dem Lehrer seines Freundes Clement Harris hört, nach Rom. An der Piazza di Spagna Nr. 9 mietet er eine *»schrecklich teure«* Wohnung, aber der Erfolgskomponist kann es sich leisten. Hier, direkt neben der Spanischen Treppe, lebt er in Wohngemeinschaft mit zwei anderen jungen Künstlern, dem Bildhauer Georg Kolbe und dem Maler und Graphiker Otto Greiner.
Der gleichaltrige Otto und der um acht Jahre jüngere Georg haben sich beide die Weltstadt Rom ausgesucht, um hier ihr klassisches Ideal zu verwirklichen. Zu dritt versenken sie sich in mythologische Probleme, Georg gibt Aktmodelle in vereinfachter Form wieder, Otto zeichnet mythologische Szenen, und Siegfried komponiert an seinem Opus 2.
Von Rom aus, das er den *»schönsten Ort der Welt«* nennt, unternimmt Siegfried mit den Freunden ausgiebige Gebirgs-Wanderungen, aber auch die Gesellschaft Malwidas vernachlässigt er nicht. Sie ist die erste, die seine bereits am Ende des Vorjahres aufgezeichnete, neue Operndichtung zu Gehör bekommt, und sie ist begeistert: »Mein Fidi, da brauchst du ja gar keine Musik dazu zu schreiben. Das solltest du als Schauspiel aufführen lassen!«
Die Kompositionsskizze zum ersten Akt hat Siegfried im Oktober 1899 begonnen, und so kann er bereits am 23. Februar 1900 in Rom die Partitur des ersten Aktes abschließen.
Bezeichnend für ihn ist es, daß er sich nach dem »Bärenhäuter« nicht als einen bereits ausgelernten Komponisten betrachtet. Er weiß, daß sein musikalisches Lustspiel »Herzog Wildfang« einige andere Farben der Kompositions-Palette benötigt, und so studiert er die Partituren des in der Frankfurter Zeit geschmähten Robert Schumann – auch um aus dessen Fehlern in der Instrumentation zu lernen.
Im März ist es soweit, Siegfried setzt gegen Cosimas Willen endlich einen lange gehegten Wunsch, in Paris zu dirigieren, in die Tat um. Als Siegfried zur Vorbereitung der Uraufführung des »Bärenhäuter« in München bei Max Brockhaus wohnte, forderte Cosima den Musikverleger auf: »Würden Sie bitte die Güte haben, aus Teilnahme für mich, dafür Sorge zu tragen, daß er immer nach Tisch ausruht.« In Paris hat nun ihre Freundin, die Gräfin Wolkenstein, Siegfried auf Schritt und Tritt, bei den Proben zu seinem Konzert und bei Presse-Empfängen, zu beaufsichtigen.
Sein Konzert bei Lamoureux wird ein solcher Erfolg, daß für den darauffolgenden Sonntag eine Wiederholung angesetzt werden muß. Er wiederholt Liszts

Mephisto-Walzer, Wagners »Meistersinger« – und die eigene »Bärenhäuter«-Ouvertüre sowie das Siegfried-Idyll, dazu treten beim zweiten Konzert die Ouvertüren zu »Tannhäuser«, »Tristan und Isolde«, »Hänsel und Gretel« sowie Liszts Klavierkonzert in Es-Dur, mit Moritz Rosenthal als Pianist. *»Ein Knallprogramm«* ist Siegfrieds eigener Kommentar zu diesem spätromantischen Ragout, wobei seine eigene Ouvertüre *»sehr gefallen«* hat; aber von den *»Ultra-Modernen«* wird Siegfried *»bereits unter die ›Reaktionäre‹ rubriziert«*, wie er in einem Brief an die Familie mitteilt.
Da wundert es nicht, daß er Charpentiers »Louise«, die er in der Oper hört, als eine *»ganz moderne Montmartre-Bohème-Tragödie«* einstuft, die ihn an Richard Strauss' Kompositionen erinnert, und die er musikalisch als *»schauderhaft«* empfindet. Aber auch Sarah Bernhardt, die ihm zu Ehren beim Five-o-clock-Empfang des Figaro eine Szene aufführt, empfindet er als *»entsetzlich«*. Dagegen genießt er die Gesellschaft des französischen Komponisten Vincent d'Indy und erweitert seinen familiären Horizont um die Bekanntschaft mit seinem Onkel Daniel.
Die kompositorische Gegnerschaft zu Richard Strauss, die beim Hören von Charpentiers »Louise« wieder einmal durchbricht, ist für uns Nachgeborene kaum verständlich, da beider Schaffen stärker verwandt erscheint, als gemeinhin angenommen wird. Die Zwiste der befreundeten Komponisten wurden eben durch deren Gewährsleute und Biographen zu einem Grundkonflikt der »Moderne« hochgesteigert. Dabei ist etwa Strauss' »Daphne« (1938) Siegfrieds frühem »Sternengebot« (1906) in Stimmung und Tonsprache verwandt, »Die Frau ohne Schatten« (1919) dem »Kobold« (1903) oder umgekehrt »Sonnenflammen« (1912) und »Elektra« (1909). Besonders ähnlich in ihrem Ansatz sind die jeweils zweiten Opern beider Komponisten, Siegfried Wagners »Herzog Wildfang« und Richard Strauss' »Feuersnot«: beide, im selben Jahr entstanden und 1901 uraufgeführt, haben Parodiefunktion, und in beiden Fällen ist das parodierte Werk Richard Wagners »Die Meistersinger von Nürnberg«.
Natürlich hat es Richard Strauss dabei leichter, da es ihm niemand verübelt, wenn er seinen Abgott Wagner offen zitiert, was sich Siegfried Wagner musikalisch nicht zu wagen erlaubt. Denn würde er einen Vers wie

»In Nüremberg einst durch Gesang
die Maid ein Ritter sich errang.
Meine Freier können nicht singen,
anders traun muß es gelingen«,

auch mit einem Zitat aus den »Meistersingern« garnieren, so würde man ihm dies als Einfallslosigkeit anlasten.
Richard Strauss übt mit seiner »Feuersnot« Revanche an seiner Heimatstadt München, indem er die Handlung dort, in »fabelhafter Unzeit«, ansiedelt, und Siegfried Wagner läßt die Handlung seiner Oper – verschlüsselt – in Bayreuth

spielen. Bereits die Biographen Siegfried Wagners weisen darauf hin, daß mit der »mitteldeutschen Residenz« nichts anderes gemeint ist als Bayreuth, und folgerichtig zeigen die Bühnenbilder von Franz Stassen, Wieland Wagner und Kurt Söhnlein im Bühnenhintergrund die Türme der Bayreuther Stadtkirche.

Jene Handlungsteile des »Herzog Wildfang«, die den »Meistersingern« entsprechen, liegen offen. Die Topoi des zweiten und dritten Aktes sind beinahe identisch: Im zweiten Akt ein abendliches, dann nächtliches Stadtbild, im dritten Akt eine Festwiese. In den »Meistersingern« singen die zwei Werber Evas, hier laufen sie, sechs an der Zahl, um die Wette. Der betrügerische Freier in den »Meistersingern« – der Stadtschreiber Sixtus Beckmesser – wird im »Herzog Wildfang« zum gerissenen Rat Mathias Blank, der bestgelungenen, farbigsten Figur der Oper. Wenn Sachs in den »Meistersingern« vorschlägt, das Volk im Wettgesang Richter sein zu lassen, erfährt er: »Oho! Das Volk? Das wäre schön! / Ade dann Kunst und Meistertön'!« Im »Herzog Wildfang« wird der Wettlauf bekritelt: »Vorm Volke gar!«

Aus dem »Rheingold« übernehmen Richard Strauss und sein Librettist Ernst von Wolzogen das Schimpfwort »Gauch« in die »Feuersnot«. Auch die Werber im »Herzog Wildfang« verunglimpfen sich gegenseitig mit dieser Bezeichnung; zugleich vervielfältigen sie die Begutachtung Beckmessers als Werber: »Was? Der auch?/ Der Teufel hol' den Tropfen!/ Wirbt der Gauch, dann werd' ich ihn verklopfen!« In den »Meistersingern« heißt es an der entsprechenden Stelle: »Wie der? Der wirbt? Scheint mir nicht der Rechte! / An der Tochter Stell' ich den nicht möchte!«

Osterlind entspricht auf den ersten Blick der Eva in den »Meistersingern«, Kuni der Magdalena, der Vater Thomas Burkhart dem Veit Pogner. Das Doppelgespräch zwischen Kuni und Kurt auf der einen, Osterlind und Blank auf der anderen Seite gemahnt an die Szene zwischen Sachs – Beckmesser und Eva – Walter in den »Meistersingern«. Und doch geht dieser Vergleich nicht auf, da die jeweiligen Personen nicht deckungsgleich sind, wie denn überhaupt Analogien zu Sachs und Walter in der Parodie fehlen. Eva wird vermählt »ohn alle Wahl«, schwankend zwischen Sachs und Walter von Stolzing, während Osterlind ihr Schicksal in die Hand nimmt und sich zu Reinhart bekennt. Die Parodie erlangt über Osterlinds Sternengleichnis eine Schwere, die den Rahmen des Parodistischen sprengt und der Oper somit zugleich die Berechtigung als Eigenexistenz erringt.

So gesehen ist Siegfried Wagners »Herzog Wildfang« zwar eine Parodie der »Meistersinger« wie Richard Strauss' »Feuersnot« – aber auch ebenso ein »ernstgemeintes Legitimationsbedürfnis«, wie es Stephan Kohler anläßlich der Neuinszenierung von Strauss' »Feuersnot« an der Bayerischen Staatsoper im Jahre 1980 nachweist: »Wagner als eine in ironischer Distanz gerichtete Basis für künstlerische Kontinuität. (...) Knapp zwei Jahrzehnte nach Wagners Tod war dies eine sehr bemerkenswerte und keineswegs

unangefochtene ästhetische Position, stand doch der Wagner-Kultus noch in vollkommenster Blüte.«
Stärker noch als bei der Figur des Wirtes und der Bauern im »Bärenhäuter« hat Siegfried für seinen »Herzog Wildfang« den Mitbewohnern »aufs Maul geschaut«. Übereinstimmend berichten die Biographen Glasenapp und Stassen, daß der Volksverführer Blank und der Gärtner Zupfer Bayreuther Originale waren.
Auch das Wurzelweib vom Hahnenkamm scheint direkt aus dem Leben gegriffen zu sein, zumindest hat auch diese Gestalt in der langen Reihe der alten und weisen, aber nicht immer gutartigen Frauen bei Siegfried eine autobiographische Bewandtnis, denn bereits im November 1897 stellt Siegfried in einem Schreiben an Daniela und Henry Thode die Frage: *»Wie stehts bei Euch. Was macht die Prophetin vom Hahnenkamm?«*
Die Figur des Schneiders Zwick hingegen ist unmißverständlich eine Hommage an Engelbert Humperdinck, an den bereits die äußere Erscheinung des Schneiders erinnert: Märchenbuch, Pfeife und Zipfelmütze.
Siegfrieds Darstellung Humperdincks, als dem Prototyp des deutschen Märchenonkels, geht einher mit einer Distanzierung des Komponisten von der Märchenromantik und einer später für Siegfried Wagner typischen Märchen-Verwirrung: Ist im Märchen vom Hasen und Igel der Hase – als der von Haus aus Überlegene – der Böse, so schlüpft im »Herzog Wildfang« der Böse in die Rolle des Igels. Die Märchenlogik zerbricht an historischer Realität: Blanks Betrug wird aufgedeckt, der Hase (in diesem Fall der Herzog) gewinnt, erlangt aber nicht den versprochenen Preis.
Das dichterische Ego des Komponisten scheint in dieser Oper in zwei Figuren aufgespalten. Da ist zum einen der Herzog, mit den Zügen des Kronprinzen von Bayreuth, der auch oft auf und davon geht, um dann wieder zurückzukehren:

> *»Wohin mich's treibt, da fliege ich lustig hin!*
> *An meerumrauschte, prangende Ufer,*
> *Wo heiter die Menschen, wo funkelnd der Wein!«*

Am Schluß der Oper unterzieht sich der Herzog der Bürde des undankbaren Amtes: er übernimmt die Krone – so wie Siegfried Wagner fünf Jahre später die Leitung der Festspiele, von der er jetzt bereits weiß, daß sie ihn in seiner eigenen Entfaltung hemmen und es dem Publikum fast unmöglich machen wird, den Komponisten vom Vater zu absolutieren.
Zum anderen ist es die weibliche Protagonistin, Osterlind, die Züge des Komponisten aufweist. Sie gestaltet ihr Schicksal selbst und handelt anders, als es die Umwelt von ihr erwartet. Ihre Liebe zu Reinhart gleicht einer Sternenfreundschaft. Er war in den Krieg gezogen, doch dann, wie ein Leitstern, wieder in ihren Gesichtskreis getreten. Dem Opernbesucher mag seine, wenngleich dramaturgisch vorbereitete, Rückkehr im zweiten Akt willkürlich

erscheinen. Es kommt dann auch zu keinem Duett zwischen beiden, und Osterlinds Liebesbekenntnis richtet sich nur »im Geiste« an den Geliebten:

»Und wärst du auch mir fern
Und wärst du mir verloren (...)
Du blieb'st doch der Stern,
Zu dem ich ward geboren!«

Als sich Osterlind endlich vor der Gesellschaft zu ihrer Liebe bekennt, bleibt Reinhart stumm; die Erfüllung der Liebe ist ausschließlich Osterlinds Erlebnis. Es liegt nahe, in Reinhart ein Abbild von Clement Harris zu sehen.
»Das war im Maintal«, wird Siegfried Wagner einmal gegenüber seinem Freund Franz Stassen das Bild »Von Reinharts junger Liebe« entschlüsseln. Eine Frau tritt tatsächlich zur Zeit der Komposition des zweiten Aktes, im Sommer 1900, erstmals in Siegfrieds Gesichtskreis. Denn von Rom aus ist er nur kurz zu seiner in Florenz versammelten Familie gereist, um – getrieben von Arbeitswut – schnell nach Bayreuth zurückzukehren und dort den zweiten Akt, in Kompositionsskizze und in Partitur, auszuführen. Hier, in seinem Junggesellenhäuschen, ist er völlig ungestört, da nebenan, in Wahnfried, nur Cosimas persönliche Betreuerin Dora Glaser und eine Köchin zurückgeblieben sind. Nur Freund Greiner besucht ihn für einige Tage, um eine Lithographie von Siegfried zu schaffen.

Ob es Georg Kolbes, zunächst ausschließlich weibliche, Aktmodelle in Rom waren, die ihn zu einem Abenteuer verleiten, oder ob es die ungemein stimmungsvolle Liebesszene zwischen Reinhart und der bereits einem anderen angehörenden Osterlind ist, die ihren realen Mit- und Nachvollzug fordert – Siegfried läßt sich auf ein ungewisses erotisches Abenteuer ein.
Seine Auserwählte ist die neununddreißigjährige Frau des Bayreuther evangelisch-reformierten Pfarrers Karl Wilhelm Aign, einem auch als Lokalschulinspektor, Lehrer der Städtischen Töchterschule und Bibliothekar des Historischen Vereins von Oberfranken hochgeschätzten, vielbeschäftigten Mann. Marie Elisabeth Dorothea ist Aigns zweite Frau, die der jetzt achtundvierzigjährige Pfarrer im Vorjahr geheiratet und die ihm im März als sechstes Kind den Knaben Robert geboren hat. Der lebenslustigen Pfarrersfrau gefällt der junge Siegfried, und die beiden treffen sich, *»im großen Erden-Schweigen, sanft umschlungen«.*
Pech für den Sohn des gerade in Fragen der Verhütung so erfahrenen Vaters, daß sein erstes heterosexuelles Abenteuer nicht ohne Folgen bleibt. Kaum steht die Schwangerschaft fest, als Siegfried auch schon fluchtartig, wie sein Herzog Wildfang, Bayreuth verläßt und nach Montreux aufbricht. Wie ein Stoßgebet klingt, was er aus dem Grand Hotel in Montreux an jenen Freund schreibt, der ihm für seine Kapelle im Garten Wahnfrieds einst die Requisiten besorgt hatte, an Paul von Joukowsky:

Cosima Wagner

Siegfried Wagner

Walter Aign

»Liebster Onkel Paulus!
O Gott, nur frei sein! – Von niemandem abhängen. Nur seiner Nase folgen! Gottlob habe ich ja eine gehörige im Gesicht hängen, die mir nur deshalb peinlich werden kann, weil jeder Mensch mich erkennt. Es ist unausstehlich!
Dein getreuer Fidi«

Und ergänzend heißt es in einem Schreiben an Daniela: *»Mir ist so bang. – Wenn die Frau ahnte, welch unversiegbarer Quell sie ist.«*

Siegfried befürchtet wohl, daß man – bei der starken Erblast seitens seiner beiden Eltern – auch seinen illegitimen Sproß unschwer als einen Wagner erkennen wird.

Dennoch wurde dieser Wagner der Öffentlichkeit jahrzehntelang nicht bekannt, da niemand in dem siebten Kind einer Bayreuther Pfarrersfamilie einen Wagner-Sproß vermutete – und schon gar nicht ein Kind Siegfrieds. Nur in Kenntnis der Wagnerschen Erblast erkennt man an Statur und Physiognomie, an den auch schon bei Cosima auffallend tief sitzenden Ohren, an der Wagnerschen, wenn auch nach unten hin nicht ganz so abgerundeten Nasenspitze, der markanten Kinnpartie, den weich geschwungenen Lippen, den sinnenden Augen und der hohen Stirn mit weit nach oben verlagertem Haaransatz, den leiblichen Vater des Kindes, das Marie Aign am 9. Juni 1901 zur Welt bringen wird.

Schon einige Jahre hofft man in Bayreuth auf einen neuen Stammhalter, der die Dynastie der Wagners nach Siegfried weiterführen könnte. Weibliche Nachkommen bedeuten noch nichts, obgleich die Geschicke der Familie Wagner im Laufe der Geschichte mehr als zur Hälfte von Frauen geleitet und gestaltet wurden. Nun kommt tatsächlich ein Sohn Siegfried Wagners zur Welt – aber leider im falschen Nest.

Ein uneheliches Kind sollte eigentlich in dieser Familie kein Problem sein, wo doch schon Cosima und – eine Generation später – Isolde, Eva und Siegfried »Kinder der Liebe«, also unehelich waren. Und auch die Namensgebung des jungen Aign, Walter, erfolgt noch im Hinblick auf den möglichen Stabreim Walter Wagner – übrigens chronologisch im richtigen Alphabet zu Wieland und Wolfgang, den später geborenen, ehelichen Kindern.

Aber die Liaison mit der Konsistorialratstochter aus Münchberg, die immerhin acht Jahre älter ist als Siegfried, erscheint Cosima unstandesgemäß, ganz abgesehen von dem Skandal, den dieser faux pas in der Öffentlichkeit auslösen würde – denkt sie doch noch mit Schrecken daran, wie die Presse über ihr Verhältnis mit Richard Wagner hergezogen ist, und das war immerhin nach dem »heiligen Versprechen« der Liebenden, fortan einzig einander anzugehören.

Hier aber ist es ein Mißgeschick, und der betroffene Ehemann ist eine hochangesehene Persönlichkeit. Womöglich würde das Vorgehen Siegfrieds auch noch als ein Angriff gegen die – der »Bayreuther Sache« ohnehin nicht sehr gesonnene – Geistlichkeit angesehen. Nicht auszudenken! Also muß

Siegfried Wagner

Walter Aign im Jahr 1928

alles verschwiegen und vertuscht werden. Gut, daß Pfarrer Aign seinen christlichen Mantel der Nächstenliebe über das Geschehen wirft, es in den Mantel des Schweigens hüllt und den Bastard vor der Öffentlichkeit als sein Kind anerkennt. Und Siegfried? Er scheint ganz froh zu sein, sich nicht binden zu müssen, weiter das Leben des »Junggesellen« führen zu können. Aber das Erlebte, gerade weil er mit niemandem darüber sprechen kann, nagt schwer an ihm. Das öffentlich Verdrängte findet über die Verarbeitung in seinen Opern doch den Weg an die Öffentlichkeit – auch wenn niemand so recht begreift, warum Siegfried plötzlich Kobolde, Kurzbolde und andere Bastarde so sehr beschäftigen.
Es verwundert nicht, daß auch bei Walter, ja vielleicht sogar mehr noch als bei seinen nachgeborenen, legalen Geschwistern, sich der Zug zur Musik als das Erbe dreier Generationen einstellt. Wie sein Vater, so sollte auch er sich zunächst einem anderen Studium, der Germanistik, zuwenden, bevor er bei Karl Kittel, der für die musikalische Einstudierung der Bayreuther Festspiele verantwortlich zeichnet und nebenbei Siegfrieds Partituren korrigiert, den musikalischen Grundstock seiner Ausbildung erhält. In München besucht Walter Aign die Meisterklasse von Siegfrieds Freund Josef Pembaur d. J., daneben die Kompositions- und Kapellmeisterklassen der Münchner Akademie für Tonkunst. Die Bayreuther Festspiele des Jahres 1924 verzeichnen den Dreiundzwanzigjährigen bereits als Solorepetitor und musikalischen Assistenten, der bis zum Jahr 1931 in dieser Funktion dienend zur Verfügung steht; dann wird er, wie andere »Getreue« Siegfrieds, von Winifred nicht mehr engagiert. Den Fehler macht jedoch sein Halbbruder Wieland als Festspielleiter wieder gut und beruft Aign 1952 als Korrepetitor für den »Ring«, eine Funktion, die Walter Aign bis zum Jahr 1957 erfüllt. Daneben wirkt Aign bei des Halbbruders Inszenierung in dessen »Winter-Bayreuth«, der Württembergischen Staatsoper Stuttgart, wo Aign seit dem Jahr 1953 das Amt des musikalischen Studienleiters bekleidet, das er schon 1929 innehatte.
Gleich seinem Vater ein Zwilling, erbt er auch dessen erotische Anlagen, bleibt unverheiratet und kinderlos – was der Erbfolge der Wagners einige Schwierigkeiten erspart. 1975 übersiedelt er wieder nach Bayreuth, um sich einer großangelegten Arbeit, »Faust in der Musik«, zu widmen, von der jedoch nur noch der erste Band, »Faust im Lied« erscheint. Walter Aign stirbt am 4. 12. 1977 und wird »in aller Stille« auf dem Bayreuther Stadtfriedhof beigesetzt.

In Montreux setzt Siegfried am 24. Oktober 1900 das Schlußdatum unter den dritten Akt der Partitur. Nun gilt es nur noch die Ouvertüre, die schon lange vor Komposition des ersten Aktes als Particell vorlag, zu instrumentieren.
Am 17. November stirbt in München der Liszt-Schüler und Wagner-Freund Heinrich Porges. Offenbar läßt sich keiner der Bayreuther ›Offiziellen‹ herab, für diesen Künstler, der zwar unendlich viel für Wagners Werk getan hat – aber

Jude ist, eine Grabrede zu halten. Gegenüber Richard Strauss hat Cosima Porges sogar einmal »als große, lautere Seele« bezeichnet, und »mir immer der rührende Beweis, daß das Judentum sehr wohl durch das Christentum vernichtet werden kann«. Doch eine Grabrede in der Öffentlichkeit? Kurz entschlossen erklärt sich Siegfried bereit, die Ansprache zu halten: *»Wenn sich Einer berufen fühlen darf, an dieser geweihten Stätte das Wort zu ergreifen, so kann ich wohl sagen, daß ich es bin; denn ich komme nicht um meinetwillen, so sehr das Herz mich auch drängt, hier vor allen Freunden das letzte Lebewohl dem Teuren zuzurufen und zu bekennen, was ich an ihm verliere: wie er auch mir treu zur Seite stand, wie er mir half, den steinigen Weg der künstlerischen Laufbahn zu betreten. War er es doch, der sich meiner ersten, noch dilettantenhaften Arbeit annahm und sie hier in München zur Aufführung brachte.«*

Bei dem erwähnten Frühwerk handelt es sich wahrscheinlich um einen der im Unterricht bei Humperdinck entstandenen Choräle, vielleicht um das vierstimmige »Stabat mater«. Siegfried zitiert dann einen Ausspruch von Liszt, daß Porges bereits Wagnerianer war, als man damit noch »kein Geschäft machen« konnte, und fährt fort:

»Mit der Kunst trieb er nicht Geschäfte: er brachte ihr Opfer. Durch alle Stürme hindurch trug er siegreich das Banner seines Glaubens. – Bayreuth entstand und mit ihm all jene zahllosen Nöte und Anfeindungen. Wie er meinem Vater, so stand er jetzt als treuer Eckhart meiner Mutter zur Seite, und noch jüngst, als wieder Nebel sich senkten und manches Schifflein seine Richtung verlor und planlos umherirrte, vertraute Freund Porges fest dem Kompaß seiner Überzeugung. Bayreuth steht – diese Freude durfte er erleben – als festes Bollwerk des Idealen, zum Ruhme deutscher Kunst, zur hohen Ehre unseres bayerischen Vaterlandes. War die Kunst meines Vaters ihm Glaubenssache, so war ihm die Musik Franz Liszts Herzenssache.«

Hieran knüpft Siegfried Worte, die neben den Verdiensten des Verstorbenen auch seine eigene Bestimmung meinen und bekräftigen:

»Heil Dem, der zu einem Beruf, zu einer Bestimmung geboren wird. Der Glaube wird ihm stets den richtigen Pfad weisen. Er kann nicht irren und wanken, dem Bache gleich, der lustig sich aus Bergeshöhen ins Tal stürzt, seinen Weg sich bis zum Meere bahnend; mögen da Felsen ihn hemmen wollen: er durchwühlt sie schließlich und ruhig, siegesgewiß fließt er dem Ende zu, um sich im All der ewigen Harmonie aufzulösen.«

Am 20. Dezember heiratet Isolde den Kapellmeister Franz Beidler, der bereits seit 1896 als musikalischer Assistent bei den Festspielen arbeitet. Es ist eine Trotzheirat, nachdem ihr Cosima kurz zuvor die Ehe mit einem »Unstandesgemäßen« verboten hatte. Zwar ist auch Beidler nicht das, was Cosima sich für Richard Wagners älteste Tochter vorgestellt hat, aber nunmehr ist sie in ihrer eigenen Fessel, dem Wort von der Heiligkeit der Bayreuther Sache, gefangen und muß zustimmen. So wird die Trauung groß begangen. Bayreuths neuer

Bürgermeister, Dr. Leopold Casselmann, hält eine Festansprache in Wahnfried, die Siegfried spontan mit einem Toast auf Bayreuth erwidert: Einst wurden hier von Markgraf und Markgräfin Wilhelmine flüchtige Salzburger Protestanten aufgenommen, einhundertvierzig Jahre darauf hätten »Kunstflüchtige«, gemeint sind Richard und Cosima, hier Schutz gefunden, und nun feiere sogar das Stadtoberhaupt die Hochzeit seiner Schwester Isolde mit dem Dirigenten Franz Beidler.

Unweit von Bayreuth, in Colmdorf, läßt sich das jungvermählte Paar nieder, und zur Feier des Tages spielt Franz Beidler aus Siegfrieds Partitur den ersten Akt des »Herzog Wildfang« vor. Am Geburtstag Cosimas erklingt dann auch – ebenfalls am Klavier, gespielt von Siegfried – die Ouvertüre des Werkes, deren Partitur-Niederschrift Siegfried am 22. Dezember abgeschlossen hat. Der Aufführung dieser Oper blickt Cosima mit gemischten Gefühlen entgegen. Denn Siegfried hat die Uraufführung wieder Ernst von Possart versprochen und fühlt sich daran auch gebunden, obgleich ein immer stärkerer Konflikt zwischen Bayreuth und München entsteht. Er resultiert aus dem von Possart energisch betriebenen Bau des Prinzregententheaters in München, das seitens der Bayreuther Kreise als Konkurrenzunternehmen betrachtet wird, da das neue Theater in München – mit verdecktem Orchestergraben und amphitheatralisch aufsteigendem Zuschauerraum – baulich eine Kopie des Bayreuther Festspielhauses darstellt.

Die Presse-Mitteilungen über den Bau des Münchner Wagner-Theaters waren mit einer Notiz, die das Bayreuther Festspielhaus für baufällig erklärte, zusammengetroffen. Angeblich hatte der Prinzregent dem Bau des Münchner Theaters auch nur zugestimmt, weil er den Berichten über die Baufälligkeit des Bayreuther Festspielhauses Glauben geschenkt hatte. Kurios sind Pressemitteilungen, die davon sprechen, daß Cosima die Leitung dieses neuen Theaters erhalte, Siegfried Wagner einen Marsch für die Eröffnung des Prinzregententheaters komponieren und es schließlich – nach der Erhebung seiner Familie in den Adelsstand – selbst eröffnen werde. Man muß sich allerdings fragen, für welche Gelegenheit Siegfried den »Triumphmarsch nach Motiven aus ›Herzog Wildfang‹« komponiert hat, da die zeitliche Koinzidenz der Komposition und der Pressemeldung, Siegfried Wagner komponiere einen Marsch zur Eröffnung des Prinzregententheaters, auffallend ist. Möglicherweise hat Siegfried selbst kurze Zeit Hermann Levis Auffassung vertreten, er werde mit der Leitung dieses neuen Wagner-Theaters in München betraut.

Pläne, die Wagners zu adeln, bestehen tatsächlich seit einiger Zeit und stoßen insbesondere bei Isolde nicht auf taube Ohren, die – nach du Moulin Eckart – gerne »Freifräulein von Wahnfried« würde. Von diesen Adels-Überlegungen rührt auch der Kalauer her, dem Kaiser wäre die Adelung der Wagners sehr recht, denn »der Siegfried von Wagner (das Musikdrama; Anm. d. Verf.) wäre ihm lieber als der Siegfried Wagner«.

Die Hochzeit Isoldes läßt natürlich auch wieder einmal Stimmen laut werden, welche die Gretchenfrage nach Siegfrieds Beziehung zu Frauen stellen. Siegfried hat Cosima noch nichts von Maries Schwangerschaft erzählt, sondern es bei vorsichtigen Versuchen, seinen faux pas zu gestehen, bewenden lassen. »Es wäre wohl Zeit für Fidi, an die Ehe zu denken«, schreibt Cosima an Malwida von Meysenbug, »und ich habe ihm erklärt, mir würde jede willkommen sein, aus welchem Stande, von welcher Nation, von welchen Eigentümlichkeiten sie sei, mein einziger Wunsch wäre Freundlichkeit.« Hier manifestiert sich nicht nur ihre bittere Enttäuschung über Isoldes Eheschließung, sondern auch die Angst, daß Siegfried keine Frau finden könnte. Die vagen Andeutungen über seine Gespielin beunruhigen sie.

Wie ein Genrestück aus einer schlechten Komödie mutet es an, daß Siegfried, als dieses Thema erneut zur Sprache kommt, eine Heiserkeit befällt, die wohl psychosomatische Ursachen hat und die zehn Tage anhält: *»Bin noch immer stockheiser – seit 9 Tagen.«* Eine Woche später teilt er Daniela und Henry Thode mit, er sei *»inzwischen total müßig geworden; ich gehe nicht an die Luft und promeniere nur in meinem Zimmer herum wie eine valse aubliée. – Für Militärmusik komponiere ich eben einen freien Marsch nach Wildfang-Motiven. Du wirst wohl denselben gelegentlich zwischen ›Altheidelberg du feine' eingestreut hören. (...) Franz und Loldi kommen öfter herein. Ich glaube, Adam und Eva waren auch nicht viel naiver! – Franz tschenscht* (klimpert; Anm. d. Verf.) *gewöhnlich nichts wie Liszt, Loldi und ich brüllen vor Lachen bei den unbeschreiblichsten Zwi-Trillereien, als wenn ein Herkules Pasticcerien ißt. – Auch den Christus nahmen wir vor mit wenig Behagen. Loldi machte ein ›Oän‹ nach dem Anderen, bei jedem Pfaffen-Akkord.«*

Die kritische Stellung zu Liszts »Christus«, in der er sich hier mit Isolde und Franz Beidler einig zu sein scheint, wird bald darauf in einem Brief an Daniela relativiert: *»Du Möhrlein, in Christus sind herrliche Sachen! Donner Sacra!«*

Im Januar 1901 reist Siegfried nach Mailand, um dort die von Arturo Toscanini geleitete Aufführung des »Tristan« zu begutachten. Ein von Toscanini neu entwickeltes Beleuchtungsarrangement, das alles Licht von nur einer Bühnenseite aus konzentriert, hat zahlreiche Intendanten deutscher Theater an die Scala gelockt. Siegfried wird in der ersten Pause der von ihm am 12. Januar besuchten Aufführung auf der Bühne von einem Festkomittee empfangen, das mit Champagner auf den »trionfo dell' arte tedesca« anstößt.

Der Presse gegenüber betont Siegfried, daß die Mailänder Aufführung *»sogar die von München oder Berlin in den Schatten«* stellt. Mehr noch als die Inszenierung begeistert ihn die Persönlichkeit des Dirigenten. In einem Brief, den er drei Tage später aus Monte Carlo an Daniela und Henry Thode richtet, hebt er hervor, daß Toscanini es sogar geschafft habe, den Zuschauerraum während der Aufführung dunkel zu halten, während sonst auch an der Mailänder Scala das Licht nur etwas gedämpft werde. *»Toscanini und die anderen Honols* (Honoratioren; Anm. d. Verf.) *sprachen sehr komisch und witzig über Mascagni und Consorten und sagten mit Stolz, in Mailand hätten* *deren Opern nie Erfolg gehabt, ma in Germania«*, heißt es weiter in Siegfrieds Brief. Eine Abgrenzung gegenüber dem Verismo wird jedoch nur oberflächlich vollzogen, da den Komponisten die Produkte der Veristen durchaus interessieren und er auch kaum eine Opernaufführung eines neuen Werkes versäumt. An den Aufenthalt in Monte Carlo schließt sich ein Erholungsurlaub in Meran an, wo Siegfried bereits eine neue Oper konzipiert.

Dem vom seinem Großvater Liszt gegründeten Tonkünstlerverband will er nicht beitreten, auch wenn ihm seitens dieser Vereinigung die Uraufführung einer neuen Ouvertüre angeboten wird. Henry Thode gegenüber argumentiert er: *»Geld? Augenblicklich habe ich keinen Heller! Montecarlo hat mich erschöpft. Ich lauere auf den Wildfang! – Warte, daher ein bißchen. Ich schicke Euch die ›Woche‹ mit mir darin in Montecarlo.(...) Sobald die Ouvertüre fertig ist* (gemeint ist das Vorspiel zum dritten Akt »Kobold«, Anm. d. Verf.) *schicke ich sie. Welche Cretins haben denn da mitzureden? Kerle, die wahrscheinlich eine Harfe nicht von einem Triangel unterscheiden können.«*
Ernst von Possart hatte ihm gegenüber Interesse an der Partie des Mathias Blank angemeldet. Siegfried ist zwar geschmeichelt, redet aber dennoch dem berühmten Rezitator und Schauspieler dieses Vorhaben aus:
»Die Tatsache, daß Sie die Rolle interessiert, ist für mich, den Textfabrikanten, ein höchst anregender Sporn, nämlich daß ich auf dem rechten Wege bin ›Rollen‹ zu schaffen, die ›schauspielerisch‹ auch interessieren können. Vielleicht wird man mit der Zeit es so weit bringen können, daß wie früher gewisse Rollen eben von Schauspielern besetzt werden können. Der Musiker müßte darauf Rücksicht nehmen und den klanglichen Orchesterapparat für die betreffende Rolle auf das allernötigste reduzieren. Denn wer bekommt die schönen Stimmen? – oft Menschen, die nicht das geringste Darstellungstalent haben. – Ich sage Ihnen jedenfalls meinen allerverbindlichsten Dank.«
Die Forderung nach Sänger-Darstellern, die Siegfried hier – lange vor Walter Felsenstein – ausspricht, ist eine Maxime seiner eigenen Regiearbeit.
Die Zeit für Possarts Gesangsstudium fehlte jedoch ebenso, wie die Zeit zur Neukomposition, deren Klavierauszug Eduard Reuss gerade noch rechtzeitig vor Probenbeginn fertigstellt. Dennoch wird der Termin der Uraufführung seitens des Hof- und Nationaltheaters mehrfach verschoben, so daß Siegfried die Überwachung der szenischen Proben diesmal zum entscheidenden Zeitpunkt nicht möglich ist.
Die parodistische Absicht des Werkes bleibt derart unterbetont, daß sie der Maler Paul Klee glatt für ein dramatisches Unvermögen Siegfrieds hält; er schreibt an seine Freundin Lily Stumpf: »Es interessiert Sie vielleicht, etwas über die gestrige Premiere zu hören. Ich empfehle Ihnen sehr, eine der Wiederholungen anzuhören, Sie werden sehen: ein kräftiges und größtenteils sehr stimmungsreiches Werk. Ich kam mit dem größten Vorurteil ins Theater, das durch die Ouvertüre, die auch diesmal nicht wertvoll ist, nicht beseitigt

werden konnte. Dann aber brachte der erste Akt fast Überraschung über Überraschung, so daß ich schon nach dem ersten Fallen des Vorhangs kräftig für Jung Siegfried einstehen mußte. Ich glaube nämlich, daß diesmal der Widerspruch, der sich nach allen drei Akten einstellte, ebenso unangebracht war wie beim ersten Mal die Claque. Vielleicht war er eine Antwort darauf. Die Oper als ganzes ist vor allem sehr unterhaltend, besonders durch den Text, dann durch bewegte szenische Bilder und nicht zuletzt durch die Musik. Denn diese, obwohl immer noch nicht großzügig genug, ist durchwegs munter und ein paar mal, sogar recht oft, so stimmungskräftig und überzeugend poesievoll – Schluß des zweiten Aktes –, daß einem die Schwächen klein erscheinen, das heißt, daß man sie gern vergißt. Das ist ja das Wunderbare am modernen Drama überhaupt, die versöhnende Mitwirkung der holdesten Kunst. Wir werden also von Siegfried noch viel Schönes erwarten, vielleicht einmal etwas, das an den ›Meistersingern‹ – vorbeikommt.«

Bei der Uraufführung, am 23. März 1901, wird nicht nur die Handlung unklar vermittelt – die Partien sind teilweise sehr schlecht einstudiert und allerlei Bühnenmißgeschicke am Abend der Vorstellung tragen zur unfreiwilligen Heiterkeit bei. Nach dem dritten Akt bricht der Skandal los. »Solche Skandal-Szenen, wie sie nach der Beendigung der Oper im Hoftheater sich abspielten, sind bisher in München noch nicht erlebt worden«, heißt es in den »Dresdener Neuesten Nachrichten«, und die »Norddeutsche Allgemeine Zeitung« führt aus: »›Meistersingerparodie‹ murrte man im Parkett, ›Großartig, genial‹ brüllten die Jünglinge im Parterre, ›Ruhe, Ruhe‹ mahnten der Inspektor und die Bediensteten.«

Einige Zuschauer haben Trillerpfeifen mitgebracht, so daß man von einem vorbereiteten Skandal ausgehen kann, vielleicht sogar von einem organisierten, bezahlten, denn ein Münchner Musiker wird dabei ertappt, wie er gleichzeitig heftig applaudiert und pfeift. Sicherlich kam bei der lautstarken Reaktion einiges zusammen: die Wagnerianer, die über die »Meistersinger«-Parodie empört sind, Münchner Opernfreunde, die eine Uraufführung von Wagner junior zum Anlaß nehmen, um ihr Unwohlsein an Bayreuths Kulturpolitik zum Ausdruck zu bringen, wie andere, die eine Märchenoper à la »Bärenhäuter« erwartet hatten und nun über dieses unmoralische und obendrein politische Lustspiel brüskiert sind. Interessant jedoch, daß bereits bei der zweiten Inszenierung dieser Oper, vier Tage später in Leipzig, die Premiere eine »Ovation« erzielt und auch alle nachfolgenden Aufführungen widerspruchslos akzeptiert werden.

Sieht man von der »kühnen Harmonik der Räte-Szene« ab, wird die Musik einhellig goutiert, auch wenn viele feststellen, daß hier weniger der Sohn Richard Wagners als ein Kenner der Partituren Felix Mendelssohn-Bartholdys, Frederik Chopins und Jacques Offenbachs den Ton hat. Das motorische Hauptmotiv der Räte-Szene antizipiert Krimi-Filmmusik und läßt sich rhythmisch bereits als eine Vorahnung von Strawinskys »Le sacre du printemps«

deuten. Die Szene des Gärtners Zupfer ist sogar »atonal«, da sie keinerlei Tonart-Beziehung aufweist, und wenn der Arbeiter Jacob Fell ins Zuchthaus abgeführt wird, lassen harmonische Zusammenhänge impressionistische Einflüsse erkennen.
Anläßlich der konzertanten Wiederaufführung dieser Oper durch das Ensemble des Gärtnerplatz-Theaters München im Jahr 1980, konstatiert der Musikkritiker Karl Schumann, »wie ungebärdig der zweitprominenteste Bayreuther mit dem Namen Wagner gewesen ist«. »Bei einer szenischen Aufführung in Bayreuth, möglichst unter freiem Himmel«, so Schumann, »würde offenbar, daß der umstürzlerische Mut der Enkel Wieland und Wolfgang schon eine Generation zuvor aufgeleuchtet war.«
Die politische Aussage des Werkes wird zu unterschiedlichen Zeiten unterschiedlich gedeutet. Bisweilen wird die Vormärz-Stimmung belächelt und das Gottesgnadentum des Herzogs forciert, andere Kritiker hingegen betonen die starke soziale Komponente in dieser Opernhandlung.
Wie bereits in Siegfrieds frühem *»socialistischem Drama«* mit dem Titel »Nichts Neues unter der Sonne«, scheitert die Revolution daran, daß der Umsturz von einem einzelnen zur Mehrung seiner eigenen Macht mißbraucht wird, während der Fürst aus dieser Erfahrung geläutert hervorgeht und wirklich zum Diener seines Volkes wird. Das erinnert in seiner geradezu utopischen Hoffnung an Richard Wagners Theorien in den Revolutionsschriften und dem Aufsatz »Wie verhalten sich republikanische Bestrebungen dem Königtum gegenüber?«
Stärker aber als die Aussage der Oper selbst, wird in der Öffentlichkeit der Skandal um diese Oper diskutiert. In einem offenen Schreiben an den »Berliner Lokal-Anzeiger« nimmt Siegfried dazu Stellung:
»Ich gebe Ihnen die Versicherung, daß ich dem ganzen Münchener Treiben fernstand. Als es hieß, ich hätte auf der Probe meine Oper zurückgezogen, ich hätte nach einem heftigen Auftritt Herrn v. Possart die Erstaufführung untersagt und dem Leipziger Stadttheater überlassen, da waren weder ich noch meine Mutter in München. Herr Direktor Stägemann hatte meine Oper in liebevoller Weise fix und fertig einstudieren lassen, er wollte, da die Münchener Premiere wiederholt verschoben wurde, meine Oper, die vollkommen stand, endlich herausbringen und nicht auf München warten; vielleicht sind hierdurch die Gerüchte entstanden, daß ›Herzog Wildfang‹ zuerst in Leipzig in Szene gehen wird. Die Tatsache, daß ich in den Adelsstand erhoben werden soll, habe ich erst durch die Zeitungen erfahren, weder von meiner noch meiner Familie Seite ist jemals ein Schritt getan worden, der eine derartige Behauptung rechtfertigte. Ob dieser Schritt von anderer Seite getan worden ist, weiß ich nicht. Ist doch sogar die Nachricht verbreitet worden, daß ich einen Eröffnungsmarsch für das Prinz-Regententheater komponieren werde; hieran ist natürlich kein wahres Wort, umsomehr, da weder ich noch meine Mutter bisher irgendwelche Stellung für oder gegen diese neue Wagnerbühne

genommen haben. – Um alle falschen Gerüchte zu widerlegen, möchte ich nur betonen, daß zwischen dem Intendanten v. Possart und mir absolut keine Feindseligkeiten herrschen, daß er sich meiner Oper in künstlerischer Weise angenommen hat, und daß die wiederholte Verschiebung der Premiere nur durch äußerliche Gründe verursacht worden ist. Daß bei der Münchener Erstaufführung einige Radaubrüder im Theater ihr Unwesen trieben, daß gegen mich und mein Werk gehässig tendenziöse Berichte, die ich im übrigen nicht gelesen habe, erschienen sein sollen, das kann mich nicht irritieren.«

Immerhin bewirken jedoch diese Berichte, daß Siegfried Wagners musikdramatische Potenz grundsätzlich in Frage gestellt wird, und der augenscheinliche, via Skandal gesteuerte, Mißerfolg der Münchner Uraufführung andernorts auch die »Bärenhäuter«-Aufführungen vom Spielplan fegt. So wird der »Bärenhäuter« in der darauffolgenden Spielzeit 1901/02 nur noch fünfmal, in der Saison 1902/03 überhaupt nicht mehr aufgeführt. Ein solches Vorkommen ist beinahe einmalig in der Theatergeschichte.

Sicherlich war Siegfrieds Überlegung, dem Opus 1 bereits nach einem Jahr das Opus 2 folgen zu lassen, taktisch unklug. *»Eine Krone, fest aufs Haupt, glaubst du, wird dir aufgeschraubt!«*, höhnt Kuni gegenüber Osterlind in der dritten Szene des ersten Aktes. Darin ist viel Wahres, überträgt man diesen Satz auf Siegfried, den einige Kritiker »Wagner den Jüngeren« nennen. Und es erinnert fatal an jenes eigenartige Bild von Siegfried Wagners Horoskop, jene Krone der Einschränkungen und Verhinderungen.

Opus 3: Der Kobold

Bei *der nächsten Oper gibt es Tränen. Mir ist selber schon bißchen bang davor«*, meldet Siegfried Ende April 1901 aus Berlin. Zunächst jedoch gilt es, sich intensiv mit Richard Wagners »Fliegendem Holländer« zu beschäftigen, der als letztes der vom Komponisten selbst für ›Bayreuth-würdig‹ befundenen Werke im Festspielsommer 1901 erstmals auf dem Programm steht. Als Cosima Siegfried fragt, welches Werk er denn gerne dirigieren würde, antwortet er: *»Am liebsten stehe ich beim Beleuchtungsapparat.«* »Der fliegende Holländer« ist seine erste eigene Bayreuther Inszenierung, mit der er den ursprünglichen Plan seines Vaters, das Werk als eine pausenlose Ballade zu spielen, erstmals verwirklicht.
Zwar hat er bei der Personenführung der Solisten nicht völlig freie Hand, da Cosima die Einstudierung im Rahmen der Stilbildungsschule mit den einzelnen Solisten bereits vorgenommen hat und er ihre Vorarbeiten nicht umzustürzen vermag. Auch das Bühnenbild hat Cosima – ihren Vorstellungen gemäß stark den Charakter des Skandinavischen betonend – allein mit Max Brückners Hilfe gestaltet. Hier hatte Siegfried nur Einspruch gegen die gemalten Vorhänge auf dem Bühnenbild erhoben, sich aber sonst auf seine Möglichkeiten als Beleuchtungs-Künstler verlassen, insbesondere das Gespenstische und die Naturszenen zu gestalten und die Idee der pausenlosen Aufführung technisch realisierbar zu machen.
Mit allerlei Schleier-Prospekten erreicht Siegfried die szenische Umsetzung eines Gemäldes von Turner, das ihn in London besonders beeindruckt hat: »Mit Blitzeseile stürmen die beiden Schiffe daher, und wundervoll naturgetreu segelt das Fahrzeug des Holländers inmitten von Felsenriffen wieder ab, bis es an einem Felsen zerschellt und untergeht.« Bereits zuvor sieht man »unheimliche Geistererscheinungen, die auf dem Schiffe des Holländers umhergehen. Dieses ist zunächst in tiefschwarzes Gewölk verhüllt, das sich allmählich verteilt.« So der Kritiker Ludwig Karpath. Besonders gelobt wird von Publikum und Presse jedoch Siegfrieds Chorführung, für die er allein verantwortlich zeichnet. Oscar Bie, der Kritiker des »Berliner Börsen-Couriers«, verleiht den Festspielen für die »Holländer«-Regie das Attribut »die beste Regie der Welt«, während Otto Neitzel einen Stilbruch sieht, der aus der Diskrepanz zwischen der heroischen Gestik der Protagonisten – sprich: Cosima – und des phantastischen Impressionismus der Beleuchtung und Wolkentechnik – sprich: Siegfried – herrührt.
Neben der Festspielarbeit treibt Siegfried sein »starker, dumpfer Schaffensdrang«, Biographisches künstlerisch zu ordnen. Sein Opus 3, das er später oft

als sein »Lieblingswerk« bezeichnet, ist – ganz im Gegensatz zum neckisch anmutenden Titel – ein düsteres Drama. Die Frage, warum sich Siegfried so intensiv mit dem Problem auseinandersetzt, was mit der Seele von abgetriebenen oder gleich nach der Geburt getöteten Kindern passiert, ist wohl nur durch die nahe bevorstehende Geburt eines ungewollten leiblichen Kindes zu beantworten – Walter, der drei Tage nach dem zweiunddreißigsten Geburtstag seines Vaters das Licht der Welt erblickt.

Nach den Festspielen fährt Siegfried mit Thodes an seinen Heimat- und Lieblingsort Luzern. Im Gegensatz zu Cosima, die gerne jeden Sommer Festspiele in Bayreuth veranstalten würde, rät Adolf von Groß oft zu Pausenjahren, die das Kapital anwachsen lassen und deren Zinsen die Durchführung baulicher Erneuerungen am Festspielhaus ermöglichen sollen. Auch aus gesundheitlichen Gründen will er davon Abstand nehmen, daß im Sommer 1902 wieder gespielt wird. Siegfried jedoch trifft die Entscheidung, daß Festspiele stattfinden werden. Unmerklich, obgleich Cosima die Festspielleitung noch inne hat, wächst er zum Festspielleiter heran.

Im Herbst ist er wieder als Konzert-Dirigent unterwegs. Aus Wien berichtet er: *»Ich habe etwas in mir, was den Leuten dort gefällt.«* Er begegnet Richard Strauss wieder, der nun, angesichts der sinkenden Zahl der »Bärenhäuter«-Aufführungen, triumphierend zu Siegfried sagt: »Ich bin jetzt Mode, komponiere drauflos, lasse mich zahlen und will mich in sieben Jahren zurückziehen. Alles sonst ist mir gleich!« Dennoch verkehrt Siegfried erneut gerne mit ihm, vermeidet allerdings tonkünstlerische Diskussionen.

Aus Moskau wird Siegfried aufgefordert, einen Wagner-Zyklus zu dirigieren, doch läßt er seinem Schwager Franz Beidler den Vortritt. Auch Paris fordert den Wagner-Sohn zur Direktion einer Reihe von Fest-Aufführungen auf, die aber Felix Mottl übernimmt. Dennoch bleibt Mottl eifersüchtig auf Siegfrieds Erfolge als Komponist. Hat er doch selbst, auf ein Libretto Cosima Wagners, die Oper »Rama« komponiert, die nie zur Aufführung kam, mit seinem Ballett »Pan im Busch«, nach einem Libretto von Otto Julius Bierbaum, bescheidene Erfolge errungen, und schreibt jetzt an einer neuen Opern-Partitur. Als Siegfried das erstemal in Heidelberg als Dirigent aufgetreten war, hatte Mottl ihm die zwölf Aushilfen, die dort sonst jedesmal vom Karlsruher Orchester zur Verfügung gestellt werden, verweigert.

Da Franz Beidler in Moskau als Wagner-Dirigent mit Ehrungen überschüttet wird, befürchtet Karl Muck, nun in Bayreuth selbst nicht mehr gefragt zu sein. Doch Cosimas Schwiegersohn kämpft nicht um den Vorrang am Dirigentenpult und begnügt sich damit, in Bayreuth weiterhin als musikalischer Assistent zu arbeiten. Zudem ist er gezwungen, wegen Herzverfettung einen Erholungsurlaub anzutreten, was Cosima zu dem zynischen Kommentar bewegt: »Dem Hause Wahnfried ist jedenfalls wieder Heil widerfahren. Es ist seltsam, wie sich hier zu gelegener Stunde ein Leiden eingefunden.« Bösartiger kann man wohl schwerlich denken.

Doch das Weihnachtsfest in Wahnfried versöhnt wieder einmal alle familiären Gegensätze. Außer Manfred Gravina sind alle Gravinas und Thodes sowie Eva vertreten, als die Taufe des am 16. Oktober geborenen Sprößlings von Isolde, Franz Wilhelm Beidler, gefeiert wird und in Judith Gautiers altbewährtem Puppentheater eine Aufführung des »Bärenhäuter« stattfindet. Denn bis einmal in Bayreuth – als Gastspiel auf der Bühne des Markgräflichen Opernhauses – ein Werk Siegfrieds zur Aufführung kommen würde, sollte noch viel Zeit vergehen.

Für Cosima und ihre ideologisch geschulten Freunde steht fest, wer am Debakel der Uraufführung des »Herzog Wildfang« schuld ist – die Juden. Daß es vielmehr Wagnerianer sind, die sich an der in der Presse bisweilen »Meisterspringer« genannten Parodie wie an dem auch musikalisch mangelndem Ernst stören, will sie nicht zur Kenntnis nehmen. Selbst Carl Friedrich Glasenapp, der in Riga, fast verarmt, die sechsbändige Biographie Richard Wagners zum Abschluß bringen will, hat Siegfried gegenüber in dieses antisemitische Horn gestoßen, worauf ihm Siegfried erwidert:

»Wenn nur der Künstler immer direkt zu seinem Publikum sprechen könnte. Was muß sich immer diese dummdreiste jüdische Zwischenhändlerschaft, genannt Presse, dazwischenschieben! Jüdisch? Vielleicht sind das gar nicht die Schlimmsten. Unter ihnen habe ich viele gute und edel empfindende gefunden. Und wenn sie uns hassen und quälen, wer weiß, ob wir guten Herrn Deutschen mit unserer angeborenen Schadenfreude, Wurstigkeit und Niederträchtigkeit nicht in vollstem Maße sie verdienen.«

In ähnlicher Weise redet Siegfried der Toleranz das Wort, als ihm einmal seitens seiner Familie vorgeworfen wird, bei seinem Umgang nicht genügend darauf zu achten, ausschließlich mit Ariern zu verkehren:

»Es gibt zwei Brillen, durch die man die Dinge sehen kann, die Brille des Wohlwollens und die der Mischlings-Spürerei. Mit dem besten Willen kann ich an der harmlosen Sache nichts Furchtbares finden. Ich war jetzt in B. einigemale mit K. zusammen und fand ihn ganz nett. Du lieber Gott, man kann sich die Menschen nicht schnitzen, wie man sie haben will. Und wenn man halbwegs auf Anständigkeit trifft, kann man schon zufrieden sein. (...) Ich finde sogar gerade es gut, bei solcher Gelegenheit zu zeigen, daß man sachlich ist. Daß man in künstlerischen Dingen verschiedener Ansicht ist, in anderen aber doch als zivilisierte Menschen nebeneinander leben kann, und nicht den gewissen bayreuther piquierten Gruß piquierter Nachbarn macht. (...) Ich stehe doch auch mit Strauss gut und finde seine Kunst schauderhaft. – Man wird ja schließlich von allem abgeschnitten, wenn man so schroff alles abweist, was nicht ganz so ist wie man selbst. Man braucht deswegen noch lang nicht charakterlos zu sein, und ich weiß genau, daß ich von all diesen nichts zu erwarten habe. Aber solange sie anständige Menschen sind, laß ich sie gewähren.«

An der Dichtung des »Kobold« übt Cosima massive Kritik. Manches erscheint ihr zu opernhaft, das Vogellied überflüssig, die Deklamation zu romanisch: »Das Charakteristische des deutschen Akzentes ist mir durch die Rhythmik im Dialog nicht prägnant genug gegeben.« Konkret stört sie weiter der Scherz mit »Papa« und die Liebesszene zwischen Friedrich und Verena: »Liebesszenen auf dem Präsentierteller sind für mein Gefühl nie glücklich. Und die Szene mit den Haaren sagt mir nicht zu, (...) es berührt mich nicht unschuldig.«
Siegfried nimmt so gut wie keine Notiz von dieser brieflichen Kritik, einzig das monierte Zunge-Herausstrecken von Trutz am Ende des ersten Aktes eliminiert er. Die Mutter findet auch in seinem Haus nicht die gesuchte Dichtung, denn Siegfried hat diese – wie ihr der Diener Paul meldet – natürlich mit nach Lugano genommen. Von dort schickt er Cosima eine zusätzliche Ballade, die Trutz im zweiten Akt zum Besten geben soll, mit der Aufschrift *»frisch aus der Werkstatt (...) in Eile, bei entsetzlichem Regen abgeschrieben. Bitte Nachsicht für Tintenflecke, falsche Kommata etc. etc.«*
An den Tintenflecken und an der Zeichensetzung stört sich Cosima nicht, aber am Etcetera: Der Inhalt der Ballade von »Agilulf und Theudelind« weckt ihr moralisches Entsetzen. Denn die Ballade erzählt von dem schlauen Diener Gilbert, der den König Agilulf mit dessen Gemahlin Theudelind betrügt. Der König entdeckt den Verrat, weiß aber nicht, welcher seiner Diener der Übeltäter war. Da alle Diener offenbar schlafend in ihren Betten liegen, schneidet Agilulf jenem, dessen Herz am lautesten schlägt, eine Locke ab. Doch Gilbert schneidet anschließend allen schlafenden Kollegen ebenfalls eine Locke vom Haupt – und Agilulf ist der Gefoppte.

Leider bleibt diese dichterisch gelungene, humorvolle Ballade unvertont. Wohl weniger, da sie Cosima mißfällt, als vielmehr, da Siegfried erkennt, daß diese Ballade den ohnehin sehr breitangelegten Akt über Gebühr ausdehnen, den Rahmen der Handlung sprengen würde. Die Wahl des Namens Gilbert erfolgt nicht zufällig: Gilbert ist nicht nur der dritte Vorname von Clement Harris, so heißt auch Siegfrieds Mündel, der jüngste Graf Gravina.
Siegfried ist glücklich darüber, mit Opus 3, dem Künstlerdrama, endlich sein eigenes Genre gefunden zu haben. Die scheinbare Verworrenheit der Handlung – auch Cosima bleibt bei der Lektüre einiges unklar – entspringt der Absicht, den Zuschauer vom kulinarischen Schwelger zum aktiven, denkenden und auch musikalische Strukturen erfassenden Mitgestalter zu erziehen.
Nicht weniger als vier der handelnden Personen, darunter der männliche Hauptdarsteller Friedrich, sind *»wandernde Sänger und Schauspieler«*. Mit dem Künstlerdrama manifestiert sich aber zugleich auch das biographische Ambiente.

Der Spottvers auf Friedrichs Namen:

> *»Mein Fritz – Friedel mein!*
> *Flachsfarbenes Friduleinchen!*
> *Fridifridifridulein!«*

erinnert immerhin deutlich an Siegfrieds Kinder- und Spitznamen »Fidi«.
Die Erfüllung von Friedrichs Liebe würde zugleich die Aufgabe seines Berufes bedeuten, so wie sein Beruf immer das Wecken neuer Liebe ist. Überall, wo der blonde Liebhaber der Komödiantenbande erscheint, fliegen ihm die Herzen der Frauenwelt zu. Seine Kunst ist die Kompensation ständiger Sehnsucht und Nichterfüllung, ein Circulus vitiosus, dem Siegfried Wagner in der Person des Trutz ein bürgerliches Pendant gegenüberstellt: Trutz trotzt dem Leben die guten Seiten ab; er ist ein selbstzufriedener Schauspieler und die wohl einzige voll-positive Figur der Oper. Einmal im Jahr ist er für acht Tage bei Frau und Kindern. Ihm gibt diese matrosenhafte »Komödianten-Ehe« moralischen Halt, den Friedrich – auch aufgrund sozialer Umstände – nicht besitzt.
Zweifellos hat die Gestalt des in sich hin- und hergerissenen Künstlers Friedrich einiges mit dem Komponisten gemein. Doch insbesondere die Gestalt des Grafen hat Siegfried nahegestanden: *»Ja es ist doch so im Leben, da liegt es über einem Menschenleben wie ein Fluch, solche unbekannte Schuld, solch ein Druck.«* Dieser Ausspruch Siegfrieds, aus der Zeit der Berliner Aufführung in der Gura-Oper (1910), deutet gleichermaßen das Schicksal des Grafen wie das der »schuldig-schuldlosen« Verena. Doch erscheint der Graf – nicht nur unter sozialkritischem Aspekt – zunächst als negative Figur.
Der Vater des Grafen, ein Wucherer, hatte sich auf sagenhafte Weise Reichtum verschafft, Napoleon finanziell unterstützt und so den Grafentitel erlangt. Sein Sohn, der Graf im »Kobold«, leidet unter der gesellschaftlichen Position, unter der Schuld, die er ohne Wollen vom Vater geerbt hat. Das Motiv des Vater-Erbes klingt hier an und die Erkenntnis, daß »die Stolzen und Edlen« das goldene Kalb nur so lange anbeten, wie der Reichtum anhält, um sich im Falle plötzlicher Armut »verachtend« und unter Hohn von ihm zu wenden. Seine Ansprache nach der erwähnten Berliner »Kobold«-Aufführung sollte Siegfried damit beginnen, daß er neunzig Prozent der großen Gästeschar nur dem Namen verdanke, den er trage ...
Siegfried beschäftigt hier das Problem falscher Freunde, die ihm seines Namens wegen gewogen sind, sowie das des Vatererbes, an dem er schwer zu tragen hat. Lenkt es ihn doch in eine Bahn, die er nicht immer aus freien Stücken als die eigene ansieht, insbesondere wenn es um die Wahnfried-Doktrin geht. Einerseits muß er die Erwartungshaltung der Umwelt erfüllen, was die Fortführung der Bayreuther Festspiele und die damit verbundenen Verbindlichkeiten angeht, andererseits will er sie als produktiver Künstler durchkreuzen.
Die Kobolde sind theatralische Metapher für solch ein Schicksal. Diese Spukgestalten, unerlöste Seelen ermordeter Säuglinge, die helfen können,

aber auch Schaden anrichten, hat Siegfried den Sagen der Brüder Grimm entnommen, aber – jenseits der Mythologie – als Traumgestalten unbewältigter Psyche ausgelotet. Die Situation der fahrenden Komödianten zur gespielten Zeit des »Kobold« ist uns aus Goethes Beschreibungen bestens bekannt. »Hängt die Wäsche weg, die Schauspieler kommen!« könnte auch im Text des »Kobold« stehen. Verenas Mutter Gertrud schimpft:

»Künstler heißen sie sich gar!
Diese Erzgauner-Tropfenschar.«

Die Handlung ist in ihrer Vielschichtigkeit, der geheimnisvollen Verschlüsselung von Personen, von Ursache und Wirkung, Goethes Theaterroman »Wilhelm Meister« verwandt, einem erklärten Lieblingsroman Siegfrieds.
Der Realität der Schauspielertruppen zu Anfang des 19. Jahrhunderts entsprechend, liegt die Hoffnung der Truppe darin, an einem Hof über längere Zeit eine feste Anstellung zu erhalten: ein Engagement, das den Lebensunterhalt und die Verwirklichung künstlerischer Pläne auf Zeit sichert, aber keineswegs Reichtum verschafft. Tauschen wollen sie auch nicht mit der adligen Klasse: *»Was hilft das Gold, klebt's in der Hand von Blut, Schweiß und Tränen?«* Und nur mit einem Sprung in niedere Gefilde können die Schauspieler im »Kobold« nach ihrem – durch allerlei Intrigen mißglückten – Engagement bei Hofe ihr Leben retten, sich selbst wiederfinden – wenn auch bis zum Ende bedroht von den Folgen, sich einmal auf »les amoureux« und die »Aventuren« im gräflichen Schloß eingelassen zu haben. Daß Siegfried hier – unbewußt? – das Ergebnis seiner »les amoureux«, das beinahe zu einem Kobold – sprich: einer Abtreibung oder Tötung des Neugeborenen – geführt hätte, verarbeitet, liegt auf der Hand.
Auch Verena bezieht eine Position zur Kunst. Aufgefordert, ein Probestück für die Aufnahme in die Komödiantenbande zum besten zu geben, singt sie ein Lied vom blinden Vogel, der durch sein »zu Herzen gehendes« Zwitschern auf sich aufmerksam machen will, aber doch nur Feinde heranlockt. Aus Liebe zu Friedrich will sich Verena der unterschwellig homoerotisch strukturierten Komödiantengruppe anschließen. Doch die Truppe, die zu einer Zeit, wo dies gemeinhin nicht mehr üblich ist, kein weibliches Mitglied hat, ist in sich geschlossen: es herrscht liebkosendes Geplänkel der Schauspieler untereinander; Trutz »streichelt Friedrich den Kopf, was jener ablehnt«. Verena bleibt der hoffnungslos einsame, weil blinde Vogel, von dem sie singt: Kunst als Kompensation von Leid auch hier. Trutz' Erkenntnis, die er aus Verenas Lied zieht,

»Daß dem das Lied am schönsten kling',
dem Sehnsuchtsqual die Brust zerreißt!«,

schließt den Bogen zum erfolgreicheren Kollegen Friedrich.
Die ersten beiden Opern hat Siegfried seinem Vormund Adolf von Groß und

der besten Freundin seiner Mutter und Förderin der Festspiele, Gräfin Wolkenstein, gewidmet. Den »Kobold« widmet er Hans von Wolzogen, der sich insbesondere dem »Bärenhäuter« gegenüber sehr eingenommen gezeigt hat. In der Widmung apostrophiert ihn Siegfried als »Gralsritter«, was für unsere Begriffe wohl besser noch »Gralshüter« hieße. Der von Richard Wagner im Jahre 1877 als Redakteur der »Bayreuther Blätter« nach Bayreuth berufene Philologe und Schriftsteller ist zwar die Zentralfigur des Bayreuther Kreises, aber auch ein Idealist, den eine starke Religiosität und ein zunehmend tolerantes Verhältnis zu Andersdenkenden auszeichnen.

Solche Kriterien sind wohl auch für Siegfried ausschlaggebend, die Widmung an Wolzogen zu richten. Aber noch entscheidender für diese Widmung scheint die Tatsache, daß Siegfried mit der Figur des alten Ekhart den nunmehr fünfundfünfzigjährigen Freiherrn porträtiert hat. Doch es ist keine billige Hommage. Ekhart sagt immerhin einen Kernsatz des Werkes, den der Freiherr Wolzogen selbst nicht aussprechen würde, nämlich »es sind nur Träume«.

Der Talisman, den Verena im Traum von ihrem ermordeten Bruder bekommt, wird hingegen realistisch erklärt, als das von Ekhart mitgebrachte Geburtstagsgeschenk für Verena. Symbolisch steht dieser Stein für das Glück. Da Verena dieses Glück nicht still genießt, sondern es dadurch, daß sie bei Dritten Neid erweckt, noch steigern will, verliert sie es und erlangt es erst sterbend wieder. Der Traum vom Glück verselbständigt sich: »Unsichtbar« nehmen die Kobolde den von Trutz in den See versenkten Talisman an sich. Sterbend glaubt Verena die Stimme ihres toten Bruders und anderer Kobolde zu vernehmen; dabei fällt ihr ein Tautropfen auf die Stirn, »erglänzend wie jener Stein«. So schließt sich der Kreislauf.

Das Jahr 1902 führt Siegfried zunächst zu einem Konzert nach Wien, von wo aus er an Daniela schreibt, *»(...) daß ich gestern einen Knall-Erfolg hatte, daß der Walzer stürmisch da capo verlangt wurde (seit 10 Jahren nicht mehr vorgekommen!) Ouvertüre 6 Hervorrufe«.* Zu dem Publikum, das diese Ausschnitte aus dem »Herzog Wildfang« begutachtet, zählen auch Gustav Mahler, Siegmund von Hausegger und Richard Strauss. In Wien lernt er den Kulturphilosophen Hermann Graf Keyserling bei einem gewissen Baubo kennen: *»Baubo in violetter Bluse gepudert bezaubernd.«* Im Februar 1902 reist er nach Dresden, das er aber »odios« empfindet: *»Besonders die Gesellschaft. Es fehlen halt die Schmuls dort, die nötige Zwiebel-Ingredienz.«* Den März verbringt Siegfried wieder in Rom und empfiehlt Daniela und Henry Thode ebenfalls, dorthin zu reisen, da ein *»großes, prachtvolles Zimmer mit zwei Betten frei«* sei: *»Hier ist es so himmlisch, daß ich nächstens überschnappe.«*

Er arbeitet intensiv, instrumentiert am Tag bis zu acht Stunden, besucht aber auch die Oper: *»Nächstens hier La Bohème! und I maestri di Cantori! –*

Gestern Mascagni Iris. Da ging mir leider der Humor aus (...) Übrigens sah ich hier die Guerero (span. Tänzerin von Mailand) wieder – bezaubernd. Rom ist halt wunderbar. Dabei bleibt's und ich werde immer wieder herkommen. Novelli in zwei Schauspielen war sehr nett, seine Truppe brillant.«

Die Festspiele des Jahres 1902 stellen in ihrem Programm eine Wiederholung der Aufführungen des Vorjahres dar. Am 19. Juli bittet Hans Richter jedoch, daß Siegfried auch den ersten »Ring«-Zyklus mit übernehmen soll:

»Geliebter Freund!

Du hast Deine Aufgabe glänzend gelöst; um die Zukunft ›Bayreuth's‹ darf Niemand bange sein. Ich bitte Dich, dirigiere Du den ersten Zyklus auch. Das Ganze ist jetzt in so herrlicher, einheitlicher, schwungvoller Bewegung, daß ein Wechsel in der Führung eher eine Hemmung als eine Förderung bedeuten würde. Dank Deiner temperamentvollen und zugleich sicheren Leitung ist Alles im besten Geleise, und wir dürfen auf glänzende Aufführungen zählen. Also: bitte, dirigiere auch den ersten Zyklus. Bitte! Ich darf wohl annehmen, daß meine Bitte bei Dir und ›Wahnfried‹ keine Mißdeutung erfährt und daß mir geglaubt wird, wenn ich sage, daß mich nur die reinste Treue zu ›Bayreuth‹ und die offenste Freundschaft zu Dir und ›Tribschen-Wahnfried‹ leiten. Das Ganze aber bleibe ›unter uns‹ bis zum Einritt des tiefen Es (als Note notiert; Anm. d. Verf.) im ›Rheingold‹. Gönne mir, Deinem so viel älteren Kollegen, die Freude, den ›Ring‹ auch einmal behaglich in Bayreuth hören und sehen zu können.

In treuester Freundschaft Dein Hans Richter«

Als Nachbemerkung fügt Richter seinem Schreiben an Siegfried noch die Aufforderung bei: »Schone nicht Deine linke Hand während des Dirigierens!« Hieraus ist zu ersehen, daß sich Siegfried zu diesem Zeitpunkt bereits umerzogen hat und mit der rechten Hand dirigiert, dabei allerdings – um nicht rückfällig zu werden – auf die linke Hand so gut wie ganz verzichtet. Ob Siegfried dann tatsächlich beide Aufführungen des »Ring«-Zyklus dirigiert hat, ist schwer festzustellen. Die einschlägigen Verzeichnisse führen beide Dirigenten als »Ring«-Interpreten des Festspielsommers 1902 an, was jedoch nichts besagt, da es sich – wie Hans Richters Brief zeigt – um eine stillschweigende Abmachung handeln soll und der jeweilige Dirigent in diesen Festspieljahren nur festspielinternen Kreisen bekannt ist, nicht aber auf einem Tages-Besetzungs-Zettel genannt wird.

Den Herbst verbringt Siegfried in Luzern, Promontaguo und in Venedig. In Venedig, wo sich Siegfried selbst als *»in glänzender Klebsilben-Laune«* bezeichnet, arbeitet er bereits an dem Libretto zu seinem Opus 4. Im November dirigiert er wieder ein Konzert in Wien, worüber er Daniela berichtet: *»Wien war sehr nett. Besonders die Aufnahme der A-Dur* (Beethovens Siebte, Anm. d. Verf.) *freute mich riesig. Mazeppa hatte großen Erfolg. Der arme Großpapa hätte das schon noch* erleben dürfen (...)«. Mit Bezug auf seinen »Kobold« fährt er fort: *»Ich ruhe jetzt auf dem Stein, denn ich schlafe sehr gut.«*

Die Berliner Zeitschrift »Die Woche« veranstaltet im Jahr 1903 ein Preisausschreiben für »moderne Volkslieder«, das der »Stärkung der Hausmusik« dienen soll. In einem Sonderheft, betitelt »Im Volkston«, werden zunächst »dreißig Werke der ersten deutschen Komponisten« zusammengefaßt, die in einem Wohltätigkeitskonzert, im Berliner Neuen Königlichen Opernhaus, auch erklingen. Allerdings stellt sich dabei heraus, daß sich die meisten dieser Kompositionen als reine Kunstgesänge erweisen, die den Zweck eines volkstümlichen Liedes nicht erfüllen. Zum Kuratorium gehören Joseph Joachim, Engelbert Humperdinck und Carl Krebs, und zu den vertretenen Komponisten gehören Eugen d'Albert, Leo Blech, Ignaz Brüll, August Bungert, Engelbert Humperdinck, Robert Kahn, Wilhelm Kienzl, Eduard Lassen, Siegfried Ochs, Hans Pfitzner, Carl Reinecke, Max Schillings, Hans Sommer, Ludwig Thuille, Hermann Zumpe und Siegfried Wagner, der sein bereits im Jahr 1897 komponiertes »Schäfer und Schäferin« einreicht. Natürlich ist auch dieses Lied, das durch die »Woche« in einer Auflage von vierzigtausend Exemplaren Verbreitung findet, ein Kunstlied, auch wenn der Text angeblich auf einem überlieferten Volkslied basiert.

Im Februar lernt Siegfried den Dichter Gerhart Hauptmann kennen, dessen »Rose Bernd« bei Siegfried zunächst auf reges Interesse stößt, die er aber zusehends »unerquicklich« findet: »Man hat kein Gefühl für sie.« Im April 1903 beendet Siegfried in Rom den zweiten Akt der »Kobold«-Partitur, den dritten einen knappen Monat später, am 21. Mai 1903 in Florenz. Die Fertigstellung dieser Oper hatte ihn davon abgehalten, Thodes neuestes Werk über Michelangelo zu lesen, das ihm von verschiedenen Seiten sehr gerühmt wird: *»Es ist eine Schande, aber mein Kobold muß erst sterben. Es ist eine rechte Schwergeburt.«* Die Vollendung der Partitur kündet er Daniela mit den Worten an: *»Kobold fertig. Nimm nur ordentliche Taschentücher in die erste Aufführung.«*

Bereits im Januar hat ihn Richard Strauss aufgefordert, bei der vom Allgemeinen Deutschen Musikverein getragenen Tonkünstlerversammlung, die Mitte Juni in Basel stattfindet, einen Ausschnitt aus seinem neuen Werk zur Uraufführung zu bringen. Diesmal ist Siegfried klüger als beim »Herzog Wildfang«:

»Bruchstücke aus meiner neuen Oper möchte ich mir selber nicht raten. Es ist noch Zeit genug, sein Kind von den Wölfen zerreißen zu lassen. – Wenn ihr aus meinem so gut wie unbekannten ›Wildfang‹ etwas machen wollt, ist mir's recht. Wenn nicht, auch!«

Als die gefeierte Brünnhilde der vergangenen Bayreuth-Sommer, Ellen Gulbranson, ihre Mitwirkung für die Festspiele des Jahres 1904 absagt, reist Siegfried im Juli kurzentschlossen nach Christiania, ins heutige Oslo, um sie umzustimmen, was ihm auch gelingt. *»Ich habe das ungezogene Riesenweib halb bekehrt. Heute nacht geht's heim«,* lautet seine Mitteilung an Daniela, doch bevor die Postkarte mit dieser Nachricht den Adressaten erreicht,

bestätigt die Gulbranson selbst, mit einem Zitat aus »Siegfried«, Cosima gegenüber Siegfrieds Erfolg: »Siegfried ist es, der mich erweckt.«
Im November bekommen die Bayreuther erstmals etwas aus dem »Herzog Wildfang« zu hören. In einem von Siegfried geleiteten Konzert des Philharmonischen Orchesters Nürnberg erklingt – als ein Gruß an die Mutter seines Sohnes Walter – die Reflexion der vergangenen Liebe, Reinharts großer Gesang aus dem zweiten Akt von Opus 2.
Die Sorge um den illegitimen Erben beherrscht Siegfried und wird in einer Opernhandlung, Opus 5, die Cosima wieder einmal entsetzlich findet, verarbeitet. Siegfried liest erneut die Urfassung der Dichtung, die er im September 1903 in Misurina abgeschlossen hat. Diesmal gibt er Cosima recht: die Aussage muß stärker verschlüsselt werden – und diese Akzeptanz ist sein Weihnachtsgeschenk für Cosima:

»Die einzige Gabe,
die ich habe,
ist die Kunde
aus frohem Munde:
Umgestaltet auf Muttergebot
gut gedeiht das Sternengebot.«

Daneben jedoch, ohne Cosima allzuviel darüber wissen zu lassen, vollendet er bereits vier Tage nach dem Weihnachtsfest die Kompositionsskizze zu seinem Opus 4.
Von Mary Levi erhält Cosima einen Siegfried, der ihr nicht so schnell wieder entschwindet, wie ihr leiblicher Sohn: Es ist die Büste, die Adolf von Hildebrand bei Siegfrieds letztem Aufenthalt in Florenz in weißem Marmor angefertigt hat. Sie stellt Siegfried als einen in jugendlicher Frische und Leichtigkeit lebenden, jedoch willensstarken Menschen dar.
Ende des Jahres 1903 dirigiert Siegfried ein Konzert in Antwerpen, dann reist er nach Hamburg, um den Schlußproben zur Uraufführung des »Kobold« beizuwohnen. Als auch Cosima in Hamburg eintrifft, empfängt Siegfried sie mit der vorsorglichen Berichterstattung, daß die Sänger noch immer aus dem Klavierauszug singen. Aber er hat auch noch andere Probleme mit den Sängern zu bewältigen. Immer wieder stößt er auf Kollegen, die sich bei der Besetzung der Bayreuther Festspiele übergangen fühlen. Meist weiß sich Siegfried in solchen Fällen nur durch großzügige Bonbonnieren-Geschenke zu helfen. Dennoch hat er sich Hamburg, wo am 29. Januar 1904 unter der Leitung von Carl Gilles die Uraufführung erfolgt, insbesondere aufgrund der ihm sehr zusagenden dortigen Produktionen des »Herzog Wildfang« und des »Bärenhäuter«, zum neuen Mittelpunkt seines musikdramatischen Schaffens ausgewählt. Ein Großteil der Hauptpartien ist ohnehin mit Solisten besetzt, die in den vergangenen Jahren bereits in Bayreuth gesungen haben oder deren Bayreuth-Debut unmittelbar bevorsteht.

Etwas provinziell fällt Felix Ehrls Inszenierung aus. Zwar ist Ehrl bemüht, sich an Siegfrieds ausführliches Regiebuch zu halten, aber er muß doch einige Dekorationen aus dem Fundus verwenden und kostümiert den alten Ekhart wie den Gurnemanz aus »Parsifal«. Wahrscheinlich hatte er gedacht, Siegfried im Sinne der »Bayreuther Gemeinde« damit etwas Gutes zu tun, aber er verfehlt mit seinen – stärker als von Siegfried vorgeschrieben – realistischen Bühnenbildern den impressionistischen Gehalt des Werkes.
Carl Krebs faßt seinen Eindruck im Berliner »Tag« folgendermaßen zusammen: »Die Aufführung war vielleicht mit Eifer vorbereitet, kam aber über eine knappe Mittelmäßigkeit nicht hinaus. Das Orchester spielte sehr derb (unter Herrn Gille), die Solisten leisteten nur zum Teil Genügendes.« Ferdinand Pfohl, ein ansonsten Siegfried Wagner wohlgesonnener Kritiker, urteilt in der Wiener »Zeit«: »In dem Ruhm die unverständlichste aller Opern zu sein, sonnte sich der ›Troubadour‹ ungestört durch Rivalen bis zum Tage, an dem Siegfried Wagner seinen ›Kobold‹ in die Welt setzte. Mit dem ›Troubadour‹ ist es aus, der Nebenbuhler trat auf den Plan.«
Im »Troubadour« entstehen die Verständnis-Schwierigkeiten beim Zuschauer, da sich die meisten Handlungen zwischen den gespielten Szenen und hinter der Szene ereignen: nur mit wenigen Worten wird darauf Bezug genommen, und Innenleben, Reflexion macht sich breit. Beim »Kobold« treten solche Erscheinungen überlagert auf. Es passiert ebensoviel auf der Szene wie im Inneren der handelnden Personen selbst; die Reflexion wird versinnbildlicht, tritt selbst gewichtig in Erscheinung. Ähnlich wie beim »Troubadour« werden Fragezeichen gesetzt, die sich erst im späteren Verlauf der Oper klären, Stimmungen angerissen, die im Rezipienten ergänzenden Widerhall finden und das äußerliche, optische Bild bereichern und ergänzen sollen.
Bei der zweiten Aufführung, die Siegfried selbst dirigiert, gelingen nicht nur einige Beleuchtungseffekte besser, die Aufführung ist auch eine Viertelstunde kürzer. Über Siegfried Wagners Leitung schreibt Heinrich Chevalley: »Die Großzügigkeit und Bestimmtheit, Eigenschaften, die dem Wesen der Bühne Rechnung tragen, charakterisieren seine Art, zu musizieren. Siegfried verliert sich nicht in antitheatralische Detailmalerei und Klügeleien, sondern arbeitet, etwa in der Manier Hans Richters, auf dramatischen Fluß und große Steigerungen hin.«
Ferdinand Pfohl führt weiter aus: »Was den Operndirigenten macht, das Gefühl für die Szene, das stete Anschmiegen des Orchesterausdrucks an den dramatischen Akzent, die Übereinstimmung zwischen Bühne und Orchester, dieses einzig Entscheidende besitzt Siegfried Wagner und prägt seiner Dirigierkunst den Charakter auf.«
Musikalisch gesehen ist bei der Partitur des »Kobold« gegenüber den vorangegangenen beiden Partituren deutlich ein Fortschritt zu verzeichnen. Die Kobolde stattet Siegfried mit jener impressionistisch angehauchten Musik

Siegfried Wagner im Kreise der Künstler der »Kobold«-Uraufführung

Siegfried Wagner leitet seinen »Kobold« im Kaiser-Jubiläums-Stadttheater in Wien

aus, die Richard Strauss fünfzehn Jahre später in seiner »Frau ohne Schatten« zur Chiffrierung der Ungeborenen verwendet. Was im »Herzog Wildfang« noch unausgereift war, erscheint in dieser Partitur zu einem einheitlich-eigenständigen Stil gereift: schwellende Kantilenen und ungeahnte Melodiefülle in einem symbolischen Tongewebe, das entfernt an Debussy und Gustav Mahler erinnert – ein tönender Jugendstil. Ein echter »Ohrwurm« ist Friedrichs Liebeslied »Weh' Lüftchen, weh' mein Lied hinan zur Höh'!«
Der thematische Gedanke ist aus der »Sehnsucht« übernommen, wo sich mit diesem Thema das dichterische Ich aus dem nebligen Tal zur hügeligen Höhe hinsehnt. Eine besonders fesselnde, erotisch-musikalische Ausdeutung ist dem Komponisten mit der Liebesszene zwischen Gräfin und Friedrich gelungen. Aber auch die skurril-humorvolle Linie des »Herzog Wildfang« findet noch ihre Fortsetzung in der glucksenden und krähenden Ballade vom Spirifankerl, dem Teufels-Huhn, das Trutz im zweiten Akt mit der koketten Jeannette vergleicht.
Das Orchester des Hamburger Stadttheaters empfängt Siegfried bereits mit einem Tusch, nach jedem Akt wird der Komponist vor den Vorhang gerufen und am Ende der Aufführung wiederum mit Tuschs des Orchesters und mit Kränzen überhäuft. Auch der Publikumserfolg ist, trotz der Mängel der Aufführung, überwältigend. Richard Strauss fordert daraufhin Siegfried auf, einige Bruchstücke aus dem »Kobold« und ein größeres Orchesterstück bei der Tonkünstlerversammlung in Frankfurt, im Juni 1904, zu dirigieren, die der Dirigent Siegmund von Hausegger mit dem Orchester vor-einstudieren will.
In derselben Spielzeit folgen noch Inszenierungen am Stadttheater Breslau, am Elberfelder und am Neuen Kölner Stadttheater. Für die folgende Spielzeit haben die Bühnen in Prag, Wien, Graz und Karlsruhe Inszenierungen des »Kobold« angekündigt, und auch aus Buenos Aires trifft eine Anfrage ein, daß man den »Kobold« in italienischer Sprache aufführen wolle, woraufhin Siegfried seine Schwester Daniela in Florenz auffordert, das Libretto zu übersetzen.
Die Generalprobe in Breslau, am 18. März, ist Anlaß für ein freundschaftliches Treffen mit dem Dirigenten Leopold Reichwein und mit Michael Balling, der diese Oper in der darauffolgenden Spielzeit in Karlsruhe einstudieren wird. Die Premiere im Kölner Neuen Stadttheater, am 11. April, dirigiert Siegfried selbst. Und ab sofort fügt er seinen Konzertprogrammen auch mindestens einen Ausschnitt aus dem »Kobold« bei, zumeist die getragene Einleitung zum dritten Akt, die – als symphonische Dichtung – Verenas Leid zeichnet. So etwa bei seinem Konzert am 22. März mit dem Berliner Philharmonischen Orchester, das als Hauptprogrammpunkt Beethovens Siebte beinhaltet und das zu einem außergewöhnlichen Publikumserfolg führt:
»Es war wirklich hinreißend. Bis zum Potsdamer Platz liefen Jünglinge und Mädchen dem Wagen nach, drückten mir die Hand mit dem Rufe: Wiederkommen!«

Opus 4: Bruder Lustig

Obgleich nach dem spielfreien Jahr 1903 die nächsten Festspiele ihre Schatten vorauswerfen, vollendet Siegfried im März 1904 die Partitur des ersten Aktes seines Opus 4, und zwei Monate später die des zweiten Aktes. Bereits nach dem lustspielhaften »Herzog Wildfang« war die Öffentlichkeit verunsichert, denn wie ließ sich diese Handlung mit dem Begriff der »Märchenoper« vereinbaren? Der »Kobold« schien vom Titel her schon eher wieder in dieses Gebiet zu fallen, aber die traurig-ernste Handlung gab zu weiterer Verunsicherung Anlaß.
Auf eine Anfrage hin, was er nun als nächstes zu komponieren gedenke, antwortet Siegfried:
»Allerdings bin ich mit einer Oper beschäftigt – weder komisch noch ernst – sondern beides zusammen: Über den Text, den ich natürlich selbst zusammengebraut habe, möchte ich schriftlich nicht mehr mich äußern, lieber mündlich im Sommer. Im Nicolaischen Stil. Das soll nur soviel heißen wie nicht in der mißverstandenen Wagner-Weise! D. h. ich schreite nicht auf einem Kothurn daher, von dem ich Hühneraugen bekomme.«
Daß es ausgerechnet ein Märchen der Brüder Grimm gibt, das auch »Bruder Lustig« heißt, mit dem Siegfrieds gleichnamige Opernhandlung auch nicht das geringste gemein hat, ist eine spitzfindige Bosheit von ihm, die oberflächliche Rezensenten an der Nase herumführen soll, denn in seinem »Fra Allegro«, wie Siegfried sein Opus gegenüber Humperdinck einmal nennt, geht es um abergläubische Zukunftsuntersuchungen, das in bayerischen Gemeinden zum Teil noch gebräuchliche »Lose-Gehen«, eine abergläubische Brautschau sowie um Kindesmißhandlung und um Tierquälerei als Volksbelustigung. Ob der lustige Titel also glücklich – oder gar richtig – gewählt ist, bleibt dahingestellt.
Mehr als Siegfrieds neues Opus macht jedoch in der Presse der »Gralsraub« von sich reden. Eine Zeitlang wurde die Schuld für die Möglichkeit des »Raubes«, einer Aufführung des »Parsifal« außerhalb der Grenzen der Berner Convention, sogar bei Siegfried gesucht. Denn der war einer Verbreitung der Partitur nie im Wege gestanden und hatte daher auch Dr. Strecker, dem Verlagsleiter von Schott, die Erlaubnis zur Herstellung einer Studienpartitur des »Parsifal« erteilt. Diese kleinen Partituren, für gewöhnlich zum Dirigieren nicht nur äußerst unpraktisch und – aus kommerziellen Gründen – zur Leitung des Orchesters verboten, ermöglichten in der Folge »Parsifal«-Aufführungen in New York und Amsterdam.
Der Münchner Hoftheater-Intendant Ernst von Possart ist über die Tatsache

einer Durchbrechung des »Parsifal«-Exklusivrechtes in Bayreuth, die am 24. Dezember 1903 in New York erfolgte, durchaus erfreut, denn er hofft, daß die Schutzfrist aufgrund der ausländischen Aufführungen auch in Deutschland nicht verlängert wird und er bei seinen Wagner-Festspielen im Prinzregententheater endlich auch dieses letzte Musikdrama Richard Wagners aufführen kann. Eine von Cosima verfaßte Urheberrechtsnovelle soll die Schutzfrist für geistiges Eigentum von dreißig auf fünfzig Jahre verlängern. Ihr geht es dabei ausschließlich um »Parsifal«, der dem Willen seines Autors gemäß nur als »Bühnenweihfestspiel« im Bayreuther Festspielhaus zur Aufführung kommen soll. Aber kommerzielle Gesichtspunkte sind in Cosimas Denkweise nicht zu leugnen. Freut sie sich doch über den finanziellen Mißerfolg der Münchner Wagner-Festspiele und spricht Klindworth gegenüber davon, daß »Die Walküre« im Jahr 1855 »noch ein Heiligtum war, der hehre Besitz einiger Edlen und nun durch alle Orte durchgepeitscht wird«, was ihr moralisch ebenfalls Unbehagen verursacht – wohingegen sie die anfallenden Tantiemen gerne verbucht. Als Felix Mottl nach New York engagiert wird, um die dortigen Aufführungen des »Parsifal« zu leiten, fordert Cosima ihn auf, die Sänger zu »bereden, sich heiser zu melden, sich ungeschickt anzustellen«, um so die Aufführung des »Parsifal« zu verhindern. Diese Aufforderung zeugt von geradezu kindlicher Hilflosigkeit. Obgleich ihr Aufruf an den Reichstag auch von Hans Richter, Franz Fischer, Felix Mottl, Richard Strauss, Engelbert Humperdinck, Karl Klindworth und Carl Friedrich Glasenapp unterzeichnet ist, wird die »Lex Cosima« abgelehnt.

Wie vergleichsweise leger Siegfried diesem Themenkomplex gegenübersteht, zeigt eine von ihm *»im Speisewagen des Orient-Express abgefaßte unnötige Plauderei«*, die unter der Überschrift »Zischen« bereits am 25. Dezember 1902 im »Neuen Wiener Tagblatt« erschienen ist. Da heißt es unter anderem:

»Unter einem allzu gesinnungstüchtigen Zischen haben wir seit einigen Jahren in Bayreuth zu leiden. Bekanntlich wünschte mein Vater es nicht, daß nach dem ersten Akt ›Parsifal‹ Beifall geklatscht wird. (...) Nach dem zweiten und dritten Akt dagegen gab er wiederholt selbst das Zeichen dazu. Übereifrige Anhänger glauben nun, im ›Parsifal‹ dürfe überhaupt nicht applaudiert werden, und heben nach dem zweiten Akt regelmäßig mit dem ebenso edel beabsichtigten wie unerträglichen Zischen an, sobald Uneingeweihte ihrer Begeisterung einen spontanen Ausdruck geben wollen. Ich selbst wurde einmal von einem berühmten französischen Dirigenten auf das heftigste angefahren: ›Je suis scandalisé! Vous le fils du maître! Vous applaudissez!‹ – Da ich in Bayern aufgewachsen bin, konnte ich ihm gottlob mit der nötigen Grobheit antworten, und eingeschüchtert, Entschuldigung stammelnd, eilte der Begossene davon.«

Die Leitung des »Parsifal« teilen sich bei den Festspielen des Jahres 1904 Karl Muck und der aus den Reihen der musikalischen Assistenz nachgerückte

Michael Balling. Siegfried leitet die Wiederaufnahme des »Tannhäuser« aus dem Jahr 1891, die damals Richard Strauss dirigiert hatte. Er verbessert auch einiges an der Szenographie und Inszenierung, merkt jedoch bald, daß hier mit Verbesserungen nicht viel zu gewinnen ist. So faßt er den Plan einer gänzlichen Neuinszenierung des »Tannhäuser«, zu der ihm aber in den Folgejahren immer wieder das Geld fehlen sollte, so daß bis zur Realisierung dieses Vorhabens ein Vierteljahrhundert vergeht.

Dennoch wird in der Presse Siegfrieds »Tannhäuser« besonders hervorgehoben. Leopold Schmidt schreibt ausführlich über diese »Tannhäuser«-Aufführung im »Berliner Tagblatt«: »Das Neue der Inszenierung bestand teils in einer feineren Abtönung der Übergänge (am auffälligsten z. B. bei der Verwandlung des Hörselberges in das Wartburgtal, wo die Rückkehr des Tannhäuser aus Fieberphantasien der Leidenschaft zur Realität natürlicher Vorgänge mehr als psychologisches Moment denn als Theatereffekt wirkte), teils in sehr eingreifenden Änderungen, von denen ich zwei, die mir besonders wichtig und gelungen schienen, erwähnen möchte. Die Gruppierung im zweiten Finale war eine andere, als man sie sonst gewohnt ist; mit großem Geschick war die Figur der Elisabeth von der bewegten Schar der Ritter so isoliert, daß auch ihr musikalischer Gegensatz zu voller Geltung kam, und da, was überall Nachahmung finden sollte, das Finale ohne Strich gemacht wurde, mithin der letzte, so überaus wichtige Einsatz der Bittenden (bevor der Chor der abziehenden Pilger aus der Ferne ertönt) nicht wie üblich fortfiel, wurde eine Steigerung erreicht, die denn auch ihren Eindruck auf die Hörer nicht verfehlte.

Eine gleich glückliche Beachtung des in der Dichtung Gebotenen führte am gänzlichen Schlusse zu tiefer Wirkung. Es war die Stelle, wo das Wunder vom dürren Stabe, der Blüten treibt, verkündet wird. Sie geht meist unverstanden vorüber; in Bayreuth wird sie zu einem wichtigen Ereignis, das noch einmal die Teilnahme des Hörers aufrüttelt. Und das ist erreicht durch das szenische Arrangement, das den sonst schüchtern in die Kulisse gedrückten Frauenchor gewichtig in den Vordergrund stellt, und mehr noch durch den geheimnisvoll flüsternden, ekstatischen Ton, in dem die Verkündigung vorgetragen wurde. Dies nur zwei Beispiele. Da die neuen Ideen und ihre geschickte, oft bis ins kleinste Detail ausgearbeitete Durchführung, wie ich erfahre, auf Siegfried Wagner zurückzuführen sind, so kann kein Zweifel mehr bestehen, daß er ein sehr begabter Regisseur ist und einen guten Blick für das Bühnenwirksame hat. Im besonderen scheint er für die malerischen Effekte des Lichtes einen ausgeprägten Sinn zu haben; sämtliche Vorstellungen boten in dieser Beziehung außergewöhnlich Feines und Poetisches.«

Besonderes Interesse beansprucht in diesem Sommer die Choreographin und Tänzerin der ersten Grazie, Isadora Duncan. Am 6. Juni, zur Feier von Siegfrieds fünfunddreißigstem Geburtstag, hat sie in Wahnfried den »Herzog Wildfang«-Walzer getanzt. Der Vorschlag, sie zu engagieren, stammt von

Henry Thode, dessen Bewunderung für diese Frau, die sich auf der Bühne in voller Nacktheit bestaunen läßt, sich bald zur Leidenschaft steigert.
Eine Amoure mit der erotisch sehr anziehenden Tänzerin, die in der Nähe der Bayreuther Eremitage im Haus Philippsruh wohnt und dort Orgien veranstaltet, bringt Henry Thodes Ehe mit Daniela entschieden ins Wanken. Wenn man Isadora Duncans Memoiren Glauben schenken darf, so sieht Cosima über die Beziehung zwischen ihrem Schwiegersohn und der Grazie hinweg, faßt jedoch den Gedanken ins Auge, aus Isadora und Siegfried ein Paar zu machen. »Siegfried war mir mit brüderlicher Zuneigung ergeben und hatte sich stets als mein Freund erwiesen, doch fehlte jedes Anzeichen dafür, daß er mir seine Liebe schenken könnte«, lautete Isadora Duncans Feststellung.
Tatsächlich will Cosima um jeden Preis möglichst bald Siegfrieds Eheschließung erreichen. Sie befragt Henry Thode, der doch so viel von Frauen – und auch, wie wir Isadora Duncans Memoiren entnehmen, von Jünglingen – versteht, um Rat. Der empfiehlt Wilhelm von Bodes Tochter als ein »allerliebstes« Kindweib, weiß er doch, daß Siegfried allemal von einem sehr mädchenhaftem Wesen zu fangen wäre. Für einen Moment scheint Siegfried auf diesen Vorschlag eingehen zu wollen, denn er fragt bei Henry Thode über eine mögliche Verbindung mit der Tochter des Berliner Kunsthistorikers nach:
»Mein Gold. Es geht mir etwas nicht durch den Sinn. Glaubst du, daß jemand, den du gern hast, gern deine Schwägerin würde? Kannst du mal bißchen bohren und fühlen, wie es da steht? Glaubst du, daß man für einander paßt? Ist der Altersunterschied nicht zu groß? –
Wie ist die Familie Schwiegermutter!?
Kann sie mir auch hier bei der Sache helfen in irgendeiner Weise? –
Am Donnerstag früh gehts an den Lido. Grüß Dich Gott, mein Gold.«
Cosima wendet sich an ihre Freundin, Gräfin Wolkenstein, um Hilfe – aber der Plan verläuft wieder einmal im Sande. Siegfried läßt sich nicht verkuppeln. Und genau darum geht es in seinem Opus 4.
In Heinrich, der den faulen Zauber der Verkuppelung durchkreuzt, dürfen wir mit Recht ein Alter ego des Komponisten vermuten. Auch das Verkleiden als Frau, Siegfrieds so gern praktiziertes Travestieren, wird von dieser Gestalt angewandt, allerdings mehr aus Not denn aus Vergnügen. Es läge folglich nahe, in der Kupplerin Urme ein Abbild Cosimas zu sehen, was allerdings nur unterschwellig der Fall sein kann. Allerdings ist der Hinweis der Mädchen, die vorgeben, mit ihr Weihnachtsspiele einzustudieren, in dieser Hinsicht verdächtig. Der Name Heinrich läßt an Siegfrieds Lieblingsschwager Thode denken, den er – wie hier der Bruder Lustig sich selbst – Heinz nennt. Die Hochzeit, auf der sogar der Bürgermeister einen Toast auf das Brautpaar ausbringt, spiegelt die Feier in Wahnfried, anläßlich Isoldes Hochzeit, wider. Und wie für Walburg Konrad, so scheint auch für Isolde Franz Beidler nicht der aus echter Liebe gefreite Mann zu sein.
Durch seinen Namen Michel wird der Bürgermeister als ein typischer Deut-

Siegfried Wagner, Henry Thode, Isolde, Eva und Cosima Wagner

scher apostrophiert, aber er erweist sich als ein skrupelloser, intriganter Politiker. Es liegt nahe, daß Siegfried auch dem Vorbild dieser Figur, dem Bürgermeister Leopold Casselmann, als einer Schlüsselfigur des konservativen Bayreuth, nicht recht getraut hat. Daß Heinrich auf der Orgel einen Walzer spielt, zitiert wieder einmal Siegfrieds Erlebnis mit Liszt in Venedig, das der Jugendliche bereits in seinem Drama »Das Geisterhaus in Venedig« aufgegriffen hat. Stark autobiographisch gefärbt ist Heinrichs Verhältnis zum Priester, von dem er sagt, »Der ist schlecht! Ja der! Nicht ich!« Als er sich vor der Anklage des Priesters wegen Ehebruch behaupten soll, bringt er das recht unverständliche

»Nicht Er – Nur Der nicht! –
Schwester, ach Schwester!
Wunde, kaum vernarbt,
blutest du wieder?«

hervor. Dieser Ausspruch bereitete schon Siegfried Wagners Exegeten Kopfzerbrechen.

In der Urfassung der Dichtung wird diese Episode deutlicher erzählt: Heinrichs Schwester, vom Priester geschwängert, hatte sich ins Wasser geworfen, war aber gerettet worden. Im Kerker hatte sie Heinrich dann den Vater des toten Kindes verraten. Hier scheint Siegfried die Beziehung zu Marie Aign in einer doppelten Brechung wiederzugeben; möglicherweise hatte Siegfried zwei Jahre nach der Geburt seines Sohnes noch einmal darüber nachgedacht, ob das Kind nicht womöglich doch der Sohn des Pfarrers und alle Aufregung umsonst gewesen sei.

Dem Hin und Her der Frage, ob verheiratet oder nicht, setzt Heinrich mit der offiziell erlaubten Freigabe der Mädchen an die Soldaten zur Vergewaltigung ein drastisch sinnliches Ende. Bezeichnend, daß diese Szene gestrichen wurde, als Siegfrieds Sohn Wolfgang diese Oper im Jahre 1944 unter dem neuen Titel »Andreasnacht« an der Berliner Staatsoper inszenierte ...

Nach den Bayreuther Festspielen, die mit einem ungeheuren Jubel für den »Tannhäuser« und Spruchchören »Siegfried-Siegfried« des begeisterten Publikums enden, begibt sich Siegfried zur Erholung an den Thunersee. *»Thun ist entzückend, das Essen genießbar. Diese wichtige Kunde zum Gruß«*, meldet er scherzhaft der Schwester Blandine. Hier fertigt er die Zweitschrift seiner Dichtung »Sternengebot« an. Am 16. September meldet er Daniela seine Abreise von Thun mit den Worten: *»Meine Kuchenkammer I. Akt ist fertig; so geht man mit einem gewissen Behag fort.«* Die »Kuchenkammer« ist eine stehende Redewendung Siegfrieds für ein gerade im Entstehen befindliches Werk und bezieht sich hier auf die Dichtung von »Sternengebot«. Im Hotel Milan in Venedig vollendet er am 22. Oktober die Partitur des dritten Aktes »Bruder Lustig«.

Zweitausend Mark Honorar bringt ihm ein Gastspiel in Warschau, das er im

Spätherbst 1904 als Dirigent durchführt. Aus dem Hotel Bristol sendet er an Blandine in Florenz einen *»Gruß aus Schnee und Eis. Konzert sehr hübsch verlaufen. Jetzt gehts nach Prag in Madame Neumanns Arme.«* In dem von Angelo Neumann geleiteten Neuen Deutschen Theater Prag erfolgt die Erstaufführung des »Kobold«, die Siegfried selbst dirigiert: *»Prag glückte sehr gut. Die Aufführung sehr anständig. Neumann in orientalischer Pracht. – Jetzt geht's nach Graz. Addio–«* In Graz leitet Siegfried im Dezember die Aufführung seines »Kobold«, anschließend Ausschnitte aus dem »Bärenhäuter« und dem »Kobold« in einem Konzert in Stuttgart.
Anfang des Jahres 1905 reist Siegfried nach Wien, wo der Komponist und Dirigent Alexander Zemlinsky die Premiere am Kaiserjubiläums-Stadttheater, der heutigen Volksoper, vorbereitet. Zemlinsky trifft den Nerv dieser Oper besonders gut. Verfolgt er doch selbst als Komponist einen ähnlichen Weg: seine Oper »Es war einmal«, im Jahr 1900 an der Wiener Hofoper uraufgeführt, ist eine Märchenoper wie der »Bärenhäuter«, und sein Mimodram »Ein Lichtstrahl«, aus dem Jahr 1901, ist so lasziv und in seiner musikalischen Ausdeutung so nah an der Operette wie Siegfried mit seinem im gleichen Jahr uraufgeführten »Herzog Wildfang«. Der »Traumgörge«, an dem Zemlinsky gerade komponiert, bemüht sich – wie der »Kobold« – um eine Balance zwischen der betont sozialkritischen Realität und dem im Menschen schlummernden Wissen um Mythos und Märchen. Und mit seiner darauffolgenden Oper »Kleider machen Leute« wird Zemlinsky, wie Siegfried jetzt mit seinem Opus 4, ein heiteres Kunstmärchen anschließen. Auch in Wien ist Siegfried bei den letzten Proben zugegen und leitet eine der acht nachfolgenden Aufführungen.
In Monte Carlo besucht er die Uraufführung von Pietro Mascagnis zweiaktiger Oper »Amica«.
Die Instrumentation seiner Ouvertüre zu »Bruder Lustig« beendet er in Rom und schließt damit die Partitur von Opus 4 ab. »Rom, 3. 4. 1905, Via Condotti 75« lautet der Schlußeintrag in der Partitur. Elf Tage später beendet Siegfried in Nizza, wo er auch Konzertverpflichtungen nachgeht, die Endfassung der »Sternengebot«-Dichtung und macht sich sofort an die Komposition des ersten Aktes von Opus 5. Ende März stehen für Siegfried in Paris wieder zwei Konzert-Dirigate auf dem Programm.
Bei diesem Paris-Besuch verliebt er sich in eine Sängerin der Opéra Comique, Madame de Nuovina. Über diese Sängerin ist in der einschlägigen Literatur nur wenig zu finden. Sie debutierte an der Opéra Comique im Jahre 1893 als »Cassya«, sang sodann Carmen und Santuzza, die Anita in der französischen Erstaufführung von Massenets »La Navarraise«, die Proserpina in Saint-Saëns' gleichnamiger Oper und die Charlotte in Massenets »Werther«.
Von der Nuovina weiß Cosima vorerst nichts. Sie macht sich nur Sorgen wegen Siegfrieds Arbeitswut und sucht ihn – insbesondere wegen seines Augenleidens – von der Arbeit abzuhalten. Sie reist nach Portofino, wo

Siegfried sich ausschließlich erholen soll, da trifft die Nachricht vom Tod Julius Knieses ein, der am 22. April in Dresden verstorben ist, und Siegfried reist heim, um die Familie Wagner an Knieses Grab zu vertreten. Aus verkehrstechnischen Gründen wird es ihm jedoch unmöglich, rechtzeitig zur Beerdigung in Bayreuth zu sein.
In Bayreuth lebt nun auch Blandines zweiter Sohn Gilberto, der sich in seinen späten Lebensjahren als Dirigent zweier Schallplatten für Siegfried Wagners Kompositionen einsetzen sollte. Sein Verhalten weist durchaus Parallelen zu dem von Siegfried in seiner Kinderzeit auf. Cosima, die von ihm »Beistand für Siegfried und unser Werk« erwartet, notiert: »Gil hat sich zu unserem Empfang in seinen blauen Sammethabit geworfen, was er sonst ungern tut.«
Außer Hamburg, wo die Uraufführung stattfinden soll, hat auch schon das Nürnberger Opernhaus die Aufführungsrechte für den »Bruder Lustig« erworben. Aus Cadenabbia – hier verbringt Siegfried die zweite Hälfte des April im Bellevue-Hotel – antwortet er dem Nürnberger Kapellmeister Balder, der ihn nach besonderen Wünschen für die bevorstehende Aufführung gefragt hat, scherzhaft:
»Wenn Sie mir eine besondere Freude machen wollen, so lassen Sie am Schluß des II. Aktes statt der Madonna Possart niedersteigen und mir einen Segenskuß auf die Stirne geben. Das wäre sinnig und innig. Sonst habe ich keinen Wunsch.«
Abgesehen von dem zugespitzten Verhältnis zum Münchner Hoftheater- und Prinzregenten-Theater-Intendanten, ist noch das »mir« in diesem Brief bezeichnend, denn am Ende des zweiten Aktes glaubt »Heinrich« die Madonna niederschweben zu sehen. Eine Bestätigung mehr, daß Siegfried sich in dieser Rolle verkörpert sieht.
Anfang Mai hält sich Siegfried in Triest und Florenz, anschließend im Hotel Britannia in Venedig auf. Ende Juni beendet er in Bayreuth die in Florenz begonnene Kompositionsskizze zum ersten Akt »Sternengebot«, Anfang August die zum zweiten Akt. Er hat viel Muße zum Schaffen, denn in Bayreuth finden diesen Sommer keine Festspiele statt. Zur Erholung schlägt Siegfried seinem Schwager Henry Thode eine achttägige Fußtour durchs Gebirge vor, die er Mitte August mit ihm antreten möchte:
»Ich muß ausspannen und du auch. Wir könnten von hier nach der Schweiz; ich würde dann noch acht Tage in Luzern oder Thun bleiben und dann heimkommen. Hier kann ich nämlich nicht faulenzen. Man hat seine Arbeitsruhe und sitzt halt immer am Klavier! – Wir können ja Liebermanns in Pontresina besuchen.«
Aber aus diesem Reiseplan wird nichts, und so begleitet er die Nuovina Anfang Oktober nach Verona, wo er, auf der Piazza sitzend, den dritten Akt der »Aida« aus der Arena schallen hört und Daniela spontan seinen Kummer anvertraut: *»(...) habe Nuovina hierher geleitet. Leider ist sie fort!«*
Es entspricht Siegfrieds sozialem Bewußtsein, aber auch seiner Italien-

Siegfried Wagner mit Evelyn Faltis

Rosa Eidam – Siegfried Wagner – Nuovina (?) – Manfred Gravina

Begeisterung, daß er die Uraufführung des »Bruder Lustig«, am 13. 10. 1905, als Wohltätigkeits-Vorstellung »zum Besten der durch die Erdbeben-Katastrophe in Italien Geschädigten« geben läßt. Der Dirigent ist Kapellmeister Gustav Brecher, und für die Regie zeichnet der Stellvertreter des Stadttheater-Direktors, Siegfried Jelenko verantwortlich, der damit sein Regie-Debut gibt. Entgegen Siegfrieds ausdrücklicher Anweisung im Regiebuch, *»kein Tableau vivant«,* zeigt Jelenko eine Vorliebe für lebende Bilder, was in der Presse auch negativ vermerkt wird. Wieder einmal werden alte Bühnenbilder aus dem Fundus nur neu gruppiert, um den Intentionen des Komponisten – äußerlich gesehen – halbwegs gerecht zu werden.

Zur Uraufführung ist die Nuovina angereist, die Siegfried »zärtliche Liebe« entgegenbringt und »mit ihm den hübschesten, heitersten Ton« hat, so daß auch Cosima »ungemein« an ihr Gefallen findet, als sie ihr im Palasthotel Hamburg erstmals begegnet. Bei der Premierenfeier sind die Kunsthistoriker Hugo von Tschudi und Heinrich Wölfflin, der Dichter Ernst von Wildenbruch und Karl Klindworth anwesend. Das Publikum ist von der neuen Oper begeistert, das Presse-Echo aber geteilt.

Dem ersten Anschein nach ist diese Oper – auch in ihrer musikalischen Diktion – leichter und einfacher geschrieben als der »Kobold«, erfüllt somit Siegfrieds eigene Behauptung, damit eine Oper im »Nikolaischen Stile« geschaffen zu haben, wenn auch im Sinne einer sehr nachromantischen Fortsetzung. Dennoch ist die Partitur reich an Kontrapunktik. Stärker als zu Nikolai zeigt die Partitur jedoch eine – in der Öffentlichkeit uneingestandene – Hinwendung zur großen Oper von Giacomo Meyerbeer, der den Sohn Richard Wagners stärker beschäftigt, als er es selbst wahrhaben will. Einmal notiert er ein Thema Meyerbeers, das ihm nicht aus dem Kopf geht, sogar auf einer Postkarte an Humperdinck und fragt ihn: *»In welcher Tonart geht's in Wirklichkeit?«* und: *»Du siehst, der teure Giacomo geleitet mich treulich durchs Leben.«* Besonders symptomatisch für Siegfrieds Hinwendung zur großen Oper ist die Wiedereinführung des für den zweiten Akt traditionellen Balletts, hier allerdings in neuer Form, da die Ballethandlung vom Chor kommentiert wird.

Cosima bemerkt nichts von diesem Einfluß, da sie so in den Werken Richard Wagners gefangen ist, daß sie seine Antipoden vergessen zu haben scheint. Durch ihre Anwesenheit bei den Premieren Siegfrieds will sie – laut du Moulin Eckart – »vor allem der Welt bekunden, wie sie auf der einen Seite Bayreuth hegte und pflegte, und wie sie auf der anderen Seite das Schaffen ihres Sohnes mit mütterlichem Stolz betrachtete«. Hier wird also eine klare Trennungslinie gezogen. Und Cosima ist sogar so ehrlich zuzugeben, daß sich die Hoftheater-Intendanten »eingestandenermaßen dafür an ihm (Siegfried; Anm. d. Verf.) rächen, daß Adolf (v. Groß; Anm. d. Verf.) unsere Rechte vertrat und ihm sie zu wahren gelang«. Der schaffende Künstler büßt somit für die reproduzierende Familie. Doch mehr als das: Siegfried empfängt Schelte von beiden Seiten. Die einen wollen dem Sohn Richard Wagners und Repräsentanten Bayreuths eins auswischen, die anderen stören sich an der zu modernen Tonsprache, dem Fehlen von »festen, greifbaren Gefilden«, insbesondere in den Urme-Szenen. Wie aber soll der Komponist die vorerst unlösbaren Probleme der Grenzwissenschaften anders in Töne fassen als auch tonsprachlich »ungreifbar«?

Siegfried Wagner mit Eva und Houston Stewart Chamberlain

Siegfried Wagner mit Daniela und Henry Thode und Manfred Gravina

Opus 5: Sternengebot

Der Aberglauben wichtigstes Bindeglied von Siegfrieds ersten fünf Opern, aber auch in den nachfolgenden Werken immer wieder als Handlungsmotiv eingesetzt, ist ein Erbteil seiner Mutter. Bei Cosima ist der Aberglaube allerdings mit starker Bigotterie vermischt; so hatte sie etwa im Jahr 1870, als an einem Abend fünf Fledermäuse in Richard Wagners Stube waren, in ihr Tagebuch notiert, daß sie Richard nichts davon erzählt habe, weil auch er »in diesem Bezug abergläubisch« gewesen sei: »Es hat mich erschrocken, wie ich es erfahren habe, dann, mich fassend, habe ich gebetet, daß, was auch für ein Unheil mir drohen möchte, ich meine Aufgabe als Christin, als Weib, als Mutter erfüllen möchte.«

Siegfried hat an den gewöhnlich mit dem Schlagwort Aberglauben umschriebenen Phänomenen ein nahezu wissenschaftliches Interesse. Die manischen – heute würde man sagen parapsychologischen – Phänomene sucht er durch Studien in alten Sagen, speziell in Grimms »Deutscher Mythologie«, aber auch in Theodor Vernalekens und Gustav Schwabs Sammlungen genauer zu erfassen. Auch Clements mediale Fähigkeiten, sein Hypnotisieren und Magnetisieren, haben diesbezüglich nachhaltig auf Siegfried gewirkt. Als einmal ein Gedankenleser nach Bayreuth kommt, ist Siegfried unter den Zuhörern und läßt sich eine Melodie, die er sich soeben erst ausgedacht hat, von dem offenbar musikkundigen Gedankenleser auf Papier niederschreiben. Ganz im Gegensatz hierzu berichtet Stassen: »Alles Ekstatische, alles was nach einer Theosophie und nach Spiritismus roch, das war ihm unheimlich: ›Nichts für einen, der gern mit beiden Füßen auf der Erde steht‹ – ›Es mag etwas dran sein, aber nichts für mich.‹«

Siegfrieds Zwillingswesen zeigt wieder einmal seine beiden Seiten. Unter welchen Aspekten hat er wohl Stassen gegenüber diesen Ausspruch getan? Offenbar zu dem Zeitpunkt, als sich Stassen – nach dem Tod seiner geliebten Gattin – einem spiritistischen Zirkel anschließt, um Kontakt mit der Verstorbenen aufzunehmen. Helferich, die männliche Hauptfigur in »Sternengebot«, warnt Agnes davor, »Wahn und Geschick« zu spalten:

»Ob an Sterne der Glaube,
an nächtliche Zeichen,
an des Fonichs Kraft,
an des Kobolds Schleichen,
all' Eins, wie du den Wahn benennst.
Genug, daß du es dein Schicksal wähnst.

Und wie die Kunde, die du erhalten,
so wird das Los sich dir gestalten.
Eng verkettet sind Wahn und Geschick!
Sie zu spalten, schrick zurück!«

Was Helferich, alias Siegfried, hier aufzählt, sind die manischen Phänomene von Opus 4 (nächtliche Zeichen und Fonichsblüte), Opus 3 und 5. In Opus 5, der Name sagt es schon, geht es um Astrologie, um die Frage, ob man sich an die Prophezeiung hält oder sie zu durchkreuzen sucht. Die Sentenz der Agnes aus dem Schlußgesang, »Höher als aller Sterne Gebot waltet ein Zweites: des Herzens Gebot«, ist die in Siegfrieds Opern wiederholt ausgesprochene Ansicht, daß eine durch das Gefühl erfaßte und anschließend rational untermauerte Meinung eine höhere Wertigkeit hat als jegliche Form von vorgeschriebener Ordnung und Gesetz. Helferich übt konstruktiven Anarchismus, er durchkreuzt die Pläne des Herzogs und setzt sich selbstlos für das Leben des jungen Heinrich ein. Dann entschwindet er dem Reichsverband, dessen Herrscher er durch die Heirat von Agnes hätte werden können.
Diese Allegorie ist leicht zu entschlüsseln: durch Namen und Erbe ist der Dichterkomponist an das Bayreuther Werk gebunden, das er auch mit all seinen Kräften erfüllt und erneuert. Hierdurch jedoch wird er in seiner eigenen Entfaltung gehindert, und sein Schaffen wird an Kriterien gemessen, die ihm nicht adäquat sind. Und wieder einmal – wie schon im »Herzog Wildfang« – flieht er vor der Ehe.
Doch außer Helferich und einigen typisch Siegfriedschen Zügen bei Agnes ist noch eine weitere Figur in dieser Oper autobiographisch gezeichnet. Adalbert der Babenberger ist der »ewige Zweite«:

»haha, da hast du's!
Hörtest du, Adalbert?
›Als Zweiter dünkt mich,
kommst auch heute du‹ –
als Zweiter! – Auch heute! – auch!
Ja! beim Werben, im Wettspiel, im Krieg,
als Zweitem nur wird mir der Sieg.«

Wer dächte da nicht an »Wagner II.«, wie Siegfried in Kritiken bisweilen genannt wird.
Auch der Kobold ist mit dem Ende von Siegfrieds gleichnamigem Opus 3 keineswegs erlöst, wie man aus Helferichs Selbstgespräch erfährt:

»Umsonst verschließt er das Ohr dem Stöhnen,
vergeblich will er den Ton übertönen;
Kobolds wachsend grausige Plage:
Kobolds jammervoll quälende Klage!
Wissend leugn' ich, um nicht zu wissen,

um nicht zu sehen, möcht ich die Augen schließen,
versperren den Klang, daß er nicht zu mir dring',
daß nicht des Gewissens Saite erkling'.«

Das bezieht sich unschwer wieder einmal auf den – moralisch gesehen – rechtmäßigen Thronfolger, in der Oper auf den jungen Heinz, bei Siegfried auf den jungen Walter Aign. Der spukt auch noch in einer weiteren Gestalt, als unehelicher Sohn des Herzogs, durch diese Oper, als der Kurzbold. Er läßt den Vater fragen, ob der nicht auch – gleich ihm – einen Buckel hätte, worauf ihm der Herzog antworten läßt: *»Ein jeder hätte seinen Buckel, / meiner säß im Hirn!«* Die Mutter des Kurzbold ist offenbar eine Zauberin – hat sie doch den Herzog zur Leidenschaft verzaubert, ohne die der Kurzbold nie entstanden wäre. Das ist – bezieht man es auf Marie Aign – unfair und chauvinistisch gedacht, denn während Siegfried Zauberinnen und Hexen zumeist als positive Kräfte zeichnet, ist von der Mutter des Kurzbold nur negativ die Rede: *»Die Mutter fänd er wohl mal hocken, / mäuseatmend, wo? Am Brocken!«*

Doch immerhin stattet er den Kurzbold mit besonders wertvoller Musik aus, wie Norbert Ely anläßlich der konzertanen Wiederaufführung der Oper, 1977 in Wiesbaden, konstatiert: »Der Kurzbold, der ist er selbst. Dem gesellt Siegfried Wagner eine knöcherne Holzbläsermusik zu, wie sie Mahler nicht besser geschrieben hat. Das Motiv des Totentanzes herrscht vor und wird in der vierten Szene des letzten Aktes auch eingelöst, in der die Musik wirklich Beklemmung auslöst. Hier war, so scheint es, Siegfried Wagner der Wahrheit, der eigenen wie der seiner Umgebung, ganz nahe. Ein abgründiger Humor tut sich auf.«

Scherzhaft teilt Siegfried seinem Freund Humperdinck mit: *»Von meiner neuen Oper komponiere ich zunächst die Striche. Ich schreibe nächstens mal einen Einakter. Da hat man weniger Arbeit und weniger Ärger.«* Das bezieht sich auf die Repertoirevorstellungen seiner Opern, die oft nur stark gekürzt auf dem Spielplan stehen. Im Februar steht in Nürnberg die Erstaufführung des »Bruder Lustig« auf dem Programm.
Carl Friedrich Glasenapp, dem diese Oper gewidmet ist, flieht vor einem Aufstand im Baltikum und läßt sich für einige Zeit in Bayreuth nieder, um hier seine sechsbändige Wagner-Biographie zu beenden. Daneben schreibt er an einer kleinen Siegfried-Wagner-Biographie, die – mit dem Umfang von 79 Seiten – noch im Jahr 1906 in der Reihe »Das Theater« erscheint. Es ist jedoch bereits die zweite Biographie über Siegfried Wagner. Die erste, von Ludwig Karpath, ist bereits kurz nach der Jahrhundertwende erschienen. Nach der Nürnberger Aufführung des »Bruder Lustig« reist Siegfried nach Paris und trifft Anfang März in Berlin ein.
Das Café Josty, in dem bereits der junge Meyerbeer mit seinen Brüdern

Schokolade und Florentiner mit Sahne genossen hatte, ist der Treffpunkt für Siegfried und seine Freunde.
Im Mai fährt Siegfried wieder nach Dresden, um mit Marie Wittich die Partie der Isolde zu erarbeiten, die sie im Festspielsommer 1906 erstmals in Bayreuth singen wird. Eine eindrucksvolle Neuerung hat sich Siegfried beleuchtungstechnisch für den zweiten Akt des »Tristan« einfallen lassen. Während es sonst bei Markes Eintritt üblich war, ein diffuses Morgengrau dämmern zu lassen, interpretiert Siegfried diese Stelle nicht realistisch, sondern dramaturgisch, als den Gegensatz von Nacht- und Tagwelt. Mit einem harten, hellen Licht blendet er den Zuschauer, der sich an das dunkle Nachtblau gewöhnt hat. Im dritten Akt, dem gleißenden Tag, verlangt Siegfried mehr Grelligkeit, als diese frühen Scheinwerfer überhaupt abzugeben in der Lage sind. So passiert es in einer Aufführung, bei Tristans Fluch des Tages, daß die Elektrizität zusammenbricht. In der völligen Dunkelheit spielt einzig der Solo-Cellist Rudolf Krasselt seinen Part weiter, nach und nach geht die Notbeleuchtung wieder an, finden die anderen Orchestermusiker zurück – und zahlreiche Besucher halten das Mißgeschick für einen besonders drastischen Effekt des Regisseurs.
Mit ihrer Regie von »Tristan und Isolde« verabschiedet sich Cosima offiziell als Festspiel-Leiterin. Siegfried dirigiert den »Ring«, Franz Beidler alterniert mit Karl Muck als »Parsifal«-Dirigent, und Felix Mottl leitet, alternierend mit Michael Balling, den »Tristan«. Bei den Festspielen kommt es zu einem Streit zwischen Siegfried und Franz Beidler. Wie so oft liegt der Konflikt nicht zwischen den beiden Dirigenten begründet, sondern bei Cosima, die gegenüber Groß bereits am 1. Oktober 1904 geäußert hatte, es sei nötig, »daß Loldi mit Mann und Kind fortzieht«. Siegfried hatte dem Schwager, etwa bei Gelegenheit des Gastspiel-Angebotes aus Moskau, gern den Vortritt gelassen. Cosima ist es, die Beidler immer wieder spüren läßt, daß er im Grunde kein von ihr erwünschter Schwiegersohn ist. Offenbar muß Beidler mit Ellenbogen sein Recht gegenüber Cosima durchsetzen. Als sie ihn bittet, für den verhinderten Karl Muck eine Vorstellung zu übernehmen, willigt er nur unter der Bedingung ein, daß er eine weitere Aufführung seiner Wahl dirigieren darf, ein in der Theaterpraxis durchaus gebräuchliches Vorgehen. Cosima nimmt es jedoch als Erpressung – und läßt ihre Entscheidung offiziell durch Siegfried an Beidler übermitteln: er darf nicht. Isolde sieht es ungern, daß ihr junger Bruder in der Öffentlichkeit ganz anders gefeiert wird als ihr Mann – und schürt nun den Familienzwist, der natürlich begierig von der Presse aufgegriffen wird. Am 11. August zieht Cosima unter die Angelegenheit ihrerseits einen Schlußstrich, indem sie Beidler mitteilt, daß sie, bis zu einer »Wiedergeburt« von Beidlers Wesen, »die sich in Taten kundgeben muß«, von ihm »geschieden« sei.
Noch vor Beginn der Festspiel-Proben hat Siegfried den zweiten Akt von Opus 5 in Partitur vollendet. Nach den Festspielen erholt er sich zunächst in

Madonna di Campiglio, von wo er Mitte September nach Venedig aufbricht: *»Zum Baden und Instrumentieren«,* wie er seiner Schwester Blandine mitteilt, die bei ihrem Sohn Gilbert in Bayreuth geblieben ist.
Ein Kritiker der Rhein-Westfälischen Zeitung hatte in seinen Berichten aus Bayreuth auch über die Künstlerkneipe »Eule« geschrieben: »Hier wurde Siegfried Wagner, der sich fast jeden Abend einstellte, in einer kaum glaublichen Weise von Damen der feinsten Gesellschaft angeschwärmt; man kann sich unter diesen Umständen nicht wundern, daß der schon siebenunddreißigjährige, schon stark ergraute Erbe des Namens Wagner sich noch immer nicht in Ehebande fesseln läßt.« In Venedig ist Siegfried jedoch in besten, festen Händen, da die Nuovina den Urlaub mit ihm verbringt.
Kaum schließt Siegfried, am 9. Oktober 1906 im Hotel Milan in Venedig, die Partitur des dritten Aktes »Sternengebot« ab, als er auch schon die Reinschrift einer neuen Operndichtung ausführt, die er in Campiglio niedergeschrieben hat, »Banadietrich«. Aus Florenz schreibt Siegfried am 20. Oktober an Henry Thode: *»Gold, es ist herrlich hier! Ich genieße in vollen Zügen! Ach, es ist etwas an dem Catapecchia-Land! Und am Mittwoch noch die Aida!! –*
Die Beleuchtungen in Fiesole sind himmlisch! – Nur noch kurze Zeit, dann ins Land der Salome zurück.«
In Karlsruhe übernimmt Siegfried im November für den erkrankten Michael Balling die musikalische Einstudierung des »Bruder Lustig«. Hierbei lernt er den um vier Jahre jüngeren Komponisten Max Reger kennen. Was beide auf Anhieb verbindet, ist die Liebe zu Johann Sebastian Bach, dessen kontrapunktische Mehrstimmigkeit beide Komponisten mit einer chromatisch erweiterten Harmonik zu ihrem eigenen, nachromantischen Klangbild vereinigt haben. Reger berichtet seiner Frau Elsa: »Wir waren höchst vergnügt zusammen!«, und Siegfried führt an Daniela und Henry Thode aus: *»Denkt Euch, ich verbrachte einen sehr lustigen Abend mit Max Reger! Einem drolligen, etwas fischerartigen Oberfranken, einem ehrlich gar nicht falschen Kerl.«* Der ehrlichen Bewunderung *»Eine Fuge gefiel mir sehr gut«,* folgt allerdings der kritische Nachsatz, *»das Thematische ist ja auch etwas im Karpfenweiher steckengeblieben.«* Auch Magdeburg bringt den »Bruder Lustig« heraus. Siegfried dirigiert im November selbst eine der Aufführungen und ein Konzert mit Ausschnitten aus seinen anderen Opern.
Wie bei der Freundschaft mit Max Reger scheint es die Liebe zum Leipziger Thomaskantor zu sein, die Siegfried mit dem Theologen, Arzt und Musiker Albert Schweitzer Freundschaft schließen läßt. Der kanpp sechs Jahre jüngere Schweitzer sagt in einem Brief an Wolfgang Wagner: »Ihr Vater und ich liebten einander. Er gehört zu den Menschen, die ich in liebster Erinnerung habe. Aber ich glaube, daß wir uns kaum jemals geschrieben haben. Wenn wir zusammen waren, genossen wir es. Es genügte uns, aneinander zu denken.« Und in seiner Autobiographie führt Schweitzer aus: »Bei meinen Aufenthalten in Bayreuth befreundete ich mich mehr und mehr mit Siegfried. Wir verstan-

den uns und fühlten uns voneinander angezogen vom ersten Gespräche an, das wir miteinander hatten. Ich habe selten einen so natürlichen und von Grund aus so gütigen und edlen Menschen angetroffen wie ihn. Als Spielleiter war er großartig. Er kümmerte sich um alle Einzelheiten der Inszenierung, wie auch die des Gesanges und des Verhaltens der Mitwirkenden auf der Bühne. Er verstand es, diese nicht nur anzuweisen, sondern auch anzuregen. Was ihnen nicht lag, verlangte er nicht von ihnen. Er wirkte nur darauf hin, die Auffassung, die sie sich von ihrer Rolle machten, auszubilden und zu vertiefen.«

Während Siegfried am 9. Dezember in der Musikalischen Gesellschaft Essen ein »Familien-Programm«, Werke seines Vaters, seines Großvaters und Exzerpte aus »Herzog Wildfang« und dem »Kobold« leitet, erleidet Cosima, die gerade beim Erbprinzen Hohenlohe auf Schloß Langenburg zu Gast ist, einen schweren Herzanfall. Siegfried reist am nächsten Mogen zu ihr, und auch Isolde hat sich eingefunden. Bald schwebt die knapp siebzigjährige Cosima nicht mehr in Lebensgefahr – aber die von ihr geplante Übergabe der Leitung der Festspiele an Siegfried Wagner ist damit besiegelt. Professor Ernst Schweninger, Bismarcks Leibarzt, behandelt Cosima, die vier Tage später, von ihren Kindern begleitet, in einem Salonwagen heim nach Bayreuth gebracht wird. Auch Siegfrieds Kompositionsskizze des ersten Aktes »Banadietrich«, die er vom 15. Dezember 1906 bis 11. Januar 1907 in Bayreuth niederschreibt, trägt den Vermerk »Mamas Erkrankung«. Für das Frühjahr 1907 hat Schweninger Cosima einen längeren Erholungsaufenthalt in Cannes verordnet.

Ende Januar dirigiert Siegfried ein Konzert im Heidelberger Bach-Verein. Mit Anton Bruckners Dritter Symphonie steht ein Werk auf dem Programm, das Siegfried zuvor noch nie interpretiert hat. Von Cannes aus, wo er Cosima besucht, reist Siegfried Ende Februar nach Barcelona, um im Gran Teatro del Liceo zwei Konzerte zu dirigieren. Am meisten werden dabei die Ausschnitte aus »Herzog Wildfang« bejubelt. Nach Cannes zurückgekehrt, hält er es nicht lange in der Gesellschaft der kranken Mutter und der betulich um Cosimas Wohl besorgten Eva aus und besucht für vierzehn Tage seine Schwester Blandine und ihre Kinder in Florenz.

Die neue Umgebung nutzt Siegfried, um den ersten Akt der Dichtung von Opus 7, »Schwarzschwanenreich«, niederzuschreiben. Hans Richter, der Beidler eine Kapellmeisterstelle in Manchester verschaffen will, erhält von Siegfried zur Antwort:

»Was Du über B. schreibst, erfüllte mich mit größter Dankbarkeit. Den Dienst, den Du damit meiner armen Mutter erweisen würdest, ich kann ihn gar nicht hoch genug anschlagen. Ich versichere Dich, ich denke mit Grauen immer wieder an die Heimkehr. Darüber bin ich ganz im Klaren: die furchtbare Erkrankung meiner Mutter wäre nicht erfolgt, wären die fünfjährigen, fast unausgesetzten Quälereien nicht gewesen. Keine Arbeit, keine Mühe konnte

je Mama erschöpfen, aber Unfrieden im Inneren. Ich konnte es gar nicht mehr ansehen. Dazu das heftige Temperament I.s (Isoldes; Anm. d. Verf.), *die ewigen Szenen! Das muß ein Ende nehmen, soll nicht das Ärgste für Mama zu befürchten sein! Du wärst der größte Wohltäter Mamas, Du würdest mich zu tiefstem Danke verpflichten. Nur aus unserer Nähe, damit Mama vergessen kann! Ja, da er ein guter Musiker ist, wird er Dir nicht Schande machen.«*
Doch Beidlers Engagement in Manchester währt nicht lange, und so schlägt er die Laufbahn des Kaufmanns ein.
Am 3. April beendet Siegfried in Cannes die Partitur des ersten Aktes »Banadietrich« und reist nach Italien, wo er am 7. April in Pisa eine Aufführung der »Aida« erlebt. Offenbar spielt Henry Thode noch einmal auf das Problem einer eventuellen Vermählung Siegfrieds an, denn dieser antwortet ihm am 25. April: *»Daß ich mich mit jungen Mädchen glänzend unterhalten kann, werden dir bestätigen: Inga Wesendonck, Maria Sturm, Nelle Eulenburg, selbst Lyn. Levi! Man muß eben allein sein um zu glänzen. Nacht muß sein. Addio Gold, Fidi«*
Vier Tage später bricht Siegfried von Bologna auf zur Heimkehr nach Bayreuth: *»Morgen also geht's fort aus dem geliebten Italien. Die Sehnsucht nach Deutschland ist gerade nicht im Wachsen begriffen. (...) Ich war eingehend in den Galerien!! Andrea del Sarto habe ich endgültig erledigt. Begeistert haben mich Raphaels Portraits, so altmodisch bin ich! Tizian hat ja zu viel gemalt und zu lang gelebt. (...)«*
Anfang Juni schließt Siegfried die Kompositionsskizze des zweiten Aktes von Opus 6, am 2. September die des dritten Aktes in Bayreuth ab. 1907 ist in Bayreuth Pause – aber intensives Probenjahr für die Festspiele des Jahres 1908, bei denen »Lohengrin« wiederaufgenommen werden soll. Mit kleinen, wirkungsvollen Schritten zielt Siegfried auf eine Veränderung und Vereinfachung der Dekoration hin, die besonders seiner Chorführung mehr Raum läßt. Siegfrieds diesbezügliche Skizzen finden denn auch volles Verständnis und Anerkennung auf seiten von Max Brückner und Friedrich Kranich.
Als Siegfried von einem Reporter der »Hamburger Nachrichten« über die Fortschritte der modernen Bühnendekoration befragt wird, gibt er zur Antwort: *»Ganz zu der einen oder anderen Richtung mich zu bekennen, vermag ich nicht; doch wohl eher zu derjenigen, welche die Einfachheit predigt; denn auf diesem Wege scheint mir eher die Möglichkeit gegeben, das Drama, um dessentwillen man denn doch schließlich ins Theater geht, zur vollen Geltung zu bringen. Nur scheint mir in dieser Frage ein entweder/oder nicht das richtige. Die Götterdämmerung kann man nicht inszenieren wie ein Ibsensches Stück und für den großen Rahmen der Pariser Oper z. B. kann man nicht dieselben Prinzipien anwenden, die man im Deutschen Theater in Berlin mit viel Glück und Geschmack durchgeführt hat. Die Gordon Craigschen Ideen gefallen mir ungemein, doch sind sie nicht für alle anwendbar. Ein großes Gewicht legen wir hier in Bayreuth auf die Beleuchtung, auf zarte Übergänge,*

mit Vermeidung roher Effekte. Von der neuen Beleuchtungs-Erfindung Mariano Fortunys erwarte ich mir daher viel Gutes für die Zukunft. (...) Eins ist gewiß: gerade auf diesem Gebiet entfaltet sich jetzt ein reges Streben, und jeder Neuerung sehen wir Bayreuther mit Interesse entgegen.«

Nach den Vorproben begibt sich Siegfried nach Oberitalien. Mit dem folgenden Zweizeiler will er Henry Thode auffordern, auch nach Venedig zu reisen:

»Die Huren kreisen um S. Moisé!
Wir grüßen dich und sagen: Au weh!
Warum bist du nicht dabei?«

Am Lido in Venedig begegnet er Isadora Duncan wieder, die sich dort eine Strohhütte gebaut hat und am Strand tanzt. Hierüber berichtet Siegfried freudig nach Wahnfried. Offenbar hat jener von Isadora Duncan in ihren Memoiren beschriebene Eklat zwischen Cosima und ihr, als sie in großer Runde behauptet hatte, Richard Wagner hätte mit der Gattung des Musikdramas einen Fehler begangen, so nicht stattgefunden – oder aber Siegfried setzt sich darüber hinweg.
In Venedig macht Siegfried zunächst ausschließlich Ferien, aber bald schon drängt es ihn wieder zur Arbeit, zu deren Fortsetzung er sich in das für seine dramatische Tätigkeit so günstige Florenz begibt. Zu Danielas Geburtstag, am 12. 10., schreibt er ihr aus Florenz: *»Ich wollte eigentlich mich selbst bringen, aber meine Kuchenkammer gebietet augenblicklich Fertigstellung. Wenn ich das Eierlegen jetzt unterbreche, ist's nicht gut.«* Also kehrt er erst einige Tage später aus Florenz nach Bayreuth zurück, um seine Herbst-Konzert-Tournee zu starten, Sänger in verschiedenen Opernhäusern zu begutachten, neue Kontakte zu knüpfen und alte aufrechtzuerhalten.
Vorbesprechungen wegen der bevorstehenden Uraufführung von »Sternengebot« führen ihn nach Hamburg, wo er auch zu Gast bei Eugen d'Albert ist. Mit ihm und seiner Frau Hermine freundet er sich an: *»Er ist ein pfiffiges begabtes kleines Luderchen und wir wünschten uns schließlich gegenseitig Erfolg und schöne Dekorationen«,* heißt es in Siegfrieds Brief an Daniela. D'Alberts Oper »Tragaldabas, der geborgte Ehemann« erlebt ihre Uraufführung bereits am 3. Dezember 1907, sieben Wochen vor der Uraufführung von »Sternengebot«; seit Saisonbeginn ist das die dritte, seit Jahresbeginn bereits die sechste zeitgenössische Opernpremiere in Hamburg. Die Partitur des zweiten Aktes »Banadietrich« beendet Siegfried beziehungsreich in der Metropole seines Schaffens – in Hamburg. Dann reist er über Plauen, wo er Ende November ein Konzert dirigiert, wieder nach Dresden.
In einer Bar in Dresden begegnet er einem Schauspieler, der seinen Vorstellungen eines Beckmesser optimal entspricht. Siegfried fordert ihn auf: *»Sie müssen den Beckmesser in Bayreuth singen.«* – »Aber ich habe in meinem Leben noch nie gesungen«, ist die Antwort des Unbekannten. *»Das macht*

nichts; Sie werden es lernen«, antwortet Siegfried voll Überzeugungskraft, – und der Schauspieler nimmt Gesangsunterricht. Es ist Heinrich Schultz, der dann tatsächlich in den Jahren 1911 und 1912 sowie 1924 und 1925 in Bayreuth den Beckmesser verkörpern sollte – und darüber hinaus auch den Teufel in der Siegfried-Wagner-Festspielwoche, im Jahr 1926 in Weimar.

Auch in Wiesbaden, der letzten Station seiner Herbstreise, verbindet Siegfried wieder seine Tätigkeit für Bayreuth mit eigenem Schaffen. Mit Martha Leffler-Burckard studiert er Kundry und Sieglinde für den kommenden Festspielsommer, und am 19. Dezember dirigiert er ein Konzert im Großen Saal des Kurhauses. Umrahmt von Siegfried-Idyll, »Holländer«-Ouvertüre und »Meistersinger«-Vorspiel, stehen Kostproben aus Opus 3 und 4 und – als Uraufführung – auch Ausschnitte aus dem »Sternengebot« auf dem Programm. Siebzig Jahre später erklingt am selben Ort, im Großen Saal des Wiesbadener Kurhauses, die komplette Oper als Festaufführung zu den Maifestspielen. Über diese stürmisch umjubelte, konzertante Aufführung schreibt Eugen Bichterer 1977: »Nach einem Choraufzug, wie ihn der zweite Akt des ›Sternengebots‹ beschert, muß man die deutsche Opernliteratur ebenso lange absuchen wie nach so emphatischen Soprankantilenen, wie sie die Agnes hier zu singen hat«, und Wolf-Eberhard von Lewinski konstatiert, daß sich beim Publikum »der Jubel steigerte, als habe es sich um eine ›Meistersinger‹-Aufführung gehandelt«.

Bevor Siegfried sich zur Uraufführung nach Hamburg begibt, schiebt er einen Urlaub in Santa Margherita ein. Mutter und Schwester Eva erscheint er dabei »manchmal als eine Art Abtrünniger«, verbindet er seine Italienaufenthalte doch mehr mit Wahrnehmung anderer Interessen, als sie seiner Verwandtschaft lieb sind. Auf Siegfrieds Wunsch wird Cervantes' »Don Quijote« zur Lektüre gewählt, Dantes Paradies legt er dagegen beiseite mit der Bemerkung über Beatrice: *»Ich kann das humorlose Weib nicht vertragen!«* Dabei scheint auch sein Unwillen über Cosimas Humorlosigkeit mit durchzubrechen. Sie aber entschuldigt Siegfrieds Verhalten damit, daß er »in vielen Plackereien und Komplikationen« steckt – »die Welt wird nicht besser«. Dabei kann es sich wieder einmal nur um Schwierigkeiten mit Erpressern handeln, die Siegfrieds intimen Umgang mit jungen Männern beobachtet haben – wie eine wissenschaftliche Analyse des Privatvermögens der Wagners durch Michael Karbaum an den Tag gebracht hat.

Die Uraufführung in Hamburg, die am 21. Januar »zum Besten des Franz-Liszt-Pensions-Vereins der Orchestermitglieder des Hamburger Stadttheaters« stattfindet, steht unter keinem günstigen Stern. Obgleich Gustav Brecher wieder intensiv musiziert, und Gustav Jelenko – diesmal mit tatkräftiger Hilfe Siegfrieds – Regie geführt hat, bleibt die Diskrepanz zwischen Musik und Regie auf der einen und einer völlig unmöglichen, aus dem Fundus von allerlei Ritterstücken zusammengesetzten Ausstattung auf der anderen Seite eklatant.

Dabei zeigt die Karl Klindworth gewidmete Partitur erneut einen deutlichen Fortschritt gegenüber dem Opus 4. Die Verführungsszene im zweiten Akt mutet wie ein impressionistisch fortentwickelter Mendelssohn an, und neben Marschner wird Giuseppe Verdi als Vorbild unüberhörbar. Dennoch ist die Partitur aus einem Guß geschaffen, und die scharf gegeneinander gestellten Wechsel von jauchzender Lust, blühenden Liebeslyrismen, faszinierend musikalisch ausgeformten Traumata, Turnieraufzügen und Totentanz, dürften für Opernfreunde keinen Wunsch offenlassen.
Als der Komponist Volker David Kirchner im Jahr 1977 dem »Sternengebot« und damit erstmals einer Oper von Siegfried Wagner begegnet, notiert er: »Manchesmal erschien es mir, als geriete unter der Hand, – quasi durch kampfloses Anerkennen der eigenen Abhängigkeit – die Musik zu eigenständiger Gebärde, als höhle jener ›passive Widerstand‹ das Vorbild aus, zersetze es und gewinne so eigene Kräfte. Es gibt Stellen, bei denen der massierte, bombastische Klang zu einer erschreckenden Maskenhaftigkeit gerinnt, so daß man den beklemmenden Eindruck gewinnt, bei größter Lautstärke über eine hauchdünne Eisdecke gehen zu müssen. Andere Momente wiederum zwingen einen, durch die Brüchigkeit des Satzes, zum Aufhorchen. Es leuchtet eine seltsame unbekannte Exotik aus ihnen, die, hat man sich einmal auf sie eingelassen, neugierig macht. (...)«

Opus 6: Banadietrich

Mit seinem Opus 6, »Banadietrich«, begibt sich Siegfried gefährlich nahe an den mythischen Stoffkreis seines Vaters. Der Hunnenkönig Etzel und seine Söhne, mitsamt dem alten Kämpen Hildebrand, sie kommen zwar im »Ring« nicht vor, aber der Durchschnittszuschauer assoziiert sie – aufgrund des Nibelungenliedes, das Richard Wagner allerdings nicht verwendet hat – der Umwelt der Nibelungen zugehörig. Dietrichs Schwert Balmung scheint ebenso ein Pendant zum Schwert Nothung im »Ring des Nibelungen« zu sein, wie die Nixen und Schwanjungfrauen als Schwestern der Rheintöchter gelten könnten. Aber weit gefehlt. Die Nähe zu Vaters Opus zeigt bei Siegfried die Distanz – wenn nicht gar eine leise Kritik. Sein Heldendrama ist ein Zauberstück, das mehr die Linie Raimunds fortsetzt, dem er bereits mit seinem Jugendwerk, dem phantastischen Lustspiel »Kahlinchens Traum« gehuldigt und nachgeeifert hatte und das eher versucht an ein volkstümliches Zaubertheater à la Schikaneder anzuknüpfen als an den Kosmos der »Ring«-Tetralogie. Er häuft an Theatereffekten, was die Handlung nur gerade verkraften kann: da fliegt Dietrich auf einem Zauberdrachen weg, während seine Burg in Flammen aufgeht, einer Flasche entgleitet eine Schlange, einer andren ein Feuer, ein Goldregen verwandelt sich in faules Laub, zweimal zieht eine Hammelherde über die Bühne. Im dritten Akt mehren sich die Wunderdinge. Da sieht der Ausgestoßene, was andere nicht wahrnehmen: Irrlichter, Elfen und Waldschrate. Er erschlägt den Tod, dessen Knochen der Teufel aufsammelt, um sie anschließend wieder zu leimen. Eine zertretene Blume singt im Sterben, Gott selbst versucht ins Geschehen einzugreifen, und dann entfesselt sich die wilde Jagd: sie reißen Banadietrich *»das Gewand vom Leib und jagen mit ihm im Kreis. Im Hintergrund, auf einem Felsen, zeigt sich eine zertrümmerte, noch in Felsen lodernde Burg. Banadietrich wird hingezerrt. Der Reiter mit dem Kopf im Arm steht in der Mitte. Banadietrich soll das Haupt abgeschlagen werden, daß er auch so reiten soll. Ein dreibeiniges Pferdegeripp' wird ihm gereicht. Jubel und Hohngeschrei der Geister.«* Danach folgt noch eine schnelle Verwandlung in die Tiefe eines Sees mit Schwanjungfrauen und Nixen.

In der Häufung von theatralen Effekten erkennt man den Komponisten der Szene. Auch die Sprache ist weniger pathetisch als vielmehr komödiantisch. Musikalisch reiht sich die Partitur nahtlos an die vorigen, zitiert sie doch – wie stets bei Siegfrieds Opern – ihre Vorgänger, da gleiche Stimmungen für den Komponisten zwangsläufig gleich klingen. So klingt die Hirten-Idylle so wie im frühen Lied »Schäfer und Schäferin«, und der in dieser Oper in drei Figuren

aufgespaltene Teufel wird selbstverständlich mit jenen Motiven ausgestattet, denen der Hörer schon im »Bärenhäuter« und jeweils dann in den nachfolgenden Werken begegnet ist, wenn von irgendeiner Teufelei die Rede war.
Besonders gut gelingt dem Komponisten die Zeichnung der Wilden Jagd, mit einem Rittmotiv, das – wie auch schon der Totenritt im »Sternengebot« – die Patenschaft von Hector Berlioz nicht leugnen kann, an den auch die Zeichnung der Irrlichter vage erinnert. Col legno schlagen die Streicher, die Flöte fährt wie ein Peitschenknall dazwischen, und die Blechbläser stimmen ein jazzartiges Thema an, das Pretzsch in seine thematische Analyse nicht aufnimmt, das aber zwanzig Jahre später als ein zentrales Thema in Weills »Aufstieg und Fall der Stadt Mahagonny« erklingt. Ein Zufall? Möglicherweise hat Weill die Partitur gekannt, denn »Banadietrich« ist Engelbert Humperdinck gewidmet, bei dem Weill in Berlin-Charlottenburg Komposition studiert.
Sechs Jahre bevor Luigi Russolos Futuristisches Manifest die Geräuschkunst zu einem akustischen Genuß erklärt, verwirklicht Siegfried in der Partitur des ersten Aktes von Opus 6 Aleatorik: *»ganz nach Belieben«* sollen die Trommeln »verschiedenartig durcheinanderwirbeln«, um ein akustisch wildes Bild des Schlachtlärms zu zeichnen. *»Man wird gut tun, die Donnermaschine mitzuverwenden, aber schwach, nicht vordringlich«* heißt es zu Beginn der ersten Szene, die damit offenbar dem gesteigerten Lärmpegel der Zeit zu entsprechen sucht.
Doch Siegfrieds Opus 6 erschöpft sich nicht in theatralischem Maschinen-Zauber und in neuen Klangballungen. Auch diese Oper entsteht aus einem *»starken, dumpfen Schaffensdrang«*, verarbeitet autobiographische Probleme. Der Schweizer Wagner-Forscher Walter Keller deutet den Schluß des Werkes

»Wogen schließen in fließender Ruh'
irdischen Kummers Wunden zu!
Treue findet nur und Trost,
wer die Tiefe sich erlost«,

als ein Vergraben des Konfliktes »in der Tiefe, im Unerhellten, Unbewußten« und den Schauplatz, die »Tiefe des Sees«, als »symbolische Darstellung des Mütterlichen«. Natürlich ist der Protagonist wieder ein theatralisches Ego des Komponisten, der trotzig seinen Weg geht und sich durch nichts davon abbringen läßt, der Außenseiter, der im Gegensatz zum geltenden Recht und zu den moralischen Normen der Gesellschaft steht. Nicht zufällig wird der Diskussion über außereheliches Zusammenleben – im zweiten Akt – so breiter Raum geschenkt. Um sich als Individuum zu behaupten, will der trotzige Titelheld sogar die größte Sündentat begehen:

»Will ich denn Heiliger sein?
Ich bin verflucht, dess' will ich mich freu'n!
Frevelnd, sündigend, ohne Bereu'n!«

Interessant erscheint die Regieanweisung zur Schlußszene in Siegfrieds Regiebuch. Nichts romantisch Kitschiges stellt er sich vor, sondern einen epischen Chor, der das Fazit der Oper zu singen hat, während *»vor dem Lager Tänzerinnen ihre Anmut als Nixen entwickeln können«.*
An der Uraufführung von »Sternengebot« am 21. Januar 1908 schließen sich Konzerte an, die Siegfried in Stettin und Berlin dirigiert. In Stettin kommt am 26. Januar 1908 der »Bruder Lustig« heraus, den der Kapellmeister Eduard Möricke zu Siegfrieds Zufriedenheit einstudiert hat. Auch die Dekorationen sind hier – nach den Skizzen Siegfrieds – neu angefertigt worden, so daß der Komponist im Herzen bereits den kleinen Bühnen einen Vorzug vor den großen Häusern einräumt. Er selbst leitet eine Vorstellung, anschließend Konzerte in Dresden und Wiesbaden. Im März haben in Prag und Wien »Sternengebot«, in Krefeld »Der Bärenhäuter« Premiere. Die Qualität der Wiener »Sternengebot«-Premiere beurteilt Siegfried Daniela gegenüber lakonisch mit den Worten »so so«, fügt dann aber hinzu: *»Einmal im Leben möchte ich schon gerne etwas anderes erleben.«* Die musikalische Leitung der Aufführungen in Prag hat Leo Blech, dennoch ist Siegfried selbst im Neuen Deutschen Theater zugegen, um die letzten Proben, teils vom Regiepult, teils vom Orchestergraben aus, zu leiten.
Über die bevorstehenden Festspiele muß er »Kriegsrat« mit seiner Mutter führen. Wie er sich das Komponieren in Bayreuth, neben seinen anderen Aufgaben, gleich einem Stundenplan einteilt, so auch die Planungsarbeit für die Festspiele: täglich eine halbe Stunde, das muß ausreichen für jene Disposition, bei der Cosima und Adolf von Groß mitreden.
Erholung von den Festspielproben findet Siegfried mit den männlichen Darstellern im Flößangerbad. Auf einem Gruppenfoto ist er der einzige, der weder Badehose noch Hose und Schwimmhemd, sondern einen geradezu weiblichen Badeanzug trägt, der auch seine Brust bedeckt. Er liebt es eben, selbst noch im Freibad extravagant gekleidet zu sein.
Während der Festspiele nimmt Cosima Wohnung auf Adolf von Groß' Riedelsgut. Sie bleibt dem Festspielhügel fern und taucht auch nur sehr selten in Wahnfried auf, wobei gesundheitliche Rücksichten Hand in Hand gehen mit der konsequent vollzogenen Übergabe der Festspielleitung an Siegfried. Sie weiß wohl selbst, sie würde ihm ins Handwerk pfuschen, sobald sie seine Arbeit mit eigenen Augen begutachten würde. Teilweise wird von der Presse bemängelt, daß Siegfried mit Antritt der Festspielleitung nicht alles einer Neugestaltung unterzieht; lediglich seine Inszenierung des »Lohengrin« findet uneingeschränkte Zustimmung, sieht man von den Stimmen jener ewig Gestrigen ab, die Cosimas Inszenierung besser und hehrer fanden. Siegfrieds Regie schreckt vor Operneffekten in dieser »romantischen Oper« seines Vaters nicht zurück; er inszeniert das Werk also nicht im Sinne der Vereinheitlichung jener Wagnerianer, die jedes Werk Wagners zu einem »Musikdrama« erklären. Als wesentliche Neuerung führt Siegfried den Rund-

horizont ein, der dem Zuschauer den Eindruck einer unbegrenzten Weite vermittelt.
Den größten Eindruck ruft seine Regie der Massenszenen hervor, die bereits im Jahre 1901 bei seiner Inszenierung des »Fliegenden Holländers« aufgefallen war. Jeder Chorist ist als Individuum geführt, der sich jedoch mit den anderen Individuen zu einem klar durchdachten Gesamtbild zusammenfügt. Siegfried geht es darum, jede Szene mit Leben zu erfüllen. Retardierende Momente, wie etwa das Königsgebet im ersten Akt, werden durch Aktionen um einen hinzuerfundenen Steinaltar angereichert.
Bei der traditionellen Chor- und Orchesterfeier am Ende der Festspiele bedankt sich Siegfried »in seiner schlichten, einfachen, jedes Pathos verschmähenden Art«, wie es in einem Pressebericht heißt, bei den »guten Kobolden«, die dem Festspielhaus stets treu gewesen sind. Aber nicht nur sein Opus 3 tangiert er in dieser Ansprache , auch sein Opus 5 findet indirekt Erwähnung, wenn er von »dem guten Stern« spricht, der in diesem Jahr über den Festspielen gewaltet habe. In starkem Kontrast zu Siegfrieds schlichten Worten stehen dann Hans von Wolzogens hymnisches Gedicht sowie Henry Thodes und Hans Richters pathetische Ansprachen, wobei zwei Sätze Hans Richters bemerkenswert sind. Er bezeichnet nämlich Cosima als den Geist, Siegfried Wagner aber als das Herz Bayreuths, und er betont: »Keiner von uns hat so gearbeitet wie er.« Arbeitseifer und Herzlichkeit sind in der Tat Siegfrieds hervorstechendste menschliche Eigenschaften.
Über Siegfrieds Arbeitseinteilung berichtet Franz Stassen:
»Siegfried war ein Frühaufsteher. Er hatte sich sein Häuschen neben der Villa eingerichtet. Wenn man in den Korridor trat, der mit Bildern und Volkstrachten und chinesischen Reiseerinnerungen, seinen Gestalten auf Reispapier, geschmückt war und mit Abgüssen griechischer Reliefs, kam man über die Treppe in sein Studio, das des Hauses ganze Breite einnimmt. Auch die Treppenwände sind mit alten Stichen und Porträts bedeckt, alles hat persönliche Beziehung; mitten in dem großen Raum steht der Flügel, dahinter der große Schreibtisch, an der Wand stehen Bücherregale. Alle Wände sind mit Bildern bedeckt, Porträts der großen Meister, großen Photographien aus der Sixtinischen Kapelle, den Wundergestalten Michelangelos, mit Geschenken bildender Künstlerfreunde, dem großen Kupferstich von Peter Cornelius, dem Nibelungenliedblatt, das der Meister aufhing, wenn er am Nibelungenring arbeitete, und mit den zarten Aquarellen, die Siegfried selbst in Ostasien gemalt hatte. Nebenan hatte er ein einfaches Schlafzimmerchen und ein Bad. Eine schöne Kopie nach Tilman Riemenschneiders Christus, meisterlich in Holz geschnitzt, hatte den Ehrenplatz, und ein großes Aquarell von Herkomer, Frau Cosima Wagner darstellend, stand auf einer Staffelei. In dieser, sein geistiges Wesen widerspiegelnden kleinen Welt arbeitete Siegfried jeden Vormittag; nach dem Frühstück verschwand er in seinem Studio und kam mit

Siegfried Wagner und Henry Thode

Siegfried mit Luise Reuss-Belce und Ottilie Metzger-Lattermann

den Seinen und den oft anwesenden Gästen erst um die Mittagszeit zum gemeinsamen Tisch zusammen. Nach kurzem Spaziergang und einer Siesta ließ er sich vorlesen oder er las selbst bis nach vier Uhr, und dann war eine gemütliche Teestunde, die einzige Mahlzeit, welche Frau Wagner, nach ihrer schweren Erkrankung im Jahre 1906, mit ihren Kindern vereint einnahm. (...) Nach dem Tee machte er mit anwesenden Freunden und seinen Hunden einen längeren Spaziergang in der schönen Umgebung Bayreuths und verbrachte, heimgekehrt, eine Stunde bei seiner Mutter. Der Abend nach Tisch gehörte der Lektüre, es war das in Wahnfried die Tradition noch vom Meister her; seine Schwester Eva, später Chamberlain oder ein anwesender Gast, Schwester oder Freund, lasen vor, das dauerte bis gegen zehneinhalb Uhr.«

Im Anschluß an die Festspiele des Jahres 1908 begleitet Siegfried Daniela und Henry Thode nach Mürren im Berner Oberland, um dann allein nach Venedig weiterzureisen und sich – wie Cosimas Biograph du Moulin Eckart zu berichten weiß – mit allerlei Freunden am Lido zu treffen. Hier will er die endlich wiederaufgenommene Arbeit am dritten Akt seines Opus 6 beenden, doch zwingt ihn eine fiebrige Furunkulose, die er sich am Lido zuzieht, vorzeitig zur Heimkehr. In Bayreuth muß er sich unters Messer des Chirurgen begeben – aber wie sein Banadietrich beharrt er trotzig auf seiner Lebensweise.

Der Herbst erfordert wieder allerlei Fahrten, um Sänger zu begutachten, Konzerte in Flensburg, Magdeburg und Kiel zu dirigieren und zu einer Neuinszenierung des »Herzog Wildfang«, die am 9. Dezember in Plauen herauskommt.

Das Weihnachtsfest in Wahnfried ist die Vorfeier zur Trauung von Eva Wagner und Houston Chamberlain, die am 26. Dezember stattfindet: »Während das Ehepaar Beidler den Weg gewiesen erhielt nach England, zog jetzt in Wahnfried, wo er längst heimisch geworden war, Houston Chamberlain als Schwiegersohn ein«, notiert du Moulin Eckart kritiklos. Bald nimmt Chamberlain bei Cosima jene Position ein, die in ihren Träumen einstens ihr Sohn Siegfried innehatte. Damit ist für Siegfried endlich der Weg frei für eine noch größere, zweite Befreiung, nach jener, die ihm sein Freund Clement Harris mit der Asienreise verschafft hatte.

Die Kompositionsskizze des ersten Aktes seines Opus 7, »Schwarzschwanenreich«, die Siegfried noch vor Beendigung der »Banadietrich«-Partitur zum Abschluß bringt, trägt als Vermerk »26. 12. Evas Trauung« und rückt das Werk bereits durch diesen Hinweis in einen autobiographischen Bezug. Mehr noch: die mißliebige Schwester, die ihrem Bruder eine außenseiterhafte Liebe nicht gönnt, trägt in der Urfassung der Dichtung den Namen Eva, und ihr betrügerischer Freund und später ihr Ehemann hat mit Houston äußerlich zumindest den Vokal »u« gemein, heißt er doch in der Urfassung Trutz und später erst Oswald... Eva nämlich macht sich Siegfrieds Schwä-

Siegfried Wagner mit Marie und Egas von Wenden

chen zunutze, um den Führungsanspruch des »Hauses Chamberlain« gegenüber dem »Junggesellenhaus Siegfried« zu erklären.
Am 25. Januar 1909 beendet Siegfried in Wiesbaden endlich die Partitur seines Opus 6. Das Plauener Ensemble gastiert mit »Herzog Wildfang«, in einer von Siegfried geleiteten Aufführung, Ende Februar im Fürstlichen Theater Gera. Anfang März bringt Schwerin den »Kobold« mit Max Dawison als Gast in der von ihm kreierten Partie des Grafen. Am nachfolgenden Abend dirigiert Siegfried ein Konzert mit Ausschnitten aus »Herzog Wildfang«, »Bruder Lustig« und »Sternengebot«: »Immer und immer wieder, von Orchesterfanfaren begrüßt, mußte Siegfried Wagner vor der jubelnden Menge erscheinen, die sich erst beruhigte, als der Komponist zuletzt im Pelz und mit dem Hute in der Hand auf das Podium trat. Und noch draußen vor dem Theater umringte man unter freudigen Zurufen den Wagen.« Was die »Tägliche Rundschau« hier beschreibt, erinnert an heutige Reaktionen auf Pop-Stars, und so gesehen hat Siegfried recht, wenn er sagt, in Mecklenburg sei er *»populär«.*
In Wien arbeitet Siegfried mit Anna Bahr-Mildenburg, die im Sommer 1909 die Partie der Ortrud übernehmen soll, dann reist er – auf der Suche nach einer neuen Erda – in sein geliebtes Berlin, wo er im Café Josty wieder seinen Stammtisch aufschlägt, zu dem Professor Richard Sternfeld, Hugo von Tschudi, Engelbert Humperdinck und nunmehr auch der gleichaltrige Maler Franz Stassen stoßen. Hier travestiert er, zum Amusement seiner Freunde, zu Anna vom Rat oder zu Malwida von Meysenbug. Die Einladung zu diesem Josty-Treffen lautet *»Bringe mit, wen Du willst, Humor conditio sine qua non«.*
Als erstes jedoch besucht Siegfried in Berlin jeweils die Antiken-Sammlung: »wie begrüßte er die sitzende Göttin; der Saal mit den Tanagrafiguren war seine ganze Liebe. Es war eben für ihn das Genievolk«, berichtet Franz Stassen. Daneben frequentiert Siegfried die Theater, nimmt alles mit, was er zu sehen bekommt. Besonders begeistern ihn die Inszenierungen Max Reinhardts.
In Hannover beeindruckt ihn eine Aufführung der »Jungfrau von Orleans« seines geliebten Friedrich Schiller, dann bricht er wieder nach Italien auf. In Lucca ergötzt er sich an Baumonumenten und an einer Neapolitanischen Truppe, die dort gerade ihr Gastspiel gibt. In Santa Margherita trifft er mit Cosima zusammen, die hier wieder zur Kur ist, läßt aber für Gespräche mit ihr kaum Zeit übrig, da er sich intensiv in die Arbeit stürzt und am 13. April 1909 bereits den ersten Akt seines Opus 7 in Partitur-Niederschrift beendet. Dann reist er weiter nach Venedig, zu seinen Freunden an den Lido. Noch vor Beginn der Festspielproben schließt er Anfang Juni in Bayreuth die Kompositionsskizze zum zweiten Akt »Schwarzschwanenreich« ab.
Abgesehen von einigen Besetzungsänderungen sind die Festspiele des Jahres 1909 eine Wiederholung des Vorjahres. Die Aufführungen des »Lohengrin« und des »Parsifal« teilen sich Siegfried und Karl Muck, Michael

Balling leitet die zwei »Ring«-Zyklen. Dem Kritiker und späteren Intendanten Paul Bekker fallen in der Darstellung der einzelnen Werke starke qualitative Unterschiede auf: »Im ›Lohengrin‹ war vieles verblüffend lebendig (in Einzelheiten vielleicht manchmal überlebendig) erschaut. Die Art z. B., wie die Massen beim Begrüßungschor langsam in Bewegung geraten und in wenigen Augenblicken aus dumpfer Niedergeschlagenheit sich zu begeistertem Jubel aufschwingen, ist ein glänzendes Muster moderner Chorregie. Wenn aber dieselben Massen im Finale oder gar im Mannenchor der ›Götterdämmerung‹ plötzlich an die Rampe stürzen und dem Publikum ihr Verslein entgegensingen, so ist und bleibt dies ein herzlich ordinärer Theaterbluff, über dessen Sinnwidrigkeit der Hörer durch den überraschenden, blendenden Klangeffekt hinweggetäuscht werden soll.«
Den von Bekker beschriebenen Tatbestand erklärt, daß Luise Reuß-Belce, die Fricka der Jahre 1899–1912, die Spielleitung des von Siegfried in der Regie noch nicht veränderten »Ring«-Zyklus innehat. Das bringt Bekker jedoch dazu, an der Führungspersönlichkeit Siegfrieds für die Bayreuther Festspiele zu zweifeln, und auch in anderen Journalen, etwa den »Münchner Neuesten Nachrichten«, ertönt der Ruf nach einem »starken Mann« für Bayreuth. Die Julinummer der »Leipziger Illustrierten Zeitung« – mit einer farbigen Titelzeichnung der Auffahrt zum Festspielhaus – zeigt, daß die Begeisterung für die Festspiele sich, zumindest in der »Eule«, auch auf Siegfried Wagner erstreckt, der dort mit einem gekränzten Schild »Heil! Siegfried Wagner« und ebenfalls kranzumrahmten Schildern, die die Namen seiner Opern tragen, gefeiert wird. In demselben Journal sind auch zwei Seiten der »Banadietrich«-Partitur als Faksimile wiedergegeben.
Siegfried selbst erwähnt den »Banadietrich« in seiner humorvollen Ansprache an das Orchester und den Chor, die er zwei Tage vor Abschluß der Festspiele hält. Dreißig Jahre bevor Clemens Krauss mit dem Monsieur Taupe in seiner Operndichtung für Richard Strauss' »Capriccio« die Gestalt des tragischen Souffleurs erfindet, zeichnet Siegfried in seiner Ansprache den Souffleur als eine tragische Figur: *»Ein kleiner Odysseus, der sehen muß, wie er zwischen Scylla und Charybdis durchsteuert. Scylla bin ich, Charybdis die Sänger. Souffliert er, wie diese wünschen, nahe ich wütend und rufe: ›Aber, Herr Meinert, man hört Sie im Publikum!‹ Flüstert er nun nach meinem Wunsche, wird er von den Künstlern mit Vorwürfen überhäuft.«*
Immer wieder in seiner Ansprache kommt er auf den Teufel zu sprechen:
»Ist einer unter uns, der nicht an den Teufel glaubt? Hoffentlich nicht! Ich glaube an ihn, ja ich weiß, daß es einen gibt. Ja, ich weiß noch mehr: es gibt zwei Teufel – einen deutschen und einen undeutschen. Was ich hier unter deutsch und undeutsch verstehe, muß ich gleich erklären, sonst denkt am Ende der Harfenist Holy, ich wollte den tschechischen Teufel beschimpfen, und unsere Budapester könnten sich für den magyarischen Satan gekränkt fühlen. Nein! nichts Nationales! Deutsch ist in diesem Falle gleichbedeutend

mit ›humoristisch‹. Den deutschen Teufel wollen wir auffassen, wie Dürer ihn auf seinem Blatte Ritter, Tod und Teufel gezeichnet hat. Das ist der Teufel, der uns Deutschen, ja, vielleicht allen Menschen Not tut: einer, der uns zwickt zur rechten Zeit, wenn wir übermütig werden wollen! Er zwickt, er will uns aber nicht bezwingen, wie jener andere, über den ich leider nachher auch noch sprechen muß. Verweilen wir noch einen Augenblick bei dem gemütlichen Zwicker; ich kenne ihn gut. Er machte sich schon einmal meinem Hans Kraft gegenüber recht bemerkbar, er kommt auch nochmal zu seiner vollen Entfaltung in meinem Banadietrich. Er hat etwas Erheiterndes an sich, und man merkt es ihm ordentlich an, daß er sich selber freut, wenn er am Schlusse der Geprellte ist! Ich fühlte sein Wirken einige Male während unserer Festspiele. So setzt er sich z. B. gern an das Flötisten-Pult, guckt eine Weile ruhig zu, wie die Herren so fleißig Zeitung lesen, plötzlich zwickt er sie – und siehe: der Einsatz ist verpaßt! – Nicht ungern treibt er sich unter den Blumenmädchen herum. Merkt er, daß eine in ihrem Innern denkt: ›Ach Gott, schon wieder eine Blumenmädchenprobe!‹, sofort stolpern die übrigen über seinen Pferdefuß und der Einsatz: ›Auf zur Rache!‹ kommt um ein Viertel zu spät. Am liebsten treibt er in der Szenerie sein Wesen. Mir ist es oft, als hörte ich ein Freudequietschen, wenn ein Schleier hängen bleibt, oder eine Kassette recht knarrt, zur Strafe, daß wir einmal leichtsinnig waren und glaubten: ›Ach, es wird schon gehen!‹ – Dieser deutsche Teufel, ich wiederhole es, er tut uns Not und wir lassen uns ruhig sein Zwicken gefallen.«

Zum Abschluß seiner Ansprache nimmt er Stellung zu der häufig angeschnittenen Frage, was nach dem Jahr 1913, in dem die Schutzfrist der Werke Richard Wagners abläuft, aus den Festspielen wird:

»Wir sind hier, um möglichst korrekte, stilvolle Aufführungen der Werke meines Vaters zu veranstalten. Noch im Jahr 1891 entstand ein Sturm der Entrüstung, daß man hier ein Werk wie ›Tannhäuser‹ aufzuführen gedenke (diese veraltete Oper mit Ballet etc. etc.). Des zwanzigjährigen, unermüdlichen Wirkens meiner Mutter bedurfte es, um unser Publikum dahinzubringen, wohin wir jetzt gelangt sind: es ist unser größter Stolz, daß jetzt der Andrang dieses unseres Bayreuther Publikums zu den Jugendwerken ›Holländer‹, ›Tannhäuser‹ und ›Lohengrin‹ ebenso stark ist wie zu den letzten, dem ›Ring‹, ›Tristan‹, ›Meistersinger‹ und ›Parsifal‹. Was soll da das Datum 1913 bedeuten? Nein teure Künstlerschar, Bayreuther Festspiele werden stattfinden, so lange es Menschen gibt, die mit Ehrfurcht, Liebe und Talent ihre Kräfte dem Dienste des Erbauers dieses Festspielhauses weihen!

Sagen Sie das den zagen Gemütern und sagen Sie das dem unfrohen Teufel, sollte der eine oder andere von Ihnen ihm zufällig, nachts auf einem Kreuzwege begegnen. Ein trauriger Geselle, dieser Teufel, ahnungslos, daß Denen, die reines Gewissen haben, und die reinen Herzens der Kunst dienen, Gott seine Schutzengel sendet, die sie an den Abgründen des Hasses sanft und sicher vorbeiführen.

Zum Teufel dieser Teufel!
Den anderen, den Zwicker, den lasse ich mir gefallen. Ihn preise ich als negativen Förderer unserer Sache.«
Nach Beendigung der Festspiele reist Siegfried wieder an den Lido. Noch vor Uraufführung seines Opus 6, noch vor Beendigung der Komposition von Opus 7, dichtet er hier das Libretto zu seinem Opus 8, das zu diesem Zeitpunkt noch schlicht »Fridolin« heißt.
Vorbesprechungen wegen der bevorstehenden Uraufführung von »Banadietrich« führen ihn nach Karlsruhe, wo er auch ein Konzert dirigiert, Vorbesprechungen wegen geplanter Neuinszenierungen seines »Kobold« nach Colmar und Schwerin.
Im September vollendet er den zweiten Akt der Partitur »Schwarzschwanenreich« und schließt die Kompositionsskizze des dritten ab mit dem Zusatz: *»Herrliches Herbstwetter. Mama wohl. Viel Lektüre: Platon – Rückert – Novalis – Edgar Poe – Grimm – Hölderlin – Heinse – Biologie ect.«*
In Hannover besucht Siegfried die siebte Aufführung der Serie von Vorstellungen seines »Kobold«. Dabei stellt er befriedigt fest, daß es ein Stammpublikum gibt, das seine Oper mehrmals besucht. In der Tat dürfte es selbst in einer gelungenen Inszenierung des »Kobold« schwer sein, die gesamte Handlung, mit all ihren dunklen Verknüpfungen, beim ersten Sehen und Hören voll zu begreifen, und wenn der Zuschauer nach der erstmaligen Begegnung den Eindruck hat, »das muß ich nochmals erleben«, mag dies als Kriterium für die Qualität der Aufführung gelten. Auch bei seinen eigenen Inszenierungen ist Siegfried ja stets bestrebt, jedem Zuschauer eine Einstiegsmöglichkeit zu bieten, die ihn so fesselt, daß er zur Weiterbeschäftigung, zum erneuten Erleben der Aufführung angeregt wird.
Im Dezember dirigiert Siegfried in Bamberg ein Konzert zugunsten der Errichtung eines Denkmals für seinen Taufpaten, König Ludwig II. Dann reist er wieder nach Berlin, wo er »skandalöse Stücke«, einzelne Akte von Werken seines Vaters, Max Reinhardts Deutsches Theater und – mit besonderer Vorliebe – Verdi-Aufführungen besucht.
Was ihn an Verdi begeistert, ist *»einerseits der fast überall meisterhaft proportionierte architektonische Bau der Werke (insbesondere der großen Finales), andererseits die Sublimierung aller Effekte in reinem Melos«.* So überliefert es der Bühnenbildner Kurt Söhnlein, und er fügt hinzu, daß beides »an verwandte Seiten in ihm selber« in Siegfrieds musikdramatischen Schaffen rührt. Mit dieser Vorliebe steht Siegfried in starkem Gegensatz zu Mutter Cosima, was der Dirigent Bruno Walter ausführlich schildert. Walter hatte im Jahr 1900 nach Muck die musikalische Leitung des »Bärenhäuter« übernommen und besuchte daraufhin Cosima in Wahnfried. Unwissend verstieß er »gegen eine strenge Bayreuther Regel«: »Ich erwähnte Verdi. Frau Wagners Gesicht erstarrte in eisiger Ablehnung, und als ich in meiner ahnungslosen Unbefangenheit gar von der erstaunlichen Wandlung und Entwicklung im

Schaffen Verdis von ›Ernani‹ über ›Aida‹ zum ›Falstaff‹ sprach, bemerkte sie nur: ›Entwicklung? Ich finde keinen Unterschied zwischen ‚Ernani' und ‚Falstaff'.‹ Ich habe Cosima Wagner nicht wiedergesehen und glaube, daß ich mir damals ihre anfängliche günstige Meinung mit meiner Bemerkung über Verdi gründlich verscherzt habe.« Siegfried ist so klug, den Grund seines Besuchs von Verdis »Maskenball« auf einer Postkarte an Schwester Eva mit dem Zusatz »wegen Tenor« zu nivellieren und damit zeitraubenden und unergiebigen Diskussionen im Hause Chamberlain aus dem Weg zu gehen.
Am 7. Januar hat in Colmar »Der Kobold« Premiere, dessen zweite Aufführung Siegfried selbst dirigiert. Danach fährt er weiter nach Karlsruhe, wo, kurz nach den jeweiligen Uraufführungen, im Großherzoglichen Hoftheater auch »Der Bärenhäuter«, »Der Kobold« und »Bruder Lustig« zur Aufführung gekommen waren. Am 23. Januar 1910 findet in diesem Theater erstmals eine Uraufführung einer Siegfried-Wagner-Oper statt. Unter der musikalischen Leitung von Leopold Reichwein und in der Regie von Peter Dumas, in teilweise neuen, gar »reichen« Dekorationen von Albert Wolf, kommt »Banadietrich« zur Uraufführung. *»Also heute abend geht der Teufel los«,* schreibt Siegfried an Daniela, die sich am Gardasee aufhält und diesmal nicht bei der Uraufführung der Oper ihres Bruders zugegen ist. *»Ein großer Seelenkongreß, der sich an den Anblick von Nuovina gewöhnen muß!! Manfredl kommt. Nett von ihm.«*
Während das phantastische Schlußbild des ersten Aktes, als Dietrich auf dem Rücken des Drachens davonfliegt, wie auch der effektvolle Schluß des zweiten und des dritten Aktes gut gelingen, bleibt im optischen Eindruck gegenüber der rundum stimmigen, musikalischen Ausdeutung, einiges diskrepant. Wieder einmal hat man für den ersten und dritten Akt Versatzstücke aus dem Fundus verwendet, und nur der zweite Akt konnte – durch eine Spende Cosimas – neu ausgestattet werden. Obendrein sind die Kostüme des ersten Aktes unseligerweise dem Fundus der Richard-Wagner-Opern entnommen, und auf diese Weise finden sich Gibichungen, Lohengrin und Siegfried ein in jenem Werk, das gerade einen Schritt hinweg vom teutonischen Gehabe hin zu einem Kasperl- und Zaubertheater zu zeigen bestrebt ist.
Siegfried ist glücklich, daß es ihm diesmal gelungen ist, die Handlung ohne allzu viele Randepisoden knapp zu dramatisieren. *»Ich habe noch nie so kurz geschrieben«,* ist sein selbstzufriedener Kommentar. Als hingegen einer der Freunde voller Begeisterung auf ihn zustürmt, erwidert Siegfried: *»Ja, es ist ganz nett!«* Stassen führt hierzu aus: »Das waren so Züge, die man erst nach Jahren verstand, immer wieder die genierliche Samtjacke des Knaben, dabei freute er sich über jede Seele, die er sich gewonnen, zutiefst.« Seinen »Seelenkongreß« nennt Siegfried die Freunde, die zu all seinen Premieren reisen, selbst wenn die Freunde seiner Kunst oft finanziell schwach gesegnet sind. Es sind eben nicht die Reichen, die Mitglieder von Fürstenhäusern, die

Mäzenaten Bayreuths, die sich an seiner Kunst erfreuen, sondern ein Kreis, dessen Mitglieder aus ganz unterschiedlichen Kunstrichtungen zu ihm gefunden haben.

Einer unter ihnen, Carl Friedrich Glasenapp, schadet ihm mit seinem emphatischen Übereifer mehr, als er ihm nützen könnte, was Siegfried klar erkennt. »Du schwarze Seele« ist jedoch das einzige, was er ihm entgegenhält, wohl auch mit auf die Druckerschwärze bezogen, die Glasenapp einsetzt, um Siegfrieds Opern, die jedoch – spätestens seit dem »Kobold« – in keiner Weise mehr den Anspruch erheben, »Volksopern« zu sein, zu popularisieren. Im Jahr 1910 erscheint Glasenapps erster Band von »Das Kunstwerk Siegfried Wagners«. So sehr sich Siegfried darüber freut, so peinlich ist es ihm in seiner Bescheidenheit. Angeblich liest er nie eine Kritik. Und wenn in seinem Beisein seine Opern gelobt werden, verläßt er den Raum.

Rosa Eidam, die bisweilen für Siegfrieds Konzerte die Werkeinführungen verfaßt, bekommt einmal in einem Schreiben Siegfrieds gesagt: *»Glasenapp wird mit Ihnen und Ihrer Gesinnung zufrieden sein! Das will was heißen, denn ich glaube, er findet mich selbst viel zu gesinnungslos gegen mich!«* Da Rosa Eidam die versteckte Kritik nicht versteht, wird Siegfried kurz darauf deutlicher: *»Wollen Sie was zusammenbrauen, möglichst objektiv, als könnten Sie meine Sachen eigentlich nicht recht leiden!«* Abwechselnd bezeichnet Siegfried Rosa Eidam gegenüber Daniela als *»zu nettes Frauenzimmer«* und als *»der Trampel«.* Nicht nur aufgrund der Fotos scheint letzteres für diese Anhängerin zutreffend, auch für ihre fehlerhaften und dilettantischen Notenabschriften von Gelegenheitskompositionen Siegfried Wagners.

Die dritte Aufführung des »Banadietrich« in Karlsruhe dirigiert Siegfried selbst. Dann geht er nach Elberfeld, wo er die musikalische Leitung einer Aufführung des »Kobold« übernimmt, anschließend nach Halle. Hier kommt »Herzog Wildfang« neu heraus, und die zweite Aufführung dirigiert Siegfried selbst.

Der späte Erfolg seines Opus 2, das er selbst schon zu den »durchgefallenen Opern« rechnen zu müssen glaubte, freut ihn besonders. *»Ja, Kinder, es ist doch anders, als es in der Zeitung stand, mich unterdrückt man doch nicht«*, sagt er strahlend zu den nach Halle angereisten Freunden. Am 29. Januar steht in Budapest ein Konzert, ausschließlich mit Ausschnitten aus Siegfrieds Opern »Herzog Wildfang«, »Der Kobold« und »Bruder Lustig« auf dem Programm, wobei die ungarischen Künstler offenbar in ihrer Landessprache singen.

Das erste Theater, das den »Banadietrich« nachspielt, ist das Magdeburger Stadttheater. Auch hier dirigiert Siegfried die zweite Aufführung, am 1. März 1910. Über die Inszenierung in Magdeburg ist er sehr zufrieden, spürt er doch hier, stärker als an manchem Hoftheater, die Absicht, etwas Außergewöhnliches auf die Beine zu stellen, Großes zu leisten. Ähnlich ergeht es ihm in

Schwerin, wo er drei Tage später eine Repertoire-Vorstellung des »Kobold«, die neunte Aufführung seit der Premiere, besucht. Auch in Halberstadt ist er zugegen, als das Stadttheater Halle am 9. März dort mit »Herzog Wildfang« gastiert.

Siegfried Wagner mit Ada von Westhoven (Schwanweiß), Regisseur Peter Dumas, Intendant Bassermann, Dirigent Leopold Reichwein, Max Büttner (Dietrich) und Eduard Schüller (Teufel) nach der »Banadietrich«-Uraufführung

Opus 7: Schwarzschwanenreich

In Santa Margherita, wo sich Cosima wieder zu ihrer alljährlichen Kur aufhält, vollendet Siegfried am 10. April 1910 die Partitur seines Opus 7, den dritten Akt der Oper »Schwarzschwanenreich«. In diesem Werk kommt der bereits auf der Asienreise entstandene Plan zu einem Drama über die Kindsmörderin zum Tragen, jener scheue Blick der schönen Mörderin, aus dem Siegfried gedeutet hatte, sie wollte wissen, ob auch er sie für schuldig halte. Ihre Schuld stand fest. *»Und trotzdem«* wollte es ihm damals *»kaum möglich erscheinen, und ich mußte staunend wieder diese feinen Züge betrachten, die zarten gespitzten Lippen, die großen Rehaugen, den schönen Teint, der bleich, die einzelnen Glieder nur noch an Feinheit erhöhte. Mein Führer sagte mir, daß sie keine Ahnung habe, was ihr bevorstehe. Ihre Schuld mußte so schwer sein, daß sie nicht einmal mit einfachem Tode bestraft werden soll: ihr droht das Furchtbarste im kommenden Monat – sie wird in 30 Stücke zerhackt. – Nach dem siebten Schnitt sterben gewöhnlich die unseligen Opfer.«*

Diese Greueljustiz in Hongkong, an der Schwelle des 20. Jahrhunderts, vermag Siegfried nicht zu vergessen – und zieht dramatisch die Parallele zu den Greueltaten des Hexenwahns im Europa des 17. Jahrhunderts. Das Bild der Kindsmörderin im Kerker zitiert direkt die Situation in Hongkong: *»Hulda ist gegen eine Mauerpforte gelehnt, die Stirn auf den rechten Unterarm gestützt.«* Die schwarzen Dominosteine in den Händen des schönen Vorbilds werden zu den düsteren Steinen des Kerkers, in die Hulda ihre Nägel gräbt, aber auch zum Kruzifix, das sie bald darauf in Händen hält. Die hölzernen Kragen *(»Ich sah solche hölzernen Krägen im Hofe liegen und konnte sie kaum aufheben.«)* werden zur *»schweren eisernen ›Flasche‹«*, *»die der Verurteilten um den Hals gehängt werden soll«*, und auf dem Gang zum Richtplatz blickt Hulda ihrem Mann *»fragend lang ins Auge«:* die von Siegfried Wagner in Hongkong nur erspürte Frage spricht sie aus: *»Schuldig bin ich! Glaubst du, daß ich es nicht sei, so bin ich frei von Fehl!«* Greueljustiz auch für dieses schuldig-schuldlose Opfer: in den Flammen des Scheiterhaufens stirbt die rechtmäßig verurteilte Hexe.

Die leichtfertige Bezeichnung »Hexe« finden wir im Reisetagebuch zur Charakterisierung der häßlichen Mörderinnen. Daß Siegfried Wagner die »Hexe« jung und schön wählt, zeugt von seiner genauen Kenntnis der Femegerichte und Hexenprozesse: natürlich waren die jungen Frauen den geistlichen und weltlichen Juroren – als Objekt für die Untersuchung nach einem Hexenmal und für die anschließenden, sexualsadistischen Folterungen inklusive Vergewaltigung – willkommener als die schnell abgeurteilten alten. Bachs Choral »O

Haupt voll Blut und Wunden«, der genau vierzehn Tage vor der Begegnung mit der Kindsmörderin im Gefängnis von Canton *»so beseligend und alles andere verschwinden lassend«* Siegfrieds Entschluß, Komponist zu werden, ausgelöst hatte, wird in der Kerkerszene von Opus 7 zitiert. Er ist das einzige Fremdzitat, das sich der Komponist in vier seiner Werke, im »Kobold«, im »Schwarzschwanenreich«, im »Friedensengel« und nochmals in der »Heiligen Linde« gestattet.

Schwarze Schwäne hat bereits Richard Wagner einmal zum Titel eines Werkes erhoben, die Tiere dabei allerdings weder deskriptiv noch symbolisch interpretiert; sein Klavierstück »Ankunft bei den schwarzen Schwänen« ist ein Dank an Gräfin Pourtalès, die ihm 1861 in Paris ein dreiwöchiges Logis beschert hatte. Siegfried verwendet die schwarzen Schwäne hingegen als Metapher. Laut Stassen geht auch dieses dramatische Motiv auf ein Kindheitserlebnis Siegfrieds zurück: »Das war auch solche dunkle Wunderblume, deren Keim dem Knaben im Herz schlummerte seit den Tagen, als König Ludwig dem Meister die schwarzen Schwäne schenkte, vor denen Siegfried ahnend stand, wenn sie auf dem Weiher im Hofgarten (von Bayreuth; Anm. d. Verf.) umherschwammen.«

Siegfried Wagners »Schwarzschwanenreich« spielt in einer Zeit, wo Mythen und Sagen im Bewußtsein der Bevölkerung noch so lebendig waren, daß eine klare Grenze zwischen Realität und Fiktion oft nicht zu bestimmen ist. Anders wären die Massaker der Hexenverfolgungen in ihrem Ausmaß gar nicht möglich gewesen. Gestützt auf die pseudowissenschaftlichen Ausführungen der dominikanischen Inquisitoren Heinrich Institoris und Jacob Sprenger war die Ausrottung der Hexen dogmatisches Gebot. Bis heute hat die katholische Kirche den »Malleus maleficarum«, den 1487 erstmals erschienenen Hexenhammer, nicht widerrufen, sich nicht von jenen Ausschreitungen distanziert, die an die neun Millionen unschuldiger Menschen hinwegraffte. So verwundert es auch nicht, daß die Praktiken der einstigen Inquisitoren, nachdem diese von Kirche und Staat eingestellt wurden, vom Volk teilweise beibehalten und noch im 19. Jahrhundert in Deutschland und insbesondere in Lateinamerika Frauen als angebliche Hexen gelyncht wurden.

Ihren Höhepunkt erreichte die Hexenjagd jedoch im Dreißigjährigen Krieg. Nicht nur Hunger und Elend, nicht nur die Angst, von der Gesellschaft ausgestoßen zu werden, trieb ledige Mütter dazu, ihre Neugeborenen zu töten, sondern die berechtigte Furcht vor der Diskriminierung als Hexe; wer eine Vaterschaft nicht akzeptieren wollte, mußte die Frau (auch seine eigene Ehefrau) nur der Hexerei zeihen, war alle Sorgen los und konnte sich bei der Obrigkeit beliebt machen, vielleicht sogar bereichern. Noch Martin Luther glaubte an die Existenz von Wechselbalgen, Kindern, die vom Teufel oder einem Dämonen mit einer Hexe gezeugt wurden. Der Name Wechselbalg leitet sich ursprünglich davon her, daß der Balg (der Säugling) einer Wöchnerin von einem Elb (Zwerg) gegen einen Elbenbalg ausgewechselt wird:

combiones (lat.), nach ihren dicken Hälsen auch Kielkröpfe oder Dickköpfe, nannte man diese Kinder. Naheliegend, daß mißgebildete Kinder als Wechselbalge und ihre Mütter als Hexen veschrieen wurden.
Die in diesen Zeiten überhandnehmende Krankheit der Hysterie führte zahlreiche Frauen dazu, sich selbst nächtlicher Erlebnisse mit Incubi – eindringenden Geistern in männlicher Gestalt – zu zeihen, und sogar Scheinschwangerschaften nahmen zu. Keiner war vor der Anklage sicher, und wer einmal angeklagt war, der wurde auch verurteilt, weil er spätestens unter Folterqualen gestand, was man von ihm hören wollte. Da die Kirche und selbst felsenfester Glaube keinen Schutz vor der Inquisition boten, suchten manche ihr Heil in den vom Christentum verdrängten Naturreligionen. Durch die Christianisierung waren alle früher gepflegten Religionen dämonisiert worden: die alten Göttinnen und ihre Priesterinnen wurden als böse Geister und Hexen verteufelt und die ehemaligen Götter zu Kumpanen des Satans. Geistige Zufluchtsorte wurden als real geglaubte künstliche Paradiese verehrt, und so konnte die Hölle ebenso zum idealen Topos werden wie der Himmel. Ein solcher Zufluchtsort ist das Schwarzschwanenreich, das auf den Mythos von Poseidon und auf nordische Wassergottheiten zurückgeht: das Reich der Ertrunkenen, aber auch der Ort geheimer Wollust, an den Nixen ihre irdischen Liebhaber und Wassermänner unschuldige Jungfrauen verschleppen.
Entscheidend für die Deutung von Siegfrieds Opernhandlung ist es, daß dieses Reich nicht real existiert. Hulda weiß zunächst nichts von diesem Aberglauben. Aber die Verdrängung ihrer unbewältigten Vergangenheit – das Töten ihres unehelichen Kindes – mischt sich mit den Schrecken des Krieges *(»sie gewahrt im Tal einen Brand, fernes Getümmel, die Wolken sind blutrot gefärbt«)* zu hysterischen Ängsten: eine schwarze Wolke deutet sie als Gestalt, als schwarzen Reiter. Das sagt sie zu dem Mann, der sie liebt. Die Entschlüsselung *(»Geh! Flieh mich! – Lieb mich nicht!«)* ist einfach: Huldas Angst vor der Sexualität und ihren fatalen Folgen. Voll äußerer Abscheu, aber – achtet man auf die Musik – doch voll geheimer wollüstiger Faszination, schildert Ursula das Schwarzschwanenreich, dem sie in ihrer Phantasie schon oft angehört haben muß: Verführer, reitende Satansbegleiter holen sich Mädchen zum Teich, mit denen sie, verwandelt als schwarze Schwäne, zur Tiefe tauchen und in einem unterirdischen Reich der Lust frönen; die so gezeugten Wechselbälge würden zumeist im Walde verscharrt.
Das Aschenweibchen soll einen vorgeblichen Exorzismus an Hulda vornehmen, Hulda durch Hypnose des Mordes überführen. Denn Hulda, die scheue Außenseiterin, ist Ursula mißliebig; Schönheit ist ein Blendwerk des Teufels, und Hulda ist so schön, daß sich Ursulas männliche Umgebung, insbesondere ihr Bruder, aber auch schon ihr Verlobter Oswald, zu Hulda hingezogen fühlen. Daß Hulda sich aus Verzweiflung über ihre Umwelt ins Wasser stürzen will, gilt Ursula als weiteres Indiz für Huldas Verbundenheit mit dem Schwarzschwanenreich. Unter dem Druck des Psychoterrors flieht Hulda schließlich

zum Grab ihres Kindes und schlüpft in die Rolle, die ihr von der Umwelt zugewiesen ist: sie sieht den Arm des Wechselbalges aus dem Boden ragen. In dem schwer zu realisierenden Schluß der Oper glaubt Hans Mayer die Apotheose des »Fliegenden Holländers« wiederzuerkennen, aber diese Annahme ist ebenso falsch wie seine Behauptung, die Oper sei »eine im Weltkrieg entstandene Schöpfung«. Wie bereits im »Kobold« scheidet Siegfried sehr genau zwischen dem, was einzelne Personen zu sehen glauben und dem, was realiter passiert. So gibt er am Schluß klar an, »die Umstehenden glauben ein Wunder zu sehen«, wenn Hulda und Liebhold von Flammen unversehrt bleiben und die Musik wie auch das optische Bild auf das strukturelle Zentrum der Oper, den »Liebestraum« zurückgreifen. Die bigotte Glorifizierung in den Augen der Schuldigen versucht deren schlechtes Gewissen wieder ins Lot zu bringen. Richard Wagner hat Mythen bearbeitet, Siegfried zeigt die Auswirkung der Mythen, weist hin auf den kleinen Schritt vom Aberglauben zum Pogrom.

Autobiographisch an diesem Werk ist nicht nur die Keimzelle. Wenn man unter Liebhold Siegfried, unter der bösen Umwelt die Wahnfriedler vermutet, so liegt man sicher nicht falsch. Nicht umsonst heißt die Schwester im ersten Entwurf noch Eva. Aber auch die weibliche Hauptfigur vereinigt wieder zahlreiche Wesenszüge Siegfrieds, ist er doch selbst jener Außenseiter, dessen diverse Liebesbeziehungen von der Gesellschaft verteufelt werden, der seine Neigungen bisweilen vergraben will, so wie Hulda ihr uneheliches Kind im Wald verscharrt – bis sie sich dann doch wieder emporrecken, drohend und rufend, wie der Arm des Wechselbalges oder wie ein erigierter Phallus. Mahnend an Leiden- und Liebschaften – und an den inzwischen bereits neunjährigen Balg Walter, der noch immer nicht weiß, warum er sonntäglich nach Wahnfried gebracht wird und dort mit Oma Cosima spielen soll...

Die im Libretto bisweilen flach, in ihren Motivationen unbegründet erscheinenden Figuren erhalten erst durch die Musik Profil und Ausdeutung. So erscheint Ursula musikalisch als eine sinnliche, aber unbefriedigte Frau, deren Triebverzicht in Aggression umschlägt. In ihrer Partie fehlt die Harfe, die andere zum Mitschwingen brächte – und die bei Hulda, ab dem ersten Gesang, begleitend auftritt. Auch Huldas Traum, ihre mit Angst verbundene Sehnsucht nach körperlicher Liebe, enthüllt erst die Musik. Zwangsläufig ist das Instrumentarium des Schwarzschwanenreichs und der Liebesvereinigung mit Liebhold für Hulda identisch. Den klaffenden Widerspruch von Lust und Angst vermag erst der Tod zu lösen. Dann erklingt – in E-Dur –, was zuvor im G-Dur-Liebestraum und im H-Dur-Schwarzschwanenreich als Ambivalenz ein und derselben Gefühlswelt erklungen war. Und der Versucher ist keineswegs der Teufel, denn dann erklängen bei ihm die bekannten Motive aus dem »Bärenhäuter«, die an anderer Stelle, bei Oswalds Ausspruch, »Weiß der Teufel warum«, durchaus zitiert werden. Der Versucher ist als »schöner Jüngling« der Archetyp Mann – für Hulda wie für Siegfried.

Bei einem Konzert im April 1910 in Wiesbaden, mit dem typischen »Familien-Programm« Liszt-Richard-Siegfried Wagner, steht Wittichs Sonnengesang aus »Banadietrich« im Mittelpunkt, den Heinrich Hensel, der Wittich der Uraufführung, interpretiert. In Wien nimmt Siegfried ein großes Vorsingen für die nächstjährigen Festspiele ab, dann reist er nach Brünn, wo der »Banadietrich« auf dem Programm der Maifestspiele steht und von ihm selbst geleitet wird. Anschließend führen ihn Konzerte nach Mannheim und Augsburg.
Sehr anstrengend, weil mit großer Intensität durchgeführt, verlaufen die Vorproben für die »Meistersinger«-Inszenierung des kommenden Festspielsommers. Jeden Morgen beginnt er bereits um 5 Uhr 30 mit dem Komponieren, da ihn ab 10 Uhr die Darstellungs-Proben in Beschlag nehmen und er die Partien mit den einzelnen Sängern auch am Klavier gründlich arbeitet. Die Namen der mit den Sängern Heinrich Hensel, Eduard Habich und Heinrich Schultz neu besetzten Partien Loge, Alberich und Beckmesser hält Siegfried gegenüber der Presse vorerst noch geheim, was zu den Fehlmeldungen führt, für diese Fachpartien seien noch keine geeigneten Kräfte gefunden.
Daneben arbeitet Siegfried an seinem Opus 8. Die Kompositionsskizze zum ersten Akt, am 25. Mai begonnen, verzeichnet am Ende tagebuchartig: *»Lektüren: französische Revolution, Carlyle, altes Testament, Dänische Sagen.«* Am 8. August, unter der Kompositionsskizze des zweiten Aktes, heißt es: *»Meistersinger-Vorproben, neuer Loge – Alberich – Beckmesser – etc. Lektüre: Altes Testament – viel Tennis.«*
Tennis ist Siegfrieds neuer Ausgleichssport, sein Partner ist der Kapellmeister Carl Müller. Daneben geht er viel spazieren, verarbeitet seine Gedanken und Eindrücke. Oft steht er aber auch Stunden vor Abfahrt eines Zuges bereits am Bahnhof, um seine Mitmenschen zu beobachten – sei es, um ihr Verhalten in seine Regie der Massenszenen, etwa der »Meistersinger«, einfließen zu lassen, sei es, daß er auf der Suche nach einem Typ ist, der in seiner nächsten Oper vorkommen soll.
Aufgebracht schreibt er dem Bürgermeister, als er auf einem seiner Spaziergänge die *»neueste Scheußlichkeit Bayreuther Architektonik«* entdeckt, *»einen Fabrik-Schlot in nächster Nähe der Bürgerreuth«*. In diesem Schreiben argumentiert er, daß der Erbe eines Kunstwerks auch die Verpflichtung habe, *»dasselbe zu hüten und zu pflegen«*. Diesen Bogen spannt er von sich selbst zum Oberhaupt der Stadt. Seine Forderung, daß der Schlot wieder entfernt werde, basiert auch auf seinem Naturempfinden. *»Wenn schon der Kunstsinn im Argen liegt, meint man, daß wenigstens noch Natur-Sinn übrig geblieben ist.«* Aber der Schlot wird nicht entfernt. Statt dessen wird Siegfried von der Stadt Bayreuth eingeladen, das Festkonzert zur »Feier der hundertjährigen Zugehörigkeit der Stadt Bayreuth zur Krone Bayern« am 30. Juni im Königlichen Opernhaus zu dirigieren. Siegfried sagt zu und stellt dem Bayreuther Auditorium den Turnier-Festzug und den Huldigungsreigen aus seinem »Sternengebot« sowie den Sonnengesang aus »Banadietrich« vor.

Im sommerlichen Zyklus der Werke Richard Wagners bringt Hermann Gura am 6. Juli im Berliner Neuen Königlichen Opernhaus, der Kroll-Oper, auch Siegfried Wagners »Kobold« heraus. In der Pause einer Probe sagt Siegfried bedeutungsvoll zu Stassen: *»Ja, es ist doch so im Leben, da liegt es über einem Menschenleben wie ein Fluch, solche unbekannte Schuld, solch ein Druck.«* Das ist zwar auf den Grafen bezogen, zeigt aber, daß sich Siegfried mit dieser Figur weiterhin identifiziert. Nach dem »Kobold« in Berlin fährt er mit den Berliner Philharmonikern nach Scheveningen, und so bekommt auch das Publikum des holländischen Badeortes – am 9. Juli – Ausschnitte aus Siegfrieds Opern zu hören.

August und September 1910 sitzt er an der Kompositionsskizze des dritten Aktes »Sonnenflammen«, er unterbricht seine Arbeit jedoch, um wieder einmal Zeuge einer Uraufführung eines zeitgenössischen Kollegen zu werden, als Gustav Mahler am 12. September in der Musikfesthalle des Münchner Ausstellungsparks seine Achte Symphonie, die »Symphonie der Tausend«, dirigiert. Das Werk hinterläßt einen nachhaltigen Eindruck auf Siegfried, und er gesteht sich insgeheim, daß Mahlers Bestrebungen den seinen gar nicht weit entfernt liegen. An diesem Abend reift bei ihm die Idee, es sogar selbst einmal mit einer Symphonie zu versuchen. Und er befindet sich dabei im Kreis vieler Kollegen, die zu treffen er nicht erwartet hatte: Bruno Walter, Leopold Stokowski, Max Reinhardt, Thomas Mann, Stefan Zweig, Arnold Schönberg, Anton Webern und – Richard Strauss, die sich das einmalige künstlerische Ereignis ebenfalls nicht entgehen lassen.

Über Wien, wo er wieder ein Konzert dirigiert und nach Wahnfried telegrafiert: »Konzert famos, Publikum reizend«, begibt sich Siegfried wieder auf einen kurzen Erholungsurlaub an den Lido. Anfang Oktober bricht er nach Rußland auf, dirigiert in Petersburg und Moskau, und erntet auch dort Applaus und gute Kritiken für seine eigenen Kompositionen, mit denen »Herr Wagner kaum den Fußstapfen seines Vaters folgt, sondern seines eigenen Weges geht, sich anlehnend an die dii minores des deutschen Komponistenparnasses«. Seine Erlebnisse in Moskau faßt Siegfried in wenigen Worten zusammen:

»Es klingt wirklich absonderlich, aber es ist wahr: mich hat kaum je eine Reise so interessiert wie diese. Ich habe einige Eindrücke gehabt, wie sie größer gar nicht zu denken sind: Die Eremitage, die Kosaken und vor allem den kaiserlichen A-cappella-Chor, welcher mir extra eine Matinée arrangierte. Ein Credo ist gar nicht zu schildern; so etwas an Ur-Christentum, wie es in der Katholischen Kirche wohl lebte, aber nun tot ist. Mir ging es wie Richter: ich kämpfte mit den Tränen. – Dann überhaupt die ganze Kulturtat Peters des Großen. Er ist eigentlich Faust, der den furchtbaren Sümpfen der Newa dieses ganze Werk abgetrotzt hat.«

In München, unter den Zuhörern von Mahlers Achter, hat Siegfried Strauss nicht gesehen, aber prompt läuft er ihm in Berlin über den Weg. Siegfried

ist so perplex, daß er keinen vernünftigen Satz hervorbringt. Doch gleich darauf entschuldigt er sich aus seinem Hotelzimmer schriftlich:
»Lieber Freund!
Ich muß zu meiner Rechtfertigung sagen, daß ich im Augenblick, als ich Dich nach so langer Zeit wiedersah, vollständig verwirrt war und mir Worte sinnlos aus dem Munde fuhren, deren Absurdität mir eben erst zum Bewußtsein kam(en), als ich sie geschrieben sah. Ich bitte Dich vielmals um Entschuldigung. – Es war reine Verlegenheit! Und das wirst Du vielleicht erklärlich finden. Man ist so innerlich getrennt, ist so andere Pfade gegangen, daß unwillkürlich plötzlich auftauchende Erinnerung an eine künstlerisch und menschlich harmonische Freundschaft und nun diese ganz geänderte Gegenwart mich eigentümlich berührte. Mein Großvater Liszt sagte einmal: Man hat immer Unrecht, wenn man schlechte Manieren hat. – So bekenne ich, daß ich heute un maleleve war und bitte Dich vielmals um Entschuldigung, ich tue es um so lieber, da mir, wie gesagt, bei meiner heutigen Begegnung einstige gemütliche Zeiten wieder im Geiste aufstiegen, die nun leider allzusehr vergangene sind. Dein ergebener Siegfried Wagner«
Nach dem Berlin-Aufenthalt, der in erster Linie seinen Freunden gilt, reist Siegfried nach Prag. Hier erfolgt am 20. November im Deutschen Theater – nach den Opern »Der Bärenhäuter«, »Kobold« und »Sternengebot« – nun auch die Erstaufführung des »Banadietrich«. Wieder übernimmt Siegfried, zwei Tage später, bei der zweiten Aufführung, selbst die musikalische Leitung, wieder wird er von Publikum und Presse sowie bei einem Empfang im Hause Angelo Neumanns im Kreise der Mitwirkenden und zahlreicher Persönlichkeiten der Kultur und des öffentlichen Lebens gefeiert. Zwei Konzerte mit der königlichen Kapelle schließen sich in Kassel an, dann folgen, am 11. und 13. Dezember 1910, zwei Konzerte mit dem Lamoureux-Orchester in Paris. Zum Unterschied von den Kasseler Konzerten, die er in einem Schreiben an Daniela als *»Seelenconcert«* einstuft, nennt er die Pariser Konzerte *»Titi-Concert«*, was wohl mit der postalischen Anschrift der Nuovina zusammenhängt, die er – als seine Pariser Adresse – der Schwester mitteilt: *»Nuovinas Adresse: Madame Titi, rue anatole La forge 6, Paris.«* Die Mitteilung über das Scheveninger Konzert im Juli dieses Jahres, *»ganz titi-los!!«*, meint in diesem Zusammenhang wohl, daß die Nuovina bei diesem Konzert nicht anwesend war. Es stehen vier Werke Richard Wagners, Liszts »Orpheus« und Ausschnitte aus Siegfrieds Opus 2 bis 6 auf dem Programm. Unter den Besuchern der Konzerte ist auch Camille Saint-Saëns, der Siegfried spontan seine Begeisterung über die aus »Banadietrich« vorgetragenen Ausschnitte zum Ausdruck bringt.
In Paris erlebt Siegfried eine Vorstellung der soeben zur Uraufführung gelangten Komödie »Le bois sacre« von Edmond Rostand mit der Musik von Reynaldo Hahn und kommt aus dem Lachen nicht heraus. Der Humor des um ein Jahr älteren Rostand hat es ihm angetan, scheint doch der Schlüsselsatz

aus dem »Cyrano de Bergerac«, »Le nez, c'est l'homme«, voll auf Siegfried zuzutreffen, der die Größe seiner Nase oft betont und auch seinen karikaturistischen Zeichnungen ungeheure Nasen anheftet: »Die Nase, das ist der Mann«, eine als Tatsache gewertete, physiologische Vermutung, der Siegfried nicht widerspricht.

Vier Tage nach Siegfrieds Pariser Konzert hat der »Banadietrich« in Elberfeld Premiere. Aber zu Weihnachen ist Siegfried wieder in Wahnfried und demonstriert auf dem Klavier ein neues Thema, das Cosima als groß und feierlich bezeichnet. Gilbert Gravina bringt ein Flötenkonzert von Mozart so brillant zum Vortrag, daß Hans Richter sich spontan entschließt, Gilbert künftig bei den »Meistersingern« im Festspielorchester mitblasen zu lassen.

Die Reihe der Konzerte Siegfrieds im Jahr 1911 beginnt am 11. Januar mit einem »Familien-Programm« in Budapest, anschließend führen ihn Dirigate nach Wien und Graz. In Berlin besucht Siegfried Max Reinhardts Inszenierung des »Ödipus« im Zirkus Schumann. Die Aufführung empfindet Siegfried *»in der Zeit seichtester Operettenwirtschaft (als) eine Wohltat: Ganz famos von Reinhardt, wirklich genial! Das Stück ist ja so gewaltig (da paßt einmal das viel abgenutzte Wort), daß man ganz erschüttert wird. Aber das Verdienst Reinhardts ist es wirklich, eine antike Vision durch Beleuchtung etc. geschaffen zu haben.«*

Eine Wohltat ist für Siegfried auch der eigene Erfolg, wie etwa bei seinem nächsten Berliner Konzert am 16. Februar, in dem er, mit dem verstärkten Philharmonischen Orchester, Beethovens Achte, Liszts Mephisto-Walzer, Wagners »Meistersinger«-Ouvertüre und von seinen eigenen Werken nicht nur das Vorspiel und den gesamten zweiten Akt des »Banadietrich«, sondern – als Uraufführung – auch den Zwiegesang aus »Schwarzschwanenreich« erklingen läßt. Siegfried lacht in schriftlicher Form lauthals auf, als er über den Erfolg dieses Konzerts berichtet: *»Haha! Glänzendes Publikum! Am Schluß nicht endenwollendes Gebrüll!«* Am 24. Februar schließt sich ein Konzert in Posen an, und am 28. leitet er – mit nur einer Verständigungsprobe – ein eigenes Programm in Hamburg. Nicht ohne Stolz berichtet er: *»Der ausverkaufte Saal animierte auch, und ich steige kolossal in der Achtung der Agenten, Impresarios und Manager.«* Anfang März dirigiert er in Bremerhaven, danach folgen Dirigate in Brüssel, Paris, Genf und Lausanne.

Auch wenn Strauss – nach »Salome« und »Elektra« – mit seinem »Rosenkavalier« wieder einen Volltreffer gelandet hat, muß Siegfried mit seinen eigenen Erfolgen nicht unzufrieden sein. Immerhin hat ihm der Winter allein durch seine Dirigate 15000 Reichsmark eingebracht. Das ist ungefähr das zehnfache Jahreseinkommen eines Arbeiters und das doppelte eines Regierungsrates. Aber Siegfried geht es auch nicht allein um die wirtschaftliche Seite, sondern darum, daß der Weg, den er für richtig hält und kontinuierlich verfolgt, Anerkennung findet. Bezugnehmend auf einen Sanatoriums-Aufenthalt Danielas in einem Diaconissen-Hospital, kokettiert Siegfried mit seiner Moderni-

tät, als er der Schwester aus Santa Margherita und Brescia über seine Kompositionsarbeit berichtet:
»Leider einige Stellen Anti-Luisenstift. Da aber das Duett Schwarzschwanenreich den moralisch Strengsten in Berlin gefiel, wird auch das Schwester Lydia ertragen. (...) Instrumentierte eben die Ouvertüre Opus 8. Mittelsatz überschreitet bedenklich die Gesetze des Luisen-Stiftes, Anfang und Ende dagegen kann in jeder Diaconissen-Anstalt zur Morgenandacht gespielt werden. Und Schwester Lydia lächelt im Grabe befriedigt! – (...) Ob Schwester Lydia das wohl ahnt, daß sie blumenumkränzt auf meinem Pult über Partiturbögen zu einer etwas kühnen Oper steht! –
Ich werde jedenfalls bei künftigen Sujets vorher in ihren strengen Zügen zu lesen trachten, ob es erlaubt ist, was sich ziemt! –«
Im Mai kommt im Zwickauer Stadttheater »Banadietrich«, Anfang Juni im Hoftheater Braunschweig »Der Bärenhäuter« neu heraus. Wie schon zu seinem vierunddreißgsten Geburtstag, erhält Siegfried am 6. Juni 1911, seinem zweiundvierzigsten Geburtstag, von Daniela und Henry Thode einen jungen Hund geschenkt, der wohl als Ersatz für ein leibliches Kind gedacht ist, da Thodes allem Anschein nach von der Existenz Walter Aigns nichts wissen. Wie Richard Wagner ist auch Siegfried ein Hundefreund, allerdings nicht mit jener übersteigerten, dem Buddhismus verwandten Tierliebe wie sein Vater. Den Scotchterrier nennt er spontan Mime, was den Sachverhalt des väterlichen Musikdramas auf den Kopf stellt, da dort Mime der Ziehvater Siegfrieds ist, während es sich nun umgekehrt verhält.
Bei den Festspielen setzt Siegfried seine Neuerungs-Bestrebungen fort. Sogar bei dem seit der Uraufführung unveränderten »Parsifal« wagt er Änderungen. Kurt Söhnlein bezeichnet Siegfrieds Neugestaltung des Zaubergartens im »Parsifal« als »zukunftweisend«: »Dessen Neuformung hatte ihn längst beschäftigt. Nun ließ er nach seinen Entwürfen durch Brückner-Coburg zwei einander völlig entsprechende Dekorationen aus hängenden Blütenranken malen: die eine in leuchtendem Gelb-Gold-Ocker, die andere in zartem Hell- bis Dunkel-Blau. Nur hatten die blauen Ranken-Hängebogen einen engeren Mittel-Ausschnitt, so daß sie, wenn man sie vor den gelben Bögen herunterließ, diese ganz verdeckten. Eine völlige Bild-Umformung ging damit vor sich! Sie begann bei Kundrys Erscheinen und Abgang der Blumenmädchen in denkbar langsamstem Tempo. Gleichzeitig wurde die Beleuchtung eingedämmert und von gelb auf blau bis violett übergeleitet. So fand sich der Zuschauer während Kundrys Herzeleide-Erzählung in eine neue, zart gewandelte, intime Szene versetzt, die gegen Aktschluß in düsteres Blaugrün-Violett umgestimmt wurde.
Mit Hilfe dieser komplizierten Vorgänge wurde damals bewirkt, was heute durch einige Schaltgriffe am Beleuchtungs-Regler (Wechsel von Farbbild-Projektionen) denkbar einfach geschieht. Es war die Vorausnahme des 40 Jahre später von Wieland Wagner Erreichten: die völlige Umwandlung

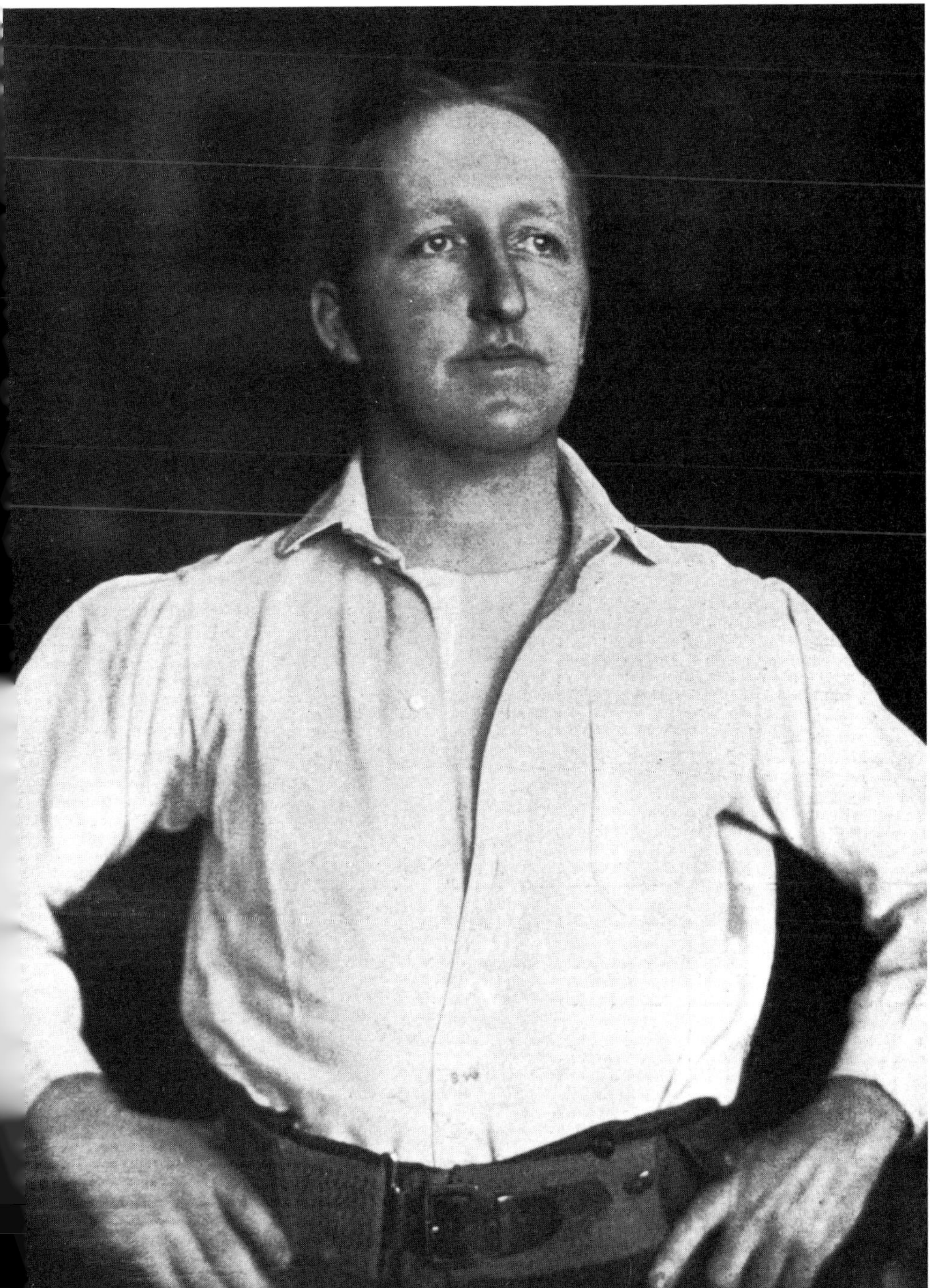

Siegfried Wagner

eines Bildes in Farbe und Form während des Spielablaufs nach seelischem und musikalischem Empfinden, im Einklang mit der Partitur. Diese für das heutige Musiktheater selbstverständliche Praktik als Ideal-Ziel vorausempfunden und angestrebt zu haben, ist somit Siegfried Wagners bedeutungsvolles Verdienst.«

Passend zur Dekoration erhalten die Blumenmädchen neue Kostüme. Ludwig von Hofmann sieht sie entsprechend Siegfrieds neuem Bühnenraum nicht mehr realistisch als Blumen, sondern abstrakter als verschleierte Verführerinnen. Ein besonders raffiniertes Kostüm erhält Kundry für den zweiten Aufzug, das der spanische Maler Mariano Fortuny entwirft. Die Kostüme zu den »Meistersingern« hingegen werden von Daniela Thode »nach alten Mustern ausgeführt«, wie ein von Siegfried für den Festspielführer entworfener Hinweis besagt.

Die eigentliche Sensation dieses Sommers ist jedoch Siegfrieds »Meistersinger«-Inszenierung, die den Einfluß Max Reinhardts nicht leugnet, aber dessen Regiekunst nicht nachahmt, sondern die von Reinhardt mit Schauspielern realisierten Möglichkeiten ohne Abstriche auf Sängerdarsteller zu übertragen sucht. Als Kapellmeister Carl Müller Siegfried zwei Jahre zuvor den Sänger Jacques Urlus als Walther von Stolzing vorgeschlagen hatte, wies Siegfried auf ein Kriterium hin, das für unsere Zeit vollends entscheidend werden sollte: *»Der gute U. hat gewiß eine schöne Stimme und kann was. Aber das Aussehen, die Arme und Beine und der Bauch! Man müßte ja an dem Abend die Operngläser polizeilich verbieten. (...) Das Liebespaar in den Meistersingern muß gut aussehen (allerdings auch gut singen). Denn vier Stunden im Theater sitzen für zwei häßliche Leute, das kann man doch niemandem zumuten.«*

Durch Siegfrieds Inszenierung der »Meistersinger von Nürnberg« rückt Bayreuth mit einem Mal aus der Provinzialität in das »Zentrum des modernen Theaterwesens«. Konservative Kritiker hingegen laufen Sturm gegen die Übertheatralisierung, das Zuviel an szenischer Aktion und den aus Reinhardts Inszenierung des »Sommernachtstraum« – entgegen Richard Wagners Anweisungen – auf die »Meistersinger« übertragenen Verfremdungseffekt, daß David nach der Schusterstube selbst den Zwischenvorhang zuzieht. Aus einem Notizbüchlein liest David dem Walther von Stolzing die Weisen vor und beteiligt sich in besonders drastischer Weise an der Verhöhnung Walthers am Ende des ersten Aktes, dessen tolles Durcheinander sogar die Nachbarschaft herbeilockt, die von außen durch die Kirchenfenster hereinsieht. Bei der Prügelfuge haben Frauen, mit Besen bewaffnet, entscheidenden Anteil, und David wirft Beckmessers Laute in den Brunnen, aus dem der sie dann, tropfnaß, herausfischen muß. Der Einzug auf die Festwiese erfolgt über eine kleine Brücke, die Festwiese selbst ist ein süddeutsches Volksfest mit Buden und Marktschirmen, im Hintergrund sieht man nicht mehr Baumgehänge, sondern holzversteifte Landschafts- und Stadtfronten vor einem bemalten Rundhorizont.

Walter Kirchhoff, der Darsteller des Walther von Stolzing, erinnert sich: »Siegfried Wagner erwies sich als ein Regisseur großen Formats. Er stellte das Werk ›Die Meistersinger‹ von vornherein auf den Standpunkt eines Lustspiels. Kongenial wurde er hierin von dem unermüdlichen Mitarbeiter Richard Wagners, von Hans Richter, am Dirigentenpult unterstützt. Siegfried ordnete das Gehabe der Meister in Holzschnittmanier an, gab ihnen die entsprechenden Masken und vereinte sie im ersten Akt zu einer Figurenreihe etwa mittelalterlicher Aspekte der Jünger Christi. Er hatte hierfür auch das Bühnenbild sehr einfach gehalten und jede Überladung vermieden. Der Vorraum der Sebalduskirche erhielt einen roten Klinkerbelag, während der Hintergrund hellgetüncht blieb, so daß die Figuren sich sehr plastisch abhoben. Siegfried Wagner hatte bekanntlich Architektur studiert. Der Prügelszene im zweiten Akt gab er eine ungeheure Lebendigkeit. Es wälzte sich der ganze Chor einschließlich der Solisten wie eine dicke Raupe über die Bühne und schließlich nach dem Hintergrund mit dem Schlußpunkt des saftigen Rückens des hervorragenden Kothners Geißewinkel (...).«

Mit dieser Inszenierung hat Bayreuth wieder Vorbild-Charakter für andere Bühnen gewonnen, was die »Neue Freie Presse« Wien in den Satz zusammenfaßt: »Bayreuth ist nicht gewesen, Bayreuth fängt erst an zu sein.« Tatsächlich wird insbesondere die neue Lösung des ersten Aktes, der nicht mehr Kirchenschiff, sondern ein »Nebenraum aus schlichten gotischen Bogenwänden und plastischen Pfeilern« ist, von zahlreichen Bühnen übernommen.

Auch am »Ring« beginnt Siegfried mit einer Neugestaltung, die vorerst nur das zweite Bild des »Rheingold« betrifft, das durch den 1908 eingeführten Rundhorizont eine größere Tiefe gewinnt.
Felix Mottl, der am 2. Juli im Alter von fünfundfünfzig Jahren verstorben ist, wird von Siegfried in einer Traueransprache vor dem Orchester als *»eine selten üppig-dämonische Künstlernatur«* gewürdigt. Die Festspieldirigenten dieses Sommers heißen Michael Balling, Karl Muck, Hans Richter und Siegfried Wagner. Balling und Siegfried leiten je einen »Ring«-Zyklus, Muck und Balling alternieren bei »Parsifal«, und die »Meistersinger«-Aufführungen leitet Hans Richter, der sich für seine letzten Lebensjahre in Bayreuth niedergelassen hat.
In einem Rundschreiben an alle Mitwirkenden der Festspiele erkundigt sich Siegfried, ob eine Wiederholung der Aufführungen im Jahr 1912 durchführbar ist, was einzig gegeben sei, wenn die Aufführungen in derselben Besetzung erhalten blieben. Fast alle Beteiligten signalisieren mit ihrer Unterschrift ihre Bereitschaft, auch im Festspielsommer 1912 wieder mitzuwirken, und damit ist die Entscheidung für Siegfried gefallen, ohne daß er sich, wie Cosima in den Vorjahren, eigens die Zustimmung des Verwaltungsrates bei Adolf von Groß eingeholt hätte.

Die Julinummer der »Leipziger Illustrierten Zeitung« bildet Siegfried, den in Deutschland wohl meistbegehrten Junggesellen, auf ihrem Titel ab. Mit offenem Hemd, die Hände in die Hüften gestemmt, blickt er gedankenverloren in die Ferne. Militaristisch mutet sein breiter Gürtel an – aber das betonte Sich-Gürten hat mehr mit der ihm eigenen Sexualität als mit Militarismus zu tun.
Seit den Minoern hat kein Mann die Taille derartig betont, wie Siegfried dies – gegen jegliche Norm aufbegehrend – mit seinen Gürteln praktiziert, die er auch über seinen zumeist weißen oder zitronengelben Pullovern trägt. Dies als Anzeichen für eine, auch der Homoerotik nicht abgeneigte, bi- wenn nicht gar homosexuelle Veranlagung zu sehen, liegt der Öffentlichkeit des Jahres 1911 noch fern, obgleich sie durch Maximilian Hardens Enthüllungen über Philipp Eulenburg und Graf Kuno Moltke aufgeschreckt ist. Siegfried hat nicht ohne Bangen verfolgt, welche Folgen Hardens Vorwürfe für die Beklagten hatten, aber trotzdem läßt er sich nicht davon abhalten, selbst am hellichten Tag im Bayreuther Hofgarten, in dem im »Kobold« besungenen Gebüsch, seiner Form von »les amoureux« nachzugehen.
Erpresser erhalten offenbar, was sie verlangen, und gerichtliche Verfahren werden durch Vergleiche im Keim erstickt; Siegfrieds persönliches Schwarzschwanenreich blüht im Verborgenen. Die Bayreuther Bevölkerung kennt seine Werke nicht, sonst würde so manchem auffallen, daß sein »Hoppe-hoppe-Reiter«-Spiel, das er auf einer Steinbank der kleinen Röhrensee-Insel mit Jungen und Mädchen spielt, auch im »Kobold« vorkommt und dort nur Stufe eins einer gezielten Verführung darstellt...

Opus 8: Sonnenflammen

In »Sternengebot« zieht Helferich, ein Ritter aus dem Lahngau, zum Kampf, »nach Osten hin, gegen Heidentum«. Er unternimmt die Kreuzfahrt als Sühne für den Tod an Herbert, der Helferich, den vermeintlichen Nebenbuhler, zum Duell gefordert hatte und dabei von ihm getötet wurde. Helferichs Geliebte Agnes erklärt am Schluß der Oper, daß sie überall und immer nur Helferich lieben, auf ihn warten werde. Die Vereinigung über Raum und Zeit hinweg fängt der Dichterkomponist mit dem Bild des Regenbogens ein:

»Grad dort, wo es am düstersten starrt,
Strahlen der Farben durftige Wogen!
Himmelsbrücke, Liebesband!«

Die Handlung von »Sonnenflammen« erscheint in manchen Punkten als das Ideenspiel einer negativen Fortsetzung. Zwar sind geschichtlich fast 300 Jahre verstrichen – »Sternengebot« spielt im zehnten, »Sonnenflammen« zu Beginn des 13. Jahrhunderts –, und der Ritter auf Kreuzfahrt stammt diesmal aus Franken. Doch auch er war aufgebrochen, um eine »Schuld zu sühnen«, auch er hatte den Gatten einer Geliebten im Duell getötet. Auch auf ihn wartet in der Heimat eine Frau. Der Sonnwendnacht, mit der die Oper »Sternengebot« beginnt, dem nächtlichen Gebot der Sterne, ist in »Sonnenflammen« der glühende, versengende Sonnenglanz der byzantinischen Welt gegenübergestellt. Hier ist der Regenbogen (griechisch: iris) mit dessen Gleichnis »Sternengebot« geendet hatte, zum Handlungskatalysator geworden, personifiziert in Iris, dem »sumpfentglühten Irrlicht«, der Tochter des Hofnarren Gomella.
Der Helferich heißt in der Fortsetzung Fridolin. Schon die lautliche Verwandtschaft dieses Namens mit Siegfrieds Spitznamen (Fidi) weist darauf hin, daß auch dieser Protagonist eine autobiographische Figur ist. Im März und April des vergangenen Jahres 1911 hat Siegfried den ersten Akt seines Opus 8 in Santa Margherita abgeschlossen. Die Partitur des zweiten Aktes trägt den Vermerk »Bayreuth, nach den Meistersingern« und das Datum 26. 9. 1911. Langsam erst ringt er sich zu dem jugendstilhaften Titel »Sonnenflammen« durch. Der ursprüngliche Name »Die Fridolinslocke« verrät, daß der Verlust von Fridolins Haupthaar – gleich der Scherung bei Samson ein Kastrationssymbol – die Keimzelle des Werkes darstellt. Unwillkürlich wird man dabei an eine Aufzeichnung in Cosimas Tagebuch erinnert, die Richard Wagners Ausspruch »als ob die erste Unschuld fort wäre«, festhält, da dem eineinhalbjährigen Fidi die erste Locke abgeschnitten wird.

Vor die Wahl gestellt, als Verräter hingerichtet oder geschoren zu werden, wählt Fridolin das zweitere. Obgleich sich Fridolin scheren, der Erfüllung seiner Leidenschaft berauben läßt, verurteilt ihn der Vater als unwürdigen Sohn. Die Augen seiner geliebten Iris erscheinen Fridolin am Ende der Oper als ein Sinnbild, *»Die Sonne – ihre Flammen – sie haben mich versengt.«* Und abgewandt fügt der Sterbende hinzu: *»Vater, verzeih deinem Sohn!«*
Wie kommt der erfolgreiche Festspielleiter dazu, seinen Vater um Verzeihung zu bitten? Ist es das nicht erfüllte Deutschtum, das ihm die Ideologen Wahnfrieds ständig als höchste Essenz aus dem Schaffen seines Vaters vorbeten und das er, der mit den »Sonnenflammen« die Tragödie der Entwurzelung komponiert, als ein Entwurzelter, geistig vielmehr im heißen, lebenslustigen Süden als im kalten, humorlosen Deutschland Beheimateter, nicht nachzuvollziehen vermag?
Aber außer diesem fluchenden Übervater gibt es in Opus 8 noch einen weiteren Vater, der stark an Richard Wagner gemahnt, den Hofnarren Gomella. Das Rosenöl, das dieser versehentlich umgestoßen und dessen Geruch ihn als Dieb verraten hat, führt Glasenapp zurück auf Richard Wagners Vorliebe für »zarte Wohlgerüche und insbesondere für diesen Duft (...), der mit seiner sanften Ausströmung jede seiner Niederlassungen, ob daheim in Bayern, in Neapel, Palermo, oder Venedig durchdrang«.
Im geschickten Rhetoriker und Schauspieler – man denke dabei an Nietzsches Wort über Wagner als Schauspieler – erkennt man das Abbild Richard Wagners wieder, auch im geschickten Taktieren, in seinem Opportunismus gegenüber den Geldgebern. Der Lebenskünstler, der den Weltuntergang überlebt und dessen *»Geist der Welt erhalten bleibt«*, lobt in einem Schmeichelstündchen den Monarchen mit dem Stabreim:

»Aller Wurmstichigen Wonne,
Aller List-, Lust- und Laster-Lüsternen
lockende Leuchte.«

Ein solcher Vers hätte auch dem »Simplicissimus« zur Ehre gereicht.
Die Weltuntergangsstimmung des Werkes entspricht der Zeit: Im Mai 1910 hatte der Halleysche Komet Europa in Unruhe versetzt, hatten Wahrsager in Wien den Weltuntergang vorausgesagt.
Bereits sein Opus 7 hat Siegfried niemandem mehr gewidmet, der Kreis der Widmungs-Träger schien ihm ohnehin bereits überspannt, und zweckdienliche Widmungen, die mit Aufführungsverpflichtungen verbunden sind, wie Richard Strauss sie praktiziert, lehnt Siegfried ab. Doch im stillen huldigt er mit Opus 8 seinem Freund Clement Harris, der – ungenannt – als Ideal eines Helden von Iris besungen wird und Siegfrieds Maxime erfüllt: *»Wer, sich selbst vergessend, für Ideale lebt und streitet, dem wird mein Segen zuteil: Der Liebe wahres Glück!«* So heißt es gut zehn Jahre später im Programm der Symphonischen Dichtung »Glück«.
Harris hat sich nicht zum Narren der Gesellschaft machen lassen, er ist für sein

Ideal Griechenland, das auch seine Erotik bestimmte, in den Tod gegangen. Auffällig ist die Parallele von Stefan Georges Gedicht »Winterwende« zum Schluß der Oper »Sonnenflammen«. Georges Gedicht ist an Clemens Franckenstein gerichtet, der Harris in den George-Kreis eingeführt hat:

»Ist von mond – von sonne dieser glanz?
Auf verstorbne wege von Byzanz
Bricht er schaudernd flammt er grell
Hain und halle macht er hell
Spiegelt eine flur von freuden vor
Euch verwaisten gängern bei dem tor
Daß ihr staunt und weint und euch vergesst
Lippe an lippe stumm gepresst.

Welch ein wunder in dem dürren jahr!
Mögt ihr nie an einer totenbahr
Mögt ihr nie im raume kalt und klein
Dies vergessen diesem ferne sein!

Eure blicke taten-wach und kühn
Die bis tief hinein ins dunkel sprühn
Scheidend ahnen sie und mahnen sie:
Solch ein strahl erbleicht uns nie ...«

Der Harris-Biograph Claus Victor Bock analysiert: »Das dürre Jahr kehrt sich einem Aufstieg zu – wie das ganze Jahrhundert einem nahen Neubeginn. Zeichen erscheinen ... Zu ihnen gehört, daß im Epirus ein ungewöhnliches, helles Licht aufstrahlt. Die Provinz Epirus zählt wie Thrakien und Mazedonien zum europäischen Besitz des oströmischen Reichs von Byzanz. Die eingangs erhobene Frage: ist dieses Licht eine neu erwachte aufsteigende Kraft, oder nur der letzte unwirkliche Schein einer versinkenden Mondnacht? beantworten die dann folgenden 15 Zeilen des Gedichts, indem sie, wie schon die Überschrift, auf eine Wende hinweisen, auf ein Lichtwunder, das sich in der längsten Nacht ereignet hat. Es ist die Kunde vom Schicksal des Clement Harris: Dies erhellt die dunkle Halle und den umgebenden Hain, von diesem verbreitet sich an jenem winterlichen Abend das Gefühl lenzhafter Wärme, das die Freunde mit einer ihnen selbst kaum begreiflichen Erschütterung überwältigt. Als Verwaiste umschreiten sie diesseits das Tor, das der Tote bereits strahlend durchschritten hat.«

Das letzte Bild der Oper, die fünfte Szene des dritten Aktes, spielt in einer *»offenen Halle (vorne), daran anschließend große Terrasse mit Blick auf das monderleuchtete Byzanz«*. Am Schluß kommt es zum Kampf mit den Kreuzrittern, die Byzanz in grelle Flammen hüllen. Während die ohnmächtige Iris aus dem Feuer gerettet wird, liegt Fridolins Leiche verlassen in den Trümmern des untergehenden Kaiserreiches.

In der Untersuchung des szenischen Aufbaus dieser Oper analysiert Dieter Heinz, »daß die fünfte Szene des letzten Aktes, so wie auch das Sonderbühnenbild derselben es ausweist, als gleichsam angehängte Conclusion, angehängtes (oder aufgesetztes?) Finale betrachtet werden kann«. Daraus schließt er: »Daß die allerletzte Szene, die wir vorhin die ›Nach-Szene‹ nannten, Byzanz ›monderleuchtet‹ zeigt, weist endlich darauf hin, wie auch hier der Mond sozusagen als Gegenspiegel der Sonnenflammen verstanden wird.«

Im Herbst dirigiert Siegfried nicht nur Konzerte in Leipzig und in Posen mit dem Blüthner-Orchester, sondern auch – aus Anlaß von Franz Liszts 100. Geburtstag, den die Musikwelt am 22. Oktober begeht – in Budapest die Faust-Symphonie und den 13. Psalm. Einige Tage vor dem Budapester Konzert erscheint in der Berliner Zeitschrift »Der Turm« ein angebliches Interview, das Catharina von Pommer-Esche in Wahnfried mit Siegfried geführt haben will. Darin heißt es, daß die Bühnen durch die Werke von Richard Strauss verunreinigt würden.
»Salome, Elektra und der jämmerliche Rosenkavalier können unmöglich etwas anderes sein als Augenblickssensationen, Momenterfolge, Eintagsfliegen. Kaum etwas anderes als eine große Geldschneiderei. Der Komponist spekuliert auf die unlautersten, niedersten Triebe seiner Zuhörer, nutzt sie aus, um Geld zu machen. (...) Es ist schier nicht zu glauben, daß Richard Strauss es wagt, das sogenannte Schmieren einzuführen. Da fahren die Violinbogen umgekehrt – mit der Holzseite – über die armen Saiten, um Geräusche hervorzubringen, schauerliche Geräusche. Das nenne ich nicht Musik, sondern Auswürfe von Malaria und Fieberphantasie. (...) Seine Musik ist eine spekulative Versündigung an der Menschheit. Lebte mein Vater noch, so würde er mit seiner Donnerstimme gegen diese Verirrung losfahren, gegen diese Verfinsterung des Idealen. Es muß auch gemeine Texte, gemeine Musik geben – für Menschen, die das brauchen. Aber die Halbwelt bleibe doch gefälligst unter sich, und man wage es doch nicht, auf einen anständigen Tisch Gerichte zu bringen, die von Bazillen wimmeln, Gift allerschlimmster Art.«
Zunächst einmal scheint diese Ansicht als die Siegfried Wagners vielen Lesern glaubhaft, wird sie doch von zahlreichen Zeitungen auszugsweise nachgedruckt. Das »Berliner Tageblatt« bringt jedoch sein Dementi: *»Ich kenne den Inhalt der mir zugeschriebenen Worte nicht. Sie waren jedenfalls nicht für die Öffentlichkeit bestimmt, da ich mir kein Urteil über Werke erlaube, die ich nur zum Teil kenne. Ich habe weder ›Elektra‹, noch ›Salome‹ und den ›Rosenkavalier‹ gehört. Daß ich der ganzen Richtung, die Strauss in den letzten Jahren genommen hat, fremd gegenüberstehe, weiß er längst selber. Siegfried Wagner.«*
Zumindest in diesem einen Fall scheint es unklug, daß Siegfried nie Kritiken liest und auch das angebliche Interview keiner genauen Kontrolle unterzieht, er könnte sonst besser argumentieren. Einiges daran spricht nämlich klar für

eine Fälschung. Nicht nur, daß er sich scheuen würde, über andere von »Halbwelt« zu sprechen, wozu er sich – zumindest in einer Beziehung – selbst rechnen muß. Den größten Fehler begeht Pommer-Esche damit, daß sie Siegfried den Satz über den Gebrauch der Violinbogen unterschiebt, da das »col legno«, wie der musikalische Fachausdruck hierfür heißt, auch in Siegfrieds Partituren mehrfach zur Anwendung kommt. Und von »niedersten Trieben« ist weder »Der Kobold« noch »Schwarzschwanenreich« oder »Sonnenflammen« frei.

In einem Artikel, »Wie mein Strauss-Interview zustande kam«, äußert sich Siegfried nochmals ausführlich zu der Angelegenheit: *»Gestern abend in Wien eingetroffen, erfuhr ich erst den Inhalt der mir in den Mund gelegten Äußerungen. Ich war derartig empört über die platte, plumpe Gemeinheit der Ausdrücke, daß ich Ihnen sofort telegraphierte und mich darauf an eine längere Epistel mit näheren Erklärungen machte.«* – Ein Freund habe ihn aber darauf aufmerksam gemacht, daß er, Siegfried, offenbar als Reklame für die bevorstehende Berliner Aufführung des »Rosenkavalier« mißbraucht werden solle. Daraufhin habe er es aufgegeben, eine ausführliche Erwiderung zu verfassen. Er erklärt nur, warum er bisher »Salome«, »Elektra« und den »Rosenkavalier« gemieden habe – *»wegen der Sensations- und Reklamewirtschaft«*. Strauss ist für ihn ein *»Triumphator«*, wohingegen er *»eine Art Katakombenexistenz«* führe. Er berichtet weiter, wie ihn Frau Pommer-Esche zwischen seinem Haus und Wahnfried *»in einem abgeschabten Arbeitskittel, unrasiert, halb gekämmt«*, angetroffen und ihn in ein Gespräch verwickelt habe. Er sei dabei mit seinen Gedanken ganz woanders gewesen, habe eben in der Bibliothek des Hauses Wahnfried etwas nachschlagen wollen und nur gehofft, daß ihn eine seiner Schwestern bald von dem lästigen Gast befreien werde, der sich ihm nicht als Reporterin vorgestellt habe. Anstatt sachlich zu seinen angeblichen Äußerungen Stellung zu nehmen, tappt Siegfried mit seiner emotionalen Erwiderung in die nächste Falle:

»Es muß wohl von Strauss gesprochen worden sein! Mag sein! Ich sann nur, wie ich entwischen könnte, um zu meiner Arbeit zurückzukehren. Die Strafe für meine Zerstreutheit, für meinen abgeschabten Morgenkittel und meine Unrasiertheit ist jedenfalls bald glänzend erfolgt! (...) Seit Jahren befleißige ich mich nämlich des Schweigens! Auch hierin möchte ich ein würdiger Schüler meines Meisters Humperdinck sein! Es glückte mir recht gut, bis auf dies Herbstrekonter! Wenn ich nur wenigstens rasiert gewesen wäre! Was muß die Dame von meiner Reinlichkeit gedacht haben!«

Siegfrieds Verlagerung des Problems auf die Äußerlichkeit des Rasiertseins führt zu einer Glosse in der Zeitschrift »Die Musik«, »Fidi über Richard vor und nach dem Rasieren«. Der Autor mit dem Pseudonym Mephistopheles fragt: »ist es überhaupt schon einmal wissenschaftlich untersucht worden, welchen Einfluß das Rasieren auf das Gemütsleben eines Musikers ausübt?« Und nach einer witzigen Analyse des Barbierens in der Musikgeschichte stellt er die

Aussagen eines – fiktiven – Interviews mit Siegfried nach dem Rasieren den Aussagen vor dem Rasieren gegenüber und enthüllt dabei – trotz der Absurdität mancher Antworten – auch einige Wahrheiten, wie die, daß Siegfried von den Tantiemen der Werke seines Vaters recht gut leben könne: »Fidi, nach dem Rasieren: Salome, Elektra und der entzückende Rosenkavalier sind zweifellos Ewigkeitswerke, die zwar zu Lebzeiten ihres Schöpfers nichts einbringen, aber den Sohn des Komponisten sicher einmal zum reichen Mann machen werden. (Ich finde das vom Standpunkt des Sohnes aus recht angenehm.) Wenn Strauss überhaupt jemals spekuliert hat, dann tat er das lieber an der Börse mit sicheren Werten, als mit seinen Werken, die ganz unsichere Kapitalsanlagen sind. Strauss gehört nicht neben Beethoven, Haydn und Mozart, er gehört vielmehr über sie. (...) Seine Musik ist die Erlösung der Menschheit. Mein Vater würde, lebte er noch, mich zugunsten Richards enterben und gleich Wotan diesem wahren neuen Siegfried weichen. Es muß ja leider auch Wagner-(Richard Wagner- und Siegfried Wagner)Musik geben, für Menschen, die das brauchen. Schon mein Vater war ein alter Giftmischer, und über das, was ich von ihm als Mitgift erhielt, will ich lieber gar nicht reden.«
Ungewollt ist dem Autor mit dem zweiten fiktiven Interview aber so etwas gelungen wie eine Darstellung von Siegfrieds Zwillingsnatur.
Was Richard Strauss angeht, so wurmt Siegfried dessen breite Popularität, insbesondere in der Presse, allerdings enorm. Bereits im Jahr 1907 beantwortete Siegfried eine Anfrage des »Berliner Tageblatts« seinerseits mit einer Frage, die wohl mehr ein Statement ist:
»Als ich vor zwei Jahren mich einmal an Ihr Blatt durch Dr. Schmidt, dessen Gerechtigkeits-Sinn bekannt ist, wandte mit der Bitte, ob man vielleicht eine Notiz über die Aufführung meines Kobolds (ich glaube in Wien) aufnehmen würde, da eben in einigen anderen Blättern die grotesk entstellendsten Berichte über die äußere Aufnahme in einer anderen Stadt gestanden hatten, erhielt ich von Ihnen die Nachricht, daß das B. T. nur Berichte über Uraufführungen annimmt. Zu meiner Überraschung sehe ich nun jedesmal, wenn ich zufällig das Blatt in die Hand bekomme, über jede Aufführung von Salome in fast jeder Stadt Nachrichten. Es scheint also, daß man entweder für Richard Strauss die Ausnahme macht, was ja bei seiner großen Beliebtheit bei der Presse erklärlich ist, oder daß man für mich die Ausnahme für richtig hält.«
Er beendet das Schreiben mit der Feststellung, es käme letztendlich doch mehr auf das *»einai«* an als auf das *»phainestai«*, also mehr auf das Sein als auf das Scheinen. Eine weise Erklärung, mit der er sich selbst zu beruhigen sucht. Zwar erhält Siegfried über siebzig Zuschriften, die seiner Position zustimmen, aber in seinen Träumen spukt Strauss als Gespenst weiter herum. Mehrfach träumt er, so gesteht er später einmal einem Freund, nur mit einem Nachthemd bekleidet vor dem Orchester zu stehen – da nähert sich ihm von hinten Richard Strauss und hebt ihm das Nachthemd langsam immer höher...

Hier mischen sich homoerotische Gedanken mit allerlei Ängsten.
Insbesondere neidet Siegfried seinem Exfreund dessen Freiheit, tun und sagen zu dürfen, was er will, nicht von einer Wahnfried-Doktrin umzingelt zu sein, die einen ständig beschneidet und Schranken auferlegt.
Die Kastration des Fridolin in »Sonnenflammen« hat sicherlich auch mit dieser Überlegung einiges zu tun. *»Aber Strauss! Das hätte ich nicht für möglich gehalten! Eine derartige Unterschätzung von mir ist für mich nicht schmeichelhaft«*, schreibt er an den ihm kompositorisch entfremdeten Freund. *»So trivial, lieber Freund, bin ich nicht. Das hat mir die Natur doch versagt. Daß ich meine ernstlichen Bedenken über Dein Werk hatte und habe, weißt Du ja selbst. Ich habe Dir gegenüber nie gelogen, weil Du mir viel zu wert bist. (...) Lieber Freund! Darf man nicht seine Meinung haben? Und hat das nur das Geringste mit der Freundschaft zu tun? – Wenn Du mein Stück schlecht fändest, würde ich es Dir nicht im geringsten übelnehmen. Wir zwei sind so grundverschieden, daß es nun einmal bei unseren künstlerischen Äußerungen nicht anders wie zu gegenseitigen Bedenken kommen kann. Ändert das aber an unserer Freundschaft etwas? (...) Ich bin Dir wie früher gleich herzlich ergeben, ich halte Dich persönlich und künstlerisch sehr hoch und gerade unsre Entgegengesetztheit war für mich immer wie eine Art Reiz. Gott sei Dank, daß nicht einer wie der andere ist! – (...) Bleiben wir die alten wie vorher. Streiten wir uns ruhig weiter: Du an diesem, ich am anderen Zipfel der großen Musikdecke. – Nur offen seien wir gegeneinander.«*
Am 16. Dezember beendet Siegfried bereits die Kompositionsskizze von seinem Opus 10, dessen Dichtung er zu Ostern des Vorjahres in Santa Margherita niedergeschrieben hat. Die Ausführung des dritten Aktes von Opus 9 in Partitur muß hingegen bis zum Frühjahr 1912 warten. Am 20. Januar berichtet Siegfried aus Rom über sein bevorstehendes Konzert am folgenden Abend: *»Orchester sehr eingenommen von meinen Sachen. – Konzert wird gestopft voll. Mit Bernardchen auf Fincio gewandert wie zwei Peripathetiker, wie sie so richtig bemerkten (...) Homöopathie tut gut in diesem Klima.«*
Wie seine Schwester Daniela, so ist auch er ein Anhänger der Naturheilkunde und holt sich einmal bei ihr Rat, als er an einem Ausschlag leidet: *»Liebes Möhrla. Welches Mittel ist für meine Gesichtslaterne gut (Schweninger nennts ›Hautkatarrh' Pulsatilla? Rus (ohne Putz)* (Anspielung auf die gleichnamigen Hunde; Anm. d. Verf.) *oder Arsenicum? Ich will's mal ordentlich probieren.«*
Von Rom aus führt Siegfried die Reise direkt nach Norddeutschland, um Konzerte in Lübeck und in Hamburg zu dirigieren. Bei dem Konzert, das Siegfried am 29. Januar in der Stadthalle in Lübeck leitet, sitzt der sechsundzwanzigjährige Wilhelm Furtwängler am Flügel, um den Tenor bei zwei Petrarca-Sonetten von Franz Liszt zu begleiten. Karl Erb singt außerdem die Gralserzählung aus »Lohengrin« und Wittichs Sonnengesang aus »Banadietrich.« Weiter stehen die Vorspiele zu den Opern »Der Kobold«, »Bruder Lustig«, »Sternengebot« und »Banadietrich« sowie der Kirmestanz aus dem

»Herzog Wildfang« auf dem Programm. Wenn es in der Musik so etwas wie eine Langzeitwirkung gibt, dann muß sie diesem Abend zugeschrieben werden. Denn Furtwängler, der später ein bedeutender Wagner-Interpret wurde, aber das Œuvre Siegfried Wagners außer acht gelassen hat, soll kurz vor seinem Tod im Jahre 1954 geäußert haben, wenn er noch einmal auf die Welt käme, würde er verschiedenes anders machen, insbesondere würde er sich für die Kompositionen von Siegfried Wagner einsetzen.
Eine Woche nach dem Lübecker Konzert berichtet Siegfried aus Hamburg: *»Das Hamburger Konzert war glänzend. Eine Mords-Begeisterung, besonders nach den zwei Stücken aus Schwarzschwanenreich. Das Duett mußte wiederholt werden. Das Orchester allerersten Ranges. Kurz, ein feiner Abend. Jetzt geht's gen Elberfeld, dann Berlin.«*
In Dresden leitet Siegfried am 16. Februar 1912 ein Konzert mit dem Berliner Blüthner-Orchester. Am nächsten Abend hat in Teplitz-Schönau der »Banadietrich« Premiere. Den anschließenden Aufenthalt in Santa Margherita, im Hotel Continental, nutzt er zur Beendigung der Partitur von »Sonnenflammen«, deren dritter Akt das Schlußdatum 26. März 1912 trägt.
Immer wieder sind »Wilhelm Meisters Lehr- und Wanderjahre« Siegfrieds Lieblingsliteratur. Als er Goethes Theaterroman im Frühjahr 1912 erneut zur Hand nimmt, fragt er: *»Liebt Ihr Lothario? – Mir ist Philine lieber! –«* In Santa Margherita trifft Siegfried wiederholt mit Gerhart Hauptmann zusammen: *»Mit Hauptmann geht es diesmal viel besser«,* teilt er Daniela mit. *»Man hat die Menschen gern und sagt wie Mutter Rath über Thoma: Ich lieb ihn zur Hälfte!«*
Am 12. Mai dirigiert Siegfried in der Royal Albert Hall in London ein Konzert, das einen ausführlichen Überblick über sein bisheriges musikdramatisches Schaffen ermöglicht. Walter Kirchhoff gestaltet den Sonnengesang aus »Banadietrich« und, zusammen mit Lilli Hafgren-Waag, den Liebestraum aus »Schwarzschwanenreich«. An Orchesternummern stehen der Kirmeswalzer aus »Herzog Wildfang«, die Einleitung aus dem »Kobold«, die Ouvertüre zu »Bruder Lustig«, das Vorspiel zum zweiten Akt und der Huldigungsreigen aus »Sternengebot« sowie das Vorspiel zu »Banadietrich« auf dem Programm. Das Programmheft zu diesem Konzert vermag den Titel der Oper »Banadietrich« einleuchtender und besser herzuleiten, als dies im Deutschen möglich ist: »Banadietrich, i. e. Dietrich the Banned« heißt es da. Drei Tage nach dem Londoner Konzert kommt »Banadietrich« an der Wiener Hofoper heraus.

In der österreichischen Erstaufführung der Oper, unter der musikalischen Leitung von Franz Schalk, singen Fritz Weidemann den Dietrich und Rudolf Hofbauer den Teufel. »Die Gestalten, nicht zuletzt die Figur des Titelhelden, flimmern wie auf der Kinoleinwand«, kommentiert der Wiener Kritiker Julius Korngold. Und tatsächlich verwendet die Inszenierung Erich von Wymétals das neue Medium Film für die wilde Jagd. Ansonsten herrscht auf der Bühne allerdings Finsternis vor, die möglicherweise die unzureichende Personen-

führung nivellieren soll. Wieder einmal erwecken Dekorationen aus dem Fundus und Requisiten aus den Aufführungen der Musikdramen Richard Wagners falsche Assoziationen beim Publikum – wie denn überhaupt gerade der »Banadietrich« in der Volksoper besser aufgehoben wäre als in der Hofoper. Siegfried, der den unbeabsichtigten Lacherfolg, den die kaschierte Lämmerherde in der Uraufführung hervorgerufen hatte, diesmal vermeiden wollte, bittet um echte Schafe, die allerdings in der Hauptprobe derartige Schwierigkeiten verursachen, daß auf den Auftritt der Tiere ganz verzichtet werden muß.
Bei den Bayreuther Festspielen des Jahres 1912 dirigiert Siegfried den ersten »Ring«-Zyklus, an dem er auch inszenatorisch einiges verbessert hat. Letztmals leitet Hans Richter die »Meistersinger«. In seiner traditionellen Ansprache an die Mitwirkenden sagt Siegfried, wenn er sich mit neunundsechzig Jahren noch so jung und frisch fühlen würde, wie Hans Richter, so würde er noch zehn weitere Jahre Beleuchtungsproben abhalten. Scherzhaft fügt er hinzu, Richters Jugend habe den Grund, daß er nachts immer heimlich von dem Gartenbäumchen esse, das neben seinem Haus, der sogenannten »Tabulatur«, stehe, denn das seien die verjüngenden Äpfel der Freia; *»Wir wollen Richter und seinen Baum leben lassen!«*
Bäume spielen seit jeher für Siegfried eine besondere Rolle: die Trauerweide im »Kobold«, die Eiche im »Bruder Lustig« und die gefällte Eiche von Romowe im »Heidenkönig«, der Wald als Lebens- und Reifeweg in seinen drei Märchenopern, und immer wieder die Linde, sowohl in den Namen Osterlind und Friedelind als auch im »Liebesopfer« und endlich in der Oper »Die heilige Linde«. Ein Buchenhain im »Herzog Wildfang« bringt die Entscheidung über Osterlinds Freier. Es liegt nahe, daß Siegfried das keltische Baumhoroskop nicht unbekannt war, das sowohl auf der keltischen Zahlenmystik von 3 und 7 beruhte, als auch von dem Glauben ausgeht, daß die keltischen Gottheiten in den Bäumen wohnen. Das Baumhoroskop weist aber auch zahlreiche Parallelen zum abendländischen Horoskop auf.
Diesem keltischen Baumhoroskop zufolge ist Siegfried – als ein zwischen dem 4. und dem 13. Juni Geborener – eine »Hainbuche«, die auch für den »guten Geschmack« steht: »Die Hainbuche ist von kühler Schönheit, die nicht nur in jungen Jahren viele Blicke auf sich zieht. Sie achtet sehr auf ihr Äußeres und ihre Kondition, sie beweist stets einen guten Geschmack. Obwohl sie manchmal ein wenig zum Egoismus neigt, tut sie das nur, um sich das Leben so angenehm wie möglich zu gestalten. Sie führt ein vernünftiges, diszipliniertes Leben. Doch unter der dünnen Schale der Vernunft schlummern viele verschiedene Wünsche. So sucht sie Wärme, den gefühlvollen Partner, Beifall, Bewunderung und Anerkennung. In der Liebe sucht sie das Nichtalltägliche, spinnt Träume und ist selten glücklich mit ihren Gefühlen. Sie wird öfter geliebt als sie wiederliebt. Die Hainbuche überlegt zu oft und manchmal zu lange; immer glaubt sie falsch zu wählen. Immer hat sie Angst, betrogen zu

werden und mißtraut fast allen Menschen. Aber sie ist sehr pflichtbewußt, manchmal bis zur Übertreibung. Und das kann dann schwer auf ihrem Privatleben lasten. Trotzdem schlägt sie häufig eine künstlerische Laufbahn ein.«

Interessant ist in diesem Zusammenhang auch die Zugehörigkeit der Hainbuche zu den »geheimen magischen Hölzern der großen weisen Frau. Deren irdische Vertreterinnen waren in vorchristlicher Zeit die Kräuterweiblein und Nothelferinnen, die sich in der Volksmedizin auskannten und auch magische Gebräuche pflegten. Diese Frauen wurden im christlichen Mittelalter als ›Hexen‹ verfolgt. Der Ursprung des Wortes ›Hexe‹ ist umstritten; eine der Deutungen besagt, daß es aus ›Hagse‹ abgeleitet ist. Die Hagse ist die Frau, deren Werkstätte der Hag ist und dieser Garten wird natürlich von der ›Hagebuche‹ eingesäumt.« Vielleicht erklärt diese Affinität das häufige Vorkommen von Aschen-, Kräuter- und Hexenweibern in Siegfrieds Opern.

Den für die Hainbuche spezifischen »guten Geschmack« wird Siegfried auch äußerlich an Haus Wahnfried beweisen. Auf die Frage, in welchem Stil Wahnfried eigentlich erbaut sei, hat Siegfried einmal ärgerlich geantwortet, *»in gar keinem Stil«.*

Am Äußeren dieses Gründerjahrebaus haben den formbewußten Siegfried stets die falschen Proportionen der Front gestört. Er, der sogar eine Operndichtung nach dem Goldenen Schnitt baut, bemüht sich, Wahnfried gleiches angedeihen zu lassen: Durch Terrassen mit Steinbalustraden zu beiden Seiten des Mittelrisalits verbessert er 1912 die Proportionen und schafft damit zugleich eine Erweiterung des Kellergeschosses. Beim Wiederaufbau des Hauses Wahnfried zu einem »Richard-Wagner-Nationalmuseum« sollte allerdings im Jahr 1976 der ursprüngliche Zustand des Hauses wieder hergestellt werden – ohne Siegfrieds Korrekturen.

Weder der Architekt noch der Regisseur Richard Wagner ist also für Siegfried das Nonplusultra. Siegfrieds Zeitgenossen wenden einen solchen Wertmaßstab auf den Bayreuther Festspielleiter aber gerne an. So verhält es sich auch mit dem in der Schreker-Literatur beharrlich vertretenen Ondit, Siegfried Wagner sei bei der Uraufführung von Franz Schrekers »Fernem Klang« in Frankfurt zugegen gewesen und hätte sich anschließend empört geäußert: »Das ist ja, als hätte mein Vater nie gelebt!« Da die Uraufführung der Schreker-Oper am 18. August 1912 noch in die Festspiele fällt, ist die Behauptung unhaltbar. Es ist jedoch möglich, daß Siegfried anläßlich seines Frankfurter Konzertes im Dezember eine Aufführung des »Fernen Klang« besucht hat. Der angebliche Ausspruch wäre dabei durchaus eine Schrekers Absichten adäquate Bemerkung – und nur Siegfrieds Empörung wurde wohl hinzuerfunden.

Schreker hingegen klagt am 4. November 1911 in einem Schreiben an Arnold Schönberg, daß er an der Wiener Hofoper mit der Annahme seiner Oper gerechnet habe, statt dessen gäbe man jetzt »Aphrodite«, eine Oper von Max

Oberleithner, und »Banadietrich«. Und in diesem Zusammenhang schreibt er: »Was ging da vor? Es ist nicht leicht, gegen die wuchernde Mittelmäßigkeit zu kämpfen.« Das soll sich wohl auch auf Siegfrieds Partitur beziehen. Schönberg erwidert Schreker darauf nichts, doch in der Hofoper, beim Besuch einer »Banadietrich«-Aufführung und nach dem Studium der einen oder anderen Partitur Siegfried Wagners kommt Schönberg zu einem gegenteiligen Urteil: »Der Sohn dieses Vaters, der übrigens als Künstler zweifellos das Opfer einer pedantischen Theorie ist, der nicht nach seinem Eigenwert geschätzt, sondern nach einem vermeintlichen Naturgesetz, demzufolge ein bedeutender Mann keinen bedeutenden Sohn haben darf, obwohl Johann Sebastian Bach zwei sehr bedeutende Söhne hatte und obwohl Siegfried Wagner ein tieferer und originellerer Künstler ist, als viele, die heute sehr berühmt sind.« Dieser Satz steht am 23. März 1912 in der »Rheinischen Musik- und Theaterzeitung«, in der Schönberg seine Gedanken zu »Parsifal und Urheberrecht« darlegt.
Siegfried Wagners Opern haben tatsächlich eine gewisse Affinität zu Schönberg. Sie ähneln in ihrem Anspruch dem von Schönbergs komischer Oper »Von heute auf morgen« und sind in ihrem Umgang mit aufgesetzten, dramaturgisch unnötigen Effekten durchaus als »Anti-Opern« im Sinne Arnold Schönbergs zu verstehen. Was den »Parsifal« angeht, so stimmt Schönberg dafür, daß die Schutzfrist dieses Werkes erlischt. Er konstatiert aber auch, daß Siegfried Wagner in dieser Angelegenheit »nicht anders handeln kann, trotzdem – und das muß gesagt sein – sein Vater anders gehandelt hätte«. Da die Aussage über Siegfrieds Künstlertum von einem Gegner des »Parsifal«-Schutzrechts stammt, der damit von den Bayreuther rechten Kreisen bereits »als moralischer Abschaum und jüdischer Volksverderber« eingestuft wird, verwundert es nicht, daß dieses positive Urteil eines stark divergierenden Künstlers in der Literatur vor den Siebzigerjahren unseres Jahrhunderts so gut wie überhaupt nicht zitiert wird. Schönbergs Freunde allerdings fühlen sich zum Teil doch brüskiert und wollen wissen, wen er denn mit den »vielen heute sehr berühmten« Komponisten gemeint habe. Schönberg gibt darauf keine klare Antwort, aber zwischen den Zeilen kann man lesen, daß sich dieses Urteil primär gegen die Erfolge von Richard Strauss richtet.
Ein Schnappschuß des Festspielsommers 1912 zeigt Siegfried im Gespräch mit Großherzog Ernst Ludwig von Hessen und Gemahlin vor der Bayreuther Hofapotheke. Kurt Söhnlein nimmt an, daß es in dem fotografisch dokumentierten Gespräch um die Uraufführung der ein Vierteljahr zuvor beendeten Oper »Sonnenflammen« geht, die der Großherzog – ein, wie Söhnlein sagt, »musisch veranlagter, moderner Fürst« – zur Uraufführung in seinem Hoftheater Darmstadt annimmt. Allerdings sollte die Uraufführung – infolge der Kriegsverhältnisse der Jahre 1914 bis 1918 – erst Ende des Jahres 1918 stattfinden ...

Opus 9: Der Heidenkönig

Sowohl Glasenapp als auch Stassen berichten über ein Gesamtkonzept von Siegfried Wagners musikdramatischem Schaffen, das der Komponist seinen Freunden gegenüber bisweilen verschmitzt erwähnt, ohne jemandem tatsächlich Einblick zu gewähren. Nach dem »Bärenhäuter« hätten für Siegfried bereits die nachfolgenden fünf Werke in der richtigen Reihenfolge festgestanden. Tatsächlich ist ein solches Konzept erhalten.
Es findet sich in einem Skizzenbuch, das Daniela Siegfried zu Ostern des Jahres 1910 geschenkt hat. Es beginnt mit Opus 9 und endet mit Opus 19:
»opus 9 Wendenkönig
10 Marienburg
11 Nicht-Beerdigung des Selbstmörders
12 die geheime Schuld des Vaters
13 Henner der Friese (Eisenkrautzweig in der Hand macht unverletzlich)
14 Die Lüge der Sterbenden
15 An allem ist Hütchen schuld
16 Die Hebung des Schatzes im Grabe
Der Wunderkelch mit dem geheimen Spruch
17 Der Wunderarzt (Tötung des unschuldigen Jünglings im Walde) = Wahnopfer
18 das Lustspiel und ein Autor am Schlusse – Mare – Teufel
19 Ein Satyrspiel
Sisyphos – Ireion – Theisiter?«
Siegfried hat dieses Konzept nicht mehr so exakt eingehalten wie das uns von Glasenapp und Stassen überlieferte erste für Opus 1–6 und ein unbekanntes, das auch die Werke 7 und 8 beinhaltet. Tatsächlich wird aus »Opus 9 Wendenkönig« die Oper »Der Heidenkönig«, Opus 10 wird zu Opus 13, »Der Schmied von Marienburg«. Die »Nicht-Beerdigung des Selbstmörders«, als Opus 11 geplant, nimmt bereits die Stelle des Opus 10 ein und wird »Der Friedensengel« betitelt. Opus 12 erhält den Titel »Das Liebesopfer«, Opus 13 bleibt unausgeführt, während Opus 14 plangemäß entsteht als »Rainulf und Adelasia«. Bereits als Opus 11 wird das projektierte Opus 15, »An allem ist Hütchen schuld« ausgeführt und in ihm auch die Idee des projektierten Opus 18, am Ende des Lustspiels den Autor auftreten zu lassen, wie auch die Idee des wieder einmal in persona auftretenden Teufels realisiert. Opus 16 fließt in Opus 12 mit ein, und Opus 17 wird bereits als Opus 16, »Wahnopfer«, zur Ausführung gebracht.
Opus 18, »das Lustspiel«, wird zur dritten Märchenoper, »Das Flüchlein, das

Jeder mitbekam«, in der tatsächlich die gute Frau als »Mar« tituliert wird und das mit dem sich totlachenden König auch die Idee des »Satyrspiels« erfüllt, das als Opus 19 geplant war.

Es wäre falsch, aus dem feststehenden Plan den Schluß zu ziehen, die Werke hätten also doch keinen autobiographischen Impuls, da sie schon so lange vor der Ausführung im Konzept feststanden. Im Gegenteil schienen diese Themen dem Komponisten besonders gut geeignet, um darin auszudrücken, was ihn bewegte. Wie verschieden er ein Sujet über Kobolde zu gestalten verstand, zeigt der geradezu diametrale Gegensatz zu Opus 3 und Opus 11, in denen ein Kobold namens Hütchen sein Unwesen treibt. Und daß der Stoff gegenüber dem Inhalt, der Idee eines Werkes, zweitrangig ist, betont Siegfried Wagner noch im Jahr 1930, rückblickend auf sein Schaffen:

»Ich denke, Handlung, Milieu eines Werkes treten letzten Endes immer vor dem Inhalt, der Idee zurück. In dem Maße, wie die Idee eines Werkes Allgemeingültigkeit und – vor allem – inneren Wert hat, wird auch die von dieser Idee genährte Handlung bewertet werden. Überlegen Sie einmal! Allein über das Problem der Liebe zweier Menschen zueinander könnte man in vielgestaltiger Ausführung so viele verschiedenartige Textbücher schreiben, daß eine ganze Komponistengeneration damit reichlich versorgt wäre. In welchen jeweiligen geschichtlichen Rahmen Idee und Handlung gestellt werden, ist immer sekundär. Das Publikum ist nie desinteressiert, wenn es Menschen auf der Bühne sieht, keine Rollen. Wenn ich meinen Opernbüchern altdeutsche Sagen und Märchen zugrunde lege, nun – so tue ich das, weil es mir am ehesten zusagt; doch will ich mir deshalb keine sagenhaften Schemen daraus bilden, sondern blutwarme Menschen mit natürlichen Trieben und Neigungen, wie sie zu jeder Zeit von Menschen gefühlt, erlebt wurden. – Man schreibt Werke, um zu beweisen, daß man etwas zu sagen hat. Wie es gesagt wird, ist das persönlichste Vorrecht eines jeden schöpferischen Menschen – nicht das Wie entscheidet, sondern das Was!«

Das »Was« ist in Opus 9 allerdings wieder einmal überfrachtet. Denn diese Oper in drei Akten und einem szenischen Vorspiel verarbeitet so viel Material, Kenntnisse der Geheimwissenschaften und der Geschichte zu einer Handlung, mit der ein anderer Komponist gut und gerne eine Tetralogie gestaltet hätte. Sogar eine Unheil verheißende Tarot-Karte findet in diesem Werk ihre Dramatisierung. Siegfried fasziniert offenbar, daß zu einem Zeitpunkt, in der zweiten Hälfte des 16. Jahrhunderts, wo in ganz Europa Glaubenskriege zwischen Lutheranern, Katholiken, Reformierten, Calvinisten und Hugenotten toben, im Norden Preußens noch Kämpfe zwischen Heiden und Christen stattfinden.

Wieder einmal ist auffallend, bis in welche entlegenen historischen Gefilde sich Siegfried begibt, um etwas auszudrücken, was ihn beschäftigt. »Siegfried hatte eine umfassende Kenntnis der Weltliteratur«, begründet Stassen die Tatsache, daß Siegfried für seine musikdramatischen Problemstellungen stets einen stimmigen historischen Hintergrund findet: »Seit frühester Jugend hatte er viel gelesen, und die Grundlagen seines Schaffens, die germanischen Schriften über Sprache, Volkstum, Sitten und Sagen, kannte er, geführt von seinen verehrten Gebrüdern Grimm. Immer wieder holte er sich die geliebten Griechen, Homer, die Tragiker, Plato und die bezaubernde antike Spätblüte der Metamorphosen des Ovid. Er las viele geschichtliche Werke, und da stand ihm der große Gibbon mit der Geschichte des untergehenden Römerreiches wohl an erster Stelle; hoch schätzte er Plutarch, von den neueren Historikern war es Treitschke, während er zu Ranke keinen Zug hatte. Jedem neu erscheinenden Geschichtswerk brachte er Interesse entgegen, er sprach gern darüber und empfahl es den Freunden. Carlyles ›Friedrich der Große‹ und dessen große Revolution liebte er, besonders die Schilderung Friedrich Wilhelms I. und Robespierres ›des Seegrünen‹. – Wir lasen einmal zusammen Raumers Hohenstaufengeschichte, und da hat ihn die Episode köstlich amüsiert, wie der aus Straßburg flüchtende päpstliche Gesandte, ein wohlbeleibter geistlicher Herr, in der Spalte der Stadtmauer eingeklemmt war und erst durch einen wohlgezielten Tritt auf das Hinterteil hinausbefördert und gerettet wurde!«

Opus 9 spielt also in der zweiten Hälfte des 16. Jahrhunderts bei den Wenden, jenem westslawischen Volk, von dessen Unterwerfung bereits in der ersten Szene des ersten Aktes »Sternengebot« die Rede war, als der Salierherzog siegreich aus der Schlacht gegen die Wenden heimkehrt. Sechshundert Jahre nach dieser Unterwerfung haben die Wenden immer noch einen geheimen König. Der politisch gesehen zum Wendenkönig, glaubensmäßig gesehen zum Heidenkönig erwählt werden soll, ist Radomar, der diese Königswürde nicht will.

Er zweifelt daran, ob er der rechte Vertreter dieses überlieferten Glaubens ist, sympathisiert er doch mit neueren Bestrebungen und anderem Gedankengut, und er gilt in den Augen der Orthodoxen, aufgrund seines Lebenswandels und der Liebe zu einer Ehebrecherin, als unrein. Es fällt nicht schwer, den Bogen von Radomar zu Siegfried Wagner zu schlagen. Wird doch die Leitung der Festspiele immer mehr zu einem deutschnationalen Politikum und fördert Stimmen und Meinungen zutage, die – nach Siegfrieds Ansicht – oft nichts mit dem Kunstwerk seines Vaters zu tun haben.

Alle politischen Machenschaften sind ihm zuwider, und eine Politisierung der Bayreuther Festspielidee, wie sie – allen voran – Houston Stewart Chamberlain betreibt, hat nichts mit seinen Ansichten gemein. Als Führer dieser Sache in der Öffentlichkeit zu stehen, liegt ihm nicht – und die Wehklage bricht aus seinem Innern hervor und wird zu einer Gestalt des Opus 9. Und dann gibt es da noch einige Dinge in seinem Leben, die besser nicht an die Öffentlichkeit gezerrt werden sollen. Maximilian Harden, der mit seiner intoleranten Position gegenüber homosexuellen Kreisen bereits im Jahre 1906 durch den Eulenburg-Skandal das Kaiserreich erschüttert hat, schreibt im Juni 1914 in seiner

Zeitschrift »Die Zukunft« die nur scheinbar verschlüsselten Sätze: »Wahrscheinlich ist, daß gerade der Junior-Partner von Wahnfried ungemein wachsam auf öffentliche Meinung lauschte. (...) Doch der Herr Bruder (Isoldes; Anm. d. Verf.) ist Sozialist oder Heiland aus andersfarbiger Kiste« sowie »Herr Siegfried Wagner, der auch nicht wünschen kann, dem Auge allzu sichtbar zu sein«. Doch Siegfried steht zu seinem Leben und Handeln, wenn auch nur – kaum verschlüsselt – in Form seiner Opern. Die Divergenz von äußerem Erscheinungsbild und seiner Psyche kommt auch in der Figur der Ellida zum Ausdruck:

»Was wollte wohl das Geschick,
das ihn an mich bannte?
Verdient der erst das Glück,
der Qual geschmeckt und Schande?
Ja, mein Herz ist ihm treu,
verriet ihn auch mein Leib!«

Nach den »reinen« Mädchen der ersten Bühnenwerke schafft Siegfried seit Opus 7 weibliche Charaktere, die psychologisch sehr viel interessanter, vielschichtiger sind. Da ist einmal die Kindsmörderin Hulda in »Schwarzschwanenreich«, Iris in »Sonnenflammen«, die ihre Sehnsucht zum männlichen Geschlecht auf das Ideal einer Liebe projiziert, und nun in Opus 9 die Ehebrecherin Ellida, die trotz ihrer Untreue ihren Mann über alles liebt. Siegfried hält hier ein Plädoyer für die von der Gesellschaft nicht tolerierte, außereheliche Leidenschaft und erklärt, daß es Zwänge gibt, die einen zu Handlungen treiben, welche rational nicht zu begründen sind. Diese liberale Einstellung dehnt er auch auf die Frage der Religion aus. In »Heidenkönig« triumphiert nicht das Christentum über das Heidentum, sondern die Menschlichkeit über die Unmenschlichkeit. Der Komponist demonstriert, daß Religion in der Gesellschaft mit politischem Machtkampf zu tun hat. Und wissenschaftlich korrekt weist er auf, wie die heidnischen Gottheiten vom nachfolgenden Christentum sämtlich verteufelt wurden. So schlagen nicht nur die heidnischen Bauern auf den Birkenstamm ein, in dem Porewit, Belbog oder Sigonott – als Geist, der das Vieh verhext hat – stecken soll, sondern später auch der Mönch, mit den Worten: *»Ist denn Alles behext, dem Satan verfallen?!«* Man merkt, am Glauben selbst hat sich kaum etwas verändert, nur die Namen wurden ausgetauscht.

Demgegenüber zeichnet der Komponist mit rein musikalischen Mitteln einen Glauben, der so stark ist, daß er Intoleranz unmöglich macht. Das Zwischenspiel, welches das szenische Vorspiel mit dem ersten Akt verbindet, trägt die Bezeichnung »Glaube«, und ausdrücklich weist Siegfried darauf hin, wie wichtig ihm diese, »Andante religioso« überschriebene, symphonische Dichtung ist: *»Während des Zwischenspiels möge der Lärm der Verwandlung nach*

Kräften vermieden werden, um das Stück, auf welches der Autor Wert legt, nicht zu verderben.« Das Pendant zu diesem Zwischenspiel stellt das heidnische, wilde »Kupâlo-Fest« dar, von Siegfried – neben der Komposition in der Oper – auch als rein symphonische Konzertfassung komponiert.

Am 30. September 1912, »nach den Festspielen«, schließt Siegfried die Kompositionsskizze des zweiten Aktes ab und fügt hinzu: *»Schandwetter – Kälte; Lektüren: Deutschherrenorden von Bähr, (Darwin), Nigls Abenteuer.«* Einen Monat später, am 31. Oktober, schließt er den dritten Akt in Kompositionsskizze ab. Am 5. Januar 1913 vollendet Siegfried den ersten Akt der Partitur des »Heidenkönig«. Die Darstellung beinhaltet die Tragödie zweier Männer (Radomar und Jaroslaw), zweier Völker (der zu den preußischen Landen gehörenden Wenden und der Polen) sowie zweier Religionen (Heidentum und Christentum) und basiert auf einem historischen und kulturhistorischen Hintergrund. Im Juni 1910 hat die Vereinigung der Polen in den Vereinigten Staaten einen Polen-Kongreß durchgeführt und dabei die Unabhängigkeit Polens gefordert. Der Kongreß hat mit dem Gedanken gespielt, daß ein europäischer Krieg den Polen die Unabhängigkeit bringen könnte. Dies mag der Anstoß für Siegfried gewesen sein, die Geschichte auf polnische Usurpation hin zu untersuchen.

Eine Oper über ein Glaubensthema zu schreiben, mag auch mit dem Ablauf der Schutzfrist des »Parsifal« zusammenhängen: Trotz aller gegenteiligen Bemühungen der Bayreuther Kreise wird der »Parsifal« nun auch außerhalb Bayreuths aufgeführt. Bereits im Mai 1912 fand eine Aufführung in Amsterdam und im Januar 1913 eine Neuinszenierung in Monte Carlo statt. – »Der Heidenkönig« hingegen sollte die erste einer Reihe von Opern Siegfried Wagners sein, die zu Lebzeiten des Komponisten nicht mehr zur Aufführung gelangt... *»Will man mein Werk, so habe ich genug geschrieben, was man aufführen kann«*, ist seine Antwort auf die Anfrage eines Theaters, dem seiner Meinung nach nur an der Sensation einer Uraufführung gelegen ist und nicht an einer ehrlichen Auseinandersetzung mit seinem Schaffen. Bereits im Jahr 1907 hatte er gegenüber einem Herrn Oppermann in Braunschweig geäußert: *»Von Fürsten protegiert zu werden, blüht mir leider nicht. Man wartet meine Todesanzeige ab!«* Und im Zusammenhang mit seinem Strauss-Interview hatte er betont: *»Liszt! Ja – der konnte einst sagen: ›Ich kann warten.‹ – Viele können das nicht! Wenn ich mich dazu rechnen dürfte, wäre ich der glücklichste Mensch!«*

In eine ähnliche Richtung tendiert ein Interview, das in der Breslauer Morgenzeitung am 21. Februar 1913 erscheint. Hier sagt Siegfried, »ohne Überreizung, lächelnd«:

»Man muß warten können. Einmal wird es sicher kommen. Einmal werden meine Werke durchdringen. (...) Wenn nicht früher, dann eben später, mein lieber Herr. Chi va piano, va bene, sagen die Italiener. Das ist vielleicht noch zutreffender als unser ›Eile mit Weile‹. Und wenn es nicht zu meinen Lebzeiten

geschieht, dieses Durchdringen meiner Werke, das ich erwarte – aber, wissen Sie, ohne Ungeduld und Mißvergnügen warte ich darauf, weil ich weiß, daß es sicher einmal kommen wird – nach meinem Tode (...)«
Auf den Einwand, dann hätte er doch nichts mehr davon, entgegnet er:
»So haben es aber die anderen. Und darauf kommt es mir an. Ich will den anderen etwas geben. Ob sie mir dafür danken, ob nicht. (...) Warum vergleicht man mich mit meinem Vater? Ich will es gar nicht. Es ärgert mich selbst immer furchtbar. (...) Nichts ist mir verhaßter, als Reklame zu machen. Nichts ist mir fremder. (...) Mein Vater wollte gegen Meyerbeer kämpfen. Wie kann man so etwas wollen? Meyerbeer war der richtige Reklameheld. Heute sind solcherart Helden noch lauter, marktschreierischer geworden. Da ziehe ich es vor, mich zurückzuziehen und zu warten. (...)«
Am 27. Januar dirigiert Siegfried nochmals am Stadttheater Regensburg seinen »Bärenhäuter«. Drei Tage später stehen in Berlin, in einem Konzert mit den Solisten Luise Perard-Petzl und Walter Kirchhoff und dem Philharmonischen Orchester, erstmals Fragmente aus »Sonnenflammen« auf dem Programm: zur Uraufführung gelangen der Gesang der Iris aus dem zweiten Akt und Fridolins Abschied aus dem dritten Akt in den – von der Oper insbesondere in den Anfängen stark abweichenden – Konzertfassungen, die kurz Situation und Kontext umreißen. Die Solisten bringen auch den Liebestraum, das Duett aus der ebenfalls noch unaufgeführten Oper »Schwarzschwanenreich« zum Vortrag. Das Vorspiel zu dieser Oper, das ein Jahr zuvor in Hamburg erstmals erklungen ist, steht mit auf dem Programm.
Weitere Konzerte führen ihn nach Bonn, Breslau, Dresden und Berlin. Über sein Bonner Konzert schreibt er an Daniela mit Bezug auf die zur Zeit seines Musikstudiums in Frankfurt am Hochschen Konservatorium als Hausgötter verehrten Komponisten: *»Die Bonner Professoren waren recht brav. Hiller, Schumann und Brahms haben sich paar Mal im Grabe herumgedreht, aber sie liegen wieder richtig.«*
Am 22. Mai 1913, dem hundertsten Geburtstag seines Vaters Richard Wagner, verleiht die Stadt Bayreuth »Dem Sohne des Meisters von Bayreuth, Herrn Siegfried Wagner, der das Erbe seines großen Vaters mit Geist und Kraft verwaltet, (...) in dankbarer Würdigung seiner Verdienste um die Entwicklung der Festspiele das Ehrenbürgerrecht und die goldene Bürgermedaille«. Siegfried nimmt die Auszeichnung gelassen entgegen, weiß er doch, daß sie wieder einmal dem nachschöpferischen Bewahrer und nicht dem schöpferischen Künstler gilt. Einzig über das Blatt selbst, das sein Freund Franz Stassen gestaltet hat, ist er hocherfreut. Zwar zeigt es im oberen Teil das Frankenland, Bayreuth, Lohengrin, Hans Sachs und Gralskelch mit Taube, zwei Drittel des Blattes jedoch nimmt Stassens Darstellung von Szenen aus »Herzog Wildfang«, »Bärenhäuter«, »Kobold« und »Bruder Lustig« ein. Und Stassen hat sogar dem sehr formellen Urkundentext in seiner Zeichnung eine witzige Hommage auf Siegfrieds Schaffen in Versform beigesteuert:

»Der Meister schmiedet um die Welt den Ring des Nibelungen,
des Sohnes Ring hat inniglich den Teufel gar bezwungen.«

Überall finden Feiern, Festaufführungen und gar Festspiele zur Feier von Richard Wagners hundertstem Geburtstag statt, nur Bayreuth macht eine Ausnahme: *»Wir feiern, indem wir arbeiten«*, antwortet Siegfried auf die Frage nach dem Grund des Bayreuther Pausenjahres wahrheitsgemäß. Ihm ist alles allzu Laute suspekt, Enthüllungen könnten peinlich sein.

Nur gegen eine Enthüllung haben die Wagners nichts einzuwenden: Als in der Walhalla, am 29. Mai, in Anwesenheit Prinz Ruprechts von Bayern, des Fürsten von Thurn und Taxis, des bayerischen Kultusministers, des Regierungspräsidenten und des Regensburger ersten Bürgermeisters die Marmorbüste Richard Wagners enthüllt wird, darf Siegfried, als offizieller Vertreter der Familie Wagner und der Bayreuther Festspiele nicht fehlen. Und als ihn Franz Mikorey einlädt, den 6. Juni, Siegfrieds vierundvierzigsten Geburtstag, in Dessau mit einer Festaufführung des »Bärenhäuter« zu begehen, sagt Siegfried ebenfalls nicht nein.

Am 17. Mai hat er bereits den zweiten Akt, am 15. Juni 1913 den dritten Akt der Partitur seines Opus 9 abgeschlossen. Wohl erstmalig in der Operngeschichte ist eine Partie innerhalb ein und derselben Fassung eines Werkes sowohl für Tenor als auch für Bariton gesetzt. Die Partie des Mönches ist stets in zwei Systemen notiert und wirkt auf den ersten Blick wie ein zwiespältiges Duett. Eine Anmerkung des Komponisten erklärt: *»Für den Fall, daß kein geeigneter Vertreter im Tenorfach vorhanden ist, ist die Rolle auch für Baritonlage gesetzt.«* Dennoch gibt es zu Lebzeiten Siegfried Wagners weder einen lyrischen Tenor noch einen lyrischen Bariton, der diese Partie interpretiert, denn die Oper wird erst postum, durch Siegfrieds Regie-Schüler Alexander Spring, am 16. Dezember 1933 in Köln zur Uraufführung gebracht und im Jahr darauf von Rudolf Hartmann am Nürnberger Opernhaus in Szene gesetzt.

Bisher waren alle Kompositionen Siegfrieds im Verlag Max Brockhaus in Leipzig erschienen. Allerdings hatte der Verleger es nach dem anfänglichen Mißerfolg des »Herzog Wildfang« abgelehnt, das finanzielle Risiko für das gesamte Aufführungsmaterial und die Klavierauszüge der im Zweijahresturnus erscheinenden Bühnenwerke zu tragen, so daß Siegfried ab Opus 3 die Druckkosten jeweils selbst aufzubringen hatte. Ab dem Opus 9 erscheinen die Werke nunmehr bei einem Verleger, der »vor Ort« sitzt, im Verlag Carl Giessel, Bayreuth.

Die Vergabe des Auftrages an diesen Verleger, der zuvor noch nie Musikalien verlegt hat, erscheint seltsam. Carl Giessel hatte sich vom Commis der Bayreuther Hofbuchhandlung Georg Niehrenheim zum Verleger hochgearbeitet, der das »Bayreuther Tagblatt«, die – im Gegensatz zu der »Fränkischen Presse« – liberale Tageszeitung herausgab. Carl Giessels Sohn Fritz ist gleichaltrig mit Siegfried und taucht in Siegfrieds Kinderbriefen mehrfach als Spielgefährte auf, der mit ihm Indianer spielt oder Schlitten fährt. Fritz Giessels

im Jahr 1900 geborener Sohn Karl wird seinerseits zu Siegfrieds »Spielgefährten« in vertraulichen Stunden und bei größeren, gleichgeschlechtlichen Gelagen, die etwa im markgräflichen Lustschloß Fantaisie bei Donndorf stattfinden, jenem ersten Domizil der Familie Richard Wagner in Bayreuth. Es liegt also nahe, daß durch die Vergabe des Auftrages an die Familie Giessel eine geschäftliche Beziehung gegenüber der Öffentlichkeit die private Beziehung verschleiern helfen soll oder die Geschäftsverbindung der menschlichen zwangsläufig an die Seite tritt.
Siegfried vermeidet es, seine Werke mit der Gattungsbezeichnung Oper zu versehen; erstmals erhält nun »Der Heidenkönig« vom Verleger den Zusatz »Oper in drei Akten und einem Vorspiele«.

Simplizissimus, Juni 1914: Wahnfrieds Ehre.
»Herr Richter, wenn mein Prozeß gut ausgeht, hätte ich ein kleines Nationalheiligtum zu stiften!«

Opus 10: Der Friedensengel

Während Siegfried noch an der Tragödie der Ehebrecherin Ellida arbeitet, konzipiert er ein »Lustspiel in drei Akten«, das wieder einmal Kleist zu seinen Vorbildern zählen darf. Die handelnden Personen sind der Amtsrichter Anselm, sein Bruder Franz, der Professor, das Ehepaar Gertrud und Friedrich, Johanna, das Wurzelweib Kathrin und Johannas Mutter Bertha. Nach seiner Scheidung von der um zehn Jahre älteren Gertrud bekommt Friedrich seine geliebte Johanna, von der er zunächst glauben mußte, sie sei seine Schwester, und endlich bekommt auch der Amtsrichter seine Jugendliebe, Gertrud, während das Wurzelweib Kathrin zunächst Verwirrung stiftet.
Doch so heiter, wie das Stück auf den ersten Blick scheint, ist es gar nicht gemeint. Vielmehr verarbeitet es die Zeitungsnotiz der bevorstehenden Scheidung Isolde Beidlers von ihrem Mann, dem Ex-Kapellmeister und Kaufmann Franz Beidler. In diesem Zusammenhang war in den Zeitungen davon die Rede, daß Isolde ihren Mädchennamen Wagner wieder annehmen wolle. Isoldes Mädchenname ist jedoch nicht Wagner, sondern von Bülow – während an der Vaterschaft Richard Wagners nicht zu zweifeln ist. Richard Wagner hat das Isolde zum fünfzehnten Geburtstag mit einem Gedicht bestätigt:

»Vor fünfzehn Jahren wurdest Du geboren!
Da spitzte alle Welt die Ohren.
Man wollte ›Tristan und Isolde‹;
Doch was ich einzig wünscht' und wollte,
Das war: ein Töchterchen, Isolde!
Nun mag sie tausend Jahre leben
Und ›Tristan und Isolde‹ auch daneben!
Vivat hoch!«

Gegenüber Hans von Bülow, der sich auch als Vater Isoldes betrachtete, wahrten Richard und Cosima jedoch Stillschweigen. So behielt, wie auch Eva, Isolde den Namen von Bülow und trat auch als von Bülow das Erbe Hans von Bülows an.
Im Zusammenhang mit dem Erbe Richard Wagners, insbesondere im Hinblick auf ihren Sohn Franz Wilhelm, legt Isolde nun Wert auf die Feststellung, daß sie eine Wagner sei. Da Vater Richard sogar Blandine und Daniela seine Kinder genannt hatte, ist Siegfried etwas unschlüssig und befragt Cosima. Die gesteht, sie hätte zu der fraglichen Zeit mit beiden Männern verkehrt. Das macht auch Bülows Ansicht, Isolde und Eva seien seine Töchter, erklärlich.

Siegfried schenkt der Mutter Glauben und sieht Isolde bereits der familiären Gemeinschaft zurückgewonnen. Isolde hatte ihm im Jahr 1897 auf einer Ansichtskarte aus München geschrieben: »Der ›vielgeliebte Friedensengel‹ entsendet hier noch schnell Extragrüße und meldet, daß er sich ganz besonders auf die Heimkehr freut, da ihm das Münchner Stadt- und Kunstleben ganz und gar nicht mehr zusagt.«

An eine solche »Heimkehr« der einstigen Lieblingsschwester glaubt Siegfried jetzt auch. In seinem Lustspiel-Entwurf wird diese Heimkehr sogar zu einer Ehe zwischen (Sieg-)Friedrich und Johanna-Isolde, da diese nun nicht mehr seine Schwester ist und mit Sicherheit jene ältere Dame verdrängen wird, die ihm seitens Evas und Cosimas zur Ehe anempfohlen wurde. Wer sich hinter dieser Dame verbirgt, ist nicht ganz klar, doch liegt es nahe, die enthusiastische Rosa Eidam dahinter zu vermuten. Das Wurzelweib Kathrin wäre folgerichtig als Cosima zu deuten, – und tatsächlich heißt die Mutter in Opus 10 Frau Kathrin.

Doch im Leben kommt es anders als im Lustspiel. Isolde gibt sich mit der Erklärung, sie sei Bülows Tochter, nicht zufrieden und prozessiert gegen die Mutter, verliert den Rechtsstreit jedoch, da Cosima beeidet, Hans von Bülow sei Isoldes Vater. Zu einer Scheidung der Beidler-Ehe kommt es gar nicht, offenbar sind diesbezügliche Gerüchte nur von Houston Stewart Chamberlain ausgestreut worden, um eine Trennung Isoldes von Franz Beidler zu erreichen. Andererseits insistieren Eva und ihr Mann auch besonders darauf, Isolde sei unter keinen Umständen ein Kind Richard Wagners, da Eva die einzige Tochter des großen Meisters und Chamberlain dessen einziger Schwiegersohn sein und bleiben will.

Auch dieses Drama wird in Siegfrieds Schaffen seine Verarbeitung finden, aber es dauert noch, bis er die Hintergründe erkennt.

Eine andere Tragödie bahnt sich zwischen Henry Thode und Daniela an, deren Ehe hoffnungslos zerrüttet ist. Spätestens seit Henrys Romanze mit Isadora Duncan ist der Ehebund der Thodes gestört. Immer häufiger befallen Daniela Depressionen, zeitweilig ist sie sogar in einer Anstalt untergebracht. Siegfried selbst treibt die Scheidung dieser Ehe voran, er konsultiert einen Rechtsanwalt und schreibt an seinen Schwager:

»Liebster Heinz!

Anbei eine Abschrift eines Briefes von einem mir befreundeten Juristen, dem ich – natürlich ohne jede Nennung eines Namens – die Frage vorgelegt habe, da man doch alles ruhig erwägen muß, bevor man die entscheidenden Schritte zu tun hat.

Das ungewiß Hängende scheint mir nicht weiter durchführbar. Man kann es auch einem Wesen von der Herzens- und Geistesgröße Lulus nicht länger zumuten.

Auch Mama gegenüber wird es nicht länger zu verschweigen sein und vor der Welt erst recht nicht.

Lulu länger, als wäre sie der schuldige Teil, herumirren zu lassen, scheint mir daher nicht gut möglich, so innig es uns alle auch freut, ihrer geistigen Anregung teilhaftig zu sein. Sie hält sich auch tapfer Mama gegenüber, so daß bis jetzt Mama nichts merkte.«

Eine hiervon abweichende Position bezieht Siegfried in seinem Opernentwurf »Der Schatten« oder »Erlösung«, in dem das ungleiche Paar Heinz und Helga heißt. Helga hetzt Heinz in den Tod, indem sie ihn auffordert, ihr mit dem Kahn Wasserlilien in der Nähe eines Wasserfalles zu pflücken. Die Lilien symbolisieren die Jungfräulichkeit, der Versuch, sie zu pflücken, steht für den Vollzug der Ehe, bei der der Mann scheitert. Die Ehe von Daniela und Henry blieb kinderlos, und Isadora Duncan erzählt in ihren Memoiren halb verwundert, daß ihr Abenteuer mit Henry Thode platonisch blieb, obwohl sie ihn als Liebhaber wollte und in seiner Nähe einen Orgasmus nach dem anderen erlebte.

Im zweiten Akt wird Helga zur Sühnenden, die ein fremdes Kind als das ihre anerkennt, und im dritten Akt steigt sie visionär zu Heinz ins Boot – sie stürzt ins Wasser. Dieser Opernentwurf bietet eine Menge Stoff für psychoanalytische Untersuchungen – sicher genug, um ein ganzes Buch zu füllen.

Einiges aus diesem Entwurf wird auch in späteren Opern Siegfrieds noch ausgeführt. Aufschlußreich ist jedoch, daß der Oheim mit den Worten *»Ihr dachtet, ich hätte nie im Leben ein Weib gehabt«*, sein uneheliches Kind Martin anerkennt und ihm Hab und Gut vermacht; den überraschten Knaben fordert er auf: *»Gib dem Vater den ersten Kuß!«* In dieser Szene sieht sich Siegfried als Oheim des jungen Gilbert und überlegt, ob er eines Tages doch das Geheimnis um den inzwischen zwölfjährigen Walter Aign lüften und ihn zu seinem Erben einsetzen soll, oder ob Gilbert Gravina einst das Erbe antreten wird. Denn Eva ist kinderlos, und Beidlers Sohn kommt für die Erbfolge offenbar nicht in Betracht.

Häufig hat Siegfried seiner Schwester Daniela kluge Ratschläge gegeben mit dem Zusatz *»Tante Meyer spricht«*, oder *»Dies ruft Tante Meyer zu«*. Nun redet er ihr – ohne jenen Briefkasten-Tanten-Ton – zu, den ihr von einer Freundin angebotenen Erholungsaufenthalt anzunehmen:

»Hoffentlich eine kleine Zerstreuung, damit dieses unnötige Gequäle mit halben Situationen ein Ende nehme. Ein Gequäle für Dich und für uns alle! Alles Halbe taugt nichts. Gepriesen sei Marie Kek(ulé) – Na! – Also Ruhe wünsche ich! Seelenfrieden! Irrens Ende der Nimmermüden! Ich zitiere mich selbst! Ihr Menschen seid aber auch wirklich...«

Das Wort *»Ihr Menschen seid...«* war eine stehende Redewendung, ein *»ewiger sagenhafter Ausspruch«* zwischen Siegfried, Henry und Daniela Thode, noch aus der Frankfurter Zeit stammend und dort wohl von irgend jemandem aufgeschnappt. Siegfried löst damit jedesmal ein Gelächter aus, wohl weil er das Wort in entsprechendem Tonfall vorträgt und mit der nötigen Mimik begleitet. Beinahe hat Siegfried die Redewendung sogar an den

Schluß seines Opus 5 übernommen, dann singt der junge Heinz aber doch die leicht abgewandelten Worte *»Ach! seid ihr Leute!«*

Noch bevor Siegfried den dritten Akt seines Opus 9 in Partitur vollendet hat, zeichnet er Ende März 1913 eine dritte Operndichtung auf, die im Gegensatz zu den beiden anderen Entwürfen zur Ausführung kommt; als seine bislang düsterste Oper, woran auch das Schlußdatum der Niederschrift dieser Dichtung, der 1. April, nichts ändert. Abgesehen davon, daß der Titel »Der Friedensengel« als Name zwischen Isolde und Siegfried auftaucht, ist dieses Opernprojekt allgemeiner gefaßt als die beiden Entwürfe »Lustspiel« und »Schatten« aus derselben Zeit, mit denen diese Oper manchen dramatischen Zug gemein hat. Der aus der Ehe ausscherende Ehemann scheint aus dem Lustspiel übernommen, der Professor des Lustspiels metamorphiert zum Doktor der Tragödie und der Amtsrichter zum Freigraf des Femegerichtes.

Allen drei Stoffen gemein ist die Frage nach dem Sinn einer Eheschließung. Im »Friedensengel« erteilt Siegfried in der Gestalt des Balthasar der Ehe – ein Jahr vor seiner eigenen Heirat – eine sehr deutliche Absage, zugunsten der ungebundenen erotischen Freiheit:

»Und ihr, geliebtes junges Pärchen!
Ihr wünscht, daß ich euch gratulier'!
O je! Was seid ihr für Närrchen!
Beweinen könnt' ich euch schier!
Verlobt seid ihr, wollt nun heuern,
und wißt nicht, was ihr Dummes tut! (...)
Armer Bräutigam! Arme Braut!
Voll Frohmut ihr jetzt noch schaut!
Aber bald, o weh! o weh!
Heißt's: ›mein Glück, ade! ade!'
D'rum rat' ich euch, verliebtes Paar,
O spart den Schwur vor dem Altar!
Lieben könnt ihr euch ja auch so!
Seid vergnügt und küßt euch froh!
Und wenn es euch nicht mehr behagt,
geht auseinander! unverzagt!
Und fürwahr!
Ihr werdet ihn preisen immerdar,
den weisen Warner Balthasar!«

Offenbar hat Siegfried hier wieder einmal einen Bekannten »verarbeitet«, aber leider ist uns – wie in den meisten Fällen – nicht bekannt, um wen es sich konkret handelt, auf wen Siegfrieds Ausspruch *»Der kommt einmal in einer meiner Opern vor!«* sich hier bezieht.

Allerdings gebraucht Siegfried kurz darauf, bei der Hochzeit seiner Nichte Marie Gravina mit dem Kieler homöopathischen Arzt Paul Wassily ähnliche

Worte wie Balthasar, was man in der Gesellschaft für einen schlechten Scherz Siegfrieds hält, und dem nur Cosima beschwichtigend das Attribut »sinnig« hinzufügt. Allerdings sollte Siegfried recht behalten, denn zehn Jahre später geht Marie eine zweite Ehe – mit Egas von Wenden – ein. Mit dem jungen, ständig verliebten Reinhold scheint Siegfried ein Portrait seines Neffen Gilbert geschaffen zu haben, der zu Cosimas großem Leidwesen »nachts die Dächer in Coburg unsicher macht«. Siegfried verarbeitet die Themen des Reinhold und die von Balthasars Hochzeitstoast zusammen mit einem Thema aus dem »Herzog Wildfang«, das sich auch ums Liebeswerben dreht, sowie zwei weiteren Themen – einem elegischen und einem sehr kecken – zum »Konzertstück für Flöte und kleines Orchester«. Diese wirkungsvolle, einsätzige Komposition in F-Dur, die den Solisten, trotz Verzicht auf eine Kadenz und alles virtuose Beiwerk, beweisen läßt, wie exzellent er sein Instrument beherrscht, trägt als Datum der Vollendung Gilbert Gravinas dreiundzwanzigsten Geburtstag, den 17. Oktober 1913 und die Bezeichnung *»herzig, aber schlampet korrigiert!«*

Bei der Uraufführung des »Friedensengels«, 1926 in Karlsruhe, wirkt die Figur des Reinhold auf einen Rezensenten »unmöglich und apathisch (...), psychologisch ganz undenkbar (...), selbst als Thesenträger eines selbstgefälligen, erotischen Wahns«. Dabei ist es doch gar nicht selten, daß sich ein Mann am liebsten einen Harem halten würde, sich aber dennoch in die Fänge einer Frau begibt, die ihren Alleingültigkeitsanspruch wie ein Drachen durchzusetzen weiß. Auch bei Siegfried spielen solche Gedanken eine Rolle: Wird eine künftige Ehefrau wie *»ein guter Drachen«* seine erotischen Ausschweifungen zu bändigen wissen? Gilbert sollte jedenfalls im Leben seinem dramatischen Vorbild alle Ehre machen. Obgleich zweimal verheiratet, war er doch der geborene Playboy bis in sein hohes Alter hinein, wo er noch mit über Achtzig – mit der Begum Aga Khan über das Parkett fegte...

Köstlich ist es, wie Siegfried den Drachen – im Gegensatz zu Vater Richard – musikalisch zeichnet: mit einer Zweiunddreißigstel-Bewegung in Klarinetten und Fagotten, einer gestopften Trompete und Pizzikato-Streichern.

Bewußt eingesetzt ist wieder einmal Bachs Choral »O Haupt voll Blut und Wunden«, als Willfried das Kruzifix von der Wand nimmt. Willfrieds Leiden und seine freiwillige Entscheidung zum Tod werden so dem freiwilligen Tod des Jesus von Nazareth gleichgesetzt, was in der Konsequenz bedeutet, jeder könne sich zur Gottheit aufschwingen. Die Nähe Siegfrieds zum George-Kreis wird wieder einmal deutlich. Nach den von Richard Wagner – insbesondere mit »Tristan und Isolde« – kühn hingeworfenen Liebestoden, zeigt Siegfrieds Schaffen, mit deutlichem Verismo-Einfluß, die Rezeption des Liebestodes: Willfried stirbt aus der gesellschaftlich nicht zu realisierenden Liebe zu Mita; sie folgt ihm in den Tod, da die Beziehung zu einem verheirateten Mann auf ihr wie ein Kainsmal lastet. An die sich nach dem Erscheinen von

Goethes »Werther« häufenden Selbstmorde Jugendlicher knüpft Balthasar an, wenn er das Bücherlesen verteufelt.
Nie zuvor ist Siegfried in der Aussage eines seiner Werke so eindeutig, so unmißverständlich wie hier, wo er sich für das Recht, über das eigene Leben zu bestimmen und damit auch für das Recht auf Selbstmord einsetzt. Erste Anregung zur Beschäftigung mit dieser Thematik brachte wohl der Selbstmord des Baritons Theodor Bertram, der bei den Festspielen der Jahre 1901 und 1902 den Holländer, und 1904 sowie 1906 den Amfortas gestaltet hatte. Ein unsteter Lebenswandel, Erpresser und Gläubiger hatten Theodor Bertram im Jahr 1907 in den Tod getrieben. Dem durch eigene Hand aus dem Leben Geschiedenen hatten die kirchlichen Behörden die Bestattung verweigert. Siegfrieds Forderung, auch Selbstmörder »in geweihter Erde« zu bestatten, war selbst nach dem Zweiten Weltkrieg noch nicht überholt. Noch am 12. November 1974 berichtete die Münchner »Abendzeitung« von einem Pfarrer bei Augsburg, der einem freiwillig aus dem Leben geschiedenen Ehepaar die Bestattung verweigert hat.
Das Thema der Bestattung von Selbstmördern klingt bereits im zweiten Akt »Sonnenflammen« an, wo die Dienerin Eustachia ihrer Überzeugung Ausdruck verleiht, daß die kirchliche Praxis in diesem Fall nichts mit Gottes Willen zu tun haben kann. Wieder einmal kämpft ein Außenseiter vergeblich gegen die starre Gesellschaft an. Möglicherweise sind die Suizid-Gedanken Willfrieds Siegfrieds eigene, – aber nur so lange, bis er sie auf dem Papier dramatisch verarbeitet hat. Sobald die Kompositionsskizze fertig ist, ist auch das neue Opus für ihn abgehakt, die Orchestrierung ist für ihn mehr eine handwerkliche Tätigkeit als eine schöpferische.
Der Arzt in dieser Oper erinnert an den Doktor in Büchners »Woyzeck«. Daß er ein Anhänger der Schädelmessung ist, die erst der Phrenologe Gall (1758–1828) eingeführt hat, weist darauf hin, daß Siegfried Wagner die Handlung seiner Oper künstlich historisiert, daß er das Geschehen, der Zeitangabe nach, viel früher ansiedelt, als er es in Wirklichkeit gespielt denkt.
Das Vorspiel zu dieser Oper klingt wie ein romantisierter Bach. Willy Hess hat in seiner Analyse darauf hingewiesen, daß im Vorspiel die reguläre Sonatenform durch das Dichterische verändert wird: »Architektonisch-formal ist das Vorspiel durchaus fertig, harmonisch aber endet es auf Halbschluß und der Ganzschluß fällt (...) mit dem Ende des Dramas, mit der Lösung des dramatischen Konfliktes zusammen. (...) Mir scheint dieses Werk in einem viel tieferen Sinne zukunftsweisend zu sein als aller revolutionäre Futurismus. Denn in ihm ist etwas verwirklicht, das im Sinne der Menschheitsentwicklung liegt: Das ausdruckshafte Gestalten mit den Mitteln des Geistigen der Form.«
Ein Satz in jener Analyse, die Willy Hess im Jahre 1964 im zweiten Band seiner Werk-Analysen veröffentlicht hat, springt – jenseits der zwingenden Analyse – ins Auge: »Grausam zertreten die selbstgerechten Menschen jene unglücklichen Einsamen, die infolge ihrer Veranlagung straucheln.« Hat auch Hess

erkannt, wie stark Siegfrieds Oper autobiographisch ausgerichtet ist? Insgesamt gesehen ist Opus 10 eine deutliche Anklage gegen gesellschaftliche Engstirnigkeit, eine allgemeingültige, weil übertragbare Forderung nach persönlicher Entfaltung und Selbstverwirklichung. Das Ende des »Friedensengels« hebt die geltenden Gesetze auf. Den dritten Akt schließt Siegfried am 18. September in Kompositionsskizze ab und hat somit die Musik des Opus 10 in nur drei Monaten komponiert.

Stassen berichtet, daß im Jahr 1913 »manche briefliche Äußerung Siegfrieds (...) wie ein schwerer Seufzer« klingt. Es sind nicht nur die Feierlichkeiten für das Werk des Vaters, nicht nur familiäre Querelen und wieder einmal Erpresserbriefe. Siegfried befindet sich ganz offensichtlich in seiner Midlife-crisis. Erstaunlich genug, daß er sich, wie Münchhausen, an den eigenen Haaren herauszieht. Ihm gelingt dies mit Hilfe der Dichtung und Komposition einer Ballade für Bariton – oder Altsolo und Orchester – das »Märchen vom dicken, fetten Pfannekuchen«: Ein Pfannekuchen läuft drei alten Damen, seinen Erzeugern, in den Wald davon. Auch nach abenteuerlichen Begegnungen mit einem jungen Häschen, einer dummen Kuh, einem zaghaften Reh, dem gierigen Wolf und der groben Sau, die ihn allesamt vereinnahmen wollen, zieht er sich wieder in den Wald zurück. Dann begegnen ihm drei halb verhungerte Kinder. Sie stehen für die Zukunft, stellen aber auch eine neuere Variante der drei Göttinnen dar, zwischen denen Herakles im griechischen Mythos zu wählen hat. Der Pfannekuchen wählt nicht; er entscheidet sich für alle drei, bricht »sich in Stücke Drei« – und jedes der drei Stücke erfüllt seinen Zweck.

Dieses Märchen vom dicken, fetten Pfannekuchen muß Siegfried besonders gefallen, erkennt er sich doch in dem begehrten Objekt wieder. So wie der Pfannekuchen den alten Weibern »kantapper-kantapper« davonläuft, hatte er sich der Dominanz der Mutter und der älteren Schwestern entzogen. Wie der Pfannekuchen hatte er sich von niemandem einverleiben lassen, hatte sich weder weiblich noch männlich gebunden und sich schließlich in drei Teile gespalten: in den Festspielleiter, den Dichterkomponisten und die Privatperson.

Durch diese scherzhafte Selbstanalyse ist Siegfried Wagner im Lot und weiß, er wird die Festspiele fortführen, auch wenn ihm die Ideologisierung mißbehaglich ist, er wird fortfahren, zu komponieren, auch wenn die Theater nach seinen Opern nicht so schreien wie nach denen eines Richard Strauss, und – er wird weiterleben.

Am 5. Dezember 1913 beendet er den ersten Akt des »Friedensengels« in Partitur. Sein »Märchen vom dicken, fetten Pfannekuchen« eignet er Franz Stassen mit einem »innig-humorvollen Weihnachtsbrief« zu.

Das Jahr 1914 beginnt mit einem alle Erwartungen übertreffenden »Parsifal«-Boom. Am Neujahrstag finden gleichzeitig in London, Paris, Madrid, Budapest, Barcelona, Bologna, Berlin und Frankfurt Premieren von »Parsifal« statt. Das Londoner Opernhaus Covent Garden hätte sechzehnmal so viele Karten verkaufen können, wie Plätze vorhanden sind, obgleich die Preise für Eintrittskarten überhöht sind. In Frankfurt kostet ein Logenplatz 125,20 Mark, das ist soviel, wie ein Arbeiter pro Monat verdient. Was man als Triumph für Richard Wagner werten könnte, erscheint den »Bayreuthern« als tiefe Schmach, als vollzogener »Gralsraub«.

Cosimas Befürchtungen laufen in erster Linie darauf hinaus, daß nun weniger Besucher nach Bayreuth reisen werden, wenn sie das Bühnenweihfestspiel auch andernorts besuchen können. Und tatsächlich werden sogar bereits bestellte Karten wieder zurückgegeben. Wie Cosima an Ernst Fürst zu Hohenlohe-Langenburg schreibt, sieht Siegfried »zum Glück (...) diesen Dingen mit Gelassenheit entgegen und sorgt nur dafür, daß alles möglichst gut ausfalle«.

Auch für Siegfrieds Schaffen scheint sich das Jahr 1914 günstig anzulassen. Es beginnt mit einer Neuinszenierung des »Herzog Wildfang« in Chemnitz, die er selbst dirigiert, die Grand Opera in Paris hat für 1914 die französische Erstaufführung des »Kobold« angekündigt, und im Zirkus Sarrasani in Dresden ist für den Herbst eine Gesamtaufführung aller Bühnenwerke Siegfried Wagners geplant: im »Theater der Fünftausend« soll dem bei Opus 1 und 2 von Siegfried formulierten Anspruch der »Volksoper« Genüge getan und seinem Schaffen tatsächlich der erwünschte breite Zugang ermöglicht werden. Zudem wollen die Opern Siegfried Wagners, die musikalisch und dramatisch zueinander in Beziehung stehen, thematisch und durch wiederkehrende Personen miteinander verknüpft sind, als ein gesamtkünstlerischer Kosmos verstanden sein, was durch eine zyklische Aufführung erst vollends deutlich würde. Die zyklische Aufführung hätte darüber hinaus den Vorteil, daß jede einzelne Oper leichter verständlich würde, zumal die Bühnenwerke ähnliche Problemstellungen aus wechselnden Perspektiven betrachten und spätere Opern auch für früher aufgezeigte Phänomene Erklärungen bieten.

Der Ausbruch des Ersten Weltkrieges sollte jedoch nicht nur die Planung der Gesamtaufführung der Bühnenwerke Siegfried Wagners zunichte machen...

Im Frühjahr finden noch einige wichtige Siegfried-Wagner-Konzerte statt. Im zwölften Gewandhauskonzert in Leipzig interpretiert Arthur Nikisch, mit Alfred Kase als Solisten, »Von Reinharts junger Liebe« aus dem »Herzog Wildfang«, am 29. Januar gibt Siegfried in einem Konzert in Berlin einen Überblick über sein gesamtes, bisher komponiertes Œuvre, und am 3. Februar bringt er im Großen Saal der Hamburger Musikhalle gleich mehrere seiner Werke zur Uraufführung: Graf Gilbert Gravina spielt zum ersten Mal das ihm dedizierte Konzertstück für Flöte, Bennet Challis läßt erstmals den – auf dem Programmzettel als »komische Ballade« deklarierten – »Pfannekuchen« über das Konzertsaalpodium kantappern, und als weitere Uraufführung erklingt das Vorspiel zu »Sonnenflammen«. Aus diesem Werk interpretiert Barbara Miekley-Kemp auch den Gesang der Iris, während Bennet Challis – neben Wotans Abschied – auch »Von Reinharts junger Liebe« verströmt.

Am 17. März beweist Karl Kittel, wie er inzwischen mit Siegfrieds Schaffen

vertraut ist. In einem Konzert mit dem Gesamtorchester des Nürnberger Stadttheaters, mit Perard-Petzl, Challis, Scheidhauer und Hermann Plücker als Solisten, interpretiert er zehn Konzertfragmente aus Siegfrieds ersten acht Opern im Sonnensaal zu Bayreuth.
Beim vierten Konzert der Vereinigung der Musikfreunde in Dresden bringt Siegfried dann aus Opus 9 das Zwischenspiel »Glaube« zur Uraufführung, während Gravina auch den Dresdenern das »Konzertstück für Flöte und kleines Orchester« und Bennet Challis wiederum Reinhart und Pfannekuchen interpretiert.
Aufführungen des »Herzog Wildfang« führen Siegfried nach Halle und Lübeck, ein Konzert-Dirigat nach Danzig. Daneben vollendet er die Partitur des »Friedensengels«, dessen zweiten Akt er am 20. Februar und dessen dritten Akt er am 7. April 1914 zum Abschluß bringt. Bis zur Uraufführung sollten noch zwölf Jahre vergehen, aber den progressiven Anspruch sollte dieses Werk behalten, das auch bei seiner Wiederaufführung im Jahr 1975 in London ungewöhnliche Reaktionen auslöste und die Münchner »Abendzeitung« zu der Feststellung veranlaßte, daß dieser Stoff »geradezu modern anmutet«.

Siegfried Wagner und seine Assistenten vor dem Bayreuther Festspielhaus 1914

Intermezzo Martiale: Der Fahnenschwur

Schon bevor das Attentat von Sarajevo auf Erzherzog Prinz Ferdinand und seine Frau den Ersten Weltkrieg heraufbeschwört, hat Europa zu Anfang des Jahres 1914 merklich aufgerüstet. Als die Bayreuther Festspiele am 22. Juli mit dem »Fliegenden Holländer« in der Inszenierung und unter der musikalischen Leitung Siegfried Wagners eröffnet werden, haben es bereits einige ausländische Besucher vorgezogen, gar nicht erst anzureisen. Gegenüber seiner Inszenierung vom Jahr 1901 hat Siegfried vieles verändert. Die Felsen sind jetzt plastisch gearbeitet, die Schiffe realistischer ausgeführt, im Hintergrund spielt ein Wandelprospekt mit, der die Psychologie der Handlung atmosphärisch mit- und nachvollzieht; die Spinnstube im zweiten Aufzug ist völlig neu gestaltet, mit einem breiten, erhöhten Erker, dessen Fenster sich zum Hafen hin öffnen und der am Schluß des zweiten Aktes von weitem das erleuchtete Schiff Dalands sichtbar werden läßt, und im dritten Aufzug passieren während der Chorszenen mehrere, perspektivisch verkleinerte Schiffe den Hafen.
Paul Bekker mißfällt diese Überregie, jene »durch allerlei nebensächlichen Episodenkram künstlich ausgefüllte Lebhaftigkeit, mit der die Chöre agieren«, und auch mit Siegfrieds musikalischer Interpretation ist Bekker unzufrieden, da man ihr »die vorgefaßte doktrinäre Absicht anmerkte, nun einmal alles anders zu machen, als es bisher üblich war.« Siegfrieds häufig geäußerter Wunsch, *»Man muß mal was wagen!«* mag wirklich dahin gehen, *»alles anders zu machen als die andern«,* wie er es im Hinblick auf eine Komposition auch einmal geäußert hat. Bei der frühen Partitur seines Vaters setzt er diesmal nicht auf Sturm und Drang, sondern auf Durchgliederung des Satzgefüges und Hervorhebung von Nebenfiguren in einem ungewöhnlich breiten Tempo.
Zu einem ganz anderen Befund als Paul Bekker gelangt Albert Schweitzer, der neben Max Reger wieder einmal unter den Festspielgästen ist und der sich rückblickend erinnert: »Von der Holländer-Aufführung (...) waren wir damals alle ergriffen. Das Wagnis, das Werk pausenlos zu geben, war ein großer Erfolg. Es kam uns vor, als lernten wir es erst recht kennen. Und nie habe ich dieses Werk so dirigieren hören wie durch ihn. Es war so wunderbar einfach und flüssig.«
Auch an der Neugestaltung des »Ring«-Zyklus hat Siegfried wieder weitergearbeitet, wie die plastischen Felsen der Landschaften, die schlichtere Mime-Höhle und insbesondere der vollplastische Walkürenfelsen es beweisen. Söhnlein beschreibt diesen Felsen als »einen großen Block, der auf Drehrollen lief und durchweg begehbar war«.

Am spielfreien Abend zwischen »Siegfried« und »Götterdämmerung« gibt es in Wahnfried einen Hausmusikabend, bei dem Gilbert das Konzertstück für Flöte in der Fassung für Flöte und Klavier zur Aufführung bringt, und Ernestine Schumann-Heink, die seit dem Sommer 1901 in Bayreuth die Mary im »Fliegenden Holländer« gestaltet, singt das »Märchen vom dicken fetten Pfannekuchen«, ebenfalls in der autorisierten Fassung mit Klavierbegleitung, als eine Ballade, bei der sie mehr eines der alten »drei Weiber« ist, denn das erzählerische Ich. Inmitten jenes Hauses, aus dem Siegfried in seiner Pfannekuchen-Version entflohen ist, muß der Vortrag doppelt drastisch und komisch gewirkt haben.

Zwei Tage später, bei der zweiten und letzten »Holländer«-Aufführung, wird in Bayreuth die Kriegszustands-Erklärung des Königs von Bayern verlesen, doch Karl Muck drängt darauf, die Festspiele mit dem »Parsifal« zu beschließen, der am 1. August noch planmäßig durchgeführt wird. Über den politisch bedingten Abbruch schreibt Siegfried in seinen »Erinnerungen«:

»Ein jähes Ende bereitete der ausbrechende Weltkrieg. Von den zwanzig geplanten Aufführungen konnten mit Mühe acht stattfinden. Schon während der Ringvorstellungen drangen beunruhigende Gerüchte bis zu dem Festspielhügel, wo man es sonst, wie auf der Insel der Seligen, vermied, von Politik zu sprechen. Nach der Siegfriedvorstellung reisten alle ungarischen Gäste ab, bald folgten die österreichischen. Die Reihen im Zuschauerraume begannen sich zu lichten, oder man sah an Stelle der Auswärtigen Bayreuther Einwohner sitzen, bei denen jene logiert hatten. Noch immer nicht an den Krieg glaubend, versuchten wir weiterzuspielen, bis wirklich die Kriegserklärung das Ende brachte.«

Die Verwaltung der Festspiele muß mit einem Defizit von 400000 Mark abschließen, die Dekorationen werden mehr in die Magazine geworfen als aufbewahrt, da die Kriegsmaschinerie nach den Bühnentechnikern verlangt, und das Festspielhaus versinkt in einen Dornröschenschlaf, der ganze zehn Jahre währen sollte.

Nun ist keine Rede mehr von einem Berufungsverfahren Isoldes gegen die Entscheidung im Prozeß mit Cosima, und auch Siegfrieds Plan einer »Wahnfried-Stiftung«, dessen juristische Ausarbeitung noch auf das Vorjahr 1913 zurückgeht, ist ad acta gelegt. Zur Stiftungsidee hatte Siegfried in einem Interview der »München-Augsburger-Abendzeitung« geäußert:

»Alles was in Bayreuth Richard Wagners Erbe ist, also: Festspielhaus mit den dazugehörigen Grundstücken, alle Gegenstände, die zum Festspielhaus und Wirtschaftsbetriebe gehören, das Haus Wahnfried mit allen seinen handschriftlichen Schätzen, allen seinen Andenken und Erinnerungen an Wagner und der beträchtliche Festspielfonds: Dieses alles ist von meiner Mutter und mir dem deutschen Volke als ewige Stiftung bestimmt! (...) Wir werden uns als wahre Hüter Wahnfrieds zeigen und unseren Stiftungsgedanken nicht fallen lassen. Das Bayreuth Richard Wagners, so haben wir beschlossen,

gehört nicht uns, es gehört dem deutschen Volke, ihm soll es von Wahnfrieds Erben als ›ewiges Richard-Wagner-Heim‹ übergeben werden.«

Maximilian Harden hatte daraufhin geargwöhnt, daß Siegfried mit dieser Stiftungs-Idee nur vom Beidler-Prozeß ablenken wollte, und Michael Karbaum kommt im Jahr 1976 zu dem Schluß, daß auch hierbei Chamberlain seine Hand im Spiel hatte: »Macht ohne Besitz für das Haus Chamberlain und Besitz ohne Macht für Siegfried Wagner – so etwa ließe sich die familiäre Konstellation vor Beginn des Prozesses und vor Ankündigung der Wahnfried-Stiftung etwas überspitzt formulieren. (...) Hinzu kam aus Familienkreisen die sorgenvolle Überlegung, daß das Festspielunternehmen von seiner Verwaisung bedroht sei, solange Siegfried Wagner sich nicht zur Ehe entschließen konnte. Wie ernst die Lage in Wahnfried eingeschätzt wurde, war allein daran abzulesen, daß Herrschaft und Besitz mit großer Geste wie etwas Entbehrliches mit einem Mal zur Disposition standen.«

Getreu der Friedensmahnung in seinem »Friedensengel« verleiht Siegfried gegenüber Ludwig Karpath seiner Hoffnung auf einen baldigen Frieden Ausdruck: *»Gott gebe, daß der große Kampf uns allen bald einen ehrenvollen Frieden bringt!«*

Doch das Zwillingswesen komponiert ein Werk, das man genausogut als das Gegenteil dieser Hoffnung, als eine imperialistische Aufmunterung verstehen könnte. Wer hat ihn, den erklärten Antimilitaristen (man denke nur an sein Reisetagebuch von 1892), dessen Œuvre immer wieder den Frieden postuliert und der inmitten seiner kriegerischen Familie bisweilen selbst als ein »Friedensengel« angesehen wird, dazu verleitet, eine Komposition für Männerchor, Orgel und großes Orchester zu verfassen und sie obendrein noch *»Dem Deutschen Heer und seinen Führern in begeisterter Dankbarkeit«* zu widmen?

Ist es jener allgemeine Trend, von dem Paul Pretzsch in seiner thematischen Analyse kündet, der »schon in den ersten Kriegsmonaten« Werke auf den Plan ruft, in denen »ein leichter Sieg über die Feinde Deutschlands errungen (wird), deren wehrlose Volksweisen ohne Erbarmen verzerrt und schließlich mit blechgepanzerten deutschen Volksgesängen in Grund und Boden gestampft werden«?

Solchen Kompositionen gegenüber nimmt sich Siegfrieds Werk in der Tat positiv aus, kompositorisch wie auch in dem, was Siegfried in Ernst Moritz Arndts Gedicht »Fahnenschwur« hörbar wichtig ist: Treue und Redlichkeit gegenüber Lüge, Spott und Hohn.

Aber es bleibt ein ungutes Gefühl, wenn man die Partitur dieses Männerchores studiert – und sich der Ohrwurm der Grundmelodie im Kopf festsetzt. An jenem fatalen Nationalismus, auf den die hier besungene »Deutsche Freiheit« und das »Vaterland« zusteuern, kann einem solchen Werk, auch wenn es deutschem Idealismus entsprungen ist, die Mitschuld nicht abgesprochen werden.

Einiges spricht dafür, daß Siegfried es mit dieser Komposition seinem Vater gleichtun will: der komponierte nach dem deutschen Sieg über Frankreich im Jahre 1871 den »Kaisermarsch«, dessen Volkschor dann zu Siegfrieds Kinderlied wurde. Seinen Fahnenschwur nämlich beendet Siegfried am »Sedan-Tage«, dem 2. September. Der Bayreuther Königliche Obermusikmeister Oscar Jünger arrangiert auch sogleich eine Fassung für Infanterie-Musik, die den militaristischen Impuls des Werkes noch verstärkt, andererseits dabei den schwer erträglichen Text eliminiert. Am 24. Oktober erfolgt in der Berliner Philharmonie die Uraufführung der Original-Fassung des »Fahnenschwurs«.

Im selben Konzert erklingt auch, erstmals in Berlin, Siegfrieds Komposition »Glaube«, aber das verhaltene Zwischenspiel hat im Vergleich mit den zündenden Themen des »Fahnenschwurs« wenig Chancen, verstanden zu werden. Ironie des Schicksals: das Intermezzo martiale jenes Siegfried Wagner, dem Thomas Mann schlichtweg den Namen »Friede« zuerteilt, wird häufiger gespielt als andere Konzertwerke des Komponisten. In zahlreichen Städten stürzen sich die Chorleiter auf die wirkungsvolle, patriotische Komposition.

Wie schreckenerregend Patriotismus sich im Ersten Weltkrieg bereits formuliert, zeigen Houston Stewart Chamberlains »Kriegsaufsätze«. Zunächst wurde Chamberlain als Ausländer für einen Spion gehalten, der sich obendrein mit seiner Sternwarte verdächtig gemacht hatte, dann aber wird der Wahl-Germane ob seiner Verdienste um Deutschland von Kaiser Wilhelm II. mit dem Eisernen Kreuz ausgezeichnet, laut du Moulin Eckart geschieht dies in einer Weise, »die ihn vor dem ganzen Volke ehrte und ihm Genugtuung gab«. Und wieder steht Cosima dem Schwiegersohn »fest zur Seite, immer tiefer wird ihr Anteil an seinem Wirken und Schaffen«, wie ihr Biograph zu berichten weiß, und daran ändert auch nichts, daß Siegfried dem deutschen Heer eine Chorkomposition gewidmet hat. Chamberlain bleibt Cosimas Politiker, und als solcher wahrlich ihr geistiger Sohn.

Während nämlich Siegfried im Frühjahr 1915 in Wien, Coburg und Darmstadt Konzerte mit eigenen Kompositionen zugunsten des Roten Kreuzes dirigiert, finden Chamberlains demagogische Kriegsschriften ein bei weitem breiteres (Lese-)Publikum. Stolz berichtet Cosima dem Fürsten zu Hohenlohe-Langenburg: »Die Kriegsaufsätze von meinem Sohn Chamberlain erleben jetzt die 8. Auflage, 130000 Exemplare haben sich bereits verbreitet, und er empfängt die wertvollsten Zeugnisse von Teilnahme und Dankbarkeit dafür aus den verschiedensten Kreisen, von den Generalen Gersdorff und Beseler an bis zu bescheidenen Schullehrern und Postboten.«

Auch Siegfried schreibt einen Aufsatz, doch bezieht er darin eine gänzlich andere Position als sein Schwager. In diesem Artikel, den er im Dezember 1914 für eine Dresdener Zeitung niederschreibt, heißt es nämlich:

»Ob Kommunist, ob nicht, ist mir ganz gleich. Ich hab noch nie Anstand (d. h.

Probleme; Anm. d. Verf.) *gehabt, weder mit Orchestermusikern, noch mit Chorleitern, Choristen, noch mit dem technischen Bühnenpersonal. Unzufriedene gibt es wohl überall. Wenn man ein bißchen Herz und Humor hat, mit den Leuten nicht unnötig quasselt, die Leute nicht unnötig quält und durch Zappelei und kapriziöse Intentionen nervös macht, kommt man gut mit ihnen aus. Während dieser Nachtfahrt* (von Hof nach Dresden; Anm. d. Verf.) *waren wir Kommunisten im guten Sinne. Da ich nicht der Ansicht bin, daß Vornehmheit darin besteht, daß man erster oder zweiter Klasse fährt, sondern daß Vornehmheit der Gesinnung die echtere ist, saß ich zusammen mit den Musikern auf den Holzbänken, an die man sich ja längst gewöhnt hat, und die den Vorteil haben, daß sie nicht mit Schieberbazillen bedeckt sind, denn auf dem Holz fühlen sich weder Bazillen noch Schieber wohl.«*

Siegfried faßt diesen Aufsatz, »Eine Nachtfahrt mit den Dresdner Philharmonikern«, der Cosima mit Sicherheit vorenthalten wurde, in erster Linie ab, um für die Musiker seitens der Dresdener Bürgerschaft ein größeres soziales Interesse zu wecken:

»Ein Musiker bedarf mehr als alle anderen Berufe einer guten Ernährung! Es müssen ihm die schwersten Lebenssorgen genommen werden. Er ist da, um durch sein Können anderen eine Freude zu machen. Nun sollen die anderen auch ihm eine Freude erweisen und seine Kunst in jeglicher Weise unterstützen und belohnen!

Dies ist mein Weihnachtswunsch!«

Siegfried sucht seine Probleme in Arbeit zu ersticken. Im Dezember 1914 leitet er ein Konzert in Hannover, gastiert mit den Dresdener Philharmonikern in Bayreuth und Hof und erleidet nach einem Konzert in Nürnberg einen Zusammenbruch. Es heißt, seine »Kopfnerven versagen den Dienst«, was eine Umschreibung ist für die naheliegende Tatsache, daß der Zusammenbruch wieder einmal in erster Linie psychische Ursachen hat. Angesichts der Molesten der vergangenen zwei Jahre ist dies auch wenig verwunderlich.

Opus 11: An allem ist Hütchen schuld

Ein musikalisches Skizzenbuch, das Siegfrieds einunddreißigsten Geburtstag, den 6. 6. 1900 als Anfangsdatum trägt, enthält ungeordnet bereits thematische Einfälle der Opern »Kobold«, »Sternengebot«, »Bruder Lustig«, »Banadietrich«, »Sonnenflammen«, »Schwarzschwanenreich«, »Heidenkönig« und »Schmied von Marienburg«. Es ist natürlich nicht gesagt, daß alle diese thematischen Einfälle bereits im Jahr 1900 notiert wurden. Einige Einfälle stammen sicher aus diesem Jahr und bekamen später erst ihre Zuordnung zu einem bestimmten Themenkreis. Das gemeinsame Auftreten dieser Themen bestätigt jedoch den klangkosmischen Zusammenhang von Siegfrieds Werken wie auch die Existenz eines weit vorausgeplanten Konzeptes für sein Gesamtschaffen. Die Verknüpfung der zeitlich und räumlich weit auseinanderliegenden, gedanklichen Themenkreise zeigt auch die Notiz eines Themas mit der Beschriftung »Kurzbold oder Mühlgötz«; es erscheint dem Komponisten sowohl zutreffend für den illegitimen Herzogssohn in »Sternengebot« wie für den Mühlgötz im »Heidenkönig«. Als dieses Skizzenbuch gefüllt ist, hält er seine Noteneinfälle auf Postkarten, Notizzetteln, auf der Rückseite von Briefen oder auf dem Briefpapier der Hotels, in denen er übernachtet, fest. Auch einige der Themen des Opus 11, an dem er – nicht nur wegen des ihm vom Arzt streng verordneten Ruhejahres – in aller Heimlichkeit arbeitet, hat er schon lange konzipiert.

In der Handlung dieser Oper lassen ihn die Topoi des Ehezwangs sowie des zur Klärung zwischenmenschlicher Beziehungen hinzugezogenen Richters zwar noch immer nicht los, aber er hat diesmal wirklich zu einer echten Lustspielform gefunden. Und kursiert nun schon einmal beharrlich die unzutreffende Bezeichnung »Märchenopern-Komponist« im deutschen Schubladen-Denken, so will er mit diesem Opus 11 beweisen, was er unter einer Märchenoper versteht. Über vierzig Märchen sind in »An allem ist Hütchen schuld« collagiert, natürlich dürfen Tod und Teufel nicht fehlen, und diesmal erlaubt es sich Siegfried sogar, ohne Maske aufzutreten, nicht wie in seinen anderen Werken hinter einer oder mehreren Personen verborgen, sondern als »Siegfried Wagner... Sprechrolle«. Dieser Autor prügelt sich in seinem eigenen Werk mit jenem, dem er den Großteil der hier verwendeten Märchen verdankt, mit Jacob Grimm; eine launige Hommage Siegfrieds an den geistesverwandten Sagen- und Märchenforscher. Grimm macht ihm das Märchenverwirrspiel zum Vorwurf: *»Hütchen jubiliert, als er alle raufen sieht. Jacob Grimm eilt mit Gebärden der Verzweiflung herbei,* *ihm folgt Siegfried Wagner. Als Hütchen die beiden sieht, freut er sich, neue Opfer gefunden zu haben, er huscht um sie herum und reizt sie zum Zank, was ihm auch glückt.*

Jacob Grimm:
Ja! Um des Himmels Willen!
Siegfried! Welch' ein wüster Chor!
Alles sauft und Alles rauft!
Kommt das in meinen Märchen vor?

Siegfried Wagner:
Aber Jacob! Wozu der Grimm?
Zwischen uns ein Zwist wär' doch zu schlimm!
Hab' ich den Streit gezündet?

Jacob Grimm:
Und was Du da wieder aufgebaut!
Vierzig Märchen zusammengebraut!

Siegfried Wagner:
Statt, daß er mir dankt,
Werd' ich noch gezankt!
Ich helf Dir auf die Bein',
und Du fängst an zu schrei'n!

Jacob Grimm:
Bestiehlst mich vorn und hinten, Du Dieb!
Gibst Du's nicht auf, setzt's einen Hieb!
(sie hauen sich gegenseitig eine herunter)«

In diesem Werk, wo es – ähnlich wie in Mozarts »Zauberflöte« – darum geht, daß zwei Menschen Prüfungen aller Art bestehen, um zueinanderzufinden, häuft Siegfried Sexualprobleme aller Art. Die Vorlagensuche war in dieser Hinsicht bei Grimm nicht so ergiebig wie etwa bei Andersen, dessen Märchen »Der kleine und der große Klaus«, eine der köstlichsten Szenen der Oper, die »Tugendmühle« nachempfunden ist. Wie in Rolf Thieles Film »Das Märchen vom lüsternen Pärchen« tobt es sich in Siegfried Wagners »Hütchen« aus in Phallus- und Vagina-Symbolik, in Mutter-, Fruchtbarkeits- und Unfruchtbarkeitssymbolen, mit potenzanregenden Tränken, Lüsternheit und Perversion. Bei Trudes Hexentanz spielen sogar Kröten und Mäuse im Mund eine Rolle. Doch ist diese Oper so geschickt gebaut, daß man alle diese Symbolik – fast – übersehen und sich auch an der Oberfläche der echt komischen Märchenhandlung orientieren und ergötzen kann. Katherlieschen, eigentlich Katharina Elisabeth, ist eine satyrische Wiedergeburt der Verena aus dem »Kobold«, und ihr Friedel wird zum Frieder der Märchenhandlung.
Im Opus 3 ist der Kobold eine theatrale Erklärung für ungewöhnlich harte

Schicksalsschläge, in Opus 11 steht er für das Unbewußte. Unbewußt stiehlt Katherlieschen Trudes Geld, unbewußt hat sie das Geschirr zerbrochen, was wiederum sexualsymbolisch für die Aufgabe der Unschuld steht, unbewußt hängt sie doch am Leben, als sie sich vergiften will, unbewußt ist sie bei den Abenteuern des zweiten Aktes noch nicht reif für Frieder, unbewußt läßt sie den Vogel aus dem Käfig in die Freiheit entweichen, unbewußt ergießt sich ihre Fruchtbarkeit über Frieder – bis sie am Ende der Oper das Unbewußte ins Bewußtsein dringen läßt: Der Kobold wird sichtbar.

Die Entschlüsselung von Siegfrieds »Märchenspiel in drei Akten« ist wohl erst durch Bruno Bettelheims Buch »Kinder brauchen Märchen« in vollem Umfang ermöglicht worden: »Das Märchen betont die Schwierigkeiten auf der Lebensreise: sexuell reifen, unabhängig werden, sich selbst verwirklichen. Gefahren müssen bewältigt, Prüfungen überstanden und Entscheidungen gefällt werden, aber die Geschichte sagt, daß alles gut ausgehen wird, wenn man sich selbst und seinen Werten treu bleibt, so verzweifelt die Dinge auch eine Zeitlang aussehen mögen.« Das hätte, mit ganz ähnlichen Worten, auch Siegfried Wagner schreiben können.

Das »Sich-treu-Bleiben« hat Siegfried im Jahr 1907 als sein Manifest ausgegeben: *»Ich meide jeden Kontakt mit den ultramodernen Produktionen, um mir selber treu bleiben zu können.«* Und in den »Erinnerungen« heißt es: *»Sich treu bleiben: darauf kommt es an, und das war mein Bestreben, es Männern (...) gleich zu machen, die lieber leiden und sich verhöhnen lassen, als daß sie ihre Überzeugung aufgeben.«*

Abgesehen von der wilden Jagd im »Banadietrich« ist die Musik, die im Opus 11 den Kobold Hütchen symbolisiert, die »modernste«, die Siegfried bisher geschrieben hat. Zieht man die Stellungnahme, er verschließe sich dem »Ultramodernen« bewußt, um sich selbst treu zu bleiben, zur Deutung der Märchenoper mit heran, und geht man weiter davon aus, daß der Kobold Hütchen für das Unbewußte steht, so kommt man zu der Feststellung, daß Siegfried eigentlich lieber nur so komponieren würde, wie er es bei der Kobold-Figur und deren Auswirkungen praktiziert. Volkstümlich ist die gesamte Partitur übrigens nur einmal, wenn nämlich das alpenländische Volkslied »Aber Heitschi bumbeitschi bummbumm« als höhnisches Schlaflied der Mädchen für Frieder erklingt:

»Wir richten dem Frieder das Lager her,
dem Bräutigam schmücken wir's fein.
Denn heute besteigt er zum letztenmal
als Junggesell es allein!«

Hier liegt jedoch eindeutig eine ironische Brechung vor.

Auch für diese Oper gilt, daß die Handlung erst durch die Musik voll verständlich wird. Beispielsweise ist die Wirkung der Zaubergegenstände im Traumland und im grellen Licht der Realität, wo sie ihren Dienst versagen, auch

musikalisch deutlich voneinander abgesetzt. So wird im dritten Akt nicht nur die Zauberformel »Knüppel aus dem Sack« zur Floskel »Prügel aus dem Sack«, sondern auch das Schlagwerk im Orchester, die Rute, bleibt – im Gegensatz zum zweiten Akt – stumm und ertönt erst wieder, wenn für die Dauer eines Mitternachtsspuks nochmals die Märchenwelt hereinbricht.
Auch in autobiographischer Hinsicht ist Opus 11 aufschlußreich. Unabhängig von der Märchenvorlage hatte Siegfried selbst einmal ein Erlebnis mit diebischen Wirtsleuten, was auf ihn so nachhaltigen Eindruck hatte, daß er darüber gleich zweimal hintereinander schriftlich an Daniela und Henry Thode berichtete: *»Tags zuvor habe ich sie erwischt, wie mein lila Hemd gestohlen wurde. Es gab eine üble Auseinandersetzung«*, heißt es am 20. April 1902 auf einer Postkarte aus Italien: *»Meine Wirtin ertappte ich auf frischer Tat, wie mir ein violettes Hemd entwendet werden sollte! Ich machte Radau und erlangte es zitternd zurück. Gott weiß, was die alles gestohlen hat. Addio Euer Fidi«*
Der Flöte blasende Frieder ist natürlich nicht nur der junge Gilbert Gravina, sondern – die Namensverwandtschaft zum Spitznamen Fidi sagt es schon – auch ein Alter ego des Dichterkomponisten, der sich sein Heil in der Ehe, wenn es schon sein muß, mit einer dummen, aber herzensguten Kindfrau vorzustellen versucht. Auch Katherlieschen darf als weibliche Komponente des Zwillingswesens von Siegfried gedeutet werden, liegt doch ihr Trumpf darin, daß sie – wie Siegfried Wagner selbst – ein Sonntagskind ist. Selbst das singende springende Löweneckerchen mit dem goldenen Ei hat ein Vorbild in Siegfrieds Bekanntenkreis: in einem Schreiben an Daniela fragt Siegfried einmal, *»War das singende springende Gold-Eckerchen zufrieden in Gera?«* Gold ist der von Siegfried für seinen Schwager Henry geprägte Spitz- und Kosename.
Und das Hütchen? Das ungewollte Kind Walter Aign hatte Siegfried einst einen beängstigenden, ruhelosen Kobold als musikdramatische Figur erschaffen lassen. Nun ist Walter zu einem zwölfjährigen Knaben herangewachsen, und seine Existenz hat nichts Beängstigendes mehr; die Bemerkung in der Besetzungsangabe von »An allem ist Hütchen schuld« lautet: Hütchen muß *»von einem Kinde im Alter von ungefähr zwölf Jahren dargestellt werden«*.
Erstmals greifen bei der Ausführung dieser Oper die Niederschrift der Kompositionsskizze und die der Partitur ineinander. Der erste Akt wurde nämlich am 22. September 1914 in Kompositionsskizze und knapp zwei Monate später in Partitur ausgeführt, der zweite Akt datiert in der Kompositionsskizze vom 10. Januar 1915, und die Partitur trägt als Datum der Fertigstellung den 12. April, der dritte Akt schließlich umfaßt in der Kompositionsskizze die Zeit vom 4. Juni bis 11. Juli und wird am 26. August 1915 in Partitur vollendet.
Bevor Siegfried jedoch mit der Niederschrift zur Kompositionsskizze des dritten Aktes beginnt, schließt er am 1. Juni das einsätzige Konzert für Violine mit Begleitung des Orchesters ab. So seltsam es klingt, auch diese Komposi-

tion ist autobiographischer Natur. Im Juli schreibt Siegfried an Franz Stassen: *»Am Montag komme ich nach Berlin, wir fahren zum Tee zu Klindworth.«* Stassen ist sehr verwundert, weiß er doch, daß Siegfried gewöhnlich von der »alten Garde« nichts wissen will. Was also sucht er bei dem vierundachtzigjährigen Freund seines Vaters und Schüler seines Großvaters, den er bereits bei seiner Begegnung vor nunmehr einem Vierteljahrhundert, als Student in Berlin, als *»quite vertroddelt«* bezeichnet hatte, als »fancy, he wackelt with the head, poor man«?

Zu den Festspielen des Jahres 1914 war Klindworth auf Einladung Cosimas nochmals nach Bayreuth gekommen, um das Verhältnis zu Liszts Tochter zu bereinigen, das seit seiner Herausgabe des ungekürzten Klavierauszuges zu Wagners »Rienzi« gespannt war, da Cosima nur ihre gekürzte Neufassung des Werkes gelten lassen wollte. Allerdings bittet der alte Kämpe, sein »Töchterchen« mit nach Bayreuth bringen zu dürfen. Das ist die am 23. Juni 1897 im englischen Hastings geborene Winifred Williams, Tochter eines Schriftstellers, der im Jahr nach ihrer Geburt verstarb, und einer Schauspielerin, die ein weiteres Jahr danach ums Leben kam. Die Vollwaise wurde von ihrem Großvater mütterlicherseits, einem Herrn Karop, an einen in Gotha lebenden Neffen Karop weitergegeben, kurz darauf aber wieder ins Waisenhaus nach England verschifft. Aufgrund einer Erkrankung, bei der ihr der Arzt kontinentales Klima verordnete, kam Winifred wieder nach Deutschland, diesmal zu einer Cousine ihres Oheims, zu Henriette Klindworth, die mit ihrem Mann Karl in der Obstbaumkolonie Eden bei Oranienburg wohnte. Die alten Leute gewannen das Kind lieb, adoptierten es unter dem Namen Senta Klindworth und infiltrierten es nicht nur mit Musik und Ideengut Richard Wagners, sondern auch mit einem chauvinistischen Deutschtum.

Als die siebzehnjährige Senta-Winifred erstmals nach Bayreuth kam, wurde sie von Cosima wie eine Enkelin des alten Karl Klindworth behandelt.

Sie begleitete Cosima auf Spaziergängen durch den Hofgarten und durfte im Gespräch beweisen, daß ihre politischen Ansichten denen von Chamberlain und Cosima adäquat waren. Schließlich pflanzte ihr jemand mit Nachdruck den Gedanken ein, daß Siegfried als Mann noch nicht vergeben sei.

Da Siegfried Kindfrauen mag, sollte die Verkuppelung, von der so oft in Siegfrieds Opern die Rede ist, nicht allzuschwer fallen ...

Eva tut ein Übriges, indem sie Siegfried auf eine Reise nach Berlin einen Brief mitgibt, der wie zufällig bei den Vorschlägen für eine Ehekandidatin gerade die junge Senta-Winifred übergeht: »Betrachtungen für die Reise von Deiner bald 50jährigen Schwester

1. Reise dies Mal mit Muße, bitte! Gönne Dir Zeit, wie sie nötig ist, willst Du die Maid finden, die Dir, Wahnfried und unserer Sache Not tut.
2. Keine Festspiele in Sicht und – Kriegszeit! Beides sehr geeignet, um diesen Entschluß ernstlich zu reifen.
3. Als der besonnene Mann, der Du doch bist, weißt Du weiter hinaus zu

denken als über den gegenwärtigen Stand der Dinge! Mama in's 78te Jahr gehend (welche Freude und Beruhigung für sie, Wahnfrieds Zukunft gesichert zu wissen!), Houston in's 60te! Ich daher wohl mehr und mehr verpflichtet mich ihm im eigenen Heim zu widmen. Meine Jahre beginnen auch, wo die Leistungsfähigkeit der Frauen in's Schwanken gerät und eine junge und kräftige Unterstützung in der Familie erwünscht wäre! Doch, wie gesagt, dies ist Nebensache im Hinblick auf Das, was als hohe Pflicht Dir obliegt, wie Prinz Max sich auch hierüber in edler Teilnahme für Dich und unsere Sache ausließ. Mache Loldi's unheimlich triumphierende Worte: ›Fidi heiratet ja doch nicht‹, nicht zur Wahrheit! Du leistest damit den Schlechten, denjenigen, die wir als ›undeutsche Teufel‹ bezeichnen, einen zu großen Dienst. Alle die Dich lieben, verehren, sehen sorgenvoll in die Zukunft und hegen mit uns den tiefen Wunsch, daß sich die Rechte fände! – Lenke also Deine diesmaligen Schritte abseits von Frau Bie, Bodecker, auch selbst von der lieben Miekley-Kemp. Besuche Wiwi, sieh Dir ihre Tochter an, verabrede Dich mit ihnen (aber nicht nur im Riesenkreis bei Josti!!); auch mit E.H. wäre ein ernstes Erwägen wohl geeignet. Die liebe, hübsche Lisel Reuß nenne ich schon gar nicht mehr. – Du wärest bei diesen Familien in heimischer Sphäre, die Bayreuther Sache steht ihnen hoch und Deine Persönlichkeit und Kunst wird geliebt. Ich kann also nur ein herzliches ›Allons‹ zurufen. Mache es nicht wie Joukovsky, sondern folge Herzog Johann Albrecht's Beispiel. Du hast die schönsten Anlagen zum gemütlichsten, herrlichsten Familienvater; ein Jammer, diese nur auf Tommy und Flossy sich erstrecken zu sehen! um schließlich vereinsamt als bachelor-Original zu enden! –
Nimm Dir also wirklich Muße in Berlin, bis es zum inneren Müssen kommt. Daß Houston und ich als vernünftige ältere Leute bereits mit der Ausarbeitung unseres Testaments uns befassen, und uns traurig bei so manchem Gegenstand, der nur als Familien-Erbstück nach Wahnfried gehört (wie meine schönen Schmucksachen von Mama; Papa's Briefe an Mama, Mama's Tagebücher, das Kietz'sche Medaillon, etc. etc.) fragen, wohin? sei Dir auch an's Herz gelegt. Finde also Dein Katherlieschen und bringe junges Leben in unser teures Wahnfried!
's ist Zeit.«

Eva rechnet mit Siegfrieds stets oppositioneller Haltung – und täuscht sich nicht. Wie von ihr beabsichtigt, tappt er in die vorbereitete Falle – und wählt bei seiner unfreiwilligen Brautschau die Ungenannte. Bereits Anfang Juli teilt Siegfried Senta-Winifred sein Vorhaben mit, und sie gesteht ihm in einem Schreiben vom 7. Juli 1915 überschwenglich, daß die Ehe mit ihm tatsächlich ihr »Traum« war, auf dessen Erfüllung sie nie zu hoffen gewagt habe:
»Mit Leib und Seele vertraue ich mich Dir an, leite Du mich durch's Leben – forme mich so, wie Du mich haben möchtest! – Ich habe mich so nach Liebe gesehnt, mich nach jemand gesehnt, den ich mit jeder Faser meines Herzens

lieben könnte und lieben dürfte – Du solltest es sein! Ich kann das Glück kaum erfassen! Gute Nacht, mein herzinniggeliebter Siegfried – Tausend selige Grüße von deiner Senta.«

Das ist sicher ehrlich gemeint, aber gedanklich doch – und sicher auch mit Bewußtsein – kopiertes Liebesempfinden der Luise aus dem »Bärenhäuter«, dessen Textbuch Winifred schon lange kennt.

Nach diesem Brief reist Siegfried nach Berlin und nimmt es im Hause Klindworth sogar auf sich, ausschließlich vegetarisch zu speisen. Stassen, der mit von der Partie ist, erinnert sich später: »Dann setzte man sich zum Teetisch mit ihm (Karl Klindworth; Anm. d. Verf.) und der alten Dame (Frau Klindworth; Anm. d. Verf.), und Fräulein Senta, so hatte Klindworth Winifred damals genannt, reichte die Tassen; sie zeigte uns dann von ihr gemalte talentvolle Aquarelle, und wir sahen Siegfrieds Photographie ungefähr neunmal in ihrem Mädchenzimmer. Es wurde ein sehr gemütlicher Abend, und beim Weggehen kündigte Siegfried für übermorgen einen nochmaligen Teebesuch an; an diesem Mittwoch wurde eine Partie an den Wannsee verabredet, und auf diesem ein weiterer nach Ferch. Es war eine herrliche Dampferfahrt im schönen Sommersonnenschein, und eine größere Gesellschaft, darunter Barbara Kemp, waren Teilnehmer der Partie. Wir gingen kirschenessend an den schönen Seeufern zurück und waren abends in Wannsee. Als Siegfried und Fräulein Senta, das Kirschenkörbchen tragend, die Treppe zum Kaiserpavillon emporstiegen, sah ich ihre verschlungenen kleinen Finger, und nach acht Tagen schrieb er aus Bayreuth: *›Wenn Du Dein Mäulchen halten kannst, sag ich Dir was Feines! Ich glaube, es ist gar nicht nötig, Du hast's schon gemerkt! Aber gelt, das Mäulchen halten! S. W.‹*–«

Das »Konzert für Violine mit Begleitung des Orchesters« nimmt Siegfrieds Entschluß der Verlobung vorweg: Der moderato-Einleitung in e-moll entspricht die zurückliegende, traurige Zeit, Reflexion des Sich-nicht-Erkennens. Die Erscheinung der Katherlies' als Sternenkind mit der Liebesfrage schließt sich an, und Frieders Worte *»Sonst träumte mir von einer holden, süßen Maid«* ertönen orchestral. Trost leitet über nach B-Dur, wo Frieders Auftreten in der Gesellschaft und sein Tatendurst abgelöst werden vom Entschluß der Katherlies', dem sich Frieders Freude, heimzukehren, anschließt. In fis-moll erklingen dann Frieders Selbstbewußtsein und Katherlies'chens Sehnsucht. Teufel und Hexen mischen sich störend ein, aber Frieders Tatenlust siegt, und in der Paralleltonart der Grundtonart, in G-Dur, erklingt die Frage der Katherlies': *»Frieder, liebster Frieder mein, soll nicht bald Hochzeit sein?«* Dieses Thema steht in der Oper aber auch für die Dummheit dieses Mädchens. Der Reifeprozeß der Katherlies' schließt sich an und erneut das Thema von Frieders Auftreten in der Gesellschaft. Die Reprise bringt nochmals das Thema der traurigen Zeit und die Erscheinung der Katherliese mit der Liebesfrage, dann führt Frieders Tatenlust das einsätzige Konzert zum glücklichen Ende.

Anläßlich eines Soupers, das die alte Frau vom Rat zu Ehren des Brautpaares im Berliner Hotel Bristol gibt, ertönt zur Feier ein Lied aus der »Großherzogin von Gerolstein« von jenem Komponisten, den Richard Wagner wie keinen zweiten geschmäht hat, Jacques Offenbach; damit stellt Siegfried wieder einmal seine eigene Meinung lautstark unter Beweis. Am Vorabend der Hochzeit, die am 22. September 1915 im großen Saal von Wahnfried stattfindet, führt Siegfried einer kleinen Festrunde den zweiten Akt seiner Märchenoper am Klavier vor. Und gleich nach der Trauung reist das neuvermählte Paar per Bahn nach Dresden, wo eine festliche Aufführung des »Bärenhäuter« alle Freunde Siegfrieds zur eigentlichen Hochzeitsfeier ruft.

Schaffensmitte

An allem ist Hütchen schuld« stellt den Mittelpunkt von Siegfrieds musikdramatischem Schaffen dar und dies auch zeitlich gesehen, wenn man die Jahre 1898–1914 und die verbleibenden Jahre 1915–1930 zählt. Den elf Opern der ersten Schaffenshälfte stehen in der zweiten Hälfte sieben Opern gegenüber, von denen jedoch nur drei in Partiturreinschrift von Siegfried Wagner vollendet sind.

Die musikdramatische Schaffenspause fällt mit Siegfrieds Eheschließung zusammen, aber auch mit dem Erholungsjahr, das ihm Dr. Schweninger aufgrund seiner überlasteten Kopfnerven verordnet hat.

Auch die Opern der zweiten Schaffenshälfte sind mit den Werken der ersten verknüpft, behandeln in mehreren Fällen bereits bekannte Problemkreise aus neuer Sicht und in deutlich gereifter Tonsprache.

Allerdings werden die früheren Aussagen damit nicht aufgehoben, sondern – gleichsam kreisförmig – erweitert zu einer eigenständigen, durch dramatische und musikalische Motive verknüpften, musikalischen Kosmologie. Auffallender noch als in den Jahren bis 1914 ist Siegfrieds Rastlosigkeit beim Schaffen, die dazu führt, daß er stets an mehreren Stoffen zur gleichen Zeit arbeitet.

Die zweite Premiere, die Siegfried mit seiner jungen Ehefrau besucht, ist wieder »Der Bärenhäuter«, der am 18. November 1915 in Coburg herauskommt. Und auf kuriose Weise betont der zweite Vorname Winifreds, Senta, die Parallele zwischen der »Holländer«- und der »Bärenhäuter«-Handlung.

Für Siegfried hat sich durch die Heirat realisiert, was ihm als Hans Kraft zur Zeit der Entstehung des »Bärenhäuter« als völlige Utopie erschienen war.

Wohl weniger um des Stabreims willen, als um sich nicht selbst als »Fliegenden Holländer« anzusehen, der im Hafen der Ehe gelandet ist, hat Siegfried seine Frau gebeten, ihren ursprünglichen Vornamen wieder anzunehmen.

Zum Weihnachtsfest, das einen für Kriegszeiten unfaßbar reichen Gabentisch für Winifred beschert, steht erstmals kein Tongedicht Siegfrieds auf dem häuslichen Programm. Winifred spielt »Stille Nacht, heilige Nacht«, und dann wird ein offenbar äußerst antisemitischer Faschingsschwank von Hans von Wolzogen verlesen, »Der Jude im Dorn«, nach dem bei Grimm überlieferten Märchen. Aber Siegfried greift nicht ein, ist nur ganz glücklich über das neue Gefühl, Ehemann zu sein, und versäumt es, die junge Frau zu bilden, wie sie es ihm doch selbst ans Herz gelegt hatte. Er läßt allen Dingen seinen Lauf und lehnt eine Bevormundung Winifreds ab, die nun von seiten Chamberlains, Evas und Cosimas so intensiv erfolgt, daß der Weg ins Dritte Reich für sie nur zwangsläufig und natürlich erscheinen kann.

Schlimmer noch: was Mutter, Schwestern und Schwager nicht vermochten, Siegfried ihre politische Anschauung aufzudrängen, Winifred scheint es zeitweise zu gelingen.

Hans von Wolzogen, Franz Stassen, Marie und Josef Pembaur, Siegfried und Winifred Wagner, Hans Richter und Eva Chamberlain

Opus 12 A: Das Liebesopfer

Seiner Umwelt erscheint Siegfried in seiner Ehe wirklich glücklich. *»Das Winifredchen hat mir wirklich der Himmel gesandt«,* heißt es in einem Schreiben Siegfrieds an Stassen. Und auch die Tatsache, daß am Abend seiner Eheschließung Vollmond und Jupiter »in hellstem Glanz, wie ein Himmelszepter« über dem Siegfried-Wagner-Haus schwebten, deutet Siegfried positiv, wie Stassen zu berichten weiß.
Das Frühjahr bringt zwei Premieren seiner Opern, »Sternengebot« am 11. April in Hannover und »Bärenhäuter« am 23. April in Frankfurt. Aber Siegfried liegt es nicht, untätig zu sein, und da sein musikdramatisches Schaffen eine Verarbeitung bestimmter Einflüsse und Erlebnisse darstellt, ist ihm die auferlegte Schaffenspause eine doppelte Belastung. Hinzu kommen Existenzängste. In Wahnfried können aus Kostengründen nur noch Cosimas Räume beheizt werden, die übrige Familie zieht in Siegfrieds kleines Haus, in dem es ihm nun doppelt eng erscheint.
Im Vorgarten von Wahnfried werden Kartoffeln und Gemüse angebaut, einige Theater zahlen für die Aufführungen von Richard Wagners Werken freiwillig Tantiemen an Cosima, so daß von Not keine Rede sein kann. Und doch ist das Ende der Einnahmequelle absehbar, die Wiederaufnahme von Festspielen nicht in Sicht – und von den Tantiemen der wenigen Aufführungen der Werke Siegfrieds wird sich schwerlich eine Familie ernähren lassen. Alles das nagt an Siegfrieds Seele – und er verarbeitet es zu seinem Opus 12.
Immer schon waren die von ihm gewählten Titel seltsam und ungewöhnlich. Unter »Der Kobold« muß sich der unvorbereitete Zuschauer eine heitere, neckische Oper vorstellen und wird genauso verwundert sein wie beim »Bruder Lustig«, der alles andere als lustig ist. Unter »Sonnenflammen« und »Schwarzschwanenreich« kann er sich so gut wie gar nichts vorstellen, und auch bei »An allem ist Hütchen schuld« ahnt er nicht, daß Hütchen der Name eines Koboldes ist. »Banadietrich« hat nichts mit den möglicherweise assoziierten Früchten zu tun und »Sternengebot« nichts mit dem Märchen von »Sterntaler«. Einen so langen Titel schließlich, wie »Das Flüchlein, das Jeder mitbekam«, hat sich nach Siegfried Wagner erst wieder Hans Werner Henze geleistet mit »Der langwierige Weg in die Wohnung der Natascha Ungeheuer«, jener knapp einstündigen Show aus dem Jahr 1971.
Zunächst also scheinen die Titel unpassend und schwierig für den Verlauf der Opern. Das Seltsame daran ist, daß man kaum bessere, treffendere findet, sobald man sich mit dem Werk intensiv beschäftigt hat.
»Das Liebesopfer« hingegen ist ein wirklich unzutreffender Titel, da er sich nur

auf den Schluß der Oper bezieht, wenn Elfried es sich als Opfer auferlegt, die Verbrechen ihres Vaters durch das Opfer ihrer Liebe zu sühnen.
Oder meint der Titel – psychoanalytisch gesehen – ein anderes Liebesopfer, das schon mit im Namen der Hauptfigur liegt? Wernhart, der ungewöhnliche Name, bedarf zur Entschlüsselung einer Silbenvertauschung und heißt dann, gut fränkisch, »hart wern!«, also hart werden, sich männlich erweisen.
Hat der Titel etwas mit der durch die Ehe bedingten Aufgabe der sonst ausschweifend praktizierten Homosexualität zu tun? Einiges spricht dafür, diesen Wernhart wieder einmal als autobiographische Figur zu sehen.
Er hat Angst vor völliger Verarmung. Ungewöhnlich, daß nahe seinem Haus, auf seinem Grund, sich die Gruft eines Anverwandten befindet. Die einzige Möglichkeit, wieder zu Geld zu kommen, scheint es Wernhart, etwas zu veräußern, was der Vorfahre mit ins Grab genommen hat. Wenn die Gruft im Garten die Gruft Richard Wagners im Wahnfriedgarten meint, was sind dann die Goldsäcke, die Wernhart in die Stadt trägt? Sind es Manuskripte, Briefe oder sonstige – ihm unveräußerlich scheinende – persönliche Wertgegenstände des Toten? Sehr deutlich wird die Parallele, wenn Wernhart anläßlich seines Geburtstages vom Bürgermeister die Ehrenbürgerschaft der Stadt mitsamt Urkunde verliehen bekommt und ihm seine Matrosen ein Schiffsmodell überreichen. Zu erinnern ist hier an Siegfrieds Ehrenbürgerschaft in Bayreuth und das ihm zu Beginn des fatalen Festspielsommers 1914 von der Belegschaft überreichte Modell eines Holländer-Schiffes, auf dem Siegfried aus Aberglauben sofort die roten Segel mit dem Totenkopf übermalen ließ.
Wie Siegfried leidet auch Wernhart an Kopfnerven. Zwar ist Hedwig, seine Ehefrau, älter als er, aber er sucht sich eine jüngere, Aglaia. Die ist nur darauf aus, sein Erbe anzutreten. Sie spielt Violine, wie Henry Thodes zweite Frau Hertha Tegner, die Siegfrieds Schwager am 7. Juli 1914 geehelicht hat. Offenbar nimmt Siegfried an Thodes nicht funktionierenden Ehen starken Anteil, da er zu seinem Schwager eine, die familiäre Verbundenheit übersteigende, Beziehung hatte. Wie in Friedelind Wagners Memoiren »Heritage of Fire« nachzulesen ist, soll Daniela, Thodes erste Frau, Zeit ihrer Ehe »ungeküßt« geblieben sein. Hedwig reagiert auf Hellmuts Angebot, die Ballade von »Agilulf und Theudelind« vorzutragen, ähnlich moralisch entrüstet wie Cosima, als Siegfried die Absicht hatte, Trutz im »Kobold« diese Ballade in den Mund zu legen. Später gibt Hellmut den Anfang von Siegfrieds 1913 entstandenen »Märchen vom dicken fetten Pfannekuchen« zum besten.
Angeblich spielt die Handlung »Anfang des 19. Jahrhunderts«, aber es ist nicht schwer zu raten, daß die Jahre des Ersten Weltkrieges gemeint sind. Die Schlacht lobt Elfried als »Feld der Ehre«, und Hellmut trägt auf der Brust ein Ehrenzeichen, das er sich im Krieg erworben hat. Sein Manifest,

»Glaube, Mut und Ehrenherzen, / das bezwingt die ganze Welt«, kommentiert Jephumes als »Teutonengefasel«. Offenbar hat Winifred, die ihre Hochzeitsblumen auf der Fahrt nach Bayreuth in den Coupés des Zuges begeistert an die Feldgrauen verteilt hatte, in Siegfried ein schlechtes Gewissen geweckt, weil er nie auf dem »Feld der Ehre« gekämpft hat.

Jedenfalls dünkt er sich – auch im Hinblick auf seine Veranlagung – wieder einmal ehrlos und weiß nicht, ob und wie er es seiner jungen Frau beibringen soll. Auch stellt er sich die Frage, ob es sinnvoll ist, Kinder in die Welt zu setzen, was ja schließlich die Familie und der Bayreuther Kreis von ihm erwarten. Nach dem ungewollten Sohn Walter ist er fest davon überzeugt, eine Tochter zu bekommen, die ihn einzig verstehen könnte und die dann, wie Verena im »Kobold«, das Leid der Familie ins Grab tragen soll, als »des Stammes letztes Glied«. Verenas Geliebter Friedel, eine andere autobiographische Figur, ergibt nach Silbenvertauschung den Namen Elfried, den Wernharts Tochter trägt. Siegfried hat sich also wieder einmal auch in der Tochter gespiegelt. Einmal sagt sie, was Siegfried über eigene Nachkommen denkt und was doch deutlich der präfaschistischen Rassendoktrin des Bayreuther Kreises, dem von Chamberlain überarbeiteten Gobineau entstammt:

»Ich bin Blut von seinem Blute,
ein schlechtes Blut, verderbt.
Verbrechen wär's, gebär dies Blut neues Blut,
Sünd' und Schuld vererbend, mehrend!
Nein! Versiege, trüber Quell!
Mit mir geht dies Blut zu Grabe.«

Und wieder kommt in dieser Oper der Teufel vor, der aber – nach Siegfrieds eigener Definition aus dem Jahr 1909 – kein *»negativer Förderer unserer Sache«* und auch keineswegs humoristisch ist. Demnach handelt es sich bei Jephumes, der personifizierten Kreuzotter, um einen »undeutschen« Teufel, mit dem Siegfried seine Maximen über den Haufen wirft. Denn Wernhart erliegt der Versuchung dieses Teufels, ohne Hoffnung auf Rettung. Diese ist nur für die Nachwelt möglich – in der Person seiner Tochter.

Auch Jephumes spricht aus, was man Siegfried scheinbar wiederholt vorgeworfen hat und was sich wie ein roter Faden durch sein Werk zieht, die Memmenhaftigkeit.

Jephumes: »Nur etwas Mut!
Aber Mut, selt'nes Gut!
Die Welt ist reich an Memmen.«

Die Memmen rächen sich in Siegfrieds Schaffen dafür, daß man sie für Memmen hält. Die Traumdeutung, die in »Sternengebot« den Charakter einer Warnung hat, erweist sich im »Liebesopfer« als Trugschluß: Wilhelm träumt davon, daß die Vögel einen Strom, der ihn von Elfried trennt, leertrinken und

sich anstelle des reißenden Gewässers dann ein Blumenteppich mit einem Bächlein ausbreitet; aber er bekommt die Geliebte nicht, verliert sie an ihren Vater und letztendlich ans Kloster. Auch Wilhelm hat Züge des Dichterkomponisten. Er nennt Hellmut einen *»Beneidenswert(en) Freier, den Ketten nicht fesseln!«* Darauf entgegnet Hellmut selbstgefällig: *»Das wär noch schöner!/ Schwächlinge, die Ketten nicht zerreißen!«*

»Das Liebesopfer« ist aber auch ein echtes Zeitstück, dessen Verwandtschaft zu Dramen von Hauptmann und Ibsen nicht zu leugnen ist. Aber: schreibt ein solches Drama ein glücklicher Ehemann? Vom »Friedensengel« zum »Liebesopfer« ist eine deutliche Zunahme der Trostlosigkeit zu verzeichnen. Siegfried selbst kommt mit seinem Opus nicht zurecht. Das zeigt sich nicht nur an der für ihn ungewöhnlichen Form eines vieraktigen Werkes, sondern auch daran, daß er es nicht vertont hat. Auf diesen ungelösten Stoff sollte er später noch einmal zurückgreifen...

Am 31. Juli 1916 findet in Haus Wahnfried eine Gedächtnisfeier zum dreißigsten Todestag von Franz Liszt statt. Zu den »geladenen Gästen«, die auf einem Foto festgehalten sind, zählen Hans von Wolzogen, Franz Stassen, der Liszt-Interpret Josef Pembaur mit Frau Marie und Hans Richter. Es ist Hans Richters letzter Besuch in Wahnfried, denn der Dirigent, Lehrer und Freund Siegfried Wagners stirbt am 5. Dezember. In seinen »Erinnerungen« erzählt Siegfried, daß *»eine letzte große Freude«* über Hans Richters Gesicht strahlte, *»als er kurz vor seinem Tode erfuhr, daß in Bälde das Erscheinen eines Enkelkindes des Meisters zu erwarten sei«*. Dieses Enkelkind wird nicht, wie von Siegfried angenommen, ein Mädchen, sondern – zum Jubel aller Dynastiegläubigen – ein Knabe, der am 5. Januar 1917 in Bayreuth das Licht der Welt erblickt und den Namen Adolf Wieland Gottfried erhält. Der erste Name ist eine Hommage an Siegfrieds Vormund Adolf von Groß, der zweite ermöglicht als Rufname die Alliteration W. W. und hat obendrein Beziehung zu Richard Wagners Operndichtung »Wieland der Schmied«, in der auch der Name Helferich erstmals vorkommt. Der dritte Name, Gottfried, hat wohl weniger mit dem brutalen Kreuzritter in »Sonnenflammen«, als vielmehr mit dem Erben von Brabant in »Lohengrin« gemein. Franz Stassen hat vorgesorgt und eine Zeichnung entworfen, auf der ein Schwan ein nacktes Baby als Reiter trägt.

Mit einem ausführlichen »Waf-Brief« bedankt sich Siegfried:

»Endlich komme ich dazu, Dir auch schriftlich nochmals meinen Dank auszusprechen: Du hast uns mit Deinem neuen Blatte wieder eine innige Freude gemacht. Wie entzückend ist das Kleine auf dem Schwan. Da Du beim Zeichnen noch nicht wußtest, ob es ein Bub oder ein Mädel wird, hast Du Dich klug aus der Affäre gezogen!! Nun muß ich mal ein bißchen wafen und erzählen. Noch um 9 Uhr goß es in Strömen, und der seit Tagen rasende Westwind wollte schier die Mauern einrennen. Da plötzlich gegen Mitternacht vollständiger Wandel. Wunderbarer Mondschein und Sterne von einer Größe,

daß wir meinten, sie wären heute näher gerückt, um auch zuzuschauen und zu helfen!
Glücklich, wem im Herzen ein reiner, fester Glaube wohnt. Er fühlt in solchen Stunden die segnenden Hände der Schutzengel! –
Als ich am nächsten Morgen gegen 9 Uhr hinausging, läuteten die Freitagsglocken, und die Sonne schien zum erstenmal seit vier Wochen! – Da wußte ich, daß alles gut gehen würde, wenn auch Bangen dazwischen das Gemüt erfassen wollte. Wie ich hinauskam, war eben der Kleine geboren! –
Nun gedeiht Wieland Gottfried.
Du kannst Dir Mamas Seligkeit vorstellen: Ja, das Winnilein hat mir der Himmel geschenkt: Es war aber auch Zeit, daß der liebe Gott sich endlich einmal an unsere Familie erinnert. Die letzten Jahre schienen ja nur humorlose Teufel sich herumzutreiben und uns schinden zu wollen! –
Den drolligsten Glückwunsch hörte ich vorgestern: Ein strammes Wäschermädel, mit Riesenkorb am Buckel, sieht mich und ruft: ›Also Herr Richard Wagner! Ich gratulier fei zum Sohn, Kreuzdonnerwetter noch a mal!‹ –
Ob ich das in einer Oper verwenden kann? ›Die Domestiken, hört sich alles auf!‹ –
Am Sonntag soll Mama Gold-Schniggala mit Wieland in Wahnfried einziehen.
Da ich in dieser Zeit nicht dazu komme, längere Briefe zu schreiben, ermächtige ich Dich, dieses Schreiben allen näheren Freunden des Seelenkongresses zu zeigen!
Wie wohl tut dieses Winifred-Idyll in dieser furchtbaren Zeit! Mein Gebet für dieses Jahr lautet: Gott erhalte mein Frauchen und den Kleinen!
Gott erleuchte unseren Kaiser, daß ein deutscher Friede werde, und nicht ein Bethmann-Scheidemann-Theodor-Wolfscher!! Möge Treitschkes Wort sich bewahrheiten, daß ein großer Feldherr auch ein Staatsmann ist! Möge Hindenburg und Ludendorff dieses Wort erfüllen und nicht in allzu großer Bescheidenheit und aus militärischem Gehorsam zurücktreten.
Es geht ums Leben! – von ganz Wahnfried, alt und jung, treueste Grüße!
Der liebe Gott könnte übrigens auch einmal meine Nerven oberhalb der Augen liebevoll reparieren, damit ich endlich wieder recht tüchtig schaffen kann.
Oder sollte ich am Ende mit dem Opernfabrizieren aufhören? Ich komme doch nie auf einen grünen Zweig! Dafür sorgt Judas Haß und der Deutschen Wurstigkeit!
Statt geistiger gibt's am Ende nur mehr leibliche Kinder! Aber ich fürchte, Rosa (Eidam; Anm. d. Verf.) *wird das nicht erlauben!! Und du am Ende auch nicht!*
›Zweieinig‹ Treulichst Dein Siegfried.
Bayreuth, 1. Januar 1917.«
Siegfrieds Kommentare zur politischen Situation zeigen ein Nachbeten der konservativen Meinungsmache. So hat er bereits im Oktober 1916, als der

deutsche Reichstag einen neuen Kriegs-Kredit in Höhe von zwölf Milliarden Mark bewilligte, an Franz Stassen geschrieben:
»Es ist ein Jammer, der abermals eingeseifte Reichstag! Lauter Hans Thomas: Ja, 's ischt alles recht, der Bethmann ist auch g'scheit. –
Das Ende wird sein, der deutsche Michel liegt tot am Boden, Jud und Pfaff teilen die Beute! – Wenn die Winnie nicht wäre und Wahnfried und das Festspielhaus, würde ich, weiß Gott, auswandern!«
Kurz darauf fügt er hinzu: *»Zu meinem letzten Schimpfbrief muß ich übrigens jetzt bemerken, daß ich wieder etwas hoffnungsfreudiger geworden bin, seitdem, wohl auf Hindenburgs Betreiben, die U-Boote eine regere Tätigkeit entfalten, Bethmann Hol-ihm-weg von der traurigen Gestalt hat, wie es scheint, Schiß bekommen!«*
Als Deutschlands Bereitschaft zu einem Bündnis mit Mexiko am 16. Januar 1917 von der britischen Marine abgefangen, entschlüsselt und seitens der USA, einen Tag vor der Entscheidung des Kongresses über den Kriegseintritt der USA gegen Deutschland, von der amerikanischen Presse veröffentlicht wird, heißt es bei Siegfried:
»Was sagst du zur Mexiko-Affäre? (...; Auslassungen im Satz bei Stassen; Anm. d. Verf.) *Wenn Bethmann und Konsorten den Brustton der Überzeugung und Kernhaftigkeit anschlagen, kommt es mir wie ein Begasscher Löwe vor, der tut, als wolle er jeden zerreißen, dabei ist es ein pappdeckelnes Tier, hohl und aufgeblasen; wenn man sein goldiges Frauchen und sein niedliches Würmchen in der Wiege nicht hätte, möchte man in Deutschland verzweifeln.«*
Daß andere Staaten imperialistisch vorgehen, während Deutschland einen Rückschlag nach dem anderen erlebt, will ihm nicht einleuchten: *»Die Engländer würden also Saloniki, Sizilien, Calais, einen Stützpunkt in Dänemark und Liv- und Estland liebevoll anektieren, das Volk weiß doch, was es will. Und wir sind und bleiben unheilbare Deppen! England kann wenigstens ruhig sagen, daß seine Bäume in den Himmel wachsen. ›Wißt ihr, wie das wird?‹* (Zitat aus der ›Götterdämmerung‹; Anm. d. Verf.) *Beschissen! Dieses Wort gebrauchten die Nornen allerdings nicht, aber vielleicht dachten sie es und denken sie es, wenn sie auf Berlin herabblicken!«*
Auf die Fleisch- und Kartoffelknappheit und andere rationierte Lebensmittel nimmt ein Geburtstagsbrief an Franz Stassen vom Februar 1917 Bezug:
»Gern hätten wir eine Fressalie Dir geschenkt. Aber es gibt weit und breit nichts wie verhungernde Krähen und Dohlen! Dafür erhältst Du, sobald der Antiquar es beschaffen kann, Lübkes Reallexikon des klass. Altertums, was Dir vorigen Sommer hier gut gefiel. Es ist aber auch wirklich für den Leser klassischer Werke recht unentbehrlich. Das merken wir bei der Lektüre der Orestie deutlich. Bei den Teppichen, auf die Agamemnon nicht gehen will, dachten wir natürlich an Mutter Raths unvergänglichen Ausspruch: ›Sagt uns gar nichts!‹ Uns hat es merkwürdigerweise sehr viel gesagt. – Die ›Eumeniden‹, der III. Teil, ist dichterisch vielleicht das Größte, was die Antike geschaf-

fen hat. Die Szene: der Schatten der Klytemnästra mit den schlafenden Erinnyen ist ein grandioses Bild.«

Durch die endlich geschlossene Ehe hat das Spekulieren der Weltpresse einerseits und das Drängen von Cosima und Siegfrieds Schwestern andererseits ein Ende, und so gesehen ist es für Siegfried sicher auch befreiend, für sein »Erbe« endlich das Opfer gebracht zu haben, eine Ehe einzugehen. Dies ist der tiefere Sinn des Titels von Opus 12, »Das Liebesopfer«. Andererseits ist die junge Frau für den fünfzigjährigen Siegfried ein Jungbrunnen, eine neue Quelle der Energie, und zunächst scheint sie auch von Siegfrieds außerehelichen Aktivitäten noch nichts bemerkt zu haben. Der Humor verläßt Siegfried offenbar nicht, auch wenn es eine sehr oberflächliche Lustigkeit ist, von der man im gleichzeitig in Reinschrift niedergelegten »Liebesopfer« nichts verspürt.

Als Winifred, die Siegfried gut fränkisch »Gold-Schniggala« nennt, mit dem Baby aus dem Krankenhaus kommt, spielt der Siegfried befreundete Cellist Professor Carl Gianicelli wunschgemäß *»auf unserem Flügel die herrliche G-Dur-Melodie II. Akt Lohengrin ›Es gibt ein Glück, das ohne Reu‹ (beim Abgang Elsas) (. . .) gerade im Momente, wenn die goldige Mutter eintrifft!«*

Wir erinnern uns, daß diese Melodie schon einmal im Leben Siegfrieds eine wichtige Rolle gespielt hatte, damals allerdings spontan und als Duett, gepfiffen von Clement und Siegfried im Meer bei Singapur.

Bei Wielands Taufe erklingt endlich auch eine Komposition Siegfrieds: *»Die Taufe war schön. Sonne dazu. Und abends Mond und Jupiter, die sich kreuzten. Musik: Glaubensthema aus ›Heidenkönig‹ anfangs, und beim Segen ›Parsifal‹. – Der Kleine gedeiht gut, rülpst (. . .), schnullt, lächelt, wenn ich das Wort ›pipsele‹ sage.«*

Beide Werkbereiche, die des Großvaters und die des Vaters, sollte das reproduktive Schaffen des jungen Wieland später umfassen, aber auch die von Vaters Rivalen Richard Strauss, die vom Großvater geschmähten und vom Vater geliebten Werke der Komponisten Bizet und Verdi ebenso wie jene von Alban Berg und Carl Orff. In der ersten Periode seines Schaffens als Bühnenbildner und Regisseur (1936–1944) setzte sich Wieland Wagner primär mit den Stoffen seines Vaters auseinander, fertigte Pastellentwürfe zu den Opern »Der Bärenhäuter«, »Herzog Wildfang«, »Der Kobold«, »Bruder Lustig«, »Sternengebot«, »Banadietrich«, »Schwarzschwanenreich«, »Sonnenflammen«, »Der Friedensengel« und »Die heilige Linde« an, stattete »Schwarzschwanenreich«, »Sonnenflammen« und den »Bärenhäuter« wiederholt aus und inszenierte 1944 am Landestheater in Altenburg »An allem ist Hütchen schuld«. Gastspiele dieser Produktion fanden auch im Markgräflichen Opernhaus in Bayreuth statt.

Nach dem Zweiten Weltkrieg revolutionierte Wieland Wagner das Szenenbild durch symbolistisch abstrahierte Lichträume. Einem Angebot des Stuttgarter Intendanten Walter Erich Schäfer, auch eine Oper Siegfried Wagners in abstrahierender Weise zu realisieren, folgte Wieland Wagner in den fünfziger Jahren nicht. Die neue Sachlichkeit und sein abstrakter Stil schienen ihm dem Schaffen Siegfried Wagners nicht zu entsprechen. Als dagegen das Stadttheater Regensburg seinerseits versuchte, den »Bärenhäuter« neu herauszubringen und damit bei der Witwe des Komponisten auf Widerspruch stieß, setzte sich Wieland Wagner für dieses Vorhaben ein.

Eine eigene szenische Neubefragung des Œuvres seines Vaters sparte er sich für das Jubiläumsjahr von dessen hundertstem Geburtstag auf; wie etwa seine Ausstattung der »Lulu« zeigte, hatte sich sein Stil erneut zum Gegenständlichen – allerdings in einer surrealistischen Brechung – entwickelt, was den Opern Siegfried Wagners entgegengekommen wäre. Aber Wieland Wagner starb bereits am 17. Oktober 1966, drei Jahre vor der geplanten szenischen Neubefragung Siegfried Wagners.

Im Mai 1917, gut einen Monat nach Vollendung seiner Dichtung zum »Liebesopfer«, fährt Siegfried mit Winifred nach Eisenach, Torgau und Dresden. In Schwerin steht ein neuer »Bärenhäuter« auf dem Programm. Doch ist diese Tour für Siegfried kein Ersatz für seine Reisen in den Süden, kein Ersatz auch für sein Zusammentreffen mit alten, lieben Freunden.

Opus 13: Der Schmied von Marienburg

Das neue Opus ist kein Einschnitt, sondern eine gedankliche Fortführung des vorhergehenden. Mit dem »hart werden« ist es nichts geworden, und nun hilft es nur noch, einen harten Mut zu haben, also heißt die Hauptfigur im »Schmied von Marienburg«, mit dessen Niederschrift Siegfried im Sommer 1917 beginnt, Muthart: *»Der ›Schmied‹ geht langsam, der zweite Akt ist fertig, nun geht's an den ersten. Es wird noch dauern. Die Politik ist ein übles Reizmittel für meine Nerven!«* so der Kommentar in einem Brief an Stassen. Immer wieder machen ihm die Kopfnerven zu schaffen:

»Ich war glücklich endlich leidlich im Zug mit dem Schmied, da mußte ich wieder unterbrechen! Es ist zum Verrücktwerden! (...) Ich mein, ihr gebt's auf – sagt Sachs – vielleicht! – Auf die Dauer immer bloß mit Ausschluß der Öffentlichkeit zu schaffen, hat ja keinen großen Reiz. Man muß schon einen starken, dumpfen Schaffensdrang haben, wenn man da immer wieder das Papier molestiert! Na! – Jetzt hat man wenigstens das Huschele! und da weiß man, warum man lebt. Gott gebe ihm ein frohes Leben.«

Mitten im Entwurf zu Opus 13 findet sich der Entwurf eines Briefes an eine Königliche Hoheit, den zweiten Sohn Wilhelm Schulers, des Verwaltungsdirektors der Bayreuther Festspiele, als Chirurg nicht an so exponierter Stelle einzusetzen, da die Familie Schuler in diesem Krieg bereits ihren ersten Sohn verloren hat. So weit ist Siegfried also Realist geblieben. Und auch für Evas Einsatz, die den kranken Chamberlain pflegt, findet Siegfried plötzlich Bewunderung:

»Wenn man an Seelenwanderung glauben will, so glaub ich jedenfalls, daß meine Schwester Eva kaum mehr solche Wanderungen durchzumachen haben wird! Denn ich habe selten ein Wesen gesehen, was so sein eigenes Ich zurücksetzt, um im Leiden des anderen aufzugehen.«

Woran liegt das? Ist das noch immer das schlechte Gewissen, sich nicht am Krieg zu beteiligen, wie es im »Liebesopfer« zum Ausdruck kommt, oder ist das ein neues Leid, das ihm in Winifreds starkem Willen heraufzieht? Ein Brief an Franz Stassen scheint dies anzudeuten: *»Gestern, bei Gelegenheit von Buddhas Lehre, gerieten Winni und ich uns in die Haare! Merkwürdige Wirkung dieser sanften Lehre des Leidens! Ich behauptete, die vierte Stufe der Heiligkeit sei schon in der andern Welt, und Winni behauptete, es sei noch auf dieser Erde. – Wir wurden so wild, daß es beinahe zu Tätlichkeiten kam. – Wenn das Buddha ahnte! Mama geht es besser. – Mit dem Komponieren will es noch nicht so recht gehen! Dabei ist mein Hirn im 9. Monat und es möchte heraus!«*

Als Alfred von Tirpitz, der das Deutsche Reich zur zweitgrößten Seemacht aufgerüstet hat, eine Vaterlandspartei gründet, die sich einen »rechten« Friedensschluß zum Ziel setzt, was soviel bedeutet wie Annexionen als Lohn für die Opfer der Deutschen, tritt nicht nur der bayerische Heimatdichter Ludwig Thoma, sondern auch die gebürtige Engländerin Winifred Wagner dieser neuen Partei bei. Zwangsläufig zählt auch Siegfried zu den Sympathisanten, aber er weigert sich, seinen Beitritt zu erklären.

Eine ähnlich unentschiedene Stellung nimmt auch die Hauptfigur in Opus 13 ein. Muthart, der Schmied von Marienburg, hat Wanhilt mit ihrem unehelichen Kind bei sich aufgenommen. Als ein Brief von Helwich, dem Vater des Kindes, für Wanhilt eintrifft, unterschlägt er diesen, da er nicht an Helwichs Ehrlichkeit glaubt. Später taucht Helwich selbst auf, Wanhilt verbürgt sich für ihn, und Muthart verhilft ihm zur Flucht aus der Marienburg – aber dabei verrät er den Feinden den Geheimgang. Bereits zuvor hat er, um einen moralisch abtrünnigen Ordensritter, Alfred, zu retten, einen Meineid geschworen. Immer verhält er sich seinem Empfinden nach richtig – aber innerhalb des bestehenden Systems gesetzeswidrig.

Am Schicksal Alfreds und Friedelinds veranschaulicht Siegfried die Absurdität der Ordensregeln und läßt die beiden schließlich außerhalb der Marienburg, jenes Machtkonzentrats von Kirche und Staat, ein neues Leben beginnen, jenseits von Gesetz und doppelbödiger Moral. Muthart aber lädt Schuld auf sich und stirbt letztendlich für jenes System, an das er selbst nicht mehr glaubt und von dem er fortzugehen entschlossen ist. Das erinnert stark an Siegfrieds eigene Überlegung, auszuwandern – »wenn das Festspielhaus nicht wäre«.

Eine Rede, die Siegfried im Jahr 1929 im Ostmarker Rundfunk halten sollte, ermöglicht weitere Rückschlüsse, denn da heißt es: *»Unser Bayreuther Festspielhaus vertritt auf künstlerischem Gebiete das, was einst die Marienburg auf religiös-kulturellem sich zum Ziele gesetzt hatte. Auch unser Unternehmen steht in ständigem Kampf. Es ringt um seine Existenz und hat Mühe, sich durchzusetzen (...)«* Und Siegfried sieht sich also nicht als der Hochmeister dieser Burg, sondern als deren Geschickes Schmied.

Der dritte Akt dieser Oper nimmt noch einmal deutlich Bezug auf den »Bärenhäuter«, wenn Muthart plötzlich der Teufel in Gestalt des hinkenden Wanderers gegenübersteht. Muthart überlistet ihn, indem er ihm »einen Riesennagel in den Fuß« schlägt, und wie Hans Kraft die Schläfer auf der Plassenburg, so weckt Muthart nun die schlafenden Ordensritter vor dem Angriff der Polen. Aufschlußreich sind jedoch die Unterschiede: In seinem Opernerstling wird der junge Hans Kraft anschließend gefeiert und erhält die Geliebte. Der vergleichsweise alte Muthart in Siegfrieds dreizehnter Oper folgt der Mutter und der Magd Winelib nur *»zögernd; man sieht es ihm an, wie er es nur mit äußerster Kraftanspannung fertig bringt, die Gefühle, die seine Brust bewegen, zu meistern«*. Das heißt: er will zwar weg, aber er schafft es nicht.

Während der Teufel im »Bärenhäuter« der Teufel aus dem deutschen Märchen ist, tritt er im »Schmied« als Mutharts Alter ego in Erscheinung, ein Sinnbild des Zwiespaltes zwischen Pflicht und Neigung, zwischen emotional richtigem Handeln, das notgedrungen den bestehenden Gesetzen widerspricht, und dem Gebundensein an diese Gesetze. Hier ist der Teufel eine traumatische Figur. Mutharts Trauma löst den Brand in der Schmiede aus, und Muthart steht – anders als Hans Kraft im ersten Akt des »Bärenhäuter« – damit endgültig vor dem Ruin seiner menschlichen und gesellschaftlichen Existenz. Sein letzter Einsatz für das bestehende System, das Alarmieren der Ordensritter, bringt ihm den Tod. Siegfried läßt sein Bühnen-Ich durch die Nachwelt würdigen und ihm Gerechtigkeit widerfahren. Aber auch diese Würdigung beruht auf Unkenntnis: Wüßte der Komtur, daß Muthart den Geheimgang verraten hat, würde er ihm sicher nicht den Helm des toten Hochmeisters aufs Haupt setzen.

Das Vorspiel zu Opus 13 verarbeitet die Themen des Ensembles mit Chor am Ende des zweiten Aktes, den »felsenfesten Eid« der Ritter auf das bestehende System; Walter Keller umschreibt es treffend mit »pompöser Leere«. Und die entfernte Affinität zum Walhallthema, die sicherlich zu jener besonderen Beliebtheit dieses Vorspiels, das im Jahr 1936 unter der musikalischen Leitung von Heinz Tietjen mit dem Bayreuther Festspielorchester auf Schallplatte aufgenommen wurde, beigetragen hat, bestätigt die These, Siegfried habe die Marienburg als theatrale Metapher für das – oft mit Walhall gleichgesetzte – Bayreuther Festspielhaus gesetzt.

Die bessere, und interessantere und wertvolle Musik dieser Partitur enthalten die Friedelind-Szenen, was beweist, daß Siegfrieds Herz stärker für die Unkonventionalität, für das Manifest einer freien Liebe schlägt. Denn Friedelind ist als außerehelich gezeugtes Kind nicht nur ein Kind der Liebe, sie ist auch die einzige, die der festgefahrenen Moral überzeugend zu widersprechen versteht: *»Alles ist heilig, was das Herz gebietend will!«* Die Bigotterie der eigenen Mutter spielt in Siegfrieds Oper wieder eine Rolle, ihre Vorhaltungen gegenüber dem Sohn und ihr Wunsch nach einem eigenen Enkelkind.

Einer weitverbreiteten, männlichen Urangst folgend, mag Siegfried daran zweifeln, ob das Ungeborene sein Kind ist. Das Opus 13 verleitet zu solcher Annahme, taucht doch diese Problematik sowohl in der Muthart-Wanhilt- als auch in der Willekin-Friedelind-Handlung auf:

Madaldrut: »Kommen die Leut'
und heucheln die Freud:
›Welch liebes Enkelchen! ja schau!
ja schau!
Und dem Vater gleicht er genau!‹
Und hinterher
ihr Kichern ich hör'!«

Und der diesbezügliche Dialog zwischen Einsiedler und Willekin gemahnt an die falsche Eintragung im Buch der Bayreuther reformierten Kirche, wo der Pfarrer Karl Wilhelm Aign anstelle Siegfried Wagners als leiblicher Vater Walter Aigns eingetragen ist:

Einsiedler: *»Wir wissen, was du vorhast!*
Du darfst es nicht:
Denn es ist nicht dein Kind.«
Willekin: *»So?*
Guck der Heil'ge doch im Kirchbuch nach,
da steht die Jungfrau eingetragen!
Oder lügt auch dieses ehrliche Buch?«

Mit der Waise Winelib ist zweifellos die Waise Winifred gemeint, die in dieser Opernhandlung ohne nennenswerte Beziehung zu Muthart als Pflegerin des kleinen Kindes ihr Leben fristet.
Obgleich Siegfried seinem Freundeskreis, dem »Seelenkongreß«, angesichts der Fahrpreiserhöhungen der Eisenbahn *»strengstens«* verbietet, nach Stuttgart zu reisen und scherzhaft hinzufügt, *»Ich stelle Leute am Bahnhof an, die Euch arretieren, wenn Ihr abreisen wollt«,* findet sich eine große Anzahl zur Uraufführung der Märchenoper »An allem ist Hütchen schuld« ein.
Für den in diesem ungewöhnlich frühen und harten Winter erkrankten Generalmusikdirektor Max von Schillings springt Staatskapellmeister Erich Band ein, als sich am Nikolausabend, dem 6. Dezember 1917, erstmals der Vorhang für dieses Bühnenwerk hebt.
Die Aufführung wird ein großer Erfolg, und Siegfried ist auch von der Inszenierung Franz Ludwig Hörths sehr angetan, die im »Merkur« sogar »uneingeschränkte Bewunderung« hervorruft: »Szenische Bilder voll blühenden Lebens und leuchtender Farbe, frei empfunden in der Unwirklichkeit der Märchenstimmung, daneben aber auch wieder kräftig und lebensvoll, wie es eben der poetische Gedanke verlangt.« »Die Dialog-Szene zwischen Grimm und Siegfried in persona war gestrichen worden«, fügt der »Merkur« an, »aber der Inhalt des Gespräches, die Rechtfertigung Wagners für seine Übertragung des Märchens auf die Szene, scheint gelungen zu sein.« Offenbar war seitens des Königlichen Hoftheaters Stuttgart dieses Melodram als ein wichtiges, antiillusionistisches Spielmoment nicht erkannt worden. Leider sollten sich alle Theater – bis auf eine löbliche Ausnahme – auf das Vorbild der Uraufführung berufen und in dieser Szene den Rotstift ansetzen.
Daß die Königin von Württemberg dieser Uraufführung beiwohnt und Siegfried mit Winifred am nachfolgenden Tag auf ein *»äußerst üppiges, gemütliches Mahl beim Königspaar«* bittet, imponiert der jungen Komponistengattin besonders. Nicht mehr zu den Besuchern zählen Karl Klindworth, der am 27. Juli 1916 im Alter von sechsundachtzig Jahren gestorben ist, und Carl

Friedrich Glasenapp, jene »schwarze Seele«, die am 14. April 1915 verschied. Doch Siegfried meint bei der Uraufführung des »Hütchens« Glasenapps Lachen gehört zu haben, wie er dessen Schülerin Helena Wallem in seinem Weihnachtsbrief mitteilt. *»Ich habe gar nicht das Gefühl einer Trennung von ihm durch den Tod«*, heißt es in dem Brief. *»Was ist denn unser armseliger Körper? Meist nur ein Hindernis für die Seele. Jetzt ist die Seele dieser Fessel frei und ist mit den Seelen der großen, wahren Menschen vereinigt.«*
Wie sehr Siegfried der Erfolg des heiteren Märchenspiels freut, zeigt sich auch darin, daß die Figuren über dieses Stück hinaus ein Eigenleben bekommen und – beispielsweise in dem Geburtstagsgedicht an Cosima auftreten, das Siegfried ihr zu Weihnachten 1917 schenkt:

»Das Hütchen mit seiner Kumpanei
ist huldigend heut' auch dabei.
Der Frieder und die Katherlies',
die nahen aus dem Paradies,
wo sie im Tanz, ein frommes Paar,
zum Lachen bringen des Himmels Schar.
Vom Blocksberg, wo sie treibt ihr Wesen,
kommt Trude auf dem Hexenbesen (...)
Sogar der Teufel, der Böse, was tut er?
Er nimmt auf den Buckel die Ellermutter,
krabbelt 'rauf aus russ'ger Hölle,
ruft: Glückauf! – Es klingt wie Böller.
Auch die Tierwelt fand sich ein:
Itsche, Katze, Löweneckerlein,
und, mit bedächtig störrischem Schritt,
der wichtige Esel Bricklebrit.
Es nah'n aber auch, aus blauer Fern',
Sonne, Mond und Glitzerstern. (...)
Und alle bitten und warnen das Hütchen:
Kühl' an anderen dein Wütchen!
Versprich uns eines, du:
Laß unser Dettel fein in Ruh'!«

Es erscheint kaum faßbar, daß der Verfasser dieses, auf der »Hütchen«-Oper basierenden Gedichtes und der Dichter von »Liebesopfer« und »Der Schmied von Marienburg« eine Person sind. Das Gedicht paßt ganz ins Schema des liebenswert-naiven Komponisten einer deutschen Märchenoper, während sich in den anderen Werken Abgründe auftun. Erklärlich ist dieses Phänomen wohl nur durch Siegfrieds Zwillingsnatur.
Während Siegfried den größten Teil des ihm Woche für Woche auf den Schreibtisch gelegten völkischen Schrifttums schnell bewältigt, indem er es entweder an Leute weiterreicht, denen er damit eine Freude bereiten kann –

zumal er selbst die Gefahr zu diesem Zeitpunkt noch nicht erkannt hat–, unbesehen zerreißt, oder »die Blätter auf Bindfaden reiht, um sie auf den Abtritt zu hängen«, ist er ein Freund der satirischen Zeitschrift »Simplicissimus«. Als darin einmal ein Witz über seine neueste Oper erscheint, den er als unter dem Niveau der Zeitschrift empfindet, richtet er kurz entschlossen einen Leserbrief an die Redaktion und gibt damit zugleich eine Definition seines Humors:

»An die Redaktion des ›Simplizissimus‹!

Sag mal ehrlich, lieber Simplizissimus, findest Du den letzten Witz über mich wirklich so gut, daß Du es der Mühe wert hieltest, ihn in Dein sonst so witziges Blatt aufzunehmen? Ich fand ihn recht mäßig, fast an der Grenze der Talentlosigkeit! Wirklicher Humor ist ein Pflänzchen, das am besten gedeiht, wenn man es nicht mit Blausäure und Mückenstein bespritzt: Es würde mich für Dich freuen, wenn Du mal Gelegenheit hättest, eines meiner Opusse kennenzulernen! Vielleicht kämest Du zur Überzeugung, daß es für Deutschland gar nicht so übel wäre, wenn es einige Siegfried Wagners gäbe. Es herrschte dann im Reiche der Kunst etwas weniger Hysterie, Schwindsucht und Knochenfraß! Solltest Du für derlei schwärmen, dann natürlich wünsche ich, daß Du nichts von mir kennenlernst! Übrigens möchte ich Dir bei dieser Gelegenheit sagen, daß ich in letzter Zeit Dein Blatt wieder gern lese. Seit der Kriegszeit hast Du ja etwas in Dir entdeckt, was beinahe wie ein deutsches Herz aussieht! Möge dies Herz auch nach dem Kriege schlagen und nicht ausgeschaltet werden. Denn es wäre schade, wenn Du Dich wieder veranlaßt sehen solltest, eine französische Ausgabe Deines Blattes in Paris erscheinen zu lassen, die den Nachbarn recht deutlich ad oculos demonstrieren soll, was für elende Jammerlappen die Deutschen sind, und daß es eine Leichtigkeit wäre, diesen den Garaus zu geben!

Gelt! Das tust Du nimmer! Siegfried Wagner.«

Winifred drängt Cosima, die weltabgeschieden in Wahnfried tagelang mehr dahindämmert als lebt, sich zu Wielands erstem Geburtstag, am 5. Januar, mit ihrem Enkelkind fotografieren zu lassen. Da Cosima schon anläßlich der Geburt Wielands eine Ausnahme gemacht und einige Takte auf dem seit Richard Wagners Tod verschlossenen Flügel gespielt hatte, gibt sie auch jetzt Winifreds starkem Willen nach, bekennt sich zur Dynastie.

Winifred, davon geben nicht nur die Fotos Auskunft, ist zu dieser Zeit eine sehr schöne Frau, eigentlich ein Kindweib. Durch die alljährlichen Schwangerschaften – Siegfried nannte sie in diesem Zustand scherzhaft »Miss Globus« – verlor sie nach der Geburt ihrer vier Kinder ihre anmutige Erscheinung. Doch auch dann noch sollte ihr die Männerwelt zu Füßen liegen: in den Dreißigerjahren in gesteigertem Ausmaß und aus politischen Erwägungen, denn sie war nicht nur die vierfache Mutter der jüngsten Wagner-Generation, sondern auch die Herzensdame Adolf Hitlers. Sogar ein enger Freund Siegfrieds gestand dem Verfasser einmal: »Wäre Siegfried nicht mein bester Freund gewesen, ich hätte ihn ins Bett geschickt und wäre mit Winifred in den Wald gegangen – oder umgekehrt.«

Am Karfreitag des Jahres 1918, Siegfried arbeitet noch an der Kompositionsskizze des ersten Aktes »Schmied von Marienburg«, bringt Winifred eine Tochter zur Welt. Noch am gleichen Tag, dem 29. März, telegrafiert Siegfried an Stassen: *»Mama hat mir ein Schwesterchen geschenkt, soll Friedelind heißen – Huschele.«* Er legt die Botschaft also dem einjährigen Wieland in den Mund, der auf seine Schwester jedoch zunächst sehr eifersüchtig ist. Daß sie im Mai – mit Schwester Daniela und Freund Franz Stassen als Taufpaten – auf den Namen Friedelind getauft werden soll, verrät die geradezu programmatische Hoffnung, dieses Kind werde in seiner liberalistischen Tendenz der Heldin der eben in Arbeit befindlichen Oper entsprechen. Und auch den Namen, den ihr der Stiefvater Willekin in der Oper in böser Absicht gibt, »Spitzmäuschen«, wird zum durchaus positiv gewerteten Spitznamen für Siegfrieds drittes Kind. Tatsächlich sollte »die Maus«, Siegfrieds Lieblingstochter, in ihrer Haltung später dem systemkonträren Verhalten ihres dramatischen Vorbildes entsprechen. Denn während Wieland Wagner bereits am 13. Januar 1933, als zum Hitler-Gruß noch keinerlei Pflicht bestand, einen Kartengruß an seinen Vetter Gilbert in Meran mit »Wieland/Heil Hitler!« unterschrieb, ließ sich Friedelind von der Hitler-Begeisterung ihrer Mutter nicht anstecken. Sie emigrierte 1939 mit Hilfe Toscaninis über die Schweiz, Großbritannien und Argentinien in die Vereinigten Staaten. Ihre Emigration und ihr bald darauf erscheinendes Buch »Heritage of Fire«, das in Deutschland unter dem Titel »Nacht über Bayreuth« erschien, bedeuteten einen Triumph für all jene Wagnerianer, die – rassisch oder politisch verfolgt – außerhalb von Nazi-Deutschland lebten. Einige von ihnen glaubten hinter der Emigration der Wagner-Enkelin allerdings auch einen klugen Schachzug Winifreds zu sehen, einen Familienangehörigen ins Ausland emigrieren zu lassen, für den Fall, daß Hitlers Pläne scheitern sollten ...

Intermezzo Pacifico: Friedenshymne

Siegfried unterbricht im März 1918 seine Arbeit an Opus 13 für ein Werk, das er später »eine leider voreilige Komposition« nennt und mit folgender Erklärung versieht: *»Im März 1918, als unsere glänzende Offensive begann, und alle Deutschen auf einen baldigen, siegreichen Abschluß des Krieges hofften, forderte mich die Leipziger Illustrierte Zeitung auf, eine Friedenshymne für eine Festnummer zu verfassen. So entstand diese Komposition.«*
Gemäß dieser Erklärung handelt es sich bei diesem Werk, dessen Original offenbar in den Archiven der »Leipziger Illustrierten Zeitung« verschollen ist, mehr um eine Siegeshymne, deren Anliegen in erster Linie nicht der Friede an sich, sondern ein »rechter«, siegreicher Friede ist. Der Klavierauszug von Karl Kittel, der zwar nicht gedruckt wurde, aber als Manuskript erhalten ist, beweist etwas anderes.
Dieses Intermezzo ist durchaus ein friedvolles Pendant zum »Fahnenschwur«, nur daß diesmal Siegfried keinen fremden Text vertont, sondern selbst zur Feder gegriffen hat. War der »Fahnenschwur« eine Komposition für Männerchor und Orchester, so erfolgt die Antwort durch gemischten Chor, Sopransolo und Orchester.
Dem F-Dur-Schluß des »Fahnenschwurs« antwortet in f-moll der Frauenchor:

»Laßt ab, ihr Rasenden! Haltet ein!
Ist's noch nicht genug der Qual und Pein?
Laßt ab! Soll Gott vor Satans Macht erbleichen?
Soll Gerechtigkeit auf ewig weichen?«

In A-Dur fährt er fort:

»Hört ihr nicht? Seht ihr nicht?
Ist euer Aug' blind dem Licht?
Vernehmt ihr nicht, was fernher erklingt?«

(Es-Dur:)

»Fühlt ihr nicht, was zu euch sich schwingt,
näher und näher aus Höhen dringt?
Ein wundervoller Glanz erscheint,
mit mildem Klang hold vereint.«

(As-Dur:)

»Wie Engelflügel durch die Lüfte es rauscht:
eine Stimme wird laut! O schweigt und lauscht!«

Das ist zunächst einmal eine klare Friedensforderung eines Chores, der mit dem epischen Chor am Ende des »Friedensengels« Verwandtschaft aufweist, und auch die Worte der Solo-Stimme, die anschließend einsetzt, sind eine Friedensengel-Paraphrase: *»Gott will, der Kampf soll enden!/ Frieden will er spenden!«* Doch dann kommt die fatal optimistische Wendung des März 1918, die nach einer Niederlage im Krieg nicht mehr zutreffend erscheint:

»Der soll von ihm des Sieges Preis empfah'n
der auf zu ihm reinen Gewissens blicken kann.«

Die Männer antworten nun, daß dieser Ruf nur ihnen gelten könne, denn ihr Gewissen wäre rein, zumal sie nur zur Bestrafung von Lüge, Haß und Neid zu den Waffen gegriffen hätten. Der Frauenchor mahnt dann, nicht in brausenden Jubel auszubrechen, schließlich sei das Zurückliegende zu furchtbar. Vielmehr sei ein Dankgebet angebracht und die Mahnung, sich der Taten der Krieger wert zu erweisen, auf daß diese ihr Blut nicht umsonst vergossen hätten. Die Solostimme fordert mit dem Hauptthema der Hymne auf, das Friedenswerk nun neu zu beginnen, der Frauenchor mitsamt den Tenören stimmt ein,

»Gott erleucht' Euch Herz und Sinn
zum Friedenswerk, das neu beginn!
Seid stark im Frieden!« –

und mit der chorischen Forderung *»Seid würdig und wert deutscher Tat und Ehr'!«* endet das Werk in der parallelen Dur-Tonart der Ausgangstonart f-moll, in As-Dur.
»›Siegfried‹ ward ich von meinen Eltern genannt. Nun, Ambosse habe ich nicht zerhauen, Drachen habe ich nicht getötet, Flammenmeere habe ich nicht durchschritten. Und trotzdem hoffe ich, nicht ganz unwürdig dieses Namens zu sein, denn das Fürchten ist wenigstens nicht mein Fall.« Dieser Selbstcharakterisierung läßt Siegfried im Manuskript seiner »Erinnerungen« noch einen Satz folgen, der die Einstellung des Komponisten der »Friedenshymne« treffend umreißt. *»Nicht: Durch Sieg Frieden heißt es bei mir, sondern durch Frieden Sieg. Also müßte ich eigentlich Friedsieg heißen!«*
Eine ähnliche Aussage wie die »Friedenshymne«, aber in humoristischer Weise, bringt eine weitere Chorkomposition des Jahres 1918, »Wer liebt uns?«. Das Muster der Katze, die behauptet, die Nachtigall zu lieben, weil sie ihr Nest so tief baut und es daher der Katze leichtmacht, die Jungen aus dem Nest zu holen, wird nacheinander angewandt auf Fuchs und Ente, Schlange und Kaninchen sowie den »Feind« und den deutschen Michel. Der Feind behauptet die Deutschen zu lieben, da Hans und Michel ständig sich streiten und »sich kleinlich beneiden«. Das dichterische Ich ergreift dann das Wort:

»Michel, ach Michel, wirst du nimmer gescheit?
Lernst du nie, was Einigkeit?
Hörst du nur auf Teufels-Hetzer?
Lauschst aufs Schmeicheln hohler Schwätzer?
Hast durch sie alles verloren!
Bist Gesell' Tölpeln und Toren?
Alles durch dein dummes Gezank!
Kannst bei dir dich selbst bedanken!
Ei, so wirf hinaus die Schwätzer!
Zum Teufel jag die Hetzer!
Denn Gott, der spricht:
›Ich liebe euch, macht ihr
deutschem Namen Ehr'!‹«

Dieser vierstimmige Männerchor ist großenteils a cappella gesetzt – zwei Trompeten, zwei Tenorposaunen, Baßposaune, Tuba, Pauken und große Trommel treten ad libitum nur beim Streit von Hans und Michel effektvoll hinzu und unterstreichen die beiden letzten Zeilen.
Die musikalische Qualität, wie könnte es bei Siegfried Wagner anders sein, liegt in der Charakterisierung der Tiere und auch der Streitigkeiten, während der pathetische Schluß hohl und aufgesetzt klingt. Merklich folgt Siegfried hier einer zeitbedingten Auflage, ohne die Ausage kompositorisch glaubhaft machen zu können, d. h. ohne sich in seinem Innersten mit ihr zu identifizieren. Ungedruckt wie die »Friedenshymne«, brachte es »Wer liebt uns?« doch auf einige Aufführungen: 1923 in Rostock, im Jahr darauf unter der Leitung von Karl Kittel in Bayreuth und 1979 nochmals – als Soloquartett interpretiert – vom Vocal-Collegium Wiesbaden.
Gegen Ende des Krieges wird Siegfried merklich ruhiger, die pazifistische Seite seiner Zwillingsnatur gewinnt die Oberhand, und er beschäftigt sich intensiv mit Frankreich – auf literarischem Gebiet. Die Werke Jean Jacques Rousseaus haben es ihm besonders angetan, aber auch Prosper Mérimées »Carmen«.
Im August 1918 schreibt er an Franz Stassen:
»Welche Sorge für Dich, daß Dein Peter jetzt auch an die Front einrückt – da kann nur der Glaube helfen und stärken, und den hast Du ja, wenn Du auch nicht an den alten Zebaoth glaubst. Bei Rousseau lasen wir eben: Der rächende Gott ist der Gott der Schlechten! Wir sind jetzt gegen Ende der Novelle Héloise angelangt, ein Buch, das Dich sicher im höchsten Grad interessieren wird. In Rousseau sind zwei Elemente vereinigt, das alemannische-schweizerische und das französische. Das gibt eine ganz eigentümliche Mischung im Gefühlsausdruck und in der philosophischen Betrachtungsweise. – Carmen ist gewiß eines der talentvollsten Produkte Frankreichs, die Novelle von Mérimée ist aber viel besser als das Libretto der Oper, bei öfterem

Hören wird einem der unangenehme Pariser Beigeschmack immer fühlbarer, es duftet oft gar sehr nach Pariser Cafés und weniger nach andalusischem Natursaft. In der französischen Literatur wirst du kaum jungfräuliche Gestalten finden, die Dich anziehen, in der Art etwa wie Goethesche Gestalten. Das junge Mädchen spielt ja in Frankreich gar keine Rolle, es wird ins Kloster zur Erziehung gesteckt, wird von den Eltern (Huschele ruft eben A-A! Winni muß ihn auf den Topf setzen und ich fahre einstweilen fort) – mit irgend jemandem, den sie gar nicht kennt, verlobt und dann – dann passiert eben das Malheur, und dieses Malheur beschäftigt die ganze Literatur! Ein Klärchen, Gretchen, Ottilie, Marianne etc., das kennen die Franzosen nicht! Sie kennen höchstens edle Resignation der unglücklichen Frau. (Huschele macht derartigen Radau mit Klingeln, daß mein Gehirn ganz zerfahren wird!) Am 3. September fahre ich nach Darmstadt (Hotel Traube) zur Besprechung wegen ›Sonnenflammen‹. Mama war leider wieder nicht in der Reihe diese Woche. ›Die Gerechtigkeit‹ auf der Welt ist merkwürdig. Mir scheint, daß der Teufel dem lieben Gott einen Schlaftrunk eingegeben hat!«

In Briefen von Siegfried finden sich bald auch Sätze, die beweisen, daß für ihn die Realität nichts mit »Seid stark im Frieden!« und »Macht (...) deutschem Namen Ehr'!« zu tun hat:

»Am liebsten würde ich Schweizer, denn ich schäme mich, ein Deutscher zu sein. Diese herumhatschenden Soldaten mit der Zigarette im Maul, roter Kokarde, schlaffem Gang, stinkfaul, blöd dreinschauend, gehen uns schon so auf die Nerven, daß ich die Stadt krampfhaft meide! O Beschissenheit! Dein Name ist Deutschland!«

Dabei sollte sich der Komponist freuen, denn noch vor Ablauf einer Jahresfrist seit seiner letzten Uraufführung stehen bereits zwei weitere Opern zur Uraufführung an. Im September 1918 befindet sich Siegfried mit Winifred zu einem Sommeraufenthalt in Möltendorf bei Kiel, wie die »Berliner Illustrierte Zeitung« zu berichten weiß. Am 30. Oktober 1918 hat im Hoftheater Darmstadt die symbolistische Oper »Sonnenflammen« unter der musikalischen Leitung von Hofkapellmeister Paul Ottenheimer Premiere. Die bisher einfachsten, aber wohl auch großartigsten Bühnenbilder, die jemals eine Oper Siegfried Wagners aufzuweisen hatte, stammen von Professor Kurt Kempin. In ihrer dekadenten Trostlosigkeit entsprechen sie genau der dramatischen Situation. Mit dem Regisseur Kurt Strickrodt hat Siegfried seine künstlerischen Vorstellungen genau abgeklärt und auch den letzten Proben wieder beigewohnt.

Nach der langen Pause häufen sich nun für Siegfried – im Abstand von nur sechs Tagen – die Uraufführungen seiner Opern »Sonnenflammen« und »Schwarzschwanenreich«. Drei Tage, bevor Siegfried in Darmstadt die dritte Aufführung seines Opus 8 selbst dirigiert, erfolgt am 5. November im Großherzoglichen Hoftheater zu Karlsruhe die Uraufführung seines bereits seit acht Jahren vollendeten Opus 7. »Schwarzschwanenreich« steht unter der musikalischen Leitung von Fritz Cortolezis. Siegfrieds Schüler Peter Dumas zielt in seiner Inszenierung auf Klarheit und Typisierung, was jedoch mit den aus dem Fundus zusammengestellten Bühnenbildern schwer zusammengeht. Die Hofdamen stören sich in der Generalprobe an dem erhobenen Arm des Wechselbalges, einigen wird sogar schlecht. Siegfried läßt das szenische Detail, das sich im Kopf der Hulda und nicht auf der realen Ebene der Handlung abspielt, streichen. Richard von Chelius sagt nach der Aufführung zu Siegfried: »Es ist dein Werk, was den großen Beifall fand, die Aufführung ließ zu wünschen übrig.«

Die Darstellerin der Ursula, Margarete Bruntsch, hat im Jahr 1914 bei den Bayreuther Festspielen als Waltraute und Floßhilde mitgewirkt. Auf die richtige Besetzung der psychologisch komplizierten Partie der sinnlichen, aber frustrierten Schwester hatte Siegfried offenbar besonderen Wert gelegt, denn Margarete Bruntsch ist der einzige Gast in der ansonsten hauseigenen Besetzung des Karlsruher Theaters.

Kurt Söhnlein, der zu dieser Zeit noch keine Bekanntschaft mit Siegfried gemacht hat und in Darmstadt stationiert ist, besucht nicht nur die Uraufführung, sondern auch die nächsten zwei Wiederholungen. Als er am 8. November aus den »Sonnenflammen« kommt, sieht er über dem Schloß die rote Fahne gehißt: die Revolution ist ausgebrochen.

Wenn auch Siegfried in seinen Werken auf der Seite der Bauern und des Volkes steht und dem Adel gegenüber stets eine kritische Haltung einnimmt, so bringen ihn die Revolution und ihre Folgen, die Abdankung der Könige und amtierenden Herzöge und des Kaisers, dessen Militär sich weigert, gegen die Revolution zu kämpfen, doch aus der Fassung. Am Morgen, nachdem er die dritte »Sonnenflammen«-Aufführung dirigiert hat, bricht er – im allgemeinen Trubel der Revolution – mit Winifred und seinen Schwestern verfrüht auf, um über Umwege nach Bayreuth zurückzukehren.

Intermezzo Casalingo: Wahnfried-Idyll

In Bayreuth angekommen, schreibt Siegfried an Franz Stassen: *»Nie habe ich das Glück der Arbeit so empfunden, wie jetzt! – Hoffentlich geht es Dir und allen Teuren gut! Innigen Dank Euch, daß Ihr kamt! Wie wäre man gerade jetzt gern beisammen in trauter Seelengemeinschaft! – Ob Rosa* (Rosa Eidam; Anm. d. Verf.) *noch an Gott den Gerechten glaubt? (...) Wir verdienen, daß wir zugrunde gehen! Na, das tun wir ja auch gründlich und auf alle Zeiten.«*
Er genießt das Familienleben, die häusliche Geborgenheit und macht sich zum Weihnachtsfest an eine Komposition, deren Titel in bewußter Nähe zu Vater Richards »Siegfried-Idyll« steht. Bereits im Januar 1917, nach der Geburt Wielands, hatte er einmal mit dem Begriff »Winifred-Idyll« gespielt. Daraus wird dann das zu Weihnachten 1918 in Wahnfried mit Klavier und Gesang zur Uraufführung gebrachte »Wahnfried-Idyll«. Gewidmet ist es dem »Goldschniggala«, also Winifred, aber ein zweites Exemplar trägt die Widmung »unserer lieben Frau Kolibri zur Auffrischung von Wahnfried-Erinnerungen, März-April 1918«, ist also ein Geschenk an die Kinderfrau Emma Bär, die nach Friedelinds Geburt für das Rechte sorgte.

»Kugeli! Kugeli! Dudeldazwi!
Munter ists jetzt in Wahnfried früh:
Kaum kräht der Hahn sein Kikriki,
machen die kleinen ihr erstes Pipi!
Kugeli Kugeli dudeldazwi!
Die Mo, die bleibt nicht lange stumm!
Dem Huschele wird es bald zu dumm!
An der Türe er pumpert bumbumbumbum
und tanzt im Elternbett herum!
Kugeli kugeli dudeldazwi!
Emma Bär! Emma Bär!
Kommst du mit dem Bad daher? (...)
›Wo bleibt sie denn, die Tata Efe!‹
So ruft voll Ungeduld Wilfi, der Neffe!
Und so geht's hin in Scherz und Spiel,
glückliches Alter ohne Ziel.
Freut Euch der Wahnfried-Stille,
Knospen Ihr, in fester Hülle!
Guckt nur nicht viel zum Fenster hinaus.
wirr ist's draußen, wüst und kraus.

Denn der Michel, dumm und dümmer,
fällt auf alles rein doch immer,
hält den eitlen Flitter-Flimmer
für der Freiheit echten Schimmer!
Guckt nicht hinaus, Ihr Kindlein beid',
Ihr wißt noch nichts von Neid und Leid!
Der Weihnacht reiner Lichterschein
leucht' Euch stark ins Herz hinein.
Daß des Lachens froher Schall
in Eurer Brust nie verhall'!
Drum Kugeli kugeli dudeldazwi!
Ruft mit dem Gockel: Kikeriki!«

So privat diese einfache Komposition in F-Dur auch gehalten ist, Siegfried versäumt es nicht, für den Fall einer Aufführung außerhalb Wahnfrieds Erklärungen beizufügen, die er scherzhaft als *»wissenschaftliche Erläuterungen«* bezeichnet: *»Kugeli, Kugeli – ein beliebtes Spiel zwischen Papa und Sohn: der Sohn wird auf der schiefen Ebene seiner Couchette hinuntergerollt, so lange, bis beide genug haben. Mo – Mäuschen, Huscheles Namen für Friedelind. Tata Efe – Huscheles Namen für Tante Eva.«*
Hinzuzufügen ist dem nur noch, daß sowohl Huschele wie auch Wilfi Kosenamen für Wieland darstellen.
Trotz der familiären Geborgenheit halten Siegfrieds Depressionen an. Am 24. Januar 1919 schreibt er an seinen Freund Engelbert Humperdinck: *»Mein Schmied (...) gedeiht langsam. Er paßt gut in die jetzige Stimmung und ich muß entschieden das Ende des Krieges vorausgeahnt haben.«*
Er will letztlich doch, daß seine Werke noch zu Lebzeiten auf die Bühne kommen, denn *»auf das Jenseits sich zu vertrösten, das ist eben doch etwas allzu Unsicheres! Erinnerst Du Dich an die fabelhafte Gigue in der 5. französischen Suite (G-Dur)! Das ist so genial übermütig, daß ich es mir auf dem Totenbette vorspielen lassen werde, um mit einem heiteren Eindruck von dieser nicht gerade heiter jetzt aussehenden Erde zu scheiden!«*
Am 7. Februar stirbt in München Isolde, Siegfrieds Lieblingsschwester der Jugendzeit. Offenbar ist er noch immer davon überzeugt, daß seine Mutter im Prozeß die Wahrheit gesagt hat, als sie Isolde für die Tochter Hans von Bülows ausgab, denn er schreibt an die Pflegerin Isoldes, die Baronin Caccini in München: *»Muß man da nicht an das dunkle Walten von Dämonen glauben, die den Menschen sich selbst entfremden! Der furchtbarste Dämon aber ist die Lüge! Er entstellt und verzerrt und erstickt das Gute.«*
Siegfried gibt dann seiner Hoffnung Ausdruck, daß in Isoldes *»letzter Leidenszeit auch in ihr ihr eigentliches Wesen wieder erstanden ist, damit ihre Seele gereinigt und geläutert, von den Dämonen befreit, zum Reich des Friedens einging.«* Und ähnlich fährt er in einem Brief an Franz Stassen fort: *»Nein! So*

kann und darf die Menschenseele nicht enden. Es wird ihr ein neues Leben werden, wo sie sich der Dämonen erwehrt und wo sie das wieder wird, was sie war und was eine glückliche Jugend sie ursprünglich wollte werden lassen!«

Am Karfreitag kommt zum Staunen der Bayreuther Bürgerschaft Siegfrieds Neffe Manfred Gravina mit dem Flugzeug aus Weimar zu Besuch. Aber auch das ist für Siegfried nur eine kurze Abwechslung und Freude, ihn deprimiert bereits allein die Tatsache, daß es am Ostersonntag regnet:

»Jehova will uns Deutschen gründlich die Freude an der Natur verderben! (. . :) Meine Arbeit geht leider recht langsam vorwärts! Die vielen Erregungen, Todesfälle, die Schmach, Deutscher zu sein, haben wieder meine Nerven in Unruhe gebracht! Es ist wirklich oft zum Andiewändehinaufkrabbeln! Man muß sich immer das Beispiel Beethovens vorhalten. Die Tragik seiner Taubheit war wohl das Empörendste, was die Ungerechtigkeit dieser Welt sich je geleistet hat! Moral: Die Tüchtigen, Fleißigen werden geschunden, gepeinigt, die Faulpelze und Halunken gedeihen! –

Rosa sagt dann: Wen Gott liebt, den züchtigt er. . . Ein schöner Satz! Da freß ich lieber gleich Hesekiels Gerstenkuchen!«

Erstmals geht Siegfried in der gesamten Karwoche nicht in die Kirche. Er sehnt sich nach dem Mainzer Dom, nach San Marco oder einer anderen Kirche, die er besuchen kann, ohne an einer klerikalen Zeremonie teilzunehmen. Auch das Defizit an künstlerischen Veranstaltungen in Bayreuth stimmt Siegfried mißmutig. Als Stassen ihm von einer Aufführung des »Christus« in Berlin berichtet, äußert sich Siegfried daher ungewohnt ausführlich und auch kritisch über diese Komposition seines Großvaters:

»Mir selbst ist auch der Christus ›zur Hälfte‹, würde Mutter Rath sagen, fremd. Er enthält eben die beiden Elemente der katholischen Kirche, das Alt-Christliche, was wir lieben, und das Neu-Katholische. Ich möchte es mit den zwei Kirchen vergleichen: San Zeno in Verona und die Peterskirche! Der triumphierende Kirchen-Christus ist mir immer peinlich! – Die Teile, die ich liebe, sind die Pastorales, die erste Hälfte der drei Könige. Am Schluß ist da auch wieder das Triumphierende, was ich nicht liebe. Ich liebe es überhaupt nicht sehr, wenn zarte Töne fortissimo verwandelt werden, ungefähr, als wenn du eine kleine van Eycksche Madonna zehnfach vergrößerst und mit Kirchenfahnen in einer Prozession daherführst.

Ich liebe ferner die Seligkeiten (es wundert mich, daß diese dich nicht beeindruckten, es ist echt, alt, christlich), das Paternoster, das Stabat mater speciosa, der erste Teil des Ölbergs – der zweite Teil ist wieder Guido Reni. Das Simon Johanna ist ein schönes Thema. Die Gründung der Kirche ist (wie in der Wirklichkeit) nicht erquickend; das Stabat mater an sich schön, fanatisch und tief empfunden, aber man ist schon ganz ermüdet, wenn man bis dahin gelangt ist. Die Wahrhaftigkeit des Geistes dieses Werkes ist das eindringlich Wirkende, aber es beglückt uns Protestanten nicht! Schön aufgeführt mit Strichen wirkt es aber stark.«

So niedergeschlagen Siegfried auch ist, er bekennt sich immer wieder zur Heiterkeit: *»Heiterkeit ist für mich Grundbedingung für einen anregenden Verkehr. Ich habe stets gefunden, daß die wirklich tiefernsten Menschen auch immer die heitersten waren.«*
Er reist nach Darmstadt, als dort im März 1919 eine Humperdinck-Festwoche auf dem Programm steht, in deren Verlauf auch Engelbert Humperdincks Studentenoper »Gaudeamus« zur Uraufführung gelangt. *»Hümpchens neue Oper ist musikalisch sehr anmutig und herzig, der Text recht albern und operettenhaft, schade!«*, berichtet Siegfried an Stassen, *»aber es hatte vielleicht dadurch den großen Erfolg! Es ist ja nicht zu glauben, worüber unser Publikum lacht! Es genügt, daß einer auf der Bühne stolpert, und alles ist beglückt.«* Und dann stößt er ins selbe Horn, in das die linke Studentenschaft, die in Darmstadt mit Flugblättern gegen dieses das Corpsleben der Verbindung »Teutonia« verherrlichende Opus aufbegehrt hat: *»Studenten auf der Bühne hat man schon etwas satt bekommen!«* Siegfrieds Fazit lautet: Humperdincks *»Muse ist ausgesprochen bürgerlich, ich finde ihn nicht volkstümlich«*.
Am 6. Juni begeht Siegfried seinen fünfzigsten Geburtstag. Die Freundesschar überreicht ihm den postum veröffentlichten Nachtragsband 2 zu Glasenapps Aufsatz-Sammlung »Die Kunst Siegfried Wagners« mit den Federzeichnungen Franz Stassens, bei dem sich Siegfried ausführlich bedankt: *»Die Ersten werden die Letzten sein, so heißt's auch bei den Danksagungen. Diejenigen, denen man am meisten Dank schuldet, kommen zuletzt daran, weil man erst den Wust des Oberflächlichen abmachen will, um Hirn und Herz frei zu kriegen. Das Glasenapp-Buch mit dem famosen Porträt des Teuren vorn war eine große Herzensfreude. Als weilte er wirklich noch unter uns, so lebendig wirkt diese Gabe! Und Deine ganz prachtvollen Zeichnungen etc. – Zu schade, daß Du nicht hier warst. Es war alles so gemütlich, und Winni hat ein Regie-Talent entwickelt, auf das ich bald eifersüchtig sein werde!«*
Auch der Witwe Carl Friedrich Glasenapps sendet er seinen Dank und gibt dem Überschwang Glasenapps, den er zu recht so oft gescholten hatte, eine positive Wertung: *»Was ist denn diese vielgerühmte Objektivität anderes als Kaltherzigkeit und Temperamentlosigkeit.«*
Am 30. August kommt Siegfrieds dritter (zweiter ehelicher) Sohn Wolfgang Manfred zur Welt. Während der Name Wolfgang um des Stabreims willen gewählt ist, folgt der zweite Vorname dem Vorbild des Neffen Manfred.
Auch Wolfgang sollte in die Regisseurfußstapfen seines Vaters treten. Seine erste Inszenierung war die letzte vor Schließung der Berliner Staatsoper im Jahr 1944, die Berliner Erstaufführung des »Bruder Lustig« unter dem neuen Titel »Andreasnacht«. Später aber betonte er, mehr der Enkel Richard Wagners zu sein als der Sohn Siegfrieds, und als das Internationale Jugend-Festspieltreffen, dessen Leiter damals zugleich der Pressechef der Bayreuther Festspiele war, eine Oper Siegfried Wagners zur Aufführung bringen

wollte, lehnte er das ab mit der Begründung: »Wir können uns doch in der eigenen Familie keine Konkurrenz machen!«
Sehr rasch, bereits am 4. Oktober, wird Wolfgang getauft, umrahmt vom Choral aus Wagners »Meistersingern« und dem Vorspiel zum 3. Akt »Kobold«, Verenas Leid. Verena, »des Stammes letztes Glied«, läßt allerdings naturgemäß noch auf sich warten...
Ein in seiner Stimmung äußerst seltsames Hochzeitsgeschenk bereitet Siegfried seinem Freund, dem Arzt Dr. Günther Holstein, mit dem er im Krieg wiederholt über die politische Lage heftig diskutiert hat: er vertont Holsteins blutgeschwängertes Gedicht »Nacht am Narosz« als Gabe »Zur Hochzeit von Günther Holstein und Hilde Bohmayer, Nov. 1919«. Das ist fast so makaber wie Balthasars Toast auf die Hochzeit im »Friedensengel«, aber offenbar hat sich der Amateur-Dichter Holstein diese Vertonung – für eine Tenorstimme – ausdrücklich gewünscht. Bei der Erscheinung des Heilands auf dem Schlachtfeld ertönt in der Klavierbegleitung dieser hochwertigen, aber dem Text inadäquaten Komposition das Thema des Glaubens aus dem »Heidenkönig«.

Als sich im Spätherbst wieder Konzert- und Premierentermine häufen, rät Siegfried seinen Freunden angesichts der finanziellen Lage dringend ab, ebenfalls die Reisen zu unternehmen, denen er sich zu unterziehen hat: *»Sagen Sie, wollen Sie wirklich die wahnsinnige Reise nach Schwerin machen?«* heißt es etwa in einem Schreiben an Rosa Eidam. *»Die Pension im Hotel kostet 22 Mark! Den Bärenhäuter haben Sie ja 100 mal gehört und die Sonnenflammen kennen Sie in- und auswendig. Dazu die Entfernung! Die Beschwerde! Wir raten Ihnen wirklich dringend ab! – Per omnia saecula!«*
Über Köln, wo er am 28. November im Gürzenich ein Konzert leitet, reist Siegfried nach Schwerin. Hier ist, im Anschluß an die Premieren der Opern »Sonnenflammen« am 7. und »Der Bärenhäuter« am 16. Dezember, eine eigene »Siegfried-Wagner-Woche« angekündigt. In einem von Siegfried geleiteten Konzert stehen außerdem Ausschnitte aus »Banadietrich« und »Schwarzschwanenreich« auf dem Programm, Ottomar Voigt interpretiert das Konzert für Violine und Gilbert Gravina, erstmals nach seiner Rückkehr aus Italien, wo er im Ersten Weltkrieg als Soldat eingezogen war, wieder das ihm gewidmete Konzertstück für Flöte. Seine Heimreise von Schwerin tritt Siegfried über Leipzig an.
Wiederholt wird an Siegfried die Frage der Wiederaufnahme der Bayreuther Festspiele herangetragen, bisweilen sogar als Forderung mit massiv drohendem Unterton, worauf Siegfried dann erwidert: *»Daß wir im Jahre 1914 durch den Krieg 400000 Mark Defizit gemacht haben, scheinen Sie nicht zu wissen.«*
Seinem Freund Ludwig Karpath antwortet er in einem offenen Brief:
»Gewiß denken wir an Festspiele, sobald es nur irgendwie möglich ist. Drei große Hindernisse stellen sich augenblicklich dem Unternehmen entgegen.

Erstens die Kohlennot und alles, was damit zusammenhängt: Bahnverbindungen, Beleuchtung, Maschinenbetrieb etc. Zweitens der Wohnungsmangel. Wie soll man in Bayreuth Tausende von Fremden beherbergen, wo jedes Haus durch Zwangseinmiete überfüllt ist. Schon jetzt wird es den Zureisenden sehr erschwert hier unterzukommen. Drittens, und dieser Punkt ist fast der wichtigste, die Höhe der Löhne für das technische Personal und der Bezüge für Chor und Orchester. Unser Festspielfonds hat (...) bedenklich abgenommen. Wir müssen deshalb sehr vorsichtig ans Werk gehen, wenn nicht eine einzige Festspielsaison den Bestand der Festspiele überhaupt gefährden soll. Wohl oder übel müßte der Preis der Plätze von 25 M. auf 30 M. erhöht werden. Ungern entschlössen wir uns dazu, denn wir möchten nicht, daß der Charakter unsres Bayreuther Publikums sich verändert. Auf ein Entgegenkommen der Künstler bezüglich Honorarforderungen dürfen wir ja bestimmt rechnen, vom Chor, Orchester und technischen Personal können wir es nicht verlangen. So harren wir denn, bis die allgemeine Nervosität nachgelassen hat und allmählich wieder Vernunft und Ordnung in unser armes, zerrüttetes Vaterland einzieht.«

Am 18. Februar 1920, *»bei herrlichem Sonnenschein und Kälte«* beendet Siegfried die Partitur des »Schmied von Marienburg«, dessen Ouvertüre er selbst – im Stil der Anna vom Rat – als *»viel Lärm um nichts«* bezeichnet. *»Man sehnt sich jetzt ordentlich nach südlichen Felsen und Meeren. Ich kreise wieder mit einem Sujet, das in Ermangelung einer Italienreise in Apulien spielt, um mir wenigstens künstlich diese Welt vorzuzaubern. – Normannenzeit! Da kann man auch so ein bißchen Griechisches hineinschmuggeln.«*

Friedelind, Wolfgang und Wieland Wagner

Opus 14: Rainulf und Adelasia

Wir wohnen jetzt zu neunt im kleinen Nebenhäuschen. Mama hat Gottlob Ofen bei sich«, meldet Siegfried lapidar die Tatsache, daß er mitsamt seiner Familie, mit Daniela, Gilbert und der Kinderfrau in sein Junggesellenhaus umgezogen ist, da die Kohlenknappheit es nicht mehr zuläßt, das Haus Wahnfried zu beheizen. War er als Kind mit seinen Eltern im Winter stets in den Süden gereist, so reist er nun, bei der Konzeption seines Opus 14, in Gedanken nach Reggio Calabria.

Adolf Friedrich von Schacks Buch »Die Geschichte der Normannen in Sizilien« ist ihm dabei die wichtigste Quelle. Die Handlung ist historisch belegt, aber durch Sagenhaftes erweitert. Siegfried übernimmt auch zahlreiche Namen der Historie: so war Sigilgaita Robert von Guiscards zweite Frau, Rainulf von Alife der Schwager Rogers II. und deren Feind, und Adelasia war die dritte Frau Rogers. In den ersten Stadien der Dichtung heißt Osmund noch Richard, da diese Figur auf dem historischen Richard Ohnefurcht, dem Herzog der Normandie fußt. Die Grausamkeit der Handlung ist von der Großen Oper Meyerbeers nicht weit entfernt, und tatsächlich läßt sich auch eine Verbindung der Handlung zu »Robert le diable« finden, denn Robert der Teufel zeugte mit Arlelte Wilhelm den Eroberer, dessen Enkel in »Rainulf und Adelasia« eine Rolle spielt.

Erfunden hat Siegfried die Figur des Gilbert, die unzweifelhaft wieder eine Hommage an seinen Lieblingsneffen darstellt. Siegfried betont in seinen »Erinnerungen«, daß die Familie seines Schwagers Biagio Gravina sich rühmte, *»von den Normannen abzustammen, der Name Gravina wird schon im elften Jahrhundert genannt«.* Aus »normannischem Adelsgeschlecht« stammt auch die Titelheldin Adelasia, Gilberts Schwester. Wie Verena im »Kobold« und Helferich in »Sternengebot« wird sie von Koboldstimmen »beirrt und betört« und kämpft wieder einmal für das Prinzip, daß das Individuum sich nicht um das Gerede der Menge kümmern solle. Auf den Verlust ihrer Ehre angesprochen, erwidert sie:

> *»Gott sieht in die Herzen.*
> *Was Kröten und Kreuzottern von mir denken,*
> *das gilt mir gleich!«*

Und an anderer Stelle beklagt sie den Vogelmord in Italien:

> *»Nur eines fehlt mir hier im Wunderland,*
> *dem Kind in der nordischen Heimat traut bekannt:*

Der holden Vöglein Singen
soll hier mir nicht erklingen!
Nicht tönt es aus den Zweigen!
Ein starres, totes Schweigen!
Dies grausame Volk versteht nicht der Tierlein Tönen
von Gier geleitet, ertötet es singendes Sehnen!«

Das scheint den Bogen zu schlagen zu dem blinden Vogel, den Verena im »Kobold« besingt, und tatsächlich zitiert der Komponist das Thema des Vogelliedes. Noch ein drittes dramatisches Motiv verknüpft Opus 14 mit Opus 3 – der Fetisch. Tatsächlich klingt der dem Kloster geraubte Wunderstein bei seinem ersten Auftauchen, als Rainulf sein Wams an der Brust öffnet, genauso wie Verenas Zauberstein. Das Lieblingswerk läßt seinen Komponisten offenbar nicht los. Auch hier, in Opus 14, wieder Siegfrieds Beschäftigung mit sozialen Themen: Osmund macht Beata, die Tochter eines Freigelassenen, gegen den Willen seiner aristokratischen Mutter zur Fürstengattin, und Adelasia erscheint als »ehrbare Dirne«, da sie ihre Ehre nur ruiniert, um der Wahrheit auf den Grund zu gehen, ein Verbrechen aufzudecken.
Der hauptsächliche, autobiographische Anlaß zur Komposition scheint jedoch für Siegfried die Einsicht zu sein, daß Cosima im Prozeß gegen Isolde falsch ausgesagt hat. Osmund, der gute der feindlichen Brüder, sagt einen Satz, der sehr ähnlich in den Danksagungen Siegfrieds nach Isoldes Tod steht:

»Dämonen haben Dich umschwirrt,
des Sehens Kräfte Dir verwirrt,
daß der Wahrheit Bild Dir schwand,
und ihre Feindin Zutritt fand!«

Und Osmund fährt – immer an die tote Mutter gewandt – fort:

»Die Lüge vernichtet Dich! nicht mich!
Ich will es tragen: Schand' und Tod!
Ungerecht haben auch andre gelitten. (...)
Doch Du! Unselige! wie willst Du büßen?«

Führt Siegfried Cosimas sich häufende Anfälle auf psychisches Leiden, auf ihre Schuld zurück? Der Schlußeintrag der Dichtung lautet: *»Bayreuth, Osterdienstag 6. 4. 1920, Mamas Bronchitis vorbei«*, was auch auf eine Verbindung zwischen der gräflichen und der leiblichen Mutter hindeutet.
Rainulf und Adelasia sind kein Liebespaar. Sie sind, so die starke Frau, *»aneinander gekettet, / daß Heil und Wahrheit werd' gerettet«*. Rainulf zieht es zu Adelasia, wie Fridolin zu Iris *»ein Glühen drängt«*, aber körperliche Erfüllung findet er bei Graziella und ihrem *»munteren Chor junger Nachtschwärmer«*. Da er es ist, der die Mutter zur Falschaussage verleitet, liegt es nahe, diese Opernfigur als ein Abbild Chamberlains zu deuten, der Cosimas Meineid

verschuldet hat. Aber Siegfried läßt diesen Rainulf doch mehr und mehr zu einer autobiographischen Figur werden.
In seinen »Erinnerungen« bekennt Siegfried, *»Hellas blieb für mich das verlorene Pardies«*. Und Rainulf jubelt:

> *»Hellas, Dich Land der Lust ich grüß'!*
> *Du bist das verlorene Paradies!*
> *Pfaffenlos Lebens-Bejahen!*
> *Selig trunkenes Wonne-Empfahen!«*

Überhaupt wirkt die Oper über lange Strecken wie ein dramatischer Monolog des Rainulf, dessen Part gut und gern den des Tristan übertrumpft. In ihrer unleugbaren Faszinationskraft ist diese Opernfigur einzig dem Nerone in Monteverdis »Krönung der Poppea« vergleichbar. So liegt es nahe, Rainulfs Monolog als inneren Monolog Siegfried Wagners zu interpretieren. Es ist die Erkenntnis des Bösen, das in diesem Zwillingsmenschen auf einer parallelen Bahn verläuft, es sind Abgründe, die sich in ihm selbst auftun und die er auf dem Weg der künstlerischen Verwirklichung erkennt – so wie Rainulf dies seinerseits auf dem Wege der Hypnose und Tiefenentspannung erreicht.
Die griechische Schlußszene des zweiten Aktes, in der Aphrodite und Dionysos besungen werden, hat aber auch eine Parallele in den byzantinischen Festen der »Sonnenflammen«. Dies mag daher rühren, daß sich Siegfried als Regisseur daranmacht, zusammen mit Franz Stassen sein Opus 8 in Szene zu setzen.
Am 2. Oktober 1920 hat die Oper Premiere in der Dresdener Hofoper, der Stätte von Richard Strauss' großen Operntriumphen, die sich Siegfrieds Schaffen in der Ära Schuch und Seebach verschlossen hatte. Zu dieser Aufführung reisen auch viele Freunde der Bayreuther Festspiele nach Dresden, auch Vertreter der Zentralleitung des Allgemeinen Richard-Wagner-Vereins. In der Hochstimmung von Siegfrieds persönlichem Erfolg als Komponist und Regisseur beschließt man einstimmig die Gründung eines neuen Patronats zur Wiedereröffnung der Bayreuther Festspiele.
Dabei bezeugt gerade die von Siegfried inszenierte »Sonnenflammen«-Aufführung die Nähe zur Großen Oper Meyerbeers und damit eine deutliche Gegenposition zum Musikdrama Richard Wagners, der sich vom Stil der Großen Oper abgekehrt hatte.
Stassen erhebt in seinen Bühnenbildern – »farbenprächtige, prunkvolle Bilder, keine Diener der Szene, sondern ihre Beherrscher, in ihrer aufdringlichen Sehenswürdigkeit auch ein Stück Operntum«, wie Eugen Thari im Dresdener Anzeiger schreibt – die häufig eklatante Diskrepanz von Malerei und Plastik zum Darstellungsmittel. An Siegfrieds Regie begeistert in erster Linie die Chorführung. Mit Richard Tauber ist die Rolle des Fridolin zwar prominent besetzt, aber Kritiken zufolge hat der lyrische Tenor doch mit dieser Partie zu kämpfen.

Dennoch ist Siegfried mit der Produktion sehr zufrieden und bezeichnet sie in einem Brief an Ludwig Karpath als *»eine wundervolle Aufführung und der Erfolg äußerst lebhaft«*. Aber seine Freude hält nicht lange an. Mehrere angesetzte Termine der Oper müssen wegen Erkrankung ausfallen, da kein Ersatz zu beschaffen ist, und schließlich wird die aufwendige Produktion nach nur drei Aufführungen wieder abgesetzt.

»Meine Hoffnungen, die ich auf Dresden gesetzt hatte«, schreibt Siegfried an Franz Stassen, *»sind nun auch wieder zunichte. Man scheint das Werk auch dort wieder versinken zu lassen, der Götterfunke Freude, den ich diesmal zur Flamme anfachen zu dürfen glaubte, ist nun auch wieder erstickt! – Wo soll man da noch Arbeitsfreudigkeit hernehmen! Und man muß doch froh sein, um schaffen zu können. – Gott gebe, daß meine Kinder davor bewahrt bleiben werden, Künstler werden zu wollen! Lieber sollen sie Stadtschreiber werden, als daß sie all die Enttäuschungen durchmachen sollten, die mir zuteil werden! – Das einzige, was einen aufrechterhält, sind Weib und Kindlein und die treue Freundschaft guter Menschen. Sonst würde mich wahrlich nichts mehr an Deutschland fesseln! Doch genug des Gejammers! – Du wirst auch Deinen Teil Ärger haben und klagst doch mir nie vor!«*

Aber der Ärger führt ihn zu der grundsätzlichen Frage, ob er als ehrlicher Künstler überhaupt jenen Erfolg erringen könne, der mehr und mehr auf Sensationen ausgerichtet ist:

»Ja, wer ist bei uns eigentlich wirklich Künstler gewesen: Bach, Beethoven, Mozart, Weber, mein Vater! Ich sage nicht Genie, sondern Künstler, der seine Grenzen genau kannte, der nie ein Instrument zuviel verwendete, der knapp komponierte, durchsichtig instrumentierte, geschmackvoll modulierte, ökonomisch aufbaute und steigerte. Das verstehe ich unter Künstler, und das sind alle diese Herren jetzt nicht. Sie wollen uns über ihre bescheidenen Einfälle hinwegtäuschen durch krasse Effekte, durch Riesenaufwand von Instrumenten etc. Zu Künstlern rechne ich zum Beispiel auch Bizet! Von dem könnten die Herren auch lernen, wollen und können sie schon nicht von Mozart und meinem Vater lernen!«

Doch am 19. November erleben die »Sonnenflammen« bereits ihre nächste Premiere im Nürnberger Opernhaus. Am 2. Dezember wird Siegfried Wagner wieder eine Tochter geboren, die als Schlußpunkt des Kindersegens den Namen jener Opernheldin bekommt, die »als des Stammes letztes Glied« willig für die Schuld ihrer Familie in den Tod geht, Verena. *»Verenchen ist da! Herzig und gesund! Treulichst die beglückten Eltern«*, meldet Siegfried noch am Tag der Geburt seinem Illustrator und neuerdings auch Ausstatter Franz Stassen.

Aber Siegfrieds zweite Tochter sollte – ganz im Gegensatz zu ihrem Vorbild in der Oper – kräftig zur Erweiterung der Wagner-Erben beitragen. Als Gattin des Reiseleiters im NS-Unternehmen »Kraft-durch-Freude«, Bodo Lafferentz, sollte sie fünf Kindern das Leben schenken, darunter einem Dirigenten, der

sich als Interpret für die Kompositionen seines Großvaters Siegfried besonders interessieren sollte, Wieland Lafferentz.
Trotz Inflation, trotz Kohle-, Strom- und Lebensmittelknappheit wird Weihnachten im üblichen Rahmen begangen. Um den notwendigen Lebensunterhalt zu verdienen, begibt sich Siegfried im Januar 1921 als Konzertdirigent über Berlin nach Stockholm, Bergen und Kopenhagen. Winifred sendet ihm eine Wurst nach Berlin, bittet ihn aber, den Rest davon wieder mitzubringen, falls ihn sein Gewissen nicht zwinge, ihn Stassen zu schenken, »denn wir sind selber sehr knapp dran«. Am 19. März dirigiert Siegfried in der Berliner Philharmonie ein Konzert mit dem Philharmonischen Orchester und Walter Kirchhoff als Solisten. Neben Wittichs Sonnengesang aus »Banadietrich« stehen die Vorspiele zu »An allem ist Hütchen schuld«, »Sonnenflammen«, »Der Friedensengel« und »Der Schmied von Marienburg« auf dem Programm. Im April 1921 setzt sich die Reihe der »Sonnenflammen«-Premieren mit einer Produktion in Coburg fort, die der Zar Ferdinand von Bulgarien durch »reiche Zuwendung von Geldmitteln für eine schöne Inszenierung« ermöglicht.
Als symphonisches Rahmenprogramm zu dieser Premiere leitet Siegfried am 4. April im Coburger Landestheater ein Konzert mit Beethovens Achter, dem Siegfried-Idyll und den Vorspielen zu »Schwarzschwanenreich«, »Der Friedensengel« und »Der Schmied von Marienburg«; der Coburger Bariton Heinrich Rehkemper interpretiert »Reinharts junge Liebe« und den »Pfannekuchen«, und Otto Kusbach bläst das Konzertstück für Flöte. Am nächsten Abend wird dieses Konzert in Bayreuth wiederholt. Dann bricht Siegfried auf, um endlich wieder einmal ins geliebte Italien zu reisen: Turin hat ihn zur Leitung von zwei Konzerten aufgefordert. Die Rückreise macht Siegfried wieder zu einer Kulturfahrt, besucht Florenz, Rom, Neapel, Ravenna und Paestum, das er als den Höhepunkt seiner Reise ansieht. Aus Florenz schreibt er an Stassen: *»Gruß aus Florenz, liebste Seele. In Turin war es famos. Die Piemontesen sind die Wirbelsäule der Italiener. Hier wird geschwelgt in Kunst und Chianti. Wir Deutschen werden sehr gut behandelt, leider hält man mich oft für einen Engländer und ruft mir nach: Maledetto Inglese! Morgen zehn Tage Rom, dann Neapel. So ist das Dirigieren doch zu etwas gut, man kann nach Italien fahren.«*
Einen Tag nach Siegfrieds zweiundfünfzigstem Geburtstag veranstaltet die Gesellschaft der Musikfreunde Bayreuth ein Konzert im Markgräflichen Opernhaus mit Kompositionen von Richard Wagner, Hans Pfitzner und Siegfried Wagner. Bei dieser Gelegenheit kommt »Die Nacht am Narosz« zur Uraufführung, allerdings nicht mit einem Tenor, sondern in einer transponierten Fassung mit dem Münchner Bariton Josef Heller. Weiter erklingen die Ouvertüre zu »Bruder Lustig« und – ein seltsames Kontrastprogramm – der »Fahnenschwur« und der Friedensgesang der Mita aus dem zweiten Akt »Friedensengel«.

Am 19. Juni beendet Siegfried die Partitur des Vorspiels zu »Rainulf und Adelasia«, das symphonisch die Handlung der Oper vorzeichnet.
Siegfried selbst formuliert den dichterischen Gehalt:

»1. *Jede Schuld rächt sich.*
2. *Adelasias Liebesresignation – Bewußtsein ihrer Bestimmung.*
3. *Rainulf – die Stimme des Gewissens will sich regen (als Klage der nicht zur Ruhe kommenden toten Mutter). Im kecken Übermut heißt er sie verstummen, verhöhnt die mahnenden Erinnyen, fühlt sich im Bewußtsein seiner Macht, kräftig zu trotzen.*
4. *Doch Adelasia läßt nicht ab. Immer stärker weiß sie das Gewissen in ihm zu wecken, bis er bekennt.*
5. *Ihre Opfertat hat gesiegt.*«

Den Sieg der Opfertat Adelasias, der dem doch mehr resignativen bis trostlosen Schluß der Oper entspricht,

> *»Die Hoffnung schwand!*
> *Es bleibt uns: Glaube und Liebe!«,*

zeichnet Siegfried mit jenem Thema, das in der Friedenshymne die Friedensbotschaft symbolisiert und das auch für den Frieden selbst steht.
Als Erfolg der Bestrebungen des Vorjahres kommt es am 21. Juni 1921 in Bayreuth zur Gründung der »Deutschen Festspielstiftung«, die dazu aufruft, Patronatsscheine für eine Wiedereröffnung der Bayreuther Festspiele zu unterzeichnen. Für seinen eigenen Lebensunterhalt und den seiner Familie begibt sich Siegfried im Herbst wieder auf eine ausgedehnte Konzertreise in den Norden.
»Ich dirigiere drauf los wie ein Wilder, um Geld zu verdienen, denn unser Haushalt (sieben Leute Dienerschaft!!!) ist geradezu ein Ruin, und dazu lauter beschissene Staatspapiere!!«
Aber mit unverhohlener Resignation spricht er auch darüber, daß er viel weniger verdient als andere berühmte Dirigenten. So berichtet er über den Ertrag eines Konzertes in Braunschweig: *»Ich selbst bekam ein sehr bescheidenes Honorar, womit ich meine Reisekosten decken konnte (2000 Mark, Strauss verlangt 12000, Furtwängler 10000 Mark!).«*
Die Deutsche Festspielstiftung kann zunächst nur wenig Erfolg verbuchen. In einem Brief an Ludwig Karpath nimmt Siegfried Anfang Dezember dazu Stellung:
»Leicht wird es nicht sein, ich fürchte sogar, daß es unter den jetzigen Verhältnissen in Deutschland selbst ganz unmöglich ist, denn wir brauchen eine Summe von mindestens 6 bis 10 Millionen. Die Freunde Bayreuths gehören aber fast ausschließlich den Kreisen an, die unter dem Krieg finanziell am schwersten gelitten haben. Wir glauben aber bestimmt annehmen zu können, daß die ausländischen Freunde und speziell die Amerikaner, die früher hier so zahlreich vertreten waren und die Bedeutung der Festpiele für

die gesamte Kulturwelt erfaßt haben, uns gern helfen werden. Wie aber unsere Notlage den ›Bayreuthern‹ jenseits des Ozeans mitteilen? (...) Ich dachte schon daran, ob es nicht sehr förderlich sein würde, wenn ich bei Gelegenheit einer Konzert-Tournee, welche vor dem Kriege wiederholt schon geplant war und sich vielleicht jetzt verwirklichen ließe, persönlich mit in Frage kommenden Stellen in Verbindung treten könnte.«

Tatsächlich bereitet Siegfried eine Amerika-Tournee zielstrebig vor, bis zu ihrer Realisierung sollte allerdings noch viel Wasser den Bayreuther roten Main hinunterfließen...

Einen Tag vor Weihnachten beendet Siegfried kommentarlos den zweiten Akt seines Opus 14; den ersten Akt hatte er genau vier Monate zuvor in Partitur abgeschlossen.

Im Januar 1922 reist Siegfried nach Basel, um auf Einladung des Schweizer Wagnerianers Adolf Zinßtag erstmals in seinem Heimatland auf dem Dirigentenpodium zu stehen. Franz Liszts Klavierkonzert in Es-Dur steht auf dem Programm, neben dem Siegfried-Idyll, dem »Meistersinger«-Vorspiel und der Ouvertüre zum »Fliegenden Holländer«. Erstmals erklingen in der Schweiz das Vorspiel und der Gesang der Iris aus »Sonnenflammen«, das Vorspiel zu »Schwarzschwanenreich« und das Zwischenspiel »Glaube«. Dirigierend mag Siegfried zu Bewußtsein kommen, daß die von ihm in »Sonnenflammen« gezeichnete Vision der Heimat eigentlich mehr Tribschen meint als Franken.

Im Februar reist er wieder zu Konzerten nach Kopenhagen und in den beiden folgenden Monaten ins norwegische Bergen, in mehrere norddeutsche Kleinstädte sowie nach München, Wien, Brünn, Aussig und Berlin.

»Daß ich zehn Monate des Jahres mich mit Konzerten abrackern muß«, schreibt er nach der Rückkehr an Stassen, *»in den beschissensten Städten herumdirigieren, um Geld zu verdienen, mit dem das jährlich größer werdende Defizit am Ende des Jahres ausgeglichen werden muß, ein Defizit, hervorgerufen durch Vermögensabgabe, Steuern, Hausstand usw., ist eine Zumutung, über die man sich nicht ärgern kann, sondern über die man nur lachen muß.(...) Ich schreibe eben ›Erinnerungen‹, ein amerikanischer Verlag hat mich aufgefordert. Ich glaube, es wird ganz unterhaltend. An Humor soll's jedenfalls nicht fehlen. In Norwegen habe ich zwei neue Texte skizziert. Man ist also immer noch gezückt!! An den Druck von Rainulf kann ich leider gar nicht denken; hoffentlich kann ich es, wenn Amerika zustande kommt. Ich lasse nur Vorspiel und Gesangsnummer (Adelasia) drucken (oder darf ich das vielleicht auch nicht?) (boshafte Bemerkung der Redaktion!!).*
Ade, meine liebe Seele!« –

So »beschissen« die Städte, ihre ungenügenden Konzertsäle und Orchester auch sein mögen, Siegfried nimmt jedes Konzert doch künstlerisch sehr genau, verkehrt mit den Musikern im gleichen, freundlichen Ton, ob es sich nun um die Berliner Philharmoniker oder um das Städtische Orchester Halberstadt handelt. Und insbesondere geht es ihm darum, den Musikern das

Verständnis und eine durchdachte Interpretation der Werke seines Vaters und Großvaters zu vermitteln – *»meine Werke laufen dann schon von selbst«*.
So ist überliefert, daß er Liszts Mephisto-Walzer tatsächlich oft so lange probierte, bis für seine Kompositionen nur noch Zeit zum Durchspielen übrig blieb.
Eine beinahe fatale Bescheidenheit tritt hier zutage, denn wie wichtig wäre es gewesen, gerade die eigenen, ungemein anspruchsvollen Kompositionen, die selbst heute noch für Staatstheater-Orchester eine Schwierigkeit darstellen, stärker zu berücksichtigen. Sie benötigen intensivere Probenarbeit als andere Werke des zwanzigsten Jahrhunderts, die als schwierig gelten, gerade weil die Schwierigkeiten der Partitur nicht so klar auf der Hand liegen.
Franz Stassen ist nicht nur der Freund, dem Siegfried immer wieder brieflich sein Herz ausschüttet, Stassen erhält auch delikate Aufträge von ihm. Bereits im Herbst 1919 hat Stassen in Berlin für Siegfried als Zwischenhändler fungiert, um Zeichnungen Otto Greiners von Cosima und Siegfried zu verkaufen, was Siegfried folgendermaßen begründete: *»Man denkt jetzt wirklich daran, ein bißchen Geld herauszuzwacken wo man kann. Mit meinen Opern verdiene ich mir ja sowieso nichts. Davon wird im günstigsten Falle Huschele nach meinem Tode etwas haben.«* Und nun soll Stassen zwei schwere, goldene Medaillen und eine Diamantbrosche Winifreds verkaufen, damit Siegfried die Druckkosten für den »Schmied von Marienburg« aufbringen kann.
Michael Karbaum vermutet, daß das Geld für etwas anderes nötig war, nämlich um wieder einmal Erpresser zu befriedigen. Aber vielleicht ist die Geldausgabe deckungsgleich, wenn man bedenkt, daß der Bayreuther Verleger auch der ungebetene Chronist von Siegfrieds Chronique scandaleuse ist...
Allerdings erscheint »Der Schmied von Marienburg« denn doch nicht bei Carl Giessel in Bayreuth, sondern wieder – wie die ersten acht Opern – bei Max Brockhaus in Leipzig, von dem 1930 auch die im Verlag Giessel erschienenen Werke offiziell übernommen werden. Tatsächlich vermag Siegfried aber das Geld zum Druck seiner letzten fünf Werke nicht mehr aufzubringen, so daß »Der Schmied von Marienburg« die letzte seiner Opern ist, die zu seinen Lebzeiten vollständig, das heißt in Partitur, Klavierauszug, Orchester- und Chormaterial sowie Textbuch erscheint. Von »Rainulf und Adelasia« wird nur das Vorspiel, nicht jedoch der von Siegfried zur Herausgabe projektierte Gesang der Adelasia am Schluß des ersten Aktes – die stark autobiographische Komposition – verlegt.
In seltsamem Gegensatz zu seiner eigenen finanziellen Notlage steht Siegfrieds Freigebigkeit. Als im April Rosa Eidams Bruder stirbt, unterstützt er sie mit der Summe von eintausend Mark, mit der wenig glaubhaften Be-

gründung: *»Ein Bekannter in Aussig stellte mir eine Summe zur Verfügung zur Verteilung an solche, welche dessen bedürfen. Sie nehmen es mir doch nicht übel, wenn ich Ihnen 1000 Mark davon sende, möge es Ihnen eine kleine Erleichterung in diesen teuren, schauderhaften Zeiten sein.«*
Im Sommer 1922 steht in Siegfrieds Bekanntenkreis wieder einmal eine Hochzeit an. *»Ein Hochzeitslied für unseren Erich und seine liebe ›Dusi‹*

Wort und Ton
vom Musen-Sohn
Siegfried Wagner«

ist die heitere Komposition in As-Dur für Singstimme und Klavierbegleitung überschrieben, die Siegfried im Juni 1922 abfaßt:

»Kommt, gute Geister, segnend all' herbei,
daß an Eurem Schutze unser Paar sich treu'!
Frohen Mut und heitren Sinn
spendet wahren Glück's Gewinn!
Wo Ihr Seelen findet, die sich treu verstehn,
willig naht ihr da, wollt nimmer von dort gehn!
Doch dringt einmal das Hütchen ein
zum Erich und zum Dusilein,
um Zwist und Zank zu wecken,
die guten Geister frech zu schrecken,
dann packt ihn bei dem Schopfe munter,
haut ihm fest' paar runter!
Ein bißchen Zank zwar, das tut ganz gut!
Das spornt nur mehr den Liebesmut.
Doch wird das Hütchen zu dreist,
das Eh'paar raus ihn schmeißt!
Hinaus zum Haus, hinaus mit List,
Hinaus, hinaus, hinaus mit Zwist
hinaus mit allem Teufelsspuk,
hinaus! Hinaus! Hinaus!
Bleibt, gute Geister, laßt euch nicht verscheuchen!
Nichts soll Euch zwingen, von dem Paar zu weichen:
Ich weiß es, daß ihr mein Bitten erhört,
denn Eures Segens sind sie wert!«

Diese Komposition im Zweiviertel-Takt steht qualitativ weit über den anderen Gelegenheitskompositionen, so daß man sich fragen muß, was der Grund für eine derart inspirierte Musik ist, in der Wittichs Sonnengesang anklingt und Luises Vertrauen auf Schutzengel mit dem Treiben Hütchens kontrastiert wird. Offenbar fühlt sich der Komponist diesem Erich in der Situation sehr verbunden, womöglich gibt es auch in jener Familie ein »Hütchen« à la Siegfrieds

Walter, von dem die junge Frau Dusi nichts wissen soll? Da die Namen Erich und Dusi in anderem Zusammenhang nie auftauchen und etwa auch auf den Kartengrüßen des »Seelenkongresses« nicht zu finden sind, bleibt hier manches im dunkeln. Möglicherweise handelt es sich bei Erich um Siegfrieds Spielkameraden aus Kindertagen, Erich Braun. Klar ist nur Siegfrieds – im sprichwörtlichen verflixten siebenten Ehejahr gewachsene – Erkenntnis, daß die Liebe nach einer Streitigkeit oft besonders schön ist...

Am 2. August 1922 beendet Siegfried die Partitur seines Opus 14 und setzt eine Schlußbemerkung darunter, die vielleicht den musikalisch doch nicht so hoffnungslos pessimistischen Schluß dieser Oper erklärt: *»Deutschland immer mehr bergab! Sollte das Wort: ›Die Hoffnung schwand!‹ ihm gelten? Hoffen wir es nicht!«*

Opus 15: Die heilige Linde

Nur ein Monat vergeht, bis Siegfried bereits unter das Vorspiel seines nächsten Opus das Schlußdatum setzt: am 4. September 1922 vollendet er in Bayreuth das symphonische Vorspiel zu einer Oper, deren Dichtung erst zwei Jahre später und deren Partitur sogar erst fünf Jahre später vollendet werden sollte, die in seinem Kopf jedoch bis in Einzelheiten konzipiert ist, »Die heilige Linde«.

Daß ein Vorspiel fünf Jahre vor Fertigstellung der Opernpartitur vorliegt und als solches bereits drei Jahre vor Vollendung des gesamten Werkes in Konzerten besonders häufig zur Aufführung kommt, ist in der Musikgeschichte einzigartig. Paul Pretzsch sagt bereits im Jahre 1929, daß es »nicht an gewichtigen Stimmen fehlt, die dieses Vorspiel für das schönste der Vorspiele Siegfried Wagners erklären«. Und so ist es bis heute geblieben. Davon zeugen auch die vergleichsweise zahlreichen Interpretationen, die es davon auf Schallplatte und im Rundfunk gibt.

Auch diese Oper ist mit Siegfried Wagners Lieblingswerk, dem »Kobold«, verknüpft. Nicht nur, daß Fritigern, dessen Name wieder einmal auf Fidi hinweist und folglich jene Figur ist, mit der sich der Dichterkomponist am weitgehendsten identifiziert, Koboldstimmen hört. In den Zweigen der heiligen Linde zwitschern die Vögel, deren Gesang Adelasia im Opus 14 so vermißt hatte, und auch der alte Ekhart tritt noch einmal in Erscheinung. Anders als noch im »Kobold« hört jetzt niemand mehr auf den Künder natürlichen Empfindens, er wird bereits im ersten Akt ermordet. Er erscheint dem König Arbogast im zweiten Akt allerdings so, wie er dem Grafen im zweiten Akt des »Kobold« erschienen war. Und auch der Bach-Choral klingt noch einmal an, wenn Fritigern Hildegard von dem neuen Christengott berichtet.

Bereits in »Sonnenflammen« war der Begriff »Heimat« für Siegfried nur als eine nostalgische Vision faßbar. Fridolin, dem Entwurzelten, vermag erst die Ferne und völlige Aussichtslosigkeit, je die vertraute, heimatliche Gegend wiederzusehen, den Begriff emotional zu füllen. Nun wird die Heimat konkreter, wenn der germanische König Arbogast einen Pakt mit Rom schließt, der manchmal wie eine Antizipation von Führer und Duce anmutet. Aber auch hier gelingt dem Komponisten die Charakterisierung des lasziven Rom mit impressionistischen Klängen besser als die mit volksliedhafter Diatonik gezeichnete germanische Heimat. Für das leicht sangliche Hauptthema scheint dasselbe Volkslied Pate gestanden zu haben, aus dem Humperdinck sein Lied vom kleinen Sandmann gefertigt hat. Der Vergleich der Verarbeitung durch Lehrer und Schüler – über ein Vierteljahrhundert getrennt – zeigt allerdings einen enormen Qualitätsgewinn auf seiten Siegfrieds.

Aber auch innerhalb der eigenen kompositorischen Entwicklung Siegfried Wagners bedeutet diese Partitur einen Meilenstein, gerade wenn – innerhalb eines Systems einer bei gleichen Gedanken im Grundduktus gleichklingenden Tonsprache – Vergleiche angebracht erscheinen. Denn die Tänze, die Entfremdung des Herrscherpaars scheinen aus den »Sonnenflammen«, von Byzanz nach Rom übernommen, mitsamt dem Hofnarren Gomella, der zum Günstling des römischen Kaisers wird: eine noch mehr verfeinerte, dabei aber hochgradig raffinierte Orchestrierung, noch deutlicher hörbar etwa beim Vergleich der thematisch verwandten Turnierszenen von »Sternengebot« und dem Rom-Akt der »Heiligen Linde«.

Die Figur des Antenor scheint von Reinhart, jenem anderen Jugendgeliebten, abgeleitet zu sein, und gäbe es eine Konzertfassung dieses Gesanges, so wäre die Bezeichnung »Von Antenors junger Liebe« durchaus zutreffend. Aber nicht nur Clement Harris scheint in dieser Figur noch einmal auf; die Tatsache, daß Antenor auch Flötenspieler ist, weist auf eine gedankliche Symbiose Clements mit Siegfrieds Lieblingsneffen Gilbert hin.

Die Anregung, sich mit diesem Thema zu beschäftigen, geht vermutlich noch auf Siegfrieds Beschäftigung mit der Geschichte der Ordensritter zurück, die ihren künstlerischen Niederschlag dann in den Opern »Sonnenflammen« und »Der Schmied von Marienburg« fand. Im Zusammenhang mit der Entfremdung des Ordens von Sion und der Tempelritter im Jahre 1188, wurde eine Ulme gefällt, die auf dem Feld neben der Burg von Jerusalem stand. Dieses Feld wurde bereits in vorchristlicher Zeit für heilig gehalten. Bei einem Treffen zwischen Heinrich II. von England und Philipp II. von Frankreich geriet die 800 Jahre alte Ulme in der Mitte des Feldes zum Mittelpunkt einer blutigen Auseinandersetzung. Schließlich fällten die Franzosen den Baum, dessen Stamm so dick war, daß ihn neun Männer kaum umfassen konnten. Der eigentliche Hintergrund dieser Unternehmung ist von den Historikern bis heute nicht ergründet worden, doch Siegfried scheint einen entscheidenden Grund erfaßt zu haben. Wie in der Historie der Grund, daß der Baum am ersten Tag der Verhandlung nur den Engländern Schatten gespendet habe und die Franzosen in der prallen Sonne stehen mußten, als Vorwand erscheint, so läßt Siegfried Arbogast das Fällen der Linde vordergründig damit begründen, der Stamm stehe ihm im Wege und versperre ihm die Aussicht.

Offenbar stützt sich Siegfried noch auf eine andere Quelle, die zur Entstehungszeit des Opus 15 noch nicht veröffentlicht, aber der Geheimwissenschaft bekannt ist. Es ist »Der alten Linde Sang von der kommenden Zeit«, eine Prophezeiung, die im hohlen Stamm einer uralten Linde gefunden wurde, die an einem Hohlweg zum Friedhof der fränkischen Stadt Staffelstein steht.

Eine Abschrift dieser Prophezeiung aus dem 19. Jahrhundert wurde in den Zwanzigerjahren unseres Jahrhunderts wiederentdeckt. Es heißt unter anderem:

»Fremden Völkern front dein Sohn als Knecht,
Tut und läßt, was ihren Sklaven recht,
Grausam hat zerissen Feindeshand
Eines Blutes, einer Sprache Band. (...)

Rom zerhaut wie Vieh die Priesterschar,
Schonet nicht den Greis im Silberhaar,
Über Leichen muß der Höchste fliehn
Und verfolgt von Ort zu Orte ziehn.

Gottverlassen scheint er, ist es nicht
Felsenfest im Glauben, treu der Pflicht,
Leistet auch in Not er nicht Verzicht,
Bringt den Gottesstreit vors nah' Gericht. (...)«

Eine Anzahl der in dem Lied von der alten Linde prophezeiten Entwicklungen ist bereits eingetroffen und Vergangenheit, ein großer Teil zielt aber auf eine uns unbekannte zukünftige Entwicklung hin. In diesem Sinne mag auch Siegfried Wagners »Heilige Linde« als ein »Kunstwerk der Zukunft« zu verstehen sein, das zwar allem Anschein nach im dritten Jahrhundert n. Chr. spielt, aber in seiner Entwicklung nicht nur in die Zeit der Entstehung dieser Oper, sondern noch weiter in die Zukunft reicht. In diesem Zusammenhang ist beachtlich, daß Siegfried auch hier nicht von einem Sieg des Christentums über das Heidentum ausgeht, sondern von einer Durchdringung der Religionen.

Intermezzo Sinfonico I: Und wenn die Welt voll Teufel wär, Glück, Hans im Glück

Um wieder Konzertverpflichtungen zu erfüllen, die er bei seiner letztjährigen Tournee zugesagt hat, reist Siegfried Ende September 1922 erneut nach Schweden. Am 3. Oktober leitet er im Lyriska Theater in Göteborg den »Fliegenden Holländer«. Heimgekehrt, instrumentiert er ein Scherzo, das den Titel trägt: »Und wenn die Welt voll Teufel wär«, also ein Luther-Wort.
Aber wie er den oberflächlichen Betrachter beim »Bruder Lustig« irreführt, so auch hier. *»Nicht an das alte Lutherwort sollen wir erinnert werden, der mit eiserner Faust mit den Teufeln der Hinterlist und Tücke abrechnete«*, heißt es in einer von Siegfried autorisierten, wenn nicht gar von ihm selbst verfaßten Werk-Einführung, *»in diesem Scherzo haben wir es, wie schon sein Name sagt, mit all den kleinen, bösen Spukgesellen zu tun, die in der Dämmerung herumkribbeln und krabbeln und zwar nicht als einzelne, aber in ihrer Gesamtheit lästig werden. All die kleinen Alltagsnöte und Sorgen umschwirren den Menschen, der seinen Weg geradeausgeht. Zur linken und rechten schnakkert's und gackert's, höhnisch, listig, hier verstohlen, dort mit kecker Offenheit. Der unbekümmerte Mensch aber geht heitern Mutes seinen Weg, und wenn es ihm zu bunt wird, dann schlägt er schließlich einmal mit der Faust dazwischen, und vor seinem festen Willen müssen die kläglichen Stimmen allmählich verstummen.«*
Also umschwirren die ruhelosen Kobolde den Komponisten noch immer, auch wenn sich der Bedeutungsgehalt von den gemordeten Kindern und Stimmen des Gewissens nun mehr nach außen verlagert hat, zu den Alltagssorgen, die den Komponisten zu lästigen Dirigaten zwingen und von seiner eigentlichen Arbeit abhalten, alle lästigen Freunde und Feinde – wohl auch Erpresser und bösartige Kritiker –, die dieses symphonische Ich mit einem Faustschlag zum Schweigen bringen will.
Dieses Scherzo in D-Dur teilt die Störfaktoren den Holzbläsern zu, die Streicher stehen für die Psyche des geplagten Menschen und die Blechbläser für seinen Willen. Natürlich dringen die Kobolde auch in die Psyche ein und führen dort ihr Eigenleben, lassen sich andererseits aber auch vom Willen des Menschen beeinflussen und schwingen dann in dessen Linie mit. Der Mittelteil des Scherzos, in F-Dur, schildert den Menschen als eine in sich ausgewogene Persönlichkeit, um die herum es aber dann doch zum Streit der Geister kommt, die sich in einem Fugato bekriegen. In der Durchführung werden beide Gedanken zusammen ausgeführt, und das Verstummen der Kobolde erfolgt letztlich nicht durch ein Besiegen, sondern durch eine Integration, was wohl soviel bedeutet, wie »mit sich selbst im reinen sein«.

In Worte gefaßt und auf den Komponisten selbst bezogen ist die Aussage des Scherzos etwa die: »*Es gibt Menschen, die gern aus mir eine tragische Figur machen möchten. Mit mitleidigem Lächeln sehen sie mich an, und was sie denken, dürfte vielleicht folgendermaßen lauten: ›Du armer Mensch, wie muß dich die Last des Ruhmes deines gewaltigen Vaters niederdrücken! Wie bemitleiden wir dich. Und daß du die Verwegenheit besitzest, selbst noch als Opernkomponist aufzutreten und so naiv bist, zu glauben, daß du damit durchdringst! Armer, mitleiderregender Mensch!‹ Ich antworte darauf: ›Sehe ich wirklich so niedergedrückt und zerquetscht aus, lieber Leser? Es täte mir sehr leid, wenn ich solchen Eindruck erweckte, denn ich fühle mich sehr wohl und gesund. Allerdings gebe ich gern zu, daß es mir nicht gerade leicht gemacht wird.‹ Es bedarf schon der Geduld, bis man wenigstens eine kleine Anzahl der Vorurteile beseitigt hat, die gegen den Sohn eines großen Mannes feststehen. Ich weiß nicht, wie sich das in andern Ländern verhält; in Deutschland besteht jedenfalls ein Dogma, daß solch ein Sohn mindestens ein halber Esel, wenn nicht gar ein kompletter Idiot sein muß. Kommt nun einer, auf den dieses Dogma nicht ganz paßt, entsteht Verwirrung. Gottlob habe ich mir im Laufe der Jahre die Anerkennung und das Vertrauen all derer erworben, auf die es einem ernsten Künstler ankommt, der nicht der Mode des Tages huldigt, sondern treu seiner inneren Stimme folgt. (...) So rufe ich denn jenen mitleidig Lächelnden beruhigend zu: ›Ich fühle mich durchaus nicht als tragische Gestalt, ich freue mich täglich, daß ich das Glück habe, einen solchen Vater zu haben, ich freue mich, eine solche Mutter, einen solchen Großvater mein nennen zu dürfen. Ich freue mich meiner Schwestern, die ihrem Bruder nur Liebe und Güte entgegenbringen; ich freue mich meiner schönen, heiteren, klugen Gattin, ich freue mich über die vier Kinderchen, ich freue mich, daß ich zur Heimat eine solche hübsche, gemütliche Stadt wie Bayreuth habe, deren Bürgerschaft bei allen Gelegenheiten mir Zeichen ihrer ehrlichen Sympathie gibt, ich bin stolz auf das Vertrauen, das mir das Festspielpublikum und unsre Künstler entgegenbringen – und freue mich – last not least – daß ich nicht ganz talentlos bin und von meinen Eltern ein reichliches Quantum Humor mitbekommen habe. Lieber Leser, findest du, daß jemand, der sich über so vieles zu freuen hat, eine bemitleidenswerte tragische Gestalt ist? – Ich finde es nicht.‹*«

Dies ist der brillant und witzig formulierte Schluß von Siegfrieds »Erinnerungen«, die er – im Auftrag eines amerikanischen Verlages – wohl nicht zufällig zur selben Zeit niederschreibt wie sein Scherzo. Nur: leider ist die Aussage nicht ganz ehrlich, oder anders formuliert: sie ist durchaus zutreffend – aber nur für eine Hälfte von Siegfrieds Zwillingsnatur.

Sieht man von der offiziellen dichterischen Aussage des Scherzos, der programmatischen Einführung, wie von der inoffiziellen, der Gleichsetzung mit dem Ende der »Erinnerungen«, ab, so entfernt sich Siegfried mit der

Komposition eines Scherzos, als einer kleinen symphonischen Form für den Konzertsaal, langsam von dem dogmatischen Anspruch der in den Kreisen orthodoxer Wagnerianer hochgehaltenen Neudeutschen Schule hin zu den einstmals – während der Frankfurter Studienzeit – so heftig verpönten Komponisten Schumann und Brahms.
Der Schlußeintrag in der Partitur, »*Bayreuth ausgerechnet am 9. November (!) beendet*«, gibt dem Werk allerdings zusätzlich einen politischen Hintergrund. Auf den Tag genau war vier Jahre zuvor die Deutsche Republik proklamiert worden, war Prinz Max von Baden zurückgetreten und hatte den Sozialdemokraten Friedrich Ebert zu seinem Nachfolger erklärt.
Obgleich Siegfried in seinen Werken einer sozialistischen Utopie anhängt, obgleich er sich oft in durchaus massiver Weise gegen die Fürsten ausgesprochen hat, ist er doch ein Kind der Monarchie und bleibt im Herzen Monarchist. So hatte er auf eine Anfrage des Berliner Tagblattes im Januar 1907 geantwortet:
»*Was ich unserm Kaiser wünsche? Das, was ich als das Wünschenswerteste erachte: Frohmut und Gesundheit und auch ferner, da es im Märchen immer drei der Wünsche sind: ein Wahlergebnis, wie es uns Deutschen frommt und nützt.*«
Dieselbe Haltung wird auch in Siegfrieds »Erinnerungen« deutlich, die er in diesem Jahr niederschreibt. Er dankt dem Zar Ferdinand von Bulgarien für seine der Stadt Bayreuth, den Festspielen und Karl Kittels Konzerten der »Gesellschaft der Musikfreunde« durch großzügige Spenden erwiesene Sympathie und führt an: »*In Bayreuth ist er eine populäre Gestalt, und trotz Republikanismus jubelt ihm das Volk bei seiner Ankunft und Abfahrt genau so zu wie früher.*« Dabei betont er aber die spezielle Zusammensetzung und Eigenart des Publikums der Bayreuther Festspiele: »*Welchem Besucher wäre nicht die ganz besondere Eigenart unseres Publikums aufgefallen? Eine schönere Aufhebung aller Standesunterschiede kann man sich nicht vorstellen, wie sie sich hier unter dem Banne des Herz und Geist beglückenden Genius vollzog. Die Fürstlichkeiten, die fast jedes Jahr treuanhänglich herkamen, fühlten sich froh, der lästigen, einengenden Etikette frei, Menschen sein zu können, die zu Menschen sprechen durften.*«

In diesem Jahr wird Weihnachten wieder in Haus Wahnfried gefeiert. Die Familie Siegfrieds ist rückübersiedelt, da offenbar trotz der Inflation wieder genügend Brennstoff vorhanden ist, um die großen Räume von Richard Wagners Villa zu beheizen.
Ein großes Geschenkpaket, das von Siegfrieds neuen Freunden, der Familie Hildisch, aus dem norwegischen Bergen eintrifft, inspiriert Siegfried zu einer ausgelassenen Dankes-Komposition: »*Eine Hildisch-Hymne, inspiriert durch die soeben eingetroffenen Weihnachtsprodukte und in Musik gesetzt von Siegfried Wagner, Bayreuth, 26. 12. 1922.*«

Das dreiunddreißigtaktige Allegretto in B-Dur für Gesang und Klavier hat folgenden Wortlaut:

»Wundergaben buntes Gemisch
liegen auf dem Weihnachtstisch:
Fett in Fülle
birgt die Hülle,
Wurstgebammel,
geräucherter Hammel!
Cacao! Chokolade!
Liegen in der Lade!
Und im anderen Eck
entdecken wir auch noch Speck!
›Tischlein, deck Dich!‹ Ach! wie himmlisch!
Alles von unsern Freunden Hildisch!
›Tusent Tak!‹ Allerwegen!
Dreifach hoch lebe Norwegen!«

Interessanterweise ist das »Tischlein, deck Dich« anders vertont als in der Märchenoper »An allem ist Hütchen schuld«; das Zitat scheint dem Komponisten hier nicht angebracht zu sein, da der Gabentisch ja bereits gedeckt ist und der Ausspruch keine Aufforderung darstellt.
Lange halten die Vorräte jedoch nicht vor, und die Lebensmittelversorgung in Deutschland ist noch immer nicht normalisiert, so daß sich Siegfried Anfang des neuen Jahres 1923 seiner alten Freundin Tonia in der Nähe von London erinnert:
»Meine liebe Frau Speyer,
wenn ich Ihnen die schriftliche Versicherung gäbe, daß ich mir die redlichste Mühe geben werde, Ihren Gott Brahms für das höchste Brahma zu halten, daß ich ferner mich anstrengen will, Schumanns Faust für eine der höchsten Inspirationen zu halten, schicken Sie mir dann bißchen Tee?
Der hiesige ist schlecht und blödsinnig teuer. Wenn Sie auch noch etwas Kaffee beilegen wollen, nehme ich das mit größtem Wohlwollen entgegen – in Erinnerung an die vielen gemütlichen Abende in der Hochstraße. Wir sind ja jetzt Bettler geworden und finden uns mit Humor und Grandezza in diese neue Rolle. Sagen Sie es nur unseren englischen ›Freunden‹, die sollen uns nur feste Sachen schicken.
Viele Grüße dem Gatten und der Familie!
In alter Freundschaft Ihr ergebener Siegfried Wagner«
Familie Speyer läßt sich nicht lumpen und schickt Familie Wagner nicht nur das Gewünschte, sondern auch Corned beef und Bisquits.
Trotz der Inflation wird Siegfried von vielen Seiten gedrängt, die Festspiele wiederzueröffnen. Siegfried wehrt sich heftig dagegen: vor dem nächsten Sommer sei an Festpiele nicht zu denken und auch nur dann, wenn seine

Amerika-Tournee zu realisieren sei. Im Februar leitet Siegfried ein Konzert in Essen. Am 10. März bringt er in Rostock aus seinem Opus 14 das Vorspiel zur Uraufführung. Auch bei seinem anschließenden Konzert in Wiesbaden erklingt das Vorspiel zu »Rainulf und Adelasia«, aber auch das Vorspiel zu »An allem ist Hütchen schuld« und das Konzertstück für Flöte.

Im Stuttgarter Verlag J. Engelhorns Nachfolger erscheint die deutsche Ausgabe der »Erinnerungen«, die Siegfried künftig auch für Lesungen dienen, die er im Dienst der »Bayreuther Sache« durchführt, was jetzt für ihn die Beschaffung der nötigen Gelder zur Wiedereröffnung der Bayreuther Festspiele bedeutet. Seine Vorlesungen leitet Siegfried Wagner mit dem Statement ein, daß er kein Redner sei:

»Es ist zwar nicht mehr Brauch, seinen Vortrag oder eine Rede mit ›zum Beispiel‹ zu beginnen. Trotzdem muß ich mich dieser veralteten Form bedienen, da es mir daran liegt, daß das Berner Publikum, dem ich ein Unbekannter bin, erfährt, daß ich alles andere, nur kein Redner bin. Ich bin Musiker, ich komponiere in erster Linie Opern, zu denen ich mir selbst die Dichtungen schreibe, meistens der deutschen Volkssage entnommen, ich bin ferner Orchesterdirigent und Regisseur, letztere Tätigkeit entfalte ich hauptsächlich in Bayreuth bei den Festspielen. Sie werden, vielleicht mit Recht, fragen: wenn du kein Redner bist, warum hältst du dann Vorträge?«

In Bern und Zürich beantwortet er seine rhetorische Frage damit, daß er der Aufforderung, einen Vortrag zu halten, gern Folge geleistet habe, da er ja in diesem Lande geboren sei und er deshalb die Gelegenheit ergreife, sich – wenn schon nicht im Konzertsaal oder im Theater – im Vortragssaal dem schweizerischen Publikum vorzustellen.

»Zwischen die Wahl gestellt, in der Schweiz auch ferner ganz unbekannt zu bleiben, oder doch wenigstens durch einen Vortrag mich einzuführen, wählte ich letzteres. Also, keinen Redner haben Sie vor sich, kein Demokrit, kein Cicero, kein Mirabeau wird Sie berauschen. Wir Deutschen sind ja selten gute Redner, und wenn wir es sind, ist es oft ein wenig verdächtig. Da steckt hinter dem Schwall der Beredsamkeit wenig, nur Phrasen. Einen Redner kannte ich, der drei Stunden hintereinander sprach, sich selbst und die anderen berauschend. Am Ende, nachdem sie aus der Betäubung erwacht, fragten sich die Hörer, ja, was hat denn der eigentlich gesagt. Dieser Berauschung werden Sie meinerseits nicht teilhaftig. Ich will Ihnen nur einiges aus meinen, vor paar Monaten erschienenen ›Erinnerungen‹ mitteilen, und in erster Linie Persönliches, Erinnerungen an die Eltern, sodann an bedeutende Persönlichkeiten des Freundeskreises.«

Das Ende des Vortrages ist politisch, ein Vergleich zwischen der Entwicklung des alten Griechenland und der von Deutschland:

»Betrachtet man unsere jetzige Zeit und das was vorging, so fällt einem unwillkürlich das Schicksal Athens ein. Die Ähnlichkeit zwischen den Deutschen und den alten Athenern, das ist frappant. Auch dort ein Volk, das die

größten Genies auf allen geistigen Gebieten hervorbrachte, auch dort ein Volk, das sich ihrer nicht gerade wert zeigt, denn es verkannte, verleumdete sie. Sophisten und Sykopanten durften sie richtig mit Schmutz bewerfen. Man freute sich darüber, die Staatsmänner wurden verbannt. Auch dort in Athen eine 50jährige Blütezeit zwischen persischem Krieg und peloponnesischem Krieg. Dort die Panathenaten mit den Aufführungen des Aischylos, und Sophokles, bei uns die Blüte der Bayreuther Festspiele, die dazu verhalfen, den Ruhm deutschen Geistes über die ganze Welt zu verbreiten. Dort, am Ende des politischen Krieges, die Herrschaft der Dreißig. Genauso kam es bei uns. Dort ein uneiniges, sich kaderndes, zankendes Volk, das es sich zu einem außerordentlichen Verdienst anrechnete, wenn es im Augenblick höchster Gefahr einmal nicht haderte, ungefähr als sei es ein Verdienst, wenn in einem Hause, bei einem ausbrechenden Brand, die verschiedenen Parteien gemeinsam löschten. Ist das ein Verdienst? Nein! Aber in Athen und Deutschland war und ist es ein solcher. Es sind der Vergleichsparallelen so viele, daß man unwillkürlich verlockt ist, noch weitere Schlüsse zu ziehen auf die Zukunft. Was wurde aus Athen? Es ging unter, durch seine eigene Zankbarkeit, durch seine Undankbarkeit gegen seine großen Männer. Es wurde römische Provinzstadt. Aber der griechische Geist lebt über den Trümmern der griechischen Staatsform fort.«

Heimgekehrt, *»nach der schönen Schweizer Vortragstour«*, konzipiert Siegfried eine symphonische Dichtung, die sich gedanklich auch mit dem alten Griechenland auseinandersetzt, denn er widmet sie dem Andenken seines als Freiheitskämpfer für Griechenland gefallenen Freundes Clement Harris. Die Kompositionsskizze zur symphonischen Dichtung »Glück« trägt das Datum 20. 4. 1923, und drei Wochen später, am 10. 5., ist die Partitur vollendet. Der 10. Mai ist der Himmelfahrtstag, was Siegfried beziehungsreich vermerkt.

Der durch seine Lesungen der »Erinnerungen« als Redner geschulte Siegfried läßt es sich nicht nehmen, bei Konzerten, in denen er »Glück« zur Aufführung bringt, das Publikum selbst in das Werk einzuführen. Die Partitur führt als Programm an:

»Fortuna, die holde Göttin, vernimmt aus der Tiefe das Sehnen der Menschheit nach ihr. Dem Würdigsten Segen zu spenden gewillt, fliegt sie zur Erde hinab. ›Was nennst du Glück?‹ ruft sie einem zu, ›Glück ist Macht und Gold, Ehrgeiz und Ruhm!‹ Das Haupt schüttelnd, wendet sie sich ab und sucht weiter. In einem Stübchen behaglich sitzend, zeigt sich ihr ein Philister. ›Was nennst du Glück?‹ fragt sie wieder. Seine Antwort ist: ›Wenn ich meine Ruhe habe, mich nicht ärgern und nicht freuen brauche. Mein Pfeifchen genügt mir, und ein bißchen Schadenfreude!‹ Verächtlich lächelnd schließt Fortuna die Türe. Da fühlt sie sich am Leibe erfaßt: in taumelnder Liebeslust will ein Jüngling sie mit sich reißen. Nur mühevoll entwindet sie sich dem bacchantischen Treiben, und drohend ruft sie den Übermütigen zu: ›Weh euch Verwegenen! Meinen Segen habt ihr verscherzt!‹ – Noch findet sie den nicht, an

den sie ihre Glücksgaben verteilen will. Denn was sie jetzt erschaut, erfüllt sie mit Grauen: bleiche Mienen, wirre Augen, aus denen ein nicht zu befriedigendes Sehnen nach Glück flackert: das weislich Verborgene wollen sie erforschen, von Toten wollen sie Kunde erlangen, Zukünftiges zu erfahren. Fortuna wendet sich scheu ab: ›O armselige Menschheit, nennst du das Glück?‹ Schon will sie nach ihren lichten Höhen zurückkehren, da vernimmt sie einen frohen Ruf: Streiter erblickt sie auf feurigen Rossen in die Welt reiten. Sie ruft: ›Ihr munteren Burschen! Wohin des Weges?‹, ›Wir ziehen zum Kampf! Der Feind will uns das Heiltum rauben! Das soll ihm nicht gelingen!‹ – ›Heil euch! Ihr seid die Rechten!‹ jauchzt die Göttin. ›Wer sich selbst vergessend für Ideale lebt und streitet, dem wird mein Segen zuteil: Der Liebe wahres Glück!‹«

Die Komposition beginnt in Es-Dur mit einer Andante-Exposition, die für die Göttin Fortuna steht. Es folgt ein Abschnitt »Glück in der Gier nach Gold und Macht«, die Idee der Göttin Fortuna leitet über zu einem in G-Dur stehenden Allegretto, das als »›Philister‹-Glück (›Paucis contentus‹)« überschrieben ist, dem wieder die Grundidee des Glückes folgt, die nun nach B-Dur zu einem Allegretto, »Glück in der Sinnenlust«, überleitet. Als Variation III wird die kompositorische Idee des Glückes mit dem kompositorischen Material der Sinnenlust durchgeführt, die in eine Überleitung nach A-Dur mündet, der sich das »Glück in der Berührung mit der Geisterwelt« anschließt. Auch diesmal wird das Glück in einer als Variation IV überschriebenen Durchführung mit der Geisterwelt verwoben. In C-Dur, quasi Tempo di marcia, ertönt dann der Abschnitt »Das wahre Glück: Die der Menschheit segenbringende Tat«, deren Konfrontation mit der Fortuna in die Grundtonart Es-Dur zurückführt. Ein in der programmatischen Erläuterung nicht genannter Epilog schließt sich an, den Siegfried in einer Skizze als *»Freiheit: Seelenharmonie«* umschreibt.

Mit Recht hat Walter Keller darauf hingewiesen, daß Siegfried Wagner auch in diesem Bekenntniswerk anders denkt, als er oberflächlich zugibt, da ihm »die Abschnitte ›Glück in der Sinnenlust‹ (...) und ›Glück in der Berührung mit der Geisterwelt‹, mit interessanter linearer Polyphonie, treffend und musikalisch fesselnd gelingen«, während »die der Menschheit segenbringende Tat« mit einem »oberflächlichen Trompetengeschmetter als kalte Dusche wirkt, wie der Schlußsatz der Siebenten Sinfonie von Gustav Mahler nach den zauberhaften Nachtmusiken« und die mit ihrem »brutalen Fugato dem Vorwurf denkbar inadäquat« ist.

Die politische Situation in Deutschland, das Auf und Ab der Parteien, der Putschversuche und Agitationen, registriert er und wird auch darüber eine Oper schreiben. Zunächst aber richtet sich sein Blick ins Ausland, ohne dessen finanzkräftige Unterstützung die zur Wiederaufnahme von Festspielen nötige, sich nach Siegfrieds Schätzung auf 6–10 Millionen Mark belau-

fende Summe nicht zu beschaffen ist. Bei seiner Freundin Speyer in England fragt er an:
»Sagen Sie! Haben Sie vielleicht eine Zange? Dann zwicken Sie mal jemanden vom Covent Garden Theatre, daß sie uns Tantiemen schicken! (...) England hat ja früher nie etwas gezahlt! und dabei leben die Theater von meinem Vater.
Man war wirklich sehr ruppig dort, mitsamt der hochedlen Lady Defray. – Da ist es doch wirklich kein Wunder, wenn Tenardier-Triebe in einem so anständigen Menschen, wie ich es bin, erwachen! Oder zweifeln Sie an meiner Anständigkeit?
O, wie viele Kuhhandel hätte ich treiben können. Ganze Ställe voller Kühe, wenn ich z. B. Herrn A. oder H. in Bayreuth dirigieren ließe, hätte er meine sämtlichen Opern aufgeführt.
Wie wird denn das Kapitel über mich in den Memoiren Ihres Mannes? Hoffentlich recht nett! Grüßen Sie ihn bestens! Ihr ergebener Siegfried Wagner, der jeden Früh Ihren Café und nachmittags den Tee preist!«
Bereits drei Wochen später, am 12. Juli 1923, kann er sich bei Edward Speyer für den Erfolg bedanken:
»Das ist ja schön, daß die Zange so geholfen hat! Also eine Tantiemen-Geburtshelfer-Zange! Weder England, noch in Italien, noch Spanien, noch Südamerika, noch Rußland, etc., haben früher Tantiemen gezahlt. Es gab damals das Autorengesetz nur in Frankreich. Mein Vater verkaufte in seiner Not an eine dicke Italienerin mit Schnurrbart, Frau Lucca, das ganze Aufführungsrecht für 10000 Lire.
Nur Frankreich war hoch anständig (anders wie jetzt im Ruhrgebiet!!) und zahlte. Durch Richard Strauss kam dann das Droit de Auteur auch für Deutschland. Aber jene Länder pfiffen darauf. Sie sehen: das Haus Wagner ist immer das Geprellte. Dafür haben uns die Musen gern, und das sind sehr liebe, begehrenswerte Damen. Sie kommen nicht zu jedem!!
Grüßen Sie recht herzlich die verehrte, liebe Donna Tonia von uns allen!
Bleiben Sie so schön gesund und frisch, wie es sich aus Ihrem Briefe zeigt!
Im Januar gehts nun nach Amerika! Dreißig Konzerte für die Festspiele!
Wahrscheinlich kommt auch der ›Bärenhäuter‹ drüben heraus, so daß ich etwas für meine Privat-Cassa erhoffe. Das Ekelhafteste an dieser Zeit ist, daß man immer an Geld denken muß. Pfui Teufel!
Mit herzlichstem Dank Ihr ergebenster Siegfried Wagner.«

Nach den Erinnerungen Friedelind Wagners in ihrem Buch »Heritage of Fire« ist es Mai, nach den Ermittlungen der Nürnberger Spruchkammer bereits Ende September, als Adolf Hitler, der Führer der 1919 gegründeten NSDAP, erstmals Bayreuth aufsucht und vor der im Jahr 1922 gegründeten Bayreuther Ortsgruppe der Partei in der Reithalle spricht. Am nächsten Morgen, dem 1. Oktober 1923, besucht er Wahnfried, nachdem er bereits am Abend zuvor den dahinsiechenden Houston Stewart Chamberlain an dessen Krankenlager aufgesucht hat. Zu Hitlers großer Freude stellt Chamberlain ihm in einem Brief ein hervorragendes Zeugnis aus, das sogleich zu weiterer politischer Agitation benutzt wird: »Sie sind ja gar nicht, wie Sie mir geschildert waren, ein Fanatiker, vielmehr möchte ich Sie als den unmittelbaren Gegensatz eines Fanatikers bezeichnen. Der Fanatiker erhitzt die Köpfe; Sie erwärmen die Herzen. (...) Sie haben Gewaltiges zu leisten vor sich, aber trotz Ihrer Willenskraft halte ich Sie nicht für einen Gewaltmenschen. Sie kennen Goethes Unterscheidung zwischen Gewalt und Gewalt. Es gibt eine Gewalt, die aus Chaos stammt und zu Chaos hinführt, und es gibt eine Gewalt, deren Wesen es ist, Kosmos zu gestalten. (...) In solchem, Kosmos bildenden Sinne meine ich es, wenn ich Sie zu den auferbauenden, nicht zu den gewaltsamen Menschen gezählt wissen will.« Das ist entweder eine grundlegende Fehleinschätzung – oder ein bewußter Schachzug des greisen Ideologen.

Winifred jedenfalls scheint auch vom guten Herzen dieses jungen Mannes zu schwärmen, der »in kurzen bayrischen Lederhosen, den dicken Wollsocken, einem rotblau karierten Hemd und einer kurzen blauen Jacke, die um seinen mageren Körper schlottert«, seine Aufwartung macht. Wenn Friedelinds Erinnerungen richtig sind, so kennt Winifred diesen Mann sogar schon länger, nämlich aus dem Hause ihres Vormunds, des Klavierfabrikanten Edwin Bechstein, dessen Frau Hitler in München »zu Essen gegeben, ihn angezogen, ihm Unterricht in den elementarsten Manieren erteilt (...), ins Opernhaus mitgenommen, ihn mit Geld versehen und Gesellschaften veranstaltet (hat), um ihn einflußreichen Leuten vorzustellen«. Friedelind betont, »dieser krankhaft aussehende junge Mann« habe auf ihren Vater keinen Eindruck gemacht. Doch irgendein Schicksal will es, daß er noch häufiger dessen Wege kreuzt.

Wie in den beiden Vorjahren soll Siegfried wieder im Münchner Odeon dirigieren: für den 10. November 1923 ist die Uraufführung der symphonischen Dichtung »Glück« angekündigt. Die Hauptprobe ist bereits beendet, da hört Siegfried auf der Straße Lärm und Volksauflauf: Hitler und Ludendorff marschieren an der Spitze einer Abteilung von SA-Männern auf die Feldherrnhalle zu. Die bayerische Polizei eröffnet das Maschinengewehrfeuer gegen den Demonstrationszug, und wer dabei getroffen wird oder flüchtet, ist von Siegfrieds Hotelfenster nicht auszumachen.

Im Gegensatz zu Winifred Wagners Aussage vor der Spruchkammer, sie sei anschließend sofort mit Siegfried nach Bayreuth zurückgereist, weiß Friedelind zu berichten: »Vater war entsetzt bei dem Gedanken, daß die bayerische Regierung auf General Ludendorff, Deutschlands Abgott, hatte feuern lassen. Mutter konnte ihn in dieser Stimmung überreden, nach Innsbruck zu fahren, wo Göring, der über die Alpen geflohen war, in einem Krankenhaus lag, ernstlich verwundet. Vater, dem Unglück naheging, fand Göring, gepflegt von seiner schönen schwedischen Frau, die selbst krank war; sie waren ohne einen Pfennig Geld. Vater bezahlte ihre Rechnungen und ermöglichte es ihnen, nach Venedig zu reisen, wo sie ein Jahr in einem Hotel wohnten, dessen Besitzer, ein Freund von Vater, ihnen keinen Pfennig berechnete. Dies war meines Vaters einziger Beitrag zur Nazi-Bewegung.«

Dieser Innsbruck-Besuch Siegfrieds wird sogar in Stein verewigt, denn das Hotel »Zum Goldenen Adler«, das seit dem Jahre 1390 als historische Gaststätte bekannt ist, meißelt die Namen »Erlauchte(r) und berühmte(r) Personen, welche in diesem Hause gewohnt«, an der Front des Hotels ein. Die im Jahre 1545 mit dem König von Tunis und Herzog Albrecht von Bayern beginnende Reihe erfährt ihren Schlußeintrag »1923 Siegfried Wagner«, dessen Name unter den des Dichters und Komponisten des Kaiserjägerliedes, Max Depolo, gesetzt wird.

Anschließend reist Siegfried nach Königsberg und in die Tschechoslowakei, wo er in zwölf Städten seinen »Erinnerungen«-Vortrag hält. Nach einem Konzertdirigat in Karlsbad fährt er zu den Schlußproben der österreichischen Erstaufführung von »Schwarzschwanenreich«, die am 7. Dezember in Klagenfurt stattfindet. *»Die dortigen National-Sozialisten stifteten mir einen Kranz mit Hakenkreuz! Jetzt bekennt man offen Farbe«*, heißt es in einem Schreiben Siegfrieds an Rosa Eidam, in dem auch zu lesen ist: *»Meine Frau kämpft wie eine Löwin für Hitler! Großartig!«*

Obgleich Siegfried zu diesem Zeitpunkt solch eine Aussage durchaus noch zuzutrauen wäre, handelt es sich bei diesem Brief jedoch allem Anschein nach um eine Fälschung aus den späten Dreißigerjahren, denn im Gegensatz zu anderen Schreiben an diese Adressatin existiert er nur in einer dubiosen, auch schon äußerlich fehlerhaften Maschinenabschrift in der Richard-Wagner-Gedenkstätte der Stadt Bayreuth, während sich Winifred Wagners Biograph Zdenko von Kraft auf eine andere Abschrift zu beziehen scheint, die nicht aufgefunden werden konnte.

Mitte Dezember wird im Münchner Odeon das infolge des – wenn auch gescheiterten – Hitlerputsches ausgefallene Konzert, die Uraufführung der symphonischen Dichtung »Glück«, nachgeholt, dann reist Siegfried nach Rostock, wo in seiner Abwesenheit am 16. Dezember die Uraufführung seines Opus 13 stattgefunden hat. Er dirigiert ein Konzert und ist in der zweiten Aufführung zu Gast, wo er erschreckt feststellen muß, daß die Oper ohne Vorspiel zur Aufführung kommt. Da das Vorspiel bereits vor der Drucklegung der kompletten Oper erschienen war, hat der Verlag Brockhaus in Leipzig versäumt, es bei der Bestellung des Opernmaterials mitzuliefern. Dies wirft ein Licht darauf, mit welcher Einstellung der Verleger die Rechte seines Klienten vertritt.

Wie schon so oft bei Uraufführungen von Siegfrieds Opern hatte sich das Theater in Rostock damit begnügt, die Dekorationen aus dem Fundus anderer Opern zusammenzustellen. Während unter der musikalischen Leitung von Wilhelm Freund mit dem Siegfried-Wagner-erfahrenen Orchester beachtlich musiziert wird, bemüht sich Otto Krauß, entgegen der Aussage der Partitur,

den Ritterorden zu glorifizieren und stellt damit die Weichen zu einer Rezeption dieses Werkes, zu einer Umdeutung im Sinne des Nationalsozialismus, die so weit gehen sollte, daß bei der Aufführung dieser Oper im Jahr 1938 in der Berliner Staatsoper die Titelfigur durch eingeschobene Sätze und entstellende Kürzungen zu einer negativen Figur umgepolt wurde.
Kaum ist das Jahr 1923 zu Ende, als Siegfried und seine Frau Winifred schon wieder die Koffer packen, um nach Bremen zu reisen, wo das Schiff »Amerika« am 15. Januar Kurs auf die Vereinigten Staaten nimmt. Wie mag Siegfried sich auf seiner zweiten großen Seereise fühlen?
Als er die erste angetreten hatte, war dies eine »Befreiung«, zugleich ein Aufbruch in ein Leben als produzierender Künstler, der alle Gesetze hinter sich läßt. Nun ist er verheiratet, Familienvater und bricht auf in ein Land, in das sein Vater mehrfach auswandern wollte und in dem er nun für das Kunstwerk seines Vaters sammeln geht. Ein reproduzierender Künstler, der mit dem Großkapital anbandeln muß.
Künstlich versetzt er sich zurück auf seine erste Seereise, wenn Winifred ihm eine Biographie Lord Byrons vorliest.
Musikalisch wird Siegfried schon an Bord der »Amerika« auf die »Neue Welt« eingestimmt, denn allabendlich spielt eine Jazz-Band, Schwarze von den Philippinen, an denen Siegfried offensichtlich Gefallen findet. Nachweislich ist dies sein erster Kontakt mit der Jazz-Musik.
Die Überfahrt ist stürmisch, und während sich Winifred ihrer Seekrankheit hingibt, genießt Siegfried ausgiebig das Essen an Bord. Er hat nicht die nötige Muße, schöpferisch zu werden, dazu braucht er ein abgeschlossenes Zimmer für sich, so wie zwei Jahre zuvor in Norwegen, wo er immerhin zwei Opernlibretti konzipiert hat.
Am 26. Januar legt das Schiff in Ellis Island, der kleinen Insel im Hafen von New York, an. Marie Perard-Petzl, die gerade in New York gastiert, empfängt die Wagners am Hafen, zusammen mit Wolfram Humperdinck, dem Sohn Engelbert Humperdincks, und zahlreichen Journalisten und Fotografen. *»Lauter freundliche Eindrücke«*, berichtet Siegfried nach Wahnfried, *»die Menschen alle so herzlich und einfach, daß wir uns ganz froh und behaglich fühlen. Wir kamen am Sonntag Nachmittag bei schönem Sonnenschein an. Der Hafen ist großartig. Der Anblick der Riesen-Wolkenkratzer phantastisch!«* Kaum ist Siegfried im Hotel eingetroffen, besuchen ihn der Liszt-Schüler Albert Bagby und der New Yorker Vertreter der Klavierfabrik Steinway.
Siegfrieds Vortrag »Meine Amerikafahrt« schildert anschaulich, daß er von der Publicity zunächst überfordert ist:
»Als ich in Amerika ankam, war es das erste, daß ich zum Radio geschleppt wurde. (... Ein Reporter) stand neben mir am Apparat und hatte offenbar die Absicht, mich durch Anekdoten aus dem Konzept zu bringen. Nicht ahnend, daß der Apparat schon in Tätigkeit war, rief ich ihm zu: ›Bitte gehen Sie weg, Sie machen mich nervös!‹ Diesen Ausruf hörten nun die 100000 unsichtbaren

Zuhörer. Sie mußten einen schönen Begriff von meiner Höflichkeit bekommen haben, wenn ich ihnen als erstes zurief, sie möchten weggehen, sie machten mich nervös. Eine Dame schrieb mir am nächsten Tag einen Brief, in dem stand, sie sei doch sehr überrascht, daß der Sohn Richard Wagners, der noch dazu Siegfried heiße, am Radioapparat nervös werde. Das vertrage sich doch nicht mit dem Namen Siegfried. Gottseidank hatte diese erste, seltsame Begrüßung des amerikanischen Publikums keine weiteren unangenehmen Folgen.«

»In guter Laune« läßt es Siegfried sogar über sich ergehen, zwei Akte des »Rosenkavalier« seines Rivalen und Jugend-Freundes Richard Strauss in der Metropolitan Opera anzuhören. Die Reihe seiner Konzerte, die »First American Tour of Siegfried Wagner, who will conduct the music of three generations with the entire Metropolitan Opera Orchestra, for the restoration for Richard Wagners Festival Theatre«, beginnt am 31. Januar in Detroit. Neben Liszts »Les Préludes« und Vorspielen zu Richard Wagners »Lohengrin«, »Tristan und Isolde« und »Die Meistersinger«, stehen Siegfrieds »Bärenhäuter«-Ouvertüre und das Vorspiel zu »Schwarzschwanenreich« auf dem Programm.

Noch vor dem Konzert statten Siegfried und Winifred dem Industriellen John Ford in dessen Haus in Dearborn einen Besuch ab.

Am 3. Februar leitet Siegfried das Orchester von Baltimore in der größten Stadt des Staates Maryland an der Chesapeakebai des Atlantischen Ozeans. Zwei Tage später trifft er in St. Louis ein, wo er *»in einer Riesenhalle, die 10000 Personen faßt«,* mit dem über tausendköpfigen deutschen Chorverein Ausschnitte aus »Rienzi«, dem »Fliegenden Holländer«, »Tannhäuser« und »Meistersinger« zu Gehör bringt. Die Vorspiele zu »Sonnenflammen« und »An allem ist Hütchen schuld« stehen mit auf dem Programm des Konzertes in der Metropolitan Opera, das am Sonntag, den 10. Februar, nachmittags stattfindet. Ein weiteres Konzert in der New Yorker Carnegie Hall, das auf Richard Wagners 41. Todestag, den 13. Februar fällt, teilen sich der New Yorker Dirigent Josef Stransky und Siegfried in der Direktion. Anschließend geht die Reise nach Chicago, Pittsburg, Toledo und Cleveland.

Wo keine Möglichkeit zu Konzerten besteht, »waft« Siegfried, oder er legt – wie am Richard-Wagner-Denkmal in Cleveland, Ohio – einen Kranz nieder, läßt sich auf Empfängen und Einladungen feiern und sammelt Geld für die Wiedereröffnung der Festspiele. Abschließend gibt er nochmals in New York ein Konzert mit der Altistin Ernestine Schumann-Heink, die auch »Das Märchen vom dicken, fetten Pfannekuchen« interpretiert.

Als der Amerika-Aufenthalt am 27. März beendet ist, muß Siegfried sich eingestehen, daß das finanzielle Ergebnis seiner Reise nicht seinen Erwartungen entspricht. Für die Festspiele bleiben nur etwa 8000 Dollar, er selbst erstattet sich aus den Konzerteinnahmen nur die Reise- und Aufenthaltsspesen; *»dafür haben wir uns gut genährt, gut unterhalten, viele liebe neue*

Siegfried Wagner legt am Richard-Wagner-Denkmal
in Cleveland, Ohio einen Kranz nieder.

Lunch-Party bei Mäzenaten in New York

Freunde gewonnen, eine sehr interessante Stadt kennengelernt, für die Kinder reichlich Kleider und Schuhe geschenkt bekommen (...)« lautet das persönliche Resümee.
Offiziell faßt er als Resultat zusammen:
»Menschlich und künstlerisch wäre ich äußerst zufrieden, das finanzielle Resultat betrachte ich nicht als Resultat, sondern erst als ein werdendes Gut. Der Zweck meiner Reise war, einen Festspielfonds wieder zu schaffen, wie wir ihn vor dem Kriege hatten. Er betrug damals ungefähr eine Million Mark. Der Ausbruch des Krieges, mitten in der Festspielzeit, und die Entwertung des Geldes in den vergangenen Jahren haben diesen Fonds vernichtet. Ohne einen solchen ist aber eine sichere ruhige Fortführung der Festspiele auch in den kommenden Jahren unmöglich. Die in den Zeitungen verbreitete Nachricht, die Festspiele seien gesichert, ist daher falsch. Wir wagen die Festspiele, von einem Gesichertsein für die Zukunft ist keine Rede. Der Ertrag aus den Billetten wird im günstigsten Falle vielleicht die Kosten decken. Aber damit ist nicht geholfen, und wir stehen am Schlusse der Festspiele genau da, wo wir jetzt stehen. Diese falsche Nachricht, daß die Festspiele gesichert seien, hat mir aber in Amerika geschadet. Erst wenn ich den Geschäftsleuten über die Notwendigkeit des Geldes sprach, verstanden sie mich und stimmten mir bei, da die Amerikaner praktisch denkende Menschen sind. Im folgenden will ich nun die anderen Gründe mitteilen, die meinem Wunsche, reichliche Mittel – es waren 200000 Dollar mindestens nötig, um aus deren Zinsen die zahlreichen Kosten des ganzen Unternehmens zu zahlen, um neue Dekorationen zu beschaffen, – im Wege standen.
Die Bayreuth unfreundlich Gesinnten hatten schon im vorigen Jahr alles getan, um durch Verbreitung von Unwahrheiten meine Absichten zu durchkreuzen. Zuerst hieß es: gebt nichts nach Bayreuth, das Geld wandert in Siegfried Wagners Taschen!
Nummer 2:
Siegfried Wagner will seine eigenen Opern in Bayreuth aufführen, wollt ihr dafür Geld spenden?
Nummer 3:
Geld, das für die Festspiele bestimmt ist, wird von der Familie Wagner für monarchistische Propaganda verwendet. Jeder, der sich etwas anstrengt, weiß, daß der Festspielfonds mit dem Privatvermögen der Familie Wagner gar nichts zu tun hat, daß er getrennt verwaltet wird.
Nummer 4 der Unwahrheiten war folgende:
In New York wurde verbreitet, das Metropolitan Opera House zahle jährlich 150000 Dollar an Tantiemen für die Festspiele. Dieses Gerücht wurde absichtlich verbreitet, um zu verhindern, daß Spenden einliefen.
Nummer 5:
Man las in amerikanischen Zeitungen den Ausspruch eines bayrischen Offiziers, der besagte, die Amerikaner sollen nur ja nicht glauben, daß sie in

Bayreuth willkommen seien, man werde sich dort für das englische Geschnatter bedanken.
Das sind die mir bekanntgewordenen Lügen, mit denen gegen mich gearbeitet wurde. Nicht günstig für meine Absichten war das zeitliche Zusammentreffen meiner Tournee mit dem Flaggenzwischenfall in Washington. Die französische Propaganda war glücklich, einen greifbaren Anlaß zu haben, die Hetzerei gegen Deutschland neu zu schüren. Man schrie: Und ihr sollt Geld für die Ruhrkinder und für Bayreuth geben, etc. Überhaupt ist hier die Stimmung für Deutschland nur in einigen Kreisen günstig. Es wird noch lange dauern, bis das Gift der unzähligen, über Deutschland verbreiteten Lügen unwirksam geworden ist. Mir selbst und meiner Frau wurde allenthalben der herzlichste Empfang zuteil. Die Gastfreundschaftlichkeit konnten wir in vollen Zügen genießen. Von allen Seiten kam uns zu, daß man uns gern habe, weil wir so einfach, simple people seien, not conceated, nicht eingebildet, das konnten sie drüben nicht vertragen. Uns wurden alle erdenkliche Ehrungen zuteil und American-Deutsche und Italiener wetteiferten mit uns, den Aufenthalt so schön wie möglich zu gestalten. Wenn den Amerikanern an mir die Einfachheit wohlgefiel, so kann ich das gleiche von ihnen sagen. Denn was mir als der Grundzug alles Amerikanischen auffiel, ist eben die Einfachheit, die Großzügigkeit, die Herzlichkeit und Natürlichkeit, Gesundheit, die Jugendfrische. Wenn daher das finanzielle Resultat hinter dem künstlerischen zurückstand, so bedauere ich es doch keinen Augenblick, diese Fahrt unternommen zu haben. Reich an großen, unvergeßlichen Eindrücken kehrten wir heim.«
Mit dem Argument Nummer 3, der »monarchistischen Propaganda«, betreibt Siegfried jedoch selbst eine Verschleierungstaktik. Auch den Amerikanern kann nicht verborgen geblieben sein, daß zwar in Deutschland die Monarchie abgeschafft ist, daß aber seit dem Vorjahr eine Beziehung zwischen »Bayreuth« und dem Führer der NSDAP besteht, die in einer Freundschaft Adolf Hitlers mit dem Bayreuther Chefideologen zum einen und mit Siegfrieds Gemahlin zum anderen gipfelt, was auch in Friedelind Wagners Memoiren klar zum Ausdruck kommt:
»Später erfuhr er (Siegfried Wagner; Anm. d. Verf.), daß Übelwollende nach New York gekabelt hatten, Vater habe zum Hitler-Putsch die Gelder beigesteuert, die von begeisterten Wagner-Anhängern in der ganzen Welt zur Wiedereröffnung der Festspiele gestiftet worden seien, obwohl Vater die Wiedereröffnung hauptsächlich mit den durch seine Konzerte erworbenen Mitteln ermöglicht hatte. Die offensichtliche Begeisterung meiner Mutter für die Nazis war meinem Vater in die Schuhe geschoben worden.«
Ganz so einfach ist die Angelegenheit aber nicht. Siegfried hegt – durch seine Bayreuther Umgebung, insbesondere durch die Schwärmerei seiner Frau Winifred infiziert – zu diesem Zeitpunkt durchaus Sympathien für die nationale Bewegung, glaubt besonders den Behauptungen, »alles, was man den Nationalsozialisten vorwerfe, ihre Gewalttaten und Überfälle auf Juden in Nürnberg

und München, seien Erfindungen – kurz und gut, Bayern und die Hitler-Leute seien Verleumdungen der ›jüdischen Presse‹«. So Joseph Chapiro im »Berliner Tageblatt«, der bei einem Empfang für Siegfried Wagner in New York dabei war, als Siegfried »nach Amerika gekommen war, um bei den reichen amerikanischen, meist aus Deutschland stammenden Juden Geld für Bayreuth zu sammeln«.

Noch immer also distanziert sich Siegfried Wagner zwar vom Antisemitismus seiner Umwelt, findet die Behauptungen, die sich kritiklos gegen alles Jüdische richten, jedoch bisweilen bestätigt und läßt sich dann verunsichern. Beides, die Sympathie für Hitler wie die partielle Zustimmung zu antisemitischen Äußerungen, sollte sich bald jedoch grundlegend ändern.

Mit dem italienischen Ölbrenner Duilio treten Siegfried und Winifred am 28. März 1924 die Rückreise über das geliebte Italien an, wo sie am 5. April an der Küste von Neapel an Land gehen. In Rom werden Siegfried und Winifred auch vom neuen Staatsoberhaupt, dem Faschistenführer Benito Mussolini empfangen. Siegfried ist von dem grobschlächtigen Duce wenig angetan, was Winifred zu der schriftlichen Mitteilung veranlaßt: »Alles Wille, Kraft, fast Brutalität. Fanatisches Auge, aber keine Liebeskraft darin wie bei Hitler und Ludendorff. Romane und Germane! Wir sprachen hauptsächlich über das alte Rom. Er hat mit Napoleon etwas Ähnlichkeit. Famose echte Rasse! So einer lenkt Italien und Bernhardchen lenkt uns! Es ist schon trostlos, wie Deutschland herabgekommen ist!« In Zdenko von Krafts Biographie »Der Sohn – Siegfried Wagners Leben und Umwelt«, die von Fehlern, falschen Daten, falschen Zitaten und einer Unkenntnis der Werke Siegfrieds und auch Richard Wagners (!) nur so strotzt, wird dieses Schreiben Winifred Wagners – irrtümlich oder absichtlich, das sei dahingestellt – kurzerhand als Siegfrieds Statement wiedergegeben – und sollte als solches dann häufig zitiert werden ... Dabei geht aus Winifreds Schreiben sogar hervor, daß Siegfried ein Gespräch über die politische Aktualität mehr als peinlich ist, er hingegen eine Parallele zwischen Mussolinis Handlungsweise und der von seines Vaters »Rienzi« entdeckt.

Nach Bayreuth zurückgekehrt, beginnt Siegfried sofort intensiv mit den Vorbereitungen zu den Festspielen. Winifred jedoch liegt nichts dringender am Herzen, als herauszufinden, wo Adolf Hitler und seine Freunde sich aufhalten. Als sie erfährt, daß er mit seinen Gesinnungsgenossen in Landsberg am Lech inhaftiert ist, sammelt sie sogleich Geld, Kleider und Nahrung für die Familien der verurteilten Parteigenossen.

»Der Polizeichef der Stadt bestellte sie eines Tages auf sein Amt«, erinnert sich Friedelind Wagner, »und ermahnte sie väterlich, mit diesem Unsinn aufzuhören, sonst würde auch sie noch eines Tages im Gefängnis landen. Doch sie ließ sich durch nichts beirren. Als sie dann erfuhr, daß noch andere Bewunderer dem eingelochten ›Retter‹ Deutschlands Süßigkeiten sandten, dachte sie sich etwas anderes aus, was er brauchen könne. Im Papierladen in

der Hauptstraße Bayreuths kaufte sie große Quantitäten Schreibmaschinenpapier, Kohlepapier, Bleistifte, Federn, Tinte und Radiergummi. Wir halfen ihr, alles einzupacken, und es sah so lustig aus wie eine Sammlung von Weihnachtspaketen. Sie wußte gar nicht, daß Hitler literarischen Ehrgeiz hatte, aber auf ihrem Papier und mit ihrer Tinte und ihren Federn schrieb er den ersten Band seines ›Mein Kampf‹. Solange er sich auf der Festung befand, versorgte sie ihn mit allem, was ein vermeintliches Genie benötigen könnte.«
Im Bayreuther Saal »Zur Sonne« hält Siegfried Anfang Mai einen Vortrag über seine Amerikafahrt. Am 14. Juni, dem Tag vor dem offiziellen Probenbeginn, trifft der Bühnenbildner Kurt Söhnlein erstmals mit Siegfried Wagner zusammen. Er hatte sich im Sommer 1923 brieflich an den Festspielleiter gewandt, als er in einer Zeitung eine Notiz über eine für den Sommer bevorstehende Wiedereröffnung der Bayreuther Festspiele gelesen hatte. Die Söhnleins Schreiben beigefügten Opernentwürfe, die von ihm dargelegten Pläne und Kunstanschauungen, waren bei Siegfried auf Interesse gestoßen, so daß er den knapp Dreißigjährigen, dem infolge des Ersten Weltkrieges jede praktische Bühnenkenntnis fehlte, kurz vor Weihnachten 1923 eingeladen hatte, als Volontär bei den Festspielen mitzuarbeiten.
Söhnlein bezeichnet die Wiedereröffnung als ein Wagnis, denn »Menschen und Dinge hatten sich in den zehn Schicksalsjahren gewandelt. Im Szenen-Bereich hatten sich grundlegend neue Anschauungen und Formen herausgebildet. Bayreuth aber mußte aus Geldmangel mit den Vorkriegs-Dekorationen wieder beginnen. Die Aufwendungen für Orchester, Techniker, Chöre und Solisten waren hoch genug, wenn auch von den letzten einige Idealgesinnte auf ihr Honorar verzichteten.«
Neben Peter Dumas, Wolfram Humperdinck und Alexander Spring, die alle erstmals zur Regieassistenz der Festspiele zählen, ist der Schwiegersohn Franz Stassens und spätere Mannheimer Intendant Hans Schüler als Regieassistent Siegfried Wagners ein Hügel-Neuling. Über seine Arbeit in Bayreuth hat er genaue Aufzeichnungen angefertigt und dabei auch Siegfrieds Eröffnungs-Ansprache an die Mitwirkenden aufgezeichnet, in der wieder einmal Siegfrieds Harmonie-Bedürfnis zum Ausdruck kommt: »Er begrüßte alle herzlich und dankte ihnen, daß sie ohne eine Entschädigung nur um der Sache willen sich dem Werk zur Verfügung gestellt hätten. Es sei zwar nicht die Zeit für Festspiele, er betrachte sie aber als ›Befestigungsspiele des deutschen Geistes‹. Er kenne nur eine Sünde, das sei die ›Sünde wider den Geist‹. Wir müßten aber helfen, daß der Geist wieder ein reiner ist. Das sei in der heutigen Zeit schwer. Er glaube an einen Gott und hunderttausend Teufel. Aber im deutschen Märchen sei es stets so gewesen, daß der Hans den Teufeln ein Schnippchen geschlagen habe. So soll es wieder kommen. Dazu müßten wir aber alle einig sein. Wir wollen dem deutschen Volke und besonders dem deutschen Reichstag ein Beispiel geben, daß 500 Menschen ohne Zank und Streit ¼ Jahr miteinander arbeiten können. Wer etwas auf dem Herzen habe,

solle nicht zu Ausschüssen etc. laufen, sondern zu ihm kommen. Er sei zwar als ein Scheusal verschrieen, aber – und das klang geradezu rührend tragisch und warm – er sei es wirklich nicht. Als er in Breslau war, habe der 1. Fagottist gesagt, der nach Bayreuth engagiert war, er müsse heut besonders gut spielen, weil sein Sommertheaterdirektor da sei. Das sollten wir alle tun. Er trage während der Proben eine grüne Jacke als Zeichen der Hoffnung. Zum Schluß erinnerte er an den Genius des Hauses, von dem er glaube, daß er um und über uns schwebe.«

Siegfrieds Inszenierung der »Meistersinger« ist im wesentlichen eine Auffrischung der Inszenierung aus dem Jahr 1911, verändert sind im Bühnenbild jedoch die Hans-Sachs-Stube sowie die Straße des zweiten Aktes, wobei – laut Söhnlein – »ein Ummalen des Holzfachwerks an den Häusern, das allzudunkel und obendrein nachgedunkelt, in dem von Siegfried verhaßten Braun«, erfolgte, schließlich erhielt die Festwiese eine »neue, etwas höhere Holztribüne, anstelle der alten, außenseitig nur flächig gemalten, niedrigeren Tribüne«. Diesmal verändert Siegfried sogar den bislang ausgeklammerten Gralstempel im »Parsifal«, indem er zwei plastische Pfeilersäulen im ersten Bogen aufstellt. Ebenso gestaltet er die Gibichungen-Halle plastisch.

In den »Meistersingern von Nürnberg«, mit denen die Festspiele am 22. Juli eröffnet werden, singen, wie bereits in den Jahren 1911 und 1912, Hermann Weil den Hans Sachs, Lilly Hafgren-Dinkela die Eva, Heinrich Schultz den Beckmesser und Paul Klante den Nachtwächter; neu besetzt sind die Partien des David mit Hanns Beer, der Magdalena mit Lotte Dörwald und des Walther von Stolzing mit Carl Clewing. Lange hatte Siegfried gehofft, daß er Ferdinand Scheidhauer, mit dem er mehrere Konzerte unternommen und den er in Bayreuth einem intensiven Privatstudium unterzogen hatte, als neuen Heldentenor einsetzen könne. Doch eine von Siegfried lange befürchtete Stimmbanderkrankung des Sängers macht seine diesbezüglichen Pläne zunichte.

Über die Premiere berichtet der Dirigent Fritz Busch sehr anschaulich und amüsant in seinen Memoiren: »Mit Liebe und größter Sorgfalt vorbereitet, kam die Eröffnungsvorstellung der ›Meistersinger‹ heran. Ein jeder fühlte wohl die Bedeutung des Augenblicks, in dem sich nach einer Pause von zehn Jahren der Vorhang zum ersten Male wieder über der Bühne Richard Wagners hob. Niemand ahnte, was der Theaterteufel mit diesem Vorhang im Verlauf der Aufführung im Schilde führte. Als ich, nach sehr schönem Gelingen des ersten Aktes, an meinem Pult stehend das Lichtzeichen zum Beginn des zweiten bekam, hob sich der Vorhang zum verabredeten Takt. Einen halben Meter über dem Boden blieb er ein paar Augenblicke nachdenklich hängen und fiel schamhaft wieder herunter.

Man hörte auf der geschlossenen Bühne die Lehrbuben ihr ›Johannestag‹ singen. Dann trat Schweigen ein, und ich mußte aufhören. Ich wartete auf ein neues Lichtzeichen, um von vorn anzufangen. Der Vorhang wartete nicht. Blitzschnell sauste er diesmal bereits beim zweiten Takt des Vorspiels in die

Höhe. Jetzt war die Reihe zu warten, und zwar sechsundzwanzig Takte lang, an den Lehrbuben. Um etwas zu tun, nahmen sie die Besen in ihre Hände und fegten den Bühnenboden. Niemals vor- oder nachher in der Geschichte des Bayreuther Festspielhauses ist er so gründlich gereinigt worden.
Meine Freude war hin. Nach Schluß des Aktes stürzte ich, blaß von Ärger, auf Siegfried zu. Ich fand ihn lächelnd und zufrieden, den Zwischenfall mit wenigen Worten bagatellisierend. Ich erwartete in der internationalen Presse Entrüstung über den für Bayreuth undenkbaren Vorfall. Aber es fand sich kein einziges Wort des Tadels; wohl deshalb nicht, weil mit dem letzten Ton des ersten Aktes sofort alle Kritiker und Reporter um die Wette hinunter in die Stadt an die wenigen vorhandenen Telefone gerannt waren, um möglichst zuerst die ›Sensation‹ der Wiedereröffnung von Bayreuth mitzuteilen. Den zweiten Akt schien keiner von ihnen gehört zu haben.«

Nach langer Zeit sitzt auch Cosima wieder einmal in der Familienloge, Adolf von Groß läßt ihre Hand nicht los, während sie die Generalprobe des ersten Aufzuges von »Parsifal« verfolgt. Siegfried, der mit dieser Probe höchst unzufrieden ist, gesteht Stassen gegenüber ein, daß er sich vor seiner Mutter geschämt habe. Aber Cosima, die nur in der Vergangenheit lebt, nimmt letztlich kaum mehr etwas wahr, und die Achtundachtzigjährige fragt Fritz Busch, als der seine Aufwartung bei ihr macht, was er von den Leistungen der – längst verstorbenen – Künstler Marianne Brandt und Emil Scaria sowie von der musikalischen Leitung Hans Richters halte. Von den »Meistersingern« besucht Cosima in diesem Jahr ebenfalls einen Aufzug.

Aber auch die jüngste Wagner-Generation ist bei diesen Festspielen bereits als Besucher vertreten. In der Generalprobe der »Meistersinger« sitzen Wieland und Friedelind, an ihre Mutter gelehnt, von Großvater Richards Klängen in den Schlaf gewiegt.

Daniela, die Leiterin der Kostümabteilung, hat die wichtigsten Kostüme en miniature für Siegfrieds Kinder nachfertigen lassen, so daß die vier im Wahnfriedgarten als Wotan, Fricka, Froh und Freia oder als Siegfried und Rheintöchter umhertollen. Siegfried, der als Kind nicht so ausgelassen sein durfte, aber auch in den Rollen der Musikdramen Richard Wagners für Fotos zu posieren hatte, genießt die Freiheit seiner Sprößlinge. »Er mischte sich nie in unsere Erziehung ein«, heißt es bei Friedelind, »er wollte einzig und allein die Gesellschaft und die Liebe seiner Kinder genießen.« So bringt es ihn auch nicht aus der Fassung, als die sechsjährige Friedelind vor Beginn des zweiten Aufzuges von »Siegfried« auf die Bühne tritt und dem bereits gespannt auf den Fortgang des Musikdramas wartenden Publikum lauthals zuruft, was als kecker Vorschlag für ihren Papa gemeint ist: »Meines Vaters nächste Oper heißt ›Der Kuhwedel‹!«

Außer sich ist der Festspielleiter hingegen, als das Publikum am Ende der »Meistersinger von Nürnberg«, kaum daß die letzten Akkorde im tosenden Beifall untergegangen sind, demonstrativ das Deutschlandlied anstimmt.

Selbst Stassens im Jahr 1942 niedergeschriebene »Erinnerungen an Siegfried Wagner«, die nicht immer ganz korrekt, weil der Tagespolitik gemäß nationalsozialistisch gefärbt sind, registrieren Siegfrieds Entsetzen darüber: »Siegfried empfand dies peinlich und sagte bleich und entrüstet: *Nach der ›Götterdämmerung‹ werden sie wohl die ›Wacht am Rhein‹ singen.*«
Siegfrieds Blindheit gegenüber politischen Konsequenzen erscheint schwer faßbar, weht doch über dem Festspielhaus die schwarz-weiß-rote Reichsfahne und weilt doch General Ludendorff unter den Festspielgästen. Und unverhohlen redet der »Bayreuther Festspielführer« – auf den Siegfried allerdings keinen Einfluß hat – der Politisierung der Bayreuther Idee das Wort, spielt »Wagner als Führer zu deutscher Art« gegen Judentum und Amerikanisierung aus und preist ihn als den Wegbereiter des »nationalen Sozialismus«. Erst das im Festspielhaus gesungene Deutschlandlied verdeutlicht Siegfried den Ernst der Lage, erst jetzt fängt er ernsthaft an, sich Gedanken zu machen, ob der Kurs, dem er in letzter Zeit zugesprochen hat – wenn auch verhalten und im Vergleich zu Winifred, Chamberlain und all den offiziellen Vertretern des Bayreuther Bundes sehr gemäßigt –, der richtige ist. *»Winnie vernichtet alles, was ich so verzweifelt aufzubauen versuche«,* ist eines seiner Fazits dieses Festspielsommers, laut Friedelind die einzige bittere Bemerkung, die sie je von ihrem Vater gehört hat: »Er wußte, daß er Mutter eigentlich veranlassen müßte, ihre Beziehungen zu den Nazi aufzugeben, konnte jedoch nicht streng zu ihr sein.«
Seine neue Erkenntnis kann er zunächst noch nicht in Worte fassen, doch bedarf sie einer Formulierung, eines künstlerischen Ausdrucks. So macht er sich an die Komposition eines Scherzos, »Hans im Glück«, dem er die Bemerkung *»nach den Festspielen, schönes Herbstwetter nach schlechtem Sommer«* hinzufügt, was wohl nicht ausschließlich klimatisch zu verstehen ist. Wieder einmal wählt dieses Scherzo in E-Dur eine Märchenvorlage, um Biographisches künstlerisch zu ordnen. Man darf annehmen, daß Hans für den Komponisten selbst steht, der hier drauf und dran ist, alles zu verlieren, was er besitzt, der immer im Wahn ist, etwas Besseres einzutauschen und dem am Ende noch der Schleifstein ins Wasser fällt. Die Form des Scherzos aber zwingt zum Optimismus, und so endet es in jener Tonart, in der es auch begonnen hat. Am 4. Oktober 1924 schließt Siegfried eine Kompositionsskizze ab, die einige Kürzungen erhält, so daß der Komponist die Dauer dieses Stückes schließlich mit »12 Minuten« angeben kann.
Die Festspiele des Sommers 1924 sind im nachhinein gesehen kein Erfolg. Selbst der den Festspielen gewogene Heinrich XLV. Reuß als Sonderberichterstatter des »Berliner Börsen-Couriers« bezeichnet die Premiere des »Rheingold« als »eine Aufführung, die den Durchschnitt nicht erreichte«. Insgesamt kommt er zu dem Schluß: »Wozu die Flickarbeit an sechs Werken, unter denen bedenkliche Halbheiten sich zeigten. Welche Arbeit wurde geleistet! Welche erstaunliche Erziehungsarbeit, insbesondere an diesem

Siegfried Wagner mit Fritz Busch und Rudolf Ritter

Siegfried Wagner mit Frau und Kindern, sowie Karl Muck und Daniela Thode

Orchester. Diese Arbeit aber mußte an das Außerordentliche, an das Einmalige gewandt werden. Und das ist nur in Bruchstücken zutage getreten. (...) Kurzum: Die Zugkraft von Bayreuth hatte nicht verloren, aber durch diese Festspiele (...) sind neue Steine abgebröckelt. Wird man solange zusehen, bis es ein Totenhaus ist?!«

Der wirtschaftliche Erfolg, ein Überschuß in Höhe von rund 150000 Mark, ermöglicht indessen, für den Sommer des folgenden Jahres wieder Festspiele anzusetzen, wobei die Werke dieses Festspielsommers beibehalten werden sollen. Und den abbröckelnden Steinen will Siegfried auch realiter als Bauherr entgegenwirken. Die Hinterbühne soll ausgebaut werden, so daß sich die Bühnentiefe nahezu verdoppelt und zugleich an den Seiten ein Magazin für die neuen, plastischen Dekorationsstücke gewonnen wird. Auch zusätzliche Chorgarderoben sollen so geschaffen werden.

Seine Absichten gibt Siegfried in einem Aufsatz kund, der im »Bayreuther Tagblatt« am 5. September unter der Überschrift »Der Erfolg von Bayreuth« erscheint:

»Unter einem günstigeren Sterne stehend, als dem dieses Jahr sonst beherrschenden Mars, schlossen unsere Festspiele ab, und ich möchte nun dankbaren Herzens derer gedenken, die es uns ermöglichten, unter so erschwerenden Umständen jene zu veranstalten. Der regen Tätigkeit des Richard Wagner-Zentralvereins in Leipzig, der durch Gründung der Deutschen Festspielstiftung Bayreuth die unentbehrlichen Vorschüsse für die Vorarbeit gewähren konnte, ist es in erster Linie zu verdanken. Erfreulicherweise waren wir in der Lage, ihr die Vorschüsse zurückzuerstatten. Das gütige Entgegenkommen unserer Künstler mußten wir in diesem Jahr annehmen; in künftigen Jahren werden wir dieses nicht mehr beanspruchen dürfen, auch wollen wir es nicht, denn gerade sie sind es, die unter den jetzigen Verhältnissen leiden, ausgenommen etwa jene Glücklichen, die von der Woge der Gunst zu höchsten Höhen getragen werden. Ein guter Geist, eine sich steigernde Arbeitsfreudigkeit bis zum Schluß herrschte in dem über 500 Köpfe zählenden Personale. Ihm ist es in erster Linie zu verdanken, daß trotz der kurzen Probezeit, daß trotz eines ganz neu zusammengestellten, technischen Personals auch szenisch alles ohne Störung gelöst werden konnte. Das finanzielle Resultat dieses Jahres, das als ein befriedigendes bezeichnet werden darf, ermutigt uns, die Festspiele im nächsten Sommer zu wiederholen. Die Vorarbeiten haben bereits begonnen. Die Notwendigkeit eines großen Anbaus für Schiebebühnen, Aufbewahrungen der plastischen Dekorationen, ferner Probebühnen usw. hat sich in diesem Sommer herausgestellt und wird sofort in Angriff genommen. Auch sonstige zahlreiche Neuerungen, die wir aus Geldmangel im vergangenen Jahr nicht beschaffen konnten, holen wir für nächsten Sommer nach. Wenn wir auch nicht gesonnen sind, Modeexzesse mitzumachen, weil dies ganz dem Charakter der Werke des Meisters widerspräche, so haben wir doch stets ein offenes Auge für alle guten szenischen und dekorati-

Siegfried Wagner mit »La belle Chauffeuse«

ven Neuerungen gehabt. An Bühnen, wie z. B. der Dresdener Staatsoper, hält man sich ja auch von jenen Übertreibungen fern, ist dabei doch ganz modern, ebenso auch die Rollerschen Inszenierungen in Wien. In dieser Art wollen auch wir vorwärts streben. Es war für uns von Bedeutung, daß anerkannte Künstler wie L. v. Hofmann und Slevogt über die als ›veraltet‹ verlästerten Dekorationen des 1. und 3. Aktes ›Parsifal‹ sich voll des Lobes ausdrückten. Die Neuerungen können natürlich nicht auf einmal gemacht werden, dazu fehlt es an Geldmitteln. Unser alter Festspielfonds, durch die Inflation vollständig zerronnen, muß erst langsam wiedererstehen.

Die Vollendung zu erreichen ist uns Menschen nicht gegeben, aber ihr uns zu nähern muß unser Streben sein. Aus den zahllosen Dankesschreiben, die ich erhielt, darf ich wohl den Schluß ziehen, daß unser aus den besten Elementen bestehendes Publikum – ich möchte lieber sagen Gemeinde, denn ein Publikum im gewöhnlichen Sinne des Wortes war das nicht – unsere Bestrebungen billigt. Wenn auch manches mangelhaft war, eines wird man uns doch wohl einräumen, daß das Drama voll zur Geltung kam, und das ist das Wichtigste.«

Opus 16: Wahnopfer

Nach den Festspielen muß Siegfried wieder an seinen eigenen Lebensunterhalt denken. Es gilt, neue Konzertverpflichtungen zu vereinbaren und Verhandlungen über Aufführungen seiner Opern zu führen, denn die Gagen als Dirigent und die Tantiemen für seine Werke müssen eine sechsköpfige Familie ernähren. Eine Konzerttournee in Rumänien, für die sich Siegfried den November freigehalten hat, zerschlägt sich.

Ende Oktober ist Siegfried wieder einmal für ein Wochenende im Kreise seiner Berliner Freunde. Winifred hat ihn bewogen, diesmal im Haus ihres Vormunds, des Hitler-Förderers Bechstein, Quartier zu beziehen, und so hat Siegfried viel Zeit zur Pflege alter Freundschaften, während seine Frau gemeinsam mit den Bechsteins Loblieder auf den Messias und künftigen Retter Deutschlands anstimmen kann. Seit einiger Zeit bereits schwärmt Siegfried für die Tochter des Sängers Dr. Otto Briesemeister, der bei den Bayreuther Festspielen der Jahre 1899 und 1909 den Loge verkörpert hatte. Marie Briesemeister, die Siegfried bereits im Jahr 1910 als »Königin der schönen Figur« bezeichnet hatte, ist in ihrer Ehe mit dem Professor Hermann Dernburg weiter aufgeblüht und hat eine Tochter, die bei Max Reinhardt Schauspielunterricht nimmt. *»Könnten wir nicht wieder so ein königl. Sabaisches Mahl zusammen am Sonntag feiern?«* fragte Siegfried auf einer Postkarte bei der Freundin an, die er »Königin von Saba« tituliert – ein Titel, der bei allen nationalistisch gesinnten Wagnerianern Schaudern auslöst, da dies der Titel einer viel gespielten Oper des jüdischen, auch schon von Richard Wagner geschmähten Komponisten Karl Goldmark ist.

Am 27. November dirigiert Siegfried in Bayreuth das Dresdener Philharmonische Orchester. In diesem Konzert bringt er das Vorspiel der »Heiligen Linde« zur Uraufführung. Als weitere Novitäten für Bayreuth stehen das Vorspiel zu »An allem ist Hütchen schuld« und die symphonische Dichtung »Glück« auf dem Programm. Dem Wiener Publikum stellt Siegfried »Glück« am 8. Dezember vor, zwei Tage später steht dieses Werk auch im Mittelpunkt seines Konzertes in Brünn, und wiederum zwei Tage später, am 12. Dezember, in Dresden.

Im vergangenen Festspielsommer hat Siegfrieds ältester Sohn Walter Aign erstmals als Solorepetitor und musikalischer Assistent mitgewirkt. Beinahe hätte sich der »Festspielführer« durch den ausdrücklichen Hinweis »geboren 1901 zu Bayreuth (als Sohn des dortigen reformierten Pfarrers A.)« verraten, denn ein Hinweis auf den Vater ist sonst nur noch bei Wolfram Humperdinck, Siegfrieds Regieassistenten, angebracht, der »geboren als Sohn Engelbert

Humperdincks« hervorgehoben wird. Ein Brief Siegfrieds, der Walter Aign im Dezember 1924 per Boten, ohne Umschlag erreicht, ist äußerst formal gehalten:

»Sehr geehrter Herr Aign!

Wären Sie so freundlich, am 28. Dec. 10 Uhr (es ist allerdings Sonntag!) nach Wahnfried zum Loge-Studium kommen.

Am 29. abends hätten wir einen kl. Abend in Wahnfried, 8½ Uhr, wozu wir Sie auch bitten. Vielleicht machen Sie uns die Freude, etwas zu spielen, was Sie gerade in den Fingern haben!

Ihr ergebener Siegfried Wagner«

Walter macht den Bewohnern von Wahnfried und sich selbst die Freude. So ist Siegfrieds Familie zwischen Weihnachten und Neujahr in Wahnfried vollständig versammelt, ohne daß die vier jüngeren Geschwister die Verwandtschaftsbeziehung ahnen. Die Distanz, die Siegfried Walter gegenüber wahrt, hat aber noch einen anderen Grund. Ähnlich wie sein Zeitgenosse Thomas Mann, der astrologisch gesehen ebenfalls ein Zwilling ist und der in seinen Tagebüchern gesteht, von sexueller Leidenschaft für seinen Sohn erfaßt zu werden, fühlt sich Siegfried zu seinem Sohn, der inzwischen selbst in homophilen Kreisen verkehrt, hingezogen.

Die Idee des geopferten Kindes findet, zusammen mit Siegfrieds politischen Überlegungen, nochmals Niederschlag in einer Operndichtung. Schuld und Sühne, Wahn und Aberglauben bilden auch in »Das Wahnopfer« wieder die Grundpfeiler der Handlung. Ingunthis ist eine ›wahnbetörte‹ Frau, eine politisch Verblendete. »Ein Gottesgericht«, so der ursprüngliche Titel des Opus 16, soll die Entscheidung bringen, ob Ingunthis die Wahrheit gesagt hat. Sie hat nicht gelogen, aber die halbe Wahrheit reicht nicht aus; der Sieger im Gottesgericht ist doch verwundet und droht an dem giftigen Streich des Gegners zu sterben.

Gereizt hat Siegfried die Person des Architekten. Er selbst wollte diese Laufbahn einst einschlagen, und jetzt denkt er an die Erweiterung des Festspielhauses. In der ersten Skizze ist der Baumeister noch *»ein aufgeblähter Hohlkopf, die Autorität in der Stadt, den alle für unfehlbar halten (...und) hat absichtlich den Pfeiler des Tores über eine Quelle gebaut«*. Bereits in der zweiten Niederschrift der Dichtung ist aus der negativen Figur der positive Argimund geworden, hinter dem sich Siegfried offenbar wieder einmal selbst verbirgt. Argimund weiß nichts von einer Quelle unter dem Torpfeiler, im Gegenteil: seine Gegner haben sein Bauwerk sabotiert, bereits wiederholt dafür gesorgt, daß der Bau einstürzen mußte. Und nun soll ihm ein Verbrechen angehängt werden, von dem er erst recht nichts ahnt. Wie Rainulf in Opus 14, belastet auch ihn ein Versprechen, das ihm die sterbende Mutter abnahm, und er rechtet mit der Verstorbenen, die *»von Verleumdung und Lüge umwoben«* war.

Aus dem »Friedensengel« klingt das Motiv an, daß *»kein Priester die Erde* *geweiht«* hat, in der Eriulf das als Wahnopfer gestorbene Kind verscharrt. Auch Eriulf trägt Züge des Dichters. Er fragt, ähnlich wie Helferich in »Sternengebot«, »Waltet Zufall in meinem Geschick?« und rechtfertigt sich mit ähnlichen Worten wie Helferich:

> *»Der Falschheit kannst du mit Recht mich zeih'n,*
> *ich spielt' ein zweifach zweifelhaft Spiel.*
> *Doch der Wahrheit den Weg zum Licht zu brechen,*
> *vor Augen hatte ich hohes Ziel.«*

Er ist nicht mehr »Sternengebots Vollstrecker«, sondern nur noch ein *»beklagenswerter Vollstrecker«* einer höheren Macht.

Die Sabotage der Verschwörer läßt uns an General Ludendorffs Dolchstoßlegende denken und damit, beim dritten Aufrichten des Tores, an ein drittes Reich. Doch entscheidend ist die Position, die Siegfried in dieser Oper bezieht. Wie Galilei in Bertolt Brechts »Leben des Galilei« Andrea auf die Meinung, »Unglücklich das Land, das keine Helden hat«, antworten wird: »Nein. Unglücklich das Land, das Helden nötig hat.«, so ironisiert Siegfried den Ruf der Zeit nach einem starken Mann:

»Eulalia: *(pathetisch): Die Zeit schreit!*
Agapanthus: *(sein Ohr spitzend, als sei er schwerhörig):*
Wer tut was?
Eulalia: *Die Zeit schreit!*
Agapanthus *(dreht sich um): Ich hör nichts.*
Eulalia: *Die Zeit schreit nach einem Helden!*
Agapanthus *(als ginge ihm ein Licht auf):*
Ja so, freilich! Jetzt faßt es mein Gehör: Sie schreit nicht nur, sie brüllt schon mehr!
Eulalia: *Sie schreit in Qual!*
Memmen überschwemmen diese Lande.
Memmen kommen! Taten-Segen,
Memmen stemmen sich dagegen,
Memmen schlemmen! Feige Bande!
Agapanthus: *Grauenhaft! Verfluchte Memmen!*
(mit Humor, aber so, daß Eulalia es für Ernst hält:)
Sie schwemmen, kämmen, stemmen, schlemmen!«

Agapanthus, der Wunderdoktor mit dem Vornamen Sigisar, trägt Siegfrieds Züge – nicht nur, wenn man sich vergegenwärtigt, daß Richard Wagner eine Zeitlang plante, seinen Sohn zum Wundarzt ausbilden zu lassen. Auch Siegfried wird häufig als »Memme« beschimpft, da er sich nicht wie die anderen Bayreuther Ideologen am Kampf um die Reinerhaltung der Rasse beteiligt. Eulalia aber ist eine Hexe, die – verglichen mit ihren zahlreichen Vorgängerinnen in Siegfrieds Opern – kraftlos ist, nur noch der schemenhafte Umriß einer Idee, ja beinahe schon eine komische Alte, die sich ständig auf ihr

»weibliches Zartgefühl« beruft, die sogenannte *»Muhme Süßblick«*. Man könnte hinter ihr ein Abbild Rosa Eidams vermuten. Jedenfalls stellen alte Frauen zu diesem Zeitpunkt bereits keine Gefahr mehr für Siegfried dar. Agapanthus hält Eulalia den Spiegel vor und weist sie sachte darauf hin, daß sie bereits die Wechseljahre erreicht hat; die Gefahr liegt nun für Siegfried bei den Verirrungen der jungen Frauen.

In diesem Zusammenhang mag von Belang sein, daß Siegfried Hitler durch Winifred ausdrücklich bitten läßt, den Festspielen fernzubleiben, daß dieser aber – ohne Siegfrieds Wissen – in Wahnfried verkehrt: »Als kurz nach Hitlers Entlassung aus der Festung im Februar 1925 die Partei neu gegründet wurde, ging Mutter nach München und nahm an der ersten Versammlung teil. Sie fuhr dann mit Hitler und seinen Adjutanten nach Wahnfried und hielt sie dort über Nacht verborgen. Niemand wußte von diesem Geheimnis außer Wieland, der es so gut hütete, daß ich es ihm während dreizehn Jahren nicht entreißen konnte.« So erzählt Friedelind Wagner in ihren Memoiren und fährt fort: »In jenen Tagen war Hitler in ständiger Furcht um sein Leben, und so trafen wir ihn stets an andern Orten. Mutter nahm uns mit zu Zusammenkünften in kleinen Restaurants außerhalb Bayreuths oder irgendwo im Wald. Zuweilen kam Hitlers Wagen nach Mitternacht angefahren, und er schlich sich heimlich ins Haus. So spät es auch war, er versäumte nie ins Kinderzimmer zu kommen und uns grausige Geschichten von seinen Abenteuern zu erzählen. (...) Er zeigte uns seinen Revolver, den er, natürlich unerlaubterweise, trug – eine kleine Waffe, die, obwohl er sie mit der Handfläche bedecken konnte, zwanzig Schuß enthielt.«

So gesehen ist der Schluß der Oper sehr utopisch. Agapanthus hat die in ihn gesetzten Erwartungen erfüllt. Danach aber will er mit jener Stadt, für die er dies vollbracht hat, nichts mehr zu tun haben und mit Ingunthis fortgehen:

»Hinter uns liegt das Tor der Tränen,
das nie unser Auge mehr erschaut
Vor uns wölbt ein and'res sich:
dem großen Meister, der es erbaut,
dem stürzt es nimmer ein.
Ein gewaltig' Gewölbe, sternbesät,
von stämmigem Unterbau getragen,
hierdurch die Wand'rung geht.
Wer reines Herzens, darf es wagen,
es führt in ein gesegnet' Land:
das Tor der Hoffnung ist es benannt,
durch Leiden gereinigt, in Liebe geeinigt! (...)«

Ursprünglich sollte Ingunthis an dem Gift sterben, das sie aus der Wunde ihres Schwagers saugt, der für sie den Kampf um ihre Ehre gewagt hat, nun aber geht sie mit dem Geliebten, nachdem ihr die Mutter jenes Kindes verziehen

hat, das sie als Findling zuerst an sich genommen, dann jedoch – dem Aberglauben folgend – den Dämonen geopfert hatte. Das mag sich in mehrfacher Brechung auf das ›Kind Walter‹ beziehen, das Siegfried für den Wiederaufbau der Festspiele einsetzt, aber mit Rücksicht auf den herrschenden Moralkodex opfert.
Politisch tritt Siegfried nun die Flucht nach vorne an. Er wählt den jüdischen Agenten Louis Michel in Braunschweig als Impresario für seine künftigen Konzerte. Das Jahr 1925 beginnt für Siegfried sehr erfreulich mit einer Inszenierung seines jüngsten Regieschülers: In Erfurt inszeniert Dr. Hans Schüler »An allem ist Hütchen schuld«, Siegfried dirigiert als Rahmenprogramm ein Konzert mit »Glück«, »Friedensengel«-Vorspiel und Konzertstück für Flöte und übernimmt wieder einmal bei der zweiten Aufführung selbst den Taktstock. Eine Erstbegegnung mit der Jugendoper seines Vaters hat Siegfried am 27. Januar 1925, als in der Hamburger Volksoper Richard Wagners »Liebesverbot« zur Erstaufführung kommt.
Im Februar nimmt Siegfried für die Berliner Schallplattenfirma Parlophon die Ouvertüre und die Einleitung zum zweiten Akt des »Fliegenden Holländer« auf. Es ist noch die Zeit der nicht elektrischen, mechanischen Aufnahmen, bei denen ein auf Kammerbesetzung reduziertes Orchester sich unter einen Schalltrichter zwängen muß. Die Tempi sind vielfach durch die maximale Dauer einer Schallplattenseite bedingt, die höchstens viereinhalb Minuten beträgt. So schafft Siegfried eine gekürzte Fassung der Ouvertüre zum »Bärenhäuter«, die er am 24. Februar mit dem Orchester der Berliner Staatsoper einspielt. Auch das Vorspiel zu »Sternengebot« wird aufgenommen, aber – ein häufig auftretendes Mißgeschick bei der Verarbeitung – die Matrize zerbricht.
Besonders eng wird es unter dem Schalltrichter, als Siegfried Wagner die Blumenmädchenszene aus »Parsifal« aufnimmt.
Um Klangwirkungen zu erzielen, die beim späteren Abspielen der Schallplatte möglichst authentisch klingen, ist es erforderlich, Instrumente umzubesetzen, die der Schalltrichter nicht akzeptiert. So wird beispielsweise die Baßklarinette durch ein Cello ersetzt, was bei den Proben zur Aufnahme enorme Heiterkeit unter den beteiligten Künstlern auslöst.
Aus Plauen, wo sich Siegfried zu Proben seiner Oper »Schwarzschwanenreich« aufhält, die hier am 1. März Premiere hat, richtet er am 25. Februar ein Schreiben an seinen Berliner Rechtsberater Dr. Bruno Weill, der den Brief an die Presse weiterleitet:
»Es liegt mir sehr am Herzen, daß die diesjährigen, wie alle kommenden Festspiele in Bayreuth losgelöst von jeder Tagespolitik stattfinden und daß sie im Geiste der Stifter, lediglich dem hehren Zweck der Kunst zu dienen, bestimmt bleiben. Von meiner Seite aus ist alles geschehen, um sicherzustellen, daß die Bayreuther Tage frei von jedem politischen Einschlag bleiben, und es wird jeder, welchen Glaubens und welcher Abstammung er auch sei, in

SIEGFRIED WAGNER

dirigiert eigene Kompositionen und Werke seines Vaters Richard Wagner für die

PARLOPHON-PLATTE

Die Aufnahmen sind vom Bayreuther Geist erfüllt und zeichnen sich durch wunderbare Klarheit und blühende Schönheit aus. Der Meister selbst erklärt sie für vorbildlich. Wer Wagnersche Musik in treuester Überlieferung genießen will, kann an diesen als musikalische Dokumente von unschätzbarem Wert anzusprechende Erscheinungen nicht vorübergehen.

*

Verzeichnisse über diese Aufnahmen und andere symphonische Werke der großen Weltliteratur in partiturgetreuer Wiedergabe, u. a. die ungekürzten Beethoven-Symphonien 1 bis 9, sowie über Parlophon-Apparate in allen Ausführungen, von der einfachsten bis zur künstlerischen Holzarchitektur, mit der technisch vollkommenen Primaxtonführung, in allen Phonohandlungen

CARL LINDSTRÖM A.-G.

BERLIN SO 33

Bayreuth willkommen sein, der dort Erbauung und Erhebung finden will. Niemand braucht zu besorgen, daß irgendwelche Vorfälle unangenehmer Art sich abspielen. Sagen Sie das all Ihren Freunden, und verwenden Sie diese meine Erklärung in der Weise, die Ihnen geeignet erscheint, um die Anteilnahme all derjenigen, denen Bayreuth am Herzen liegt, zu erhöhen und erneut zu wecken. Gerade in den Zeiten der Not des deutschen Vaterlandes ist es erforderlich, daß alle gut gesinnten und wahrhaften Patrioten sich, frei von jedem Parteigeist, in der Pflege deutscher Kulturgüter zusammenfinden.«

Verständlicherweise löst dieser offene Brief heftige Reaktionen aus: die Rechten sind erbost, die Linken glauben nicht so recht an einen Gesinnungs-Wandel »in Bayreuth«, der sich ja tatsächlich nur in der Person Siegfried Wagners vollzieht. Allerdings nicht als grundsätzlicher Wechsel in seiner Einstellung, sondern als veränderte Einstellung aufgrund der Erfahrungen im letzten Festspielsommer. Die Zweifler übersehen allerdings, daß Siegfrieds Einstellung, seine humanistische Haltung, sich durchgängig in seinen Opern widerspiegelt.

Gezielt bemüht sich Siegfried nun um Konzerte im Ausland. Gegenüber Edward Speyer, der für ihn ein Dirigat in London im Januar 1926 in die Wege geleitet hat, bestätigt Siegfried dankend diesen Termin. *»Ob ich Ihrer lieben Einladung* (Speyer zu besuchen; Anm. d. Verf.) *Folge leisten werde, weiß ich jetzt noch nicht. Ich habe bis Anfang April Konzerte, soll nach Spanien und Polen, muß Geld verdienen, wie wir Deutsche alle. Aber wer weiß! Jedenfalls tausend Dank. Es wäre ja ein Wiedersehen höchst gemütlich!«*

Die nächste Opernpremiere findet am 24. März in Darmstadt mit dem »Kobold« statt. Zwei Tage später leitet Siegfried in Darmstadt ein Konzert und dirigiert am 28. März die zweite Aufführung.

»Und ich soll, von begeisterten Freunden aufgefordert, noch ein Konzert in dem kleinen Eisenberg dirigieren, mehr eine Herzens- wie Geldbeutelsache«, schreibt Siegfried an Louis Michel. *»Besten Dank für Ihre Bemühungen in Hamburg und mit (Rudolf) Hartmann! Sie wollen mir auf die Beine helfen? Stehe ich so wackelig am Pult?*

Der alte Bärenhäuter, aufgewärmt, ist ja auch noch genießbar! Und besser wie nichts! (...)

Mit besten Wünschen für Ihr Wohlergehen und Dank für Ihre freundliche Gesinnung,

Ihr ergebener Siegfried Wagner.«

Den nächsten Brief an seinen Impresario schreibt Siegfried bereits zwei Tage später, am 11. März, aus Wiesbaden, wo er eben ein Konzert leitet:

»Sehr geehrter Herr Michel.

Lübeck 3. April ist mir recht! 3 Solisten etwas reichlich! Chemnitz war lang!

Gravina Schwerin, Landestheater. Pianist Solonummern, kein Klavierkonzert, das dauert über eine halbe Stunde und nimmt Zeit zur Orchesterprobe

Beim Signieren seiner ersten Parlophon-Aufnahmen

weg! Wann wären Proben? natürlich singular! S. W. muß ja immer ein Schwindler sein! Ich armes Luder!
Die anderen Städte lassen wir lieber jetzt fahren! (nicht im Sinne einer Blähung!) Nächsten Winter! So man noch lebt! Muß nach Eisenberg circa 6. April. Habe es den guten treuen Seelen versprochen. Es gibt viele treue Seelen, darauf bin ich stolz! Stolzer, als wenn Herr Paul Bekker und Leopold Schmidt mich lobten!
Die Welt ist nämlich gar nicht so bös, wie Sie glauben! Haben Sie noch auf Halbmast beflaggt?
Schönsten Gruß Ihr ergebener Siegfried Wagner 11. früh
Adresse: 16. Würzburg, Schwan (ohne Leda), 18. Bayreuth, 22. Darmstadt (hauptpostlagernd oder Landestheater)«
Im April leitet Siegfried Konzerte in Braunschweig und Hamburg. Hier kommt, neben Ausschnitten aus seinen Opern und der symphonischen Dichtung »Glück«, sein Scherzo »Und wenn die Welt voll Teufel wär« zur Uraufführung.
Kurz vor Beginn der Festspielproben läßt Fritz Busch durch ein Schreiben seiner Frau seine diesjährige Mitwirkung bei den Festspielen annullieren, offiziell »aus gesundheitlichen Gründen«. Der wahre Grund ist allerdings – so liest man es in seinen Memoiren –, daß seine Besetzungsvorschläge nicht beachtet werden. Siegfried antwortet Grete Busch: *»Ich muß mich erst ein paar Tage von Ihrem Briefe erholen. Ich begreife die Gründe, die Notwendigkeit der Erholung vollständig und kann nur meinem aufrichtigen Bedauern Ausdruck geben, daß wir auf die Mitwirkung Ihres Gatten verzichten müssen. Hoffentlich war Bayreuth für ihn nicht nur ein Intermezzo!«*
Für Busch springt Karl Muck ein, mit dem Fritz Busch im vergangenen Sommer eine herzliche Freundschaft geschlossen hat. Siegfried beschränkt sich ganz auf die künstlerische Organisation und die Regie. Außer dem Erweiterungsbau an der Rückseite des Festspielhauses hat er ein modernes Proszenium mit Beleuchtungsbrücke und -türmen angeschafft, um die Licht-Regie zu vervollkommnen.
Bei der Arbeit an der psychologisch ausgefeilten Partie der Kundry sagt er zu Emmy Krüger: *»Das dürfte meine Mutter nie wissen«*, denn er setzt sich zusehends über die überlieferten Inszenierungsformen, besonders beim »Parsifal«, hinweg. So gibt es in diesem Jahr einen neuen Klingsorturm zu bestaunen, der von der konservativen Presse scharf abgelehnt wird. Söhnlein berichtet über die Realisierung dieses neuen Bühnenbildes: »Als Siegfried mich mit einem Entwurf zu einem neuen Klingsor-Turm beauftragte (er nannte das bisherige Bild ›die langweiligste Dekoration, die wir in Bayreuth haben‹), verlangte er einen Raum ›von großer düsterer Wucht, die Höhle eines Dämons‹ (...). Anfang 1925 kam ein Brief Siegfrieds mit einer völlig anderen Idee: Ihm schwebe etwas in der Art gewisser schwülstiger Felshöhlentempel Indiens – als dem Lande der Zauberei, vor, böse-farbig, schillernd, irisierend. – Ein kleines Blättchen, mit ein paar Farbstift-Strichen dünn bekritzelt,

lag als Anhalt für die Raumeinteilung bei. – Ich war zwar überrascht, doch sehr angeregt davon, und machte nach ein paar Vorskizzen gleich ein Modell. – Es fand, nach Bayreuth gesandt, Siegfrieds Beifall und wurde im Sommer 1925, zur ersten ›Parsifal‹-Vorstellung am 23. Juli, ausgeführt: Vorne ein violett-roter Rahmen, annähernd indischen Stils, durch Vorkragungen sich nach oben verjüngend. Den Raum hinter diesem Rahmen teilte in der Mitte eine mächtige, die Decke tragende Steinsäule in Gelb-Blaugrün, von ausgemeißelten, in sich verschlungenen Schlangenleibern umwunden. An ihr führte eine schwachgerundete Treppe zu einem meterhohen Podest, rechts bis in die Gasse (Ausguck). Im Hintergrund spannte sich nach rechts ein batikartiger, gelb-lila schillernder Rohleinen-Vorhang, nach links ein schwarz-grünblauer Schleier, hinter dem Kundry auftauchte.
Das Ganze war wirkungsvoll, wenn auch ein Fremdkörper zwischen den alten ›Parsifal‹-Bildern. Das verhehlten wir uns nicht, doch Siegfried sagte: ›Man muß mal so was wagen!‹ –.«
Für den »Ring« wurden drei fahrbare Wagen gebaut, die in unterschiedlicher Funktion Verwendung finden und eine Umwandlung der meisten Bühnenbilder zu plastisch geformten Bühnenräumen ermöglichen. Allerdings bleibt auch dies ein Kompromiß, da nicht alle Dekorationen vollplastisch ausgeführt sind.
Um dem Rechtsradikalismus bei den Festspielen entgegenzuwirken, läßt Siegfried im Festspielhaus einen Appell anschlagen: *»Wir bitten das verehrte Publikum herzlich, nach dem Schlusse der Meistersinger nicht zu singen. ›Hier gilt's der Kunst!‹«* Siegfrieds Appell ist original erhalten mit dem Auftrag an die Druckerei: *»Bitte in großen Lettern gleich reichlich drucken lassen und überall aufzukleben. ›singen‹ fett zu drucken.«*
Laut einschlägiger Quellen soll im Jahre 1925 das Singen im Publikum unterlassen worden sein. Franz Stassen berichtet aber, daß Siegfrieds Appell erst die Reaktion auf das erneute Absingen des Deutschlandliedes war: »Und als im folgenden Festspieljahr (...) man wieder ›Deutschland über alles‹ anstimmte, ließ er die Lichter im Festspielhaus ausdrehen.«
Adolf Hitler gehört zu den Festspielgästen des Jahres 1925 – inkognito, wie er behauptet, da Siegfried Winifred beschworen hat, sie möge alles daransetzen, daß Hitler nicht wieder erscheine. Hitler rächt sich in der Öffentlichkeit dafür auf seine Weise: er besucht die Künstlerkneipe »Eule«, in der er besonders viele Freunde Siegfrieds anzutreffen hofft, und wettert gegen die »Rassenschande«, denn Siegfried hatte die Partie des deutschen Göttervaters mit dem Juden Friedrich Schorr besetzt.
Siegfried Wagners Skepsis über den Verkauf von Festspielkarten, *»Mit den Anmeldungen stockt es leider sehr! Wenn unser Haus nicht voll wird, dann sieht's traurig mit der Zukunft aus! Ich bin besorgt!«*, sollte sich allerdings erfüllen. »Die Mittelaufführungen waren mur mäßig besucht«, weiß Otto Daube zu berichten, der in diesem Sommer, zusammen mit Herbert Müller-

»Parsifal«, 2. Aufzug 1. Bild

»Götterdämmerung«, Vorspiel, 1. Bild

Heynen, als Pendant zu den zahlreichen Wagnervereinigungen des »Bayreuther Bundes«, am 1. August 1925, einen »Bayreuther Bund der deutschen Jugend« ins Leben ruft. Damit will der fünfundzwanzigjährige Daube insbesondere die sonst in Wagner-Kreisen vernachlässigte Beschäftigung mit den Kompositionen Siegfried Wagners fördern.

Während Daube den Vorsitz führt und Müller das Amt des stellvertretenden ersten Vorsitzenden bekleidet, gelingt es den Jünglingen, Siegfried Wagner, Winifred, Daniela, Eva, Blandine, Wolzogen, Stassen, Pretzsch und einige weitere, durch ihren Einsatz für Richard Wagner bekannte Personen in ein Ehrenpräsidium zu wählen – und bereits für den folgenden Sommer eigene Festspiele unter besonderer Berücksichtigung der Werke Siegfried Wagners anzukündigen.

Denn obgleich im Jahr 1926 das fünfzigjährige Jubiläum der ersten Bayreuther Festspiele zu feiern wäre, steht bereits fest, daß keine Festspiele stattfinden werden – und das nicht nur, weil Siegfried sich allen Äußerlichkeiten gegenüber ablehnend verhält, sondern weil er eine Neuinszenierung des »Tannhäuser« plant, die eines vorbereitenden Pausenjahres bedarf.

Nach den Festspielen gönnt sich Siegfried zunächst einige Tage Ruhe, bevor er zu einem Konzert nach Brünn aufbricht.

Er konzipiert einen Rundfunkvortrag, der eine erweiterte Fassung seines Amerika-Reiseberichtes darstellt. Nach den Erlebnissen und Ergebnissen der Amerika-Tournee fährt er fort:

»Sie wollen gewiß ganz genau über unsere Bayreuther Zukunftspläne hören. Es hat manche befremdet, daß wir 1926 nicht spielen, wegen des Jubiläumsjahres. Ich glaube, nicht betonen zu müssen, daß wir in Bayreuth überhaupt nicht Freunde von Jubiläen und dem lästigen Drum und Dran solcher Feiern sind: Festartikel, Festessen, Festreden etc. Die Zeiten sind viel zu ernst und trübe, als daß man etwas zu Jubilieren hätte. Oder sollte man bei anderer Gelegenheit die Wahrheit sagen und erinnern, wie man meinen Vater im Jahre 1876 im Stich gelassen, dergleichen 1882, daran erinnern, wie man es später mit meiner Mutter gemacht hat und nun jetzt mit mir? Lieber nicht, es ist ja ein zu trauriges Kapitel der Erinnerung, die dieses sogenannte Jubiläum erwekken würde. Wir feiern das Jubiläum nächsten Sommer, indem wir vorarbeiten. Wollen wir ein neues Werk herausbringen, so brauchen wir unbedingt ein Probejahr, einen freien Sommer, in dem wir mit den Künstlern dieses Werk vorbereiten. Von dieser künstlerischen Vorarbeit haben selbst solche, die regelmäßig nach Bayreuth kommen, meistens keine Ahnung, insbesondere welches Gewicht auf Darstellung, vor allem richtige Deklamation gelegt wird. Es ist ja bekannt, daß, ausgenommen das Englische, kein Volk seine Sprache so schlecht beherrscht, wie wir Deutsche. Wenn ich am 15. Juni die offiziellen Proben zu den Festspielen beginne, ist die ganze Detailarbeit fertig, und es braucht nur noch das Zusammenspiel probiert werden.«

Nachdem er über seinen Plan, den »Tannhäuser« neu zu inszenieren und

Siegfried Wagner mit Franz Stassen und Otto Daube

über die Aufführungsgeschichte dieser Oper berichtet hat, fährt Siegfried fort, wie unangenehm es ihm ist, daß man in Bayreuth *»gegen die Ausländer loszog«: »Diesen Schimpfern pflege ich zu antworten: Uns ist in Bayreuth jeder willkommen, der mit Herz und Geist an uns hängt, sei er, welcher Nationalität er wolle. (...) Es freute uns, zu erfahren, daß von der Presse in diesem Jahre die Notwendigkeit von Bayreuth anerkannt wurde. Auch aus dem Auslande, besonders aus dem amerikanischen und aus England kam uns viel Anerkennendes zu. Nach einer zehnjährigen Pause so etwas wie die Festspiele wieder aufzubauen, gehört wahrlich nicht zu den Leichtigkeiten, und wenn unseren Bestrebungen halbwegs Gerechtigkeit widerfährt, so sind wir dafür dankbar. Mehr verlangen wir gar nicht. Wie ich schon im vorigen Jahr in einem kleinen Berichte schrieb, so wiederhole ich es jetzt: die Vollendung zu erreichen ist uns Menschen nicht gewährt, aber nach ihr zu streben, ist als Ziel aufs innigste zu wünschen!«*

Intermezzo Sinfonico II: Symphonie

Parallel zur Komposition seines Opus 16, der Oper »Wahnopfer«, arbeitet Siegfried an einer Symphonie. Siegfried greift zu dieser Form, die doch den Prinzipien der in Bayreuth hochgehaltenen Neudeutschen Schule zuwiderläuft, weil er mit einem symphonischen Werk in Konzerten wenigstens ein komplettes Opus, nicht ein Fragment, vorstellen kann, vielleicht auch aus Unzufriedenheit über zu wenige, insbesondere zu wenig qualitätvolle Aufführungen seiner Bühnenwerke, verbunden mit der Tatsache, daß ihm die Gelder fehlen, komplette Opernmaterialien zu drucken.
»Ich habe x Sachen fertig im Schubfach, kann sie nicht drucken lassen, wie ein Maler, der keine Farben mehr haben kann! Und doch schafft man weiter und freut sich, wenn alle Monat einmal die Sonne scheint«, heißt es schon im Juni 1923 in einem Brief Siegfrieds an Rosa Eidam. *»In der Not frißt der Teufel Fliegen, und ich komponiere eine Symphonie. Aber man will doch mit dem Publikum in Fühlung bleiben; die großen Theater verschließen sich weiter, bis meine Todesanzeige im Berliner Tagblatt steht. (...) Es reizte mich, in einer anderen Form mal etwas zu schaffen«*, lautet eine Mitteilung aus dem Jahr 1925 an Otto Daube.
Den Wagnerianern ist zu dieser Zeit das Komponieren einer Symphonie – trotz einiger Anhängerschaft zu Anton Bruckner – so suspekt, daß diese Tat auch als eine innere Befreiung von der Wahnfried-Doktrin angesehen werden kann, die mit dem Entschluß, sich offen als Liberaler zu erklären und damit gegen den aufblühenden Nationalsozialismus Stellung zu beziehen, zusammenhängt.
Immerhin war allein die Tatsache, daß Siegfried Wagner (wie Brahms!) auch eine Symphonie komponiert hat, der Wahnfried-Archivarin Gertrud Strobel Anfang der Siebzigerjahre noch so peinlich, daß sie dem Verfasser gegenüber immer wieder beteuerte, Siegfried habe zwar eine Symphonie komponiert, aber nur zu Übungszwecken und nicht für die Öffentlichkeit, womit die linientreue Archivarin auch die Tatsache unter den Wahnfried-Teppich zu schieben gedachte, daß die Symphonie mehrfach zur Aufführung gekommen ist und – wäre es nach Siegfrieds Willen gegangen und hätte er das finanzielle Desaster der Weimarer Festspiele nicht zu tragen gehabt – durchaus nicht erst postum ...
Den ersten Satz, ein Moderato (»mäßig bewegt«) konzipiert Siegfried im April 1925, für den zweiten wählt er das Vorspiel zum »Friedensengel«, den dritten Satz, ein Allegro, und den Mosso-Schlußsatz schreibt er im Anschluß an den ersten Satz nieder und rechnet auch gleich die Aufführungsdauer der Sätze

aus. Nach den Festspielen des Sommers 1925 beginnt er mit der Orchestrierung der Kompositionsskizzen und schließt am 27. August den ersten, am 26. September den dritten und am 6. Oktober 1925 den vierten Satz der Symphonie in Partitur ab. Doch ihre endgültige Fassung sollte die Symphonie erst zwei Jahre später erhalten. Die Gründe hierfür sind wieder einmal recht dubios und liegen im Privatbereich.

Winifred ist offenbar auf Siegfrieds außereheliche erotische Abenteuer aufmerksam geworden – oder von Dritten gemacht worden – und bemüht sich ihrerseits redlich, den Freunden Siegfrieds das Leben zur Hölle zu machen. Möglicherweise ist Winifreds Wissen eine vielfach unterschätzte Macht, die sie Siegfried gegenüber ausspielt und die dazu beiträgt, daß er nicht so scharf gegen Winifreds nationalsozialistische Begeisterung vorgehen kann, wie er eigentlich gerne möchte. So ist es offenbar Winifred zuzuschreiben, daß Siegfrieds Werke – seit dem »Schmied von Marienburg« – wieder beim Verlag Max Brockhaus in Leipzig erscheinen und nicht bei Siegfrieds intimem Freund Carl Giessel. Da Siegfried das Vorspiel des bei Giessel erschienenen Opus 10 aber als zweiten Satz wählt, kann die Komposition aus juristischen Gründen nur bei diesem Verleger erscheinen. Durch eine Verbindung über ihren Münchner Vormund Bechstein schlägt Winifred vor, die Symphonie bei Hanfstaengl in München erscheinen zu lassen – und Hanfstaengl ist tatsächlich bereit, die Rechte für den zweiten Satz bei Giessel zu erwerben, der aber stellt sich – möglicherweise sogar im Einvernehmen mit Siegfried – stur.

Am 20. Oktober hat Siegfried das Vorspiel zu »Wahnopfer« in Partitur abgeschlossen und versieht das Ende mit dem in Bleistift geschriebenen Kommentar: *»So traurig.«*

»Reise viel herum zu Konzerten, um Geld zu verdienen«, heißt es in einem Brief Siegfrieds an Ludwig Karpath. *»Hätte man auch nicht gedacht, daß man mal noch in Zeitz, Naumburg, Glauchau etc. dirigieren würde! Macht aber nichts! Man lernt überall liebe Menschen kennen, und das Menschliche ist nun mal doch die Hauptsache.«*

Von einem Konzert in Nordhausen zurückgekehrt, findet Siegfried ein Schreiben seines Agenten Michel vor, der sich pikiert zeigt, daß Siegfried mit einem Wiener Agenten – und nicht mit ihm – eine Polentournee geplant hat. Siegfried antwortet:

»Sie werden sich erinnern, daß ich Ihnen beim Abschied in Bayreuth sagte: Also, Herr Michel, bis zum 15. September gehe ich mich erholen, dann bin ich zu Hause und erwarte Ihre Nachrichten! Ich wartete nun und wartete, und es kam nichts. Ich dachte mir, H. Michel hält die Zeiten für zu schlecht, und da unternimmt er nichts. Na, dann wird jetzt genommen, was kommt. Und so tat ich es auch. Das wird mir doch keiner verdenken. Endlich, am 16. Oktober kam Ihr erster Brief. Was Polen anbetrifft, da bin ich allerdings etwas unkonsequent. Knepler (Wien) hatte schon im Okt. vorigen Jahres, als ich dort dirigierte, mit mir wegen Spanien und Polen angebändelt. Vor kurzem kam er

nun wieder. Er suchte meine Bedenken zu zerstreuen, indem er viele Künstler nannte, die dort konzertiert hätten (auch Nicht-Jüdische), und die dort sehr herzlich aufgenommen worden seien. Na, kurz, ich gab den Korridor auf! Was soll ich auch mit einem Korridor, da zieht es doch meistens!! – Hätten Sie bestimmte Vorschläge etc. bei Zeiten gebracht, hätte ich sie ja ebenso gern von Ihnen angenommen.
Also seien Sie nicht immer gleich so sensitiv! Sie kennen mich doch zur Genüge, daß ich für heutige Zeiten doch ein recht anständiger Charakter bin! Vom 2. bis zum 25. Nov. bin ich besetzt. Am 2. Dez. habe ich Radio-Konzert in Leipzig. Dazwischen soll ich mal Grammophon dirigieren in Berlin (2 Gesellschaften reißen sich um mich, Sie sehen, ich mache mich trotz...!), Datum von mir abhängig.
Sondershausen ist mir recht! Bin gestern da vorbeigefahren! Man hätte es so leicht in Einem machen können. Aber da hinten schläft man wohl etwas! – Nordhausen war sehr nett, gerappelt voll. S. W. beginnt zu ziehen!«
Michel bietet ihm kurz darauf ein Konzert in Berlin an und fragt nach einem Vorschlag für das Düsseldorfer Opernhaus an. »*›Hütchen‹ – wird den lustigen Rheinländern gefallen*«, ist Siegfrieds Antwort, die »*Hauptsache!*« aber Berlin: »*Ich telegraphiere sofort an die ebenso reizende wie unzuverlässige Barbara Kemp! – Wollen Sie mir, sobald es geht, mitteilen, ob das Datum feststeht. Ich schreibe dann gleich an alle Freunde. (...) Nur sofort annoncieren! Kann nicht früh genug sein. Ich habe in Berlin immer ein glänzendes Publikum. Wir machen natürlich ein schlemmerhaftes Programm (...). Möchte auch gern das Flötenstück machen, das überall besonders gefällt. Natürlich Glück, Heilige Linde und Scherzo. Das übrige muß ich mir überlegen, auch je nach der Kemp. (...) Orchester 60 Mann (es sind wohl die Philharmoniker!) genügt. Meine Sachen sind so anständig instrumentiert, daß sie immer klingen (Größenwahn!).*«
Voller Vorfreude auf sein Berliner Konzert schreibt er seiner »Königin von Saba«, Marie Dernburg, einen humorvollen Brief:
»*Allergroßmächtigste Königin der Palmen und der Wüste! (letzteres bezieht sich natürlich nur auf den Sand in der Mark) Also aufgepaßt: Block her und notiert: Am 14. Dezember Philharmonie, phenomenales Siegfried Wagner Konzert mit Barbara Kemp. Jetzt bitte ich mir aus, daß Sie alles, was Beine, Hirn und Herz hat, dazu zusammentrommeln. Ich will ein feines Publikum! Sagen Sie es Anne Noak, Ellen Siemens etc.! So etwas Feines kriegen Sie nicht alle Tage zu hören! –*
Nur eine Frage: Wollen Sie in der Mitte der ersten Reihe einen Thronhimmel errichtet haben? Samt oder Seide? Palmenwedel? Perserteppiche? Was machen wir nach dem Konzert? Etwas Feines?
Strengen Sie halt Ihr Hirn einmal bißchen an! Mein Gott, bei Der Figur müßte das doch nicht schwer sein! Kann Ihr lieber Gatte mir einen guten Schneider empfehlen? Nicht zu blödsinnig teuer! Ich habe mehr Löcher, als normaler-

weise der Mensch zu haben hat, ich meine natürlich im Portemonnaie. (An was haben Sie jetzt womöglich gedacht!! how shocking!)
(Sie, zeigen Sie den Brief nicht herum!)
Machen Sie wieder ein schlemmerhaftes Dejeuner? Aber kein Monstre Thee! Das haß ich! Und keine faden Nocken!
Nun genug der Frechheiten!
So mit einer Königin zu korrespondieren!!
Herzliche Grüße von Allen! werdens' nicht gar zu dünn! Mein Gott man spießt sich bald an den Ellenbogen!
Ihr getreuer
Siegfried Wagner.
Grüßen Sie den Gatten herzlichst«

Am 14. November fährt Siegfried nach Leipzig, wo er bei Otto Daube Quartier nimmt, um alle Planungen für die Siegfried-Wagner-Festspielwoche bei den Deutschen Festspielen des kommenden Sommers zu besprechen, ein Rundfunkkonzert zu dirigieren und seinen bereits erwähnten Vortrag ins Rundfunkmikrofon zu sprechen. Daube, ein glühender Anhänger der Kunst Siegfried Wagners, beweist, daß er die Kompositionen des väterlichen Freundes auch meisterlich auf dem Klavier spielen kann. Weimar soll, nach Daubes Willen – allein schon wegen Siegfrieds starker Beziehung zu Schiller und Goethe – für Siegfried das werden, was Bayreuth für Richard Wagner ist. Sogar die Bayreuther Künstlerkneipe »Eule«, mitsamt den großformatigen Pastellzeichnungen Franz Stassens zu Siegfrieds Opern und all den anderen Erinnerungsfotos an Aufführungen von Werken Siegfried Wagners, soll – zumindest zeitweise – nach Weimar verpflanzt werden. Um Geld zu sparen, will der Bund die Sänger ohne die Vermittlung einer Agentur verpflichten. Am 24. November bricht Siegfried, der zu allen Planungen Daubes sein Placet gegeben hat, zu Konzerten nach Quedlinburg und Sondershausen auf.
Das Konzert in Berlin, am 14. Dezember 1925, führt zu dem von Siegfried erhofften Erfolg. Besonderen Zuspruch erntet das Vorspiel zur »Heiligen Linde«, das erstmals in Berlin auf dem Programm steht. Am nächsten Tag hält er einen Vortrag im »Verein Berliner Presse«, wobei es ihm insbesondere darauf ankommt, die Bayreuther Festspiele *»für vollkommen apolitisch«* zu erklären. Louis Michel ist mit dem Ertrag der von ihm vermittelten Konzerte zufrieden, ärgert sich aber darüber, daß er nicht die Weimarer Festspiele betreuen soll – und führt das auf eine antisemitische Haltung zurück.
»Liebster Otto«, schreibt Siegfried im Januar 1926 aufgeregt, aber auch mit einer unverhohlenen Warnung an Daube, *»hier wird schon verbreitet, daß der Bund antisemitisch ist. Du kannst Dir denken, wer der Verfasser ist, L. M., weil ärgerlich, daß ohne ihn Weimar gehen soll. Ich schrieb sofort an Dr. Weill, daß das eine Lüge sei, daß Du viel zu vernünftig und ruhig seist, um mir mit derlei einen schlechten Dienst zu erweisen. Aber Du siehst, wie es gemacht wird.*

Ich schrieb sehr energisch an Weill und deutete deutlich auf M., ohne ihn zu nennen. Es ist eine... wie heißt das Wort?«
In Siegfrieds Schreiben vom 19. Januar 1926 an Dr. Bruno Weill heißt es:
»Es wird das Gerücht verbreitet, daß der Bayreuther Bund der Deutschen Jugend, den Herr Otto Daube ins Leben gerufen hat und der im Sommer einige Aufführungen von zweien meiner Opern veranstaltet, antisemitische Tendenzen habe. (...) Ich teile Ihnen nun mit, daß kein Wort daran wahr ist. Herr Otto Daube, ein ruhiger, vernünftiger Mensch, weiß, daß er mir den schlimmsten Dienst tun würde, wenn er irgend politische Tendenzen verfolgt. Es liegt auch seiner Natur ganz fern, ich habe lange mit ihm über diese Frage gesprochen, und er teilt vollständig meine Ansicht. Es ist doch wirklich bedauerlich, daß immer wieder gewühlt und gehetzt werden muß. Hält man mich denn für so verlogen, daß ich an einem Tage so spreche und dann gleich darauf das Gegenteil tue?«

Ende Februar reist Siegfried nach Karlsruhe, wo am 4. März endlich Opus 10, »Der Friedensengel«, seine Uraufführung erlebt. Otto Krauß gelingen in seiner Inszenierung die »Teile und Szenen derben Humors« besonders gut, wie die ›Musikblätter des Anbruch‹ in Wien vermelden, aber er streicht die Szene, die den Pfarrer im Konflikt zwischen Anspruch und selbst ausgeübter Praxis zeigt. Die Kölner Zeitschrift »Oper« hebt hervor, daß die Inszenierung »augenscheinlich in den Massenszenen von Siegfried Wagner beeinflußt« war.
Einen kleinen Eklat gibt es bei der anschließenden Premierenfeier. Auf eine ihn diskriminierende Bemerkung Winifreds hin entschließt sich Siegfrieds Freund und Verleger Carl Giessel spontan, nicht länger die Verlagsgeschäfte für Siegfrieds Werke zu übernehmen. Offizieller Anlaß zu diesem Schritt ist Winifreds Absicht, die Partitur der Symphonie bei Hanfstaengl in München erscheinen zu lassen, die Hintergründe liegen im Halbschatten, werfen aber eine bedrückende Stimmung auf die Festgesellschaft, die Giessel vorzeitig verläßt.
Wie gewohnt, schreibt Siegfried Anfang April humorvoll an Maria Dernburg, um ihr seine Ankunft in Berlin mitzuteilen:
»Ich fühle einen tiefen Drang, einer Königin einen Fußfall mit anschließendem Handkuß zu machen! Nun sind Sie eine der wenigen übriggebliebenen und erreichbaren Königinnen. Darum sind Sie das Opfer dieser Huldigung. Vom 10. bis 13. April bin ich in Berlin (Hospiz Marburger Str.) Am 13. im Rundfunk Schwarzschwanenreich. Daß Sie nicht zum Friedensengel in Karlsruhe waren, finde ich bodenlos!! Hab keine Worte. So schnöd mich zu ignorieren!! Wartens nur!! Ihr ergebenster S. W.«
Zur Rundfunkaufführung erscheint ein eigenes Textbuch in der von Cornelis Bronsgeest herausgegebenen Reihe »Sende-Spiele der Funkstunde Berlin«. Stassen berichtet von einer kleinen Episode bei der Probe, die zeigt, daß

Siegfried nicht immer schlagfertig und witzig ist. Als nämlich im dritten Akt der Bach-Choral anklingt und daraufhin zwei Musiker »eine schnoddrige Bemerkung« darüber machen, legt Siegfried den Taktstock nieder und sagt »mit richtendem Ernst: ›Meine Herren, das sind wohl die Errungenschaften von 1918.‹«

Vergleicht man das Rundfunktextbuch mit der Partitur, so wird ersichtlich, daß Siegfried in der Übertragung nicht nur selbst mehrere Striche zur Verkürzung angebracht, sondern auch bearbeitend eingegriffen hat: so findet Hulda im zweiten Akt zwar das Grab des von ihr ermordeten Kindes, stellt aber keinerlei Reflexionen über ein gesprenkeltes Ärmchen mit Satanskrallen an. Diese Verkürzung hat nicht nur damit zu tun, daß einige der Hofdamen bei der Generalprobe zur Uraufführung dieser Oper, im Jahr 1918 in Karlsruhe, angeekelt ihre Plätze verlassen hatten, der Eingriff führt die Handlung auch geradlinig weiter, unter Vermeidung der ursprünglichen Verschmelzung von Psychologie und Mythos.

Im Programm des Konzertes, das er am 19. April mit dem städtischen Orchester in Heidelberg musiziert, kombiniert Siegfried das Vorspiel zum »Hütchen« mit Wittichs Sonnengesang und dem Vorspiel zur »Heiligen Linde«.

Nach Bayreuth zurückgekehrt, macht sich Siegfried endlich daran, die Operndichtung zu seinem Opus 15 niederzuschreiben. Nie hat er eine Handlung so lange vorher konzipiert, geschweige denn eine Ouvertüre so früh vor der Niederschrift der Oper zur Aufführung gebracht wie bei der »Heiligen Linde«. Das Ende der Dichtung trägt den Vermerk »10. 6. 1926 Bayreuth«.

Sehr zu Siegfrieds Leidwesen läßt Winifred nicht von ihren Kontakten mit der NSDAP, der sie sogleich nach der Gründung beigetreten ist. Er selbst weigert sich entschieden, der Partei beizutreten oder der oft an ihn herangetragenen Aufforderung zum Eintritt in die Nationalsozialistische Gesellschaft für deutsche Kultur nachzukommen. Anfang Mai ist der Reichspropagandaleiter Joseph Goebbels bei Chamberlain und anschließend bei Winifred zu Gast. Seine Tagebucheintragungen werfen insbesondere ein Licht auf Winifreds Position gegenüber Siegfried: »Frau Wagner holt mich zum Essen herein (...) So sollten sie alle sein. Und fanatisch auf unserer Seite. Herzige Kinder. Wir sind alle sofort Freund. Sie klagt mir ihr Leid. Siegfried ist so schlapp. Pfui! Soll sich vor dem Meister schämen. Auch Siegfried ist da. Feminin. Gutmütig. Etwas dekadent. So etwas wie ein feiger Künstler. Gibt es das? Gehört zum Künstler nicht wenigstens Zivilcourage?! Seine Frau gefällt mir. Ich möchte sie als Freundin haben. Sie führt mich durch des Meisters Zimmer. (...) eine junge Frau weint, weil der Sohn nicht ist, wie der Meister war.«

In seinem Artikel »Weltbürgertum in Bayreuth« (1976) zieht Herbert Barth aus dem 1961 veröffentlichten Tagebuch von Goebbels den Schluß, »Siegfried Wagner wird also die Hitler-Begeisterung seiner Frau nicht geteilt haben« und stellt dem Zeugnis des misanthropischen NS-Politikers das Urteil des Philanthropen Albert Schweitzer entgegen: »Ich habe selten so einen natürlichen und von Grund aus so gütigen und edlen Menschen angetroffen wie ihn.«

Am 3. Juni leitet Siegfried ein Konzert in Frankfurt, bei dem Webers Ouvertüre zum »Freischütz«, Wagners Wesendonck-Lieder, Liszts Orpheus sowie die Vorspiele zu Siegfrieds Opern »An allem ist Hütchen schuld« und »Die heilige Linde« auf dem Programm stehen; am darauffolgenden Tag findet in Frankfurt ein Gedenkkonzert für den wohl potentesten Komponisten der Zeit vor dem Ersten Weltkrieg, den 1915 bei Tarnopol gefallenen Rudi Stephan statt.

Noch bevor die Proben in Weimar beginnen, probt Siegfried in Bayreuth für die nächstjährigen Festspiele. *»Aus Geldmangel mußten wir leider Tannhäuser aufgeben und machen dafür Tristan, der nicht so kostspielig ist«,* meldet Siegfried seinem Freund Karpath nach Wien, trotzdem hat er seinen Lieblingsplan, im Sommer 1927 den »Tannhäuser« zu spielen, noch nicht ganz aufgegeben, wie Kurt Söhnlein zu berichten weiß. Neben der Neunten Symphonie Ludwig van Beethovens, mit der die Festspiele in Weimar eröffnet werden sollen, stehen an musikalischen Werken einzig Kompositionen von Siegfried Wagner auf dem Programm. Allerdings rahmt Siegfried ein von ihm dirigiertes Festkonzert zum Gedenken an die vor fünfzig Jahren eröffneten Bayreuther Festspiele, am 25. Juli 1926, mit der Ouvertüre zu »Rienzi«, dem Siegfried-Idyll und dem Vorspiel zu den »Meistersingern« ein, während drei Kompositionen seiner dritten Schaffensperiode den Mittelteil bilden, das Scherzo »Und wenn die Welt voll Teufel wär«, die Symphonische Dichtung »Glück« und das Vorspiel zur Oper »Die heilige Linde«. Den »Bärenhäuter« hat Franz von Hoesslin, das »Sternengebot« Karl Elmendorff einstudiert, aber die jeweils zweite Aufführung dieser Opern leitet wieder – wie so oft an den Stadttheatern – der Komponist selbst.

Am 18. Juli hebt sich im Deutschen Nationaltheater Weimar der Vorhang für eine Neuinszenierung des »Bärenhäuter« in der Regie von Alexander Spring – allerdings nur für die Mitglieder des Bayreuther Bundes der deutschen Jugend. Die öffentliche Erstaufführung erfolgt erst am 22. Juli. Alle Opernaufführungen der Weimarer Festspiele beginnen, dem Muster Bayreuths folgend, bereits am Nachmittag um 16 Uhr. Parallel zum »Bärenhäuter« hat Spring auch die Oper »Sternengebot« inszeniert, die am 20. Juli geschlossene und vier Tage später öffentliche Premiere hat.

Kurt Söhnlein betrachtet diese Inszenierung als den ersten »zielbewußt durchgesetzten Versuch«, den Partituren Siegfried Wagners, die »darstellerisch wie szenisch starke Individual-Ansprüche stellen«, gerecht zu werden: »Der ›Bärenhäuter‹ – offensichtlich aus teilweise vorhandenem, teilweise hinzuergänztem Material zusammengestellt – ließ das klangverwandte märchenhafte frühlingsfrische Schaubild vermissen. Im ›Sternengebot‹ aber war eine starke Lösung gefunden. Man konnte Einzelheiten ablehnen, welche weitgehend die Vorschriften des Dichters beiseite stellten; aber niemand

Deutsches Nationaltheater Weimar
22. bis 31. Juli 1926
F. Stassen
Deutsche Festspiele und
Siegfried-Wagner-Festspielwoche
22., 26., 31. Juli:
Der Bärenhäuter
von Siegfried Wagner
23., 27., 30. Juli:
Münchhausen
von Friedrich Lienhard
24., 28., 29. Juli:
Sternengebot
von Siegfried Wagner
25. Juli: Hans von Wolzogen-Morgenfeier 25. Juli:
Mitwirkende: Siegfried Wagner, künstl. Leitung, Karl Elmendorff, Staatsoper München und Generalmusikdirektor Franz v. Hoesslin, Dessau (musikalische Leitung), Alex. Spring, Stadttheater Aachen (Regie), Kammersänger Eduard Habich, Staatsoper Berlin, Heinrich Schultz, Staatsoper Berlin, Rudolph Watzke, Staatsoper Berlin, Josef Correck, Staatsoper Dresden, Hanns Beer, Volksoper Wien, Elli Sendler, Berlin, Fritz Wolff, Würzburg
Inge Garauw, Landestheater Koburg, Anton Maria Topitz, Berlin (zuletzt Stadttheater Leipzig) u. a.
Karten zu 20.–, 15.–, 10.–, 8.–, 6.–, 5.– und 3.– Mark (für eine Einzelaufführung).
Anfragen und Kartenbestellungen: W. Härtel & Co. Nachf., Leipzig, Johannisgasse 30 III, Abt.: Deutsche Festspielverwaltung.
Druck von W. Härtel & Co. Nachf., Leipzig

konnte leugnen, daß diese Inszenierung ein ganz eigenes Gesicht trug! Und dessen Züge waren die Züge des Werkes selbst: seine großlinige ruhige Klarheit, seine edle schlichte Feierlichkeit. Und jedem war es bewußt, wie stark nun gerade erst das Werk zur Wirkung kam. –«

Mit seinem Einheitsbühnenbild – einer Durchsicht durch einen rampenparallelen Torbogen, wie man ihm später in Bühnenbildern von Emil Preetorius des öfteren begegnet –, in dem nur geringe Veränderungen des Grundaufbaus erfolgen, schafft Spring den Rahmen für eine Inszenierung, die in der Geschichte der Siegfried-Wagner-Rezeption auf der Bühne einen exemplarischen Höhepunkt darstellt, den allerdings Spring selbst mit seinen späteren Inszenierungen nie wieder erreichen sollte.

»*Die Aufführungen waren wirklich erstklassig. Spring hat sich als Bayreuth-Schüler in der Regie prächtig bewährt, ebenso die Dirigenten Hoesslin und Elmendorf*«, kommentiert Siegfried das Ergebnis gegenüber Ludwig Karpath. »*Natürlich hat die Clique, der ich nicht in den Kram passe und die sieht, daß man mit dem bloßen Totschweigen und Herunterreißen meiner Sachen auf die Dauer nicht auskommt, es versucht, auf andere Weise uns zu schaden, indem sie verbreitete, es sei eine völkische, antisemitische Sache gewesen! Das ist einfach lächerlich, und es ist tieftraurig, daß man zu solchen Lügen greifen muß. Von vornherein hatte ich erklärt, daß ich meine Teilnahme nur zusage, wenn alles Tendenziöse ausgeschaltet bleibt. Das war auch Otto Daubes Ansicht, und so wurde auch gehandelt. Wenn man friedlich nebeneinander leben will, was meine Absicht ist, so darf der Friede nicht ein einseitiger sein! – Daß der Bayreuther Bund für den Deutschen Geist eintreten will, ist doch wohl sein Recht. Ist denn der Deutsche Geist ein Verbrechen? Aber es scheint jetzt so weit gekommen zu sein, daß wenn man sagt, man ist ein Deutscher, daß man dann als ›Antisemit‹ etc. verschrien wird. Merkwürdiges Land! In jedem anderen Lande ist es selbstverständlich, daß man ein Engländer oder Franzose oder Italiener etc. ist.*«

Der Vorwurf der Politisierung, das »Eintreten für den Deutschen Geist«, erfolgt allerdings nicht zu Unrecht, denn der hat sich wieder einmal in einer Art und Weise in den »Festspielführer« eingeschlichen, die auch für liberal Denkende kaum mehr tragbar erscheint: In einem Aufsatz »Deutsche Festspiele« redet der Kunsthistoriker Professor Dr. Reinhold von Lichtenberg einem »Reichsbund Deutsche Kunst dem Deutschen Volke« das Wort, »zum Segen Deutschen Volkstums und Deutscher Kultur«. Und damit kommt er dem Präsidenten des »Alldeutschen Verbandes« und Hauptschriftleiter der »Deutschen Zeitung«, August Püringer, empfindlich nahe, der Siegfried bereits wiederholt aufgefordert hat, jüdische Künstler in Bayreuth auszuschließen, woraufhin Siegfried ihm jedesmal die kalte Schulter gezeigt hatte. Siegfried hätte besser seiner inneren Stimme folgen sollen, die ihn anfangs vor der Klassifizierung »Deutsche Festspiele« zurückschrecken ließ. Auch hatte er zunächst berechtigte Bedenken gegen eine Koppelung seiner Opern mit Friedrich Lienhards Lustspiel »Münchhausen«, Hans von Wolzogens christlich ausgerichtetem Mysterienspiel »Longius« und einer Dichterlesung des drittklassigen Schriftstellers Wilhelm Kotzde gehegt, und der in Weimarer Kreisen kursierende Witz »Erst Siegfried Wagner, dann Wolzogen, dann Lienhard – und dann kotz' de!« geht offenbar auf Siegfried selbst zurück.

Höchst peinlich war Siegfried ein anderes Vorkommnis in Weimar, über das Friedelind Wagner in ihren Memoiren berichtet: »Einen der erregendsten Augenblicke meiner Kindheit erlebte ich bei einer besonders guten Aufführung vom ›Sternengebot‹. Nach dem letzten Vorhang stürmte eine Gruppe von Studenten in Vaters Loge; sie hoben ihn auf die Schultern und trugen ihn im Triumph durch das Foyer auf die Straße. Der arme Vater war puterrot vor Verlegenheit.« *»Gott bewahre mich vor solchen ›Festspielen‹!«*, schreibt Siegfried drei Jahre später an ein Mitglied des Bayreuther Bundes der deutschen Jugend. Siegfried wünscht keine Fortsetzung der Einordnung seiner Werke in ein solches Sammelsurium – und so bleibt die vierzehntägige »Siegfried-Wagner-Festspielwoche« zu Lebzeiten des Komponisten ein Unikum. Damit verbinden sich allerdings auch Kosten, die sich nun nicht auf mehrere Jahre verteilen lassen – und um deren Erstattung der Bayreuther Bund schließlich beim Komponisten nachsucht: insgesamt 40000 Mark betragen die Fehleinnahmen und Folgekosten, die Siegfried bis zum Jahr 1929 abzahlt. *»Dafür hätte ich drei Opern drucken lassen können, die jetzt wohl ungedruckt bis nach meinem Tode in der Schublade liegen können«*, kommentiert Siegfried im September 1929.

Nach seiner Rückkehr aus Weimar setzt Siegfried die Vorproben für den kommenden Bayreuther Festspielsommer fort. *»Eine prachtvolle neue Brünnhilde haben wir hier, Frau Larsen-Todsen, Schwedin, die in Amerika Triumphe feierte«*, berichtet Siegfried voller Freude an Karpath. Daneben komponiert er an seinem Opus 15.

Im September macht Siegfried mit seiner Gattin Urlaub in seinem Geburtsort Luzern. Hier erreicht ihn eine Anfrage Grete Buschs, ob ihr Mann bei den Festspielen des kommenden Jahres wieder mitwirken könne. Siegfried antwortet ihr ausführlich:

»Liebe verehrteste Frau Busch!

Daß wir Sie für eine ›goldige‹ Frau halten, werden Sie bestätigt finden aus meinem Ausspruch, den ich vor paar Tagen zu meiner Frau tat: ›das Netteste an Busch ist seine Frau!‹ –

Wahrscheinlich findet er das gleiche an mir! Jedenfalls ist das ein Kompliment, denn mit der Wahl seiner Frau zeigt der Mann, wer er ist! Wie oft, besonders leider bei Künstlern kommt es vor, daß der Mann sich nur nach einer erotischen Fleischmasse sehnt!!! Sie sehen also, wie ich im Grunde von Ihrem Gatten Fritz denke und denken will!

Diese schöne Einleitung ist keine captatio benevolentiae! Die habe ich bei Ihnen nicht nötig, denn ich bin der ›benevolentia‹ sicher!

›Alea iacta est‹! (...)
Lassen Sie mich Ihnen nun ganz offen sagen: die zwei Gründe, weshalb ich nicht wagte, Ihren Gatten aufzufordern.
Der erste ist eine Art Aberglauben. Als Verehrer von Schopenhauer glaube ich an das, was er schreibt, so z. B. an den Passus über die Duplicität der Fälle, daß Erlebnisse und Erfahrungen sich fast immer zweimal einstellen! Ich habe also das Gespenst vor mir, daß wieder drei Wochen vor Beginn der Proben eine Absage (es braucht ja keine willkürliche zu sein, ich zweifle nicht an der Wahrhaftigkeit des Grundes) kommt! ›Wird Muck wieder einspringen? Muß ich selber daran, der die ganze Regie und Inszenierung zu leiten hat? Wo finde ich die Zeit dazu?‹ – und mehr derlei Fragen, die auf einen einstürmen.
Das ist das Eine! Das andere ist: Muck. Ich will Ihnen ganz ehrlich sagen: Muck ist so erbittert gegen Ihren Mann wegen der damaligen späten Absage, daß ich befürchten müßte, er würde mir den Taktstock vor die Füße werfen. Nun wissen Sie ja, wie wir zu Muck stehen und wie wir alles tun, diesen Mann uns zu erhalten, solange er überhaupt nur den Taktstock noch heben kann und selbst noch darüber hinaus! (...)
Ich würde mich ja nur freuen, wenn Ihr Gatte wirklich ein Bayreuther würde! Nötig (äußerlich) hat er es ja nicht: Er ist berühmt, gefeiert, blitzartig schnell aufgeschossen, aufgeblüht! Ob ihn das dauernd befriedigen wird, ist eine andere Frage! Vielleicht wäre eine dornenreichere Bahn, wie Bülow, Klindworth und andere es hatten, für die seelische und geistige Entwicklung von größerem Werte gewesen.
Hätte ich nicht Interesse an Ihrem Manne, glauben Sie, daß ich Ihnen so eingehend schreiben würde. Würde ich nicht kurz antworten: Leider ist die Wahl etc.
Wir sitzen seit drei Wochen in Luzern zur Erholung, die recht nötig war!
Ich hätte mich gefreut, wenn Sie nach Weimar gekommen wären! Meine Frau grüßt herzlich. Sie findet Sie auch ›goldig‹! Herzlichen Dank für Ihren lieben offenen Brief, über den ich mich sehr freute! Grüßen Sie den Gatten bestens!
Ihr sehr ergebener Siegfried Wagner«
Zurück in Bayreuth vollendet er am 31. Oktober die Partitur des ersten Aktes »Die heilige Linde«. Der Eintrag am Ende dieses Aktes verleiht dem Datum der Fertigstellung symbolische Bedeutung: *»Bayreuth am Reformationstag 1926.«* Offenbar setzt Siegfried »Die heilige Linde« als seine These in Bezug zu Martin Luthers Thesenanschlag. Beides sind Manifeste gegen geistige Bevormundung. Dem halb geistigen, halb politischen Vorgang, der Anfang des sechzehnten Jahrhunderts die Umwälzung in der machtpolitischen Konstellation bewirkte und zu Luthers Thesenanschlag führte, stellt Siegfried das Bild der gefällten Linde an die Seite, die am Ende der Oper – als übrigens auch christliches Ideengut in den heidnischen Glauben mit eingeflossen ist – neu gepflanzt wird.
»Jetzt instrumentiere ich die ›Linde‹; kommt dann auch in den Kasten und

kann verschimmeln«, teilt Siegfried Otto Daube mit – nicht ohne Selbstironie, die auch in den Briefunterschriften *»Siegfried Wagner, Opernkomponist m. A. d. Ö. (was heißt das?)«* oder *»S. W., das Veilchen im Verborgenen«* zum Ausdruck kommt.

Für die »Münchener Neuesten Nachrichten« verfaßt Siegfried einen Aufsatz, der sich mit den bevorstehenden Festspielen, aber auch mit allgemeinen Fragen auseinandersetzt. So heißt es:

»Oft schon ist an uns die Frage herangetreten, warum wir nicht auch einmal den Rienzi brächten. Ein besonderer Dränger dazu ist begreiflicherweise unser Meister-Chor-Dirigent Rüdel. Und ich kann es ihm nicht verdenken; denn ich weiß, er würde etwas unvergleichlich Schönes bieten. Auch mich als Regisseur würde es sehr reizen. Aber ich glaube nicht, daß es im Sinne meines Vaters wäre. In einem der letzten Briefe an König Ludwig schreibt er: ›Ich gedenke meine Werke vom Holländer bis zum Parsifal aufzuführen.‹«

Die Überlegung, »Rienzi« in Bayreuth aufzuführen und sich damit über ein weiteres Veto der Hyperwagnerianer hinwegzusetzen, beschäftigt Siegfried jedoch stärker, als aus diesen Zeilen hervorgeht. Laut Kurt Söhnlein stellt für Siegfried die Fassung das Hauptproblem dar: *»Welche Striche sollten wir in Bayreuth machen? Welche wären wohl am ehesten im Sinne meines Vaters?«* Der Cosima-Fassung gegenüber hat Siegfried starke Vorbehalte: *»Julius Kniese (...) hat aber einige Eingriffe, eigene musikalische Zutaten, Überleitungen etc. für nötig gehalten und eingefügt. – Ich weiß nicht, ob dies das stilgemäß Rechte war.«* Anschließend vernimmt Söhnlein ein leises Aufseufzen Siegfrieds: *»... aber ich tät ihn arg gern mal machen ...!«*

In seinem Artikel für die »Münchener Neuesten Nachrichten« fährt Siegfried fort: *»Wiederholt hat man auch erörtert, ob nicht andre Werke, außer denen meines Vaters, in Bayreuth aufgenommen würden. Meine Antwort kann ich ziemlich kurz fassen: Mussolini baut in Italien ein Theater, das nur den Werken Verdis gewidmet sein wird. Und uns Deutschen wäre Richard Wagner nicht stark genug, daß ihm ein Theater ausschließlich sich weiht?«*

Dieser Passus bezieht sich auf einen Konflikt mit Hans Pfitzner, den Siegfried im Festspielsommer 1924 ausgefochten hat. Auf Siegfrieds Frage, warum Pfitzner nicht zu den Festspielen komme, hatte Siegfried von verschiedenen Seiten vernommen, Pfitzner sei gekränkt, daß seine Werke nicht in Bayreuth aufgeführt würden, nachdem er sich für den ausschließlichen legitimen Nachfolger von Richard Wagner halte. Dies erzählte Siegfried unvorsichtigerweise dem Hamburger Kritiker Professor Ferdinand Pfohl, der in einem Feuilleton über die Bayreuther Festspiele daraufhin schrieb: »Man hört gespitzten Ohres, daß Hans Pfitzner von Bayreuth die Aufnahme seines Palestrina in den Festspielen verlangt hat.« Das war in dieser Weise natürlich überspitzt formuliert, und Pfitzner verlangte auf der Stelle einen öffentlichen Widerruf Siegfried Wagners. Mit Siegfrieds Antwortschreiben vom 27. August 1924 zeigte sich Hans Pfitzner aber noch immer nicht zufrieden und forderte die ausdrückliche

Aus dem Autograph der Symphonie Siegfried Wagners (2. Satz)

Die Dirigenten Siegfried Wagner, Karl Muck, Franz von Hoesslin und Karl Elmendorff mit dem Festspielorchester auf dem plastischen »Ring«-Wagen (1927).

Bestätigung, »Ob ich jemals, schriftlich oder mündlich, von Bayreuth verlangt habe, daß eines meiner Werke dort selbst in den Festspielen aufgeführt werde«, was ihm Siegfried wunschgemäß schriftlich negiert. Den im ganzen Umfang bereits absurde Züge annehmenden Briefwechsel veröffentlicht Pfitzner dann in der »Allgemeinen Musik-Zeitung«, nicht ohne Pfohl die leichtfertige Verbreitung von Unwahrheiten zu unterstellen. Leider verhindert diese Angelegenheit, daß Siegfried Wagner Hans Pfitzner einmal als wirklich kompetenten Wagner-Dirigenten und -Regisseur zur Mitwirkung bei den Bayreuther Festspielen einlädt.

Seinen Artikel für die »Münchener Neuesten Nachrichten«, in dessen Einleitung die kommenden Festspiele des Sommers 1927 doch noch als »Feier des fünfzigjährgen Bestehens« angekündgt werden, schließt Siegfried mit folgendem Ausblick:

»Allen Anzeichen nach dürfen wir auch in diesem Sommer auf einen guten Besuch der Aufführungen rechnen. Es haben sich die Verhältnisse ja sehr verändert; unser einstiges Stammpublikum, das schon drei Wochen nach der ersten Ankündigung alle Plätze der 20 Aufführungen bestellt hatte, ist zum größten Teil verarmt. Wir müssen also erst wieder ein neues uns schaffen. Die Preise der Plätze können wir ja nicht herabsetzen, da wir ja ganz auf eigenen Füßen stehen und langsam einen Fonds schaffen müssen, wie wir ihn vor dem Kriege hatten, der aber der Inflation zum Opfer fiel. Ohne diesen ist eine Fortführung der Festspiele unmöglich!

Nun! Wir vertrauen dem guten Sterne, der uns immer geleuchtet hat! Das Bewußtsein, eine Sache um ihrer selbst willen zu tun, gibt Kraft und Zuversicht!«

Kraft und Zuversicht spricht auch aus dem zweiten Satz seiner Symphonie, den Siegfried Anfang des Jahres 1927 neu konzipiert, am 7. Februar in Kompositionsskizze und elf Tage später bereits in Partitur vollendet. Anstelle des »Friedensengel«-Vorspiels in a-moll mit dem Halbschluß in C-Dur steht der Satz nun in G-Dur. Das Scherzo »Hans im Glück« hat Siegfried als dritten Satz verwendet, wodurch in die klassische Form der Symphonie doch wieder etwas Programmatisches einfließt und im Finalsatz, der nochmals das thematische Material der gesamten Symphonie teils anklingen läßt, teils durchführt, erklingt in der Reprise auch das Thema des »Friedensengels«, das Siegfried nicht nur als Reminiszenz an den ursprünglichen zweiten Satz, sondern als Friedenswunsch und Mahnung bewußt auch an das Ende dieses Werkes gesetzt hat.

Intermezzo Cantico: Das Dryadenlied, Weihnacht

Am 23. März setzt Siegfried den As-Dur-Schlußakkord in die Partitur der »Heiligen Linde«, die so endet, wie der Schlußabschnitt des Vorspiels. Die Komposition des dritten Aktes hat nur gut zwei Monate in Anspruch genommen, denn der Schlußeintrag des zweiten Aktes nennt den 7. Januar 1927.
Nun soll die Ouvertüre zu dieser Oper auch im Mittelpunkt eines Konzertes stehen, das Siegfried am 7. April in der Royal Albert Hall in London leitet. Das Programmheft zu diesem Konzert bietet auch die erste thematische Analyse des Vorspiels zu Opus 15, da Paul Pretzschs Analyse erst im Jahr 1929, zur Feier von Siegfrieds sechzigstem Geburtstag in den »Bayreuther Blättern« erscheinen sollte. Zwar hat Pretzsch seine thematischen Analysen der Kompositionen Siegfried Wagners weitergeführt und inzwischen bereits einen zweiten Band seines Opern- und Konzert-Führers durch Siegfrieds Œuvre handschriftlich abgeschlossen, aber auch hier fehlt das Geld, um das Buch zu drucken. Selbst ein Nachdruck des ersten Bandes unterbleibt, obgleich die Nachfrage so groß ist, daß der Verlag Breitkopf und Härtel die als Einzelausgaben zu den Opern erschienenen Führer »ohne das Vorwort und die allgemeine Einführung zu einem Bande vereinigt«, der »zu entsprechend vermindertem Preise abgegeben« wird.
In London nimmt Siegfried für die Schallplattenfirma Electrola/HMV das Siegfried -Idyll auf, das er zuvor bei Parlophon bereits nicht-elektrisch eingespielt hat, weiter das Vorspiel zu »Lohengrin« und den Huldigungsmarsch seines Vaters für Ludwig II., Siegfrieds Taufpaten, in der Instrumentierung von Joachim Raff. Diese Schallplatten mit dem London Symphony Orchestra zeigen Siegfried als Dirigenten ersten Formates, der das Idyll leicht und beschwingt nimmt, quasi unbelastet von der Tragik des Nibelungen-Rings. Schwungvoll erklingt auch der Huldigungmarsch, mit klar herausgearbeiteten Themen anstelle pompöser Feierlichkeit, und nuanciert das Vorspiel zu »Lohengrin«. Das Konzert aus der Royal Albert Hall wird von der BBC live übertragen und auch von den deutschen Rundfunksendern übernommen.
Kurios sind drei Visitenkarten, auf denen Siegfried Edward Speyer Nachrichten zukommen läßt: *»Ich werde höchstens eine Kleinigkeit essen: bißchen Fisch oder gedünstete Flöhzungen á la fingal. – (...) Mein neues Bild ist angekommen. Sehe ganz wie Mendelssohn darauf aus. – Bin um 1 Uhr mit Vergnügen zur Disposition. Bis dahin National Gallery. Auf baldiges Wiedersehen.«*
Siegfried und Winifred besuchen Speyers auch in Ridgehurst. Edward Speyer ist höcht verwundert, daß Siegfried, der sich ihm als Jüngling im Ballett-Tutu,

als Primaballerina travestierend, eingeprägt hat, nun als Familienvater mit weißen Haaren vor ihm steht. Das Wiedersehen verläuft herzlich – und ganz ohne Tonias Rute, die Winifred gegenüber auch keinerlei Erwähnung findet.
Heimgekehrt fragt er – nicht ohne stolzen Unterton – bei Rosa Eidam an: *»Haben's denn mein Londoner Konzert nicht im Radio gehört? Hier haben es viele gehört und seitdem Respekt vor mir.«* Einige Tage später, am 22. April, bricht er bereits auf, *»zur Erholungsautotour mit meiner Schwester Eva bis Aachen«*. Dort hat am 2. Mai »Schwarzschwanenreich« in der Inszenierung seines Freundes und Regieschülers Alexander Spring Premiere. Bezeichnend, daß Siegfried Eva mit zu dieser Produktion nimmt, deren zweite Aufführung am 4. Mai Siegfried wieder einmal selbst dirigiert: schließlich sollte die Schwester Liebholds in dieser Oper ursprünglich den Namen Eva tragen. Und vielleicht vermag sie jetzt, nachdem ihr Mann Houston Stewart Chamberlain am 9. Januar verstorben ist, zu begreifen, warum Siegfried mit dem korrupten, aufrührerischen Oswald ein dramatisches Spiegelbild des ungeliebten Schwagers geschaffen hat. Ob Eva wohl Siegfrieds Wink mit dem musikdramatischen Zaunpfahl verstanden hat?
Was die bevorstehende Neuinszenierung des »Tannhäuser« angeht, so bittet Siegfried seinen Bühnenbildner Kurt Söhnlein, *»möglichst keine Erinnerung an irgendeine Stilart«* aufkommen zu lassen. Söhnlein entwirft beinahe abstrahierende Bühnenräume, in denen Siegfried ganz seiner Vorliebe, Stimmungen mit Licht zu gestalten, frönen kann.
Der Regisseur – nicht der oft gezeichnete Sachwalter des väterlichen Erbes – spricht aus Siegfried, wenn er über Brangänes Gang zu Tristan stöhnt, *»Es ist endlose Musik da«* und überlegt, ob er statt des traditionellen Segelhissens Brangäne durch Arbeiten der Seeleute mit ihren Rudern auf ihrem Gang behindern soll, um die Musik zu füllen. Die Konzeption Siegfrieds, die in seinem Kopf bereits lange feststeht, macht Tristans Ausruf: »Oh, nun waren wir Nachtgeweihte!« zum Angelpunkt des Dramas. Tristan steht plötzlich eine Stufe höher, über der zusammengebrochenen Isolde. Siegfried dringt darauf, daß Karl Elmendorff, der Dirigent dieser Produktion, die Stelle besonders breit nimmt. Im dritten Akt gelingt es ihm, dem Zuschauer Isoldes Auflösen im All zu suggerieren: »Ein aparter Kostümstoff, eine nicht glänzende Changeant-Seide zwischen gelblichem Grau und zartem Blau war nach langem Suchen gefunden worden. Von Isoldes Auftritt, bei gelblichem Nachmittagslicht, bis nach Tristans Tod, wirkte nur die erste Farbe im Gewand, das Blau war neutralisiert. – Umgekehrt begann dieses zu erwachen und das Gelbgrau wegzudrücken, sobald der erste blaue Scheinwerfer auf Isolde gerichtet wurde. Diese blauen Strahlen steigerten sich, alle gelben versiegten mit Dunkelwerden der Szene und der anderen Personen, und es blieb nur die blaue Lichtgestalt Isoldes, die schließlich – bis zum Fallen des Vorhangs – langsam eingedämmert wurde.«
Die Einbrüche der Tagwelt in dieser Handlung läßt Siegfried jedoch immer

sehr drastisch erfolgen: »hell, fast schmerzend für den Seelenzustand der Beiden« mußte das Festschiff ausfallen, das Marke seiner Braut gesandt hat und der auch in der Musik deutlich aufgesetzte, überhängende Aktschluß mit viel festlichem Volk, reichem Gefolge Markes »auf einer über die Schiffsborde vom Land her gelegten Brücke hereinströmend«, mit Fahnen und Fackeln, sollte wie ein »Nervenzerreißen« für das entrückte Liebespaar wirken: *»Der Einbruch der Tagwelt an jedem der drei Aktschlüsse, trivial-ahnungslos, muß sehr deutlich gemacht werden, es ist ein höchst wesentliches Kunstmittel meines Vaters in der inneren Architektur des Werkes«,* lautet Siegfrieds begründete Anweisung gegenüber seinem Bühnenbildner.

Noch bevor die Festspiele am 19. Juli mit Siegfrieds Neuinszenierung des »Tristan« eröffnet werden, finden erstmals in der Geschichte des Festspielhauses Schallplattenaufnahmen statt, die bemüht sind, die unnachahmliche Akustik des Hauses per Mikrofon einzufangen und auf Schellack zu bannen. Franz von Hoesslin, der als »Ring«-Dirigent die Nachfolge Michael Ballings antritt, wird mit der Schlußszene des »Rheingold«, dem Walkürenritt sowie dem Waldweben, dem Vorspiel zum dritten Aufzug und der Verwandlungsmusik zur Schlußszene des »Siegfried« festgehalten, Karl Muck interpretiert die Verwandlungsmusik und die Abendmahlsszene des ersten Aufzugs sowie die Blumenmädchenszene des zweiten Aufzugs »Parsifal«, Siegfried Wagner schließlich nimmt am 18. August das Vorspiel zum dritten Aufzug »Parsifal« und den Karfreitagszauber mit den Solisten Fritz Wolff und Alexander Kipnis für Columbia-Schallplatten auf.

Bei der Festspielpremiere schließt Siegfried bereits nach Ende des zweiten Aufzugs seinen Tristan und seine Isolde, Gunnar Graarud und Emmy Krüger, in die Arme: *»Ihr zwei Lieben! Noch nie, so lange Bayreuth steht, ist ein zweiter Akt Tristan in dieser weltentrückten Stimmung gesungen worden – ich danke Euch!«*

Auch an der szenischen Gestaltung des »Parsifal« hat Siegfried weitergearbeitet. Anstelle des bisherigen kompakten Blumengartens hatte er von Söhnlein *»etwas ganz Duftiges, (...) ganz aus Schleiern«* Bestehendes in pastellzarter Farbgebung verlangt. »Zwischen all diesen Schleier-Gebilden wurde sämtliches an Scheinwerfern, transportablen Rampen etc. Verfügbare aufgestellt, auf den Boden gelegt, in die Höhe gehängt, – so daß von überallher flutendes Licht das Schleiermaterial transparent in wechselnden Nuancen farblich umstimmen konnte. – Ähnliches erfolgte mit den Blumenmädchen-Kostümen. Sie wurden nur aus weißem Schleierstoff gefertigt, ihre wechselnde Färbung geschah durch Farbscheinwerfer, mit denen in ihre Gruppen hineingeleuchtet wurde. – Es gab endlose Beleuchtungsproben! Aber die gewünschte Wirkung von traumhaftem Duft der Gesamt-Szene wurde er-

reicht. Ja, es wollte uns schließlich fast wie ein Zuviel an hauchfeiner Zartheit vorkommen, und wir überlegten für künftig ein gewisses Mehr an Farbgebung. –
Da der 1925 neu gefertigte Klingsor-Turm als architektonisch und farblich zu selbstherrlich nun nicht mehr recht passen wollte, wurde schließlich in letzter Minute auch er noch neu gestaltet! Sein wesentliches Merkmal war unauffällige Form und neutrales Dunkel: auf halben Felspfeilern eine Art von Felshöhle, farblich fließend zwischen tiefdunklem Indischrot und Dunkeloliv.«
Söhnlein berichtet auch, daß viele alte Bayreuth-Besucher schockiert waren über die Neuerungen, über das deutliche Streben nach Vereinfachung und Modernisierung. Einiges an Siegfrieds Vorliebe für belebte Szenen hält sogar Söhnlein für übertrieben, etwa wenn in der »Götterdämmerung«, bei Siegfrieds Landung am Rheinufer, eine beträchtliche Anzahl von Männern und Frauen zusammenläuft, um das von Hagen berichtete Stromaufrudern Siegfrieds »mit lebhaften Gebärden« zu bestaunen, oder wenn er beim katastrophalen Zusammenprall von Brünnhilde und Siegfried im zweiten Aufzug dieses Werkes ein kosmisches Gewitter entfacht, für das ein eigens gebautes Blitzklavier verwendet wird, auf dem die »stechenden Quinten oder Oktaven in Singstimmen und Instrumenten« jeweils exakt durch ein oder mehrere Blitze unterstrichen werden.
Man sieht, der Vorwurf gegen das Regietheater wurde bereits in den Zwanzigerjahren gegen Siegfried laut. Siegfried verfolgte in dem Bemühen, der Musik ein adäquates szenisches Bild entgegenzusetzen, dieselben Absichten wie die Regisseure des Regietheaters in den Siebziger- und Achtzigerjahren unseres Jahrhunderts, und er mußte die gleiche Schelte einstecken: der Musik nicht genügend in ihrer Eigenwirkung zu vertrauen.
Am Rande der Festspiele, in einem Konzert im Markgräflichen Opernhaus, stehen am 30. Juli Kompositionen Siegfried Wagners auf dem Programm. Gleich nach Beendigung der Festspiele leitet Siegfried am Elberfelder Stadttheater eine von seinem Regieschüler Wolfram Humperdinck inszenierte Aufführung des »Bärenhäuter«, dann begibt er sich zur Erholung auf die Insel Rügen. An Karpath schreibt er voller Genugtuung:
»Ich glaube, wir haben den Berg erklommen und wollen sehen, daß es immer besser wird. Das ist ja das Schöne der dramatischen Aufführungen, daß sie immer besser werden können. Ein einmal fertiges Bild oder eine Statue sind und bleiben wie sie sind.« Und mit gleicher Post sendet er an Söhnlein eine Skizze zum Ersten Akt der »Walküre«, den er im nächsten Sommer neu gestalten will: *»Allen Firlefanz der früheren Dekoration lassen wir weg.*
Nun die Farbe!! Um Gottes Willen nicht das scheußliche Braun! Ich hasse Braun, diese Schokolade- und Kake-Farbe!! Hauptsache, daß die Esche nach der Höhe wirkt! (...) Ihre Tristan-Dekorationen waren ein voller Erfolg. Nun wollen wir auf der gegebenen Basis auch noch den II. Akt (des ›Parsifal‹, Anm. d. Verf.) *schwelgerischer machen. Mehr Glut hinein.*

Wir sitzen bei strömendem Regen in Baabe (Rügen) bis zum 1. Sept(ember). Dann machen wir eine Autotour. Am 20. Sept. wollen wir wieder heim.«
Heimgekehrt komponiert Siegfried an seinem Opus 16. Auch »Wahnopfer« muß also eine so lange Unterbrechung zwischen der Niederschrift der Ouvertüre und der Komposition der Opernakte erleben, wie Siegfried es bereits bei der »Heiligen Linde« praktiziert hat. Das Vorspiel zur »Heiligen Linde« steht in Hamburg auf dem Programm, wo Siegfried am 11. November 1927 ein umfangreiches Konzert leitet, in dem Gilbert Gravina das Konzertstück für Flöte interpretiert, das er an dieser Stelle dreizehn Jahre zuvor aus der Taufe gehoben hat, und Nanny Larsen-Todsen, die gefeierte Brünnhilde des vergangenen Festspielsommers, singt die Szene der Iris aus »Sonnenflammen«.
Anläßlich dieses Konzertes erhält Siegfried den Auftrag, für die Weihnachtsbeilage der »Hamburger Nachrichten« ein Weihnachtslied zu komponieren. Die Anregung zu einer weiteren Komposition erfolgt spontan: Martha Ottersbach, die Schriftführerin der Hamburger Ortsgruppe des Bayreuther Bundes der Deutschen Jugend, veranstaltet nach dem Konzert einen Empfang für Siegfried, bei dem alle geladenen Gäste in Masken der Oper »An allem ist Hütchen schuld« erscheinen müssen. Siegfried wird auf einen Thronsessel gesetzt, und der jüngste Sohn des Hauses muß ein eigens von Hans von Wolzogen verfaßtes Gedicht aufsagen, das dem Knaben offensichtlich Mühe bereitet, worauf Siegfried ausruft: *»Kinder, quält doch den armen Jungen nicht so!«* Für den anschließenden Reigen, bei dem jeder Anwesende Siegfried ein Lorbeerblatt zu überreichen hat – die Lorbeerblätter sollen später zu einem Kranz gebunden werden –, verschiebt jemand den geschmückten Thronsessel, was Martha Ottersbach erbost.
Siegfried, dem die ganze Prozedur höchst peinlich ist, befreit sich von dem Erlebnis, das auf ihn wie ein bürgerliches Satyrspiel wirkt, durch eine Lied-Komposition, die er nach dem Haus Dryade in Hamburg-Volksdorf, in dem dieser Empfang stattgefunden hat, kurzum als »Das Dryaden-Lied« und mit dem Untertitel »Volksdorfer Nationalhymne« bezeichnet, *»Den lieben Ottersbachs gewidmet von wegen... (Sie wissen schon, warum?) von Siegfried Wagner, Bayreuth, Dezember 1927.«*
Die Komposition im gemächlichen Sechsachtel-Tempo hat folgenden Wortlaut:

»Baum-Feen, liebe Dryaden
bringen niemals Menschen Schaden!
Und gar erst, wenn sie froh
zu 'nem Café festlich laden!
Da gibt's muntern Mummenschanz!
Hütchen spielt zum Bauern-Tanz:
Lorbeer-Zweig an Zweig gebunden!
Ungetrübt heitere Stunden!

Tut da wer, was ihr nicht paßt,
gleich wird Der am Schlafittel gefaßt!
Und rückt einer den Thronsessel fort,
gleich steht er wieder am alten Ort!
Denn mächtig waltet hier Frau Martha!
Geschieht was falsch, gleich ruft sie:
›Na wart' Da!‹
›Donner-Wetter! Disziplin
krieg ich schon in Euch noch 'rin!‹
So erreicht allein man viel,
hat vor sich man ein hohes Ziel!
Lobet drum Dryaden-Kraft,
sie so rührig rüstig schafft!
Schafft nur weiter
immer heiter!
Daß der Teufel voll Wut
flieht mit der höllischen Brut!«

Dem Text folgend ist die in F-Dur stehende Komposition mit Teufels- und Hütchenmotiven garniert und schildert das Wesen der Frau Martha mit Oktavsprüngen.

Den Text für das bestellte Weihnachtslied auszusuchen, überläßt Siegfried seiner Frau. Die wählt aus einem Buch mit Weihnachtssprüchen ein süddeutsches Gedicht aus dem 17. Jahrhundert aus und bedenkt nicht, daß das gesungene Wort ohnehin schwieriger verständlich ist und ein Gedicht mit altertümelnden Formen und Wortverkürzungen wie »treibt z'sammen« die Aufnahmefähigkeit einer Hörerschaft zusätzlich überfordert. Aber Siegfried macht sich sogleich an die Komposition, erläutert mit einer Fußnote, daß »überall brinnt's« nur um des Reimes willen steht und wohl »brennt's« bedeuten soll und setzt das Lied für eine hohe Stimme. Dennoch gelingt ihm mit dieser Gelegenheitskomposition in F-Dur, die als vierseitige, faksimilierte Weihnachtsbeilage erscheint und erst postum – in tiefer und originaler Lage – von Max Brockhaus in Leipzig verlegt wird, ein kleines Meisterwerk, das die Sensibilität des Komponisten, sein Gefühl für Stimmungen durch interessante harmonische Rückungen, gut zum Ausdruck bringt und das bei den Worten »Ein schönes Kind liegt dort in der Krippe« das Thema der Friedensbotschaft aus Opus 10 aufgreift.

Am 16. November ist Siegfried wieder einmal in Berlin bei »Mizi«, seiner langjährigen Freundin Marie Dernburg, zu Gast. *»Recht durchgeistigte Gespräche möchte ich mir ausgebeten haben«*, heißt es, wie immer humorvoll, auf einem Kartengruß, und: *»Setzen Sie mir zur Linken keine fade Nocken! Gelt?«* Offenbar hatte sich Siegfried bei seinem vorletzten Besuch im Hause Dernburg mit seiner Tischnachbarin gelangweilt. Diesmal versteht er sich

besonders gut mit der neuen Köchin, wie aus Siegfrieds Weihnachtsgruß an Marie Dernburg hervorgeht: *»Schade, daß Sie meine Konversation mit Ihrer böhmischen Köchin nicht gehört haben! Es war zum bucklig lachen! Ende Januar rücke ich schon wieder an! Habens keine Angst, daß Sie mich nicht loswerden!«*
Siegfrieds jüngste Komposition »Weihnacht« erklingt zum Christfest, von einer Freundin Winifreds vorgetragen und mit dem Komponisten am Klavier, auch in Wahnfried.
Am 1. Weihnachtsfeiertag wird Cosima 90 Jahre alt. Der Geburtstag wird ihr – wie seit Jahren bereits – verheimlicht, um unnötige Aufregung zu ersparen. So richtet Siegfried seinen Geburtstagsgruß, zu dem ihm doch zumute ist, an Cosimas Pflegerin Dora Glaser, als eine rein verbale »Dodo-Hymne zu Mamas 90. Geburtstag«, in der es unter anderem heißt:

»Denn streng französische Etiquette
wahrt man selbst auch noch im Bette!
Weise Sprüche von Moralisten
fest in Dodos Kopfe nisten.
Und half nichts mehr, so zog sie vor,
aus dem Innern, den Humor.«

An Franz Stassen schreibt Siegfried:
»Mama hatte ein paar Tage vorher einen Anfall, so daß wir sie ganz schonen mußten. Nun ist sie wieder soweit wohl, weiß aber weder, daß Weihnachten, noch ihr Geburtstag ist. Das ist sehr günstig; denn es hätte sie doch erregt. Vor allem die Sorge, daß sie sich richtig für alles bedankt. Daniela sagte: Mama kommt mir wie Odysseus vor, der schlafend nach Ithaka heimkehrt! – Gestern schlug Mama weiß Gott vor, sie wolle eine Besuchstournee mit Daniela, Paul auf dem Bock, machen! Es ist phantastisch! Wir gehen natürlich darauf ein, Kleider, Pelz etc. zu besprechen, ›Excellenz Strossenreuther‹, die Geistlichkeit, die Stadtbonzen, alles soll besucht werden. Am nächsten Tag hat sie es dann gottlob vergessen.
Die Weihnacht war allerliebst, die Kinder bestritten den musikalischen Teil. Wieland ist fein musikalisch, Mausi kriegt dazwischen Tempo(-)Diarrhöe und saust mit den Vierteln davon. Verena singt niedlich und Wolf will Flöte lernen. Am ersten Feiertag Festessen mit steinharter Poularde und mißglückter Süßspeise. Eine Gänseleber von Von der Heydts rettete das Ansehen unseres Hauses! – Im Hause waren folgende Menschenalter vereinigt: Mama 90, Groß 84, Marie v. Schöler 82, H. v. Wolzogen 78, Daniela 66, Eva 60, ich 58, dann hupft's auf 30, 10, 9, 8, 7! – Und dabei vertrug man sich, sogar die Schwägerinnen Daniela und Wini! (...) Doch jetzt Schluß! Hoffentlich hattest Du auch einen schönen Abend.
Wir begannen gleich das Tagebuch von Schopenhauer und erfreuten uns an der portugiesischen Synagoge.«

Die Dankesschreiben an die Gratulanten zu Cosimas neunzigsten Geburtstag halten Siegfried noch lange auf. Den wenigsten kann er gestehen, daß man Cosima ihren Geburtstag verheimlichen mußte. Und nun ist er, um einen Mythos aufrechtzuerhalten, gezwungen, im Namen seiner Mutter zu danken, die von all den Glückwünschen und zugesandten Gedichten nichts weiß. Marie Dernburg gegenüber gesteht Siegfried, daß er *»vor lauter Dankerei einen Schreibkrampf«* hat. Das Dankschreiben an Ferdinand von Bulgarien unterschreibt Siegfried mit *»In Verehrung und Dankbarkeit Eurer Majestät gehorsamster (die äußeren Formen eines Dankesschreibens an einen König schlecht beherrschender!) SW«*

Auch das Erscheinen der Memoiren von Marie d'Agoult, Cosimas mehr gehaßter denn geachteter Mutter, wird Cosima verheimlicht. Sie wäre entsetzt, wenn sie wüßte, daß Marie Gravinas zweiter Mann, Egas von Wenden, diese Memoiren übersetzt hat, deren zweiter Band im Jahr 1928 im Dresdner Verlag Carl Reissner erscheint. Siegfrieds Geleitwort zu dieser Ausgabe zeigt wieder einmal, wie weit er sich geistig von der Haltung der Mutter entfernt hat: *»Es ist dankenswert, daß mein Vetter Daniel Ollivier die Memoiren und das Tagebuch unserer Großmutter Gräfin Marie d'Agoult veröffentlicht hat. Dadurch ist es dem objektiven Leser möglich, sich ein klares Bild von dem Wesen dieser bedeutenden Frau zu machen, nachdem ihm meistens nur gehässige Entstellungen ihres Charakters vor Augen gekommen sein werden. Auch in die Seele Franz Liszts gewinnt man neue Einblicke. Das Beglückende, zugleich auch das Tragische dieses Bundes offenbart sich durch das wahrhafte Bekenntnis.«*

Opus 17: Walamund

»N*u Gott verdimmig! Ich kann Euch doch nicht sitzen lassen, wo Ihr Euch so plagt*«, schreibt Siegfried, diesmal ins Jiddische travestierend, an den Schatzmeister der Ortsgruppe Leipzig des Bayreuther Bundes der Deutschen Jugend. »*Also gut, ich dirigiere das Idyll, (aber sonst nichts!) Die Unruhe der letzten Tage ließ mich Ihren Brief nicht einmal lesen. (...) Seit wann bin ich denn ein namhafter Dirigent?*«

Auf den Bayreuther Bund ist Siegfried nicht mehr gut zu sprechen, woran nicht nur die ihm aufgelastete Finanzschuld, sondern auch völkisch politisierende Töne schuld sind. Wie aber soll er sich der Geister, die er zwar nicht rief, die ihn aber künstlerisch auf ihren Schild gehoben haben, erwehren?

So erteilt er künstlerische Vorschläge – »*Nur keine Zweite-Garnitur-Singerei!! Das ist entsetzlich! (wenn man so aus Mitleid applaudiert!)*« – und nutzt die Reise nach Leipzig, um ein bereits lange vereinbartes Vorsingen abzunehmen. Als Hermann Neupert, der Leipziger Schatzmeister des Bundes, nun seinerseits noch eine Altistin für ein Vorsingen anbietet, erwidert Siegfried: »*Die Dame soll nur loslegen! Aber nicht: ›Weiche Wotan!‹ Das höre ich zum 3000. Male! und weiche selber dann aus dem Saale!*«

Damit stellt er sich in eine Reihe mit den von den rechtsreaktionären Bayreuther Kreisen angeprangerten Vertretern eines »Wagner-Überdrusses«. Dieser kommt auch in einem Schreiben Siegfrieds an seinen Berliner Rechtsberater Dr. Bruno Weill zum Ausdruck:

»*Wenn ich nämlich so auf zwei bis drei Tage nach Berlin komme (besonders in Zeiten bevorstehender Festspiele!), da fühlen alle Singenden oder singen zu können Glaubenden das Bedürfnis, mir vorzusingen, vom zarten Jünglingsalter bis zur überständigen Großmutter-Reihe. An einem Vormittag kann ich es da erleben, daß ich zwölfmal hintereinander zu hören habe folgende Lieblingsnummern: Dich, teure Halle – Einsam in trüben Tagen – Der Männer Sippe saß im Saal – Du bist der Lenz – Weiche, Wotan (untrüglich 14 mal, von jeder Altistin) – Winterstürme – Ein Schwert verhieß mir der Vater – Blick ich umher – usw. usw. In meiner Verzweiflung flehe ich dazwischen um eine Arie aus dem – Troubadour! um mich zu erholen – und dann telephonieren Musikassistenten, Hilfsregisseure, Requisiteure, gekränkte Orchestermitglieder, noch gekränktere Choristen, Beleuchtungsassistenten, Schminkfabrikanten!*«

Am 18. Januar dirigiert Siegfried also in Leipzig in einem Konzert, das dem Geburtstag Cosima Wagners gewidmet ist, das Siegfried-Idyll in der originalen Kammerbesetzung. Obgleich ihn das Umfeld des Abends stört und ihm das dreistündige Programm auf die Nerven geht – »*So ein langer Klavier-Abend ist*

mir eine Qual! Wenn nur wenigstens Beethoven dabei wäre!« –, spendet er den jungen Leuten das erwartete Lob, indem er behauptet, seine Mutter sei über die ihr ausführlich berichtete Feier tief gerührt gewesen und hätte es ihm ans Herz gelegt, den Leipzigern dies *»recht ordentlich und deutlich zu sagen! Habt aber auch wirklich Eure Sache fein gemacht! Wenn ich es schon fast drei Stunden in einem Konzerte aushalte!!!«*
Siegfried, für den Kunst international ist und keine politischen Grenzen kennt, muß im »Festspielführer« des vergangenen Jahres nachlesend feststellen, daß der Vorsitzende der Deutschen Richard Wagner-Gesellschaft, ein Landsgerichtsrat Jenne, sich gerade gegen diesen Standpunkt wendet.
»Ich versichere Ihnen, es kommen weiß Gott Augenblicke, wo man alles wegschmeißen und die Bude schließen möchte, um aus Deutschland fortzuwandern und den Rest seines Lebens im Süden an Kunst und Natur sich zu freuen!«, schreibt Siegfried an seinen Freund Ludwig Karpath.
In einem weiteren Punkt fühlt sich Siegfried durch den »Festspielführer 1927« nicht etwa angegriffen, sondern erkennt seine Distanz zu den völkischen Bestrebungen: in einer »Literarischen Umschau« heißt es wiederholt: »Das (...) Buch ist leider und ohne ersichtlichen Grund lateinisch gedruckt.« Nun sind nicht nur alle Textbücher der Opern Siegfried Wagners bewußt lateinisch und nicht in der ungleich schwieriger zu lesenden Schwabacher Schrifttype gedruckt, auch Siegfried selbst schreibt – für seine Zeit nicht nur untypisch, sondern außergewöhnlich – in lateinischer Handschrift.

Der Schriftpsychologe Dr. Helmut Ploog, der im März 1985 im Auftrag des Verfassers ein »Graphologisches Persönlichkeitsgutachten« auf der Grundlage eines Schreibens von Siegfried Wagner erstellt hat, kommt zu folgendem Resultat: »Für das Alter wirkt der Schreiber aufgrund seines sanguinischen Temperaments, seiner allgemeinen seelischen Beeindruckbarkeit und der Vielfältigkeit seiner Vorstellungen und Aktivitäten noch ausgesprochen jugendlich. Im Denken dabei rasch, beweglich, sehr anregbar und auch gefühlsbeeinflußt. Vor allem ist seine geistig-seelische Spannkraft größer als die vitale Spannkraft. So geht er aktiv und mit Schwung an neue Aufgaben heran, wobei ihm seine leicht steuerungslabile Dynamik im wesentlichen zustatten kommt. Es ergibt sich insgesamt eine etwas unrationelle Lebensform, die ihn zwar sehr sensibel individuell auftreten läßt, der aber praktisches Einteilungs- und Übersichtsbedürfnis weniger liegt. Bei eher lockerer Grundstruktur, viel Ausdrucksverlangen und Stilbedürfnis gepaart mit Phantasie und Pathos. Seine Anima wird einerseits zur schöpferischen Funktion innerhalb der Persönlichkeit, andererseits läßt sie seiner maßlosen Phantasie im Triebbereich freien Lauf. Im allgemeinen Umgang gut integriert bei großer Schwankungsbreite seines Verhaltens: von allgemeiner Routinefreundlichkeit bis zu oppositioneller und scharfer Reaktionsweise ist alles anzutreffen. Seine Emotionalität bei gleichzeitiger Differenziertheit macht einen nicht immer ganz einfach

zu behandelnden Menschen aus ihm. Ein Intuitiver, ein Ästhet, ein Individualist mit Format.«
Da dem Graphologen ein Schriftstück vorgelegt wurde, auf dem Siegfried Wagners Unterschrift fehlt, war für das Gutachten jegliches Vorurteil ausgeschlossen. Spontan äußerte sich Dr. Ploog zu diesem Schreiben, er würde mit einem solchen Menschen auch gerne korrespondieren, und als er nach Erstellung des Gutachtens erfuhr, von wem das Schriftstück stammt, glaubte er – zusätzlich zu seinen bereits getroffenen Aussagen – noch einen gewissen Grad von »Gewolltheit« und »künstlerischer Selbstdarstellung« im Schriftbild zu erkennen.

Am 27. Januar 1928 beendet Siegfried die Partitur-Niederschrift des ersten Aktes von »Wahnopfer«, dann bricht er nach Hamburg auf, wo ab dem 8. Februar »Der Bärenhäuter« wieder auf dem Spielplan des Hamburger Stadttheaters steht. Inszeniert hat ihn Walter Elschner, Egon Pollak, Hamburgs Generalmusikdirektor, übernimmt die musikalische Leitung. Allerdings stoßen in der Optik drei unterschiedliche Stile aufeinander: gemalte Szenographien, praktikable Versatzstücke und eine neu angefertigte, plastische Höllendekoration, die das gelungenste Bild des Abends ist. Beglückt ist Siegfried hingegen über die stimmliche und darstellerische Gestaltung der Titelpartie durch den schlanken Tenor Gunnar Graarud, und auch der Fremde und der Teufel sind mit Rudolf Bockelmann und dem alten Max Lohfing sehr gut besetzt. In derselben Spielzeit steht Siegfrieds Opernerstling auch in Chemnitz und in Leipzig in Neuinszenierungen auf dem Spielplan. *»Muß es denn immer wieder der Bärenhäuter sein? als hätte ich nichts anderes geschrieben«*, ist Siegfrieds Kommentar.
Das Jahr 1928 steht für Siegfried im Zeichen längerer Autoreisen mit Winifred als Fahrerin des Autos, das den Namen »Presto« trägt. Am 10. April bricht er nach Wiesbaden auf, vermerkt in seinem stichpunktartigen Reisetagebuch *»bei Bales geschnorrt«*, reist dann nach ein paar Tagen über Darmstadt, Stuttgart und München nach Salzburg, wo er sich über ein *»schlampiges Orchester«* ärgert. *»Reizende Tage«* schließen sich in Linz an, mit einem Besuch von St. Florian und dem Grab Anton Bruckners. Über Pösslinberg, wo Siegfried dirigiert, geht die Reise an den Tegernsee. Winifred läßt es sich dabei nicht nehmen, die Route über Braunau-Burghausen und Wasserburg zu nehmen: *»Wini in H(itler)s Geburtshaus«*, vermerkt Siegfried lakonisch.
Die nächsten Stationen der Reise sind Tölz, Kochel, der Walchensee, Partenkirchen, das Kloster Ettal und Schloß Hohenschwangau. Beim Berganstieg bleibt der Wagen stehen, da das Kühlwasser kocht. Langsamer als geplant geht es weiter. Nach der Übernachtung in München besucht Siegfried in Freising den Komponisten Hans Haas, der an der Orgel des Doms Musik aus »Parsifal« spielt und mit dem er Freundschaft schließt. Über Landshut geht es auf einer »Zickzackstraße« via Nürnberg heim nach Bayreuth. Nur wenige

Tage darauf bricht er wieder auf: Über Magdeburg geht es nach Rostock, wo eine »hübsche« Premiere des »Hütchen« stattfindet, die Siegfried selbst nachdirigiert. Mit »An allem ist Hütchen schuld«, »Schmied von Marienburg«, »Bärenhäuter« und »Schwarzschwanenreich« hat das Theater in Rostock jetzt vier Opern Siegfrieds zu gleicher Zeit auf dem Spielplan.

Dann geht die Fahrt über Doberau und Magdeburg nach Göttingen. Winifred reist nach Hamburg, Siegfried nach Eisenach weiter, wo er auf der Wartburg zwei Konzerte dirigieren soll: *»In Eisenach niemand am Bahnhof, ich nächsten Morgen wütend ab nach Kassel«,* vermerkt das Reisetagebuch stichpunktartig. *»Große Aufregung, in Eisenach, niemand wußte, wo ich bin. Mittags mit Wini (in) Göttingen Zusammentreffen – Per Auto nach Eisenach. Panne dort, gottlob zu spät zu ›Tannhäuser‹. Abends Festfraß. (...)«* Das Auditorium seiner beiden Konzerte bezeichnet Siegfried als *»langweiliges Publikum von Excellenzen etc.«*

Bei diesem Reisepensum – es schließt sich im Mai noch der Besuch der »Bärenhäuter«-Premiere in Chemnitz an – wundert es nicht, daß Siegfrieds musikdramatische Produktion ins Stocken gerät. Aber unterwegs hat er auf allerlei Zetteln musikalische Einfälle zu einer neuen Oper notiert, zu seinem *»neuen Opus ohne Namen«.*

Die Handlung – und großenteils auch die Musik zu »Walamund« – steht in Siegfrieds Kopf bereits minutiös fest, auch wenn außer den erwähnten Themennotizen noch nichts auf Papier festgehalten ist.

Auch in Bayreuth hat er vorläufig keine Zeit, das Opus 17 niederzuschreiben, da er sofort mit den Proben zu den Festspielen beginnt, die teilweise in seinem Arbeitszimmer stattfinden, mit Tischen und Stühlen als den angedeuteten szenischen Begrenzungen. Obgleich diese Festspiele nur ein »Wiederholungs-Jahr« sind, gibt es doch zwei entscheidende szenische Neuerungen: »Hundings Hütte hatte er bereits in den ersten Jahren seiner Allein-Regie (seit 1906) neu gemacht, einfacher und kleiner, als die noch von 1896 stammende. – Zum Verkleinern gegenüber dem großen Bayreuther Proszenium hatte ein Rohleinen-Vorhang gedient, der die Hütte seitlich und oben einrahmte. Der aber hatte ihr etwas zu Weiches, Intimes, im Gesamteindruck gegeben. – Nun sollte sie härter werden, irgendwie Unentrinnbarkeit atmend, und hoch ins Dunkel strebend. – Eine schwere Rahmung, aus rohen Rindenstämmen schräg nach oben sich verjüngend, – wie er sie in Hannover in einem meiner Bilder zu Heinrich Marschners ›Templer und Jüdin‹ sah, – hatte Siegfried gefallen, eine gleiche wünschte er. Die Hüttenwände aus senkrechter Balkenfugung, statt waagerechter, gaben vermehrte Strenge. (...) Das Wesentliche aber war die Verlegung des großen Tores aus dem Hintergrund (wie es traditionell war) nach vorne links, schräg seitlich. Ein ausgezeichneter Einfall Siegfrieds! So konnte das beim Aufspringen des Tores hereinflutende Frühlings-Mondlicht wirklich auch vorne das Liebespaar Siegmund und Sieglinde treffen! – Früher erreichte es von rückwärts her mit Müh' und Not gerade die

Rücken der Beiden, und mußte stets noch durch einen Verlegenheits-Scheinwerfer von vorne unterstützt werden, – was die Wirkung dreiviertels verdarb, ja widersinnig machte! – Außerdem stand das Tor jetzt ½ m erhöht auf einem unregelmäßigen kaschierten Estrich, wie aus gestampftem Lehm (statt geradem Fußboden), der zur Hüttenmitte hin schräg abfiel. Vorne schloß er mit einer kleinen Erhöhung, auf die sich das Paar setzte. (...) Der Aktschluß mit dem Hinausstürmen der Beiden nach links aufwärts, durch das erhöhte Tor ins Mondlicht, war unvergleichlich wirkungsvoller als das früher übliche nach hinten!«

Was Kurt Söhnlein so klar als eine durchdachte und einleuchtende Neuerung beschreibt, ruft einen Protest der konservativen Wagnerianer hervor, und Hans Pfitzner nimmt seine Schelte gegen den »Unfug« von Siegfried Wagners Lichtregie sogar in den Band drei seiner gesammelten Schriften auf, eine Kampfansage gegen den Künstler Siegfried Wagner, dessen »Methode« er in seinem Band zwei noch als »gewissermaßen vorbildlich« bezeichnet hatte.

Auch gegen die andere Neuerung zieht Pfitzner – und mit ihm die Schar der Konservativen, der Ewig-Gestrigen, zu Feld. Siegfried wagt es, für die Nornenszene, das szenische Vorspiel zur »Götterdämmerung«, ein eigenes Bühnenbild zu erfinden, obgleich sie doch bei Wagner auch auf dem Walküren-Felsen spielt. Ein Prospekt mit einer mächtigen Tannensilhouette bildet den Mittelpunkt der Bühne, ein beinahe schon archetypischer Topos für das zwecklose Handeln der Schicksalsfrauen. »Aber die Verwandlung zum Originalbild während des Zwischenspiels vor dem Auftritt von Siegfried und Brünnhilde ließ sich, so oft und sorgfältig das auch geprobt wurde, nie ganz ohne Lärm vollziehen, da man nur hinter einem Schleier, nicht hinter einem Schallvorhang zu arbeiten hatte. Man mußte in der Aufführung den Vorhang fallen lassen, – und selbst der dämpfte den Lärm nicht ganz. Die Störung des schönen Zwischenspiels aber war Siegfried ein zu hoher Preis. So wurde dieses neue Bild nur in den drei Aufführungen von 1928 gezeigt, 1930 blieb es wieder beim früheren. Immerhin war es jedoch ein bemerkenswerter Versuch«, ist in Kurt Söhnleins »Erinnerungen an Siegfried Wagner und Bayreuth« zu lesen.

Erstmals seit der Wiedereröffnung steht Siegfried, der zwar jedes Jahr im Bayreuther Festspielführer neben der »Regie und Inszenierung« auch an der Position der »Orchesterleitung« mit genannt wird, wieder am Dirigentenpult und leitet den dritten »Ring«-Zyklus. Glücklich berichtet er Karpath, daß das Publikum am Ende der »Siegfried«-Aufführung so getobt habe, daß er befürchten mußte, der Fußboden des Festspielhauses würde durchgetrampelt. Obgleich insbesondere der zweite der drei »Ring«-Zyklen schlecht besucht ist, so daß die Gerüchte-Küche schon zu berichten weiß, der »Ring« würde im Jahr 1930 ganz abgesetzt, schließen die Festspiele nur mit einem geringen Defizit.

Die Herbstreise *»im halbdefekten Auto ›Presto‹«*, wie Siegfried in seinem

Reisetagebuch vermerkt, führt mit Winifred als Chauffeuse, eine Woche nach Ende der Festspiele am 26. August, über München zunächst nach Innsbruck. Dort trifft er sich mit Josef Pembaur und reist dann mit dem Ehepaar Dr. Wiskott weiter nach Bozen, während das Auto in Innsbruck in Reparatur bleibt. Der Kaufmann Max Wiskott, ein enger Vertrauter und nach Siegfrieds Tod Berater Winifred Wagners, hat sich erboten, den für die Neuinszenierung des »Tannhäuser« notwendigen Spendenbetrag aufzutreiben. Eine Woche später ist Siegfrieds Auto repariert, und die Reise geht weiter über Arlberg, Bludenz und Feldkirch nach Bregenz und Lindau.

Am 11. September, in Friedrichshafen, ist das Auto erneut reparaturbedürftig. Zwei Tage später begleitet Siegfried das Verleger-Ehepaar Albert Knittel – ebenfalls federführend für die »Tannhäuser«-Spende – nach Konstanz und dann weiter in seinen Geburtsort Luzern. Von hier geht es zu Ausflügen nach Thun und Mürren und am 16. September über Winterthur wieder nach Konstanz. Drei Tage später erlebt er in Kaiserslautern eine kuriose »Bärenhäuter«-Aufführung, über die er notiert: *»nichts wie Striche, zum Piepen!«* Am 20. trifft er abends in Stuttgart mit einem »Bayreuther Kreis« zusammen, am nächsten Morgen ist erneut eine Auto-Reparatur fällig. In Darmstadt besucht er, auf der Suche nach der optimalen »Tannhäuser«-Besetzung, eine »Lohengrin«-Aufführung, die er aber bereits nach dem zweiten Akt wieder verläßt. Am Tag darauf, dem 24. September, trifft er sich in Koblenz mit seinen Freunden Bales und begibt sich mit ihnen auf eine Rheinreise nach Königswinter, zum Drachenfels, nach Remagen, per Eisenbahn nach Assmannshausen und per Schiff zurück: »Siegfrieds Rheinfahrt« ist eine naheliegende Anspielung, in Anlehnung an Richard Wagners populärstes Konzertstück aus der »Götterdämmerung«. In Ems und Nassau frischt Siegfried Kindheitserinnerungen auf, denkt zurück an den Augenblick, als er Kaiser Wilhelm ein Kornblumenbukett überreicht hatte.

Am 29. September führt ihn die Reise nach Kassel, um einen Tenor zu begutachten, und dann nach Eisenach, wobei dem Wagen mitten auf der Strecke das Benzin ausgeht. In sechsstündiger Fahrt geht es am nächsten Morgen heim nach Bayreuth, wo er die Kinder »lieb und gesund« vorfindet. Außerdem findet er ein Kärtchen, das Richard Strauss, der in der Zwischenzeit in Bayreuth zu Besuch war, für ihn abgegeben hat. Siegfrieds Schreiben läßt darauf schließen, daß er die alte Freundschaft zu Strauss erneuern und alle Zwistigkeiten vergessen will:

»Es tat mir leid, daß wir nicht da waren! Am gleichen Tage hatte ich in Eisenach mit einem Weimarer Geheimrat über Dich gesprochen, der allerhand drollige Geschichten von Dir und Lassen im Künstlerhause erzählte. Vielleicht führt Euch der Weg auch während der Festspiele (1930) mal her! Mit den besten Grüßen Dein ergebener Siegfried Wagner«

Die musikalische Entwicklung der letzten Jahre, die serielle Musik von Arnold Schönberg und seiner Schule, Alois Hábas Komposition mit Vierteltönen und der Einzug des Jazz auf der Opernbühne bezeichnen eine Entwicklung, die nunmehr bereits für Siegfried die Diverganzen zwischen seiner Entwicklung und der eines Richard Strauss oder Hans Pfitzner gering erscheinen lassen. Alle drei sind sie Kinder der Sechzigerjahre des vergangenen Jahrhunderts, letzte Vertreter einer ausklingenden – und für viele bereits verklungenen – Romantik.

Ähnliche Problematik empfindet selbst Arnold Schönberg, wenn er im Jahr 1928 an Franz Schreker zu dessen fünfzigstem Geburtstag schreibt: »Lieber Freund, wir beide stammen aus jener guten alten Zeit, wo die unsympathischen Menschen sich als solche kenntlich machten, indem sie uns ›Neutöner‹ nannten. Wie sollen wir uns in einer Gegenwart zurechtfinden, wo sie uns ›Romantiker‹ heißen. Eines wissen wir immerhin: von uns Neutönern hat man damals nicht mehr gehalten als von uns Romantikern: immer waren welche da, die, ohne es besser zu können, es besser verstanden haben als wir. (...) Jedenfalls: wir können scheinbar warten; wir können uns das leisten. Auf Wiederhören in zwanzig Jahren. Dein Arnold Schönberg.«

An ein solches »Auf-Wiederhören« glaubt auch Siegfried Wagner, der mit dem »Bärenhäuter« und mit »Herzog Wildfang« noch kompositorisch auf der Höhe seiner Zeit stand, aber bei aller ihm nicht abzusprechenden Entwicklung einen anderen Weg beschritt, als ihn die progressive kompositorische Sprache nach der Jahrhundertwende nahm. Dabei blieb er – insbesondere in der stofflichen Verarbeitung, die bis in die Tagespolitik hineinreicht – stets Kind seiner Zeit, versuchte aber nicht, nach sensationellen Aktualitäten zu fischen, nicht ins Modische abzugleiten, sondern in der Aussage stets überzeitlich zu bleiben.

»Seit 25 Jahren weiß ich, daß ich in Neu-Deutschland zu der Kategorie der Tot-zu-Schweigenden gehöre«, schreibt Siegfried im Februar 1929 an einen Intendanten. *»Einer Ihrer Kollegen äußerte: Siegfried Wagner paßt nicht in unsere Zeit. Er wollte damit ein vernichtendes Urteil aussprechen. Ich fasse es aber ganz anders auf: nämlich als das schönste Kompliment, was mir je zu Teil wurde.«* Wie aus einem anderen Schreiben Siegfrieds hervorgeht, hat Paul Bekker dieses Urteil der unzeitgemäßen Position Siegfrieds gefällt. Siegfried hält dem entgegen: *»Ich bin so ruhig und gelassen, so wenig ruhmsüchtig, daß ich mit Vergnügen den anderen den Vortritt lasse.«* Und er schließt den Brief an den Intendanten mit dem Statement: *»Für diese Gegenwart habe ich nicht geschaffen. Wie wenig mich das, mehr wie sonderbare, Benehmen gegen mich innerlich berührt, können Sie aus meiner vielleicht noch gesteigerten Schaffensfreude ersehen.«*

Die nächste Reise führt Siegfried am 2. Oktober 1928 nach Berlin, wo er Sänger für die »Tannhäuser«-Produktion begutachtet. Am 12. Oktober kehrt er heim und geht daran, seinem Opus 17, das noch immer den Arbeitstitel »Das neue Opus ohne Namen« führt, endgültig Gestalt zu verleihen.

Zwei Tagebucheintragungen Siegfrieds in dieser Zeit fallen aus der Rolle, da sonst die Eintragungen ausschließlich den Reisen gelten. Am Ende des Berlin-Eintrages sagt er über sein Gewicht, das er mit 78 Kilo angibt, »drei Kilo müssen herunter«, und über Oktober und November heißt es mit Nachdruck: *»Fest gearbeitet: Walamund-Dichtung und Komposition eingefangen.«*

Nie zuvor hat er ein Werk so vollgepackt mit Geheimwissenschaften und Sinnsprüchen aller Art, mit dem, was das Christentum Aberglauben nennt. Da gibt es die neutrale Heilkunde, Homöopathisches, etwa wenn die Haifischzähne das Gift im Wein indizieren, da gibt es die bösartige Kunst des Nestel-Knüpfens und die positive des Pendelns.
Das Werk greift noch einmal das schon in »Sonnenflammen« behandelte Problem eines Negativ-Helden auf: ein dem Vater unwürdiger Sohn erweist erst in der Todesstunde seine Größe. Dieser Sohn, ein »Luftikus«, trägt zunächst noch den Namen Fitz, was – in Analogie zu den Namen Fritz, Friedel, Frieder und Fridolin – ein klarer Hinweis auf eine autobiographische Figur ist. Zwei frühe Einträge zu diesem Stück scheinen ebenfalls autiobiographischer Natur: *»Ich weiß nicht, wie ich zu dem Vater komme!«* und *»Ich liebe das Glück! Wüßt' nicht, was ich ohn' es tät!«*
Der endgültige Name des mißratenen Sohnes, der dann auch zum Titel der Oper wird, erinnert an den Namen, den Wotan im »Siegfried« der Urmutter Erda verleiht, wo es heißt:

»Wache, Wala! Wala! Erwach!
Aus langem Schlaf weck' ich dich, Schlummernde, auf!
Allwissende! Urweltweise Erda!«

In Walafried, der dieses Wissen der Urmutter offenbar in sich ruhen hat, darf man also den Herrn von Wahnfried, Richard Wagner, vermuten.
Offenbar hat Siegfried spät den letzten Aufsatz seines Vaters »Über das Weibliche im Menschen« erneut gelesen und verstanden. Richard Wagner scheint sich dort von seinen verstiegenen antisemitischen Ansichten abzukehren und den Grund aller Degeneration nicht mehr in der Rassenvermischung, sondern in den aus materiellen Erwägungen und nicht aus Liebe erfolgten Verbindungen zu sehen; die Konventionsheiraten, Eigentum und Besitz seien die Ursache des Verfalls der menschlichen Rassen, heißt es da. Und das muß auf Siegfried, der für sich einen Ausweg aus der Pogromstimmung, aus dem entsetzlichen Zwiespalt zwischen »Bayreuth«-Doktrin und pazifistischem Liberalismus sucht, wie ein Rettungsanker wirken. Dies wird klar durch die Erwiderung von Turisint auf die Begrüßungsworte ihres Bräutigams, den sie am nächsten Tag ehelichen soll und den sie soeben zum erstenmal sieht:

»Artig hast du's hergesagt,
ganz wie sie dir's aufgeschrieben,
etwas förmlich, etwas steif, –
es klang nicht sehr nach Lieben.
Und dabei, wie ich dich so sehe,
mein ich, wir werden uns gut vertragen!
Sonderbar, wie man uns Fürsten paart.
Man hält's für gut, uns nicht zu fragen,
man beschließt schön hinterm Rücken,
all' eins, ob es wohl mag da glücken!
Viel Jammer hat es so gegeben,
wie Hund und Katz, ein bissig' Leben!
Aber es heißt:
der Staat es preist!
Nach Herzen fragt der nicht!«

Tiefe Einblicke in Siegfrieds Psyche gestattet eine Randkritzelei im Entwurf zu dieser Szene:

»Das hast du artig hergesagt,
ganz wie man es dir diktiert!
Das gehört halt wohl dazu.
Als hätt man sich gar nicht lieb.
Und dabei glaub ich doch:
Lieb werden wir uns haben!«

Hier ist vor der dritten Zeile ein halbes Hakenkreuz gekritzelt, das in der Zeile darunter *(»Als hätt man sich gar nicht lieb«)* eingekreist, als vollständiges Symbol erscheint, dem für die beiden letzten Zeilen ein großes Omega (wohl als Ewigkeitssymbol: *»Lieb werden wir uns haben!«)* entgegensteht.
Daraus wird deutlich, daß Siegfried das System des Hakenkreuzes als das der Lieblosigkeit erkannt hat, und zwar spätestens nach der Lektüre des im Juli 1925 erschienenen Buches »Mein Kampf«, das Winifred – als Hitlers Anstifterin zu diesem unmenschlichen Pamphlet Siegfried zweifellos geschenkt hat.
In der ersten Phase des Entwurfs sieht Siegfried sich in dieser Aussage selbst gespiegelt, für ihn ist das *»Als hätt' man sich gar nicht lieb«* zur traurigen Tatsache geworden ist. Der Optimist Siegfried fügt freilich ein utopisches *»Lieb werden wir uns haben«* an.
In diesem Opus 17 scheinen einige Topoi des nicht komponierten »Liebesopfers« Eingang gefunden zu haben: Jephumes verblaßt zu einem Wucherer, der kurzerhand die Treppe heruntergeworfen wird, ein Vater, der durch allerlei Ausflüchte – hier sind es Fragen, die an die Rätsel der Turandot erinnern – die Hochzeit seiner Tochter hinausschiebt, schließlich das Bild der Kreuzotter als teuflische Mutter, das beinahe wörtlich aus dem »Liebesopfer« übernommen

ist, wo Hellmut Jephumes als Verwandten der scheinheiligen Schlange mit dem Kreuz auf der Stirn anspricht.
Merklich ist auch diese Oper mit Siegfrieds anderen musikdramatischen Werken verknüpft: so gibt es einen Bauerntanz, der an den »Bärenhäuter« gemahnt, und – als jüngsten Schwester von Luise, Agnes und Adelasia – die mutige, emanzipierte Turisint, die ihr Schicksal in die Hand nimmt.
Deutlich erkennt man Shakespeares »Macbeth« als eine Vorlage zu dieser Oper, wobei Alagund und Alawig an die Stelle von Lady Macbeth und ihrem schwachen Gatten getreten sind, und das junge Königspaar an die Stelle des alten Duncan. Übernommen wird die Kammerfrau. Während »Macbeth« vergleichsweise positiv endet, scheint der Terror im Land mit dem Ende des »Walamund« erst zu beginnen. Auch Goethes »Faust« ist mit seiner Walpurgisnacht und seinem Versgefüge zu den Vorbildern zu zählen.
Zu einem Schlagabtausch in Sprichwörtern wird der Dialog zwischen Vater und Sohn in der dritten Szene des zweiten Aktes:

»Walafried: Schöne Kundschaft wieder hier!
Walamund: ›Kundschaft macht Freundschaft,
Freundschaft macht Küssen,
Küssen macht Kinder.‹
Walafried: ›Der Faulenz und der Lüderli
sind zwei Zwillingsbrüderli!‹
Walamund: Ja Vater! ›Wenn ich wollte, was ich sollte,
könnt' ich alles, was ich wollte!‹
Walafried: ›Wer da fällt, über den läuft die Welt!‹
Walamund: ›Fallen ist keine Schande, aber Liegenbleiben!‹
Walafried: Steckst ›voll Lurren und Schnurren‹!
Walamund: ›Jung und weise sitzen nicht auf einem Stuhle.‹ (. . .).«

Siegfrieds Dialog mit seinem Vater Richard kann auch nur stattfinden, indem Siegfried die Schriften seines Vaters befragt und zu ihnen Stellung nimmt – daher wohl erfolgt der Dialog zwischen Walafried und Walamund in einer Metasprache.
Einer der wenigen, noch lebenden Mitarbeiter Richard Wagners, der zu diesem Zeitpunkt noch Auskunft über die letzte Lebensphase Richard Wagners geben kann, ist Hans von Wolzogen. Zu ihm wird das Ende des zweiten Aktes in der Reinschrift der Dichtung, der Tod Walafrieds – der für Turisint auch so etwas ist wie ein getreuer Ekhart – in Beziehung gesetzt: *»Bayreuth, 13. November (Wolzogens 80. Geburtstag).«*
Warum aber zeichnet sich Siegfried – wie bereits mit dem Fridolin in »Sonnenflammen« – als einen mißratenen Sohn? Eine echt Freudsche Fehlleistung mag darüber Aufschluß geben. Am Anfang der ersten Szene des zweiten Aktes ist von einem Gelage in Walamunds Heim die Rede, wobei – laut Regieanweisung – *»Burschen und Mädchen nach seinem Rhythmus tanzen«*,

die später als Chor seine lockere Lebensphilosophie wiederholen und dann an den Tischen zechen, würfeln und Karten spielen. Als es klopft und Itis hereinkommt, haben sich die *Burschen* hinter einem Vorhang zu verstecken; die Mädchen scheinen vergessen. Nachdem Itis fort ist, rufen die Burschen Walamund zu: *»Her zu uns! Komm!«* Als dann Walamunds Vater hereinkommt, will Walamund den Vorhang schnell zuziehen, aber Walafried, der *»es schon geseh'n«* hat, fordert Walafried streng auf, die *»Burschen«* wegzuschicken. Offenbar hat die Anwesenheit der Mädchen am Anfang der Szene eine Alibifunktion, die Siegfried dann außer acht läßt, und die Gesellschaft ist durchaus nur eines Geschlechtes. Solche Gelage hat Siegfried häufig, wenn auch wohl nicht in seinem Heim, veranstaltet. Bei den Weimarer Festspielen diente dazu etwa eine ausgebaute Zisterne unter einem Restaurant, in der sich Siegfried nächtens – zu einer gleichgeschlechtlichen Runde – einfand. Am 31. Juli 1926, so wird erzählt, ließ sich Daniela nicht davon abhalten, einzudringen, um sich – vor ihrer frühen Abreise am bereits angebrochenen Morgen – noch von Siegfried zu verabschieden. Siegfried, im Jackett, erhob sich vom Tisch – und stand ohne Hosen da. Daniela tat, als hätte sie nichts gesehen. Anderen aber waren solche Vorkommnisse ein Dorn im Auge.

Bei den Festspielen des Sommers 1928 hat angeblich Adolf von Groß gegenüber dem Schweizer Wagnerianer Adolf Zinsstag »sein Herz ausgeschüttet«, wie der Juwelier und Gründer des Baseler Wagnervereins voller Bestürzung seinem Freund Karl-Alfons Meyer-Hasenfratz mitteilt: »Um eines nur herauszugreifen aus seiner großen Klage: S. W. hat ohne seine Zustimmung, ohne sein Wissen oder auch nur Anfrage, die rund 950 Briefe, die Groß im Laufe so vieler Jahre von Cosima erhielt, an einen Amerikaner verkauft, um eine ›dringende Schuld‹ (nicht etwa die Weimarer!) zahlen zu können. Das Einverständnis wurde durch Eva erzwungen, nach langem Widerstreben gab er es schließlich, nachdem davon Abschriften gemacht wurden. Als dann Groß nach einiger Zeit sich über die dafür erzielten 70000 Mk. erkundigte, stellte es sich heraus, daß S. W. einem raffinierten Schwindel zum Opfer fiel und keinen Pfennig bekam. (...) S. W. sei das ›Unglück‹ für Bayreuth. Zweimal hat er ihn vor einigen Jahren von Erpressern (Italienern!) loskaufen müssen, und während vollen vier Jahren habe er mit ihm gar keinen Verkehr mehr gehabt. An ihm, diesem Greise, dessen Uhr bald abgelaufen sei, hänge die Existenz Wahnfrieds, wie an einem dünnen Fädchen. Reiße das, so sause alles in einen Abgrund. Cosima wisse aber von all diesen Vorgängen nichts. Ich kam nicht recht ins Bild, fand aber doch die fürchterliche Bestätigung, daß die Munkeleien und Raunereien über das abnormale Triebleben S.W.s. ihre Gründe haben. Darüber käme ich ja (persönlich gesprochen) schon hinweg, aber die im Hintergrund lauernden Hyänen, die Schmeichelbande, die den armen Menschen umgibt und in ihr Netz einspinnt, diese überwinde ich <u>nicht</u>. Bayreuth nach außen strotzt vor Lebenskraft, nach innen aber ist es angefault, und der Fäulnisherd ist eben Wahnfried (...).«

Siegfrieds dichterischer Doppelgänger Walamund rafft sich am Ende seines Lebens zu einer politischen Tat auf, die seine Umtriebe und die damit verbundenen Schulden tilgen soll. So sollte es auch im Leben Siegfried Wagners geschehen. Allerdings zeigt bereits das Ende von Opus 17, daß trotz dieser Tat Walamunds das Unheil im Lande seinen Lauf nimmt. Zum Unterschied vom Komponisten selbst, bekennt sich dessen Bühnenheld am Lebensende auch zum unehelichen Sohn: *»Denn es kommt die Wahrheit doch mal an den Tag.«* Und bevor Walamund seinen Gegner zu Fall bringt, sagt er noch einen ganz entscheidenden Satz, der als Schlüsselsatz auch für Siegfrieds Opern gilt: *»In Märchen steht Wahrheit!«*
Der amerikanische Psychoanalytiker und Märchen-Spezialist Bruno Bettelheim führt zu diesem Thema aus: »Allgemein herrscht Übereinstimmung darin, daß Sagen und Märchen in der Sprache von Symbolen, die für unbewußte Inhalte stehen, zu uns reden. Sie sprechen gleichzeitig unser Bewußtes und unser Unbewußtes in seinen drei Aspekten – Es, Ich und Über-Ich – wie auch unser Verlangen nach Ich-Idealen an. Aus diesem Grund sind sie sehr wirkungsvoll; im Inhalt des Märchens nehmen psychologische Phänomene Symbolgestalt an.«
Am 19. November 1928 schließt Siegfried die Reinschrift seiner Dichtung »Walamund« ab. In »Sonnenflammen« verlangt Fridolin von dem Weissager, er solle ihm aus der Hand lesen, und in »Walamund« entscheidet die junge Königin Turisint durch das Pendel über die Vertrauenswürdigkeit ihrer Umgebung. Inwieweit Siegfried selbst ein Pendel zu führen verstand oder ob ein Freund diese Fertigkeit an ihm erprobt hat, ist uns nicht überliefert. Daß er Erfahrungen in dieser Hinsicht hatte, darf aber ebenso sicher angenommen werden, wie die Tatsache, daß er sich chiromantisch beraten ließ.
Auf der Rückfahrt von Amerika, auf der Dulilo, mitten im Atlantik, ließ sich Siegfried am 3. April 1924 beide Hände schwarz einfärben, um so einen Abdruck seiner beiden Handflächen zu erhalten. Allerdings war diese Praxis in den Zwanzigerjahren weit verbreitet. Die Berliner Chiromantin Marianne Raschig, die auch ein wissenschaftliches Buch über die Kunst des Handlesens herausgegeben hat, brachte es in den Jahren 1924 bis 1935 auf eine Sammlung von über 2500 Handabdrücken. Für diese Sammlerin ließen sich auch zahlreiche andere prominente Persönlichkeiten die Hände schwärzen, wie Alban Berg, Igor Strawinsky, Franz Schreker, Richard Strauss, Wilhelm Furtwängler, Erich Kleiber, Leo Blech, Fritz Busch, Pietro Mascagni, Hans Pfitzner, Emmerich Kálmán, Gerhart Hauptmann, Thomas Mann, Bertolt Brecht, Alfred Döblin und Albert Einstein.
Die Münchener Chiromantin Elisabeth Kroll-Hermkes hat im April 1985 die Handlinien Siegfried Wagners nach einem Foto der Abdrücke gedeutet, ließ es sich allerdings auch nicht nehmen, darüber zu pendeln. Ohne zu wissen, daß es sich um die Handlinien Siegfried Wagners handelt, kam sie zu folgendem Resultat: »Es handelt sich um einen vorsichtigen, willensstarken

Menschen, der Erfolg gewöhnt ist. IQ (Intelligenzquotient) etwa 120; weder gut noch böse, also normal. Gute Beziehung zu mütterlichen Damen! Aber auch kritisch.
Vertritt mit Energie seinen Standpunkt, besonders wenn es um sein Glück als Mann geht. Hohes Ansehen als Geschäftsmann. Immer gute Laune und extrem positive Einstellung, wenn es um Vollzug der Liebe mit der Herzensdame geht. Fühlt sich durch gute Organisation anderer leicht übergangen. Erreicht durch Flexibilität guten Ablauf aller Dinge.« Konkret auf die umstrittene Frage des Sexus im Leben des Unbekannten angesprochen, gab Frau Kroll-Hermkes folgende, von ihr durch Pendeln in Erfahrung gebrachte Auskunft: »5 Kinder / Sehr sexy / Bisexuell.«

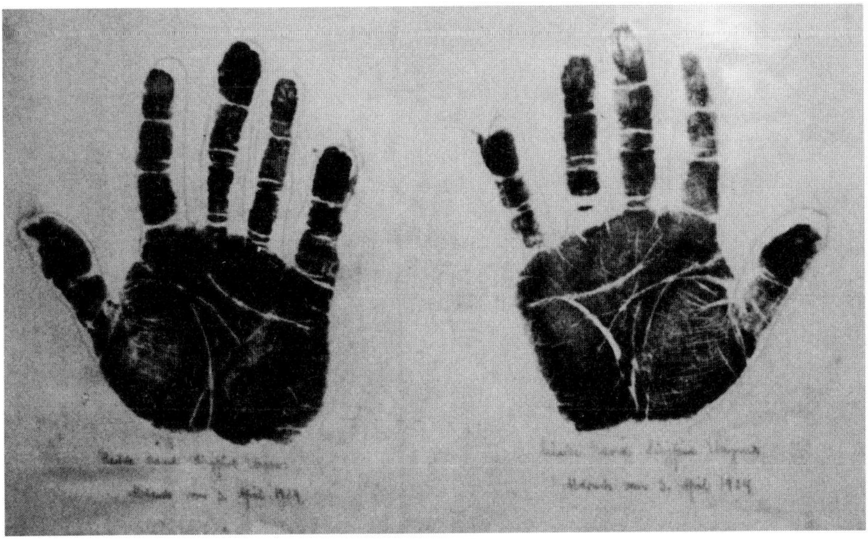

Siegfried Wagners Handlinien

Opus 12 B: Wernhart

Drei Tage nach Beendigung der Niederschrift des Opus 17 fährt Siegfried mit seiner Frau nach Augsburg, wo am Abend desselben Tages, am 22. November 1928 »Der Bärenhäuter« Premiere hat und eine Reihe von Opernaufführungen anläßlich des bevorstehenden sechzigsten Geburtstages einleitet. Die zweite Aufführung am 27. November dirigiert Siegfried, der ein *»fürstliches Logis in den Drei Mohren«* bezogen hat, wie er im Tagebuch festhält. Allerdings ist er über die Aufführung, der auch Hans Haas beiwohnt, wenig erfreut, da sie in musikalischer Hinsicht schlecht einstudiert ist.
Zwei Tage im Münchner Parkhotel folgen, dann reist er allein nach Stuttgart weiter, um eine Aufführung des »Fliegenden Holländers« zu besuchen, an die sich ein *»gemütlicher Abend nachher«* anschließt. Am 2. Dezember, zu Verenas Geburtstag, kehrt er heim und führt – ausnahmsweise – das Tagebuch am selben Tage noch weiter: *»Mama wechselnd, aber immer guter Stimmung. Wini rülpst, ich sage: Aber bitte! Darauf Wieland: Siehst du, Pappi, wenn wir Kinder das tun, sagst du nie bitte. Maus vergleicht hebräische Buchstaben mit Professor Webers Barthaaren.«* Als Lektüre, die er gerade studiert, gibt er Rousseaus »Confessions« an, jene autobiographischen Bekenntnisse, in denen der Vertreter der absoluten Freiheit des Gefühls gegenüber dem Verstand seinen Lebensweg mit schonungsloser Offenheit schildert.
Auch Siegfried arbeitet neben der Komposition des »Walamund« an einem neuen Kapitel seiner in Opern und Konzertstücken verschlüsselten Autobiographie. Der »Entwurf ohne Titel«, so der vorläufige Werktitel, greift erneut die Thematik von Opus 12 auf. Das allein schon formal – mit vier Akten – nicht bewältigte »Liebesopfer« erhält eine radikal veränderte Form. An die Stelle der Grabplünderung tritt ein mythischer Bund mit dem Teufel, der hier – in Analogie zum wilden Jäger in »Banadietrich« – der böse Jäger heißt. Dieser Bund geht auf die gleiche Sagenquelle zurück, die beispielsweise das flämische Märchen »Smee und die sieben Jahre« hervorbringt, das kurze Zeit später Franz Schreker zu seiner großen Zauberoper »Der Schmied von Gent« umgestalten sollte.
Da Siegfried die märchenhafte Zahl der sieben Jahre bewußt in zehn verändert und sich an der gedanklichen Identität des Komponisten mit der Opernfigur Wernhart nichts verändert hat, erhebt sich die Frage, welches Ereignis, das zehn Jahre zurückliegt, Siegfried nun als einen Satanspakt betrachtet.
Bezieht man das Datum auf die Politik, so kann es nur den Friedensschluß des Ersten Weltkriegs meinen. Humoristisch hatte er sich selbst – aufgrund seiner

1915 geschlossenen Ehe – als einen Kriegsgewinnler bezeichnet, was sich inzwischen als ein Trugschluß erwiesen hat. Dennoch hängt Siegfried an Winifred, die er als Mutter seiner Kinder und auch als Frau nicht verlieren will. Ihre Schwärmerei für Hitler beunruhigt ihn nicht nur politisch, sondern auch menschlich. Hitler hat – ohne Siegfrieds Wissen – mehrfach in seinem Haus übernachtet, wovon ihm dann die Kinder berichtet haben, die der aufstrebende Politiker so für sich eingenommen hat, daß Siegfried weder mit Liebe noch mit Strenge etwas auszurichten vermag. Friedelind Wagner berichtet: »Wieland, Wolfi, Verena und ich, wir alle liebten Wolf, weil uns seine Erzählungen der Abenteuer begeisterten, die er auf seinen Reisen durch Deutschland erlebte (...). Sein Leben war spannend für uns, weil es so ganz anders war – alles war wie ein Märchen, sein Auftauchen bei uns so spät in der Nacht, seine Erzählungen über sein gefährdetes Dasein.«
Der dezente Hinweis Siegfrieds in »Walamund«, daß das »zahme Wölfchen«, das alle so lieben, doch eines Tages seine wahre Natur zeigt und ein Lamm reißt, war ohne Resonanz verklungen. Auch ein anderer »Scherz«, von dem Friedelind Wagner berichtet, bleibt ohne nachhaltige Wirkung auf Winifred: »Ein anderes Mal hatte Vater eine Höhle gebaut mit einem Wolf und einem Dachs darin: ›Der Wolf in der Dachshöhle‹, nannte er sie. Das sollte Hitler und seine Münchner Wirtin, die Dachs hieß, darstellen. Einige Zeit danach wäre dieser Scherz noch komischer gewesen, denn der Verstand von Frau Dachs verwirrte sich, und sie benahm sich höchst seltsam. Lange war Hitler der einzige, der sie beruhigen konnte; in seiner Gegenwart war sie noch halbwegs normal, aber eines Tages bedrohte sie ihn mit einem Beil. Hitler mußte um sein Leben rennen und wechselte schleunigst die Wohnung.«
Endlich, in der Neufassung seines Opus 12, wird Siegfried massiver. Wolf ist ein Brudermörder, allerdings einer, der sich selbst die Hände nicht schmutzig macht, aber mit dem Teufel unter einer Decke steckt. Nur darf Siegfried den Teufel diesmal nicht beim Namen nennen, denn damit widerspräche er seiner eigenen These, nach der er jenen Teufel liebt, *»der uns zwickt zur rechten Zeit, wenn wir übermütig werden wollen«.*
Wolfs Mordanschlag gegen seinen Halbbruder Hans hat vermutlich den politischen »Brudermord« an General Ludendorff zum Hintergrund – wenn nicht sogar schlimmere, der Öffentlichkeit unbekannte Tatsachen mitspielen.
Kurzerhand spricht Siegfried seiner dramatis persona Wolf, alias Hitler, auch die Tierliebe ab, obgleich Friedelind Wagner berichtet, daß der Lieblingshund der Familie Wagner, mit Namen Straubele, Fremde nicht leiden kann – mit Ausnahme Hitlers.
Mit »Wernhart« versucht Siegfried erneut, einen Opernstoff in der Nähe des »Bärenhäuters« anzusiedeln. Auch hier heißt ja der junge Held, der den Teufel überlistet, Hans, und aus den »Sonnenflammen« ist der Name der Tochter entlehnt, Irene – das griechische Wort für Frieden. Doch von Frieden kann vorläufig kein Rede sein.

»Und wer ist's, der all dies angezettelt?
Wolf, der vermeintliche Bräutigam!«,

heißt es im zweiten Akt.
Aufgrund seines immensen Gespürs für bühnenwirksame Situationen wird Siegfried in Kritiken bisweilen als »Regisseurkomponist« bezeichnet. Auch in »Wernhart« ist möglicherweise die dramatische Keimzelle eine phantastische Bühnenidee, die Veränderung eines Raumes innerhalb eines Aktes: der zweite Akt beginnt in einem Vorraum der Halle, dann teilt sich ein Vorhang und gibt den Blick auf die Festtafel frei. Als dann der Jäger Irene zur Frau begehrt, erfolgt eine Beleuchtungsveränderung:
»Während alles übrige sich verdunkelt, strahlt Irene in weißem Lichte, der Jäger in grünlichem. Der Jäger steht wie gebannt. Er kann keinen Schritt gehen. (...)
Irene: So komm doch! Was zögerst du?
Hier steht die Braut, empfängt dich mit offenen Armen!
Der Jäger (krallt die Hände zusammen. Von wilder Wut erfaßt, stürzt er nach der Mitte im Hintergrunde und schreit:) Wird sie auch nicht mein, Wernhart, du bist mir verfallen!
(Der ganze Palast stürzt in Trümmer. Wernhart, die Mutter und Irene, in Bettlerkleidung, bleiben allein. Langes Schweigen.)«
Auf einem separaten Skizzenblatt notiert Siegfried einen Satz, der unmißverständlich zur Rolle des Armen gehört, der dem Viehhändler einen Stein an den Kopf geworfen hat. Hier aber bezieht ihn Siegfried irrtümlich auf Wernhart – und damit wohl auf sich selbst: *»Nicht ihm galt meine Wut, dem Schicksal warf ich den Stein an den Kopf (das neue Drama). Ich will nicht schuldig sein, aber ich weiß nicht, ob Gott mich nicht schuldig findet.«*
Die Wut gilt also nicht Wolf, sondern dem Schicksal, das dessen Existenz ermöglicht. Wolf wird in »Wernhart« überführt, aber nicht besiegt. Er geht hinweg – und so lauert die Gefahr weiter, auch wenn Wernharts Seele im Tod von den Folgen des Paktes befreit ist und wenn Hans, das jugendliche Alter ego Wernharts, am Ende die geliebte Irene bekommt.
»Ob ich mal in der Todesstunde wie das Katherlieschen sage: ›Ade, böse Welt?‹«, überlegt Siegfried, *»Nein! Der Guten gibt es viele und das Gute ist kräftig, das Herz hat noch immer über den Teufel gesiegt!«*
Der Sieg des Guten steht auch in Form einer Puppenspielaufführung zu Weihnachten in Wahnfried auf dem Programm. Im Puppentheater, das ihm einst Judith Gautier geschenkt hatte, führen Siegfrieds Kinder mit den an Drähten geführten Puppen den »Bärenhäuter« auf – als ein Sprechstück ohne Musik.
Ohne Musik bleibt auch »Wernhart«, das Opus 12 B. Unvertont landet es in der vielberedten Schublade.

Opus Summum: Das Flüchlein, das Jeder mitbekam

Häufiger als zuvor machen Siegfried und Winifred getrennt voneinander Reisen. Er, um die Besetzung des »Tannhäuser« für die Festspiele des Jahres 1930 zu vervollständigen, sie, um die notwendigen Spendengelder einzutreiben. Das führt dazu, daß Winifred mehr und mehr Macht bekommt. Einerseits war es durchaus Siegfrieds Absicht, die Gattin und später auch die Kinder in die Festspielaufgaben einzuarbeiten, damit das Unternehmen von der Familie weitergeführt werden könnte. Andererseits merkt er nun, daß Winifred jede Möglichkeit, ihm etwas aus der Hand zu nehmen, nicht etwa dazu benutzt, ihm zu helfen, sondern ihren Willen – hinter dem wohl der Wille Adolf Hitlers steckt – durchzusetzen.

Am 8. März setzt er deshalb mit Winifred ein »Gemeinschaftliches Testament« auf, in dem es unter anderem heißt:

»Stirbt Herr Siegfried Wagner vor Frau Winifred Wagner, so hat folgende Erbfolge Platz zu greifen:

1. Frau Winifred Wagner wird Vorerbin des gesamten Nachlasses des Herrn Siegfried Wagner. Als Nacherben werden bestimmt die gemeinsamen Abkömmlinge der Ehegatten Wagner zu gleichen Stammteilen. Die Nacherbfolge tritt ein mit dem Tode oder mit der Wiederverheiratung der Frau Winifred Wagner. (...)

2. Die Erben erhalten bezüglich des Festspielhauses folgende Aufgabe: Das Festspielhaus darf nicht veräußert werden. Es soll stets den Zwecken, für die es sein Erbauer bestimmt hat, dienstbar gemacht werden, einzig also der festlichen Aufführung der Werke Richard Wagners. (...)

Stirbt Frau Winifred Wagner vor ihrem Ehemann, so ist Herr Siegfried Wagner Alleinerbe. (...) Im übrigen soll Herr Siegfried Wagner nach dem Ableben seiner Ehefrau das Recht haben, das vorliegende Testament aufzuheben, ohne daß er das ihm Zugewendete ausschlagen muß. (...)«

Es scheint unmißverständlich, daß Siegfried mit diesem Testament in erster Linie eine mögliche Heirat zwischen Winifred und Adolf Hitler ausschließen will – und damit natürlich auch eine legitimierte Verbindung zwischen dem Kunstwerk Richard Wagners und dem Kopf der Nationalsozialisten, die ihm – jenseits von allen politischen An- und Absichten – allein schon ästhetisch, aufgrund der Wahl des von Siegfried so gehaßten Brauns, zuwider sind. Und politisch vertreten die Nazis genau das Gegenteil von dem, was Siegfried in seinen Opern, die in ihrer Gesamtheit alle eine Forderung nach Liberalität und Toleranz darstellen, vertritt. Daß diese Intoleranz, die Siegfried in Hitlers »Mein Kampf« erst voll bewußt geworden ist, so mit der Idee des Deutschen

Geistes verquickt ist, will ihm nicht recht einleuchten. Doch mußte er dies bereits erfahren, als der Präsident des Alldeutschen Verbandes, August Püringer, ihm mitteilte, die finanzielle Unterstützung der Bayreuther Festspiele seitens seines Verbandes könne nur erfolgen, wenn Siegfried endlich auf die Mitwirkung »nichtarischer Untermenschen« verzichte und den Juden den Eintritt ins Festspielhaus verbiete.

Diesen Boykott hat Siegfried nicht nur mit Entschiedenheit zurückgewiesen, sondern mit einem ausführlichen Statement zur Juden-Frage beantwortet, das auf alle Rassisten wie ein Schlag in die Magengrube wirken mußte:

»Sehr geehrter Herr Püringer!

In Beantwortung Ihres Briefes, den ich bei meiner Rückkehr hier vorgefunden habe, muß ich Ihnen sagen, daß ich ganz und gar nicht Ihrer Ansicht bin. Unter den Juden haben wir sehr viele treue, ehrliche und selbstlose Anhänger, die uns zahlreiche Beweise ihrer Freundschaft gegeben haben. Sie wollen, daß wir all diesen Menschen die Türen verschließen, sie nur aus dem Grund, daß sie Juden sind, zurückweisen. Ist das menschlich? Ist das christlich? Ist das deutsch? Nein! Wenn wir uns so verhalten wollten, müßten wir Deutsche zunächst einmal ganz andere Menschen werden, und unser Gewissen müßte so rein sein wie ein Gebirgsbach. Aber das ist bei uns gar nicht der Fall. Das Leben aller großen Deutschen beweist, daß sie vom deutschen Volk mit Gemeinheit, Gleichgültigkeit, Bosheit und Dummheit behandelt worden sind. (...) Wenn die Juden gewillt sind, uns zu helfen, so ist das doppelt verdienstlich, weil mein Vater sie in seinen Schriften angegriffen und beleidigt hat. Sie hatten daher allen Grund, Bayreuth zu hassen, und doch verehren viele von ihnen, trotz den Angriffen meines Vaters, seine Kunst mit echter Begeisterung (...). Und wenn unter hunderttausend Juden nur ein einziger wäre, der mit ganzem Herzen und aus ganzer Seele meines Vaters Kunst verehrte, würde ich mich schämen, ihm den Rücken zuzukehren, nur weil er ein Jude ist. Auf unserem Festspielhügel wollen wir positive Arbeit leisten, keine negative. Ob ein Mensch Chinese, Neger, Amerikaner, Indianer oder Jude ist, das ist uns völlig gleichgültig. Aber wir könnten von den Juden lernen, zusammenzuhalten und einander zu helfen. Mit Neid und Bewunderung sehe ich, wie die Juden ihren Künstlern beistehen, wie sie den Weg für sie ebnen. Wenn ich Jude wäre, würden meine Opern in allen Theatern aufgeführt werden. Wie die Dinge aber nun liegen, müssen wir warten, bis wir tot sind. (...) Sollen wir nun zu all unseren übrigen schlechten Eigenschaften auch noch Intoleranz hinzufügen und Menschen, die guten Willens sind, zurückweisen? Wollen Sie wirklich leugnen, daß es unter den Juden Menschen gibt, deren Begeisterung für Bayreuth echt ist? Es sind Menschen, die ich nicht beleidigen will und darf. Ich bin in der Lage, Ihnen zu beweisen, daß Sie Unrecht haben und kann Ihnen sogar die Namen vieler angeben. Bei der Auswahl unserer Künstler haben wir die Rassenfrage nie in Betracht gezogen. Wir haben uns nur von der Stimme, dem Talent und der Erscheinung bei der Besetzung einer Rolle leiten lassen, und das ist ein Prinzip, das wir auch in Zukunft befolgen werden. Ich hoffe, daß Sie mich verstehen werden. Bayreuth soll eine wahrhafte Stätte des Friedens sein.«

In Berlin besucht Siegfried Wagner die Generalprobe und am 15. Januar 1929 auch die Premiere einer Neuinszenierung des »Fliegenden Holländer« in der Kroll-Oper, die viel Wirbel auslöst und zum Politikum hochstilisiert wird, da die Aufführung von rechten Kreisen als »Verhöhnung Wagners« apostrophiert wird und sich der verantwortliche Dramaturg wegen der von Otto Klemperer gewählten Urfassung der Partitur sogar einem Verhör im preußischen Landtag unterziehen muß. Nach der Generalprobe begrüßt Siegfried die auf der Bühne noch in Kostüm und Maske versammelten Darsteller mit den Worten: *»Nu, ihr seht ja alle zum Piepen aus«*, während Klemperer ihm einen Stuhl anbietet: »Bitte, Herr Wagner, ent-setzen Sie sich.« Siegfried ist aber keineswegs so entsetzt wie etwa die Vertreter des Wagner-Verbandes, er weiß hervorragende Ansätze von Ungenügendem genau zu unterscheiden. Wenn ihm auch ein romantischer »Holländer« lieber ist, so steht er doch Jürgen Fehlings Regie anerkennend gegenüber und bewundert die technischen Effekte. Allein die Tatsache, daß Siegfried nach der Generalprobe auch noch die Premiere besucht, während er sonst keine Skrupel hat, eine Aufführung, die ihm nicht behagt, bereits nach dem ersten Akt zu verlassen, spricht dafür, daß Siegfried insgesamt der Aufführung des »Fliegenden Holländers« an der Kroll-Oper positiv gegenübersteht.

Franz Stassen, wie Siegfried Jahrgang 1869, feiert seinen sechzigsten Geburtstag bereits am 12. Februar 1929. *»Wie fühlt man sich, wenn man 60 Jahre alt ist? Ich bin ja noch 59, ätsch!«*, hänselt Siegfried den Freund, *»g'schieht Dir recht, daß Du zuerst ausgekrochen bist!«*

Im Februar ist Siegfried erneut in Berlin, diesmal, um symphonische Teile des »Ring«-Zyklus für die Berliner Funkstunde zu dirigieren. Teilweise sind Wachsmatrizen dieses Dirigates erhalten und wurden im Jahr 1983 auf Schallplatte erstveröffentlicht: eine Interpretation voll jugendlichen Elans, zügig im Tempo, extrem in der Dynamik und mit einem nahezu bestürzenden Umschwung von der Leichtigkeit zur Dramatik bei »Siegfrieds Rheinfahrt« auf dem Weg ins Verhängnis. Auch in dieser Aufnahme scheint Autobiographisches mitzuschwingen.

»Wann kommt eigentlich meine Korrespondenz heraus? Hoffentlich in der B. Z.?«, witzelt Siegfried im Anschluß an seinen Berlin-Aufenthalt gegenüber Marie Dernburg. *»Sie sind halt eine goldige Frau, da gibt's eben keine Würstle! Weil wir grad vom Essen reden, wollte ich Ihnen was Ulkiges von meiner Frau erzählen! Sie haben doch bei Ihrer Feinfühligkeit und Leseäugigkeit gemerkt, daß dieselbe (ich meine meine Frau, nicht die Leseäugigkeit!) vom Minister Schiffer so bissel angeschwärmt wurde. Da sagte sie: Das nächstemal möchte ich bei Dernburgs die Loreley spielen, sie sollen mich zwischen Schiffer und Kahn setzen. Herzig! Also jetzt treiben Sie mal einen Kahn auf. Der Berühmte*

ist ja der Otto K., aber der ist in N. York. Da hat sie allerdings schon mal neben ihm gesessen. Mitte April tauchen wir auf! Zartes Zaunpfahl-Winken!
Las von den Erfolgen des Goethe-Töchterchen (Erika Dernburg; Anm. d. Verf.).
Was halten Sie sonst von dieser Welt? Wollen wir noch mitmachen? Mein Gott! Und da wird man (nämlich ich!!) auch noch 60 Jahre! Was sagt da die Baronin S(iemens) dazu! Man muß halt mit dem Kipfel-Essen anfangen! Also, küß d'Hand! bleiben Sie, wie (Sie) sind! Immer monumental und grandios.«
Solange es sich nicht um Hitler handelt, hat Siegfried offenbar nichts dagegen, wenn seine Frau von Politikern angeschwärmt wird, wie von dem DDP-Politiker und Vizekanzler des ersten Reichskabinetts, Eugen Schiffer. Hitler, den Winifred, seine Kinder und alle frühen Parteigenossen Wolf nennen, bleibt für Siegfrieds aktuelles Weltbild weiterhin das Hauptproblem. So holt er im März 1929 zu seinem dritten Schlag gegen den machthungrigen Politiker aus. Nach dem zarten Hinweis auf das mörderische Wölfchen in »Walamund«, nach dem korrupten Brudermörder Wolf in »Wernhart«, entschließt er sich diesmal, koste es, was es wolle, an die Öffentlichkeit zu treten und – wie sein dramatischer Doppelgänger Walamund – einmal laut die Wahrheit zu sagen.
Jeder hat nur seine individuellen Waffen. Die Waffe des Dichterkomponisten ist eine Oper, deren erste Entwürfe noch in die Zeit der »Walamund«-Niederschrift zurückgehen und deren endgültige Textfassung er am 17. März 1929 in aller Stille abschließt, um das Libretto sofort in Druck zu geben. Als würden unsichtbare Mächte gegen seine Absicht kämpfen, so empfindet er es, als er im April ein »Automalheur« erlebt: Bei einer Rückfahrt von Nürnberg nach Bayreuth platzt dem von Winifred gesteuerten Mercedes ein Reifen, schon sieht sich Siegfried in den Abgrund stürzen, da lenkt Winifred das Auto gegen eine Felswand. Siegfried wird gegen die Windschutzscheibe geschleudert, und ein Glassplitter, der sich in den rechten Daumen spießt, durchschneidet die Sehne. Ansonsten aber kommt er – und mit ihm Winifred und Wieland – mit dem Schrecken davon. Da Siegfried von Haus aus Linkshänder ist, allerdings früh auf das Schreiben mit der Rechten umerzogen wurde, vermag er sich ziemlich schnell auf die linke Hand umzustellen.
Aber der Unfall verstärkt in ihm so etwas wie eine Todesahnung, die sein Schaffen bereits seit längerer Zeit beherrscht. Das äußert sich nicht nur inhaltlich – der Tod Walamunds und der Tod Wernharts –, sondern auch dadurch, daß er stets mehrere Opern parallel in Arbeit hat und bestrebt ist, diese Werke wenigstens im Particell abzuschließen. Noch aber gilt es vor dem Tod, dem keiner entrinnt, die »Tat« zu tun, die sein dramatischer Doppelgänger Walamund vorzeichnet. Über die Ahnungen des Todes setzt er sich mit dem ihm eigenen Humor hinweg.
Als die Familie Reinecke-Ottersbach aus Hamburg anfragt, ob er auch mit einer Opernaufführung im Hamburger Vorort Harburg einverstanden wäre, antwortet er am 12. April:

»Die markgräfliche Hofkanzlei Bayreuth gibt kund, daß der allergnädigste Markgraf Familie Ottersbach ernennt zu Generaloberintendanten sämtlicher Operntheater Deutschlands, mit höchstem Vermerk, allabendlich sämtliche Opern seines gehorsamsten Untertanen Siegfried Wagner – gedruckte, ungedruckte, halbfertige, embryonale – aufzuführen. Die Urkunde wurde geschrieben mit der linken Hand, da bei einem Autounfall die rechte Daumensehne zerrissen wurde. Es geht langsam besser, und man hofft, daß der Finger nicht steif bleibt.
Man kann dem lieben Gott danken, daß er uns Drei – (m)ich, Gattin und Wieland, denen nichts geschah – so beschützte. Regt Euch ja nicht auf!«
Siegfried hat aber keine Bedenken, wieder ins Auto zu steigen und sich nach Karlsruhe chauffieren zu lassen, wo am 19. April – in einer deutlich von Alexander Springs Weimarer Inszenierung geprägten Ausstattung – »Sternengebot« Premiere hat. Die musikalische Leitung hat der im Dritten Reich mit Berufsverbot belegte, österreichische Dirigent Josef Krips, dessen geradezu vorbildliche Interpretation der Partitur den Komponisten hoch erfreut: *»An der Aufführung konnten wir wirkliche Freude haben. Krips machte seine Sache sehr gut, es war alles tadellos einstudiert.«* Was mag Siegfried wohl – aufs neue mit seinem frühen und unmaskierten dramatischen Doppelgänger Helferich konfrontiert – im Hinblick auf sein persönliches Sternengebot empfinden? Mehr als ihm lieb sein kann, ist sich der »Seherspruch« treu geblieben, hat sich Siegfrieds Schicksal erfüllt. Immer noch trifft auf ihn zu, was er ein Vierteljahrhundert zuvor so formuliert hat: *»Hohes Los! – Bitter traurig!«* Wie Helferich, so wollte auch er *»zum Licht«*, wähnte *»das Glück zu fassen«* und hat es doch *»um eines Wahnes willen«* aufgegeben. Und dieser »Wahn« hieß »Wahnfried« und heißt Bayreuth, – auch wenn Siegfried das so unverschlüsselt nie zugeben würde.

An diesem Punkt der Biographie Siegfried Wagners hat der Verfasser den Astrologen Maxim Osward gebeten, zusätzlich eine Lebensuhr anzufertigen, die sich aus dem berechneten Horoskop ergibt. Maxim Osward kommt zu folgendem Ergebnis:
»Sinn der Lebensuhr ist es, eine graphische Darstellung des Lebenslaufes vom Tage der Geburt bis zum Ende des Lebens aufzuzeichnen. Sie ist durch eine Kürzung auf 90°, statt des Sonnenkreises von 360°, möglich und ergibt frappante Astrodaten, die, bei der Konjunktion der umlaufenden Sonne mit dem Radix-Zeichen, Lebensjahre und Lebensalter deutlich anzeigen. Es sind dies die wesentlichen Punkte im Leben eines Menschen, die klar hervortreten, und, läßt man die Uhr weiterlaufen, auch die Daten nach dem Tode, der Nachlaß oder die Folgen.

1945 ACr und Mondknoten lassen auf noch vorbereitete Verträge schließen, selbst noch Erarbeitetes kommt zu Verhandlungen, oder Skizziertes, Geplantes wird positiv aufgenommen.

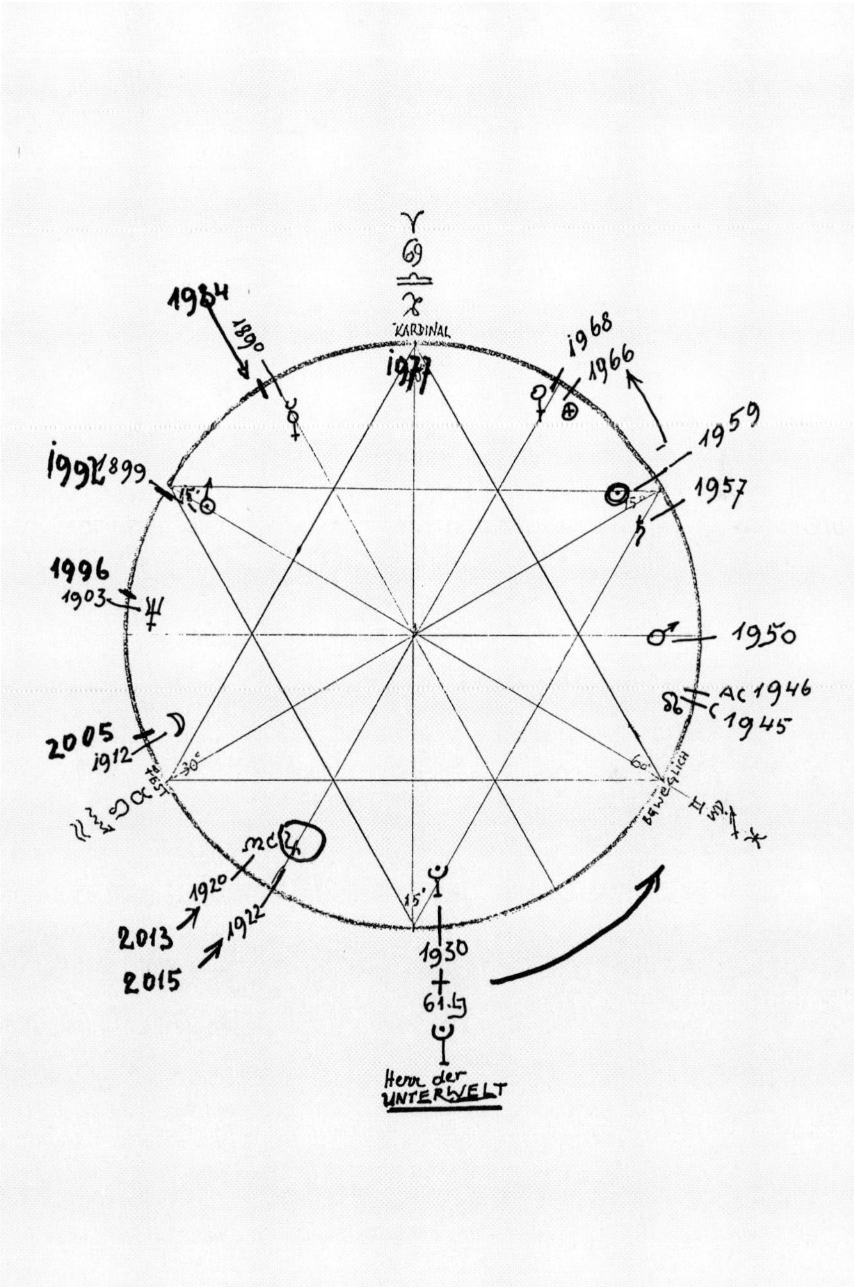

Lebensuhr Siegfried Wagners

1950 Mars zeigt einen schweren Kampf an um das Werk.
1957 ist ein schwarzes Jahr, Saturn neben der Sonne zeigt einen Tiefpunkt: Vergessen des Werkes.
1959,
1966 und
1977 zeigen einen Aufwärtstrend, Glücksrad und Venus bedingen diesen.
1984 zeigt Merkur, der Bote, der Neues bringt, einen positiven Aspekt.
1992 kommt unerwartet wieder ein Ereignis.
1996 wird man ein Werk von 1903 bereitwillig wiederentdecken und aufführen.
2005 Eine Frau wird sich für eines der Werke stark einsetzen, finanziell und ideell.
2013 ein Höhepunkt im Nachwirken.
2015 MCr (medium coeli Radix) und Jupiter, stehen als Krönung des Schaffens in diesem Jahr, ähnlich wie im Jahr 1922.

Die Uhr läuft weiter.«

Seit der in Mailand besuchten »Tristan«-Aufführung im Jahre 1901, von der Siegfried sehr beeindruckt war, hat er wiederholt versucht, Arturo Toscanini als Dirigent für die Festspiele vorzuschlagen, war aber in seiner engsten Verwandtschaft und erst recht in den orthodoxen Bayreuther Kreisen mit seiner Idee, einen Italiener als Dirigent für ein Festspiel heranzuziehen, das als Inbegriff des Deutschtums galt, auf Granit gestoßen.
Seit sein Doppelgänger Walamund für ihn den Entschluß gefaßt hat, am Ende des Lebens tatkräftig zu werden, kümmert er sich nicht mehr darum, was andere – etwa die Schwester Eva und Daniela – von seinen Ideen halten und erfüllt sich den Wunsch, Toscanini nach Bayreuth einzuladen. Seinen ersten Brief an ihn versieht er mit dem Postscriptum: *»Entschuldigen Sie bitte mein Italienisch, aber ich habe es von Köchen und Dienstmädchen gelernt.«* Und als Toscanini in seinem Antwortschreiben seiner Freude über die Einladung Ausdruck verleiht, reist Siegfried Ende Mai erneut nach Berlin, wo gerade ein Gastspiel der Scala unter der Leitung Toscaninis stattfindet. Nach der Aufführung bietet Siegfried dem italienischen Maestro die Leitung des »Tannhäuser« und obendrein noch »Tristan und Isolde« an. Ein definitiver Plan soll bis zum Herbst ausgearbeitet werden, wo sie sich in Mailand wieder treffen wollen.
Den Festtag des 6. Juni 1929 nutzt Winifred, um ihr organisatorisches Talent unter Beweis zu stellen. Der Tagesablauf beginnt mit einem Ständchen, und um zehn Uhr findet sich die Reihe der Gratulanten ein. Das größte Geschenk, das Siegfried überreicht wird, ist die sogenannte »Tannhäuser-Spende«, ein Betrag von 127 000 Mark, den die Unternehmer Dr. Wiskott, Dr. Knittel, Gemming und Dr. Vering mit den Namen Kaiser Wilhelm II., des Königs Ferdinand von Bulgarien und der Kronprinzessin Cäcilie an der Spitze einer endlosen Reihe von Sponsoren tatsächlich zustande gebracht haben, indem

sie mit drei verschiedenen Aufrufen operierten, was Michael Karbaum nachgewiesen hat: »Wie so oft, wenn Bayreuth die Öffentlichkeit für seine Ziele brauchte, trat auch diesmal das unmittelbare Anliegen, d.h. der konkrete Geldbedarf, dezent zurück hinter ausgreifenden kulturpolitischen Lageberichten, die den Festspielhügel einmal zum eigentlichen kulturellen Mittelpunkt der Nation machten und zugleich den Bayreuther Standort innerhalb des fortgeschrittenen rechtsoppositionellen Kulturkampfes recht deutlich markierten.«

Die nachmittägliche Geburtstagsfeier findet in der Eremitage statt, allerdings muß sich die Festversammlung infolge aufkommenden Regens in die Seitenflügel des Lustschlosses zwängen. Die von Winifred engagierte Ekkehard-Spielschar des Hauptmanns und Freischarführers Gerhard Roßbach – in Erinnerung an den preußischen Offizier und Napoleon-Gegner Ferdinand von Schill die »Schill-Jugend« genannt – gibt dennoch im römischen Freiluft-Theater der Eremitage einige Lieder zum besten. Oberfränkisch ist die Bewirtung mit Bier und Würstchen vom Rost, und die vier Kinder Siegfrieds bewirten die einhundertachtzig Gäste.

Das Engagement der Schill-Jugend war Winifred nicht nur ein persönliches Anliegen, sondern auch eine gezielte Revanche für Siegfrieds ihr zugedachte Geburtstagsüberraschung à la »Der Wolf in der Dachshöhle«. Denn immer noch hat Siegfried eine Vorliebe für junge Burschen und Mädchen, aber das Engagement dieser Spielschar, einer Vereinigung präfaschistischer Zielsetzung, mußte ihn doch empfindlich treffen. Außerdem hatte Winifred Programmzettel drucken lassen mit der Reihenfolge der Darbietungen des »Frohen Abendspiels« zu Siegfried Wagners sechzigsten Geburtstag. Und dieses als Postkarte gedruckte Programm vereinnahmt die Person Siegfried Wagners zwangsläufig als Veranstalter dieses Abends, der nach allerlei Volksliedern und Tänzen in der Rotunde des Wahnfried-Saales das Soldatenlied »Morgen marschieren wir« programmatisch an das Ende der Darbietungsliste stellt.

Perfider kann man wohl nicht sein, es sei denn, man deutet das Geschenk des Richard Wagner-Verbandes deutscher Frauen, eine vom Karlsruher Bildhauer Hermann Volz gestaltete Büste Winifred Wagners, auch als überdeutliches Symbol dafür, wer nun in Bayreuth an die Macht drängt.

Winifred hat jedoch nicht mit Siegfrieds Geheimwaffe gerechnet, da er sich mit seinen Werken der Öffentlichkeit gegenüber sonst stets eigenartig reserviert verhalten hat.

Und gerade jetzt macht er eine Ausnahme: Jeder Gratulant findet die druckfrische Ausgabe des Textbuches zum »Flüchlein, das Jeder mitbekam« unter seinem Teller. »Ein Spiel aus unserer Märchenwelt« nennt Siegfried hintergründig-verschmitzt seine neueste Oper, und tatsächlich herrschen zum drittenmal in seinem – nunmehr achtzehn Bühnenwerke umfassenden Œuvre – Märchenmotive vor. Doch »unsere Märchenwelt«, das meint auch jenes, was uns täglich an Märchen erzählt und vorgegaukelt wird, die Größen der

Tagespolitik, die der Gartenlauben-Journalismus oft so märchenhaft schildert. Stärker als in seinen früheren Werken ist hier der Bezug zur Entstehungszeit, und die Namen der Protagonisten – sonst im Sinne einer verklausulierenden zeitlichen Entrückung des Stoffes oft kompliziert gesucht – sind einfach und verständlich.

Im Mittelpunkt der Oper wird der Konflikt mit dem sadistischen Räuberhauptmann Wolf ausgetragen. Daß damit unmißverständlich für alle Leser des Textbuches Adolf Hitler gemeint ist, hat die Witwe Siegfrieds dem Verfasser am 2. Oktober 1979 bestätigt: »Der ›Spitzname‹ Wolf für Adolf Hitler war nicht nur in Wahnfried gebräuchlich, sondern in Parteikreisen allgemein – daher auch die Bezeichnung: ›Wolfsschanze‹ (Kriegsbunker) etc.« War es ihr nicht peinlich, daß die Heldin des Stücks, die junge Maleen, beinahe eine Hochzeit mit Wolf eingeht und ihn – immerhin freiwillig – »Schatz« nennt?

Die Zeichnung Wolfs verrät, daß Siegfried das Pamphlet »Mein Kampf« gelesen hat und daß es ihn in Angst und Schrecken versetzte. Es dürfte ihm bekannt gewesen sein, daß Hitler sein politisches Manifest auf jenem Papier verfaßt hat, das Winifred ihm nach Landsberg geschickt hatte. Wolf tönt in der Beschreibung seiner kriminellen Vereinigung:

»Lauter edle Halunken, /die in Blut ihr Brötchen tunken!« Und seine Vorstellung des als Spitzel zu dem Kreis um Wolf gestoßenen Wehrhold entspricht vollends Hitlers ratternder Suada:

»Hier ein neues Glied,
der zu uns grad geriet:
frisch bekehrt,
noch unbelehrt,
unser drum noch nicht wert!
Er begehrt,
daß man ihn hört
und nicht wehrt,
wenn er Treue schwört!«

Zu spät erfolgt die Erkenntnis, daß sich hinter dem neuen Mitglied ein »Verräter« verbirgt, und als Wolf abgeführt wird, stößt er *»zähneknirschend«* hervor:

»Das ist des Stümpers Werk,
den wir verlachten
und arglos zu uns nahmen!
Schade! Eine treffliche Kraft ging verloren!«

Doch zu diesem Zeitpunkt pflastern bereits eine Unmenge von Leichen Wolfs Weg. Allerlei Experimente werden mit den entführten Untermenschen vorgenommen, die schließlich bei lebendigem Leib zerhackt werden, und

auch Maleen muß einiges an Psychoterror über sich ergehen lassen, bis sie in der letzten Minute gerettet wird.
Aber nicht nur Wolf hat einen Politiker der Weimarer Republik zum Vorbild. Auch das »tapfere Schneiderlein« in dieser Oper hat mit dem Märchenvorbild so gut wie nichts gemein. Es hat sich als lügnerischer Prahlhans den Namen Graf Erpelmann zugelegt. Unschwer ist diese Namensbildung als Collage der Namen Ebert und Scheidemann zu erkennen, für die Siegfried auch wenig übrig hat, nachdem Scheidemann – wie Prinz Max von Baden es formuliert – den »letzten Stoß gegen die Monarchie geführt« und Friedrich Ebert, der Sohn eines Schneidermeisters, der formell als letzter »kaiserlicher« Reichskanzler regierte, den Verteidigungswillen der Arbeitermassen mobilisiert hat. Zu beiden Politikern finden sich in der Handlung des Opus 18 zahlreiche Parallelen, wie Dorion Weickmann in einem Artikel anläßlich der Uraufführung dieser Oper, dem 29. April 1984 in Kiel, nachgewiesen hat: So gibt sich das Schneiderlein in der Prosaskizze der Oper als Kanzler des Königs aus, gebraucht – wie der im Hessischen Kassel geborene Scheidemann – den typisch hessischen Dialektausdruck »babbeln«. Wie Scheidemann, der mit der Äußerung Aufsehen erregte, der Wortbruch sei »eine der erhabensten Überlieferungen des in Preußen regierenden Hauses«, muß das Schneiderlein erfahren, daß der König sein Versprechen bricht, ihm eine Königstochter zu vermählen.
Wie »auf Befehl« des Sozialdemokraten Ebert beim Aufstand der Kieler Hochseeflotte am 3. November 1918 Soldaten gegen die revoltierenden Arbeiter marschierten, gibt das Schneiderlein vor, als Anführer der Soldaten die Extremisten überwältigt zu haben. Scheidemann wiederum verhielt sich bei Kriegsausbruch 1914 – in der Frage der Bewilligung der Kriegskredite – ebenso opportunistisch wie das Schneiderlein in der Oper, das die Massen für sich mobilisiert, andererseits aber in die Monarchie einheiraten möchte; Scheidemann machte sich mit der Ausrufung der Republik zum Sprachrohr der Massen, gehörte aber dem Kabinett des letzten vom Kaiser ernannten Reichskanzlers, Prinz Max von Baden, als Staatssekretär an. Und wie Friedrich Ebert, der Sattler, eine ehemalige Textilfabrikarbeiterin ehelichte, so heiratet das Opern-Schneiderlein am Ende eine Schneiderin.
Siegfried, der früher oft als »Kronprinz von Bayreuth« bezeichnet wurde, spiegelt sich in der Figur des Prinzen Wehrhold, der wie der Herzog Wildfang von zu Hause fortläuft, da er frei sein will. In der Beziehung zu seiner Liebsten, der Kindfrau Maleen, läßt Siegfried seinen Doppelgänger einige Fehler, die er selbst begangen hat, gut machen: er leitet seine junge Frau, »erzieht« sie, läßt sie die Gefahren erleben, befreit sie aber auch daraus. Das Paar erlebt eine Spiegelung der Abenteuer Frieders und Katherlieschens in gereifter Form.
Aber auch der König, dessen Tod stellvertretend steht für die sterbende Monarchie, trägt Siegfrieds Züge, der auf einen glücklichen Tod hofft, *»um mit einem heiteren Eindruck von dieser nicht gerade heiter (...) aussehenden Erde zu scheiden«*.

Siegfrieds Opus summum ist ein Schwanengesang im doppelten Sinne, denn die elf in Schwäne verwandelten Königsöhne jammern und klagen wie die Kobolde, die allerdings nicht durch den Tod der Königstöchter, sondern durch Tanzen erlöst werden. Zwar sind es keine schwarzen Schwäne wie im »Schwarzschwanenreich«, die in dieser Partitur auch einmal zitiert werden, aber von deren Treiben sind sie nicht weit entfernt, wenn man bedenkt, daß sie die Schuhe der Prinzessinnen zertanzen, was symbolisch für Defloration und Koitus steht.
Was aber hat es mit dem Flüchlein auf sich? Auf der Bühne, speziell im Musiktheater, wird viel geflucht. Flüche lassen sich mit großem Gestus, mit dramatischer Wucht schmettern, Flüche sind die Marksteine vieler Opernpartien von Gluck über Mozart, Marschner, Lortzing, Bellini zu Verdi, Richard Wagner, Dvořák, Puccini und Richard Strauss. Um einen ganz anderen Fluch geht es hier. Dieser Fluch wird nicht singend ausgestoßen, er existiert bereits, bevor die Handlung beginnt. Denn es ist auch kein mark- und beinerschütternder Fluch, sondern ein kleiner, ein Flüchlein, unter dem jeder leidet, mit dem jeder unbekannterweise schon einmal zu tun hatte, eben »Das Flüchlein, das Jeder mitbekam«.
Die häufig in Siegfrieds Opern behandelte Schuld, die auf einem Menschenleben liegt, läßt sich nunmehr von sich streifen, im Leben überwinden. Das unterscheidet dieses Flüchlein auch von der christlichen Erbsünde, die der Mensch nicht aus eigenen Kräften tilgen kann.
»Wie du noch gar nicht in der Welt warst, / wie du in Mutters Schoß lagest, / da hattest du's schon gekriegt«, erklärt die gute Frau (in einem früheren Entwurf zur Oper) der Königstochter Maleen. Maleens Flüchlein ist es, daß sie sich den Weg zum eigenen Herzen verstellt hat. Spät erst erkennt sie den Fehler ihres Handelns, den sie nun durch schier unmenschliche Taten und Leiden wiedergutzumachen sucht. Dabei hilft ihr die gute Frau, das Urbild einer Muttergottheit aus jener Zeit, als noch das Matriarchat waltete und als wahrscheinlich Kriege und Machtkämpfe noch einer fernen Zukunft angehörten. Sie ist die Spielleiterin in diesem kleinen Welttheater, sie schlüpft wie ein Chamäleon in verschiedene Funktionen und kann – je nach Standpunkt des Betreffenden – auch als »böse Mahr« erscheinen. Sie hat Taten vollbracht, die nach geltendem Gesetz verurteilt würden, die aber letztendlich, nach einer höheren Gesetzmäßigkeit, als richtig erscheinen. Genaugenommen folgt jeder in dieser Märchenhandlung den Spielregeln der guten Frau. Sie ist die höchste Norm, sie ist Anfang und Ende.
Und sie ist vielleicht die einzige Figur im Œuvre Siegfrieds, die kein reales Vorbild in Siegfrieds Umwelt hat, sondern ein mythisches, dem Siegfried auf seiner alles entscheidenden Asienreise erstmals begegnet war: *»Wir kamen nun in den rechts höher gelegenen Kun-Yam-Tempel, wo eine Statue der Göttin, auf Lotos sitzend, sich befindet«*, heißt es am 19. April 1892 in Siegfrieds Reisetagebuch, und am 24. April führt er aus: *»Kun-Yam gives long*

life. Die Göttin spielte die Hauptrolle; das wurde uns klar in einer intermezzoartigen Szene, wo die übrigen Götter alle auf Stühlen herumsaßen und Kun-Yam sich in alle möglichen Tiere verwandelte; sie ging bei der einen Türe hinaus, dann kam irgendein Kerl heraus, als Affe oder Tiger verkleidet, nach dessen Verschwinden sie wieder herauskommt und zwar immer mit einem goldstrotzenden neuen Gewande.«
Anläßlich der Uraufführung dieser Oper folgert die Bühnenbildnerin Tamara Oswatitsch: »Als profunder Kenner ägyptischer, indischer und chinesischer Mythologien wußte er, daß manche Märchen und Volkserzählungen sich aus Mythen entwickelten oder in Mythen einflossen. Aus einem großen Mythos machte Siegfried Wagner eine Überfigur seines Märchens.«

Noch mit der linken Hand verfaßt Siegfried ein Dankschreiben an die Sponsoren, das als Faksimile versandt wird:
»Bayreuth 6. Juni 1929
Verehrte Freunde Bayreuths!
Keine schönere Geburtstags-Freude hätte mir zu teil werden können, kein erhebenderes Zeichen einerseits des Vertrauens, andrerseits des sieghaften Idealismus, der selbst in diesen schlimmsten Zeiten, welche die Deutschen Lande durchzumachen haben, bereitwilligst Opfer auf den Altar der Kunst legt, als diese große Spende, die es ermöglicht, die Festspiele weiterzuführen! Da ja durch kein Verschulden all Das verloren ging, was eine feste Basis des Fortbestehens war, so darf ich wohl ohne Zagen und Bedenken für die Festspiele annehmen! – Wie aus den letzten Briefen meines Vaters an König Ludwig II. deutlich hervorgeht, lag ihm besonders an der Wiedergabe seiner früheren Werke, vom Holländer beginnend, und immer wieder kommt er auf Tannhäuser zu sprechen, das Werk, das ihm am meisten am Herzen liegt! Die Spende der Freunde Bayreuths ermöglicht es nun, dieses schwierigste und vor allem kostspieligste Drama im Sommer 1930 nach 26 Jahren wieder auf die Bühne zu bringen.
Möge ich auch im nächsten Sommer das Vertrauen der Freunde mir erhalten! Das ist mein innigster Wunsch! Denn nur so kann ich die Dankesschuld für solche Zeichen der Teilnahme abtragen! Siegfried Wagner«
In Bayreuth ist es keinem eingefallen, eine der Bühnen, die Siegfried Wagners Opern im Repertoire haben, zu einem Gastspiel einzuladen. Das Mozartgastspiel der »Münchener Opernbühne« mit »Figaros Hochzeit« am 12. Mai jedoch wurde zu einer Vorfeier des sechzigsten Geburtstages von Siegfried Wagner deklariert – sicherlich ohne daß einem der Initiatoren dieser Veranstaltung die inhaltliche Verwandschaft zwischen dieser Opernhandlung und der des »Kobold« bewußt war. Gastspiele sollten erst ein Jahr später – zum Gedenken an Siegfried Wagner – in Bayreuth stattfinden, und zwar von derselben Musikbühne und mit Karl Valentins späterer Lebensgefährtin Annemarie Fischer in der Titelpartie von »An allem ist Hütchen schuld«.

Steht es also mit Gastspielen in Bayreuth schlecht, so hat sich doch Karl Kittel einiges einfallen lassen. Am Vormittag des sechzigsten Geburtstages hat er mit sechzig Schülerinnen der Städtischen Singschule Bayreuth den Choral »Lobet den Herren« und einen auf den Jubilar umgetexteten Mozart-Chor zum Vortrag gebracht.
Für die städtische höhere Mädchenschule hat Kittel eine Bearbeitung der »Hütchen«-Oper geschrieben, die »aus Anlaß des sechzigsten Geburtstags des Dichter-Komponisten« zusammen mit dem »Märchen vom dicken, fetten Pfannekuchen« auf einer Puppenbühne zur Aufführung gelangt. »Frieder und Katherlieschen« heißt die Bearbeitung, für die Karl Kittel eine melodramatische Begleitmusik zu einem auf jugendliches Publikum zugeschnittenen Text des sonst in erotischer Hinsicht manchmal leicht anrüchigen Werkes geschrieben hat.
Das Theater in Weimar versöhnt Siegfried einigermaßen mit seinen negativen Weimar-Erfahrungen, als der Generalintendant des Nationaltheaters, Franz Ulbrich, zu einer vom Weimarer Oberspielleiter Alexander Spring inszenierten Aufführung des »Banadietrich« einlädt. Die Premiere steht unter der musikalischen Leitung von Ernst Praetorius und ist in szenischer Hinsicht, laut Stassen, »eine der schönsten, die jemals ein Siegfried-Wagner-Werk erfahren hatte. (...) Die Bühnenbilder waren sehr schön, namentlich der dritte Akt mit dem Mittagszauber im Wald und dem furchtbaren Schluß mit dem wilden Heer waren einzig großartig; und dieses wunderbare Urwasserreich, in dem der Held versank! Auch der so schwer zu gebende erste Akt brachte die düstere Gewalt der Dichtung gut zur Erscheinung.«
Der Bühnenbildner Alf Björn, mit dem Alexander Spring vier Jahre später auch die postume Uraufführung des »Heidenkönig« in Köln gestalten sollte, beschreitet gegenüber Springs Inszenierung des »Sternengebot« zwar einen Weg zurück zu illusionistischem Bühnenrealismus, vermag aber insbesondere mit seinem Schlußbild den gebotenen Theaterzauber zu entfesseln und allgemeines Staunen hervorzurufen. Gegenüber Henri Rebois, einem französischen Musikschriftsteller, über den er auch Kontakt zu André Messager hält, betont Siegfried, daß ihm *»die großartige Aufführung«* des »Banadietrich« in Weimar *»viel Freude bereitet«* hat. *»Man beginnt in Deutschland nach und nach zu merken, daß der Sohn eines großen Genies kein Idiot sein muß, – aber das geht sehr langsam.«* Zu den Besuchern der Aufführung zählen auch Nietzsches Schwester Elisabeth Förster-Nietzsche und Peter Raabe, der ehemalige Leiter der Weimarer Hofkapelle und Verfasser einer weitverbreiteten Liszt-Biographie. Im Gegensatz zu Ernst Praetorius, der unter dem Druck der Nationalsozialisten sein Amt niederlegen und in die Türkei emigrieren sollte, sollte sich Raabe im Dritten Reich zur Kollaboration bereit zeigen. Auch Elisabeth Förster-Nietzsche hat durch gefälschte Briefe die Kompilation von Nietzsches angeblichem Hauptwerk »Der Wille zur Macht« ermöglicht und damit wesentlich zur Ideologie des Nationalsozialismus beigetragen.

»Banadietrich« in Weimar:

Siegfried Wagner mit Karl Heerdegen (Dietrich) und Walter Favre (Wittich)
und vor dem Bühneneingang des National-Theaters mit Dirigent Ernst Praetorius und Mitwirkenden der »Banadietrich«-Aufführung

Was mag sie wohl – auf der Bühne mit einem Wesen konfrontiert, das in ähnlicher Weise verfährt – angesichts des Magister Flederwisch empfunden haben?

Am Abend der »Banadietrich«-Premiere in Weimar erlebt »Der Schmied von Marienburg« seine Erstaufführung in Braunschweig. Wie bei der Uraufführung in Rostock muß Siegfried auch hier feststellen, daß das Vorspiel der Oper ganz gestrichen ist und die Aufführung gleich mit der kurzen Introduktion zur ersten Szene beginnt, was Siegfried, der die zweite Aufführung am 23. Juni 1929 besucht, »einigermaßen schockiert«, wie sich Kurt Söhnlein erinnert. Denn diesmal ist es nicht die Schuld des Verlegers, sondern die Absicht des Theaters, die Spieldauer des umfangreichen Werkes zu verkürzen.

Bereits vor der Fahrt nach Braunschweig hat Siegfried in Bayreuth mit dem Rollenstudium für »Tannhäuser« begonnen. *»Wir stehen schon mitten in der Arbeit für 1930 und ich hoffe, daß unser ›Tannhäuser‹ unser Publikum zufriedenstellen wird! Das schwierigste Werk meines Vaters!«*, schreibt Siegfried einen Tag nach der Braunschweiger Aufführung an Henri Rebois, und einen Monat später, am 27. Juli: *»Unsere Arbeit für 1930 geht sehr gut voran. Sie müßten jetzt hier sein, um die Vorbereitungen für ›Tannhäuser‹ zu erleben. Das ganze Theater ist in Bewegung, beinahe wie im 5. Akt von Faust II. Phantastisch! Und vor allem das ist das wahre Leben: das Entstehende, le Naissant.«*

Bei seiner Rundfunkansprache im Herbst 1925 in Leipzig hatte Siegfried seine Vorliebe für den »Tannhäuser«, von dem er zu diesem Zeitpunkt noch hoffte, ihn bereits im Jahre 1927 herausbringen zu können, auf Richard Wagner zurückgeführt und seine Wahl der Pariser Fassung begründet:

»Dieses Werk lag meinem Vater am meisten am Herzen, und er selbst erlebte eigentlich nie eine Aufführung, die ihn ganz befriedigte. Vor allem war für die damaligen Ballettbegriffe das große Bacchanal eine ungelöste Aufgabe. Als er dem Pariser Ballettmeister seine Idee klarlegte, antwortete dieser, er verstehe zwar, was der Meister wolle, aber das sei unmöglich. (...)

Über die neue Fassung des Tannhäuser herrscht merkwürdigerweise auch jetzt noch vielfach Unklarheit. Man nennt die 1. Fassung den deutschen Tannhäuser, die zweite den französischen, und meint Deutscher zu sein, wenn man der ersten Fassung den Vorzug gibt, – und begründet es damit, die 2. Ausgabe sei eine Konzession für Paris.

Wenn ein Mann wie mein Vater überhaupt fähig gewesen wäre, Konzessionen zu machen, um sich beim Publikum und Presse einzuschmeicheln, hätte er doch den dringenden Wunsch des eleganten Logenpublikums erfüllt und im 2. Akt das unumgänglich nötige Ballett eingefügt, ohne das jene nicht leben zu können glauben. Was meinen Vater zu der zweiten großen Fassung der Venusbergszene bewog, war nicht die Große Oper, sondern die Erkenntnis, daß er damals, als er den Tannhäuser komponierte, für eine Szene wie diese, für eine Heraufbeschwörung der Antike, technisch noch nicht reif war. Zu dieser Heraufbeschwörung mußte er die Tristantechnik sich erworben haben. Ich möchte sagen, es fehlten auf der Palette die tizianisch-rubensschen Farben. Allerdings kann man mit Recht sagen, dadurch seien gewissermaßen zwei Stile im Tannhäuser vereinigt, der üppige Rubensstil und der strenge Holbeinstil des übrigen Werkes. Doch dies ist zu rechtfertigen aus der Dichtung. Frau Venus und ihr phantastisches Reich will andere Farben als das ruhige, harmlose Wartburgtal, und so ist diese scheinbare Stilverworrenheit aus dem Dichterischen bedingt und gerechtfertigt. Kleinere Bühnen allerdings, das gebe ich zu, tun leichter, die erste Fassung auszuführen. Denn das große Bacchanal erfordert ein großes Ballett, wie es sich nur die großen Bühnen leisten können.« Und er hatte hinzugefügt: »*Was den Grundcharakter unserer Aufführungen anbelangt, so werden wir unseren Grundsätzen treu bleiben. Das Gute aller neuen Errungenschaften haben wir stets berücksichtigt und in Anwendung gebracht. Für gewisse hypermoderne Moden ist Bayreuth nicht da, das widerspräche dem Stile der Werke, die ja nicht kubistisch-expressionistisch-dadaistisch gedichtet und komponiert sind. Ein Franzose sagte: Il faut suivre la mode, mais de loin.«*

Ursprünglich hatte Siegfried auch die Hinterbühne für den »Tannhäuser« mit einbeziehen wollen, dann aber – aufgrund ungünstiger akustischer Bedingungen – davon abgesehen. Statt dessen schafft er eine horizontale Zweiteilung der Szene durch eine schwenkbare Mittelbrücke, die im Venusberg für bacchantische Züge oberhalb der Grotte und im Wartburgtal als Weg zur Burg dient, unter dem die Pilger hindurchziehen. Obgleich Kurt Söhnleins Modelle – nach mehrfachen Besuchen Siegfrieds in Hannover – bereits fertig ausgeführt sind, erhofft er sich für den Venusberg noch neue Ideen bei einem Ausflug zu den Grotten bei Saalfeld in Thüringen, zu dem er Söhnlein und den technischen Direktor Friedrich Kranich d. J. an einem probenfreien Tag einlädt. Und tatsächlich sind das Resultat »einige reizvolle Nuancen« in der Farbgebung, die Siegfried insbesondere durch Beleuchtungseffekte zu erzielen weiß. Richard Wagner hat mit seiner Beurteilung des jungen Fidi, »Der Knabe ist ganz Auge!«, recht behalten.

Die Verbindung zwischen Malerei und Musik empfindet Siegfried auch beim Hören. Im März 1929 spricht er sich gegenüber Rebois über den Einfluß der italienischen Kunst auf den jungen Richard Wagner, insbesondere in den Werken »Das Liebesverbot«, »Rienzi« und »Tannhäuser« aus:

»Es ist die große Linie der italienischen Melodie, die Einfluß ausübte. Übrigens finde ich, daß die italienische Malerei mehr Einfluß hatte als die Musik. Beim Anhören gewisser Sätze in ›Lohengrin‹, ›Tristan‹, ›Tannhäuser‹, sehe ich die Gemälde von Raphael, Tizian, Corregio. Elisabeth ist von Fra Beato Angelico. Die Musik der drei Grazien ist die ›Danae‹ von Corregio. In der ›Götterdämmerung‹ sehe ich Tintoretto. (...)«

Am 9. Juli fährt Siegfried mit seinen Mitarbeitern zur Premiere der Oper »An allem ist Hütchen schuld«, die Rudolf Hartmann im Stadttheater Nürnberg

inszeniert hat; laut Söhnlein eine Aufführung voll »Liebe, Phantasie und Witz«, die ein großer Publikumserfolg wird.
In dem Artikel »Der Wohltäter«, den Siegfried im Jahr 1925 zu Johann Strauß' hundertsten Geburtstag verfaßte, hatte er die *»Bitte an die tanzende Jugend«* herangetragen, doch die Strauß-Walzer der Jazz-Musik vorzuziehen, und dies mit dem wenig plausiblen Argument, *»Die blaue Donau liegt uns denn doch näher als Cuba und San Domingo.«* Nach der Premiere seiner Oper verhält sich Siegfried, wie Rudolf Hartmann erzählt, ganz gegensätzlich: »(...) nach der Vorstellung veranstaltete der ›Richard-Wagner-Verband deutscher Frauen‹ zu Ehren des Komponisten einen Festabend. Wagner hatte viel Temperament, sprach mit eigenartig hoher Stimme humorvoll und angeregt über Einzelheiten der Inszenierung (...). Dann, zu später Stunde, fand er die Festtafel plötzlich fad und wollte das Lokal wechseln. Zu dieser vorgerückten Stunde konnte ich ihm nur eine nahegelegene Nachtbar vorschlagen. Ich warnte ihn aber: dort spiele eine Jazzkapelle. ›Das stört mich gar nicht, also gehen wir in die Königinbar.‹ Schon brach er auf, gefolgt von den Künstlern und einigen verdutzten Mitgliedern des Wagner-Vereins. Siegfried Wagner erschien, und den Musikern fielen beinahe die Saxophone aus den Händen. Auf einer Empore sitzend, gruppierten wir uns um den Bayreuther Herrn, der sich sichtlich wohl fühlte.«
Deutlich manifestiert Siegfried so gegenüber der Öffentlichkeit seinen Sinneswandel und gewinnt den Schachzug gegen Winifred, die beabsichtigt hatte, ihn mit der Einladung der Schill-Jugend zu seinem Geburtstagsfest schachmatt zu setzen. Er zeigt, daß er von der völkischen Anti-Jazz-Hysterie nichts mehr hält. Und daß dies nichts an seiner Liebe zu Johann Strauß ändert, sollte er auch bald durch eine Komposition beweisen.
Hämisch hatte der Rezensent des »Völkischen Beobachters« in seiner Besprechung der Bayreuther Festspiele 1927 die »unsinnige Nachricht« einer »Berliner Zeitung bestimmter Richtung«, daß »ein Gastspiel Bayreuths in Paris auf einer dortigen Revuebühne bevorstehe«, als »horrenden Blödsinn« bezeichnet. Tatsächlich berichtet aber am 20. März 1929 Siegfried an Henri Rebois, daß man ihn eingeladen habe, am Théâtre des Champs-Elysées in Paris zu dirigieren, er aber leider nicht kommen könne, da zu diesem Zeitpunkt die Vorproben für den »Tannhäuser« bereits lange geplant seien. Die Aufgabe, mit den Solisten der Bayreuther Festspiele des Vorjahres den »Ring des Nibelungen« einzustudieren, übernimmt dann der Dirigent der beiden »Ring«-Zyklen des vergangenen Festspielsommers, Franz von Hoesslin. Die Aufführungen werden zu einem ganz besonderen Triumph, und bei einem Festbankett zu Ehren der Bayreuther Künstler sagt der französische Kriegsminister Painlevé: »Meinen lieben deutschen Freunden danke ich und sage ihnen, ich als Kriegsminister, daß mir die Töne Ihrer Musik viel lieber sind als die Töne der Artillerie.« Auch Siegfried lobt das Ereignis der Bayreuther »Ring«-Aufführung in Paris und *»vor allem das fran-*

zösische Publikum, das durch seine Begeisterung deutlich verkündete: Wir kommen wegen der Kunst!«
Auch Erpressungsversuchen, die es immer noch und immer wieder gibt, steht Siegfried jetzt gelassener gegenüber als in früheren Jahren. Zu den mehr versteckten, unterschwelligen Erpressungsversuchen gehören etwa ein Schreiben eines Berliner Freundes, der den Festspielleiter mit der Anrede »Mein lieber Siegfried« um eine Beteiligung von 40000 Mark an einem Café ersucht, das er in Berlin eröffnen will, oder die Zuschriften eines gewissen Alfred Günther, der mit Impertinenz um eine Unterstützung zur Beendigung und Publikation eines Romanes feilscht. Im Sommer 1929 erhält Siegfried die Zuschrift eines Unbekannten, der behauptet, ein aufschlußreiches Buch von Clement Harris zu besitzen und mit Siegfried darüber ins Geschäft kommen will. Ihm läßt Siegfried durch die Leiterin des Biographischen Richard-Wagner-Saales Bayreuth antworten. Sein diesbezüglicher Auftrag an Helena Wallem lautet: *»Ich muß Sie mal wieder belästigen! Können Sie diesem Manne antworten! Ich weiß gar nichts von dem Buche von Harris und habe auch keine Zeit und Lust, es zu lesen! (...) Ich sei mit Festspielarbeiten überhäuft. Herzlichst SW.«*
Während die Arbeit an seinen Kompositionen sonst während der Festspiele und auch während der Festspielprobenzeit ruhen mußte, hat Siegfried diesmal mit der Niederschrift nicht so lange warten können. Zu wichtig ist ihm die Fertigstellung des Opus 18, das er mit dem Textbuch so programmatisch angekündigt hat. Also beginnt er, dessen Augen grundsätzlich unter elektrischem Licht leiden, bereits bei Sonnenaufgang mit dem Komponieren und hat, wenn seine Umgebung aufsteht, schon ein enormes Pensum geleistet. Die Kompositionsskizze des Vorspiels zum »Flüchlein, das Jeder mitbekam« ist auf diese Weise bereits am 8. Juli abgeschlossen worden, und unter das Particell des ersten Aktes hat Siegfried gut zwei Wochen später eingetragen: *»Tannhäuer-Vorbereitungen, Hütchen Nürnberg, Heißes Wetter, Bayreuth 25. 7. 1929.«* Wiederum vierzehn Tage später erhält die Kompositionsskizze des zweiten Aktes folgenden Schlußeintrag: *»Bayreuth 9. August 1929, Tannh.-Vorbereitungen, Mama wohl, Pilinszky-Arden-Kravitt-Zimmermann.«* Das sind die Namen von Siegfrieds neuen Sängerdarstellern für die Partien des Tannhäusers, der Venus, des Hagen und des Mime.
Am 16. August bricht Siegfried zu einer fünfwöchigen Herbstreise auf. Zunächst führt ihn der Weg nach Bad Reichenhall. In Marquardstein holt er Friedelind aus dem Internat ab, die nun den ersten Teil des Urlaubes allein mit ihren Eltern verbringen darf, da ihre drei Geschwister bereits in Heiligenberg am Bodensee die Ferien bei Freunden verbringen. »Vielleicht war das Vaters Idee gewesen, ich habe es nie erfahren, aber es war eine der glücklichsten Zeiten meines elfjährigen Daseins«, heißt es in Friedelinds Memoiren, »Mutter nörgelte nicht an mir herum, und ich verbrachte lange, glückselige Tage mit Vater, mit dem zusammen ich, einen Stock in der Hand, in den Bergen

umherwanderte. Vater versuchte nie, alpinistische Rekorde aufzustellen – er ging bedächtig einher, blieb hier stehen, um einen Moosflecken oder ein Büschel Alpenblumen zu bewundern, sprach dort mit dem und jenem.« An einer anderen Stelle berichtet Friedelind, daß sie genau wahrnahm, wenn ihr Vater auf seinen Spaziergängen komponierte: »Es war lustig, zu versuchen, mit ihm Schritt zu halten, da er abwechselnd schnell und langsam ging, je nach dem Thema, das er gerade im Kopf hatte.«

Bei einem Konzert in Luzern ist auch eine langjährige Verehrerin Siegfrieds anwesend, die bisher kaum eine Premiere einer Siegfried-Wagner-Oper versäumt hat, Marianne Lange. Friedelind urteilt: »(...) wir konnten nicht verstehen, wieso ihr Mann, ein sehr korrekter preußischer Richter, Vater einmal ohne jeden Grund wegen dieser dicklichen, rötlichen Blondine, die für unsere Augen alles andere als schön war, zum Duell gefordert hatte.«

An das Konzert in Luzern schließen sich Besichtigungsfahrten durch die Schweiz an. Marianne Lange begleitet Wagners nach Brunich. In Interlaken genießt Siegfried den Sonnenaufgang, besucht die Hindagfälle und die Rhonegletscher, wobei der Wagen wieder dreimal ins Kochen kommt. Mit der Bahn geht es nach Zermatt, nachdem der Wagen am 30. August auf einer *»schauderhaften Straße dreimal steckengeblieben«* ist.

Am 5. September geht es über Bern wieder nach Luzern, wo das Auto repariert wird. Im Herzbad Brestenberg gibt sich Siegfried Erinnerungen an seinen Vater hin, der seine Frau Minna – nach dem von ihr ausgelösten Zerwürfnis in der Villa Wesendonck – in dieses Kurbad gebracht hatte. Offenbar wird hier, zur Erinnerung an Richard Wagners Besuche, dessen *»ausgestopfter Papagei«* aufbewahrt.

Über Rheinfelden reist er am nächsten Tag nach Basel, wo ihn am Abend Adolf Zinsstag zum Essen einlädt. Bei einer langen Rede, die Zinsstag ihm zu Ehren vor einer Reihe von Basler Freunden im Hotel hält, schläft Siegfried, von Reiseeindrücken und Strapazen übermüdet, ein.

Eine *»herrliche Fahrt«* durch den Schwarzwald schließt sich an und eine nächtliche Fahrt auf dem Bodensee bei Mondschein. Am 19. September geht es über Lindau, Memmingen, Herrsching am Ammersee nach München. Einen schönen Eindruck macht auf Siegfried eine große Ausstellung des Malers Anselm Feuerbach, *»wenn auch manches kühl und steif, aber großer Stil, wundervolle Landschaften und Portraits«*, vermerkt er im Tagebuch.

Mittags erlebt Siegfried einen offenbar von Winifred arrangierten Schock: Als er ins Palasthotel zurückkehrt, sitzt Adolf Hitler in der Halle. Siegfried muß keine Übelkeit vorspielen, um sich gleich in sein Zimmer zurückziehen zu können. *»Leider Wolf anwesend«*, vermerkt er im Tagebuch, und besucht zum inneren Ausgleich am Abend die Aufführung von Robert Sheriffs »Journey's End«. Werner Arpe bezeichnet dieses dokumentarische Frontstück über den Ersten Weltkrieg aus englischer Sicht als ein »humanistisches Zeugnis aller der Männer, die nicht dem blinden Haß verfallen waren«, und Siegfried

Wagner empfindet ebenso: *»fesselnd, gut gemacht, aber niederdrückend«* hält er im Tagebuch seine Eindrücke fest.
Am 21. treiben ihn allerlei »Sänger-Scherereien« heim nach Bayreuth, wo die *»Kinder- und Hundefreude«* über seine Rückkehr groß ist. Die Reiseausgaben für sechsunddreißig Tage listet Siegfried Wagner zu einer Summe von 2800 Mark auf.
Rückblickend auf seinen Aufenthalt in Luzern, schreibt Siegfried an Anton Schmid:
»Es war gut, daß die Bewohner meiner lieben Geburts-Stadt mich mal als Künstler, und nicht bloß als Genießer und Bummler am Quai kennen lernten. Wir denken mit Freuden an die Luzerner Tage zurück, an die große Herzlichkeit, mit der meine Landsleute – denn ich rechne mich doch so mindestens zur Hälfte zu der Schweiz gehörig – mich aufnahmen. Sehr schön finde ich auch den Gedanken mit Tribschen und ich beglückwünsche die Herren des Stadtrates zu diesem Entschluß.«
Anton Schmid gehört nämlich einer in diesem Jahr gegründeten Kommission an, die sich zur Aufgabe gemacht hat, das in den Jahren 1866 bis 1872 von Richard Wagner bewohnte Landhaus zu einem Museum umzugestalten. Siegfried bietet an, den Initiatoren dieses Museums, das am 1. Juli 1933 mit einer Aufführung des »Siegfried«-Idylls unter der musikalischen Leitung von Arturo Toscanini eingeweiht werden soll, mit Rat und Tat zur Seite zu stehen. Doch dazu sollte es nicht mehr kommen.
»Viel Ärger in Festspielangelegenheiten, unangenehme Sitzungen« und *»Schreibereien«* erwarten Siegfried in Bayreuth, während er *»zum Trost ›Faust‹ mal wieder«* vornimmt und *»wohltuend, beglückend«* findet. Der Ärger beruht insbesondere darauf, daß er bemerkt, wie sehr Winifred versucht, ihm mitsamt ihren Beratern Wiskott, Vering, Knittel und Gemming das Heft aus der Hand zu nehmen. Da Siegfried all die Verhandlungen um die »Tannhäuser-Spende« unbeachtet gelassen hatte, da sie ja als »Überraschung« zu seinem Geburtstag getarnt waren, erfährt er erst jetzt, daß Winifred bereits am 12. Juni in einem Schreiben Albert Knittel ihre Absicht mitgeteilt hat, den Verwaltungsdirektor Wilhelm Schuler »möglichst rasch zu ersetzen«. Sie beruft sich auf einen Hauptmann Köhler, der ihr geraten habe, im Festspielhaus »die Zügel straffer anzuziehen«.
Köhler sei auch davon überzeugt, so Winifred, »daß ich den geschäftlichen Willen zu verkörpern imstande bin, wenn ich mich erst einmal gründlicher in die Materie eingearbeitet habe. (...) Einige ›Wölfe‹, die während der Hauptsaison oben überall zugleich sind, um die Anordnungen zu überwachen, würden wir ehrenamtlich einzustellen haben.« Angesichts Siegfrieds Absicht, Hitlers Machtmechanismen durch eine Opernfigur bloßzustellen, muß auf ihn die Potenzierung der faschistischen Idee durch Winifred im Festspielhaus wie ein Tiefschlag wirken. Und der Brief endet gar mit einer Überlegung, die Siegfrieds baldigen Tod ins Auge faßt: »Die Besitzfragen sind augenblicklich

derartig kompliziert, daß wir jetzt nichts unternehmen können. Später, wenn meine Familie allein dasteht, ist das sehr viel einfacher.«

Am liebsten würde Siegfried sofort wieder abreisen und schreibt an Marie Dernburg:

»Liebe goldige Dame mit dem monumentalen Profile! (ich hab' fei auch Eines!). Den Sonntag muß ich mir freihalten wegen auswärtigen Leuten (natürlich wieder Theaterbagage!!) Wie wär's nun mit Sonnabend den 5. Mittag oder abends. Beides recht. Aber gelt, nicht zu viel Leute! Man hat so gar nichts von Ihren geistigen Emanationen! Ihr Brief war allerdings sehr vornehm gehalten, wie es sich für eine Königin in einer Republik schickt! (...)

Meine Frau muß endlich wieder Hausfrau und Mama spielen! 5 Wochen waren wir fort! Jetzt heißt's mal zu Hause bleiben!

Auf recht frohes Wiedersehen!

Ihr getreuster Siegfried W.«

Siegfried engagiert den ungarischen Tänzer und Choreographen Rudolf von Laban, zu dieser Zeit der progressivste Vertreter eines neuen Ausdruckstanzes, mit seiner Truppe für die Choreographie des »Tannhäuser«-Bacchanales. Laban hat bereits im Jahre 1921 in Mannheim ein »Tannhäuser«-Bacchanal choreographiert, dem aber »eine pantomimische Deutung der Musik, über die Richard Wagner an Mathilde Wesendonck geschrieben hat, zugrunde gelegt« war. Siegfried überzeugt Laban davon, daß auch die Vorschriften Richard Wagners für die Pariser Fassung in moderner Weise umzusetzen sind. Laban erkennt dann selbst: »Diese Aufzeichnungen können in ihrer zeitlosen Art mit der Technik des neuen Bühnentanzes wahrscheinlich besser realisiert werden als mit den Mitteln des alten Balletts. Auch darin war Richard Wagner seiner Zeit voraus, daß er einen neuen Bewegungsstil der Bühne erahnte.«

Am 1. Oktober reist Siegfried nach Dresden und anschließend nach Berlin.

Am selben Tag, als er im Berliner Edenhotel ankommt, stirbt in der Reichshauptstadt Gustav Stresemann, der Außenminister der Republik. Siegfried registriert, daß am 6. Oktober Tausende von Menschen die Route des Trauerzuges mit den sterblichen Überresten des Politikers säumen.

Siegfried besucht in der Oper die Generalprobe zu einer Neuinszenierung des »Lohengrin«, verbringt *»lustige Abende«* bei Dernburgs und reist dann nach Leipzig weiter, wo er am 9. Oktober ein Rundfunkkonzert dirigiert. Seine Rückreise geht über Saalfeld – hier besucht er die Mauxion-Fabrik –, um am 12. 10., dem Geburtstag seiner Schwester Daniela, wieder daheim zu sein. Was ihn sonst zu Hause empfängt, ist nicht sehr ermutigend, *»Wini umherschwirrend, ein neues Auto schnorrend«,* vermerkt er lakonisch in seinem Tagebuch. Witzig fällt dagegen der Eintrag des 18. Oktober aus: *»Konzert (Ruth, Jost-)Arden schön gesungen. Stritzi beißt Mausis Lieblingshenne tot. Straubele zerbeißt schwarzen Spitz. Auf der Straße Straubele und Dobermann Beißerei: aufregende Tatsachen!«*

Aus Anlaß des siebzigsten Geburtstages von Karl Muck verfaßt Siegfried eine Laudatio, die schon am 19. Oktober in den Hamburger Nachrichten erscheint. Vieles, was er in diesem Artikel künstlerisch auf Karl Muck münzt, trifft genausogut auf Siegfried selbst zu, insbesondere die Aussage, das Ewig-Junge sei der Geist:

»Mein Großvater Franz Liszt teilte die Menschen in zwei Kategorien ein: die, welche das Verbum ›Sein‹ und jene, welche ›Haben‹ konjugieren. Er selbst gab das schönste Beispiel der ersteren Art. Doch außer ihm gibt es unter den Künstlern gottlob auch noch andere, und ich denke dabei an den Mann, der am 22. Oktober (dasselbe Datum wie Franz Liszt) seinen 70. Geburtstag feiert: an Dr. Karl Muck (...). Klein ist leider nur noch die Zahl der Dirigenten, die direkt oder indirekt aus der Schule meines Vaters hervorgegangen sind. Hans von Bülow, Klindworth, Richter, Mottl, Nikisch usw. sind dahingegangen! Wegwerfend beliebt man heutzutage das Wort ›Tradition‹ auszusprechen! Ab und zu allerdings vielleicht mit Recht, denn als Tradition wird einem manchmal vorgehalten, was nichts anderes als Schlamperei ist!

Es gibt aber gottlob noch eine echte Tradition: die Tradition des Vortragsstiles. Und dafür ist, was die Werke meines Vaters anbelangt, Bayreuth da: seine Dirigenten und Vortragsmeister. Allen jungen Musikern, welche sich zur Dirigentenlaufbahn vorbereiten – ich meine nur solche, die mit Ehrfurcht an die Werke großer Meister herantreten; nicht solche die von vornherein alles besser wissen (wie sagt doch Mephistophles: ›Doch diesmal ist er von den Neusten; er wird sich grenzenlos erdreusten!‹), all diesen kann ich dringend empfehlen, Proben, die Karl Muck leitet, beizuwohnen! Im allgemeinen gilt der Satz: Derjenige Dirigent, der möglichst kurze oder möglichst wenige Proben hält, ist beim Orchester am beliebtesten. Bei Muck ist es anders: Er ist beliebt – besser gesagt: verehrt, obwohl – nein: weil er Proben hält! Und was für welche! Die Musiker empfinden eine wohltuende Säuberung bei dieser Art von Arbeit: es wirkt auf sie wie eine tüchtige Massage! Das ist ein Kneten, ein Schrubben, fast möchte ich sagen – man verzeihe mir den Ausdruck – eine Entlausung! Frisch geputzt geht der Musiker aus den Proben hervor! Er fühlt, daß er nicht unnötig gequält worden ist; daß der Dirigent nicht auf Kapricen aus ist, auf Witzeleien; daß er nicht das Bedürfnis hat, es um jeden Preis ›anders‹ machen zu wollen. In seiner ganzen Reinheit sieht das Orchester das Kunstwerk entstehen und erkennt, daß hundertmal gespielte Stücke, die es im Traume spielen zu können glaubt, durch die Routine verschlampt sind und nun durch diese Art des Arbeitens ein ganz anderes Gesicht bekommen. Sforzato mit unmittelbar darauffolgendem Piano, wo hört man das besser als bei Muck? Die ruhig schwebende Triole (das Schmerzenskind), die zarten Crescendi und Diminuendi, Auftakt und Schluß einer Phrase, ich habe sie selten so gehört: alles Dinge, deren das große Publikum im einzelnen sich wohl nicht bewußt ist, aber es empfindet, daß da oben (oder da unten!) etwas Besonderes vor sich geht. (...)

Die Art des Muckschen Musizierens ist das Resultat einer hohen Bildung. Ohne kultivierten Geist kann man wohl, so lang man jung ist, schöne Wirkungen durch das bloße Talent erzielen. Aber Musiker, die ihren Geist nicht pflegen, werden mit den Jahren Routiniers. Mucks Parsifal wächst von Jahr zu Jahr an Tiefe des Ausdruckes. Wie ständiges Crescendo! Kein Diminuendo! Der Geist ist das Ewig-Junge!
Und so schließe ich denn diese Worte mit dem Wunsche: Möge die körperliche Hülle, die diesen Geist birgt, in ungebrochener Kraft lange Jahre fortleben zur Freude und Erhebung aller Freunde des Schönen, Wahren und Guten.«
Am 15. November beendet Siegfried die Kompositionsskizze seines Opus 18 und setzt als Schlußbemerkung unter das Particell des dritten Aktes: *»Vorbereitungen zu den Festspielen. (Goethe: Faust). Volksbegehren. Viel Ärger, aber trotzdem guter Dinge.«* Wie anders als mit solchem Optimismus hätte er auch den Schluß zu dieser Oper finden sollen, die so »guter Dinge« ausklingt. Die Anmerkung »Volksbegehren« bezieht sich auf ein von der NSDAP ausgerufenes Volksbegehren, dem Siegfried besorgt entgegensieht. Aber einen Monat später kann er beruhigt feststellen, daß der Volksentscheid für die Nationalsozialisten zu keinem Erfolg führt. Doch für ihn drängt die Zeit, das »Flüchlein« fertigzustellen, und am 27. November liegt tatsächlich das Vorspiel bereits in Partitur vor. Ebenfalls im November 1929 – in diesem Monat konstatieren die Zeitungen eine »neue Tanzwut« – komponiert Siegfried Wagner für seine Freunde Margarete und Heinrich Bales *»Das Bales-Tänzchen, Eine Walzer-Vision: ›Wie Heinrich zum ersten Male mit dem Jretchen (!) getanzt hat!‹ (ob es in Jodesberg war, weiß ich nicht!) Hellseherische Inspiration von Siegfried Wagner, Bayreuth 1929«.*
Getreu Siegfrieds Bekenntnis zu Johann Strauß – *»wenn ich eine Johann-Straußische Melodie höre, da reißt's mich in allen Gliedern, aber nicht von Podagra oder Rheumatismus, sondern von Lebensfreudigkeit«* – wählt er für die tanzbegeisterten Freunde ein *»wohlig wiegend wogendes Walzer-Tempo«*, forciert das Tanzstück aber zu einer bürgerlichen Opernszene en miniature, denn Heinrich und Gretchen sind nicht Figuren aus dem »Faust«, sondern die der Freunde Bales:

»Heinrich: Dürft' ich bitten,
nach guten Sitten,
um ein Tänzchen mit der Maid?
Gretchen: Wenns nicht zu wild,
sondern lieblich mild,
bin ich gern dazu bereit!«

Dann beginnt, nach dieser gesungenen, fünfundzwanzigtaktigen Einleitung, der Tanz selbst, der immer lebhafter und wilder wird, so daß Gretchen mit *»ängstlicher Stimme«* ausruft:

»Heinrich! nicht so wild!«

Daraufhin kehrt der Tanz zum Tempo des Anfangs zurück, und im Gleichklang der Gefühle stöhnen Heinrich und Gretchen,

»Heinrich: Gretchen! Ach! du mein Mädchen!
Gretchen: Du mein Heiner! So wie du ist keiner!
Heinrich: Und jetzt zum Schluß:
einen lieben Kuß–«

Die Komposition endet mit einer Generalpause als *»Pause zum Gläschen Sekt«*.
Als Siegfried im Januar 1930 wieder nach Berlin fährt, gilt sein Besuch auch dem Berliner Theater Scala in der Lutherstraße mit seinen legendären Scala-Girls, und begeistert nimmt Siegfried Anteil an der Charleston-Welle, wie seinem Tagebuch zu entnehmen ist.
Daneben arbeitet er mit dem an der Berliner Staatsoper engagierten, amerikano-israelischen Bassisten Harold Kravitt weiter an der Partie des Hagen. Kravitt, über dessen Leistungen Siegfried hocherfreut ist, sollte allerdings nur in diesem Sommer in Bayreuth die Partien des Titurel, Fafner und Hagen verkörpern und bereits im Jahr nach Siegfrieds Tod von seiner Witwe durch einen arischen Kollegen ersetzt werden...
Aber nicht allein in politischen und künstlerischen Fragen divergiert das Ehepaar Wagner, was auch – scheinbar heiter formuliert – aus Siegfrieds Schreiben vom Ende Januar an die Gastgeberin Dernburg hervorgeht:
»Den Kopf haben wir uns zerbrochen, was das war, was in der Ecke rechts, auf der wunderbaren ersten Platte mit dem tohu-vabohu von Gemüsen lag: ich behaupte Reh-Filet. Wini sagt: Quatsch, das war was andres!
Bitte leimen Sie unsre Köpfe, indem Sie uns die Wahrheit verkünden.
Zu nett war es wieder bei Ihnen! Die kleine Littauerin war goldig! und das Vis-à-Vis!!«
Am 26. Januar reist Siegfried nach Danzig, wo er bei seinem Neffen Manfred Gravina Quartier bezieht. *»Viele Festivitäten«* sind für Siegfried aufgeboten, darunter ein *»öder Presseball«*, da im Danziger Theater »An allem ist Hütchen schuld« in einer Inszenierung von Rudolf Waldburg Premiere hat. Siegfried leitet die zweite Aufführung am 2. Februar 1930.
In einer Radio-Sendung des Ostmarker Rundfunks erzählt er *»einiges über Bayreuth und dessen Zukunftspläne«:*
»Außer ›Tannhäuser‹, der fünfmal gegeben wird, bringen wir nochmals ›Tristan‹ an drei Abenden. Der Erfolg dieses Werkes bei den letzten Festspielen war ein so großer, daß ich dem Drängen unseres Publikums nachgeben zu müssen, für richtig hielt. Zum erstenmal erscheint Arturo Toscanini am Pult des Festspielhauses. Ich wußte, daß seit Jahren sein sehnlichster Wunsch ist, in Bayreuth mitzuwirken. Schon längst hätte ich diesen Wunsch erfüllt, aber

die alles verderbende Politik hatte auch hier wieder ein Hemmnis gelegt. Wir mußten warten, bis die Wogen sich etwas gelegt hatten. In meinem Einladungsbrief schrieb ich ihm: ›Nicht nur wegen Ihrer Dirigenteneigenschaften, sondern als Dank für das, was Sie Ihr ganzes Leben lang für meinen Vater in Italien und Amerika getan haben, fordere ich Sie auf.‹ Er war es, der nach dem Kriege als erster Werke meines Vaters in Italien aufführte. Als er dafür in Rom von einigen Lausbuben ausgepfiffen wurde, warf er den Taktstock hin und hat seitdem nie mehr in Rom dirigiert. Die Leitung des ›Parsifal‹ liegt wieder in den Händen unseres seit langen Jahren mit diesem Werke betrauten Dr. Karl Muck. Über ihn etwas zu sagen, ist wohl überflüssig. Gott erhalte ihn uns recht lang! In Karl Elmendorff haben wir eine Kraft gewonnen, die sich in den letzten Jahren durch seine Direktion des ›Tristan‹ die allgemeine Anerkennung erworben hat. Ein deutscher Vollblutmusiker, der das Herz am rechten Fleck hat und nicht bloß mit dem Verstande herumklügelt. Außer ›Tannhäuser‹ und ›Tristan und Isolde‹ wird, wie alljährlich, der ›Ring‹ gegeben, das Werk, um dessen Willen der Meister das Festspielhaus erbaute. Das alle Schranken des Repertoiretheaters sprengende Riesenwerk kann nur in einem außergewöhnlichen Rahmen voll zur Geltung kommen. (...)«

Von Danzig aus reist Siegfried über Berlin nach Köln, wo er mit Winifred und Friedelind zusammentrifft. Friedelind, Siegfrieds älteste und – wie sie selbst behauptet – seine Lieblingstochter, wird für ein Jahr in ein englisches Internat gebracht, um die englische Sprache für den Übertritt ins Mädchen-Lyzeum zu erlernen. *»Das Meer schaukelig, Mausi seekrank«*, heißt es in Siegfrieds Tagebuch über den Transfer nach England. In London bezieht Siegfried mit Frau und Tochter ein Appartement im Mayfair Hotel. Gleich am nächsten Tag trifft sich Siegfried mittags und abends mit Tonia Speyer und besucht eine *»schöne italienische Ausstellung«*.

Am 7. Februar nimmt Siegfried Abschied von Friedelind, die von ihrer Mutter nach Brighouse in Yorkshire gebracht wird, während er zu einem Konzertdirigat nach Bristol weiterreist. Obgleich ihn in Bristol Schüttelfrost und Diarrhöe befallen, dirigiert er am 8. Februar die Generalprobe und die Aufführung eines *»Monsterkonzerts«*, wie er es im Tagebuch nennt«, *»endlos, 4500 Zuschauer, alle möglichen Ehrungen«*. Tatsächlich umfaßt das Programm, das über vier Stunden währt, neben Siegfrieds »Bruder Lustig«-Ouvertüre und dem »Schwarzschwanenreich«-Vorspiel, das Siegfried-Idyll, die Ouvertüre zu »Tannhäuser«, den dritten Akt dieser Oper – dessen Leitung Siegfried allerdings ein englischer Kollege abnimmt – und die Festwiese der »Meistersinger von Nürnberg«.

Um sich von seiner Infektion zu erholen, bleibt Siegfried noch einige Tage in Bristol und sucht ein römisches Bad auf. Am 11. Februar dirigiert Siegfried im Winterkurort Bournemouth ein *»braves Orchester«*, und *»viele alte Jungfern mit Zwickern«* zählen zu seinem Publikum. Anschließend reist er nach London weiter, wo einige Besprechungen mit Verantwortlichen der Columbia-Gram-

mophon-Gesellschaft anstehen, und am 14. Februar über Brüssel nach Köln, wo er wieder einmal von Bales' verwöhnt wird.
In Elberfeld besucht er die ihm befreundete Familie Von der Heydt. Jedesmal, wenn Siegfried sein Kommen nach Hannover ankündigt, fragt er bei Söhnlein und Kranich an: *»Habt Ihr dann nicht einen schönen Verdi im Spielplan? Oder könnt es bei der Intendanz erreichen, daß einer gegeben wird?«* Und jedesmal schaffen es seine Mitarbeiter, beim Opernchef Professor Rudolf Krasselt zu erwirken, daß eine Verdi-Oper angesetzt wird, wenn nicht ohnehin eine auf dem Spielplan steht.
Wie Söhnlein berichtet, bewunderte Siegfried das berühmte Quartett im 4. Akt des »Rigoletto«, da es »vier gegensätzliche Stimmen und Empfindungen zu einer Klangeinheit verbindet. Bei ›Aida‹ diskutierte er mit unserem Oberregisseur Dr. Hans Winkelmann lebhaft über das Problem, statt der üblichen Prunk-Oper möglichst schlicht die rein menschliche Tragödie der drei Gestalten Aida, Radames und Amneris sinnfällig zu machen, – eine echt Siegfried Wagnersche Idee! Beim ›Don Carlos‹ verwarf er die – hier wie meist überall gegebene – spätere Bearbeitung Verdis mit Karl V., dem ›albernen Popanz‹! Siegfried ließ nur die ursprüngliche Fassung mit dem später gestrichenen ersten Akt in Fontainebleau gelten, welcher Carlos' geliebte Braut Elisabeth aus Staatsgründen zur Frau seines Vaters kommandiert – und damit erst die seelischen Vorbedingungen der folgenden Katastrophen schafft! Abermals echt Siegfried Wagnersches Empfinden!«
Als Siegfried wieder in Bayreuth ankommt, straft ein Brief Karl Mucks seine großherzige Laudatio beinahe Lügen: Muck wendet alles auf, um Siegfried vom Engagement Toscaninis abzubringen und schreckt auch vor Drohungen nicht zurück. Siegfried versucht, ihn mit Humor zu besänftigen und weist darauf hin, daß Toscaninis Bayreuth-Debut auf keinen Fall rückgängig gemacht wird.
Als würde Siegfried ahnen, daß er seine Mutter zum letztenmal sieht, notiert er eine Anekdote über sie in seinem Tagebuch:
»Mama ziemlich wohlauf und rührend freundlich-verklärter Stimmung, nie ein Wort des Klagens, immer heiter und empfänglich. Originell ihr Verkehr mit der alten Hofmann, der sie französische Sätze beibringt, (mit der sie) über Calderon spricht, den jene Caldrian nennt. Man denkt an Don Quichote und Sancho.«
An Louis Michel hat Siegfried einmal geschrieben: *»Wenn ich Werke meines Vaters dirigiere, betrachte ich mich als Sohn verantwortlich für die ganze Aufführung. Ich bin nicht Taktschläger allein! – Mit einer Orch.-Probe allein ist das nun nicht gemacht! Daher ist es mir grundzuwider, die Werke zu dirigieren (womöglich mit kubistischen Dekorationen und assyrischen Kostümen; siehe Hamburg unter Löwenfeld: Wotan als Ormuzd!). Nein, mein lieber Herr Michel, selbst wenn Straussens 1000 Dollar locken sollten: das tu ich nicht mehr!«*

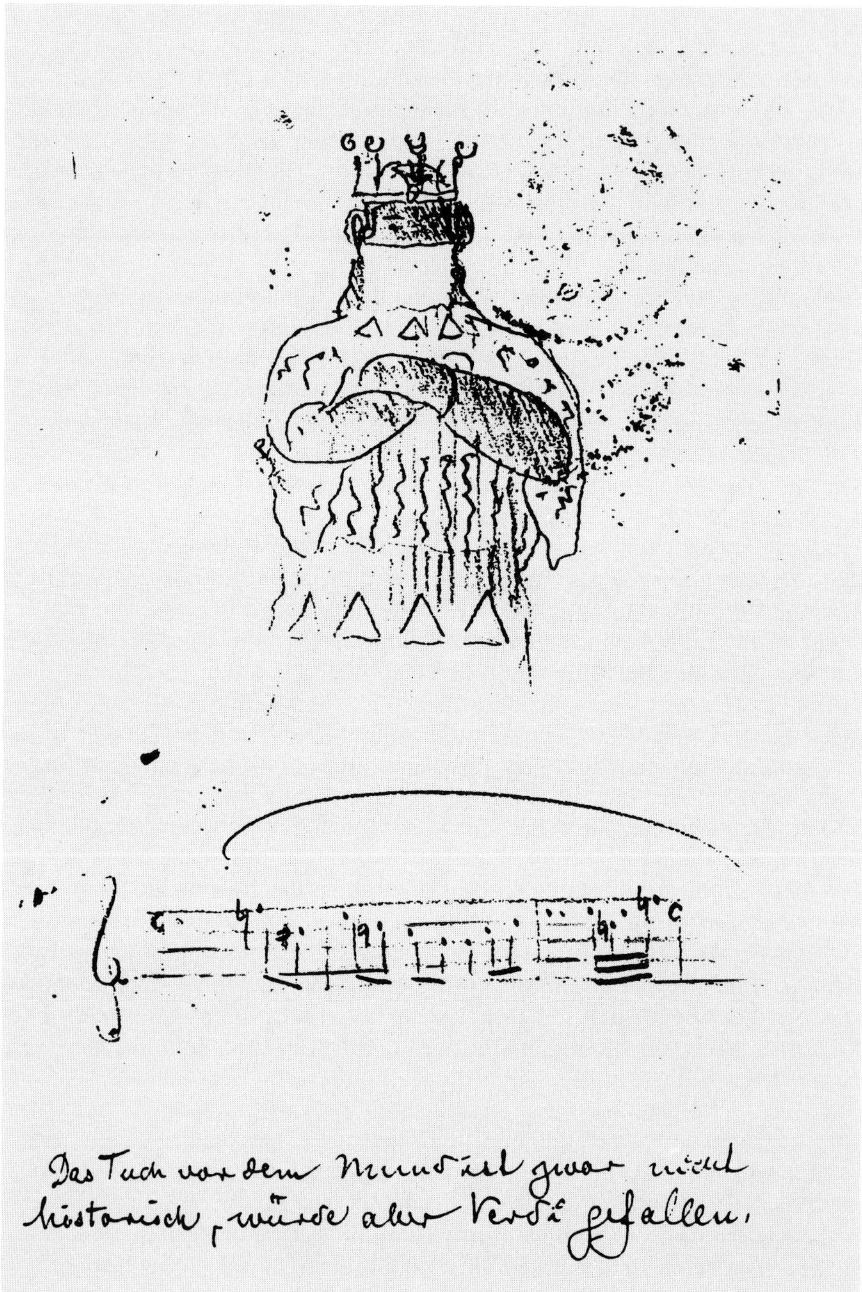

Siegfried Wagner als Verdi-Ausstatter

Als von der Mailänder Scala die Anfrage gekommen war, ob er bereit sei, dort den »Ring« als Staggione zu dirigieren, hatte Siegfried die Bedingungen gestellt, die Aufführungen müßten strichlos sein, und außerdem wolle er auch selbst die Regie übernehmen. Er hatte gehofft, mit diesen Forderungen das anstrengende Gastspiel umgehen zu können, aber beides war ihm zugesagt worden. Also startet er am 3. März mit Winifreds neuem, grauem Mercedes nach Stuttgart, um von dort aus mit der Bahn in den Süden weiterzureisen, während sich Winifred nach Baden-Baden zur Erholung begibt.

»Es waren sehr anstrengende Tage durch meine Doppeltätigkeit«, berichtet Siegfried, *»die Strichlosigkeit war auch eine harte Nuß, aber ich setzte es durch. Nur in der Wotan-Erzählung mußte ich etwas kürzen, da es dem Morelli zu tief lag. (...) Das Orchester ist durch Toscanini glänzend diszipliniert. Am besten sind die Holzbläser. 6 Harfen hatte man aufgegabelt! (Wo gibt es das sonst außer Bayreuth!). Die Proben fanden statt um 12½ Uhr und abends um 8½ bis nach Mitternacht.*

An diese Zeiten mußte ich mich natürlich erst gewöhnen. Nachher gingen wir in das Café am Eck, um Wermuth und Spremuta mit einer Briosche zu genießen. Ich war im Mittelpunkt des allgemeinen Interesses. Mein populäres Italienisch trug viel dazu bei, schnelle Fühlung zu gewinnen, z. B. bei den Bühnenarbeitern, die mit Freude konstatierten, daß ich Worte wie ›porca miseria‹, ›monda cane‹ etc. beherrschte. Das war eine entzückende Zeit friedlich-freundlicher Arbeit. Nie wurde geschimpft. Auf alle meine Wünsche ging man ein. Man war über meine lebendigen Tempi frappiert. Sie meinten, musica tedesca müßte immer grave sein. Durch die leichte italienische Sprache war es mir möglich, vieles noch frischer zu nehmen, wie im Deutschen: Das ›Rheingold‹ dauerte 2 Stunden, 18 Minuten. (...) Die erste ›Rheingold‹-Aufführung am 16. März begann mit einer langen Ovation. Das Parkett stand auf und ich mußte mich endlos verbeugen. – Auch am Schluß ging es hoch her, was sonst nie nach dem ›Rheingold‹ sein soll. Überhaupt merkwürdig: ›Rheingold‹ und ›Siegfried‹, die zwei Werke, für die (auch bei uns) das Publikum am wenigsten Sinn hat, waren die zwei größten Erfolge. ›Walküre‹ und ›Götterdämmerung‹ litten unter der Sängerin der Brünnhilde (...). Nach der Rezitá ging es zu Savini (in der Galleria), ein reizendes Lokal mit herrlichen Genüssen! Anita Colombo trommelte immer Leute zusammen, die meine Zeche zahlten.« Die von Siegfried so gepriesene Colombo ist Arturo Toscaninis Sekretärin.

»Da ich während dem ersten Zyklus noch sehr lange Proben hatte«, fährt Siegfried fort, *»konnten wir erst während dem zweiten Zyklus Einladungen annehmen. Die gab es denn aber auch in Hülle und Fülle. (...) Leider fühlte ich mich schlecht, Grippe! Außerdem kamen beunruhigende Nachrichten über Mama. Am letzten Tag gab ich den Scala-Leuten ein Dejeuner bei Savini (500 Lire), sehr gut und gemütlich. – Ich wurde überhäuft mit Freundlichkeiten von allen Seiten. Die Sache war jedenfalls hocherfreuend, ich hatte nicht einen*

Ärger. Die Presse sehr anständig. Serman hatte für Deutschland gesorgt, so daß diesmal, zum ersten Mal keine Lügen und Gemeinheiten in den deutschen Zeitungen über mich standen! (...) Von der bildenden Kunst in Mailand sahen wir diesmal nur Dom, Brera, San Satiro (muß ein merkwürdiger Heiliger gewesen sein!) und eine von Luini ausgemalte Kirche. Der Lärm in Mailand ist unerträglich, aber es macht den Einwohnern, scheint es, Spaß. Keiner denkt daran, es zu ändern. Die Gesellschaft ist gastlich-offen, nicht hochnäsig und geizig wie in Rom. Dabei viele geistige Interessen! Man unterhält sich gut und unkonventionell.«

Mit Winifred, die zum zweiten »Ring«-Zyklus nach Mailand gekommen ist, will Siegfried Ende März nach Griechenland weiterreisen. *»Endlich! Die Sehnsucht meines Lebens soll sich erfüllen!«* So hatte Siegfried am 1. März 1930 an Karpath geschrieben. Nun aber erhält Siegfried am 31. März in Santa Margherita ein Telegramm, daß der Gesundheitszustand Cosimas besorgniserregend ist. *»Wir fuhren nachmittags ab, genossen noch etwas Sonne in dem reizenden Orte, wo wir von alten Bootsleuten, Apothekern, etc. herzlich begrüßt worden waren. In Genua stiegen wir in den Schlafwagen (...)«* Am Ulmer Bahnhof, wo Winifred den Mercedes geparkt hat, erfährt Siegfried telefonisch, daß Cosima an diesem Tag, am 1. April 1930, um 10 Uhr vormittags verstorben ist.

Am 2. April trifft Siegfried in Bayreuth ein:

»Wir konnten noch den wundervollen Anblick Mamas auf der Bahre haben. Jung und schön, wie vor dreißig Jahren, ohne Falten, ein friedliches Lächeln. Die Stirne vollendet schön. Es war mir schwer, mich von dem Anblick zu trennen, ich, der ich mich sonst immer scheue, Tote zu sehen. Dora hatte ihr die Haare gekämmt. Die Hände waren gefaltet. Die dünnen Finger deuteten allerdings auf schmerzhafte Krämpfe. (...) Man hatte uns die schlimme Wendung mit Recht verschwiegen. Denn ich hätte meine Arbeit in Mailand nicht im Stich lassen dürfen, auch hätte ich nicht helfen können; und so blieb mir erspart, die Leiden der letzten Tage mit zu erleben! Ich sah nur noch die friedlich Erlöste, nicht die leidend Ringende!«

Im Saal von Wahnfried findet am selben Tag die Leichenfeier statt, dann setzt sich der Leichenzug durch die Stadt in Bewegung, zur Kirche St. Georgen, wo der Sarg in ein Auto verladen wird, da die Einäscherung in Coburg erfolgt. *»Auch dort schöne Feier«*, notiert Siegfried, *»trotz einer störenden, wenn auch gut gemeinten Rede eines etwas betrunkenen Enthusiasten. Musik: Pilgerchor und Parsifalklänge. Mit den Freunden noch ein Stündchen im Hotel zusammen, dann Heimfahrt.«*

Der Tod Cosimas nimmt Siegfried stärker mit, als er selbst es wahrhaben will. Zwar hatte er sich bereits früh auch geistig von ihr abgenabelt und eine Position bezogen, die der Cosimas nicht nur widersprach, sondern teilweise diametral entgegengesetzt war. Aber die Tatsache, daß *»die hohe Frau da oben«* lebte, war – insbesondere für seine erotischen Eskapaden – eine

Schutzfunktion. Enthüllungen oder Bestrafungen hätten die von ihrer Umwelt angebetete »Frau Cosima« schwer getroffen, mußten also von ihr ferngehalten werden, und Siegfried, der Sohn dieser »hohen Frau«, genoß Narrenfreiheit, insbesondere mit den für orthodoxe Wagnerianer untragbaren Aussagen seiner Werke.

Nun aber ist etwas, was selbstverständlich schien, entschwunden, ein Mythos ist gestorben. Und Siegfried weiß, daß all jene, die duckmäusernd im Hintergrund geharrt und nur auf den Tod Cosimas gewartet haben, um gegen ihn vorzugehen – wie etwa die Herren des Leipziger Richard Wagner-Verbandes –, nun ihre Stunde gekommen sehen. Irgendwie hatte die Greisin, die doch geistig bereits Jahrzehnte vom Alltagsgeschehen entfernt lebte, die Spannungen in der Familie allein durch die Tatsache ihrer Existenz als »Meisterin« überbrücken geholfen. Nun, so ist Siegfried klar, wird die Politik einsetzen, die schon so lange unter dem Deckmantel der deutschen Kunst agitiert hat – und am Ende die Kunst verdrängen.

Analytisch richtig hatte Siegfried in seinen »Erinnerungen« erkannt, daß Mediziner und Juristen besonders stark zu Musik tendieren:

»Dieser Drang zur Musik ist eine Naturnotwendigkeit. In keinem Beruf hat der Mann täglich so Schweres, Trauriges, Abstoßendes zu sehen, wie in dem ärztlichen. Leiden und immer wieder Leiden. Müßte die Psyche eines solchen Mannes nicht ganz in Pessimismus untergehen, wenn sie nicht Gegenmittel fände; dieses ist die befreiendste aller Künste: die Musik!«

Siegfried aber, der sonst stets seine Probleme in seinem dramatischen Schaffen verarbeitet, sich auf seine Weise in die Musik gestürzt hat, bleibt diesmal stumm.

Mit der Summe seiner Werke, insbesondere mit seinen drei letzten Opern, scheint ihm bereits alles gesagt, und sie sind ja fertig: Das Instrumentieren ist für ihn stets eine mehr handwerkliche Arbeit gewesen – in der er allerdings seine Meisterschaft bewiesen hat –, und die Orchestrierung der letzten eineinhalb Akte »Wahnopfer«, des »Walamund« und des »Flüchlein« will er sich für den Herbst aufheben. Erst einmal gilt es, fern von Bayreuth klare Gedanken zu fassen. Siegfrieds Bericht:

»Die nächsten Tage verliefen mit Äußerlichkeiten, Testamentseröffnung, Danksagungen. Die Kinder benahmen sich lieb bei der ganzen Sache. Wolfi brach in Tränen aus bei der Nachricht vom Tode. Von Friedelind kam Nachricht aus England durch Miss Scott, daß sie zum erstenmale die Trennung empfand und Heimweh bekam. Die Teilnahme der ganzen Bevölkerung war rührend. (...) Ich war recht matt in diesen Tagen. Die große Arbeit in Mailand, eine anschließende Grippe und dann noch die seelischen Erregungen waren die Ursache. Drum will ich mich jetzt mit Wini in Meran erholen, dann an den Lido.«

Warum er die so sehnsüchtig erwünschte Griechenlandreise nun endgültig fallenläßt, erklärt ein Nachsatz: *»Am 2. Mai soll noch ein Konzert in Bologna sein.«*

Nach Cosimas Beisetzung

In Bocca di Luanciano mit Manfred Gravina und Winifred Wagner

Siegfrieds labile Verfassung wird von Winifred ausgenutzt. Als am Mittwoch, dem 9. April, die Reise losgeht, fährt Winifred nur bis München, wo das ungleiche Ehepaar übernachtet. Am nächsten Morgen lenkt sie den Wagen nicht in den Süden, sondern vor Hitlers neue Wohnung, die sie unbedingt besichtigen muß. Siegfried fügt sich in sein Schicksal, will aber im Wagen sitzenbleiben. Mit dem Hinweis auf Siegfrieds angegriffene Gesundheit zwingt sie ihn, mit in die Wohnung zu gehen. Siegfried ist wortkarg. In seinem Innern mag das Thema des Wolfs aus dem zweiten Akt des »Flüchlein« hämmern, und wieder einmal muß er feststellen, wie sich Hitler verstellen kann, wenn ihm jemand zur Verwirklichung seines politischen Zieles behilflich werden kann, und welche *»Herzlichkeit«* er Winifred gegenüber an den Tag zu legen vermag.

Als Ausgleich für den unerfreulichen Schock am Morgen besteht Siegfried darauf, in Innsbruck Station zu machen und das Verdi-Requiem anzuhören, dessen Generalprobe dort am Nachmittag stattfindet. Im Bozener Theater erlebt Siegfried eine Probe der »Aida«, er sieht allerlei Bekannte und besucht auch den *»recht elend aussehenden Guido«*, seinen jüngsten Neffen in der Gravina-Linie, der Siegfried nur um ein Jahr überleben sollte.

Am 25. April reist Siegfried nach Trient weiter, wo er sich am Abend mit Daniela trifft, die inzwischen auf den um drei Jahre jüngeren Dichter Gabriele D'Annunzio schwört, auf dessen Landgut sie ihren Urlaub verbringt. Sie fordert Siegfried auf, am nächsten Tag das Landgut des 1924 in den Adelsstand erhobenen Dichters zu besuchen. Siegfried folgt ihrer Aufforderung, enttäuscht sie aber, da er das Anwesen einfach *»lächerlich«* findet. Über Mantua führt ihn der Weg am 27. April nach Bologna, wo er *»himmlisch«* im Papagallo speist und die Probe mit dem Orchester *»anständig«* verläuft. Von Bologna aus besichtigt Siegfried Ferrara mit der *»prachtvollen«* Domfassade. *»Das Bologna-Konzert wirklich ein erfreuendes Ergebnis!«*, berichtet Siegfried an Daniela, und gegenüber Karpath führt er aus: *»Das Publikum in Bologna war entzückend, sie tobten wie wild und waren auch von meinen zwei Sachen begeistert!«* Laut Programmzettel des Teatro de Coro stehen von Siegfrieds Werken die Vorspiele »Tutto è colpa di Hütchen« und »Il Tiglio sacro« auf dem Programm.

Die weitere Reise führt Siegfried nach Forlienza, Rimini, Ancona, Camerino, Urbino, Pesaro, Modena und Parma. Überall besichtigt er Castellos und Kirchen, erfreut sich an Natur, Architektur und leiblichen Genüssen. In Lantiano notiert er in sein Reisetagebuch: *»Nachtigallen, Drosseln, Frösche, fesselnde Wolkenbildungen. Abends alle möglichen Lieblingsspeisen und gemütliches Plaudern«* – mit Manfred Gravina und dessen Frau Clara.

Die Rückfahrt geht über Locarno und Belinzona, und da der St. Gotthard-Paß gesperrt ist, wird das Auto per Bahn *»durch den Tunnel spediert«*, während Siegfried und seine Frau im D-Zug weiterreisen. Humorvoll berichtet Siegfrieds Tagebuch über einen *»Zwischenfall: Wini fällt auf dem Perron hin, erst*

Schrecken! Aber gottlob, dieser löste sich in ein unbändiges Gelächter auf; Sie fiel auf den Allerwertesten, beide Beine hoch auf, so daß man einen fabelhaften Anblick hatte: rosa Höschen, dazu die nicht mageren Pamfele (Beine; Anm. d. Verf.). *Ein Götteranblick für Rubens und Wilhelm Busch! Getan hatte sie sich nichts, aber gelacht haben wir noch bis spät in die Nacht!«*
Noch bevor am 15. Juni offiziell die Festspielproben beginnen, arbeitet Siegfried mit seinen Hauptdarstellern Sigismund Pilinszky und Ruth Jost-Arden. Mitte Mai fährt er, diesmal begleitet von Winifred, seinen Kindern Wieland, Wolfgang und Verena, der Kinderfrau Emma Bär und der Schwester Eva, zur Familie seines Neffen Manfred nach Danzig, um noch einmal dort die Vorstellung des »Hütchen« zu besuchen. Am 20. Mai bittet Siegfried Bruno Weill, der im »Jewish Cronicle« aufgestellten Behauptung, er sei »ein warmer Freund Hitlers«, energisch entgegenzutreten: Siegfried betont, mit Hitler und dessen Ansichten nicht das geringste gemein zu haben, ja dessen ganzer politischer Richtung ablehnend gegenüberzustehen.
Nach dem einundsechzigsten Geburtstag fährt Siegfried noch auf einige Tage zum Kurzurlaub in sein geliebtes Meersburg am Bodensee. *»Auf einer letzten großen ›Luft‹-Fahrt vor der großen Arbeit«,* vermeldet ein Kartengruß an Helena Wallem. Dann beginnen, am 15. Juni um 9 Uhr morgens, die großen Regie-, Chor- und Orchesterproben im Festspielhaus. Seit der Wiedereröffnung der Festspiele im Sommer 1924 ist Siegfrieds Ausspruch: *»Kinder, wenn ich euch wieder den ›Tannhäuser‹ bringe, da sollt ihr was erleben!«* so oft gefallen, daß er zur stehenden Redewendung wurde. Nun endlich ist es soweit: das Werk, das seit sechsundzwanzig Jahren nicht mehr auf der Bühne des Festspielhauses gestanden hat, entwickelt sich. Optimistisch hat sich Siegfried, in seinem weißen Dreß, bereits im Juni vor dem Festspielhaus fotografieren lassen und hat einen der ersten Kartengrüße dieser Serie an Dernburgs geschickt, mit der Aufschrift: *»Hier stehe ich seelenvergnügt (...)«*
Aber bei den Proben verläuft nicht alles in eitel Freud und Wonne.
»Mitwirkende, welche Vergnügungs-Touren nach Nürnberg vorhaben, werden ersucht, die Festspielleitung hiervon in Kenntnis zu setzen, nicht etwa, weil dieselbe an dem Ausfluge teilnehmen will, sondern weil sie es wissen möchte, ob sie es ›wagen‹ darf, eine Probe anzusetzen. Daß Proben noch nötig sind, hat sich in den letzten Tagen in erfreulicher Weise herausgestellt. Die höchste Stufe der Vollendung erklommen zu haben, können wir uns leider immer noch nicht einbilden!« So meldet es eine große, von Siegfried handgeschriebene Hinweistafel humorvoll, aber doch auch mit verstecktem Ärger. Ähnlich humorvolle Tafeln sind mehrfach in Form von Fotos erhalten. Einmal hat Hunding Carl Braun seinen Hund mit ins Festspielhaus gebracht, er dachte wohl, ein Hund mehr oder weniger im Festspielhaus falle nicht auf. Tags darauf steht auf der Tafel Siegfrieds Hinweis: *»Das Auftreten von Hunden auf der Bühne ist nur während der Probe-Zeit gestattet!!!«*
Auch in seiner »Tannhäuser«-Inszenierung wirken Hunde mit, wenn der

iegfried Wagner mit Lauritz Melchior
nd mit indischen Festspielgästen

Landgraf und seine Jagdgesellschaft auf Tannhäuser stoßen, allerdings vermag und versucht auch Siegfried nicht, Richard Wagners Anweisung, »der Landgraf stößt in sein Horn, lautes Hornschmettern und Rüdengebell antwortet ihm«, akustisch zu erfüllen und die Hunde auf Einsatz zum Bellen zu bewegen. Bei allem Intellekt liebt Siegfried das große Theater. *»Ich bin mit allem einverstanden, was zur Romantik und Poesie des Werkes beiträgt«,* lautet seine letzte schriftliche Anweisung an seinen Bühnenbildner Kurt Söhnlein.

Zu den Dingen, die Siegfried bedrücken, gehören Probleme mit Lauritz Melchior, der in diesem Jahr erstmals in Bayreuth auch den Tristan singen soll, aber den sogenannten Tag-und-Nacht-Strich des zweiten Aktes nachzulernen hat und sich merklich schwerfällig benimmt, wohl in der Hoffnung, diese Passage werde doch noch gestrichen. Noch in der Kostümhauptprobe steht er mit dem Klavierauszug in der Hand auf der Bühne, was ein Spiel mit der Partnerin unmöglich macht und den Regisseur Siegfried Wagner Nerven kostet.

Mit Toscanini versteht sich Siegfried blendend und weiß die Zornesausbrüche des als extrovertiert bekannten Dirigenten abzufangen. Nach der ersten Probe mit dem Orchester ist Toscanini entsetzt und will abreisen, bis Siegfried ihm versichert, daß einige schwächere Musiker ausgewechselt werden können. Siegfrieds musikalischer Assistent Willi Hammer überliefert eine Anekdote, die Siegfried in der Pause von Toscaninis erster »Tristan«-Probe zum besten gibt: *»Kinder, von Bülow erzählt man eine nette Geschichte, die in Hamburg anläßlich einer Probe passiert ist. Er nimmt den Taktstock und die Musiker setzen ihr Instrument an, doch indem er den Auftakt gibt, läßt er schon wieder resigniert die Hand sinken und sagt: ›Meine Herren, schon falsch!‹«*

Darauf angesprochen, wieso er gerade jetzt diese Anekdote erzählt, antwortet Siegfried lachend: *»Na, – Toscanini war wenigstens so höflich, erst nach der dritten Note abzuklopfen!«* Zu einem Eklat mit Toscanini kommt es dann bei der ersten Bühnenorchesterprobe, als Toscanini den Einzug der Gäste ungewöhnlich schnell nimmt und der Chor wiederholt mit dem Orchester nicht zusammen ist. Siegfried beruhigt den Dirigenten, der nur wenig Deutsch spricht, in dessen Muttersprache: *»Caro maestro, un poco più moderato, prego! E differenza di cantare in flessuosa lingua italiana, ossia in ruvida tedesca! – E noi tedeschi sentiamo questa musica in altra maniera, – come Lei!«* (»Lieber Meister, ein wenig gemäßigter bitte! – Es ist ein Unterschied, in geschmeidigem Italienisch oder in sprödem Deutsch zu singen! – Und wir Deutsche empfinden diese Musik auf andere Weise als Sie!«)

Söhnlein, der diese Worte sogleich nach der Probe notiert hat, erinnert sich: »Vor dem – ›come Lei‹ (– ›als Sie‹) macht er eine kleine Pause und senkt die Stimme noch mehr zu den zwei Worten. Unnachahmlich im Ton. Eine Welt lag dazwischen. – Alles hielt den Atem an. – Was würde geschehen? Würde Toscanini wiederum losschreien, den Taktstock zerbrechen, oder hinwerfen

Siegfried Wagner mit Arturo Toscanini und mit den Sängerinnen Erna Liebenberg und Maria Nézadal

und selbst davonrennen, – wie schon auf so mancher Orchesterprobe, wenn etwas nicht restlos nach seinen Wünschen gelang? –
Diesmal wäre das ein kaum wieder gut zu machender offener Affront gegenüber dem Festspiel-Leiter und Herrn des Hauses vor der ganzen Künstlerschaft! – Schweigend blickte der Zornige mit verschränkten Armen vor sich nieder, 3, 5, 10, 15 vielleicht 20 Sekunden lang ... Totenstille. – Endlich greift er wortlos den Taktstock auf, hebt ihn, und beginnt in etwas langsamerem Tempo. – Siegfried senkt dankend den Kopf ein wenig, zeigt ein kleines, verbindliches Lächeln, und geht zurück zu seinem Platz. – Nun klappen alle Einsätze fehlerlos. –«
Es kommt wiederholt zu Auseinandersetzungen zwischen Muck und Siegfried, da Muck die Toscanini gewährten Probenvorteile nicht akzeptieren will. Da Toscanini durch einen Exklusivvertrag an die RCA gebunden ist, dirigiert Karl Elmendorff einen Schallplatten-Mitschnitt des »Tannhäuser« für die Columbia, was zusätzliche Proben erforderlich macht.
Auch wird Siegfried aus den eigenen Reihen abgesprochen, ob er mit dem Engagement des ungarischen Tenors Sigismund Pilinszky die richtige Entscheidung getroffen habe. Pilinszky hat zwar in einer Berliner Abendgesellschaft unter Siegfrieds Leitung zusammen mit Ruth Jost-Arden die ganze Venusbergszene zur allgemeinen Begeisterung des Auditoriums vorgetragen, auf allen Proben aber markiert er nur. Für die meisten ist es unverständlich, daß Siegfried ihm noch zuredet, sich zu schonen: *»Mit halber Stimme, Kindchen!«*, ruft er ihm wiederholt zu – wie er alle Sänger, selbst die gewichtigsten, »Kindchen« nennt, wenn er sie nicht mit ihrem Vornamen oder einem speziell von ihm geprägten Spitznamen anredet. Den Grund, warum Pilinszky, ein überzeugender Darsteller, sich stimmlich zurückhält, erfährt Söhnlein erst viel später: »Ein Furunkel am Darmschließmuskel hatte ihm wochenlang bei jedem Singen und der dazu unerläßlichen Atem-Bauchstütze quälendste Schmerzen bereitet. Die Kehl-Indisposition war dagegen eine Nebensache. So hatte Siegfried aus menschlicher Güte bis zuletzt auf den endgültigen stimmlich-musikalischen Gesamteindruck seiner Inszenierung verzichtet. Für einen Regisseur wohl die schwerste Zumutung, die ihm begegnen kann! –«
Siegfried bewahrt stets die Fassung. Lauritz Melchior erhält, als er auf einer Orchesterprobe wegen textlicher Schwierigkeiten mit der Partie des »Siegfried« überhaupt nicht mehr weiterzusingen vermag, am nächsten Morgen ein Briefchen:
»Lieber Don Laurizio!
Wenn Sie gerne mit Orchester Schluß II. Akt Siegfried wiederholen wollen, dann bitte kommen Sie gegen 12 Uhr heute.«
Und als Melchior dann, nach einer Probe, auf der er dem Regisseur erneut nur Kummer bereitet hat, ins Festspielrestaurant kommt, sagt Siegfried zu Stassen: *»Er kommt mir vor, wie ein großes Kind, es ist eben doch eine Natur!«*

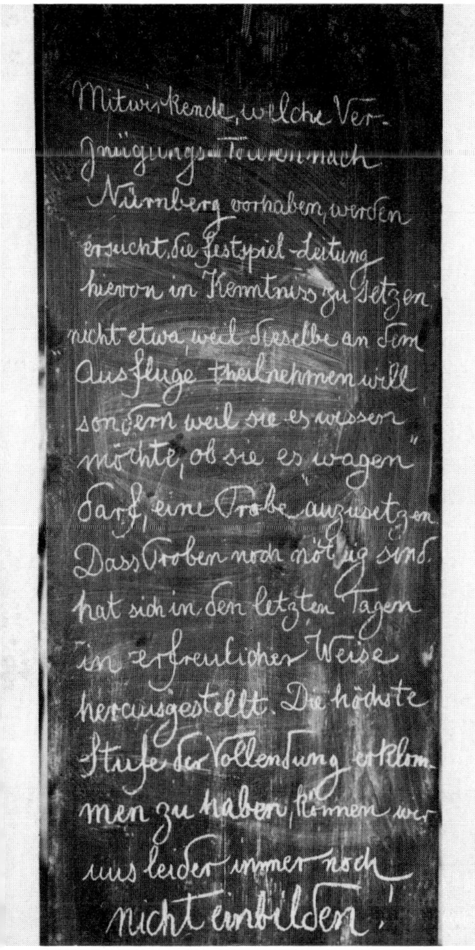

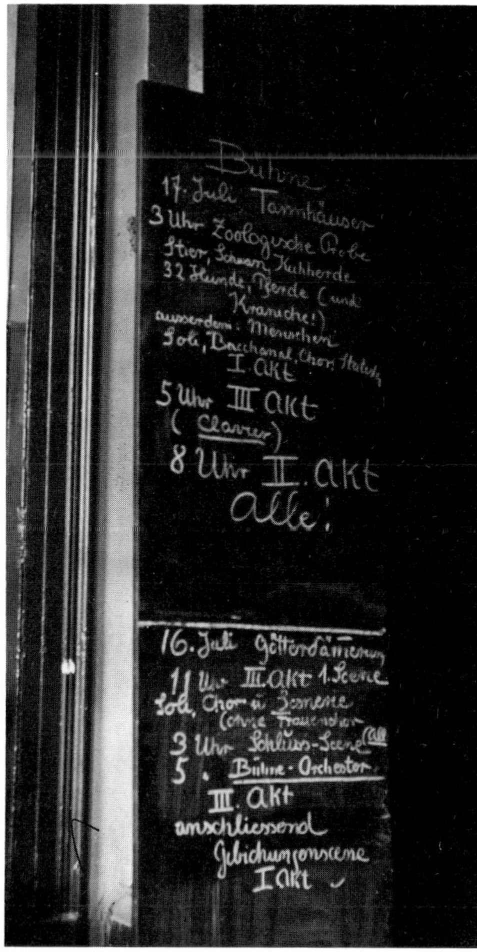

Siegfried Wagners legendäre Probetafeln, oben rechts die letzte Probetafel, auf der die beiden Bühnenmeister Friedrich und Rudolf Kranich mit zur zoologischen Staffage gerechnet werden.

Von Humor zeugt auch Siegfrieds letzte Probetafel, die im Original erhalten ist: *»Bühne/ 17. Juli/ Tannhäuser/ 3 Uhr Zoologische Probe/ Stier, Schwan, Kuhherde/ 32 Hunde, Pferde (und Kraniche!) /außerdem: Menschen/ Soli, Bacchanal, Chor, Statisten/ I. Akt/ 5 Uhr III. Akt (Klavier)/ 8.15 Uhr II. Akt alle!«*
Mit den Kranichen sind der technische Direktor Friedrich Kranich d. J. und sein Bruder Rudolf Kranich gemeint, und Stier und Schwan kommen nur in kaschierter Form im Bacchanal vor, in dem erstmals die gesamte, von Richard Wagner vorgeschriebene Antike – mit Leda und dem Schwan, Europa auf dem Stier und dem Strömkarl – entfesselt wird. Zwei Wochen hat Siegfried allein mit der Einstudierung von Labans Tanzensemble zugebracht, und manche mag es befremden, daß nach Tannhäusers Wiederkehr nicht nur Nymphen, sondern auch »Jünglinge (...) in rotem, gespenstischem Lichte die Arme verlangend nach dem Tannhäuser streckten«, wie Franz Stassen überliefert. Offenbar hat sich Siegfried auch in der Gestalt des »Tannhäuser« gesehen, diesem von der Gesellschaft ausgestoßenen Künstler, »dessen Schatten wie der eines Gekreuzigten auf die Felsenwand« fällt, als er im dritten Akt unter der Brücke wieder auftaucht.
In einem ausführlichen Artikel für die Fachzeitschrift »Die Musik« setzt sich Siegfried mit der Festspielidee und ihrer modernen Umsetzung auseinander: *»Den Lesern der Musikfachzeitschrift werden die Ideen, die meinen Vater zum Bau des Bayreuther Festspielhauses führten, so geläufig sein, daß ich nur kurz darauf hinzuweisen brauche. (...) Mit dem Bau des Festspielhauses sollten die rein praktischen Voraussetzungen zur Verwirklichung der Darstellung seiner Werke, wie sie ihm vorschwebten, geschaffen werden. Das innere Müssen lag in den künstlerisch-ethischen Anschauungen meines Vaters begründet, der mit dem Bau eine Stätte edelster Kunstpflege im Sinne einer Verbindung von Religion und Kunst errichten wollte. Ohne religiöses Empfinden ist wahre Kunst undenkbar. Der Ursprung aller dramatischen Kunst weist auf hohe religiöse Feiern hin; religiöses Denken und Fühlen bilden die Grundlagen von Plastik und Malerei. Wahre Kunst kommt einem Fest, einer Feier gleich, und so wie im kultischen Sinne die feierliche Handlung erst in Verbindung mit der anteilnehmenden Gemeinde eine Einheit darstellt und zum Fest wird, so schwebte meinem Vater bei den Bayreuther Festspielen die Einheit dieser beiden Elemente vor. (...)*
Die Bayreuther Gemeinde hat sich in ihrer ausgeprägten Eigenart bis heute erhalten: Eine Übereinstimmung in bestimmter weltanschaulicher Richtung verbindet alle Zuhörer der Bayreuther Festspiele – willig beugt man sich hier dem Genius und läßt den Zauber dieses seines lebendigen Vermächtnisses auf sich wirken. Weit schwieriger gestaltete sich die künstlerische Arbeit. Was damals in dieser Hinsicht zu leisten war, kann heute kaum richtig ermessen werden. Die Anforderungen, die die Werke meines Vaters an die Mitwirkenden stellen, bilden auch jetzt noch die Hauptschwierigkeiten in der Wieder-

gabe, um wieviel mehr in den Jahren des Aufbaus, da die Bestrebungen meines Vaters noch völlig neu waren und zum Teil mißverstanden wurden. Was mein Vater in unermüdlicher Arbeit in den Jahren 1876 und 1882 an Deutlichkeit der Aussprache, an sinngemäßem Vortrag, am Darstellungsstil mit seinen Künstlern gearbeitet und in unzähligen Proben an organischem Zusammenspiel erreicht hat, das haben nach seinem Tode meine Mutter und seit 1906 ich in seinem Geiste fortgeführt, so daß wir heute von einem Bayreuther Stil sprechen können, der nach und nach außerhalb Bayreuths von ernsthaft Strebenden als Maßstab künstlerischer Leistungen bei den Aufführungen der Werke meines Vaters angelegt wird. Hand in Hand mit dieser Arbeit ging die Lösung der szenischen Forderungen und der technischen Probleme vor sich, und auch in dieser Hinsicht konnte Bayreuth befruchtend wirken. Die Schwimmapparate der Rheintöchter und die geräuschlosen chemischen Dämpfe sind Erfindungen unseres Bayreuther Mitarbeiters Friedrich Kranich des Älteren und wurden von Bayreuth für andere Bühnen übernommen. Eine lebendige Wechselwirkung zwischen ›Bayreuth‹ und ›Draußen‹ findet beständig statt. Jede bühnentechnische Erfindung, die dazu dienen kann, die szenischen Angaben meines Vaters vollendeter zu gestalten, wird von mir eingeführt. Ich denke dabei an die plastischen Dekorationen, die ich in Bayreuth verwende, ohne dadurch in die Extreme der Stilbühne zu geraten, und an die modernen Wellen-, Film- und Beleuchtungsapparate, die sowohl auf der Bühne wie im Zuschauerraum Verwendung finden.
Ich betrachte es als meine Aufgabe, die Werke meines Vaters möglichst stilgerecht zur Aufführung zu bringen, wobei das Musikalische im Tempo und Vortrag durch die lebendige Überlieferung zu einer geheiligten Tradition geworden ist, die äußere Form in bezug auf Szenerie, Beleuchtung, Kostüme usw. immer dem Geiste des Werkes entsprechend dem modernen Empfinden angepaßt wird. So glaube ich im Sinne einer <u>lebendigen</u> Tradition zu arbeiten und der grundlegenden Festspielidee meines Vaters: die einer ethisch-künstlerischen Erziehung und Erhebung gerecht zu werden.«
Siegfried redet hier einer auf der Tradition fußenden Innovation das Wort, die er tatsächlich, insbesondere seit dem Jahr 1927, zu realisieren bestrebt ist, wobei zwangsläufig Divergenzen in der Rezeption des Begriffes »modernes Empfinden« und erst recht in der Definition von »Geist des Werkes« auftreten müssen. Doch auf der Szene zeigt er, was er meint: Mit der Inszenierung des »Tannhäuser« knüpft er an die 1927 eingeführte Vereinfachung und Stilisierung des Bühnenbildes an. In der Chorführung setzt er seine »Polykinesie« fort, indem jeder einzelne nach einem klar durchdachten Konzept individuell geführt ist und individuelle Reaktionen zeigt. Den geistigen und optischen Mittelpunkt der Bühnenbilder des ersten und des dritten Aktes bildet die Silhouette der Wartburg. Der Venusberg ist eine geistige Vorstellungswelt inmitten dieses Wartburgtales, und – wie schweifende Gedanken – einer ständigen Veränderung unterworfen. Um prüden Kritikern den Wind aus den

Segeln zu nehmen, behauptet Siegfried im »Festspielführer«, *»Der Venusberg ist den Feengrotten in Saalfeld«* nachgebildet. Aber realiter ist die sechsfach veränderte Dekoration mehr Anatomie als das realistische Abbild einer Tropfsteinhöhle – »mehr der Begriff einer Grotte als deren Realität, sich ins Grenzenlose ziehend, gleich den Bezirken der Liebe«, beschreibt es Söhnlein, ohne sich dabei hinsichtlich eines Geschlechtes festzulegen.
Hinzu kommt das für Siegfrieds Inszenierungsstil charakteristische Licht. So hat er aus einer Mischung von Rosa, Rot, Blau und Violett ein spezielles »Venuslicht« erarbeitet, das »etwas schillernd Faszinierendes« besitzt und das er auch im zweiten Akt einsetzt: »Schon in den Arbeitswochen 1929 hatte er mit neckenden Worten paarmal unsere Neugierde gereizt: ›Na, Ihr werdet's Augen machen, was ich im 2. Akt anstelle!‹ – Nun sahen wir es: Als im Sängerkrieg nach den Beifallsworten des Chores zu Wolframs erstem Preisgesang im Orchester die Venusbergklänge und -themen aufzüngelten (die Stelle ist in der Pariser Fassung gegenüber der Dresdener Fassung ums Dreifache verlängert!), versanken Saal und Gäste wie wesenlos in ziemliches Dunkel, nur auf Tannhäuser sammelte sich das sogenannte ›Venuslicht‹ (aus dem 1. Akt) in starkem, irisierendem Farbenspiel!«
Das ist nicht nur eine sinnfällige Verdeutlichung von Tannhäusers Reizzustand, sondern deutet auch eine Gleichsetzung von Wartburg- und Venusberg-Gesellschaft an. Lange vor Götz Friedrichs epochaler Inszenierung dieser Oper im selben Theater, 1972 in Bayreuth, interpretiert Siegfried Wagner bereits den Tannhäuser als Künstler und Außenseiter gegenüber einer Gesellschaft, die »mit gezücktem Schwert auf den Verfemten eindrang«. Siegfrieds Einfall, das Venuslicht in die Wartburg strahlen zu lassen, wird heftig kritisiert, so daß Winifred im Wiederholungsjahr den Weg des geringsten Widerstandes beschreitet und diese, für die Konzeption so wichtige Lichtstimmung, trotz der Ankündigung, es werde »Alles genau in der Inszenierung Siegfried Wagners und in seinem Geist aufgeführt«, eliminiert ...
Über den weiteren optischen Verlauf der Aufführung ist bei Söhnlein nachzulesen: »Das Wartburgtal im Herbst (...) wurde ganz zur Elegie. Anfangs, zum frohen Gesang der entsühnt heimkehrenden Pilger, leuchtete die Landschaft in sattem Rotbraun und versank bei zunehmend grünblauem Licht in einem stumpfen Spätherbst-Ton voll Melancholie. Das stimmte ergreifend zu Elisabeths Gebet und Wolframs Lied an den Abendstern. –
Für das langsame Hinweggehen Elisabeths gelang etwas ähnliches, wie es von Isoldes Verklärung berichtet wurde: Ein changierender Stoff kleidete sie zunächst in mildes Steingrau. Auf ihrem langen Weg über die Brücke hin zur Wartburg wurde sie zunehmend von rein blauen Strahlen begleitet und ihre Gestalt selbst derart getönt, daß sie bei schwindendem Licht gegen Weg-Ende (oben) sich wie in Verklärung auflöste. Bei der Rückkehr Tannhäusers und seiner Romerzählung versank die Bühne in völliges Dunkel, nur er und Wolfram (im Vordergrund) erhielten personelles Scheinwerferlicht. Das Wie-

dererscheinen der Venus glückte in besonders unheimlicher Weise: mitten auf der Brücke, vor und hinter welcher im Dunkel Schleierbogen herabgesunken waren (halb Nebelwolken, halb Grottenformen), die das Bild völlig unkenntlich machten, das obendrein von schattenhaften Tanzgestalten wirr durchschwirrt wurde. Ebenso schnell und unmerklich löste sich der Spuk bei Wolframs Ruf ›Elisabeth!‹ wieder auf. Das Schlußbild war von überwältigender Schönheit. – Durch sich lichtenden Nebel (aufsteigende Schleier) erschienen der Zug mit der Leiche Elisabeths und die Ritter. Der Chor der jüngeren Pilger mit dem grünenden Stab des Papstes beschritt neu hinzukommend die Brücke, in fast weißen Gewändern; ihr Gesang erklang in abgetöntestem Pianissimo, wie man es nur in Bayreuth zu hören bekommt. Zartes Mondlicht traf sie von rückwärts oben: es waren Scheinwerfer in höchster Höhe vor dem Horizont aufgehängt, die schräg nach vorne herabstrahlten, und alle Gestalten waren von diesem, wie überirdischem Licht vom Kopf herab mit silbernen Konturen umrandet: ein Fühlbarwerden der Heils-Botschaft von zartester Keuschheit.«

Es sieht so aus, als würde Siegfried seine Kräfte ohne Rücksicht verausgaben. Otto Daube konstatiert, daß Siegfried in der Probenzeit »vier Wochen lang täglich von früh 7 Uhr bis nach Mitternacht ununterbrochen tätig« ist, so daß die wenigen Stunden Schlaf den ungeheuren Kräfteverbrauch nicht mehr auszugleichen vermögen. Das Schlafdefizit kompensiert Siegfried auch noch durch eine Unmenge von Zigaretten. In einem Bericht über Siegfrieds letzte Tage erinnert sich Daniela, daß Siegfried »auffallend vielerlei zu trinken (bestellt): Mineralwasser, Wein, Kaffee«. Auffallend oft hält Siegfried die Hand über dem Herzen, klagt über Atemnot und Asthma. Der Auslöser für die Katastrophe ist ein Brief Karl Mucks, mit dem ihm dieser den Parsifal-Darsteller Gunnar Graarud, den Siegfried anstelle von Melchior als Tristan einsetzen will, für diese Partie verweigert und wieder einmal damit droht, die musikalische Leitung des »Parsifal« niederzulegen. Kurz danach hat Siegfried in Wahnfried einen ersten Herzkrampf. Bei der Generalprobe zur »Götterdämmerung«, am 15. Juli, begrüßt er, gegen seine Gewohnheit, die anwesenden Freunde nicht, sondern geht gleich auf seinen Platz und läßt Alexander Spring die Probe leiten. In der Pause nach dem zweiten Akt bricht Siegfried mit einem schweren Herzkrampf zusammen. Er wird sofort mit Sauerstoff und mit sechs Pantopon-, Digitalis- und Kampher-Spritzen behandelt, ist aber bei Bewußtsein. Um elf Uhr wird er in ein Krankenhaus gebracht.
Tagelang schwanken die Nachrichten der Ärzte zwischen Zuversicht und Besorgnis. Winifred läßt niemanden, auch nicht die aus England zurückgekehrte Friedelind, an das Bett ihres Mannes. Daniela, die durchs Schlüsselloch sieht, erblickt ihn »aschfahl, die Züge matt und schlaff, das Auge glanzlos in die Ferne gerichtet«. Am 22. Juli werden die Festspiele mit Siegfrieds

»Tannhäuser«-Inszenierung eröffnet: sie werden zu einem Triumph, wie ihn das Festspielhaus zuvor noch nie erlebt hat. Aber Toscanini betritt den verdeckten Orchestergraben »bleich, mit Tränen in den Augen«, wie Söhnlein von der Bühne aus durch einen Sichtschlitz beobachtet. Toscanini weiß, daß Siegfrieds letzte Stunde geschlagen hat.
An seinem Krankenlager läßt sich Siegfried noch vom Erfolg der Festspiele berichten. Ödeme nehmen zu, ein neuer Herzanfall, und am 3. August, nach einer infolge unregelmäßiger Herztätigkeit aufgetretenen Schwäche, äußert Siegfried erstmals Todesahnungen. In der folgenden Nacht findet der Kranke, trotz Beruhigungsmitteln, keinen Schlaf mehr. Dr. Hermann Koerber, Siegfrieds behandelnder Arzt, berichtet: »Bis gegen Morgen war er noch bei völligem Bewußtsein; von 7 Uhr ab, Montag morgens, den 4. August, nicht mehr, gab aber auf Anruf noch gebrochene Antworten, um mit dem Aussetzen der Atemzüge wiederum in tiefste Bewußtlosigkeit zu versinken. Wenige Minuten vor dem Tode öffneten sich die Augen weit, der Blick war groß nach oben gerichtet, die Gesichtszüge wurden auffallend jugendlich, der charakteristische Gesichtsausdruck Siegfried Wagners trat scharf hervor. Um 5.30 Uhr, Montag, den 4. August nachmittags, ist Siegfried Wagner verschieden. Ein eigentlicher Todeskampf ist ihm erspart geblieben. (...) Zweifellos ist Siegfried ein Opfer der von ihm persönlich durchgeführten Vorbereitungen der diesjährigen Festspiele geworden.«
Der vom Arzt beschriebene, nach oben gerichtete Blick mit weit geöffneten Augen hat tatsächlich etwas vom »Lach-auf«, das sich in Siegfrieds »Flüchlein« der König und seine Tochter Maleen – und mit ihnen der Dichterkomponist selbst – so sehr wünschen. Ob allerdings für Siegfried auch zutrifft, was die gute Frau in seinem Opus 18 über den König sagt?

»Die gute Frau: Das Flüchlein, das Jeder mitbekam,
Gott dem Bestraften gnädig nahm!
Sie kriegen All' ihr Teilchen ab,
froh, tragen sie's nicht in's Grab!«

Im Bericht des Assistenzarztes Knopp, der im Unterschied zum Bericht Dr. Koerbers nicht vom Verwaltungsausschuß der Festspiele veröffentlicht wird, sind Siegfrieds letzte Worte festgehalten. Knopp, Angehöriger der medizinisch-neurologischen Abteilung des Bayreuther Krankenhauses, bezeugt, daß um ca. 3.30 Uhr am Nachmittag des 4. August Siegfried Wagner als letztes zur Oberschwester gesagt hat: *»Geh weg!«*
Ohne diesen »letzten Worten« allzuviel Gewicht beizumessen, ist doch auffallend, daß sie sich gegen das allzu geschäftige Gebaren eines Geschlechts richten, das Siegfried von früh an im Wege stand: als Mutter, als Halbschwester, als Schwester, als Gouvernante, als Ehefrau – und zuletzt als Oberschwester.

Siegfried Wagners Beisetzung auf dem Bayreuther Stadtfriedhof; den Sarg tragen sein Regieschüler Alexander Spring und die Sänger Friedrich Schorr, Lauritz Melchior, Fritz Wolff, Carl Braun, Rudolf Bockelmann, Gunnar Graarud, Theodor Scheidl, Lois Odo Böck, Eduard Habich und Harold Kravitt.

Am Grab steht auch Siegfrieds greiser Vormund, Adolf von Groß.

Nachklang

Übereinstimmend wird bezeugt, daß sich kurze Zeit nach Siegfried Wagners Tod am Bayreuther Abendhimmel über rosigen Wolken ein Regenbogen vom Krankenhaus zum Festspielhaus spannt. Auch diesem Zufall kann man nicht allzuviel beimessen, aber die in Siegfrieds Werken dominierende Beschäftigung mit parapsychologischen Phänomenen macht dazu geneigt und läßt an den Schluß des »Sternengebots« denken:

»Der Wolken dräuendem Schwarz zum Trotz
baut Sonne Liebe den Regenbogen!
Grad' dort, wo es am düstersten starrt,
strahlen der Farben duftige Wogen!
Himmelsbrücke! Liebesband!
Wohin er schied,
auf dir folgt ihm mein Herz.
Getrennt dem Auge, vereint dem Schmerz!
Helferich!
Dein werd' ich ewig sein!«

In Bayreuth gibt es jedoch, trotz einer bestürzten Bevölkerung und trotz einer Menge lieber Freunde niemanden, der Helferich Siegfried Richard das zurufen würde – Agnes im »Sternengebot« ist eben auch eine Spiegelung der eigenen Person Siegfrieds.
Nicht einmal den so oft geäußerten Wunsch, an seinem Totenbett Johann Sebastian Bachs *»fabelhafte Gigue in der 5. französischen Suite«* zu spielen, erfüllt man dem Toten. Statt dessen gibt es am 7. August in einem Gedenkkonzert im Festspielhaus Wagner senior plus junior: Arturo Toscanini leitet das Siegfried-Idyll, Karl Elmendorff das Vorspiel zum »Friedensengel« und das Zwischenspiel »Glaube« aus dem »Heidenkönig«, schließlich, während sich das Publikum schweigend von den Plätzen erhebt, folgt der von Karl Muck geleitete Trauermarsch aus der »Götterdämmerung«. Am Morgen dieses Tages ist Siegfried im Bayreuther Stadtfriedhof mit einem ihm zu Lebzeiten verhaßten *»Pompe funèbre«* beigesetzt worden.
Unter einer alten Eiche ist das Grab, das zu diesem Zeitpunkt von lauter Kindergräbern umgeben ist, »als ob die Seelchen aus Siegfrieds geliebtem Kobold ihn umgeben wollten«, assoziiert Franz Stassen. Aber den Choral am Grab hat wieder jene Ekkehard-Spielschar angestimmt, mit deren Engagement Winifred Siegfried zu dessen sechzigsten Geburtstag einen unliebsamen Streich gespielt und einigen Kummer bereitet hatte ...

Siegfried Wagner in Karikaturen von Garvens, Johnson, Gulbranson und Dolbin

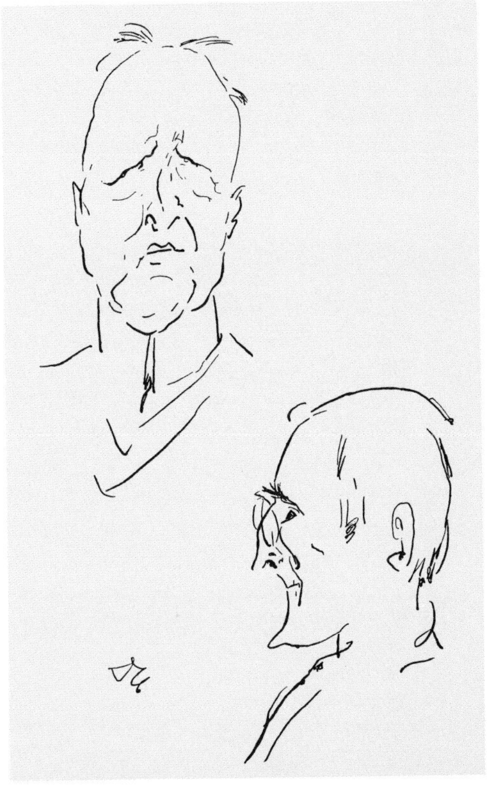

Und Siegfrieds Werke?
Was zuvor, von der Gattin liebevoll, sekretärinnengleich, nach Skizzen und Vorstufen von Libretto und Partitur sortiert wurde, wird von der Witwe wahllos, kunterbunt in einen Kasten geworfen. Dabei verschwinden auch die fertigen Kompositionsskizzen zu »Walamund« und zu »Wahnopfer« – wovon immerhin bereits fast zwei Akte in Partitur vorliegen – und natürlich alle Briefe von Clement Harris und Siegfrieds anderen Freunden. Wie durch einen Zufall, wohl übersehen, bleibt das Particell zur letzten Oper »Das Flüchlein, das Jeder mitbekam«, verwahrt.
Eine erste Siegfried-Wagner-Gesellschaft, die gleich nach dem Tode Siegfrieds gegründet werden soll und, fern von allem völkischen Beiwerk, für Siegfrieds Kompositionen eintreten will, wird von der Witwe untersagt: Man will keine Lobby für dieses Œuvre. Und so bleibt auch Alexander Springs beharrlicher und künstlerisch engagierter Versuch, das Werk Siegfried Wagners, als das eines immerhin »deutschen Komponisten« im NS-Staat populär zu machen, vergeblich. Mit jener »massenumspannenden, stählernen Romantik«, die Goebbels von deutschen Tonsetzern verlangt, hat Siegfrieds differenzierter, hoch artifizieller Kompositionsstil eben nichts gemein.
Also bliebe die Chance nach dem Ende des Dritten Reiches. Aber da gilt es Bayreuth und Richard Wagner zu entnazifizieren. Wieland Wagner, der für die »Meistersinger« 1943 die Bühnenbilder geschaffen hatte – ganz zu schweigen von seinem Monopol, den Führer in Bayreuth fotografieren zu dürfen –, will plötzlich von nichts gewußt und sich bei den »Meistersinger«-Aufführungen voll Abscheu in den Orchestergraben zurückgezogen haben, um von der Bühne, auf der immerhin seine Ausstattung stand, nichts zu sehen.
Als im Jahr 1969, zum einhundertsten Geburtstag des Komponisten, verschiedene Bühnen Opern Siegfried Wagners aufführen wollen, erhalten sie von Winifred kein Aufführungsrecht. Wieland Wagner, der 1952, auf Anfrage des Regensburger Stadttheaters, mit dem »Bärenhäuter« immerhin eine Ausnahme durchgesetzt hatte, ist inzwischen tot.
Auch als im Jahre 1972 eine »Internationale Siegfried Wagner Gesellschaft« gegründet wird, soll sie von Bayreuther Seite verboten werden. Ein Rundschreiben Winifred Wagners an alle Wagner-Verbände teilt mit, daß diese Gesellschaft ohne ihre Erlaubnis gegründet wurde und daß dieser Vereinigung doch gefälligst niemand beitreten möge.
London, wo Siegfried Wagner seine Laufbahn als Komponist mit der symphonischen Dichtung »Sehnsucht« offiziell begonnen hatte, plant im Jahr 1975 eine konzertante Aufführung des »Friedensengels« und bleibt Winifred gegenüber erfolgreich hartnäckig, selbst als diese behauptet, das Aufführungs-Material sei im Krieg zerstört worden.
Kurzzeitig scheint der Bann gebrochen, konzertante Aufführungen werden gestattet. So folgen Wiesbaden mit »Sternengebot« und »Sonnenflammen«, das Staatstheater am Gärtnerplatz in München mit »Herzog Wildfang«, wie-

derum London mit dem »Kobold« und Solingen mit »Schwarzschwanenreich«.
Als aber »An allem ist Hütchen schuld« im nordbayerischen Hof an der Saale, vor den Türen Bayreuths, szenisch herauskommen soll, gibt es wieder einen Eklat, der wohl auch damit zusammenhängt, daß das Hofer Theater an einem spielfreien Abend der Festspiele in der Bayreuther Stadthalle gastieren will. Die Arme »Bayreuths« reichen weit, und auf unerklärliche Weise verschwindet das Werk zwei Wochen vor seiner Premiere vom Spielplan. Daß es dann trotzdem erneut ein Theater wagt, eine Oper Siegfried Wagners in szenischer Aufführung aufs Programm zu setzen, ist beachtlich. Das Kieler Opernhaus spielt 1984 die Uraufführung der Oper »Das Flüchlein, das Jeder mitbekam«, allerdings unter einem neuen Titel. Doch als der Norddeutsche Rundfunk eine Aufzeichnung machen will und vorsichtshalber in Bayreuth nach dem Einverständnis fragt, stößt er auf Granit.
Wann und wo sich dieser Unstern für Siegfried wendet, ist ungewiß – es sei denn, man glaubt an ein »Sternengebot«.

»Ob an Sterne der Glaube,
an nächtliche Zeichen,
an des Fonichs Kraft,
an des Kobolds Schleichen,
alleins, wie du den Wahn benennst«,

heißt es bei Siegfried Wagner.
Und der Astrologe hat errechnet, daß etwa im Jahre 1950 der absolute Tiefpunkt im fortdauernden Horoskop Siegfried Wagners und des Nachlebens seiner Werke war. Ein neuer Höhepunkt steht uns demnach erst bevor.

Chronologisches Verzeichnis der Werke Siegfried Wagners

Abkürzungen:
W – Widmung an
UA – Uraufführung
* Die bei Carl Giessel in Bayreuth erschienenen Werke übernahm 1930 der Verlag Max Brockhaus in sein Verlagsprogramm.

Jugendwerke bis 1883

»Catilina« · »Die Tannenberger« (1879) · »Lustspiel ohne Namen« · »Der Liebe und der Freiheit Ende«, Tragödie in fünf Aufzügen · »Hermann der Befreier«, Drama in drei Aufzügen · »Karthagos Untergang«, episches Gedicht · »Calixtus«, Trauerspiel · »Der Traum als Versöhner«, auch »Kahlinchen's Traum« und »Licht und Dunkel«, phantastisches Lustspiel in drei Aufzügen · »Lügen werden bestraft«, auch »Die Lügner«, Posse · »Hütet Euch vor Weibertücken«, auch »Le Malad«, Posse · »Georg Wurstknacker«, Lustspielzyklus · »Das Geisterhaus zu Venedig«, Posse in einem Akt · »Der Gauner«, Posse · »Ein deutscher Stoffhändler«, Posse · »Philemon und Baucis«, Metamorphose von Ovid, in hexametrischem Versmaße übersetzt, *W:* Marie von Groß · »Wankel«, eine Traumstadt in Zeichnungen

1885

»Entwürfe zu vierzig Kirchen und Kapellen, von Nikeirenos Harmatios, mit Vorwort und erläuterndem Texte von Juvans Boätheios. Erschienen bei Vicepax Vehicularios«

1889

»Adagio für Klavier« · »Fuga«, *W:* Houston Stewart Chamberlain · »Stabat Mater«, für vierstimmigen Chor · »O Haupt voll Blut und Wunden«, Quartettsatz mit Variationen nach J. S. Bachs Choral

1890

»Ekloge« von Franz Liszt, Bearbeitung für Orchester · »Abend auf dem Meere«, Gedicht von Henry Thode für hohe Singstimme und Klavier, *W:* Antonie Speyer · »Abend am Meere«, Gedicht von Alfred Meissner für hohe Singstimme und Klavier, *W:* Schäfer · »Frühlingslaube«, Gedicht von Ludwig Uhland für Singstimme und Klavier · »Frühlingsblick«, Gedicht von Nikolaus Lenau für hohen Sopran und Klavier, *W:* Marie von Groß · »Sieg«, dramatische Szene

1891

»Heroides élégiaques« von Franz Liszt, Bearbeitung für Orchester · »Frühlings Tod«, Gedicht von Nikolaus Lenau für Singstimme und Klavier, *W:* Daniela Thode

1892

»Nichts Neues unter der Sonne«, Sozialistisches Drama, *UA:* 4.2.1892 Wahnfried · »Märchen von der Katze« · »Die Sühnende«, Novelle · »Gottfried der Spielmann«, auch »Gottfried und Solinde« und »Der Spielmann« in 3 Akten · Marsch aus »Gottfried der Spielmann« · »Die junge Nonne« von Franz Schubert, Bearbeitung für Singstimme und kleines Orchester · »Das Erdbeben von Chili«, Szenarium zu einer Oper in 3 Akten nach Heinrich von Kleist · »Festspiel-Not«, Posse in vier Bildern und einem Epilog, *UA:* 12/1892 Wahnfried · Aquarelle zum Reisetagebuch 1892: »Straße bei Singapore«, »Die Stromschnellen bei Tagsanyan auf Luzon«, »Buddhistischer Gottesdienst im Tempel von Honam Canton, China«, »Am ›neuen‹ Hafen von Singapore«, »Die Küste bei Malacca«, »Vor der Totenstadt bei Canton, China«, »Der Berg Ophir in der Straße von Malacca«, »Macao mit der Villa des Camoens, China«. Herausgegeben von Winifred Wagner, Privatdruck, Bayreuth 1937.

1894

»Sehnsucht«, Symphonische Dichtung für Orchester nach Friedrich Schiller, Partitur im Selbstverlag (Druck: C. G. Röder, Leipzig), Neuauflage: Max Brockhaus, Bonn-Bad Godesberg 1979, *UA:* 6.6.1895 Queen's Hall, London.

1897

»Schäfer und Schäferin«, Lied für Singstimme und Klavier (Text: Volkslied), in: »Die Woche«, 3. Sonderheft, Seite 43f., Berlin 1903.

1898

»Der Bärenhäuter« in drei Akten, op. 1, Partitur. Vollständiger Klavierauszug mit Text von Eduard Reuss und Julius Kniese, Klavierauszug mit überlegtem Text, Textbuch, Authorized English translation by Wm Aston Ellis, Regiebuch. Max Brockhaus, Leipzig 1898. *W:* Adolf von Groß, *UA:* 22.1.1899, Königliches Hof- und Nationaltheater München.
Aus »Der Bärenhäuter«:
a) Ouvertüre für Orchester, Klavier 2- und 4händig
b) Einleitung zum 3. Akt für Orchester
c) Teufelswalzer für Orchester, für 2 Klaviere, 4händig
d) angereihte Stücke für Klavier, 2- und 4händig
e) Muffelmarsch für Orchester, Klavier 2händig, Salonorchester, Violine und Klavier
f) drei Stücke, Klavier 4händig
g) Einleitung zum 3. Akt und Schlußchor für Horn und Klavier.
Max Brockhaus, Leipzig 1898.

1900

»Herzog Wildfang« in drei Akten, op. 2, Partitur. Vollständiger Klavierauszug mit Text von Eduard Reuss, Textbuch, Regiebuch. Max Brockhaus, Leipzig 1901. *W:* Marie von Wolkenstein-Trostburg, *UA:* 23. 3. 1901, Königliches Hof- und Nationaltheater München.
Aus »Herzog Wildfang«:
a) Ouvertüre für Orchester, Klavier 2- und 4händig
b) Einleitung zum 3. Akt und Kirmestanz (Konzertfassung) für Orchester
c) Von Reinharts junger Liebe (Konzertfassung) für Bariton und Orchester, für Bariton und Klavier
d) Fantasie, für Klavier
e) Triumph-Marsch für Militärmusik nach Motiven aus der Oper, Arr. für Militärmusik von Julius Hermann Matthey, für Streichmusik von Richard Hofmann.
Max Brockhaus, Leipzig 1901.

1903

»Der Kobold« in drei Akten, op. 3, Partitur. Vollständiger Klavierauszug mit Text von Eduard Reuss, Textbuch · »Dichtung mit den wichtigsten Leitmotiven und thematischer Analyse im Anhang. Herausgegeben mit Genehmigung des Autors von E. G.« (Original vertonter Wortlaut), Regieanmerkungen. Max Brockhaus, Leipzig 1903. *W:* Hans Paul von Wolzogen, *UA:* 29. 1. 1904, Stadttheater Hamburg.
Aus »Der Kobold«:
a) Einleitung zum 3. Akt
b) Verenas Klage für Sopran und Orchester (Konzertfassung)
c) Vogellied für Sopran und Orchester (Konzertfassung), Partitur, Klavierauszug.
Max Brockhaus, Leipzig 1903.
Duett für Sopran, Tenor und Orchester (Konzertfassung), Bayreuth 1903.

1904

»Bruder Lustig« in drei Akten, op. 4, Partitur, Klavierauszug mit Text von Eduard Reuss, Textbuch, Regieanmerkungen. Max Brockhaus, Leipzig 1905. *W:* Carl Friedrich Glasenapp, *UA:* 13. 10. 1905 Stadttheater Hamburg.
Aus »Bruder Lustig«:
a) Ouvertüre
b) Walzer
c) Vision (Schluß des 2. Aktes, Konzertfassung)
d) Einleitung zum 3. Akt (Konzertfassung)
e) Ballade der Urme für Alt und Orchester (Konzertfassung).
Partitur, Klavierauszug. Max Brockhaus, Leipzig 1905.

1906

»Sternengebot« in drei Akten und einem Vorspiel, op. 5, Partitur, Klavierauszug mit Text von Eduard Reuss, Textbuch. Max Brockhaus, Leipzig 1907. *W:* Karl Klindworth, *UA:* 21. 1. 1908, Stadttheater Hamburg.
Aus »Sternengebot«:
a) Vorspiel (Konzertfassung)

b) Einleitung zum 2. Akt
c) Festzug zum Turnier
d) Einleitung zum 3. Akt und Huldigungsreigen (Konzertfassung)
Partitur, Klavierauszug. Max Brockhaus, Leipzig 1907.

1909

»Banadietrich« in drei Akten, op. 6, Partitur, Klavierauszug mit Text von Eduard Reuss, Textbuch. Max Brockhaus, Leipzig 1909. *W:* Engelbert Humperdinck, *UA:* 23. 1. 1910, Großherzogliches Hoftheater Karlsruhe.
Aus »Banadietrich«:
a) Einleitung zum 1. Akt
b) Einleitung zum 3. Akt (»Das wilde Heer«)
c) Schwanweiß' Abschied für Sopran und Orchester (Konzerfasung)
d) Wittichs Sonnengesang (Konzertfassung).
Partitur, Klavierauszug. Max Brockhaus, Leipzig 1909.

1910

»Schwarzschwanenreich« in drei Akten, op. 7, Partitur, Klavierauszug mit Text von Eduard Reuss, Textbuch. Max Brockhaus, Leipzig 1911 · »In drei Teilen, Sendespiele, wortgetreue Textbücher zu den Sendespielen der Berliner Funkstunde, für den Rundfunk eingerichtet von Cornelis Bronsgeest«, Dr. Wedekind und Co GmbH, Berlin 1926. *UA:* 5. 11. 1918, Großherzogliches Hoftheater Karlsruhe.
Aus »Schwarzschwanenreich«:
a) Einleitung zum 1. Akt
b) Nachtgesang für Sopran, Tenor und Orchester (Konzertfassung).
Partitur, Klavierauszug. Max Brockhaus, Leipzig 1911.

1912

»Sonnenflammen« in drei Akten, op. 8, Partitur, Klavierauszug mit Text von Wilhelm Franz Reuss, Textbuch. Max Brockhaus, Leipzig 1913. *UA:* 30. 10. 1918, Großherzogliches Hoftheater Darmstadt.
Aus »Sonnenflammen«:
a) Vorspiel
b) Gesang der Iris für Sopran und Orchester (Konzertfassung)
c) Fridolins Abschied für Tenor und Orchester (Konzertfassung).
Partitur, Klavierauszug. Max Brockhaus, Leipzig 1912.

1913

»Der Heidenkönig«, Oper in drei Akten und einem Vorspiel, op. 9, Partitur, Klavierauszug mit Text von Karl Kittel, Textbuch. Carl Giessel, Bayreuth 1914*. *UA:* 16. 12. 1933, Städtische Bühnen Köln.
Aus »Der Heidenkönig«:
a) Zwischenspiel »Glaube«
b) Zwischenspiel »Das Kupâlo-Fest« (Konzertfassung)
c) Gesang der Ellida für Sopran und Orchester (Konzertfassung).

Partitur, Klavierauszug, a) auch für Infanterie-Musik. Carl Giessel, Bayreuth 1914*. »Konzertstück für Flöte und kleines Orchester«, Partitur, Klavierauszug. Carl Giessel, Bayreuth 1913*. *W:* Gilbert Graf Gravina, *UA:* 3. 2. 1914, Großer Saal der Musikhalle Hamburg · »Das Märchen vom dicken fetten Pfannekuchen«, für Alt- oder Baritonsolo mit Orchesterbegleitung, Partitur, Klavierauszug, Text. Carl Giessel, Bayreuth 1913*. *W:* Franz Stassen, *UA:* 3. 2. 1914, Großer Saal der Musikhalle Hamburg · »Lustspiel in drei Akten«, Entwurf · »Der Schatten«, auch »Erlösung«, Operndichtung in drei Akten, Entwurf.

1914

»Der Friedensengel« in drei Akten, op. 10, Partitur, Klavierauszug mit Text von Wilhelm Reuss, Textbuch. Carl Giessel, Bayreuth 1916*. *UA:* 4. 3. 1926, Badisches Landestheater Karlsruhe.
Aus »Der Friedensengel«:
a) Vorspiel
b) Gesang der Mita für Sopran und Orchester (Konzertfassung).
Partitur, Klavierauszug. Carl Giessel, Bayreuth 1915*
»Der Fahnenschwur«, für Männerchor und großes Orchester (Gedicht von Ernst Moritz Arndt), Partitur, Klavierauszug, Partitur für Infanterie-Musik. Carl Giessel, Bayreuth 1914*. *W:* Dem deutschen Heer und seinen Führern, *UA:* 24. 10. 1914, Philharmonie Berlin.

1915

»Konzert für Violine mit Begleitung des Orchesters«, Partitur, Klavierauszug. Carl Giessel, Bayreuth 1915*. *UA:* 6. 12. 1915, Herkules-Saal, Nürnberg.
»An allem ist Hütchen schuld«, Märchenspiel in drei Akten, Partitur, Klavierauszug mit Text von Karl Kittel, Textbuch. Carl Giessel, Bayreuth 1916*. *UA:* 6. 12. 1917, Königliches Hoftheater Stuttgart.
Aus »An allem ist Hütchen schuld«:
Vorspiel.
Partitur, Klavierauszug. Carl Giessel, Bayreuth 1916*.

1917

»Das Liebesopfer« in vier Akten, op. 12, Dichtung.

1918

»Friedenshymne«, für gemischten Chor, Sopran-Solo und Orchester, Klavierauszug, Bayreuth 1918 · »Wer liebt uns?«, für Männerchor mit Bläserbegleitung (ad lib.), Partitur, 1918. *UA:* 1923, Rostock · »Wahnfried-Idyll«, für Singstimme und Klavier, *UA:* Weihnachten 1918, Wahnfried.

1919

»Nacht am Narocz«, Gedicht von Günther Holstein für Tenor und Klavier, Bayreuth 1919. *UA:* 7. 6. 1921, Markgräfliches Opernhaus Bayreuth, *W:* Hilde Bohmayer und Günther Holstein

1920

»Der Schmied von Marienburg« in drei Akten, op. 13, Partitur, Klavierauszug mit Text von Karl Kittel, Textbuch. Max Brockhaus, Leipzig 1920. *UA:* 16. 12. 1923, Stadttheater Rostock.
Aus »Der Schmid von Marienburg«:
Vorspiel.
Partitur, Klavierauszug. Max Brockhaus, Leipzig 1920.

1922

»Rainulf und Adelasia« in drei Akten, op. 14, Partitur, 1922. Partitur-Teilausgabe: Orchestervorspiel. Max Brockhaus, Leipzig o. J. (1927). *UA:* 10. 3. 1923, Rostock, Textbuch, herausgegeben von Winifred Wagner, Privatdruck, Bayreuth 1939.
Aus »Rainulf und Adelasia«:
Gesang der Adelasia für Sopran und Orchester (Konzertfassung).
Bayreuth 1922.
»Hochzeitslied« für Singstimme und Klavierbegleitung, Bayreuth 1922, *W:* Erich und Duseli · Scherzo »Und wenn die Welt voll Teufel wär«, Partitur. Max Brockhaus, Leipzig o. J. (1922). *W:* Familie Hildisch, *UA:* April1925, Hamburg · »Hildisch-Hymne« für Singstimme und Klavierbegleitung, Bayreuth 1922

1923

»Glück«, Symphonische Dichtung, Partitur. Max Brockhaus, Leipzig o. J. (1923). *W:* Clement Harris

1924

Scherzo »Hans im Glück«, Particell. Bayreuth 1924.

1927

»Die heilige Linde« in drei Akten, op. 15, Partitur-Teilausgabe: Orchestervorspiel, Bearbeitung Infanteriemusik, Textbuch. Max Brockhaus, Leipzig 1924. *UA:* (Vorspiel) 27. 11. 1924 Bayreuth, Partitur, Bayreuth 1927. Klavierauszug von Karl Kittel. *UA:* (Szenen) 4. 8. 1933, Stuttgart · Symphonie [Mäßig-Langsam-Lebhaft (Allegro) – Bewegt (Mosso)], Partitur, Bayreuth 1925 (2. Satz 1927). Max Brockhaus, Bonn-Bad Godesberg 1984. *UA:* 4. 8. 1941, Festspielhaus Bayreuth · »Das Dryadenlied«, Volksdorfer National-Hymne für Singstimme und Klavierbegleitung, *W:* Familie Ottersbach Bayreuth 1927 · »Weihnacht«, süddeutsches Gedicht aus dem 17. Jahrhundert, für Singstimme und Klavier, »Hamburger Nachrichten« (Faksimile-Beilage), Hamburg 24. 12. 1927. Max Brockhaus, Leipzig 1930.

1928

»Wahnopfer« in drei Akten, op. 16, Dichtung, Partitur (1. Akt und erste Hälfte des zweiten Aktes).
Aus »Wahnopfer«:
Vorspiel für Orchester.
Bayreuth 1928.

1929

»Walamund« in drei Akten, op. 17, Dichtung, 1928. Particell Bayreuth 1929 · »Das Bales-Tänzchen. Eine Walzer-Vision: Wie Heinrich zum ersten Male mit dem Gretchen getanzt hat!«, Bayreuth 1929 · *W:* Heinrich und Margarete Bales · »Wernhart« in drei Akten, op. 12a (2. Fassung von »Das Liebesopfer«), Dichtung, Bayreuth 1929 · »Das Flüchlein, das Jeder mitbekam«, ein Spiel aus unserer Märchenwelt (in drei Akten), op. 18, Partitur-Teilausgabe: Orchestervorspiel, Textbuch. Max Brockhaus, Leipzig 1929. *UA:* (Vorspiel) 4. 8. 1934, Festspielhaus Bayreuth. Particell Bayreuth 1929. Instrumentation von Hans Peter Mohr (1977–1984), Partitur, Klavierauszug, Textbuch des vertonten Wortlauts. Verlag der Erbengemeinschaft Siegfried Wagner, Bayreuth 1984. *UA:* 29. 4. 1984, Bühnen der Landeshauptstadt Kiel.

Der Bärenhäuter

Personen: Hans Kraft, junger Soldat (Tenor) – Melchior Fröhlich, Bürgermeister (Baß) – Lene, Gunda, Luise, dessen Töchter (Sopran) – Pfarrer Wippenbeck (Bariton) – Nikolaus Spitz, Gastwirt (Tenor-Buffo) – Anna, Schankmädchen (Mezzosopran) – Oberst Muffel von der Plassenburg (Baß) – Kaspar Wild, Wachtmeister (Bariton) – Der Fremde (Bariton) – Der Teufel (Baß-Buffo) –. Bauern. Bäuerinnen. Soldaten (die Muffel'schen Kompanien). Nixen. Eine Schar kleiner Teufel. Kinder.
Schauplatz: In den Bayreuther Landen.
Zeit: Dreißigjähriger Krieg.

ERSTER AKT

1. Spätheimkehrer aus dem Dreißigjährigen Krieg werden von der Bevölkerung eines kleinen Dorfes freudig begrüßt. Nur Hans Kraft, dessen Mutter inzwischen verstorben ist, bleibt einsam.
2. Der Teufel bietet dem stellungslosen Hans an, in der Hölle die Kessel zu hüten, in denen die Seelen der Verdammten schmoren. Hans ist einverstanden und fährt mit dem Teufel hinab in die Hölle.
3. Der Teufel mahnt Hans nochmals an sein Versprechen, die Kessel zu hüten und andernfalls die ihm drohende Strafe zu ertragen, dann geht er auf Reisen. Hans heizt die Kessel und erkennt in einer der klagenden Stimmen seinen Wachtmeister wieder, der ihn auf Erden besonders geplagt hatte.
4. Ein Fremder kommt und stellt sich auf Hans' Frage als Peter Schließer vor. Er schlägt Hans ein Würfelspiel vor. Da Hans kein Geld hat, setzt er notgedrungen einige der Seelen im Kessel. Hans verliert ständig, zuletzt glaubt er mit zwölf Augen zu gewinnen, aber der Fremde würfelt »13« und gewinnt alle Seelen, die mit einem Halleluja aus den Kesseln zum Himmel aufsteigen.
5. Der Teufel kehrt heim und merkt wütend den Verlust aller Seelen. Zur Strafe soll Hans teufelähnlich durch die Welt ziehen. Er darf sich nicht waschen und verfällt dem Teufel ganz, wenn nicht – trotz des häßlichen Aussehens – ein Mädchen Liebe für ihn empfindet. Doch die muß ihm drei Jahre lang die Treue halten. Hans soll ihr die Hälfte seines Ringes schenken, wenn die andere Hälfte nicht bleicht, ist sie ihm treu, und er erhält seine alte Gestalt wieder. Er bekommt einen Sack mit Gold, der niemals leer wird. Sollte ihm die Befreiung gelingen, so hat Hans beim Teufel sogar drei Wünsche frei.
6. Auf den Befehl des Teufels kommen allerlei andere Teufel herbei, die Hans verunstalten und ihn mit Ruß und Kot bespritzen. Ihm wird ein Bärenfell umgehängt, dann wird er unter Feuer, Blitz und Donner aus einem Drachenmaul-ähnlichen Loch aus der Hölle ausgespieen.

ZWEITER AKT

1. In einem Wirtshaus überbieten sich der Bauer Heiner und das Schankmädchen Anna mit Gespenstergeschichten. Plötzlich klopft es an der Tür, Anna sieht nach – und glaubt, der Leibhaftige stünde vor der Tür. Es ist Hans, der Bärenhäuter, der um Einlaß bittet. Als er schließlich zu schimpfen anfängt, glauben die Bauern und der Pfarrer doch, daß er ein Mensch und kein Teufel ist, aber er muß seine Füße erst einer Probe unterziehen, ob er auch keinen Pferdefuß hat. Schließlich kommt Hans durch das Fenster in die Wirtsstube. Als Anna ihn ausfra-

gen will, stellt sich Hans verrückt. Die meisten Bauern verlassen mit dem Pfarrer die Wirtsstube, nur der Bürgermeister ist an seinem Tisch eingeschlafen.
2. Der Wirt weckt ihn unsanft und fordert ihn auf, seine schon lange ausstehende Zeche zu bezahlen, andernfalls will er das Gut des Bürgermeisters pfänden. Es kommt zum Handgemenge zwischen Wirt und Bürgermeister, Hans greift ein, indem er die Schuld des Bürgermeisters übernimmt.
3. Beim Wein teilt der Bürgermeister Hans seine Sorgen mit. Er hat drei unverheiratete Töchter, die niemand heiraten will, da er so arm ist. Hans bietet sich ihm als Freier an. Der Bürgermeister verspricht ihm, am nächsten Morgen, beim Maitanz, seine drei Töchter vorzustellen, er will ihnen etwas von einem Gelübde erzählen, das Hans wegen einer untreuen Geliebten getan habe. Der Bürgermeister verabschiedet sich, und auch Hans begibt sich zur Ruhe.
4. Der Wirt schleicht herein und will den Sack, den Hans im Wirtsraum vergessen hat, stehlen. Doch als er ihn öffnet, fliegen nur Insekten und Spuktiere heraus, die den Wirt quälen. Hans kommt mit einer Lampe, und der Spuk verschwindet.
5. Bereits im Morgengrauen wird die Stube festlich geschmückt. Tanzend zieht die Dorfjugend vorbei, dann kommt der Bürgermeister mit seinen Töchtern Lene, Gunda und Luise. Die beiden älteren verspotten Hans und laufen davon.
6. Luise, die Jüngste, bemerkt, wie Hans eine Träne herabrinnt. Sie fragt ihn aus, doch zunächst bleibt er stumm. Schließlich gibt er zu, daß sie ihm helfen könne, wenn sie die Hälfte seines Ringes bewahren und ihn nicht vergessen würde. Luise weiß, sie wird den Rußigen nicht vergessen. Sie nimmt die Hälfte des Ringes und bindet ihn an einem Band um ihren Hals.
7. Der Wirt, den Hans als Dieb ertappt hatte, hat die Bauern gegen den Bärenhäuter aufgehetzt. Mit Dreschflegeln und Knüppeln bedrohen sie ihn. Hans sagt ruhig, wenn sein Geld Teufelsgeld sei, wie der Wirt behauptet, dann seien auch die sechzig Gulden, die er ihm bezahlt, Teufelsgeld. Schließlich wirft der Wirt das Geld von sich: eine Flamme schlägt vom Boden empor. Hans scheint als Teufel überführt und soll totgeschlagen werden. Doch Luise ruft andere Bauern zu Hilfe und schützt ihn selbst. Sie ist überzeugt, daß »die Flamme log«, denn sie weiß es besser: »Der Arme ist ein guter Mann.« Hans setzt unbehelligt von den Bauern seine Wanderung fort.

DRITTER AKT

1. Drei Jahre sind vorbei, und Luise ist Hans treu geblieben. Die Teufel putzen und waschen Hans. Der Teufel unternimmt einen letzten Versuch: Nixen sollen Hans im Schlaf umbuhlen und ihm den Ring stehlen, aber Hans erwacht vorher. Hans äußert den ersten seiner Wünsche, wieder zu sein, wie er war. Aber dieser Wunsch ist ja bereits erfüllt. Zweitens wünscht sich Hans den Sack, frei von Geld und Spuk. Und zum Dritten will er künftig vom Teufel in Ruhe gelassen werden. Doch er soll auch das Bärenfell mitnehmen, das ihm gehört, da es ihm früher einmal vom Teufel entwendet worden war. Hans läßt es dem Teufel zum Andenken, »daß sich auch ein Teufel irren kann«, und eilt zu seiner Braut.
2. Da tritt ihm der Fremde in den Weg und weist ihn zur Plassenburg, die von den Wallensteinern überfallen wird, falls Hans die Schlafenden nicht warnt.
3. Vom Dorf bei Kulmbach, in dem Hans der Luise begegnet war, beobachtet man den Angriff auf die Plassenburg, Kaspar Wild kommt hinzu und berichtet von Hans Krafts Rettungstat. Alle begeben sich zum Feiern ins Wirtshaus. Der Bürgermeister will Luise überzeugen, den Bauern Veit zu ehelichen. Von den Schwestern verspottet, bleibt sie allein zurück.
4. Luise sendet ein Gebet zu den Schutzengeln, das Leid des Bärenhäuters zu beenden. Hans ist unbemerkt aufgetreten. Er

»Der Bärenhäuter«
I,5 (die Hölle) in der Münchner Uraufführung am 22. 1. 1889
und in der Hamburger Neuinszenierung der Spielzeit 1927/28

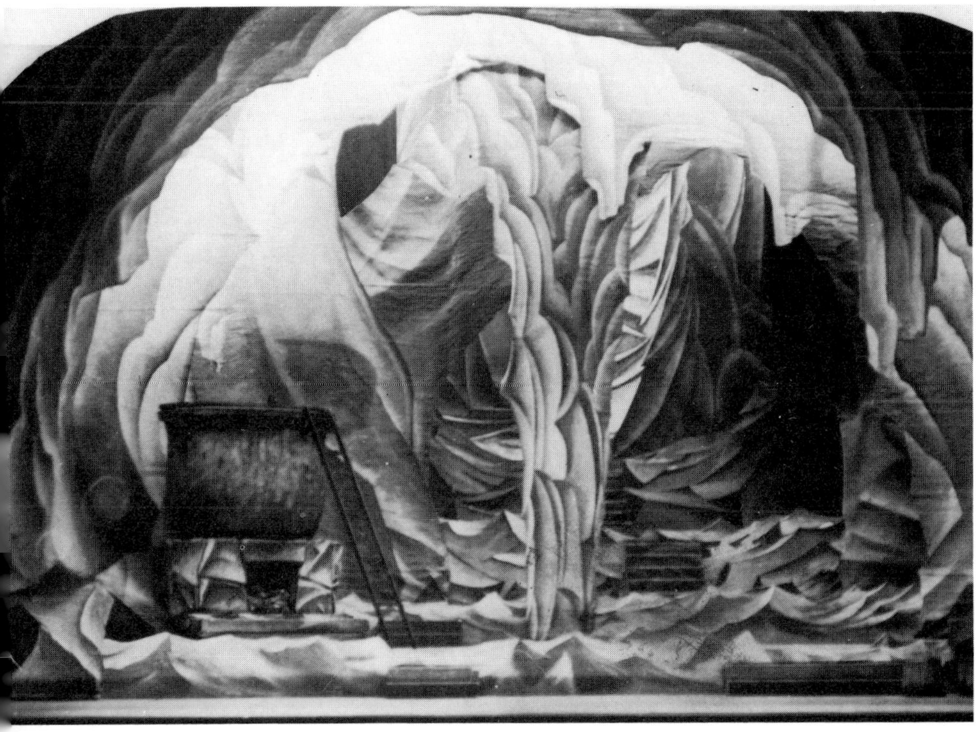

»Der Bärenhäuter«
Hans Kraft, vor und nach seiner Verwandlung zum Bärenhäuter, der Teufel und Oberst Muffel.
Figurinen von Isolde Wagner zur Münchner Uraufführung.

bittet sie um Verbandszeug für eine kleine Wunde, die er sich im Kampf zugezogen hat. In den Becher mit Wasser, den sie ihm reicht, läßt er seinen Ring fallen. Erschreckt glaubt sie, der ihre läge darin. Hans gibt sich zu erkennen, und jubelnd sinken sich die beiden in die Arme.

5. Kaspar Wild kommt mit einigen Bauern hinzu, dann auch der Bürgermeister und der betrügerische Wirt, dem Hans nun den Sack schenkt: schreiend läuft der Wirt davon. Hans gibt sich auch den Bauern gegenüber als ehemaliger Bärenhäuter zu erkennen. Alle stimmen ein in Luises Dankgebet an die Engel.

Herzog Wildfang

Personen: Herzog Ulrich (Tenor) – Mathias Blank, dessen Berater (Bariton-Buffo) – Thomas Burkhart, Andreas Stephan, Ratsherren (Baß) – Junker Kurt (Tenor) – Osterlind, Burkharts Tochter (Sopran) – Reinhart (Bariton) – Kuni, Haushälterin bei Burkharts (Alt) – Zwick, Schneidermeister (Tenor-Buffo) – Michel, Konrad, Sebastian, Osterlinds Freier (Tenor) – Christoph Kern, ein Bürger (Baß) – Zupfer, ein alter Gärtner (Bariton) – Jacob Fell, Arbeiter (Tenor) – Ein älterer Bauer (Baß) – Das Wurzelweib vom Hahnenkamm (Sopran) – Ein Bursche (Tenor) – Ein junges Wäschermädchen (Sopran) – Ein alter Professor (Baß) – Der kleine Geier – Kavaliere, Ratsherren, Marktweiber, Gaukler, Volk.

Ort: Eine mitteldeutsche Residenz. Zeit: Zweite Hälfte des 18. Jahrhunderts.

ERSTER AKT

1. Ein Volkslauf vor dem Schloß Herzog Ulrichs, der sein Volk ungefragt für England in den Krieg schicken will, um sich von Schulden zu sanieren. Der Rat Mathias Blank verspricht dem Volk mit einschmeichelnden Worten Freiheit und Frieden.

2. Seinem skeptischen Ratskollegen Thomas Burkhart kündigt Blank eine Revolution an. Burkhart durchschaut die Absicht Blanks, der dem Herzog den Verkauf der Bauern als Soldaten für England selbst in den Kopf gesetzt hatte und der nun selbst die Macht an sich reißen will.

3. Osterlind, Burkharts Tochter, hat sich in den Herzog verliebt. Die Haushälterin Kuni soll ihr helfen, den Herzog zu treffen.

4. In einem Doppelgespräch vereinbart Kuni mit Junker Kurt, dem »Hofkuppelmeister«, eine »Waldbegegnung«, ein Rendezvous zwischen Osterlind und dem Herzog; gleichzeitig »verdreht« Osterlind dem in sie verliebten Rat Blank »den Kopf«.

5. Blank erfährt von Kurt, daß Osterlind den Fürsten liebt und sich im Wildpark mit ihm treffen will.

6. Ein Gelage mit Jagd soll auf der Schloßterrasse stattfinden. Der Herzog, müde seiner Pflichten, sehnt sich nach Freiheit und verwehrt die Bittschriften des Volkes. Bei der Jagd lenkt Blank die Aufmerksamkeit des Herzogs immer wieder auf jene Baumgruppe, wo sich Osterlind versteckt hält. Durch Blanks Sticheleien gereizt, zielt der Herzog übermütig auf das Herz des Mädchens.

7. Die verwundete Osterlind wird auf die Terrasse getragen. Der Herzog verliebt sich in die Ohnmächtige. Den Klagen ihres Vaters Burkhart und des herbeikommenden Volkes entgegnet er trotzig und will auf die Meute schießen lassen. Doch die Soldaten haben revoltiert. Burkhart diktiert dem Herzog als Sühne, das Volk nicht in den Krieg zu schicken. Der Herzog entschließt sich zur Emigration.

8. Blank wirbt um die Stimmen des Volkes als Führer. Er sammelt Bittschriften und verspricht mit sentimentalen Sentenzen das Paradies auf Erden.

»Herzog Wildfang«
II,1 in Königsberg (1930/31) mit Margarete Albrecht (Osterlind), Rudolf Balve (Herzog) und Wally Strauß (Kuni), in der Ausstattung von Franz Stassen

II,4 in Hannover (1940/41) mit Josef Correck (Blank), Bruno Rössel (Sebastian), Hans Schenke (Michel), Erich Müller (Konrad), Gertrud Schmidt-Gerlach (Kuni) und Maria Engel (Osterlind) in der Ausstattung von Kurt Söhnlein

ZWEITER AKT

1. Unerkannt hat sich der Herzog im Nachbarhaus von Osterlind eingemietet. Als orientalischer Händler verkleidet, besucht er Osterlind und wirbt um sie. Da der Vater ihrer Heirat nie zustimmen würde, entwirft der Herzog den Plan eines Wett- und Werberennens der verlarvten Freier um Osterlind. Mit einer Schnur will der Herzog Osterlinds Nachricht zu seinem Fenster ziehen.
2. Osterlind unterbreitet dem Vater ihren Wunsch, bald zu heiraten.
3. Thomas Burkhart wird von vier Ratsherren konsultiert: Der Arbeiter Jacob Fell ist als vermeintlicher Dieb von Blank mit 10 Jahren Zuchthaus bestraft worden, obgleich sich seine Schuld nicht beweisen läßt und obgleich man zu nächtlicher Stunde eine Krähe mit Gold im Schnabel habe aus der Stadtkämmerei fliegen sehen; jener Vogel aber gehöre Mathias Blank. Doch der Kronzeuge Gärtner Zupfer schweigt gegenüber Burkhart – mit Rücksicht auf sein »Renommee«. Da Burkhart merkt, daß Blank lauscht, lobt er diesen überschwenglich, worauf sich Blank nicht mehr halten kann und sich zeigt.
4. Vier Freier der Osterlind – Michel, Sebastian, Konrad und Blank – machen sich gegenseitig madig. Osterlind hat auf einer Landkarte den Weg des Wettlaufs (durch den Buchenwald beim Kirchweih-Festplatz) eingetragen und verkündet den Werbern ihre Bedingungen.
5. Fell wird von Gendarmen ins Zuchthaus geführt. Er beschimpft Blank.
6. Blank will Osterlind durch Geld umstimmen, vom Wettlaufplan abzulassen. Da hört er aus dem Haus des Schneiders Zwick das Lied vom Hasen und Igel. Das bringt Blank auf eine Idee. Er zieht sich mit dem Schneider ins Haus zurück.
7. Reinhart, Osterlinds Jugendliebe, ist aus dem Krieg zurückgekehrt und weckt in ihr Bilder einstigen Glückes.
8. Osterlind bekennt Kuni, daß sie einzig Reinhart liebt. Kuni will beim Wurzelweib einen Trank besorgen, damit Reinhart beim Wettlauf gewinnt. Blank bringt Zwick ein Paket mit Kleidung, als eben ein Fackelzug sich nähert, der die Festnahme des Stadtkassendiebes feiern soll. An einer Schnur zieht der Herzog Osterlinds Brief herauf in sein Zimmer: der Wettlauf wird stattfinden.

DRITTER AKT

1. Kirchweih – Die Marktweiber beschwatzen das bevorstehende große Ereignis des Liebes-Wett- und Werberennens. – Volkstanz.
Junker Kurt – als Herold verkleidet – gibt das Startzeichen zum Wettlauf. Zu Burkharts Verwunderung stehen 6 vermummte Werber am Start.
2. Das Wurzelweib vom Hahnenkamm tritt mit Hilfe eines rostigen Erbschlüssels im Gebetbuch als Wahrsagerin auf. Zunächst beweist sie ihre Künste, indem sie in der Schar der Buben einen Kirschendieb herausfindet. Der Schlüssel verrät den Ratsherren auch, daß niemand anderes als Blank das Geld aus der Stadtkasse gestohlen hat.
3. Blank kommt als erster ans Ziel. Osterlind verwehrt sich dem vermeintlichen Sieger.
4. Der Herzog kommt. Er bezichtigt den Ersten des Betrugs im Wettlauf. Als beider Masken fallen, verhöhnt Blank den Herzog.
5. Reinhart enthüllt die Wahrheit: er hat einen Burschen in Blanks Verkleidung mitgebracht, der anstelle Blanks an den Start gegangen war. Das Wurzelbweib verkündet, daß Blank nicht nur Betrüger, sondern auch Dieb ist. Das umgestimmte Volk will auf Blank einschlagen, doch Burkhart überredet es, Blank nur mit Schmach zu bestrafen.
6. Burkhart fordert den Herzog auf, seine Regentschaft wieder anzutreten. Als Friedensbund zwischen Adel und Bürgertum will der Herzog Osterlind zur Frau nehmen. Doch Osterlind bekennt sich zu Reinhart.

Der Bitte des Volkes, »Sei uns ein milder Fürst«, willfährt der Herzog mit dem Schwur »Als Euer Herr dien' ich Euch fortan!«

Der Kobold

Personen: Gertrud, Wirtin im Dorfe (Alt) – Verena, ihre Tochter (Sopran) – Der alte Ekhart (Baß) – Trutz, in der Komödie Satyros (Bariton) – Fink, in der Komödie Heliodoros (Tenor-Buffo) Kümmel, in der Komödie Faun (Baß) – Friedrich, in der Komödie Eros (Tenor) – Der Graf (Bariton) – Die Gräfin, in der Komödie, Eukaleia (Sopran) – Jeannette, Kammerzofe (Sopran) – Jean, Diener (Bariton) – Knorz (Bariton) – Käthe, Frau des Trutz (Mezzosopran) – Seelchen (Sopran) – Galgenmännchen (Sopran) – Volk, Gäste des Grafen, Kobolde.
Zeit: Anfang des 19. Jahrhunderts.

ERSTER AKT

1. Die im Garten des Wirtshauses schlafende Verena umschwirren Kobolde. Seelchen, der von ihrer Mutter mit zwei Messerstichen umgebrachte Säugling, bedrängt Verena, sein Leid zu beenden.
2. Der alte Ekhart weckt Verena aus ihren bösen Träumen auf. Er ist zu ihrem Geburtstag erschienen und hat ihr als Geschenk einen zauberhaften Stein mitgebracht. Ekhart mahnt Verena, den Stein nicht zu verlieren und ihn vor dem Neid anderer zu schützen, denn der Steinzauber bindet den von ihr Geliebten auf immer an sie.
3. Gertrud, Verenas Mutter, schimpft, daß Verena nur mit einem Nachthemd bekleidet ist und im Innern des Hauses sicherlich nicht aufgeräumt hat. Verena lügt, sie hätte alles aufgeräumt – und tatsächlich bestätigt dies die Mutter kurz darauf.
4. Gertrud erfährt von Ekhart, daß Verena die ganze Nacht im Freien zugebracht und im Traum gesprochen hat. Ängstlich will Gertrud wissen, ob Ekhart etwas erlauscht hat, doch der verneint und verschwindet.
5. Aus dem Tal erklingt Friedrichs Liebeslied für Verena. Friedrich hat Verena zum Geburtstag ein Kettchen mitgebracht, an dem sie ihren Stein befestigt. Verena versucht, Friedrich mit Anspielungen auf den Grafen und auf Friedrichs Kollegen eifersüchtig zu machen. Friedrich flicht Verenas Haare, doch den versprochenen Lohn, einen Kuß, kann er nicht empfangen, da Verena ins Haus flieht. Er legt eine Leiter an, um zu ihrem Fenster hinaufzusteigen.
6. Fink, Trutz und Kümmel verspotten den Kollegen auf der »Lebensleiter«. Gertrud, die ein Faß heraufwälzt, läßt die fahrenden Komödianten spüren, daß sie nichts für sie übrig hat. Trutz lobt dagegen die Freundlichkeit seiner Frau Käthe, die er nur einmal im Jahr sieht. Wenn er nach Jahresfrist heimkehrt, begrüßt ihn wieder das Geschrei eines neuen Kindes. Trutz erzählt dem neugierigen Publikum, daß vielleicht Graf und Gräfin heute zu den Zuschauern gehören würden. Aber der Graf sei eigentlich nur ein durch die Gunst Napoleons emporgekommener »Falschgraf«. Die Schauspieler schlagen die Bühne auf. Verena würde am liebsten mit dem fahrenden Volk ziehen. Als Talentprobe singt sie ein trauriges Lied von einem blinden Vogel, dem Sehnsuchtsqual die Brust zerreißt. Die Schauspieler sind wenig angetan. Fink meint, wenn Verena so sänge, würde das Publikum davonlaufen. Trutz höhnt Friedrich, der in jeder Stadt seine »Liebste« sitzen habe. Aufgebracht wirbt Friedrich bei Gertrud um Verena. Doch Gertrud lehnt ab.
7. Graf und Gräfin mit Gefolge treffen ein. Nanni, die aus diesem Dorf stammt und jetzt als Kammerzofe Jeannette am Hof lebt, preist das Leben im gräflichen Schloß und verspottet Verena ob ihrer Armut. Verena prahlt nun mit ihrem Stein. Als Jeannette den sieht, will sie ihn als Talisman für ihre Herrin erwerben. Die Gräfin bietet Verena Geld und kauft schließlich, mit Hilfe

»Der Kobold«
I,6 und I,7 in der Hamburger Uraufführung am 29. 1. 1904 mit Fritz Weidmann (Fink), Robert vom Scheidt (Kümmel), Hans Mohwinkel (Trutz), Johanna Neumeyer (Gertrud), Katharina Fleischer-Edel (Verena) und Josefine von Artner (Jeannette).

Gertruds, die ihrer Tochter den Stein entreißt, den Talisman mitsamt Kette.
8. Trutz verkündet dem gespannt wartenden Publikum, heute werde nicht gespielt, da die Truppe vom Grafen eingeladen worden sei, im Schloß aufzutreten. Die Bühne wird wieder abgebrochen und verladen. Friedrich fordert Verena auf, mitzukommen, aber sie bleibt, in Gedanken verloren. Verena sucht Trost beim alten Ekhart.

ZWEITER AKT

1. Jeannette und Jean ordnen im Schloßgarten alles für das bevorstehende Fest. Trutz, Kümmel und Fink, bereits in Verkleidung, berichten, daß sie nicht allzugut geschlafen haben. Ihre Hoffnung, heute mit Gold entlohnt zu werden, wird ihnen von Jeannette geraubt. Trutz bezeichnet Jeannette als Spirifankerl, ein Teufelchen, das er in einer Ballade besingt. Jeannette flüstert Friedrich zu, daß ihn die Gräfin am Abend bei sich erwarte.
2. Der Graf hat von Ekhart eine Mahnung empfangen. Er sinnt nach über sein Leben, seine falschen Freunde und seine Erblast. Die Gräfin, als Nymphe Eukaleia verkleidet, tritt hinzu. Der Graf spricht sie auf einen Liebesbrief an, den er gefunden hat.
3. Die Gäste nehmen Platz zur Komödie. Eukaleia, von Satyros und Faun entführt, soll durch Eros' Gesang befreit werden. Aber singend wirbt auch Heliodoros um Eukaleia. Friedrich – als Eros – bleibt in seinem Text stecken, da er Verena im Gebüsch entdeckt. Der Graf bricht die Komödie ab und bittet die Hofgesellschaft zum Tanz. Verena läßt Friedrich durch den Diener Jean ausrichten, daß sie ihm tatsächlich ins Schloß nachgelaufen ist. Friedrich läßt ihr melden, daß er sie nicht sprechen wolle, aber Verena läuft selbst zu ihm hin. Jeannette versucht, Verena – als Rivalin der Gräfin um die Gunst Friedrichs – aus dem Park zu verjagen. Die gräfliche Gesellschaft entfernt sich ins Schloß.
4. Verena denkt über Friedrichs Lieblosigkeit nach.
5. Der Graf kommt zurück, versucht ihr Friedrich auszureden und sie zu verführen. Er steckt ihr zwei Geldstücke in die Tasche. Sie wehrt sich, er aber droht ihr, da sie unerlaubt in den Park eingedrungen ist. Sie flieht in ein Gebüsch, der Graf folgt ihr.
6. Angelockt durch Verenas Hilferufe, hat Trutz das Fest verlassen. Verena hat mit einem Dolch auf den Grafen eingestochen. Trutz geleitet sie zur Pforte.
7. Die Gräfin glaubt an die Kraft des Talismans, um Friedrichs Liebe zu gewinnen. Friedrich will die Gräfin überreden, mit ihm aufs Land zu fliehen, sie aber will beides, fürstliche Annehmlichkeit und Friedrichs Leidenschaft. Der zerreißt ungestüm eine ihrer Ketten. Es ist jene, die er Verena geschenkt hatte. Friedrich nimmt den Stein an sich. Die Gräfin ruft um Hilfe.
8. Sie bezichtigt Friedrich des Raubes. Die Tore des Parks werden verschlossen. Der verletzte, ohnmächtige Graf wird gefunden. Da Trutz Verena den Dolch abgenommen hat, wird er für den Täter gehalten. Im Fieberwahn glaubt der Graf die Gestalt des alten Ekhart zu sehen und fordert ihn auf, sich an den toten Vater zu halten, der sei schuldig, nicht er. Die Schauspieler fliehen über die Mauer. Von der Balustrade aus wirft Trutz den Stein in den gräflichen See. Die Gräfin läßt nach dem Stein fischen, durch den die Tiefe des Sees in grünlichem Licht erstrahlt. Ein Blitz schlägt in die Buche, so daß alle ins Schloß flüchten. Seelchen taucht in die Tiefe des Sees und holt den Stein. Aus der gespaltenen Buche steigt das Galgenmännchen – ein aus dem Samen eines Gehenkten entstandenes Wesen – und ringt mit Seelchen um den Stein. Die anderen Kobolde helfen Seelchen, und das Galgenmännchen muß sein Heil in der Flucht suchen.

DRITTER AKT

1. Ekhart hat Verena in den Wald geführt. Vergeblich richtet Verena ein Gebet um ein befreiendes Wunder zum Himmel. Ein Grashüpfer heitert sie auf. Sie will nicht mehr heim zur Mutter. Ekhart soll ihr erklären, was es mit den Kobolden auf sich hat. Er deutet ihr die Volkssage dahingehend, daß der letzte Lebende einer Familie das Leid der in früheren Generationen gemordeten Verwandten zu sühnen habe. Der letzte Nachkomme nimmt alles Leid mit ins Grab. So wird auch Verena das im Leben verspielte Glück erst im Tod wiederfinden.
2. Häscher des Grafen stellen den Komödianten nach. Sie fragen Ekhart und Verena nach dem Weg zur Weidenmühle, die sie anzünden wollen, um die Schauspieler im Rauch zu ersticken. Ekhart zeigt ihnen den Weg. Vergeblich versucht Verena, die Häscher auf eine falsche Fährte zu locken. Knorz erkennt Verena und erpreßt einen Schwur von ihr; keinem Lebenden darf sie etwas von dem Plan der Häscher verraten. Verena trägt Ekhart Grüße an die Mutter auf. Sie werde die Schuld sühnen und wolle unter der Trauerweide, neben dem versteckten Grab ihres Brüderchens, begraben werden. Sie eilt fort, um Friedrich zu retten – und ihren Kobold zu befreien.
3. Fink, Kümmel und Friedrich sind bei Trutz' Familie untergeschlüpft. Auch Trutz' Frau hat ein Kind nach der Geburt umgebracht und stellt für diesen Kobold einen eigenen Napf auf den Tisch. Wieder kommt es wegen Verena zum Streit zwischen Trutz und Friedrich. Da stürzt Verena selbst herein und verrät mit ihrem lauten Gebet an das Muttergottesbild die Absicht der Häscher. Gerade noch können sich die Komödianten und Friedrich mit Verena ins Freie retten. Die Scheune brennt nieder; dahinter wird eine mondbeschienene Landschaft mit Teich sichtbar. Den Stich des Häschers Knorz, der für Friedrich bestimmt ist, fängt Verena mit ihrem Körper ab.
Die Sterbende bittet Friedrich, fröhlich zu sein und eine seiner Locken an ihr Herz zu legen. Sie glaubt, die Stimmen der Kobolde und die ihres erlösten Bruders zu vernehmen. Ein Tautropfen, der auf ihre Stirn fällt, schimmert so wie der Zauberstein.

Bruder Lustig

Personen: Kaiser Otto mit dem Bart (Baß) – Heinrich von Kempten (Tenor) – Walburg (Sopran) – Rüle (Sopran) – Konrad (Bariton) – Der Bürgermeister (Baß-Buffo) – Der Priester (Bariton) – Ein Herold (Tenor) – Ein Bursche (Tenor) – Frau Urme (Alt)
Zeit: Zehntes Jahrhundert. Ort: Kleine fränkische Stadt.

ERSTER AKT

1. Heinrich von Kempten, genannt »Bruder Lustig«, ist auf der Flucht vor den Häschern von Kaiser Otto mit dem Bart. Denn er hat den Truchseß des Kaisers, der ein Kind mißhandelt hatte, erschlagen und sich freien Abzug erpreßt, indem er gedroht hatte, des Kaisers Bart abzuschneiden. Nun läßt er sich von Walburg, einem Mädchen, das er seit Kindertagen kennt, als alte Frau verkleiden. Walburg hilft ihm auch, indem sie die Häscher in die Irre leitet. Als Heinrich sich aber bei ihr nach seiner Freundin Rüle erkundigt, wendet sie sich ab.
2. In seinem Versteck hört Heinrich, wie sich einige Mädchen der Stadt zum Andreasnacht-Zauber verabreden. Auch Rüle ist dabei, die Walburg überreden will, mit zur Urme, einer alten Zauberin und Kupplerin, zu gehen, die heute nacht die zukünftigen Liebsten der Mädchen erforschen wird. Als Urme kommt, läßt ein von Heinrich verursachter Lärm die Mädchen auseinanderlaufen.
3. Heinrich stellt Urme zur Rede, aber die weiß ihn mit einem Hinweis auf Rüle zum nächtlichen Treffpunkt zu bestellen. Sobald

es dreimal läutet, soll er durch ein Fenster sehen, dann soll Rüle sein werden. Er willigt ein, unter der Bedingung, daß Urme auch seine drei Verfolger um ein Uhr zu ihrem Turm bestellen soll, da sie dort den gesuchten Flüchtling fassen könnten.

4. Mit der Gemeinde kehrt Walburg aus der Kirche heim. Der Priester hat eigens vor Zauberei gewarnt, aber sie drängt es doch, die Zukunft zu erfahren, insbesondere ob der insgeheim geliebte Heinrich ihr Mann wird. Rüle zieht Walburg mit fort zu Urmes Turm.

5. Urme »zaubert« nur scheinbar. Sie läßt Rüle zum Fenster schauen, wo deren späterer Bräutigam erscheine. Auf das verabredete Zeichen erscheint Heinrich am Fenster. Für Walburg zitiert sie mit einem Gebräu aus ihrem Hexenkessel den Astralleib des künftigen Gatten herbei. Walburg soll mit dieser Gestalt essen. Sobald diese ein Messer aus der Tasche gezogen hat, läßt Urme die Erscheinung verschwinden, das Messer aber soll Walburg verwahren, denn es gehört ihrem künftigen Gemahl. Urme läßt die drei Häscher in den Raum treten, die alsbald mit den Mädchen einen Tanz beginnen. Da erscheint Heinrich, als Nachtwächter verkleidet, bindet die drei Burschen mit einem Seil und jagt sie aus der Stadt. Dann läßt er seine Verkleidung fallen und fragt, was die Mädchen zu dieser Stunde hier trieben. Sie geben vor, Urme würde ihnen Märchen erzählen und mit ihnen Weihnachtsspiele einstudieren, nur Walburg bekennt: »Wir feiern heut' Andreasnacht!«

ZWEITER AKT

1. Das Brautpaar Walburg und Konrad kehrt von der Hochzeit heim. Der Bürgermeister bringt einen Toast aus und kündigt als nächste Hochzeit die von Heinrich und Rüle an. Den Rundtanz aller Paare unterbricht eine Tanz-Pantomime: das Werben und Freien eines Paares mit Hilfe eines Heiratsvermittlers, der jedoch vom Vater des Mädchens verdroschen wird.
Es folgt der zeremonielle Hahnenschlag: ein Gockel wird vom Bürgermeister als Lüstling angeklagt und soll an einem kleinen Galgen aufgehängt werden. Da tritt Walburg dazwischen, um das Tier zu retten.

2. Ein Herold des Kaisers droht der Stadt mit Krieg, wenn sie den seit nunmehr zwei Jahren beherbergten Frevler, den Bruder Lustig, nicht ausliefert. Der Herold erkennt den Gesuchten, doch Heinrich schwört, daß er der Heinrich von Kempten ist. Da der Kaiser auch wegen des ausstehenden Zehnten angefragt hat, denkt sich der Bürgermeister eine List aus. Er läßt ihm durch den Herold sagen, daß er sich, mit ihm allein, vor dem Stadttor treffen wolle.

3. Alleingelassen von der Hochzeitsgesellschaft, will Konrad, um Walburg zu erheitern, eine Rose von einem Strauch abschneiden, doch sein Messer ist ihm bereits vor langer Zeit, bei einem gefährlichen Sturz vom Pferd, abhanden gekommen. Walburg hatte den Schwerverletzten gepflegt, und er verliebte sich in sie. Aber noch immer weiß er nicht, ob sie ihn wiederliebt. Unter einem Vorwand schickt Walburg Konrad zur Tür. Sie öffnet die Truhe, in der sie das Messer Konrads versteckt hält, aber Konrad hat sie beobachtet und treibt sie in die Enge. Schließlich gesteht sie den Andreasnachtzauber und läßt ihn das Messer finden. Ängstlich ruft sie vom Fenster aus Nachbarn zu Hilfe.

4. Konrad beschuldigt Walburg als Hexe. Aber Heinrich verteidigt sie: dann wären alle Mädchen der Stadt, die in der Andreasnacht bei Urme waren, auch Hexen. Da Rüle Walburg verleumdet, sagt sich Heinrich von ihr los. Er rettet Walburg aus der Hand des jähzornigen Konrad, indem er ihn mit einem Faustschlag niederstreckt und mit ihr flieht.

5. Heinrich verschanzt sich mit Walburg in einer Kapelle vor dem Stadttor. Dem Drohen des Priesters setzt Heinrich entgegen,

»Bruder Lustig«
I,5 in der Hamburger Uraufführung am 13. 10. 1905
und II,3 mit Willy Domgraf-Faßbaender (Konrad) und Maria Müller (Walburg)
an der Berliner Staatsoper (1944)

der solle erst vor der eigenen Türe kehren. Da verflucht der Priester das Paar, das gottschänderisch die Kirche entweiht habe.

6. Heinrich hält Zwiesprache mit den Heiligen am Deckengewölbe, ob auch sie ihn für schlecht halten. Auf der Orgel spielt er, um Walburg zu erheitern, unwillkürlich den Hochzeitswalzer. Einschlafend glauben die beiden zu sehen, wie sich die Gestalten der Heiligen beleben. Sie vermeinen, einen Engelchor zu vernehmen: »Selig sind, die reinen Herzens, und ihrer wird das Himmelreich!«

DRITTER AKT

1. Der Bürgermeister will mit den Stadtvätern dem Kaiser auflauern. Doch benötigt er dazu Heinrichs Hilfe, denn niemand sonst traut sich, den Kaiser anzufassen. Unter der Bedingung, daß die Stadtväter Walburg nichts antun, verläßt er die Kirche, scheinbar, um den Stadtvätern beizustehen.

2. Der Kaiser kommt. Nachdem er dem Bürgermeister versprochen hat, daß sein Heer nicht im Verborgenen lauert, wird er von den Städtern überfallen und mitsamt seinem Trabanten gefesselt, nur der Herold entkommt. Die Stadtväter führen den Kaiser in die Stadt und wollen ihn eben erpressen, daß er niemals sein Heer gegen die Stadt entsende, weil ihm andernfalls das Haupt geschoren wird, als Heinrich mit einer Riesenkeule auf die Stadtväter einschlägt, den Kaiser befreit und sich mit verhülltem Haupt drei Wünsche ausbittet: Der Kaiser möge die Stadt schonen, dem Gnade schenken, der sein Gericht anfleht, und seines Retters gedenken. Dann gibt sich Heinrich zu erkennen.

3. Soldaten wollen dem Kaiser zu Hilfe kommen. Otto läßt die Stadtväter einzeln vor das Stadttor treten – und begnadigt sie, dem Wunsch Heinrichs gemäß.

4. Konrad klagt Heinrich beim Kaiser der Kirchenschändung und des Ehebruchs an.

5. Heinrich führt Walburg aus der Kirche, und Walburg widerspricht der Anklage. Nur einer Schuld ist sie sich bewußt, daß sie, die Heinrich von je geliebt hat, sich auf den Andreasnachtzauber eingelassen hat, in der Hoffnung, Heinrich werde ihr Gatte.

6. Die Urme soll gerichtet werden. Doch sie bittet sich als letzten Wunsch aus, eine Ballade singen zu dürfen. Darin enthüllt sie, daß auch der Kaiser einst ihre Dienste in Anspruch genommen hat. Danach springt sie freiwillig in den Scheiterhaufen, plötzliche Finsternis tritt ein, und als es wieder Tag wird, sieht man eine Krähe davonfliegen.

7. Heinrich soll sich noch vor dem Priester verteidigen, doch das lehnt er schlichtweg ab. Also läßt der Kaiser das Volk entscheiden, ob Heinrich und Walburg schuldig sind und ob die Ehe zwischen Konrad und Walburg gelöst werden kann. Der Kaiser und die Männer sprechen für das liebende Paar.

8. Nun läßt sich Heinrich seinen dritten Wunsch erfüllen: die ledigen Mädchen der Stadt sollen vortreten und werden von den Soldaten »geplündert«, während die Väter gute Miene zum bösen Spiel machen müssen. Konrad verzeiht Walburg. Kaiser Otto schlägt eine Axt in den Eichenstamm, als Zeichen des Friedens, der nie mehr durch Trug befleckt werden soll.

Sternengebot

Personen: Konrad der Salier (Baß) – Hiltrud, seine Gemahlin (Mezzosopran) – Agnes, beider Tochter (Sopran) – Helferich von Lahngau (Tenor) – Adalbert von Babenberg (Bariton) – Herbert, Ratgeber des Saliers (Bariton) – Julia, seine Gattin (Sopran) – Der Kurzbold (Baß-Bariton) – Bertha, Julias Magd (Sopran) – Christoph, Diener bei Konrad (Baß) – Stimme einer Seherin (Alt) – Der junge Heinz (Heinrich der Kalwe) (Tenor).

Zeit: Zehntes Jahrhundert. Ort: In und um Fritzlar.

»Sternengebot«
Siegfried-Wagner-Festspielwoche 1926 in Weimar, I,1 und I,6

VORSPIEL

Nach einer siegreichen Schlacht gegen die Wenden konsultiert der Salier-Herzog Konrad eine Sterndeuterin. Er erfährt, daß Heinrich, der Sohn seines Todfeindes, nicht nur dem von ihm befohlenen Mordanschlag entkommen ist, sondern auch seine Tochter Agnes freien werde. Helferich von Lahngau, der dem Herzog gefolgt war, wird unfreiwillig Zeuge der Weissagung, des Sternengebotes.

ERSTER AKT

1. Die siegreichen Salier kehren heim nach Fritzlar. Agnes eilt ihrem geliebten Helferich entgegen. In Kenntnis des Sternengebotes entzieht er sich ihr.
2. Adalbert der Babenberger ist eifersüchtig auf Helferichs Erfolge, insbesondere da er selbst auf die Heirat mit der Herzogstochter spekuliert. Er versucht, Helferich mit Julia, der Frau Herberts, zu verkuppeln. Denn er weiß, daß die Gemahlin des impotenten herzoglichen Ratgebers den Helferich liebt.
3. Kurzbold, ein unehelicher Sohn des Herzogs aus der Liaison mit einer Wahrsagerin, hat Heinrich in einem Kloster ausfindig gemacht. Der Herzog erkennt anhand eines Pergaments den verfolgten Kalwensohn. Er läßt ihn unter einem Vorwand zunächst in Herberts Haus inhaftieren. In einem Brief ersucht er den Burgvogt von Nürnberg, Heinrich gefangenzuhalten. Helferich gelingt es, diesen Brief abzufangen.
4. Helferich erkennt, daß er durch sein Wissen zum Vollstrecker des Sternengebotes wird. Um Unheil zu verhindern, muß er selbst auf sein Glück verzichten. Bertha, die Magd Herberts, fragt bei ihm an, ob er – in Herberts Abwesenheit – Julia besuchen wolle. Um Heinrich aus Herberts Haus zu befreien, sagt er zu.
5. Kurzbold hat das Gespräch belauscht. Er macht sich seinerseits zum Regisseur des Schicksals. Seine Pläne laufen darauf hinaus, die eigene gesellschaftliche Position an seinem Vater, dem Herzog, zu rächen, aber auch dessen potentielle Nachfolger, Heinrich und Helferich, unschädlich zu machen.
6. Helferich vermag mit Mühe Julias Leidenschaft zu widerstehen. Er fordert von ihr die Herausgabe des gefangenen Heinrich. Der heimkehrende Gatte fällt im Duell mit Helferich. Sterbend erbittet Herbert Helferichs Stillschweigen, um so Julias Ehre zu retten.

ZWEITER AKT

1. Ein Schachspiel zwischen dem Herzog und seiner Frau Hiltrud soll die Entscheidung herbeiführen, ob Helferich oder Adalbert Agnes zur Frau gewinnt. Agnes versucht die streitenden Eltern zu versöhnen.
Das bevorstehende Turnier soll über ihren künftigen Gatten entscheiden.
2. Auf dem Zug zum Turnierplatz tritt Kurzbold dem Herzog als dessen rechtmäßiger Erbfolger kühn entgegen.
3. Für die Preisgabe von Heinrichs Versteck bietet Kurzbold Helferich ein Dopingmittel an. Helferich lehnt ab. Von mannigfachen Problemen belastet, unterliegt er Adalbert im Turnier.
4. Kurzbold verklagt nun Helferich öffentlich des Mordes an Herbert. Durch den Schwur gebunden, muß Helferich schweigen.

DRITTER AKT

1. Am Vorabend der Hochzeit zwischen Agnes und Adalbert findet ein Hoffest mit Darbietungen statt. Kurzbold hat sich – verkleidet als Magier – Zutritt verschafft und klagt das schlechte Gewissen des Herzogs an. Als er gefaßt werden soll, si-

»Sternengebot«
Siegfried-Wagner-Festspielwoche 1926 in Weimar, II,2 und III,5, in der Regie von Alexander Spring

chert ihm Agnes freien Abzug. Als Dank für ihr Mitleid empfiehlt er ihr, den nächtlichen Traum als Warnung zu deuten.
2. In der Nacht läßt Agnes den inhaftierten Helferich zu sich kommen.
3. Geschickt rät und erfährt sie von Helferich die geheimnisvollen Zusammenhänge. Sie will Heinrich bitten, ihrer zu entsagen, dann werde sie Helferich gehören. Doch der will erst auf einem Kreuzzug Herberts Tod sühnen.
4. Im Traum erlebt Agnes ihren Hochzeitszug als Totenritt und ihre Vermählung mit Adalbert auf einem Friedhof als makabren Totentanz.
5. Der Rauch des Kaminfeuers droht Agnes zu ersticken. Dienerinnen retten sie und wollen sie zur Hochzeit schmücken. Doch sie erzählt vor der Hofgesellschaft ihren Traum. Als Kind des sterngläubigen Vaters dürfe sie doch an Träume glauben. Da sie sich Adalbert verwehrt, kommt es zum Streit zwischen ihm und dem Herzog. Agnes weiß den Konflikt zu klären: sie verkündet, Helferich sei frei von Schuld; er habe geschwiegen, sie aber bekenne, er sei in der Nacht bei ihr gewesen. Helferich führt Heinrich herbei, der dem Herzog Pergament und Brief übergibt. So erfüllt sich das Sternengebot. Während Helferich sich entfernt, erklärt Agnes dem ahnungslosen Heinrich sein Geschick. Zwar sei er ihr vorbestimmt, doch sie werde überall und immer nur Helferich lieben: »Höher als aller Sterne Gebot waltet ein Zweites: Des Herzens Gebot!«

Banadietrich

Personen: Dietrich (Bariton) – Schwanweiß (Sopran) – Wittich (Tenor) – Dietleib (Tenor) – Ute, dessen Mutter (Alt) – Der Teufel als Raunerath (I. Akt), als Flederwisch (II. Akt), in eigener Gestalt (III. Akt) (Baß-Buffo) – Etzel (Tenor) – Ein Priester (Bariton) – Eine Elfe (Sopran) – Der Tod – (stumm), Stimme des Herrn (Baß).

Schauplatz: I. Akt: Dietrichs Burghof. II. Akt: Utes Gehöft und Garten. III. Akt: Wald und See – Auf dem Brocken – In der Tiefe des Sees.

ERSTER AKT

1. Schon glaubt Dietrich von Bern die Rabenschlacht verloren: Wittich hat sich als treuloser Freund erwiesen, der mit Ermenrich im Bund steht und Dietrich das Schwert Balmung entwunden hat. Auch Hildebrand und Etzels Söhne fallen in der Schlacht. Selbst Schwanweiß, eine Nixe, die ihn einmal vor dem Ertrinken gerettet und der Dietrich seine Liebe geschenkt hat, vermag ihn nicht zu trösten. Ihm bleibt nur noch die Hilfe der Hölle. Raunerath empfiehlt ihm, das Liebste zu opfern, – aber sein Liebstes ist Schwanweiß. Raunerath erinnert Dietrich, daß selbst der Priester Schwanweiß ausweicht und das Volk sie verwünscht. Schließlich opfert Dietrich den Höllenmächten das Liebste – und die Schlacht wendet sich.
2. Dietleib bringt den gefesselten Wittich in den Burghof und gibt Dietrich das zurückerbeutete Schwert wieder. Auf seine Bitte hin versöhnen sich Dietrich und Wittich.
3. Raunerath – scheinbar voller Mitleid für Schwanweiß – verrät Wittich, daß Dietrich für den Preis des Sieges sein eigenes Weib verstoßen wird und bittet Wittich, ihr beizustehen.
4. Wittich berichtet Schwanweiß, was er von Raunerath gehört hat und bietet ihr seinen Schutz an.
5. Raunerath weckt in Dietrich Eifersucht gegen Wittich. Im Zweikampf verwundet Dietrich seinen neugewonnenen Freund. Wittich schwört ihm Rache.
Vor dem hinzukommenden Volk klagt Dietrich Schwanweiß der Untreue an. Schwanweiß erwidert, sie wolle mit Dietrich reden, denn jener, der ihr gegenüberstehe, sei nicht Dietrich, und vor allem möge Raunerath weichen. Da Dietrich weiterhin nur auf

»Banadietrich« in Wien (1912) und in Weimar (1929),
Rudolf Hofbauer (l. o.), Fritz Weidemann (l. u.), Karl Heerdegen (r. o.) und Erich Kranz (r. u.)

Raunerath hört, entfernt sich Schwanweiß mit Wittich, den sie heilen will.
6. Im Dom wird ein Requiem für Hildebrand abgehalten. Raunerath wirft vor der Kirche seine Verkleidung ab und steht als Teufel da. Um Dietrich in seiner Andacht zu stören, vollführt er auf den Stufen des Domes einen grotesken Tanz mit Bocksprüngen und einem aufgeblasenen Ziegenfell-Sack. Als Dietrich das sieht, bricht er in schallendes Gelächter aus, und alle stürzen entsetzt aus der Kirche.
7. Der Priester fordert ihn auf, zu bereuen, aber Dietrich fürchtet keinen Kirchenbann, da er sich bereits selbst verflucht hat, als er Schwanweiß opfern mußte. Der Priester spricht nun den Bann gegen ihn aus.
8. Dietleib meldet das Heranrücken der Heunen, da Etzel für den Tod seiner Söhne Rache nehmen will. Dietrich antwortet Dietleib, daß er als Gesell Satans keinen Schutz nötig hat, Dietleib selbst aber soll sich durch einen unterirdischen Gang retten.
9. Raunerath reicht Dietrich einen Mantel, der unsichtbar macht. Mit ihm verspottet Dietrich Etzel. Er läßt einen Drachen niedersteigen, auf den er sich setzt. Kurz bevor er sich mit Hilfe eines Drachens in die Luft schwingt, läßt er seinen Mantel fallen, so daß ihn die Heunen wegfliegen sehen. Zugleich stürzt die Burg brennend ein. Ängstlich betend, fallen die Heunen auf die Knie.

ZWEITER AKT
1. Schwanweiß und Wittich leben in einem Dorf. Frau Ute, ihre Wirtin, verköstigt in Schwanweiß' Auftrag die Hirten.
2. Ute ist jedoch die Mutter von Dietleib. Der kommt aus Bern heim und berichtet, was dort vorgefallen ist. Als die Mutter ihm von dem seltsamen Paar erzählt, das sie beherbergt, regt sich in Dietleib Verdacht.
3. Aber Schwanweiß versteht es, ihn zu beschwichtigen: Wittich liebt sie zwar, aber sie erwidert seine Liebe nicht und ist nur bereit, seine Wunde ganz zu heilen, wenn er seiner Rache gegenüber Dietrich abschwört. Sie bittet Dietleib, Wittich das Schwert zu stehlen und es Dietrich zu bringen, an den sie weiterhin glaubt.
4. Als Magister Flederwisch besucht der Teufel Ute und schürt ihr Mißtrauen gegen das Paar, das sie bei sich untergebracht hat. Schließlich verrät er ihr, um wen es sich bei den Gästen handelt.
5. Schwanweiß öffnet auf Flederwischs Klopfen und erkennt, wen sie vor sich hat. Dem Heilfläschchen, das er ihr für Wittichs Wunde reicht, entschlüpft eine Schlange. Aus einer anderen Flasche, die er ihr gibt, fließt Feuer zur Erde. Schwanweiß fordert Flederwisch auf, sie in Ruhe zu lassen, sie kenne Herrn Volands Witz. Das ist für Frau Ute genug des Übels, denn Voland heißt der Teufel.
6. Schwanweiß geleitet Wittich zu einem Rasenlager unter der Linde. Wittich preist die Sonne, aber es ist ihm unklar, warum seine Wunde dreimal wieder aufgeplatzt ist und warum Schwanweiß seine Liebe nicht erhört. Schwanweiß ist gerade dabei, seine Wunde endgültig zu heilen, als man aus dem Haus einen Wortwechsel zwischen Dietleib und seiner Mutter vernimmt, die ihm das Schwert verwehren will. Wittich bekräftigt aufs neue seinen Racheplan und läuft Dietleib nach.
Ute spricht Schwanweiß auf deren Gatten Dietrich an: Wegen des Geredes der Nachbarn und der letzten Bitte ihres Mannes sei es ihr nicht möglich, einem unverheirateten Paar länger Wohnung zu gewähren. Schwanweiß verabschiedet sich von der Welt, segnet die Natur und verschwindet in den Fluten des Flusses. Die Natur erstrahlt im Goldglanz, und ein Goldregen fällt nieder. Ute sammelt den Goldstaub in einem Korb. Doch die Nachbarn machen sie darauf aufmerksam, daß sie nur faule Blätter einsammelt, und der Teufel lacht ihr ins Ohr. Die vorbeikommenden Hirten schickt Ute weg. Sie erkennt die Dummheit ihres Handelns.

»Banadietrich«
III,4 und III,5 in der Karlsruher Uraufführung am 23. 1. 1910 mit Max Büttner (Dietrich), Friedrich Sölling (Tod), Eduard Schüller (Teufel) und Ada von Westhoven (Schwanweiß)

DRITTER AKT

1. Banadietrich – so heißt der ausgestoßene, verwilderte Dietrich – jagt im Wald eine Elfe und will sie küssen. Doch sie verspottet ihn, da er zu Hause das schönste Weib fortgejagt hat.
2. Dietleib bringt Banadietrich das Schwert und fordert ihn auf, zu seinem Volk zurückzukehren, Etzel und Ermenrich zu schlagen. Banadietrich erwidert, sein Frevel im Dom sei zu sühnen, nicht aber sein Frevel an Schwanweiß. Dietleib berichtet, daß Schwanweiß ihm verziehen hat, doch Banadietrich bleibt trotzig.
3. Wittich, der Dietleib gefolgt ist, steht plötzlich Banadietrich gegenüber und fordert sein eigenes Schwert zurück, aber Banadietrich hat es nicht mehr. Banadietrich bietet Wittich Versöhnung an, da ihm selbst Schwanweiß verziehen hat. Aber Wittich ist nur zum Kampf mit Banadietrich entschlossen. Er will gerade mit ihm ringen, als er hinter Banadietrich einen Reiter mit dem Haupt in der Hand gewahrt, der Banadietrich beizustehen scheint. Nun flieht Wittich wild in Richtung des Sees. Banadietrich glaubt ihn darin versinken zu sehen, gehalten von Schwanweiß. Das weckt erneut seine Eifersucht und seinen Trotz. Auch er will sich in den See stürzen, aber der Teufel hält ihn am Mantel fest.
4. Er erinnert ihn an alles, was er für ihn getan hat. Er hat den – heiseren – Tod mitgebracht. Banadietrich hat sich seinen Tod anders vorgestellt; diesen Tod schlägt er in Stücke. Den Teufel fragt er nach der größten Sündentat. Brot in der Schuhsohle hat er schon getragen, aber das war ihm nicht gewichtig genug. Der Teufel rät ihm, eine gerade halb erblühte Blume bewußt zu zertreten, das sei die größte Sündentat. Der Teufel sammelt die Knochen des Todes auf und entfernt sich.
5. Die Blume erinnert Banadietrich an Schwanweiß, aber er tritt sie dennoch nieder. Ein dreimaliger Wehruf der Blume ertönt. Dann fordert die Stimme des Herrn Banadietrich zur Reue auf, doch Banadietrich bleibt trotzig und wird vom Herrn verdammt, ewig dem wilden Heer anzugehören. Im Wirbelsturm naht die wilde Jagd und reißt Banadietrich mit sich. Vor einer brennenden Burg auf einem Fels soll Banadietrich das Haupt abgeschlagen werden – da ertönt Schwanweiß' Stimme aus der Tiefe des Sees: »Banadietrich bereue!« Und was kein Mensch, kein Satan, kein Gott vermochte, des Weibes Stimme schafft es. Banadietrich bereut – und liegt auf einem schilfumgebenen Lager, in Schwanweiß' Armen, in der Tiefe des Sees. Ihn begrüßt ein Chor der Nixen und Schwanjungfrauen und erweckt ihn zu neuem Leben.

Schwarzschwanenreich

Personen: Hulda (Sopran) – Liebhold (Tenor) – Ursula, Liebholds Schwester (Mezzosopran) – Oswald (Bariton) – Das Aschenweibchen (Alt) – Der Gefängniswärter (Baß) – Der Versucher (Bariton) – Ein Bursche (Tenor) – Ein Mädchen (Sopran)
Schauplatz: Böhmen. Zeit: Siebzehntes Jahrhundert.

VORGESCHICHTE

Zur Zeit des Dreißigjährigen Krieges fielen auch in Böhmen Tausende jenem Aberglauben zum Opfer, der Hexen von der Brandmarkung über den Hexenprozeß zur Verbrennung führte. Aus Angst vor der Inquisition hat Hulda ihr uneheliches Kind getötet und im Wald begraben. Die Schuld quält sie, aber sie vertraut auf den von ihr erträumten Freund, dessen liebendes Verstehen sie vom Druck ihrer Schuld befreien könnte.

ERSTER AKT

1. Im Lied an eine Blume betrachtet Hulda ihr eigenes, bedrücktes Dasein. Liebhold

»Schwarzschwanenreich«
II,2 und III,4 in Köln (1939) mit Peter Nohl (Oswald) und Elsa Oehme-Foerster (Hulda) in der Ausstattung Wieland Wagners

lauscht vor den Stufen ihres Hauses wie traumverloren Huldas Gesang. Seine Schwester Ursula mit ihrem Verlobten Oswald spüren ihm nach. Ursula hetzt Oswald gegen Hulda auf: im Schwarzschwanenreich, einem unterirdischen Ort der Wollust, soll Hulda das Delikt der Teufelsbuhlschaft begangen haben.

2. Oswald will Hulda, die gerade aus dem Hause kommt, auf die Probe stellen. Verwundert nimmt er wahr, daß Hulda kein dämonisches Wesen ist, denn sie kann lachen, und »wer froh ist, ist auch gut«.

3. Fasziniert von Huldas Erscheinung, entschließt sich Oswald, Ursulas Bitte zu erfüllen und Liebhold von Hulda fernzuhalten: er selbst will Hulda für sich gewinnen.

4. Er fälscht ein Dokument und besticht die Soldaten mit Wein; anstelle eines siegreichen Kämpfers soll Liebhold von Wallenstein geehrt werden und sogleich zu dessen Heer aufbrechen.

5. Ursula bedient sich des Aschenweibchens, um Hulda das erwünschte Geständnis zu entlocken. Doch die Teufelsaustreibung mißlingt: Hulda flieht zum Teich, um sich zu ertränken, wird aber von Liebhold gerettet.

6. Liebhold gesteht Hulda seine Liebe, obwohl sie ihn abweist, mit dem Argument, sie sei schlecht. Er aber läßt sich nicht abwehren und erfüllt so Huldas erträumte Vorstellung von einem Mann, der sie schuldlos glaubt, auch wenn er von ihrer Schuld weiß.

ZWEITER AKT

Vorspiel: In einem wachend geträumten Glücksmoment, jenseits der Gefahr der Außenwelt, erleben Hulda und Liebhold die Erfüllung ihrer Liebe.

1. Hulda und Liebhold haben geheiratet. Aber noch immer scheut Hulda die Gesellschaft: Liebhold geht auf Huldas Bitte allein zum Tanz.

2. Oswald, der wegen Dokumentenfälschung eingekerkert war, versucht Hulda durch Drohung gefügig zu machen: als Totengräber will er im Wald nach einem Kindergrab suchen – falls Hulda seine Leidenschaft nicht erhört.

3. Oswalds Braut Ursula kommt hinzu, und Hulda durchschaut das Spiel, das wieder einmal Liebhold von ihr trennen soll. Oswald zieht sich zurück; Ursulas Haßtirade ergießt sich über Hulda.

4. Liebhold kommt vom Tanz heim und findet Ursula, mit der er ein Jahr lang nicht gesprochen hat. Durch Erinnerung an gemeinsame Kindheitserlebnisse will er sie dazu ermuntern, sich mit ihm und Hulda zu versöhnen. Doch Hulda ist verschwunden. Ursula weiß, wohin Oswalds Drohungen und ihr Vorwurf der Hexerei Hulda getrieben haben: bedeutungsschwanger weist sie auf den abnehmenden Halbmond hin und führt Liebhold in den nahen Wald.

5. Tatsächlich ist Hulda an das Grab ihres Kindes geeilt und steigert sich in eine Angstpsychose: im Mondlicht glaubt sie, das Ärmchen des gemordeten Kindes strecke sich aus dem Waldboden und sei tatsächlich das eines Wechselbalges. Die Verstörte wird von Ursula und Liebhold überrascht. Infolge einer Herzattacke bricht Hulda zusammen.

DRITTER AKT

Ursula hat Hulda der Inquisition ausgeliefert. Verhör und Folter haben die junge Frau endgültig gebrochen.

1. Selbst der Gedanke an Liebhold und seine treue Liebe vermag Hulda nicht vor jenen Bildern zu schützen, die ihr von der Anklage aufgezwungen wurden: Hinter den Wänden des Kerkers sieht sie in zauberischem Lichte Schwarzschwanenreich, den See mit schwarzen Schwänen vor einem erleuchteten Schloß und einen schwarzen Reiter als schönen Jüngling auftauchen, der sie ins Schwarzschwanenreich entführen will.

2. Mit dem Eintritt des Wächters endet die

Erscheinung. Gebeugt durch eine eiserne ›Flasche‹ soll Hulda ihren letzten Gang zum Richtplatz antreten.
3. Vergeblich versucht Liebhold, Ursula zur Rücknahme ihrer Anklage zu bewegen, da Hulda ihre Schuld nicht zugegeben habe und so vielleicht noch zu retten sei.
4. Auf dem Weg zum Holzstoß, von den Weibern mit Staub und Schmutz beworfen, begegnet Hulda Liebhold. Auf seine Frage hin bekennt sie, – aus der Nacht des Wirklichkeit gewordenen Aberglaubens, den zu durchbrechen ihr unmöglich ist – ihre Schuld. (Tatsächlich ist sie ja schuld am Tod ihres Kindes, aber unschuldig, was die ihr vorgeworfene Teufelsbuhlschaft angeht.) Hin- und hergerissen zwischen den Heilsbotschaften von Hölle und Himmel ruft sie inmitten der Flammen des Heilands Hilfe an. Auf diese Weise allen vorgefaßten Meinungen über Hexen widersprechend, überzeugt sie Liebhold vollends von ihrer Schuldlosigkeit. Er stürzt zum Scheiterhaufen, um sie zu retten, kommt aber selbst in den Flammen um. Als das Feuer erloschen ist, glauben die Umstehenden ein Wunder zu sehen: im Tode umschlungen, scheinen Hulda und Liebhold blumenumrankt und vom Feuer unversehrt.

Sonnenflammen

Personen: Kaiser Alexios (Bariton) – Irene, seine Gemahlin (Sopran) – Fridolin, ein fränkischer Ritter (Tenor) – Albrecht, dessen Vater (Baß) – Gomella (Tenor-Buffo) – Iris, dessen Tochter (Sopran) – Eustachia, Schaffnerin (Alt) – Ritter Gottfried (Bariton) – Ein Bettler (Baß) – Ein Wahrsager (Baß) – Der Gesandte Venedigs (Bariton) – Eunoe (Sopran) – Ein Bote (Bariton) – Ein Winzer (Tenor) – Die Tanz-Deuterin (Sopran) – 1. Verschwörer (Bariton) – 2. Verschwörer (Baß) – Ein Sklave (Bariton) – Ein Diener (Tenor).
Die Handlung spielt in Byzanz zu Beginn des 13. Jahrhunderts.

ERSTER AKT

1. Die byzantinische Hofgesellschaft amüsiert sich über die Armut des Volkes. Die Hungrigen raufen sich um Almosen. Kaiser Alexios entreißt einem lahmen Bettler die Krücken. Der Bettler flucht den Frevlern und selbst Fridolin, der ihm aufhelfen will, da der Ritter als Gast des Hofes zu den Herrschenden gehört.
2. Fridolins Liebe zu Iris bleibt unerfüllt. Iris stört es, daß der Ritter sein Kreuzzuggelübde nicht einhält; ihre Liebe kann nur Bewunderung für einen Mann sein; wäre Fridolin fort, so würde sie ihn lieben.
3. Der Hofnarr Gomella hat beim Diebstahl versehentlich eine Vase mit Rosenöl zerbrochen. Der Duft verrät den Dieb, der sich vor Alexios jedoch geschickt zu verteidigen weiß. Wenn der Narr ihm seine Tochter Iris gefügig macht, will der Kaiser auf die Bestrafung Gomellas verzichten.
4. Gomella sucht nach einem Ausweg. Er schreibt einen Brief an die Kaiserin, den Iris ihr übergeben soll.
5. So erfährt die Kaiserin vom Vorhaben ihres Gatten.
6. Ein Kreuzritterheer aus Franken macht am Hofe Station. Gottfried, einer der Ritter, versucht Fridolin den Kreuzzug als »Raufen-Taufen-Saufen« schmackhaft zu machen.
7. Gomella ist skeptisch; er befürchtet, Brandstiftung sei die eigentliche Absicht des Besuchs der Kreuzritter. Anstelle von Iris will er dem Kaiser die Dirne Eunoe unterschieben.
8. Eunoe wird für das Rendezvous verlarvt und im Park versteckt, um im entscheidenden Moment Iris' Rolle einzunehmen. Eustachia, die alte Dienerin der Kaiserin Irene, beobachtet verborgen das Geschehen.
9. Alexios wünscht sich von Iris einen Erben, da der Thronfolger ein krankes, degeneriertes Kind ist. Er schenkt Iris eine Halskette, die Iris Eunoe zunächst verweigert, als die Sklavin im Dunkeln ihre Stelle einnimmt. Die Leidenschaft des Kaisers hat in

Iris ungeahnte Empfindungen geweckt, und einen Moment lang ist sie bereit, sich selbst Alexios hinzugeben. Im Abgehen fühlt sie sich beobachtet und glaubt, im Gebüsch Fridolins Augen zu entdecken.

ZWEITER AKT

1. Eustachia berichtet der Kaiserin, was sie gesehen und belauscht hat. Irene befallen in ihrer unerwiderten Liebe zum Kaiser Selbstmord-Gedanken. Entgegen klerikaler Doktrin glaubt auch Eustachia an das Recht des Individuums, über sein Leben frei entscheiden zu dürfen.
2. Iris sucht Schutz bei der Kaiserin: Alexios hat offensichtlich mit Eunoe ein neues Treffen vereinbart, und Iris flieht nun gleichermaßen vor dem Kaiser wie vor Fridolins wilder Eifersucht. Sie gesteht der Kaiserin ihre Liebe zu dem Traumbild eines die Dekadenz vernichtenden Draufgängers – der Fridolin leider nicht ist.
3. Fridolin will Iris zur Rede stellen. Die Kaiserin fordert ihn auf, ihr und Iris beim Sticken zu helfen.
4. Auch der hinzukommende Kaiser hilft beim Aufwickeln der Fäden, um so mit Iris sprechen zu können. Er verlangt, sie solle beim Fest die ihr geschenkte Halskette tragen.
5. Iris verweigert Fridolin die Antwort auf seine Fragen nach Alexios.
6. Beim Festakt läßt Alexios Iris auf der linken Seite seines Thrones Platz nehmen. Mit Hohn empfängt er den venezianischen Gesandten, und die Hofgesellschaft stimmt in den Spott mit ein. Als der Gesandte mit Krieg droht, ernennt Alexios Fridolin gegen dessen Willen zum Feldherrn. Der Bruder des Kaisers plant ein Attentat auf Alexios, das während eines Tanzspieles (»Die Rache von Artemis an Iphis«) ausgeführt werden soll. Gomella, zwar bestochen, um zu schweigen, hat den Kaiser über den Putsch-Versuch informiert. So mißlingt das Attentat, über dessen vermeintliches Gelingen sich Fridolin zu früh offen freut. Der Konspirateur soll mit den Attentätern hingerichtet werden, doch die Kaiserin läßt ihm den Tip geben, sich wahnsinnig zu stellen. Alexios durchschaut Fridolins Wahnsinn, aber er geht darauf ein, ihn als zweiten Hofnarren zu akzeptieren. Zum Zeichen seiner neuen Stellung wird Fridolin das Haupt geschoren.

DRITTER AKT

1. Die Narren Gomella und Fridolin müssen gemeinsam Alexios schmeicheln und ihn belustigen.
2. Eustachia meldet Alexios, daß sich die Kaiserin mitsamt dem Kind ertränkt hat. Der Kaiser befiehlt, diese Nachricht bis zum Ende der Festlichkeiten geheimzuhalten und ein Unwohlsein der Herrscherin vorzutäuschen.
3. Ein Wahrsager kündet den Weltuntergang an. Fridolin läßt sich aus der Hand lesen, er werde sich noch vor dem Ende selbst umbringen. Albrecht, Fridolins Vater, ist dem Sohn nachgereist, um ihn heimzuholen: Fridolins Frau hat dem untreuen Ritter verziehen. Fridolin gesteht, daß er den Kreuzzug noch gar nicht angetreten, sein Gelübde gebrochen hat. Gomella reißt ihm den Turban vom Kopf, mit dem Fridolin sein geschorenes Haupt vor dem Vater verbergen wollte, und verrät Albrecht die Zusammenhänge. Der Vater verflucht Fridolin.
4. Das Treffen mit dem Vater hat in Fridolin die Erinnerung an die Heimat geweckt. Er will nicht länger ehrlos im Dienst des Hofes stehen: der Tod scheint ihm der einzige Ausweg.
5. Auf der Terrasse des Schlosses werden im Zuge des Festes Puppen des französischen Königs, des deutschen Kaisers, des Papstes und des venezianischen Dogen Dandolo verbrannt. Die tote Kaiserin erscheint Alexios und weckt in ihm die Ahnung, daß sich ihm nicht Iris, sondern Eunoe hingegeben habe. Fridolin ersticht sich auf dem Höhepunkt des Festes. Ein Bote mel-

»Sonnenflammen«
I,1 in der Darmstädter Uraufführung am 3. 9. 1918
und in Düsseldorf (1938), in Bühnenbildern von Wieland Wagner

det Brandstiftung und den Angriff der Kreuzritter. Alexios zieht den Feinden entgegen. Alles sucht entsetzt zu fliehen, und auch Gomella kann entkommen. Iris legt dem sterbenden Fridolin eine seiner abgeschnittenen Locken aufs Haupt. Dem Sterbenden gesteht sie ihre Liebe. Die ohnmächtige Iris wird aus den Flammen gerettet; Fridolins Leiche liegt verlassen in den Trümmern des untergehenden Kaiserreiches.

Der Heidenkönig

Personen: Bodo, im »Geheimen Bund« Kriwe-Kriweito (Oberpriester) (Baß) – Wera, im »Geheimen Bund«, Waidelottin, (Alt) – Radomar (Tenor) – Ellida (Sopran) – Gelwa, Waidewut, Krodo, Geschwister (Sopran, Tenor, [Charakterrolle], Baß-Bariton) – Der Mönch (Tenor oder lyr. Bariton) – Jaroslaw, Anführer einer polnischen Truppe (Bariton) – Hoggo, ein Mühlknecht (Baß) – Ein Mädchen (Sopran) – Eine Magd Gelwas (Sopran) – Richter, Waidelotten (Priester), Waidelottinnen, Sigonotten (Unterpriester).
Die Handlung spielt in den preußischen Landen zur Zeit der polnischen Eroberung. 2. Hälfte des 16. Jahrhunderts.

VORSPIEL

Die Polen haben die Wenden unterworfen und christianisiert. Ein Mönch belauscht am Stumpf der gefällten Eiche von Romowe die nächtliche Versammlung der Heiden, die nur äußerlich zum Christentum konvertiert sind, aber weiter an ihren heidnischen Göttern festhalten. Wera und Bodo, Waidelottin und Kriwe-Kriweito im »Geheimen Bund«, beklagen den Tod des Heidenkönigs. Die Leiche haben sie wieder ausgegraben, um sie ihrer Religion gemäß zu verbrennen. Als neuer König soll Radomar ernannt werden, doch er fehlt in der geheimen Runde. Als die Leiche verbrannt werden soll, gibt sich der Mönch zu erkennen und zwingt die Heiden zum Schwur auf den christlichen Glauben. Scheinbar geht die Versammlung darauf ein, schwört jedoch mit der versteckt gehaltenen linken Hand ab.

ERSTER AKT

1. Der Mönch beschwört Radomar, bei Christi Lehre zu bleiben, die Wahl zum Heidenkönig nicht anzunehmen. Bauern schlagen auf eine Birke ein, in der ein Geist stecken soll, der ihr Vieh verhext habe. Als sie den Mönch erkennen, fliehen sie. Doch auch der drischt auf den Baum ein, da er ihn dem Satan verfallen glaubt. Und im Eichenstamm, hinter Radomar, glaubt der Mönch die Gestalt des Gottes Percunos wahrzunehmen.
2. Radomars Zweifel, die Heidenkrone anzunehmen, werden bestärkt durch seine Frau Ellida, die geträumt hat, die Krone sei vergiftet. Sie bittet ihn um Verzeihung wegen des Ehebruchs, den sie begangen hat. Radomar gewährt ihren Wunsch.
3. Gelwa höhnt Radomars Milde, hatte sie sich doch bereits mit Radomar halb verlobt geglaubt. Namens der polnischen Majestät verlangt der Polenführer Jaroslaw Unterkunft für sein Heer.
4. Gelwa bittet ihren Bruder Krodo um Hilfe gegen Ellida. Sie beschließen, den Gölz, eine Strohpuppe, auf das Dach von Radomars Haus zu binden, eine alte Sitte bei Hochzeiten, wenn einer der Eheleute zuvor bereits einen Liebhaber hatte.
5. Jaroslaw horcht den Mönch nach den Führern der Heidenbewegung aus. Der Mönch beruft sich hingegen auf den Schwur, den ihm alle geleistet haben.
6. Auch Ellida wird von Jaroslaw nach dem Heidenkönig ausgehorcht und mit Hilfe eines Ringes erpreßt: Dieser Ring ist ein Erbstück von Radomars Mutter und war Ellidas Ehering; durch eine List war er jedoch in die Hand ihres Liebhabers Otmar und von diesem an Jaroslow gelangt. Ellida willigt ein,

»Der Heidenkönig«
II,3 und III,6 in der Kölner Uraufführung am 16. 12. 1933, in der Inszenierung von Alexander Spring

sich am nächsten Abend mit Jaroslaw zu treffen.

7. Gelwa, der die vertrauliche Situation zwischen Jaroslaw und Ellida nicht entgangen ist, gibt sich Jaroslaw gegenüber als Ellidas Freundin aus, um mehr zu erfahren. Die Gemeinde kehrt aus der Kirche zurück. Einige verspotten Gelwa, sie habe sich zu früh auf die Hochzeit mit Radomar gefreut. Gelwa ruft wilde Geister, Ragaina und Magilla, um Hilfe an.

8. Mit einigen Helfern legt Krodo den Gölz auf den Giebel von Radomars Haus. Radomar hält Krodo fest und erfragt die Bedeutung der Puppe. Krodo erklärt ihm zynisch, sie stelle Otmar, den Geliebten Ellidas, dar. Weil sein Weib eine Kriegsbuhle sei, könne Radomar nicht Heidenkönig werden. Radomar ersticht Krodo; der Sterbende ruft seinen Bruder Waidewut zur Rache an Radomar auf. Ellida bittet Radomar erneut, sie gehen zu lassen, da sie ihm nur Unglück bringe, doch er entgegnet ihr, er halte sie seines Schutzes durchaus für würdig.

ZWEITER AKT

1. Wie bereits vom christlichen Gericht, so wird Radomar auch in der Verhandlung des geheimen Gerichts der Anklage des Mordes an Krodo freigesprochen. Gelwa und Waidewut haben die Verhandlung belauscht. Gelwa will Waidewut am Tage seiner Amtshandlung als Waidelott, beim Fest zu Ehren des Gottes Kupâlo, zur Königswürde verhelfen. Damit die Polen nichts merken, sollen sie zum Trinkgelage geladen werden; Gelwa hat bereits einen Schlaftrunk gebraut.

2. Mit Spottliedern, dem mit Kraut versetzten Wein und mit Hilfe einiger Mädchen, die sich den Polen hingeben, schläfern die Wenden die Polen ein und fesseln dann die Schlafenden.

3. In einer großen Scheune bereitet der Mühlknecht Hoggo die Kupâlo-Feier vor: er schmückt das Götzenbild des Kupâlo, zündet das »ewige Feuer« an und trinkt aus dem Trinkhorn des Götzen. Mit Priestergewand, Bart und Perücke wandelt sich Waidewut zum Waidelotten, Hoggo steigt in das Götzenbild. Dem eintretenden Volk predigt der Waidelott, läßt einen Bock opfern und reißt die Gläubigen zur Buße an den Haaren. Das nur halb gefüllte Trinkhorn bedeutet, daß der Mühlgott noch immer nicht besänftigt ist. Das Volk wird unwillig und wirft das Standbild in den Mühlbach. Dann kirweiten die Heiden, d. h. sie feiern bei Bier und Braten. Eben reicht eine Magd Radomar einen Brief Jaroslaws, als mit Krachen das Scheunentor aufspringt und der Erntegott Kupâlo wieder im Eingang steht. Das Volk sinkt anbetend in die Knie, nur Radomar durchschaut den faulen Zauber. Waidewut zeiht Radomar des Verrats an den alten Göttern, beschuldigt ihn, ein Verbündeter des Christentums und der feindlichen Polen zu sein. Die Menge will über ihn herfallen, aber Radomar schlägt mit einer Axt auf das Standbild ein, aus dem der verschüchterte Hoggo hervorkommt. Das »ewige Feuer« wird umgeworfen und verlischt. Draußen ertönt die Stimme der Wehklage. Radomar erklärt, wer ihr Jammern vernehme, dem nahe Elend, wer sie jedoch sähe, dem bringe sie Tod. Als das Volk betend niederkniet, nimmt das Wimmern ab.

4. Jaroslaw entfesselt die polnischen Soldaten und schickt sie fort. Ellida kommt zum vereinbarten Treffen, doch verrät sie Jaroslaw nicht, wer der erwählte Heidenkönig ist. Jaroslow erpreßt sie erneut: wenn sie ihm nicht Auskunft gebe, so werde er Radomar den Ring bringen. Listig verrät Ellida, jener sei der Heidenkönig, der in der folgenden Nacht am Fuß des Rombinos-Hügels gekrönt werde. Doch Jaroslaw ist noch nicht zufrieden und fordert Ellidas körperliche Hingabe, bevor er ihr den Ring zurückgibt. Als Ellida willenlos in Jaroslaws Armen liegt, kommt Radomar hinzu. Er will Jaroslaw zum Kampf fordern, aber Ellida wehrt ihm: sie habe ihn erneut verraten, und der Stein des Eheringes sei zu Glas verblichen. Mit den

Worten »Sei froh, sei frei!« verläßt sie ihn. Erneut vernimmt Radomar die Stimme der Wehklage.

DRITTER AKT

1. Der Kriwe-Kriweito Bodo wird von Waidewut erpreßt, um die Durchführung von seinen und Gelwas Racheplänen gegen Radomar in die Tat umzusetzen. Bodo soll verkünden, Percunos' Willen gemäß führe nur ein Weg zum Sieg, der Opfertod des Königs selbst.
2. Gelwa empfindet die Schwelle ihres Hauses als entweiht, als Ellida eintritt, und sie entfacht ein Räucherwerk zur Reinigung. Ellida bietet ihr zwei Hölzer zur Wahl, die Radomar und Waidewut symbolisieren; eines davon soll Gelwa ins Feuer werfen, des einen oder anderen Tod symbolisierend. Ellida fragt Gelwa, ob sie Radomar wirklich liebe. Sie, Ellida, habe Radomar zwar wiederholt mit ihrem Körper verraten, aber ihr Herz sei ihm treu, wohingegen Gelwas Tugend nur Klugheit und ihre Keuschheit nur Kälte sei. Eine Magd meldet Radomars Ankunft. Ellida flieht durch eine Nebentür.
3. Gelwa tut so, als bemerke sie Radomar nicht, opfert Blumen vor dem Bild ihres toten Bruders Krodo und spielt geistesgestört. Radomar fühlt sich an ihrem Unglück schuldig und bittet sie um Verzeihung. Aber Gelwa merkt, daß Radomar immer noch Ellida liebt und lehnt seine Werbung ab.
4. In heller Mondnacht begehen die Waidelotten eine Opferfeier am Fuß des Rombinos-Hügels. Percunos' weißes Roß wird über neun ausgeworfene Speere geführt; der Schritt des Pferdes wird als Unheil gedeutet. Eben soll Radomar zum König gekrönt werden, als Ellida – im Gewand der Wald-Heiligen Poggesana – die Versammlung davon abhält; sie benutzt dabei die Argumentation Gelwas, Radomar sei unrein, da er um einer Dirne willen zum Mörder geworden sei. Ellida schlägt vor, Waidewut zum König zu krönen. Der wehrt sich jedoch, insbesondere als Krodo den von Waidewut verfaßten »Willen Percunos'« vorliest, daß sich der König opfern solle. Waidewut entreißt der falschen Priesterin die Verkleidung und ersticht Ellida, die in Radomars Armen stirbt.
5. Die Wehklage wird sichtbar. Mit Gebärden des Jammers steigt sie den Rombinos-Hügel hinab. Waidewut höhnt auch diese Gestalt als Trugbild, würgt sie, – und fällt gelähmt zu Boden. Doch er kriecht noch zum Opferstein und krönt sich selbst zum König.
6. Die polnische Truppe, die unerkannt der nächtlichen Versammlung der Waidelotten beigewohnt hat, gibt sich zu erkennen. Jaroslaw läßt Waidewut abführen und die Priester fesseln. Es kommt zum Kampf zwischen Polen und Preußen, doch der Mönch gebietet Einhalt. Das Volk ist hin- und hergerissen zwischen den Worten des Mönchs und den Stimmen der Geister, die es in eine mit Schätzen gefüllte Höhle zu locken versuchen. Der Mönch vermag den heidnischen Zauber zu bannen. Das Volk, soweit es nicht der Verlockung erlegen ist, kniet zum Gebet nieder. Der Mönch konstatiert, daß Radomar durch eine Sünderin gerettet wurde.

Der Friedensengel

Personen: Willfried (Tenor) – Eruna, seine Frau (Sopran) – Frau Kathrin, seine Mutter (Alt) – Mita (Sopran) – Balthasar (Baß-Buffo) – Der Doktor (Tenor-Buffo) – Der Pfarrer (Baß-Bariton) – Gundel, Anselm, ein Brautpaar (Sopran, Tenor) – Reinhold (lyr. Tenor) – Gerta (Mezzosopran) – Der Freigraf des Fehmgerichts (Baß) – Ruprecht (Bariton) – Rudi, Knecht (Baß) – Ein Frohnbote – Das Graumännlein – Der Heilige.
Zeit: 16. Jahrhundert. Ort: Franken.

VORGESCHICHTE

Auf Drängen seiner Mutter Kathrin hat Willfried die ihn liebende Eruna geheiratet. Der auf diese Weise von Eruna verschmähte Freier Ruprecht wartet auf eine Gelegenheit, Revanche zu üben. In seiner freien Liebe zu Mita findet Willfried das, was er in seiner ehelichen Beziehung vermißt und will daher seine Ehe lösen.

ERSTER AKT

1. Eruna, Willfrieds Gattin, kompensiert ihre unglückliche Liebe durch tätige Hilfe, die sie anderen Liebenden zuteil werden läßt. Dem Brautpaar Gundel und Anselm hat sie Schwierigkeiten aus dem Weg geräumt und ihr Haus für deren bevorstehenden Polterabend zur Verfügung gestellt.
2. Im Gespräch mit Kathrin sucht Eruna nach Gründen für Willfrieds Entfremdung. Kathrin soll Mita ins Gewissen reden. Da sie befürchtet, daß Willfried einen Arzt nötig hat, will Kathrin nach dem Doktor schikken.
3. Balthasar, ein Dorf-Philosoph, kommt zu früh zum Fest. Als zweiter Gast tritt der Pfarrer ein. Als Neuigkeit gibt Balthasar zum besten, daß sich ein junges Mädchen aus unglücklicher Liebe umgebracht hat. Der Pfarrer schimpft auf die gottlose Jugend und betont, daß Selbstmördern das kirchliche Begräbnis verwehrt wird. Als der Pfarrer eben den Wein genießen will, erklingt die Vesper-Glocke und hält den Geistlichen ungebührlich lange vom Trinken ab. Der als dritter Gast eintretende Arzt wird von Kathrin sogleich im Fall Willfried um Hilfe gebeten. Der Arzt, ein begeisterter Anhänger der Schädelmessung, wittert einen geeigneten Fall für ein Experiment. Damit Willfried nichts merkt, lassen sich auch die anderen Gäste den Schädel messen, aber Willfried durchschaut an der Gründlichkeit des Doktors die Absicht. Der Doktor befürchtet eine Geistesverwirrung, und der Pfarrer fordert Willfried schlichtweg auf, zur Beichte zu kommen.
4. Nach Abgang der Gäste bittet Willfried Eruna, ihn frei zu geben, aber sie willigt nicht ein. Mit einem Vorwand erreicht Kathrin, daß Willfried das Zimmer verläßt, denn eben ist Mita angekommen. Kathrin drängt auf eine Aussprache der Rivalinnen.
5. Mita ist nur gekommen, um dem Brautpaar einen Blumenstrauß zu schenken, sich bei Eruna zu entschuldigen und zu verabschieden, da sie das Dorf verlassen will. Die Mutter führt Eruna hinaus.
6. Willfried hat Mitas Stimme gehört und eilt herein. Sie wird von ihm in ihrem Entschluß verunsichert. Er will sie zur Flucht »ins ewige Lenzesland« überreden, die mit Hilfe eines gütigen Helfers, des Friedensengels, möglich sei. Als Mita erkennt, daß sich hinter diesem Friedensengel ein Dolch verbirgt, bekommt sie Angst, denn sie hängt am Leben. Als sie erschreckt »Mörder« ruft, entschließt sich Willfried allein für den Freitod. Er schreibt einen Abschiedsbrief an die Mutter und legt ein Kruzifix daneben, dann verschwindet er im Nebenzimmer. Mita wagt nicht, ihm zu folgen und flieht, als sie Stimmen vernimmt.
7. Kathrin entdeckt ihren toten Sohn. Damit er kirchlich beerdigt werden darf, ersinnt sie eine List: der Knecht Rudi soll den Toten in den Wald schaffen, damit es so aussieht, als sei er von Räubern überfallen worden. Der Knecht schwört Verschwiegenheit und macht sich ans Werk.
8. Die Hochzeitsgäste geleiten das Brautpaar in einem Fackelzug herein. Der von Balthasar geforderte Trinkspruch erweist sich als eine Warnung vor der Ehe, ein Lob seiner Witwerfreiheit. Er rät dem Brautpaar, besser ohne eheliche Bindung zusammenzuleben. Durch einen Windstoß werden zunächst einige, dann alle Lichter im Raum gelöscht. Balthasar zitiert den Volksaberglauben, nach dem dies ein Zeichen dafür ist, daß die Seele eines Selbst-

»Der Friedensengel«
II,1 und III,3
Bühnenbildentwürfe von Wieland Wagner

mörders davonfliegt und ein Grab sucht. Als nur noch der Mond die Szene beleuchtet und die Gäste erregt durcheinanderlaufen, schreit Eruna plötzlich auf: sie glaubt die Gestalt eines Graumännchens auftauchen und durch die verschlossene Tür in jenem Zimmer verschwinden zu sehen, in dem sich Willfried das Leben genommen hat. Das Licht wird wieder angezündet, und das Fest nimmt seinen Fortgang.

ZWEITER AKT

1. Nach ihrer Flucht ist Mita in ein Kloster eingetreten. Doch hat sie hier nicht gefunden, was sie suchte, und ist entschlossen, sich neuem Leben und neuer Liebe zuzuwenden. Sie will ihre Jungendliebe Reinhold aufsuchen.
2. In jenem Dorf angelangt, das Reinhold bewohnt, begrüßt sie die neu gewonnene Freiheit, genießt den Frieden der Natur als das bewußte Glück des Augenblicks.
3. Reinhold erkennt Mita zunächst nicht wieder, umarmt sie dann aber und erzählt ihr von all den Amouren, die er seit ihrem Fortgang hatte. Außerdem hat er geheiratet, Gerta, einen »guten Drachen«, die er sich absichtlich erwählt hat, damit seine ungebändigte Erotik etwas gezügelt werde. Mita soll wenigstens für einen Tag, unerkannt von Gerta, Magd im Hause spielen und Reinholds Leidenschaft genießen. Als Gerta ihn ins Haus ruft, versteckt er Mita in der Laube.
4. Der Fronbote schlägt einen Steckbrief der Feme gegen Mita an, die man für die Mörderin Willfrieds hält. Balthasar, der zur Kirchweih aus Kronach in dieses Dorf kommt, berichtet Gerta und Reinhold über Hintergründe der Suchaktion und über die Foltermethoden der Feme. Ruprecht, Erunas einst verschmähter Freier, ist der Anführer der Ankläger.
5. Zunächst ist Reinhold eifersüchtig auf Mitas Liebe zu Willfried, überlegt sich aber doch, daß er sie am liebsten als zweite, zusätzliche Frau an seiner Seite hätte und spielt mit dem Gedanken, Moslem zu werden.
6. Er verspricht Mita, ihr zu helfen, wird jedoch von Gerta überrascht, als er Mita küßt. Als Gerta erfährt, wen sie vor sich hat, flicht sie Mita einen Strohkranz – das Zeichen für Buhlerinnen – um den Arm und bindet sie an die Säule vor der Kirchentür, um sie dem Spott der Gemeinde preiszugeben. Reinhold will Mita befreien und ihr den Kranz abnehmen, aber Mita bekennt sich zu diesem »Schmuck«. Die Landschaft scheint ihr verändert, der Friede auf ewig entschwunden.

DRITTER AKT

1. Am Fuß der Staffelsteine, der Gerichtsstätte des Femegerichtes, verhört der Freigraf Mita. Das Urteil lautet auf Verbannung. Danach wird Rudi verhört, doch der Knecht schweigt beharrlich. Kathrin beteuert seine Unschuld und verstrickt sich dabei selbst in Widersprüche. Ruprecht fordert, daß die Leiche Willfrieds exhumiert wird. Als Rudi gefoltert werden soll, vertraut Kathrin, auf Zuspruch des Pfarrers, dem Freigrafen die Wahrheit an. Der verkündet nun lauthals Kathrins Geständnis, woraufhin Ruprecht das Recht auf seiner Seite hat: die Überreste Willfrieds sollen ausgegraben werden, da ein Selbstmörder nicht auf dem Friedhof bestattet sein darf.
2. Eruna versucht, Kathrin von der Sinnlosigkeit, sich der aufgehetzten Bauernrotte entgegenzustellen, abzubringen, aber Kathrin überschüttet Eruna mit Vorwürfen. Der Pfarrer verspricht Kathrin, Willfrieds Grabstätte heimlich zu weihen, was Kathrin jedoch entschieden zurückweist.
3. Vergeblich versuchen Kathrin und Eruna, Ruprecht durch vernünftige Argumente von seinem Vorhaben abzubringen. Um an Willfrieds Grab zu gelangen, entfernen die Bauern zunächst ein Gebüsch. Dahinter erblicken sie Mita, tot auf Willfrieds

»An allem ist Hütchen schuld«
II,4, II,5 und II,9 in Altenburg
(1944), in der Inszenierung
Wieland Wagners

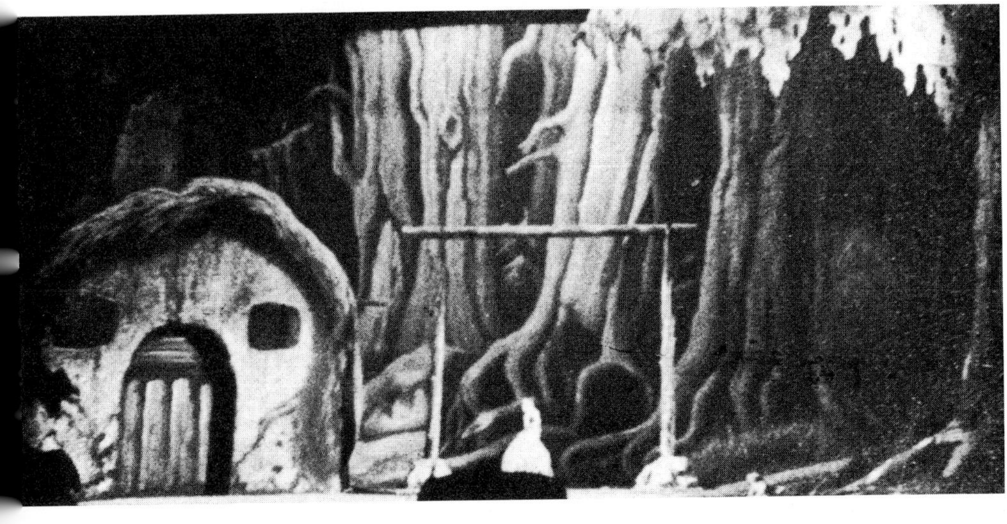

Grab liegend. Doch auch nachdem sie Mitas Leiche entfernt haben, wagen die Bauern nicht, das Grab zu öffnen, da sie dahinter eine Gestalt zu sehen vermeinen. Alle – bis auf Ruprecht – hören aus der sich erleuchtenden Kirche einen epischen Chor, der von der Möglichkeit des Friedens in der Welt kündet. Ein Teil der Bauern glaubt zu sehen, wie Engel ein Grab öffnen und Mitas Leiche bestatten. Dankbar betet die Mutter den Friedensboten als »heiligen Christ« und »Friedensengel« an.

An allem ist Hütchen schuld!

Personen: Hütchen, ein Kobold* (Sopran) – Der Frieder (Tenor) – Das Katherlies'chen (Sopran) – Frieders Mutter (Mezzosopran) – Trude (Alt) – Ein Hexenweibchen (Koloratursopran) – Der Dorfrichter (Tenor-Buffo) – Der Tod (Bariton) – Der Teufel (Baß-Buffo) – Des Teufels Ellermutter (Mezzosopran) – Der Königsohn (Bariton) – Ein Wirt (Bariton) – Sein Eheweib (Alt) – Der Müller (Baß) – Die Müllerin (Sopran) – Der Sakristan (Tenor-Buffo) – Die Märchenfrau (Sopran) – Der Menschenfresser (Baß) – Sonne (Alt) – Mond (Baß) – Stern (Sopran) – Das singende, springende Löweneckerchen (Sopran) – Jacob Grimm, Siegfried Wagner (Sprechrollen).

Um Besetzungsschwierigkeiten zu vermeiden, ist es so eingerichtet, daß mehrere Rollen von ein und derselben Person gesungen werden können; so zum Beispiel: 1. Koloratursopran: a) Hütchen, b) Hexenweibchen, c) Müllerin, d) Stern, e) Singendes, springendes Löweneckerchen. 2. Mezzosopran: a) Frieders Mutter, b) Teufels Ellermutter. 3. Alt: a) Trude, b) Wirtin, c) Sonne. 4. Tenor-Buffo: a) Dorfrichter, b) Sakristan. 5. Bariton: a) Königsohn, b) Müller. 6. Bariton: a) der Tod, b) der Wirt. 7. Baß: a) Teufel, b) Menschenfresser, c) Mond.

ERSTER AKT

1. Frieder und Katherlies'chen lieben sich und wollen heiraten.
2. Doch Katherlies'chen ist nur die im Haus von Frieders Mutter angestellte Magd, und Frieders Mutter will, daß die reiche Trude ihren Sohn ehelicht.
3. Als Trude zu Besuch kommt, zeigt ihr Frieder seinen Unwillen.
4. Auch Katherlies'chen sagt Trude ins Gesicht, wie »schiech« sie ist.
5. Ein Hexenweibchen verrät Trude, wie sie Frieder an sich fesseln kann.
6. Arbeitsunwillig läßt Katherlies'chen das Geschirr fallen und stiehlt der reichen Trude Geld aus der Tasche. Sie wird eingesperrt.
7. Katherlies'chen will sich vergiften und macht ihr Testament. Doch sie verwechselt Gift und Honig.
8. Frieder will mit Katherlies'chen fliehen, aber die Flucht wird vereitelt.
9. Vor dem Dorfrichter müssen die beiden Liebenden schwören, künftig getrennte Wege zu gehen und einander zu hassen. Sie werden aus dem Dorf verjagt und dürfen nur heimkehren, falls sie Trudes Wünsche erfüllen und die von ihr gestellten Rätsel lösen.

ZWEITER AKT

1. Unabhängig von einander fragen Katherlies'chen und Frieder Stern, Mond und Sonne um Rat und werden an den Tod und den Teufel verwiesen.
2. Katherlies'chen hilft dem zerschlagenen Tod auf die Beine und erhält zum Dank eine Salbe, mit der man Todkranken neues Leben verleihen kann.
3. Im Totenreich verlängert Katherlies'chen das Leben eines dem Tod geweihten Königsohns.
4. Als ihr der kranke Königsohn im Wald begegnet, bestreicht sie ihn mit der Salbe

* Bemerkung, den Kobold betreffend. Hütchen hat nur eine Stelle zu singen (hinter der Szene). Sonst muß Hütchen von einem Kinde im Alter von ungefähr 12 Jahren dargestellt werden.

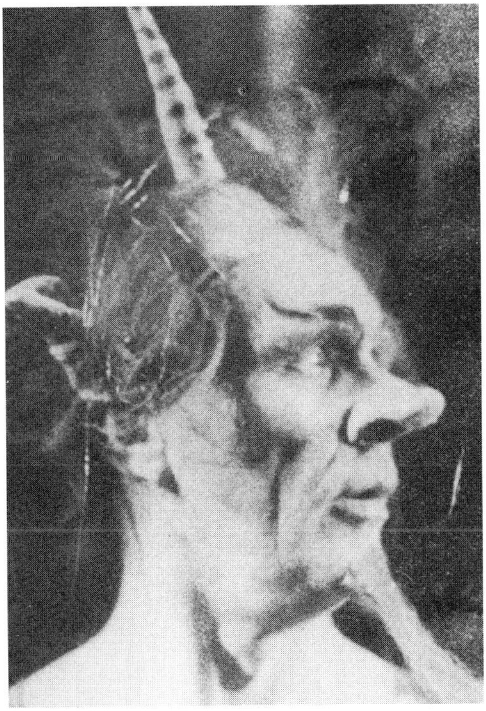

»An allem ist Hütchen schuld« in Altenburg (1944) und Leipzig (1939)
Haidi Jüttner (Hutchen), Willy Buhlmann (Teufel) und Wieland Wagners Entwurf zum Totenreich (II,3)

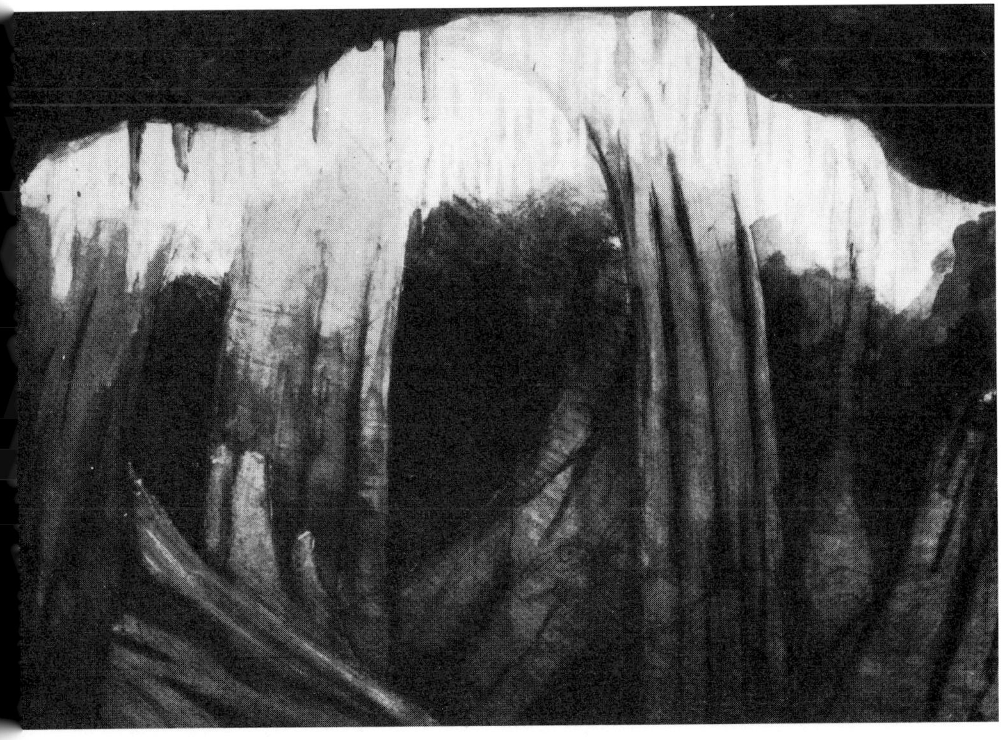

»An allem ist Hütchen schuld« in Wiesbaden (1979)
Die Tugendmühle (II,7) mit Claudia Eder (Müllerin), Hubert Delamboye (Sakristan), Sheila Wolk (Katherlies'chen) und Gerd Nienstedt (Müller) in der Inszenierung von Peter P. Pachl

und vertreibt den Tod, der sie hereinlegen wollte. Doch sie lehnt es ab, die Gemahlin des Prinzen zu werden.

5. Mit Hilfe der Ellermutter überlistet Frieder den Teufel, läßt sich Trudes drei Fragen beantworten und bringt aus der Hölle das Tischlein-deck-dich, den Goldesel Bricklebrit und den Knüppel-im-Sack mit.

6. Katherlies'chen und Frieder begegnen sich im Wald, doch Frieder will Katherlies'chen nicht erkennen.

7. Katherlies'chen übernachtet in einer Mühle und erlebt, wie die Müllerin ihren Mann mit dem Sakristan betrügt. Als der Müller unerwartet früh nach Hause kommt, gibt Katherlies'chen ihren kranken Raben als Wahrsager aus: sie verrät dem Müller versteckte Köstlichkeiten, verhilft aber auch dem Sakristan zur Flucht aus dem Schrank.

8. Frieder nächtigt in einem Gasthof. Den Wirtsleuten, die ihm den Wundertisch und den Esel stehlen wollen, zahlt er es mit dem Knüppel heim.

9. Katherlieschen findet das von Trude gewünschte, singende, springende Löweneckerchen mit dem goldenen Ei. Den Menschenfresser, der sie zum Suppenknödel verarbeiten will, schlägt sie mit seinen eigenen Waffen. Aber der Vogel entkommt, und als Frieder ihr – glücklich über seine Lösungen von Trudes Aufgaben und Rätseln – entgegenkommt, ist diesmal sie es, die ihn nicht erkennen will. Zum Trost verschafft ihr die Kröte Itsche ein Sternenkleid in einer Nußschale.

DRITTER AKT

1. Frieder kehrt, mit den Zaubergegenständen beladen, nach Hause zurück. Aber als er sie der Mutter, Trude und den Nachbarn vorführen will, funktionieren sie nicht mehr. Sogar der Zettel, auf dem er sich die Antwort der drei Fragen notiert hatte, ist auf einmal ein unbeschriebenes Blatt. Nun muß Frieder also doch die »schieche« Trude heiraten.

2. Katherlies'chen trägt bei ihrer Heimkehr das Sternenkleid, um das Trude sie heiß beneidet. Gegen eine Nacht in Frieders Schlafzimmer ist Katherlies'chen bereit, Trude das Kleid zu überlassen. Aber Trude verabreicht Frieder einen Schlaftrunk, damit Katherlies'chen bei ihm nicht zum Zuge kommt.

3. Mit schweren Sorgen schläft Frieder ein. Katherlies'chen schleicht zu ihm und bemüht sich vergeblich, ihn zu wecken. Erst ein kalter Wasserguß holt ihn aus dem Tiefschlaf, und glücklich sinken sich die Liebenden in die Arme.

4. Trude kommt zurück und versucht, das Liebespaar zu verhexen. Tatsächlich erstarrt Frieder zu Stein, wohingegen das Sonntagskind Katherlies'chen gegen Trudes Verzauberungskünste immun ist. Auf Frieders Flöte bläst Katherlies'chen Trude zum Hexentanz; als sie die Flöte absetzt, verschwindet der Spuk und mit ihm auch Trude. Mit Hilfe der Salbe heilt Katherlies'chen Frieder und gewinnt ihm durch ihre Tränen auch das Augenlicht zurück.

5. Die herbeigeeilten Nachbarn bereiten unverzüglich eine Feier vor, denn letztlich ist es ihnen egal, wer heiratet, Hauptsache es gibt ein Fest. Die Fröhlichkeit mündet in Zwist und Streit, eine allgemeine Rauferei entsteht. Schließlich erfaßt das Chaos auch Siegfried Wagner und Jacob Grimm, die sich in die Haare geraten. In dieses heillose Durcheinander platzt die Märchenfrau und verrät, daß an dem ganzen Wirrwarr nur der unsichtbare Kobold Hütchen schuld sei. Allerdings lasse sich dieser Poltergeist mit Knofel und Bibernellen enttarnen. Tatsächlich gelingt es, Hütchen zu fangen. Katherlies'chen stellt ihn für seine Untaten zur Rede: er war es, der den Bruch des Geschirrs, den Diebstahl des Geldes, die Vertauschung von Gift und Honig verursacht hat, der das Löweneckerchen wegfliegen ließ, der die Liebenden verwirrte, daß sie sich nicht erkennen wollten, und der zuletzt die Raufereien der Nachbarn ausgelöst hat. Doch Katherlies'chen hat Mitleid mit dem

Wicht und läßt ihn entwischen. Die aufgebrachten Nachbarn zürnen Katherlies'chen wegen dieser unangebrachten Milde, aber Hütchen rächt sich, indem er das Haus zum Einsturz bringt. Außer Frieder und Katherlies'chen werden alle unter den Trümmern begraben.

6. Nochmals bricht die Märchenwelt herein: Tod und Teufel nahen, werden aber von Frieder – unter Androhung von Prügeln – verjagt. Mit ihrer Salbe erweckt Katherlies'chen die unter den Trümmern Begrabenen zu neuem Leben und läßt sie schwören, von nun an gut zu sein.

Das Liebesopfer

Personen: Wernhart – Hedwig, seine Frau – Elfried, ihre Tochter – Wilhelm, Elfrieds Freier – Hellmut – Aglaia – Jephumes – Ralph – Eine Stumme – Madame Fleury, Modistin – Eine Nachbarin – Ein Richter – Ein Bauer – Ein Trödler – Ein Geck – Ein Schmarotzer – Ein Frischgeadelter – Eine böse Zunge – Ein Soldat – Peter, ein Knecht – Eine Wirtin

Schauplatz: 1. und 2. Akt: Wernharts Gutshof. 3. Akt: Festsaal in Wernharts Schloß. 4. Akt: Vor einem Nonnenkloster.
Zeit: Anfang des 19. Jahrhunderts.

ERSTER AKT

1. Elfried und Wilhelm lieben sich, aber Elfrieds Vater Wernhart ist gegen deren Ehe, da Wilhelm mittellos ist.

2. Wernhart selbst hat Schulden. Ein Trödler schafft was noch Wert hat, aus Wernharts Gutshaus.

3. Elfried bittet Hellmut, einen Freund des Vaters, für Wilhelm um sie zu freien. Hellmut versucht mit Wein und Gesang, Wernhart aufzuheitern. Scheinbar wirbt er um Elfried, um dann Wilhelm zum Zuge kommen zu lassen, aber Wernhart bleibt hart.

4. Hedwig, Wernharts Frau, nimmt eine Stumme, die sich ihren Lebensunterhalt durch Sticken verdient, gegen Kost und Logis als Dienerin in ihrem Haus auf. Hellmut lädt Wernhart und Hedwig auf den Abend zum Tanz bei der Linde ein und verabschiedet sich.

5. Unbemerkt hat Jephumes die vorigen Situationen belauscht. Scheinbar aus Mitgefühl macht er Wernhart darauf aufmerksam, daß Wernharts Oheim, der neben dem Haus in einer Gruft liegt, sein Geld mit in den Sarg genommen hat. Wernhart versteht den Hinweis, doch Grabesruhe ist ihm heilig. Er erwidert Jephumes, er sei kein Leichenräuber, auch wenn er Hungers sterben müsse.

6. Hedwig gibt ihm recht. Wernhart bittet Hedwig, Elfried aufzuheitern, er sei entschlossen, mitsamt der Familie zum abendlichen Tanz zu gehen.

7. Wernhart erinnert sich an den Satz: »Für ein gutes Werk darf Böses gescheh'n.« Elfried zuliebe, die dann den Wilhelm heiraten darf, will er den Schatz bergen, so wie aus Römergräbern Schätze gehoben werden, ohne daß dies jemand Leichenraub nennen würde. Er redet sich ein, daß er den Toten sogar von seinem Krampf lösen kann, indem er ihn von irdischem Besitztum befreit.

8. Unter einem Vorwand schickt Wernhart Frau und Tochter allein zum Fest.

9. Den Knecht schickt er fort, dann macht er sich – verkleidet – ans Werk, die Grabkammer zu öffnen. Sie liegt direkt neben seinem Lebensbaum, einer Linde, von der ihm ein Wurzelweib geweissagt hat, solange dieser Baum treibe, solange treibe auch er. Wernhart öffnet den Sarg und holt die Goldsäcke heraus, die mit Stricken an die Leiche gebunden sind. Ralph, der gehört hat, daß Wilhelm als Freier um Elfried nicht zum Zuge kam, will nun selbst um Elfried werben. Er hört Geräusche in der Gruft und stellt den verkleideten Wernhart zur Rede. Doch der sticht Ralph nieder und verscharrt dessen Leiche, schließt die Gruft und schaufelt Erde darüber. Auf einem der Goldsäcke liest er die Inschrift: »Wer mich

raubt, beraubt sich selbst.« Wernhart bemerkt, daß die Stumme ihn beobachtet hat, und erpreßt ihren Schwur, nichts zu verraten. Wilhelm, der Elfried in ihrem Zimmer glaubt, will die Geliebte zur Flucht überreden.

ZWEITER AKT

1. Drei Wochen später gibt sich Wernhart als Alleinerbe eines reichen, in Indien verstorbenen Vetters aus. Er schickt den Knecht zu Wilhelm, der nun Elfried heiraten darf. Zunächst sollen sich Frau und Tochter neu einkleiden. Eine Pariser Modistin, der er in der Stadt begegnet ist, hat er herbestellt.
2. Madame Fleury, die Modistin, trifft mit einem Wagen ein. Sie stellt sich als ehemaliges Mitglied des Corps de Ballet der Pariser Oper vor. Hedwig begegnet ihr mit Widerwillen, und die Modistin hat für die Ehefrau nur Spott übrig. Elfried wählt einen Hut und einen Mantel aus. Madame Fleury entdeckt die Stumme, betrachtet deren Arbeit und bezeichnet die Dienerin als Philomele. Als Wernhart seiner Frau erklären soll, was es mit der sagenhaften Philomele auf sich hat, verrät er sich beinahe.
3. Nachdem Madame Fleury wieder abgefahren ist, macht Wernhart Hedwig Vorwürfe, wie sie sich der Fremden gegenüber benommen habe. Hedwig entschuldigt dies mit dem Ärger über das Gerücht, nach dem der verschollene Ralph sich aus Liebeskummer getötet hat, weil Elfried sein Werben abgewiesen habe. Jetzt gebe man indirekt Elfried die Schuld. Als Wilhelm kommt, lassen die Eltern ihn mit Elfried allein.
4. Elfried berichtet Wilhelm von der glücklichen Wendung, die einem allegorischen Traum entspricht, den Wilhelm geträumt hat. Aber Wilhelm will nicht, daß sein Glück in der Hand Wernharts liegt. Er will sich durch eigenen Fleiß Wohlstand erarbeiten und dann um Elfrieds Hand bitten. Dem Wunsch ihres Vaters gemäß, bittet Elfried Wilhelm, nicht wegzugehen, sondern Wernhart bei der Arbeit zu helfen. Hedwig ruft Elfried und Wilhelm ins Haus.
5. Jephumes schmeichelt Wernhart und lobt überschwenglich dessen Standhaftigkeit, nicht seinem Rat nachgegeben und der Gruft die Geldsäcke entwendet zu haben. Wernhart will sich mit Jephumes über die Zukunft beraten, seine Pläne, ans Meer zu ziehen und Schiffshandel zu treiben, besprechen. Jephumes verweist darauf, daß der Mann im Gegensatz zur Frau die Jugend zweimal erleben könne, und lenkt Wernharts Aufmerksamkeit auf den Gesang der jungen Witwe Aglaia, die gerade vorbeirudert. Als Aglaia daraufhin mit ihrem Boot ins Schilf gerät, eilt Wernhart, um sie zu retten.
6. Aglaia schenkt ihrem Retter einen Opalring, der von ihrem Leid Kunde gebe. Ihn soll Wernhart bei sich tragen, aber niemandem zeigen. Sie selbst will in ein fernes Land gehen.
7. Jephumes merkt, daß Wernhart Feuer gefangen hat, und zeigt ihm den Grundriß eines Schlosses am Meer, in dem für Hedwig nur eine Kammer vorgesehen ist. Hedwig kommt hinzu und vermag nicht einzusehen, aus welchem Grund Wernhart fortziehen will.
8. Wernhart will den Hof verkaufen, aber Hedwig wehrt sich dagegen, da er ihr Erbe ist: sie will hier, auf dem Hof ihrer Eltern bleiben und Wernharts Lebensbaum schützen. Die Stumme dagegen möge mit Wernhart reisen und ihm ein Bild für die Wände des Schlosses sticken. Nach Hedwigs Willen soll auch Elfried dem Vater folgen, um als Schutzgeist in seiner Nähe zu sein.

DRITTER AKT

1. Wernhart wohnt ein halbes Jahr später in einem Palast am Meer. Er hat Hedwig verstoßen, seine neue Liebe heißt Aglaia, sein Berater ist Jephumes. Der fordert ihn auf, anstelle Wilhelms einen feineren Schwiegersohn zu wählen, der zu der adligen Gesellschaft paßt, die in Wernharts Palast ver-

kehrt. Da Wernhart zu Wilhelm steht, weckt Jephumes in Wernhart die Eifersucht: Aglaia habe sich beklagt, daß Wilhelm ihr mit Blicken nachstelle.

2. Violine spielend kommt Aglaia herein. Sie gibt vor, sich von Wernhart trennen zu müssen, da er sie nicht ehelichen will. Wernhart beschwört sie, daß es hierzu erst noch nötig sei, Gesetze zu beugen. Er vertröstet sie auf den nächsten Tag, da heute sein Geburtstag ist. Sie aber will von ihm wenigstens eine kurze schriftliche Bestätigung. Als die Stumme mit dem Stickrahmen vorbeikommt, will Wernhart ihr Werk sehen, was sie aber nicht zuläßt.

3. Elfried und Wilhelm danken dem Vater, daß die Zeit der Prüfung endlich vorbei und für den nächsten Tag die Hochzeit angesetzt ist. Wernhart weicht aus. Da er auf etliche Tage verreise, müsse die Hochzeit nochmals aufgeschoben werden.

4. Elfried würde gern mit Wilhelm fortgehen, aber sie hat der Mutter versprochen, als treuer Schutzgeist an der Seite ihres Vaters zu bleiben. Wilhelm erwidert, daß der Schwur Elfried nicht auf immer binde, und er versucht sie zu überreden, mit ihm ein neues Leben zu beginnen.

5. Hellmut kommt aus dem Krieg auf Heimurlaub und verhöhnt Wilhelm, daß er sich in Wernharts Palast eingenistet habe, während er, Hellmut, für das Vaterland gekämpft hat. Im Befehlston erheischt er Liebe von Grete, seiner Verlobten. Wenn er eine Woche später wieder ins Feld zieht, soll Wilhelm ihm folgen.

6. Hellmut beschimpft Wernhart als einen zweiten Midas, dem alles zu Gold wurde, so daß er zuletzt nicht mehr essen und trinken konnte. Mit Elfrieds Hilfe stimmt Hellmut das Lied vom dicken fetten Pfannekuchen an, doch Wernhart will nicht mitsingen. Hellmut kommentiert, daß Reichtum und Heiterkeit einander ausschließen. Hellmut richtet Jephumes Grüße von dessen Tochter, einer Kreuzotter, aus. Jephumes, der sich durchschaut fühlt, warnt ihn vor dieser Gattung von Schlangen. Als Aglaia hereinkommt, begrüßt Hellmut sie als »neue« Mutter Hedwig. Wernhart stellt Hellmut Aglaia als Witzbold und Tagedieb vor. Der aber beruft sich auf seinen Mut und Glauben: er hat sich im Krieg ein Ehrenzeichen erworben, das man mit Geld nicht erlangen könne. Da das Fest beginnen soll, zu dem auch der Fürst des Landes erwartet wird, fordert Wernhart Hellmut auf, zu gehen. Wernhart läßt der Stummen durch Elfried eine Schüssel bringen, deren Inhalt er vergiftet hat. Ein Brief des Fürsten meldet, daß der Herrscher doch nicht zur Geburtstagsfeier kommen wird. Matrosen überreichen Wernhart ein Schiffsmodell, der Bürgermeister die goldene Ehrenbürgermedaille samt Urkunde, ein Männergesangverein, Kinder und Italiener bringen künstlerische Darbietungen. Ein Geck, ein Frischgeadelter und ein Schmarotzer kommentieren die Einladung. Elfried berichtet, daß Tauben und Finken aus der Speiseschüssel der Stummen genascht haben und vergiftet zu Boden gefallen sind. Wernhart beruhigt die Gäste, und Jephumes läßt die Tanzmusik spielen. Doch Jephumes unterbricht die Tanzenden mit einer dringenden Anfrage: Ein Dorf sei niedergebrannt; die Herrin eines in der Nähe liegenden Gutes überlege, ob sie – um die Not zu lindern, ein bei ihrem Gutshof liegendes Grab öffnen und das darin liegende Gold entnehmen dürfe. Die Gesellschaft stimmt zu, die Frau sei dazu berechtigt. Jephumes erklärt, über diese Zustimmung werde die Frau froh sein, denn sie hätte das Grab bereits geöffnet und kein Gold, aber eine zweite Leiche gefunden. Diese hätte man als den vermißten Ralph identifiziert, den eine Magd am Abend vor seinem Tod zu Wernharts Haus habe schleichen sehen. Wilhelm wird verdächtigt. Die Gesellschaft ist peinlich berührt über diese Geschichte. Eine Komtesse will einen Maskenball zugunsten der Opfer des Dorfes abhalten.

7. Gerichtsdiener führen Wilhelm ab. Nach und nach brechen auch die Gäste auf. Nur der Schmarotzer zecht bis zuletzt und bittet Wernhart um einen größeren Betrag, den er

nötig braucht, um Kartenspiel-Schulden zu decken. Wernhart verspricht ihm Hilfe. Jephumes teilt Wernhart mit, daß eine vornehme Dame im Weggehen die an ihn ausgesprochene Einladung zurückgezogen habe und daß eines seiner Schiffe ein Leck habe; der Name des Schiffes sei »Wernhart«, und die das Schiff verlassenden Ratten – stehen für Jephumes, der Wernhart mit seinen Problemen allein läßt. Da die alte Margret Berg, eine ehemalige Magd Wernharts, ihn beschuldigt, wird auch er vor Gericht zitiert.

8. Die Stumme betrachtet ihre Stickerei und will sie an der Wand befestigen, aber als Hedwig eintritt, verhüllt sie ihr Werk. Hedwig fragt die Stumme nach Wernhart, Elfried und Aglaia.

9. Freigesprochen von der Anklage kehrt Wernhart aus der Gerichtsverhandlung zurück. Allein mit sich, bedenkt er seine Wohltaten. Hedwig spricht ihn an: sie ist nicht gekommen, um sein Glück zu stören, sie will nur einen Rat, denn Wernharts Linde, sein Lebensbaum, kränkelt seit einigen Wochen: der den Sarg erbrochen und Ralph ermordet hat, der muß wohl auch die Wurzel der Linde verletzt haben. Wernhart erwidert Hedwig, der Linde sei nicht zu helfen, man solle sie nur fällen, dann gäbe es wenigstens Brennholz. Traurig geht Hedwig ab.

10. Durch Arznei sucht Wernhart Schlaf zu finden und dem Spruch, »Wer mich beraubt, beraubt sich selbst«, zu trotzen. Im Traum sieht Wernhart, wie ihn eine Volksmenge aus dem Kerker holt, Hexen ihn umtanzen und zum Hochgericht schleppen. Drei Galgen sind aufgerichtet, an zwei baumeln schon Verbrecher, der dritte ist frei für ihn. Er ist von Teufeln umringt und soll eben unter wildem Johlen der Zuschauer erhängt werden – da erwacht er mit einem wilden Schrei. Die Stumme hält ihm ihre Stickerei entgegen. Er erkennt darauf jede einzelne Station seiner Missetaten. Doch er entreißt ihr die Decke, schneidet sie in Stücke und wirft sie ins Feuer. Mit dem Ruf »Philomele!« will er die Stumme erwürgen, aber Elfried hindert ihn daran.

11. Elfrieds Schrei hat Aglaia herbeigerufen. Sie schickt nach dem Priester, der sie vor Wernharts Tod schnell noch mit ihm trauen soll.

12. Wilhelm, der trotz seines Eides als Mörder Ralphs zum Tode verurteilt wurde, kommt, von Gendarmen geleitet, um Wernhart noch einmal ins Auge zu sehen. Aber Wernhart weicht seinem Blick aus.

13. Der Priester traut Aglaia und Wernhart. Wernhart weigert sich jedoch, die Beichte abzulegen und die Kommunion zu empfangen. Da Aglaia erreicht hat, was sie wollte, geht sie ab. Elfried redet ihrem Vater nochmals ins Gewissen. Der Sterbende sagt mühsam, vielleicht habe Wilhelm es doch nicht getan.

VIERTER AKT

1. In einer Schenke neben einem Kloster erzählt Hellmut von der pompösen Leichenfeier für Wernhart. Am selben Tag sei auch die Stumme, die sich offenbar aus Schmerz über Wernharts Tod erdrosselt habe, begraben worden. Elfried sei in ein Kloster eingetreten, doch würde sie jeden Abend am Grab ihres Vaters beten und weinen. Offenbar wisse sie noch nicht, daß Wilhelm doch noch freigesprochen worden sei, nachdem es kurz vor seiner Hinrichtung plötzlich einen Wolkenbruch gegeben habe, der als Gottesurteil (»Gott weint mit dem Unschuldigen!«) gewertet worden sei. Die Wirtin fügt hinzu, Wilhelm müsse aber zum Zeichen seiner Verurteilung durch Menschenrecht immer eine rote Schnur um den Hals tragen. Wilhelm, der dieser Szene unerkannt beigewohnt hat, gibt sich zu erkennen und widerspricht dieser Verleumdung. Da Elfried naht, bittet er die anderen, ihn mit ihr allein zu lassen.

2. Elfried will Wilhelm nicht mehr kennen. Sie hat ihre Liebe als Opfer dargebracht,

um die Schuld des Vaters zu sühnen. Da Wilhelm sie warnt, den Vater nicht ungerecht zu beschuldigen, enthüllt sie ihm, was sie in Wernharts Todesstunde erlebt hat. Wilhelm kann nicht verstehen, warum Elfried dann ihr Leben für diesen Verbrecher aufopfern will. Sie jedoch will das Böse nicht fortpflanzen. Wilhelm soll Hedwig melden, was aus Elfried geworden ist, und er soll Hellmut, wie versprochen, in den Krieg folgen. Wilhelm gemahnt sie an ihren Liebesschwur, doch sie besteht auf ihrem Opfer, mit dem sie das Liebste aufgibt, um des Vaters Seele von Qual zu befreien. Während Elfried unter Orgelklängen von Nonnen ins Kloster geleitet wird, fordert Hellmut Wilhelm auf, den Trompetensignalen Folge zu leisten.

Der Schmied von Marienburg

Personen: Heinrich Reuß von Plauen, Komtur von Schwetz, hernach Hochmeister der Marienburg (Baß) – Michael Küchmeister von Sternberg, Ordens-Marschall (Bariton) – Alfred von Jungingen, Neffe des Hochmeisters Ulrich v. Jungingen (lyr. Tenor) – Helwich von Hartenstein, zum Kulmer »Eidechsenbunde» gehörig (Bariton) – Muthart, Waffenschmied der Marienburg (Heldentenor) – Frau Madaldrut, seine Mutter (Alt)-Wanhilt, seine Frau (Sopran) – Martin, sein Geselle (Tenor)-Winelib, eine Waise (Sopran) – Willekin, ein Bürger (Bariton, Charakterrolle) – Friedelind, seine Tochter (Sopran) – Grete, deren Amme (Mezzosopran) – Ein Einsiedler (Bariton) – Ein Torwächter der Marienburg (Baß-Buffo) – Der hinkende Wanderer (Tenor, Charakterrolle) – Urte, Magd bei Muthart (Sopran) – Ein Bursch (Tenor) – Ein Gastwirt (Baß)
Chor: Ritter der Marienburg, Bauern, Volk
Zeit der Handlung: 1410. Ort: Marienburg und Umgebung.

ERSTER AKT

1. In einem kellerartigen, bunt zum Mummenschanz geschmückten Raum trifft sich Friedelind mit ihrem Geliebten, Alfred von Jungingen, dem Neffen des Hochmeisters der Ordensritter. Als Ordensritter ist Alfred zwar an sein Keuschheitsgelübde gebunden, bricht es aber im Schutz der Verkleidung mit Friedelind. Friedelind hat Wanhilt, die Frau des Schmiedes Mutharts, mitgebracht, da diese ein Fremder hier dringend zu sprechen wünscht. Es ist der als Bettler verkleidete Helwich von Hartenstein. Als sie ihn an der Stimme erkennt, will Wanhilt fliehen. Doch in diesem Moment dringt Willekin, Friedelinds Stiefvater, in den Raum, um Friedelind zu holen. Ihrem Liebsten versetzt er einen Hieb ins Gesicht.
2. Der an der Stirne blutende Alfred rettet sich zum Schmied Muthart, der ihm helfen soll, den Bruch des Gelübdes zu vertuschen. Muthart gibt ihm eine Rüstung. Alfred soll zur Nogat reiten und sich so stellen, als sei er vom Pferde gestürzt. Dann wird er seinen Gesellen Martin aussenden, der Alfred dort finden soll.
3. Muthart schickt seinen Gesellen unter einem Vorwand zum Fluß. Den Torwächter, den zuvor Alfred mit Wein betäubt hatte, zwingt er zu einem Eid. Martin meldet, daß er den vom Pferd gestürzten Alfred gefunden hat. Muthart, Martin und der Torwächter begeben sich zum Fluß.
4. Madaldrut, Mutharts Mutter, findet keinen Gefallen an Wanhilts Säugling, um den sich Winelib, eine Waise kümmert. Die Frauen verbinden die Wunden des von Muthart, Martin und dem Torwächter hereingetragenen Alfred.
5. Madaldrut fragt ihren Sohn, wo seine Frau stecke, mit der sie sich zum Kirchgang verabredet habe. Sie macht Muthart Vorhaltungen, daß er Wanhilt trotz des Kindes, das sie von einem anderen erwartete, zur Frau genommen hat und fordert ein eigenes Enkelkind von ihm.
6. Wanhilt, die vorgegeben hat, bei einer

kranken Freundin Nachtwache zu halten, kommt heim. Als sie mit Muthart, Madaldrut, Martin und zwei Lehrlingen beim Frühstück sitzt, kommt der Torwächter hinzu und berichtet, daß ihn eben Willekin wütend gefragt habe, ob er am Morgen einen Ritter eingelassen habe, er habe aber geschworen, daß er von nichts wisse. Als die Rede auf den Würfelwirt kommt, bei dem es in der letzten Nacht Lärm gegeben habe und der – nach der Ansicht des Torwächters – einen Ritter vom Kulmer Eidechsenbund bei sich verberge, fällt Wanhilt in Ohnmacht und wird ins Nebenzimmer getragen. Martin bittet Frau Madaldrut, bei Winelib ein gutes Wort für ihn einzulegen, aber Mutharts Mutter erwidert, Winelib erwidere Martins Liebe nicht. Ein Trommelwirbel meldet die Niederlage der Ordensritter. Ulrich von Jungingen, für den Muthart gerade einen neuen Helm fertiggestellt hat, ist gefallen. Muthart schimpft auf die Ungerechtigkeit des Himmels, aber Madaldrut weiß die Niederlage so zu deuten, daß in der Marienburg irgend etwas geschehen sei, was Gottes Zorn erregt habe. Das müsse erst gereinigt werden. Als aus der Marienburg das »Kyrie eleison« ertönt, fordert Madaldrut den Sohn auf, auch einmal mit in die Kirche zu kommen.

ZWEITER AKT

1. Friedelind bittet einen Einsiedler um Hilfe. Willekin will Alfred öffentlich anklagen. Sie klagt dem Einsiedler auch ihr Leid, daß sie für Willekin keine Kindesgefühle hegt, und hofft, daß sich hinter dem Geheimnis ihrer bei Friedelinds Geburt verstorbenen Mutter die Kunde verberge, daß Willekin nicht ihr Vater sei. Aus Schmerz, an dem Tod der Mutter Friedelinds schuld zu sein, sei der einzige Freund der Mutter zum Einsiedler geworden und berge eine Locke der Mutter an seiner Brust, so habe es ihr die Magd anvertraut. Er, der Einsiedler, habe wohl auch aus Liebeskummer die Einsamkeit gesucht?

2. Grete, die Magd, ist Friedelind gefolgt, um sie vor Willekin zu warnen, der ihre Flucht entdeckt hat. Auch bringt sie ihr einen Brief von Alfred, der sie angesichts der Niederlage des Ordensheeres und des Todes seines Oheims bittet, ihm zu entsagen. Friedelind bittet den Einsiedler, zur Burg zu eilen und Alfred umzustimmen, als Grete Willekin nahen sieht.

3. Grete behauptet gegenüber Willekin, Friedelind sei mit ihrem Geliebten in Richtung Danzig geflohen. Willekin sieht seinen Plan vernichtet, die hochmütigen Ordensritter zu verklagen. Friedelind verrät sich in ihrem Versteck, weil sie sich vor Ratten fürchtet. Willekin heuchelt einen Schwächeanfall und überlistet so den Einsiedler, um die Kellertüre der Klause öffnen zu können. Als er Friedelind sieht, beschimpft er sie und bezichtigt den Einsiedler der Kuppelei. Da der Einsiedler Friedelind dem wütenden Willekin nicht überläßt, sticht dieser mit einem Dolch auf den Einsiedler ein. Der Einsiedler entwaffnet Willekin und läßt ihn erst auf das Kreuz schwören, daß er Friedelind kein Leid antue. Willekin schwört es, eilt aber, um doch gegen die Ordensritter zu klagen. Als er fort ist, bricht der Einsiedler aufgrund des Blutverlustes zusammen. Auf der Brust des Ohnmächtigen entdeckt Friedelind die Locke ihrer Mutter.

4. Auf dem Platz vor der Marienburg erzählt Muthart, wie es durch den Verrat der Eidechsenritter von Kulm zu der Niederlage des Ordensheeres bei Tannenberg kam. Gegenüber dem Komtur von Schwetz, Heinrich Reuß von Plauen, klagt Willekin, daß sein einziges Kind von einem Ordensritter verführt wurde; dem Verführer habe er einen Schlag an die Stirne versetzt, ohne ihn genau zu erkennen. Nun mustert er die Ritter und verklagt Alfred. Aber Muthart, der Torwächter, Martin, Madaldrut und Willekin weisen die Klage zurück. Willekin klagt auch Wanhilt der Buhlerei an, auch sie sei beim Mummenschanz dabeigewesen. Als der Komtur Willekin auffordert, Muthart um Verzeihung zu bitten, schwört Willekin, daß er in

Alfred den Verführer seiner Tochter wiedererkennt. Die fünf Gegenzeugen schwören, daß sie die Wahrheit gesagt haben. Daraufhin wird Willekin als Meineidiger abgeführt.

5. Muthart setzt dem toten Ulrich von Jungingen den neu geschmiedeten Helm aufs Haupt. Auf Vorschlag des Michael von Sternberg wird der Komtur zum neuen Hochmeister der Marienburg erwählt. In einer Predigt bekennt sich der neue Hochmeister zu den alten Idealen des Ordens, die dem Satan trotzen. Er läßt das Banner der göttlichen Jungfrau entfalten und alle den Schwur auf die Doktrin der Burg erneuern.

DRITTER AKT

1. Willekin, der gefesselt an Mutharts Haus vorbeigeführt wird, flucht dem meineidigen »Ehrenschmied«. Als Bettler verkleidet sucht Helwich Wanhilt auf, um sein Kind zu sehen. Er fragt Wanhilt, ob sie seinen Brief nicht erhalten habe, in dem er ihr seine plötzliche Abreise erklärt und Freunde genannt habe, bei denen sie unterschlüpfen könne, bis er heimgekehrt wäre. Wanhilt, die diesen Brief nie erhalten hat, bricht in Tränen aus. Helwich fordert sie auf, mit ihm zu fliehen, um sich und ihr Kind zu retten, denn es drohe Gefahr. Wanhilt hört Muthart kommen, aber Helwich kann nicht mehr fliehen.

2. Wanhilt gibt vor, der Bettler habe ihr einen Brief von der Mutter gebracht, der es schlecht gehe. Muthart dankt dem Bettler und gibt ihm Geld zum Lohn. Auch will er ihn vor dem Rückweg noch verpflegen. Als der jedoch den Hut nicht abnimmt und auch nicht hören will, nimmt Muthart ihm den Hut weg. Dabei fällt Helwichs Perücke zu Boden. Muthart will wissen, warum der Fremde in Verkleidung reist, und da er aus Kulm stammt, ob er nicht vielleicht ein Eidechsenritter ist. Helwich gesteht, daß er zum Eidechsenbund gehört. Wanhilt spricht für ihn: sie kenne ihn von Jugend an, er sei unfreiwillig dem Eidechsenbund beigetreten und kein Gegner der Marienburg. Im Vertrauen auf Wanhilt erläßt Muthart Helwich die Rechtfertigung vor dem Ordensgericht. Da die Tore bereits geschlossen sind, er den Fremden aber nicht unter seinem Dach beherbergen will, gibt er Wanhilt nach, die den Fremden durch einen geheimen Kellergang entweichen lassen will. Muthart überwindet sein Mißtrauen, daß der Fremde den Feinden diesen Gang verraten könne, und zeigt Helwich den Weg.

3. Wanhilt redet der Magd Urte ins Gewissen. Wo denn der Brief sei, den sie ihr einstmals übergeben sollte? Bevor Urte alles erklären kann, ist Muthart zurück.

4. Muthart sucht, was in der Bibel über Meineid geschrieben steht, da meldet sich bei ihm ein hinkender Wanderer, der beschlagen werden will. Er nimmt Bezug auf Mutharts Lektüre und weist auf die Skandalgeschichten des Alten Testaments hin. Muthart verweist den Wanderer an den Hufschmied, aber jener gibt sich als Personifizierung von Mutharts schlechtem Gewissen, als Teufel, zu erkennen. Er beruft sich darauf, schon vor Gott über Tag und Nacht regiert zu haben. Muthart provoziert ihn, daß er dann auch einen Menschen aus Lehm formen und ihm Leben einhauchen könne. Das erste gelingt dem Teufel, das zweite nicht. Aber er läßt sich von Muthart nicht fortekeln; erst müsse Muthart sich für den Meineid und die Unterschlagung rechtfertigen. Muthart sagt, der Eid sei notwendig gewesen, um die Burg vor Schmach zu retten, und wenn Willekin auch für den Meineid unschuldig büße, so büße er damit doch anderes ab, was er noch nicht gesühnt habe, etwa den Tod seiner Frau. Und den Brief habe er verschwiegen, um Wanhilt neue Qualen zu ersparen; wer sie einmal betört und belogen hätte, würde wohl auch ein zweites Mal dazu imstande gewesen sein. Wanhilt ist unbemerkt eingetreten und hat Mutharts Monolog mit angehört; trotz ihrer Zwischenrufe nimmt er sie nicht wahr. Der hinkende Wanderer hat einen Ring an

»Der Schmied von Marienburg«
II,5 und III,9 in der Berliner Staatsoper (1938), in den Bühnenbildern von Emil Preetorius

seinem Finger gedreht und ist dadurch unsichtbar geworden. Wanhilt stellt Muthart zur Rede: ob es wahr ist, was er eben bekannt hat? Verzweifelt will sie mit ihrem Kind fliehen, findet es aber nicht.

5. Winelib kommt mit dem Kind im Wagen. Muthart trägt ihr auf, das Kind niederzulegen, sie aber will aufgrund eines bösen Traums lieber dableiben, geht jedoch, da Muthart sie heimschickt.

6. Der hinkende Wanderer erscheint wieder an jener Stelle, wo er zuletzt sichtbar war. Er fordert Muthart auf, eine Madonnenstatuette umzudrehen, da er sonst nicht aus der Schmiede fort könne. Außerdem soll sich ihm Muthart ganz anvertrauen, da es für ihn keine andere Wahl mehr gebe: Wanhilt bezichtige ihn überall des Meineides. Muthart beschlägt dem Teufel, wie gewünscht, das Hufeisen, treibt ihm aber einen Nagel so tief in den Fuß, daß der aufheult. Das Blut des Teufels entzündet sich zu Flammen und setzt die Schmiede in Brand. Inmitten der Mauerreste der Schmiede hält Muthart das tote Kind in den Armen.

7. Wanhilt klagt ihn vor der Öffentlichkeit an, nicht nur einen Meineid geschworen und den Brief unterschlagen, sondern nun auch noch das Kind ermordet zu haben. Als sich Muthart vor dem Hochmeister verteidigen soll, ergreift Alfred das Wort, Muthart habe den Eid nur geschworen, um ihn und das Ansehen der Burg zu retten. Friedelind bekennt sich schuldig am Vergehen Alfreds, aber sie nimmt Alfred, der ihrer Meinung nach nicht zum Heiligen geboren ist, selbst die Insignien des Ordensritters ab. Alfred bittet die Ordensritter, ihn von seinem Schwur zu entbinden. Der Hochmeister willfährt Alfreds Wunsch, und Friedelind führt Alfred hinweg zu ihrem sterbenden Vater, der dem Paar seinen Segen geben soll. Der Hochmeister stellt fest, daß Mutharts gutes Herz ihn von der geraden Bahn getrieben hat; die Sache mit der Brief-Unterschlagung möge er allein mit seinem Gewissen ausmachen.

8. Madaldrut bekräftigt, sie habe immer gesagt, es gäbe nichts Dümmeres als ein gutes Herz, Muthart solle wallfahrten, bis alle Schuld abgetragen sei. Winelib führt Wanhilt herbei, die gekommen ist, um sich zu verabschieden. Aber Madaldrut hat nur Spott für sie übrig, und Muthart weicht ihrem Blick aus. Auch Martin der Geselle, nimmt seinen Abschied und bittet Winelib, mitzukommen. Die aber bleibt bei Muthart und Madaldrut. In den Trümmern der Schmiede findet Madaldrut die unversehrte Marienstatuette und deutet dies als Zeichen, daß sie mit ihrem Sohn in die Welt hinausziehen darf. Madaldrut, Winelib und Muthart wenden sich zum Gehen.

9. An der Kellertüre hört Muthart Geräusche, den Waffenlärm der durch den von Helwich verratenen Geheimgang eindringenden Polen. Er läuft, um die Ritter zu wecken. Die Ordensritter gewinnen die Schlacht, aber Muthart fällt im Kampf. Muthart stirbt mit der Bitte an den Heiland und die Jungfrau Maria, die Burg zu beschützen. Im Sonnenaufgang setzt der Hochmeister dem Toten jenen Helm aufs Haupt, den der Schmied von Marienburg für Ulrich von Jungingen angefertigt hatte.

Rainulf und Adelasia

Personen: Albiria, Gräfin von Alife (Mezzosopran) – Osmund, Rainulf, deren Söhne (Bariton, Tenor) – Adelasia, aus normannischem Adelsgeschlecht (Sopran) – Gilbert, ihr Bruder (Tenor) – Ein Priester (Bariton) – Beata, Tochter eines Freigelassenen (Sopran) – Sebastian, ein alter Diener der Gräfin (Baß) – Sigilgaita, eine Seherin (Alt) – Graziella, eine Tänzerin (Sopran) – Prinz Wilhelm, der dreizehnte Sohn König Tankreds (stumm) – Martha, seine Amme (Sopran) – Der Gesandte Kaiser Heinrichs des Sechsten (Bariton) – Francesco, ein Mann aus dem Volke (stumm).

Zeit: 1194. Ort: Reggio, Calabrien.

ERSTER AKT

1. Osmund ruft die Soldaten auf, König Tankred zu helfen, dem nach dem plötzlichen Tod König Wilhelms der Anspruch auf den Thron zustehe.
2. Rainulf, Osmunds Bruder, will einem Bastard wie Tankred nicht beistehen, er hält es mit dem Hohenstaufen, Kaiser Heinrich VI.
3. Beata, Osmunds Geliebte, hat vernommen, daß Osmund in den Kampf zieht und ist ängstlich um Osmunds Treue besorgt. Doch der verspricht, sie noch am selben Tag zu heiraten. Rainulf ist diese Verbindung nicht recht, da Beata nur die Tochter eines Freigelassenen ist. Osmund will mit Beata zur Mutter, um deren Segen zu erbitten, aber Adelasia bittet, dies zu verschieben, da die Mutter endlich Schlaf gefunden habe.
4. Rainulf will den ungeliebten, erstgeborenen Bruder bei der Mutter anschwärzen. Er, Rainulf, fühlt sich zu Adelasia hingezogen, die jedoch nur Liebe für Osmund empfindet.
5. Ein Priester berichtet Osmund, daß Gräfin Albiria, die Mutter von Osmund und Rainulf, bald sterben werde. Den Raubmord im Kloster, bei dem ein wundertätiger Smaragd entwendet wurde und bei dem die Tatwaffe mit der Namensgravur »Osmund« zurückblieb, versucht Rainulf dem Priester gegenüber Osmund anzulasten.
6. Die Tänzerin Graziella, Rainulfs heimliche Geliebte, schleicht trotz seines Verbots zu ihm, um ihn vor Giacomo zu warnen, der sich in trunkenem Zustand in der Kneipe als Rainulfs rechte Hand zu erkennen gegeben habe. Rainulf gibt ihr einen Geldbeutel und schickt sie fort.
7. Von Adelasia, Beata, einigen Frauen und dem alten Diener Sebastian geführt, betritt Albiria die Terrasse. Osmund bittet um ihren Segen für Beata und sich, aber sie ist entsetzt, daß eine Magd Gräfin von Alife werden soll. Sie will Beata zum Schwur zwingen, sich Osmund nie wieder zu nähern, doch Osmund hindert sie daran. Wie ohnmächtig sinkt Albiria zurück.
8. Mit Albiria allein, bittet Adelasia die Gräfin, die Ehe von Beata und Osmund nicht zu verhindern. Da Adelasia Osmund liebt, wünscht sie sein Glück, und es stört sie, daß Rainulf von der Mutter bevorzugt wird. Adelasia geht, um Osmund zu melden, daß die Mutter seiner Ehe mit Beata zustimmt.
9. Unterwürfig naht sich Rainulf der Mutter, lenkt auch bei ihr den Mordverdacht auf Osmund und gibt vor, durch zwei Wunderzeichen nach Meinung des Volkes zur Königswürde vorbestimmt zu sein. Mit Hilfe des Hohenstaufen solle König Tankred fallen, auch Kaiser Heinrich solle gestürzt werden, und anstelle der Normannen werde ein heimischer Fürst das Land regieren. Er, Rainulf, sei durch keinen Eid gebunden, da er von der Mutter nach der Art der Irländer getauft, sein rechter Arm noch heidnisch und damit frei im Handeln sei. Die Mutter solle öffentlich gegen Osmund aussagen. Albiria geht mit sich zu Rate: sie hat Rainulf einst als außereheliches Kind empfangen. Nun ist sie unschlüssig, ob er die Wahrheit sagt. Aber der Gedanke, daß er König werden könne, siegt. Sie läßt Priester und Öffentlichkeit herbeirufen, nur Osmund, den sie nicht sehen will, möge fernbleiben.
10. Albiria bezichtigt Osmund des Raubmordes im Kloster – und stirbt. Osmund flucht der toten Mutter; er sei bereit, wie schon viele andere vor ihm, Unrecht zu ertragen, aber ihr Meineid werde ihr die Ruhe rauben. Rainulf läßt Osmund entwaffnen und fesseln. Adelasia sieht Osmund ins Auge und ist von seiner Unschuld überzeugt. Obgleich sie warnende Stimmen in sich hört, will sie sich zur Mitwisserin des Rechts machen.

ZWEITER AKT

1. In seinem Palast empfängt Rainulf den Gesandten Heinrichs des Sechsten, der

ihm seine Ernennung zum Herzog von Salerno mitteilt. König Tankreds Frau Sibylle und ihr Söhnchen Wilhelm sind nach Tankreds plötzlichem Tod in Salerno untergetaucht, Herzog Rainulf soll sie ergreifen lassen. Obleich das Volk immer noch zu Tankreds Stamm hält, verspricht Rainulf dem Gesandten, diesen Wunsch des Kaisers zu erfüllen.

2. Von Marta begleitet, führt Adelasias Bruder, Graf Gilbert, den kleinen Wilhelm herbei. Er stellt ihn Rainulf vor und berichtet, das Gerücht sei im Umlauf, Wilhelm solle auf Heinrichs Befehl gefesselt und geblendet werden. Rainulf gibt dies als Lüge aus. Das Volk schwört dem jungen Wilhelm zu. Gilbert spricht Rainulf darauf an, daß er mit seinem heidnischen Arm geschworen hat. Rainulf bekennt sich dazu, daß er Constanze für die rechtmäßige Erbin hält. Er betont, es ginge ihm nur um das Recht und das Heil des Volkes. Tatsächlich läßt sich das Volk durch seine Rede umstimmen. Marta fragt nach Osmund, der Wilhelm beschützen solle. Adelasia meldet Osmunds Tod. Marta bittet Rainulf, sich des Kindes anzunehmen, aber der fordert Marta zur Flucht mit Wilhelm auf.

3. Gilbert, der gehört hat, daß seine Schwester die Geliebte Rainulfs geworden ist, begegnet ihr mit Ablehnung. Doch sie erklärt ihm, sie habe dies auf sich genommen, um Osmunds Unschuld zu beweisen. Rainulf glaube, sie stehe unter dem Zauber der Seherin Sigilgaita, die von Rainulf den Auftrag bekommen hat, Adelasias Absichten zu erforschen. Sigilgaita sei aber auf ihrer Seite, werde sie nur zum Schein in Schlaf versenken und im Gegenteil Rainulf schlafend befragen.

4. Adelasia berichtet Sigilgaita, daß sie Rainulf seit drei Nächten erfolglos im Schlaf belauere. Sie habe ihm versprochen, sich ihm nach den drei Tobias-Nächten hinzugeben, das stünde nun bevor, wenn Sigilgaita ihr nicht beistehe. Sigilgaita muntert Adelasia auf.

5. Rainulf fordert Sigilgaita auf, Adelasia in Schlaf zu versetzen, doch die Seherin überredet ihn, daß er zunächst – zum Schein – dasselbe tun müsse, um Adelasias Zweifel zu zerstreuen.

6. Da sie für ihr Werk Dunkelheit benötigt, verdunkelt Sebastian, der alte Diener der Gräfin, den Raum. Sebastian erzählt Rainulf, ihn bedrücke der Verdacht, daß Albiria falsch ausgesagt habe und Osmund unschuldig verurteilt sei; Giacomo sei, mit Gold beladen, heimlich fortgesegelt. Als Adelasia Näheres über Giacomo wissen will, höhnt sie der Diener als ehrlose Dirne. Rainulf wirft den alten Sebastian daraufhin aus dem Schloß.

7. Rainulf fordert Sigilgaita auf, mit ihrem Zauber zu beginnen. Sie verweist ihn auf ein geheimnisvolles Buch, »Die Geschichte des Propheten Daniel«, in dem auch Rainulfs Zukunft verzeichnet sei. Von diesem Angebot gereizt, willigt Rainulf ein, sich in hypnotischen Schlaf versenken zu lassen. Mit Räucherwerk und Tanz assistieren sechs Frauen der Seherin. Adelasia winkt den Priester als Zeugen herbei. Im Traumzustand erscheint Rainulf die tote Mutter. Er bekennt sich zu seinem Handeln und rechtfertigt es. Als er erwacht, befürchtet er, laut gesprochen zu haben und verlangt, daß nun Adelasia an die Reihe kommt. Aber Sigilgaita stellt sich entkräftet. Da merkt Rainulf, daß man ihn betrogen hat und beschließt, Adelasia zu töten.

8. Rainulf füllt Gift in einen Becher und läßt ihn Adelasia mit Wein auffüllen. Sie soll ihm zutrinken, zum Zeichen, daß sie ihm kein Gift reiche. Da sie dies mit Worten tut, die seine Liebe zu ihr anstacheln, entreißt er ihr den vergifteten Wein. Adelasia schlägt Rainulf vor, sich ihm am Ufer hinzugeben. Er will ihr folgen.

9. Rainulf denkt weiter über die Erscheinung der toten Mutter nach und hört alsbald ihre Stimme: sie fordert Rainulf auf, sie von der Schuld zu befreien. Er bleibt starr, nichts kann ihn erweichen.

10. Die Tänzerin Graziella huldigt mit einer Schar von Freunden dem Herzog. Er fordert

sie auf, in den Palast zu kommen. Es gibt ein großes Fest mit Tanz und Trinkgelage, mit dem Rainulf seine Erinnyen zu vertreiben hofft. Alles stimmt ein in sein Loblied auf Griechenland.

DRITTER AKT

1. Im Inneren einer großen Höhle betet Sigilgaita, von ihren Priesterinnen umgeben, zum Feuer. Mit einem Boot kommt Rainulf zu dieser Höhle und belauscht die Seherin. Er will sie erpressen, die Stimme der Mutter in ihm zum Schweigen zu bringen. Doch sie kann ihm nicht helfen. So will er wenigstens wissen, was in Daniels Geschichte über ihn als Herrscher geschrieben steht; Sigilgaita hält ihm vielsagend eine leere Seite vor.
2. Mit dem Sciroccosturm naht der Stadt von Süden Benvert zur Stärkung des Sarazenenheeres, außerdem herrschen Pest und Hunger in Salerno. Das Volk fragt Rainulf, wo dessen Bundesgenosse zur Hilfe gegen die angreifenden Galeeren bleibe. Adelasia verkündet, daß Rainulfs Worte der Stadt nicht mehr helfen könnten, da die Stadt einen Verbrecher beherberge. Die Gräfin habe Osmund verklagt, da sie von einem anderen getäuscht wurde. Rettung brächte nun einzig das Bekenntnis des Frevlers, der den geraubten Stein des Klosters auf der Brust trage. Der Priester verspricht Milde seitens der Kirche, wenn sich der Verbrecher stelle. Adelasia hält einen Spiegel hoch: wer reinen Gewissens sei, werde es wagen, hineinzusehen, den Schuldigen aber werde der Widerschein blenden. Rainulf höhnt Adelasia als Dirne, die sich, nachdem Osmund ihre Liebe abgelehnt, bei ihm eingeschlichen und sich seine Liebe erzwungen habe. Adelasia fordert ihn auf, in den Spiegel zu sehen, aber Rainulf wirft ihn zu Boden, so daß er zerbricht. Adelasia verklagt Rainulf nun offen als den Schuldigen und benennt Sigilgaita und den Priester als Zeugen. Rainulf bezichtigt nun den Priester eines Komplotts gegen ihn. Ein Bote meldet, daß Graf Gilberts Schiff dem bedrängten Hafen zu Hilfe kommt; unter den Sarazenen entsteht Verwirrung, weil ein weiteres Schiff, mit der Fahne des Grafen von Alife, hinzukommt, und sie entweichen nach Norden. Rainulf rühmt sich dieser Wendung der Schlacht. Graf Gilbert führt einen Ritter mit geschlossenem Visier als Retter vor. Rainulf dankt dem Unbekannten; dies bedeute den Sieg der Gerechtigkeit. Der Retter gibt sich als Osmund zu erkennen. Rainulf will Osmund erdolchen, doch hört er wieder die Stimme der Mutter, daß er seine Tat bekennen solle. Daraufhin nimmt er ein langsam wirkendes Gift, gesteht, gibt den Stein des Klosters an den Priester zurück und stirbt. Der Diener Sebastian bittet Adelasia um Verzeihung. In einer Prozession wird der Wunderstein ins Kloster zurückgetragen, das Volk preist Beata und Osmund, die wieder vereinigt sind, und wünscht ihnen und Adelasia Glück. Alleingelassen stellt Adelasia die Frage nach dem Glück. Marta führt den geblendeten Wilhelm zu Adelasia. Die nimmt den letzten Sproß aus Robert Guiscards Heldenstamm zu sich, um ihn zu einem Hirten in den Bergen zu bringen. Dort will sie zu seinem Schutze leben.

Die heilige Linde

Personen: Arbogast, König eines deutschen Stammes (Bariton) – Hildegard, seine Frau (Sopran) – Sigrun, seine Schwester (Sopran) – Gundelind, seine Base (Mezzosopran) – Fritigern, Königssohn eines benachbarten Stammes (Tenor) – Ekhart (Baß) – Philo, syrischer Freigelassener, Günstling des römischen Kaisers (Tenor) – Cajus, seine Kreatur (Bariton) – Autonoe (Sopran) – Antenor, Fischersohn aus Milet, Soldat (Bariton) – Ein Graf (Baß) – Ein Bote (Tenor).

Zeit: Drittes Jahrhundert unserer Zeitrechnung. Ort: Erster und dritter Akt Deutschland, zweiter Akt Rom.

ERSTER AKT

1. Als Wortführer einer erregten Volksmenge tritt Ekhart auf König Arbogast zu und fordert, das Fällen der alten Linde, die einem uralten Glauben nach ein heiliger Baum ist, zu unterlassen. Der König entgegnet, daß der Baum ihm die Aussicht verderben würde. Ekhart will Arbogast allein, ohne den Römer Philo, sprechen, aber der König widerspricht diesem Ansinnen und stößt halblaut den Wunsch aus, von Ekhart befreit zu werden. Philo reagiert sofort und beauftragt einen römischen Söldner mit dem Mord.
2. Philo gibt Arbogast gegenüber vor, eine Eingebung zu haben: ein ewiger Bund zwischen Rom und Arbogast. Er spricht an den König eine Einladung des römischen Kaisers zur Tausendjahrfeier aus, bei der auch der Neffe des Kaisers um Arbogasts Schwester freien will.
3. Arbogast zeigt seiner Frau die vom römischen Kaiser als Geschenk entsandten Gaben. Doch Hildegard empfindet die Seiden und Schmuckstücke als zu fein für sich. Ein Bote ruft Arbogast zum Nerthus-Fest. Der König erklärt Philo den religiösen Brauch als Komödie für die gläubige Menge. Unsichtbar werde die Göttin Nerthus auf einem Wagen umhergefahren und von zwei Kriegsgefangenen zum Bade geleitet; der Preis für die beiden, die Göttin sehen zu dürfen, sei ihre anschließende Enthauptung.
4. Fritigern, ein markomannischer Prinz, kommt inkognito, als Brautwerber Agilulf, zum Nerthus-Fest, um Sigrun, die Schwester des Kaisers, kennen zu lernen, da er um deren Hand anhalten möchte.
5. Fritigern hält die dem Nerthus-Zug voranschreitende Hildegard für Sigrun und ist erleichtert, daß der Vater ihm diese Frau als Gemahlin zugedacht hat. Arbogast will die Regeln der Feier abwandeln und den Kriegsgefangenen, die Nerthus, die Göttin des Friedens gesehen haben, das Leben schenken, aber die Männer sagen, daß seine Gewalt hier ein Ende habe. Aufgebracht will er den Vorhang öffnen, hinter dem sich die Göttin verbirgt, doch Hildegard hindert ihn daran und läßt die Feier ihren Fortgang nehmen.
6. Hildegard durchschaut Fritigerns Absicht. Sie heißt Sigrun, dem Abgesandten die Hand zu reichen. Fritigern ist entsetzt, daß seine Auserwählte die Königin ist. Arbogast erinnert Sigrun daran, daß sie die Wahl hat, Markomannenherrin oder römische Fürstin zu werden. Sigrun gegenüber schildert Fritigern den markomannischen Prinzen als häßlich und dumm – und sagt auch nichts von der Werbung.
7. Fritigern zweifelt, ob er in Hildegard das Gefühl entfachen und so deren Ehe mit Arbogast zum Scheitern bringen darf.
8. Eine Frau wird von einer Volksmenge mit Rutenschlägen vor sich hergetrieben. Ein Weib erklärt Philo, daß so Untreue gegenüber dem Gatten bestraft wird.
9. Philo hat die Szene zwischen Hildegard und Fritigern miterlebt, zieht daraus Rückschlüsse und beabsichtigt, die Königin, die seinen Plänen im Wege steht, bei Arbogast anzuschwärzen. Er spricht Fritigern mit seinem richtigen Namen an, er verspricht ihm, ihn nicht zu verraten und fordert ihn auf, mit Arbogast und Hildegard nach Rom an den Kaiserhof zu ziehen.
10. Arbogast setzt einen Landesverweser ein, verabschiedet sich von seinem Volk und fordert es auf, in seinen Lobpreis auf Philos Freundschaft einzustimmen. In diesem Moment wird der Mord an Ekhart entdeckt. Hildegard kniet an seiner Leiche nieder und bringt diesen Mord mit dem Fällen der heiligen Linde in Verbindung.

ZWEITER AKT

1. Auf der Terrasse vor seinem Haus hat Philo seine Handlanger um sich versammelt und erteilt ihnen Befehle, da der Kaiser – wie immer, wenn ein Fürst in der Stadt weilt, dessen Land er haben will – »erkrankt« ist und Philo zu seinem Stellvertreter ernannt hat. Dichter sollen Arbogast schmeicheln, die schönsten Mädchen ihn verführen, Priester sollen zwei Adler in der Luft sich küssen lassen, zum Zeichen, daß der Bund zwischen Arbogast und Rom geglückt ist, und sein Kumpan Cajus soll – als vorgeblicher Neffe des Kaisers – Sigrun ehelichen. Philo betätigt sich auch als Erbschleicher und inszeniert einen Aufstand gegen sich selbst, um seine Popularität zu festigen.
2. Autonoe, ein zur Kurtisane des Kaisers aufgestiegenes Fischermädchen, soll als vorgebliche Nichte des Kaisers Arbogasts Frau werden.
3. Da sich Hildegard geweigert hat, römische Tracht anzulegen, erscheint Arbogast ohne sie zu einem Fest, das ihm zu Ehren zelebriert wird. Ausgelassene Tänze finden statt, und die Auguren verkünden nach der präparierten Vogelschau, was Philo ihnen aufgetragen hat. Verspätet kommt Hildegard – aber in ihrer heimatlichen Tracht. Ob ihres Aussehens verspottet, rechtfertigt sie sich Arbogast gegenüber, daß römische Besucher, die zu ihnen nach Hause kommen, ja auch nicht ihre Tracht ablegen.
4. Der von Philo inszenierte Aufruhr gegen sich selbst unterbricht das Fest: man wirft Philo Betrug, Raub, Mord und Verrat des Heeres an die Parther vor; Philo scheint bereit, sich töten zu lassen, falls diese Anschuldigungen stimmen sollten, aber in diesem Augenblick erscheint eine Flamme über seinem Haupt, die »Aufrührer« scheinen umgestimmt, und das Volk jubelt dem »Reinen« zu. Philo fordert die Festgäste auf, ihm nun zum Circus zu folgen.
5. Hildegard will von dem blutigen Spektakel nichts wissen und bittet Arbogast, dem Circus ebenfalls fernzubleiben. Der versteht nicht, warum sie inmitten all der Festlichkeiten und Ehrungen nicht fröhlich ist, und geht allein zum Circus.
6. Hildegard bittet die Götter, ihr Herz zu stärken, damit sie ihrem Gatten die Treue halten kann.
7. Sigrun berichtet Hildegard aufgeregt, daß Agilulf in die Arena gesprungen ist und ein Mädchen aus den Krallen des Löwen gerettet hat. Ihr gefällt der markomannische Bote – ganz im Gegensatz zu dem ihr zugedachten Kaiser-Neffen Cajus. Das Volk fordert von Fritigern das gerettete Opfer zurück, aber ein römischer Ritter besteht darauf, daß der Gast des Kaisers nicht gekränkt werden dürfe. Im Hinblick auf neue Opfer läuft das Volk zum Circus zurück.
8. Fritigern erklärt Hildegard den Grund, warum das Mädchen getötet werden sollte: sie ist eine Christin, die an einen Gott glaubt, der sich töten ließ, weil er Liebe und Mitleid lehrte.
9. Philo gibt vor, eine Verschwörung sei gegen Arbogast und Hildegard im Gange, Arbogast habe er bereits gerettet, doch auch Hildegard müsse entfliehen, um sich fern, zwischen Clusium und Aretium, wieder mit Arbogast zu treffen; ob sie keinen Ritter wisse, der ihr auf der gefährlichen Fahrt beistehen könne. Fritigern bietet sich als Beschützer an. Sie fliehen beide in einem von Philo bereitgestellten Wagen.
10. Philo erzählt Arbogast, der nach seiner Frau sucht, unter falschem Namen sei Fritigern Hildegard nach Rom gefolgt und nun gemeinsam mit ihr geflohen. Arbogast fällt es schwer, an die Untreue seiner Frau zu glauben, und er sucht weiter nach ihr. Philo preist sich selbst als einen Plautus und Terenz adäquaten Komödiendichter. Er ruft Autonoe herbei, die den König verführen soll.
11. Autonoe ist unglücklich, weil sie von niemandem wirklich geliebt wird. Arbogast hört ihren traurigen Gesang und erkennt in der Sängerin jene Frau, die ihm als Nichte des Kaisers vorgestellt worden war. Sie erzählt ihm von ihrer Einsamkeit und dem

Wunsch, wieder aufs Land zu ziehen. Während Arbogast Autonoe umfangen hält, glaubt er Ekhart zu sehen, der mit entblößter Brust auf seine Wunde deutet; Arbogast verscheucht das Angstbild mit den Worten, nicht er habe ihn getötet, sein Wille sei es nicht gewesen. In einer offenen Verwandlung führt Autonoe Arbogast zum Altar der Isis. Eine Priesterin weissagt und fügt die Hände der beiden zusammen.

DRITTER AKT

1. In Arbogasts Heimat berichtet Gundelind den Männern, daß Hildegard von ihrem Mann verstoßen wurde und daß sie selbst vorsorglich Hildegards Söhnchen der Obhut einer Magd anvertraut hat. Arbogast hat sich beklagt, daß man ihm und seiner neuen Frau nicht den gebührenden Empfang bereitet hat.
2. Er zeigt Autonoe zwei neue Bauwerke, die er für sie errichten läßt, einen kleinen Palatin und einen Isis-Tempel. Doch Autonoe ist noch nicht ganz glücklich. Arbogast soll ihr schwören, daß Hildegards Kind nur dann Thronerbe wird, wenn sie selbst ihm keine Erben schenkt. Boten melden die Ankunft Philos. Arbogast folgt ihnen hocherfreut.
3. Antenor, ein Fischersohn aus Milet, Autonoes Jugendliebe, ist Soldat geworden, um in Rom in Autonoes Nähe zu sein, doch hat er sie dort nicht sprechen können. Nun ist er ihr in Arbogasts Reich gefolgt, erinnert sie an vergangene, glückliche Tage und fordert sie auf, mit ihm in die Heimat zu reisen.
4. Autonoe reißt sich den Schmuck von Kopf und Armen. Gundelind, von der sie nach dem Grund ihres Vorgehens befragt wird, vertraut Autonoe an, daß sie nur eine Betrügerin ist, die durch Philo verleitet wurde und die nun dem Freund ihrer Kindertage nach Milet folgen wird.
5. Aufgeregt berichtet Arbogast, daß Hildegards Vater, vereint mit Fritigern, den Kampf gegen sein Königreich angesagt hat. Nun hofft er auf die starke Hilfe von seiten Philos, doch der lehnt aufgrund anderer außenpolitischer Schwierigkeiten ab – es sei denn, Arbogast wäre bereit, im Süden des Landes die Grenzen Roms zu erweitern, die Hälfte des Waldertrages und ein Drittel des Heeres abzugeben. Außerdem wünsche sich der Kaiser – aus einer launischen Sammelbegierde – von Arbogast einen Teil der Nase, das linke Ohrläppchen und die zweite Zehe des rechten Fußes. Arbogast merkt, daß es Philo ernst ist und will des Kaisers Nichte herbeirufen lassen. Gundelind berichtet, was Autonoe ihr vor ihrer Flucht anvertraut hat. Philo gibt zu, alles gewußt zu haben. Es habe sich um eine Wette gehandelt, wie groß die Kindlichkeit der Barbaren sei. Außer sich, zieht Arbogast das Schwert gegen Philo, der nun seine Wette gewonnen sieht, da dieses Vorgehen Arbogasts größte Dummheit beweise.
6. Jetzt erkennt Arbogast seine Verblendung. Er fragt Gundelind nach dem Verbleib seines Kindes aus der Ehe mit Hildegard und läßt sich von ihr zu der Hütte führen, in der sein Knabe verborgen ist. Sein Heer rüstet sich zum Kampf gegen Rom.
7. In einer Ecke jener Hütte, in der der Thronfolger versteckt wurde, beobachten Gundelind und Arbogast verborgen Hildegards nächtlichen Besuch bei dem Kind. Auf Hildegards Klagen gibt sich Arbogast zu erkennen und bittet Hildegard um Verzeihung. Sie fordert ihn auf, mit dem Volk gegen Rom zu kämpfen.
8. Fritigern sucht in der Hütte, ob sich Arbogast noch verborgen hält. Hildegard fragt ihn, ob auch er von Philo verblendet sei, da er den Bruderstamm bekämpfen wolle; er selbst habe ihr doch von einem Gott des Mitleids erzählt. Fritigern will von Arbogast nichts wissen; man könne nicht aus Mitleid einer Gattenpflicht gehorchen. Der ihr als Mann von den Göttern bestimmt sei, der sei anders, heiter, froh und treu.
9. Arbogast ist im Kampf gefallen. An seiner Leiche schwört Fritigern Hildegard Treue gegenüber Arbogasts Land. Er for-

dert sie auf, nach Ablauf der Trauerzeit seine Frau zu werden. Hildegard gesteht ihre Liebe zu Fritigern. In ihrer Verbannung hat Hildegard neben der Hütte eine kleine Linde gepflanzt, die als Sinnbild der Treue und Eintracht heranwachsen soll, eine neue heilige Linde.

Wahnopfer

Personen: Die Gräfin Godeswintha (Mezzosopran) – Dr. Sigisar Agapanthus (Baß-Buffo) – Ingunthis, Herminberga, Schwestern (Sopran) – Eulalia (Alt) – Gunthimar, Bräutigam der Herminberga (Tenor) – Argimund, der Baumeister (Bariton) – Athaulf, der Vetter Gunthimars (Baß-Bariton) – Eriulf, ein Jüngling (Tenor) – Gesalich (Bariton) – Präfekt (Bariton) – Knecht (Tenor) – Ein Wilddieb (Bariton) – Der Kleine, getauft Wildigern (stumm).

Ort und Zeit: Westgotisches Reich, Ende des 4. Jahrhunderts.

ERSTER AKT

1. Gesalich und sechs weitere verlarvte Männer schwören unter einer in ihrer Mitte aufgehängten Rose, den Baumeister Argimund, der den Meister Gesalich verdrängt hat, zu vernichten. Bereits zweimal wurde das von Argimund erbaute Stadttor von den Verschwörern zum Einsturz gebracht, so daß Argimund des Hochverrats bezichtigt wurde. Da er inzwischen aber offenbar erfahren hat, wodurch das Tor wiederholt eingestürzt ist, wird er sich diesmal schützen. Also helfe nur eine List: Argimund soll mit dem Vorwurf belastet werden, er habe ein neugeborenes Kind – als Opfer für die Götter – im Gestein eingemauert. Das Los entscheidet, daß Gesalich selbst eine Frau betören muß, ihr Kind hierfür herzugeben. Eriulf bietet sich Gesalich als Helfer zu diesem Plan an. Unbemerkt von den anderen, beteiligt sich Eriulf nicht am Satansschwur. Er ist entschlossen, Argimund zu retten.

2. Herminberga, das Mündel des Doktors Agapanthus, dem das Volk den Titel Wunderdoktor verliehen hat, liebt den adligen Gunthimar. Er will sie heiraten, und auch seine Mutter ist einverstanden, aber Herminberga hat Angst vor Gunthimars Vetter Athaulf. Auch fürchtet sie, durch die Heirat von ihrer Familie getrennt zu werden. Ihrer Schwester Ingunthis, die von den Männern umschwärmt wird, hat sie geraten, endlich den jungen Eriulf zu erhören – schon damit das Geschwätz über sie endlich verstummt. Gunthimar gelobt Herminberga, daß nichts sie von den Ihren trennen wird.

3. Ingunthis hat vor der Haustür einen ausgesetzten Säugling gefunden, ihn auf den Namen Wildigern taufen lassen und das Kleine voller Freude heimgetragen. Die Gräfin tritt ein, um Gunthimar und Herminberga aufzufordern, das Hochzeitsfest im Schloß vorzubereiten. Verwundert über den Säugling stimmt sie ein Gebet an, daß er heranwachse und ein Kämpfer für das Land werde.

4. Während Ingunthis das Kleine wickelt und ihm die Flasche gibt, wirbt Eriulf erneut um Ingunthis: Argimund, den sie liebt, dürfe sie ja nicht heiraten, denn den binde ein Gelübde, das er am Totenbett seiner Mutter geleistet habe. Ingunthis bekräftigt, daß sich ihr Gefühl für Argimund dennoch nicht wandeln werde.

5. Eulalia kommt, um Doktor Agapanthus aufzusuchen, aber Ingunthis erklärt ihr, der Doktor forsche und habe keine Zeit. Eulalia benimmt sich so, als habe sie Ingunthis mit Eriulf überrascht, und als sie gar das Kind sieht, hat sie wieder genügend Stoff zum Lästern in der Stadt.

6. Vom Fenster aus beobachtet Ingunthis, wie Knechte einem offenbar vom Pferd Gestürzten ins Haus helfen: Sie tragen Graf Athaulf herein. Athaulf stellt sich nur ohnmächtig, um Ingunthis gesellschaftlich zu diskreditieren und so die Hochzeit seines Vetters mit Herminberga zu hintertreiben. Er

gibt vor, aus seiner Ohnmacht zu erwachen, spricht von der Leidenschaft, die Ingunthis in ihm entfacht hat, schenkt ihr Schmuck und will sie auf der Stelle besitzen. Ingunthis wehrt sich.

7. Eulalia kehrt zurück und fragt erneut nach Doktor Agapanthus. Wieder gibt sie vor, Ingunthis in einer intimen Situation zu stören. Ingunthis stellt Graf Athaulf und Eulalia, die sie »Muhme Süßblick« nennt, einander vor, dann weist sie Athaulf die Tür und ruft ihren Oheim. Eulalia befürchtet, Ingunthis habe Athaulf, auf den sie es doch selbst abgesehen hat, behext.

8. Eulalia enthüllt Agapanthus ihr Vorhaben: Die Zeit schreie nach einem Helden. Die Weise von Valencia habe ihr geweissagt, sie würde die Mutter des rettenden Helden, und nun habe sie Athaulf zum Vater ausersehen. Der Doktor, der schon die von Eulalia geschilderte Zeitstimmung ironisiert hat, ohne daß Eulalia dies wahrnimmt und der sie auch auf das für ihre Pläne bereits zu weit vorgerückte Alter hingewiesen hat, gibt ihr Kosmetika gegen Krähenfüße und Mundgeruch, aber auch ein Aphrodisiakum, das sie Athaulf in den Wein oder in die Suppe schütten könne. Er empfiehlt ihr auch Krötenmuskeln und gekochten Salamander als altüberlieferte Mittel, die allerdings keinen Einfluß darauf hätten, ob das Kind nicht womöglich ein Mädchen werde. Eulalia ist überzeugt davon, daß sie einen Knaben gebären wird und schenkt Agapanthus zum Dank für seine Hilfe ihr Bildnis.

9. Verkleidet dringt Gesalich bei Ingunthis ein und erzählt ihr, daß einer Weissagung zufolge Dämonen die Schuld daran tragen, daß das Stadttor bereits zweimal eingestürzt ist. Die erzürnten Götter seien nur zu besänftigen, wenn ein Kind lebend ins Gemäuer versenkt würde. Dabei sei es jedoch nicht erforderlich, daß das Kind sterbe. Ingunthis weist das an sie gerichtete Ansinnen weit zurück, aber Gesalich droht ihr, Argimund müsse sterben, falls das Tor ein drittes Mal einstürze.

10. Von zwei Wachen geleitet kommt Argimund, um Abschied von Ingunthis zu nehmen. Angesichts des Todes trotzt er dem Gelübde, das ihm die sterbende Mutter entrungen hat, und küßt Ingunthis. Dann wird er abgeführt, da man befürchtet, er könne die Stadt verlassen. Eriulf gesteht Ingunthis, daß ein Maskierter bei ihm war. Eriulf will eine Puppe statt des Kindes in die Mauer werfen, aber Ingunthis, die an das Walten böser Geister und an den Segen des Opfers glaubt, bittet ihn, Wildigern – nur für einige Stunden und wohl geborgen – in die Mauer hinabzulassen. Sie ›befragt‹ den Säugling, ob er der Stadt ein rettender Schutzgeist sein wolle und deutet dessen Lächeln als Zustimmung.

ZWEITER AKT

1. Auf einem großen Platz vor dem Vincentiustor wird die Einweihung gefeiert. Das Volk jubelt Argimund zu, der von der Schuld des Verrates freigesprochen wurde. Eulalia entgegnet dem Jubel, das Tor stehe nur durch das Opfer eines lebendig eingemauerten Kindes und klagt Argimund des Verbrechens an. Dem Plan der Verschwörer gemäß bittet sie Eriulf, Argimund zu überführen, doch der verklagt nun seinerseits Gesalich. Eriulf steigt zum Tor hinauf und holt aus dem Gemäuer einen Korb: er habe entgegen dem Plan der Verschwörer nur eine Puppe eingemauert. Der Präfekt will Gesalich abführen lassen, doch Argimund bittet – am Tag des Festes – um dessen Begnadigung. Alle loben Eriulf, der Argimund von dem Vorwurf schwerer Schuld befreit hat. Ingunthis ist besorgt, daß Wildigern zu lange in der Mauer ist, aber Eriulf kann das Kind nicht holen, solange nicht alles Volk sich verlaufen hat. Eriulf will sie küssen, Ingunthis aber verweigert es ihm; in höchster Aufregung vermeint sie einen Schrei zu hören und wird mit der Erkenntnis »Zu spät!« ohnmächtig.

2. Als Handwerksbursch verkleidet, verscharrt Eriulf das tote Kind im Wald. Er beru-

higt sein Gewissen, indem er sich sagt, dem Kind sei viel Leid erspart geblieben, daß höhere Macht über die Kürze seines Lebens entschieden habe, und daß es stolz sein dürfte, durch seinen Opfertod die Heimat vor Verderben gerettet zu haben. Aus Zweigen fertigt er ein kleines Grabkreuz.
3. Drei Strolche beobachten ihn. Als Eriulf sie wahrnimmt, gibt er sich selbst als Gauner aus, der bereit ist, mit ihnen Gold zu teilen, wenn sie auf ihn warten, bis er seine zwei Kumpane geholt habe, die am Waldrand Wache halten würden. Er will sich entfernen, aber die Strolche durchschauen sein Spiel und erkennen Eriulf als den Ankläger Gesalichs. Als sie eben nachsehen wollen, was er eingegraben hat, dringt Athaulf mit Knechten aus dem Gebüsch hervor und überrumpelt einen der Strolche; die anderen beiden fliehen, und Eriulf empfängt einen Dolchstoß. Der Strolch beteuert seine Unschuld, er sei nur von dem vierten, dem Verwundeten, angestiftet worden. Als dieser den Namen Ingunthis ausruft, stellt Athaulf ihn zur Rede. Eriulf nennt seinen Namen, stirbt aber, bevor er irgend etwas gestehen kann.

DRITTER AKT

1. Im Schloß werden die Vorbereitungen zur Hochzeit Herminbergas und Gunthimars getroffen. Eulalia bittet, die Gräfin sprechen zu dürfen. Sie fragt die Gräfin, warum sie nicht zur Hochzeit eingeladen sei. Offenbar doch nur, um nicht mit Ingunthis zusammentreffen zu müssen, die sie innerhalb einer Stunde mit drei verschiedenen Männern angetroffen habe und durch die jetzt die Ehre des Schlosses sehr geschmälert werde. Sie will der Gräfin um den Hals fallen, da sie ja künftig mit ihr verwandt sei, wenn sie den Helden gebären werde, dessen Vater Athaulf sein soll. Als Gäste kommen, will die Gräfin Eulalia hinausschaffen lassen, aber Eulalia begrüßt Athaulf als ihren künftigen Gatten und ruft Doktor Agapanthus als Zeugen an. Athaulf vermutet dahinter einen Schachzug der Ingunthis, um ihn vor der Öffentlichkeit zu blamieren, aber Agapanthus gesteht, daß alles die fixe Idee der Eulalia ist. Ihn als Arzt interessiere dieser Fall, daher habe er ein neues Mittel bei Eulalia angewandt, die Athaulfs Küsse dann geträumt habe.
2. Mit einem Fluch auf die verruchte Menschheit und die erbärmliche Welt verläßt Eulalia das Fest.
3. Athaulf berichtet der Festgesellschaft von seinem Erlebnis in der letzten Nacht, von Eriulfs Tod, und daß er im Grab ein Kind mit einer Kette gefunden habe, die – laut Auskunft des Goldschmiedes – von Ingunthis gekauft wurde. Er befragt Herminberga, wo der Findling inzwischen sei. Herminberga erwidert, ihre Schwester hätte gesagt, die Mutter hätte ihn wieder abgeholt. Die Gräfin läßt nach Ingunthis schicken. Als Athaulf Ingunthis des Kindsmordes bezichtigt, fordert Gunthimar seinen Vetter zum Zweikampf: Gott möge entscheiden, wer von beiden Recht hat. Vergeblich versucht Herminberga, Gunthimar von seinem Vorhaben abzubringen.
4. Die Gräfin fragt Ingunthis, ob sie schuldig sei. Ein klares »Nein« ist die Antwort. Erfreut will die Gräfin dies der ängstlichen Herminberga melden. Allein überlegt Ingunthis, ob es keine Lüge war, aber sie klammert sich an das Wort »Mord«, das sie verneint hat. Fanfaren verkünden Gunthimars Sieg. Der schwerverwundete Athaulf bittet Ingunthis um Verzeihung.
5. Das Volk verfolgt den Hochzeitszug, der in feierlicher Stille von der Kirche zum Schloß zurückkehrt. Wiederholt greift Gunthimar nach seinem rechten Arm und unterdrückt mit Macht einen starken Schmerz. Herminberga entdeckt eine zuvor nicht beachtete Wunde, die vom Duell herrührt; er wird ohnmächtig. Ingunthis tritt daraufhin in die Mitte, da sie dies als göttliches Zeichen ansieht, zumal sie nicht alles bekannt hat: nun enthüllt sie, wie es zu dem Wahnopfer kam. Als sie alles erzählt

hat, bittet sie um Bestrafung oder Freispruch.
6. Da Gunthimar wieder erwacht, preist die Gräfin die Kunst des Doktors Agapanthus und deutet es als Gottes Befreiung von Schuld. Niemand solle künftig mehr solchem Wahn zum Opfer fallen. Als die Hochzeitsgesellschaft in das Schloß gegangen ist, bleiben nur Ingunthis, Argimund und eine Frau aus dem Volk zurück. Ingunthis scheint dem Wahnsinn zu verfallen, aber Argimund überwindet sein Gelübde und will mit Ingunthis die Stadt verlassen. Ingunthis kann nicht fort, so lange ihr die Mutter des Kindes nicht verziehen hat. Da gibt sich die Frau zu erkennen und befreit Ingunthis von ihrer Gewissensqual.

Walamund

Personen: Trutwin, der junge König (Tenor) – Turisint, seine Braut (Sopran) – Walafried (Baß) – Walamund, dessen Sohn (Tenor) – Alawig (Bariton) – Alagund (Alt) – Irmenhild, Alawigs Tochter (Sopran) – Ingelfried (Tenor) – Hiltideo, Knecht (Baß) – Itis, Walamunds Liebchen (Sopran) – Erlolf, ein Wucherer (Bariton) – Altwin, Altideo, Wachen (Tenor, Baß) – Eine Kammerfrau (Alt) – Ein Diener – Ein Koch
Zeit: An keine bestimmte gebunden, die Kostüme im Charakter des 11. und 12. Jahrhunderts, doch frei, in der Art der Rackhamschen Illustrationen.

ERSTER AKT

1. Die Hexe Alagund braut einen Zaubersaft, der Alawig zur Königswürde verhelfen soll. Der Knecht Altideo bringt ihr dafür das Blut eines Jünglings, den er beim Liebesakt im Wald ermordet hat, während dessen Geliebte entfliehen konnte. Altideo belauscht das anschließende Gespräch zwischen Alagund und Alawig. Alagund läßt Alawig mit Hilfe des Zaubertrankes in die Zukunft sehen: Noch vor Wintereinbruch soll Alawig gekrönt werden, aber Walafried und dessen Sohn Walamund müssen verschwinden, und Alawig soll Ingelfried durch die Aufgabe weiterer Rätsel daran hindern, seine Tochter Irmenhild zu heiraten. Alagund will durch Nestelknüpfen verhindern, daß Turisint und Trutwin, das junge Herrscherpaar, Kinder zeugen. Sie läßt Alawig von dem Bluttrank trinken, ihn aber zugleich schwören, daß er sie an seinem Krönungstag zur Frau nehmen wird.
2. Alawig hat den königlichen Berater Walafried beim jungen König diffamiert. Walafried befragt Alawig, was er damit gemeint habe, daß rechtens ihm die Krone gebührte, aber Alawig tut seine Äußerung als einen Scherz beim Wein ab. Er umarmt und küßt Walafried als treuen Freund. Doch Walafried wischt sich die Wange ab und glaubt ihm kein Wort.
3. Irmenhild berichtet ihrem Vater glücklich, daß ihr Freund Ingelfried die drei von Alawig gestellten Fragen gelöst hat. Sie nennt ihm die Antworten, aber Alawig verlangt, daß Ingelfried noch ein Rätsel lösen soll. Ingelfried forscht, was ihr den Vater so entfremdet hat. Er fragt sie, ob sie ihre künftige Stiefmutter nicht leiden könne. Alawig kommt hinzu und will Ingelfried einen Schmuck, den sie selbst getragen hat, als Glückwunsch zur bevorstehenden Hochzeit umhängen. Da der Vater ihrem Freund noch eine vierte Frage aufträgt, lehnt Ingelfried den Schmuck ab, den sie auch aufgrund eines darin verarbeiteten Opales nie tragen würde.
4. Ingelfried befürchtet, daß nach dem vierten ein fünftes und sechstes Rätsel kommen wird, weil Alawig nach einem edleren Schwiegersohn Ausschau hält. Irmenhild nimmt ihren Vater in Schutz, aber Ingelfried weiß, daß Alagund hinter den Plänen Alawigs steckt. Irmenhild muntert den Geliebten auf: ihr Liebesmut werde die teuflische Arbeit zunichte machen.
5. Das junge Königspaar zieht im Schloß ein. Förmlich begrüßt Trutwin seine, ihm

von Staatsraison angetraute Braut, der er soeben erstmals gegenübersteht. Turisint ergreift die Initiative, sie ist überzeugt, daß Trutwin und sie sich lieben werden, aber er solle doch die störenden Hofschranzen fortschicken. Sie befragt ihn nach Alawig und Alagund, die sie schon einmal in einem Buch als eine Zauberin aus Asien, die des Nestelknüpfens kundig ist, abgebildet gesehen habe. Alawig schenkt sie kein Vertrauen, dagegen vertraut sie Walafried, den sie durch ein Ring-Pendel einer Prüfung unterzieht. Dabei kommt sie zu dem Ergebnis, daß Walafried ein ehrlicher Mann ist. Als sie das Pendel auch über Alawigs Kopf schwingen lassen will, läßt der zu Tisch bitten. Als Walafrieds mißratener Sohn Walamund im Hintergrund jodelt, ist die Hofgesellschaft entsetzt, aber Turisint läßt den heiteren Sänger herbeikommen. Der empfiehlt sich als verpönter Lump, Tagedieb, Schelm und Schalk und geht – sich dem Befehl der jungen Königin widersetzend – ab. Alagund mahnt die Dienerschaft zum Aufbruch. Vor der kirchlichen Trauung soll das Königspaar getrennt schlafen. Turisint aber gesteht, Trutwin schon recht lieb zu haben. Sie küßt ihn und erregt das Mißwollen der Umstehenden. Als eine Hofdame eine Kerze fallen läßt, fürchtet Turisint, dies als übles Vorzeichen deuten zu müssen. Wiederholt liebkost und küßt ihren Bräutigam.

6. Außer der Wache Altwin hält auch der Knecht Altideo Wache. Altwin erzählt, daß man den jungen Heinz im Wald ermordet aufgefunden hat. Da sich Altideo schläfrig stellt, glaubt Altwin an dessen Ehrlichkeit. Doch dann entdeckt er Schweiß auf der Stirn des scheinbar Schlafenden. Turisint ruft um Hilfe, da sie eine weiße Gestalt in ihrem Schlafzimmer gesehen hat. Sie lag wach und sah jemanden durch die Wandtüre kommen. Nun soll Trutwin bei ihr Wache halten; aber er darf es nicht, da die kirchliche Trauung noch nicht vollzogen ist.

ZWEITER AKT

1. In Walamunds Haus findet ein Gelage statt: er singt zur Laute, Mädchen und Burschen tanzen nach seinem Rhythmus. Erlolf, ein Wucherer, kommt, um bei Walamund seine Schulden einzutreiben. Aber Walamund verspottet ihn nur, und die Burschen werfen ihn die Treppe hinunter.

2. Itis, Walamunds verlassene Geliebte, kommt, um ihm ihr Leid zu klagen. Er redet ihr zu, wie gut sie es habe, denn wäre sie seine Frau geworden, hätte sie bei Hof doch nur Spott geerntet, der Vater hätte ihn dann sicherlich enterbt, und sie alleine müßte dann für die Familie arbeiten, da ihm das Arbeiten nicht liegt. Walamund will Itis einmal besuchen, um seinen kleinen Sohn zu sehen. Er gibt ihr einen schwach gefüllten Geldbeutel, und beide umarmen sich. Als Itis gegangen ist, kommen die Burschen, die sich hinter einem Vorhang versteckt gehalten hatten, wieder zum Vorschein. Als dritten Störenfried der Runde empfindet Walamund den eintretenden Vater. Die Burschen wollen sich wieder verstecken, aber Walafried hat sie schon erblickt, und sie entfernen sich scheu.

3. Auf sehr dezente Weise macht Walafried seinem Sohn Vorhaltungen, aber der verspricht, der Vater werde doch noch seine Freude an ihm haben. Walafried ruft eine Versammlung von zwölf Männern, darunter Ingelfried, herein und verliest einen Brief, der auf Landesverrat nach dem bevorstehenden, plötzlichen Tod des Königspaares hindeutet: der Verfasser strebt nach der Krone und verspricht dem Adressaten dafür, einen Teil des Landes an ihn abzutreten. Das Los, den Verräter durch Tod zu bestrafen, trifft Ingelfried. Nun bringen zwei Männer den gefesselten Hiltideo herein, der den Brief an König Hildebert überbringen sollte und schließlich auch gesteht, daß Graf Alawig, Irmenhils Vater, der Absender des Schreibens ist. Diese Enthüllung scheint für Ingelfried angesichts seines Schwurs, das Verbrechen zu rächen, den Verlust der geliebten Irmenhild zu bedeuten.

4. Ein Diener berichtet Alawig, daß Hiltideo von Vermummten überfallen wurde und eingesperrt ist und Altideo nicht mehr bei Hof erscheinen wolle. Das Königspaar kommt vom Dom zurück. Alawig, von Trutwin angesprochen, warum er bei der Feier gefehlt habe, beruft sich darauf, das Mahl gerichtet zu haben. Entgegen der Sitte setzt Turisint die Krone, die sie drückt, zum Mahle ab, und Trutwin folgt ihrem Beispiel. Unwillkürlich will Alawig die ihm gereichte Krone aufsetzen. Trutwin erinnert Walafried daran, daß dieser prophezeit habe, Trutwin werde einst am Duft einer Pflanze sterben. Daraufhin hatte er auch einem Lamm das Horoskop stellen müssen und nach seiner Berechnung gesagt, es werde von einem Wolf gefressen. Nun wolle er beweisen, daß Walafrieds Prohezeiung falsch war, denn dieses Lamm gäbe es jetzt zu essen. Ein Diener meldet, das Lamm sei nicht vorhanden, und der Koch gesteht, daß das zahme Wölfchen des Königs in einem unbewachten Augenblick in die Küche geschlichen sei und das Lamm aufgefressen habe. Turisint hält es für Unfug, einen Wolf am Hof zu halten und fordert Walafried auf, Wein einzuschenken. Auf ein Zeichen Alawigs reicht ein Diener Walafried vergifteten Wein. Alawig gibt vor, das Gift zu erkennen, weil die als Gift-Indikator aufgestellten Haifischzähne sich entfärben. Er beschuldigt Walafried des versuchten Giftmordes am König. Turisint, die überzeugt ist, daß Walafried nicht der Schuldige ist, bittet Trutwin, eilig mit ihr fortzugehen und die Krone abzugeben, da ihnen hier nur der Tod drohe. Ein Bauerntanz soll der Aufmunterung dienen, da wird Walafried, den Trutwin aufgefordert hatte, zum Beweis seiner Unschuld selbst von dem Wein zu trinken, von Krämpfen erfaßt und beschuldigt Alawig. Während alle Alawig als vermeintlichem Retter des Königs zujubeln, wird Walafried weggetragen. Nur Turisint ist von Walafrieds Unschuld überzeugt.

DRITTER AKT

1. Alagund wird von Alawig beim nächtlichen Nestelknüpfen gestört. Altideo hat seiner Frau im Fieber gestanden, daß er auf Alawigs Geheiß einen jungen Mann umgebracht hat, dessen Blut dann von Alawig getrunken wurde. Alagund fragt Alawig, ob er König sein wolle; sie sei nur die Kraft, die seinen Wunsch in Erfüllung gehen lasse. Alagund verspottet Alawig als Feigling, so daß er sie, von Wut übermannt, erwürgen will, doch sie versteht es, ihn von neuem zu verführen. Allerdings möge er vor Ingelfried auf der Hut sein und ihm die letzte Frage erlassen.

2. Die Kammerfrau der Königin ist aufgeregt, als das Herrscherpaar am Vormittag noch immer zu schlafen scheint. Ingelfried zweifelt, ob Alawig wirklich zu Recht von Hiltideo der Untat beschuldigt wurde; er fürchtet den Verlust von Irmenhild.

3. Walamund, der Ingelfried beobachtet, bietet ihm an, an seiner Stelle die Rache-Tat auszuführen. Um die Achtung vor sich selbst zurückzugewinnen, will er den Verrat strafen und zugleich seines Vaters Tod rächen. Ingelfried erwidert, daß ihn sein Schwur binde, aber Walamund will ihm zuvorkommen.

4. Irmenhild meldet Ingelfried, daß ihr Vater, nachdem die letzte Frage gelöst sei, noch am selben Tage die Hochzeit zwischen ihnen verkünden wolle. Ingelfried bittet die Geliebte, dem Vater zu sagen, das Fest solle verschoben werden, da er sich krank fühle. Schließlich nimmt er Abschied von Irmenhild, die sein Verhalten nicht zu deuten weiß.

5. Da kommt Alawig selbst freundlich auf Ingelfried zu. Der behauptet nun, die Fragen gar nicht selbst gelöst, sondern von einem Zauberweib erfahren zu haben. Ingelfried stellt Alawig wegen des Verrats zur Rede und fordert ihn auf, seine Unschuld auf das Haupt seiner Tochter zu beschwören.

6. Mit einer Schar Verlarvter eilt der vermummte Walamund herein, scheinbar um

Alawig beizustehen. Er fesselt Ingelfried und Irmenhild, fordert aber nun seinerseits Alawig auf, sich zu verteidigen. Als Walamund seine Larve abnimmt, bricht Alawig in Hohngelächter aus. Walamund, dem der sterbende Vater seine Unschuld geschworen hat, verlangt von Alawig ein Geständnis und konfrontiert ihn mit Hiltideo. Da wird im Hintergrund der Mord am Königspaar entdeckt, die in giftigem Räucherwerk erstickt wurden. Alawig zieht sein Schwert gegen Walamund, läßt es aber fallen und wird von Walamund niedergestreckt. Alagund bringt dem Sterbenden die Krone und setzt sie ihm auf. Dafür steckt er ihr seinen Ring an die Hand und benennt sie vor dem Volk als seine Gattin. Alagund läßt Walamund abführen. Doch der nimmt das Recht der zum Tod Verurteilten in Anspruch und richtet seine letzten Worte an die Umstehenden. Zunächst läßt er Irmenhild und Ingelfried losbinden. Dann zerreißt er den Brief, der ihm zu einem Freispruch taugen könnte, was er jedoch nicht will, da er Alawig getötet hat, obwohl der sein Schwert von sich geworfen hatte. Er bittet jenen in der Runde, der Freundschaft für ihn empfinde, zu Itis zu gehen, die sein Erbe antreten und – wenn sie will – auch seinen Namen tragen solle. In verächtlicher Lustigkeit singt er ein Loblied auf die Lüge, die nun hier einziehe und deren angeblich so kurze Beine durch die Jahrhunderte reichen: alles an ihr ist nur Trug und Schein, die Wahrheit muß sich vor ihr verkriechen. Walamund aber will sich der Wahrheit erbarmen und bittet deshalb, ihm ohne Fragen, Reden und Trösten den Kopf abzuschlagen. Walamund läßt sich abführen, und Alawigs Leiche wird auf einer Bahre abgetragen. Weinend umarmt Irmenhild Ingelfried, der erkennt, daß Walamund für ihn in den Tod geht. Ein dumpfes Geräusch auf dem Platz vor der Burg deutet Ingelfried als das Fallen des abgeschlagenen Hauptes.

Wernhart

Zweite Fassung der Operndichtung »Das Liebesopfer«

Personen: Wernhart – Seine Frau – Irene, seine Tochter – Hans, Wolf, Stiefbrüder – Der Arme – Der böse Jäger – Die Wirtin – Der Wirt.

VORGESCHICHTE

Der plötzlich verarmte Wernhart hat dem bösen Jäger seine Tochter zur Frau und seine Seele als Gewinn versprochen, wenn der ihn von seinen Schulden befreit. Durch eine Goldmühle ist Wernhart daraufhin zu großem Reichtum gelangt. Aber die vereinbarte Frist von zehn Jahren ist fast verstrichen.

ERSTER AKT

Auf der Terrasse vor seinem Palast am Meer wird der reiche Wernhart von den Heimkehrern eines seiner Handelsschiffe begrüßt, empfängt Ehrungen und soll sogar geadelt werden, was er aber ablehnt. Auf das Drängen seiner Frau, warum er sich so seltsam verhalte, erzählt er ihr die zehn Jahre zurückliegende Begebenheit mit dem Fremden. Sie nimmt an, daß es sich bei jenem Fremden um einen Fürstensohn handelte, der sich nicht nach Befehl, sondern seiner Liebe folgend vermählen wolle. Wernhart aber will nicht warten, bis der Fremde wiederkehrt, sondern seine Tochter Irene bereits vorher verheiraten. Wernharts Frau plädiert für Hans, er dagegen für dessen Stiefbruder Wolf, dessen Tugenden er hervorhebt. Sie tadelt ihn, daß er zu ehrgeizig und nicht freigebig genug sei. Es gäbe bereits böse Stimmen, die behaupten würden, er wäre nicht durch Erbschaft, sondern durch einen Grabraub an seinen Reichtum gekommen. Anläßlich der Heimkehr des

Schiffes wird ein Fest gefeiert. Ein Armer erzählt Wernhart, wie er dem Viehhändler, der ihm die letzte Kuh aus dem Stall geholt hatte, einen Stein an den Kopf geworfen habe. Nun müsse er doppelt für seine Schulden bezahlen. Er bittet Wernhart um Weizen, den er langsam abzahlen möchte. Wernhart gibt ihm einen Geldbeutel und bittet ihn nur um einen Gegendienst: der Arme soll nach Wernharts Tod drei Nächte an seinem Grab Wache halten. Der Bettler glaubt zunächst an einen Scherz, da Wernhart doch hundert Leute als Ehrengarde zur Verfügung habe, verspricht dann aber Wernhart das Gewünschte.

Irene stellt ihren Vater zur Rede, ob er sie gar nicht mehr liebe. Wolf kommt und prahlt, daß er einen Feind Wernharts durch Redekunst umgestimmt habe. Irene zeigt sich auf ihres Vaters Drängen zu ein paar nichtssagenden Glückwünschen bereit. Von Wernhart zur Rede gestellt, gesteht sie, daß sie Wolf nicht leiden könne. Er erwidert, Hans sei ein leichtsinniger Schlingel, der sie nur ihres Geldes wegen liebe. Hans kommt und küßt Irene stürmisch. Er merkt, daß sie etwas bedrückt, und schließt daraus, daß sein Stiefbruder Wolf ihm zuvorgekommen sei und Hans' Erfolg für den seinen ausgegeben habe. Er fragt, ob Irene seinen Hund Struppi gesehen habe. Um Hans' Liebe auf die Probe zu stellen, behauptet Irene, ihr Vater sei seit einer Stunde völlig verarmt. Als Tochter eines Bettlers werde Hans sie nun wohl nicht mehr lieben. Hans ist entsetzt darüber, wie sie ihn einschätzt und verläßt sie. Irene betrachtet ihr Tun als Fluch des Reichtums.

ZWEITER AKT

In einem Wirtshaus lauern Wolf und sein Intimus darauf, Hans zu töten. Wolf, der anstelle von Hans Irene heiraten will, um in den Genuß ihres Reichtums zu kommen, überläßt es seinem Kumpan, Hans ein Pulver in den Wein zu schütten. Allein mit der Wirtin, gesteht ihr Hans sein Herzeleid und glaubt unter der Wirkung der Droge, Irene neben sich zu sehen, die er mit einem Kuß um Frieden bittet. Als der von Wolfs Kumpan aufgestachelte Wirt sieht, wie Hans die Wirtin küßt, stößt er Hans ein Messer in den Rücken. Wolf und sein Kumpan tragen den Leblosen fort. Die Wirtin beteuert ihrem Mann ihre und Hans' Unschuld, er aber glaubt ihr nicht und jagt sie fort. In Wernharts Festsaal redet Wolf auf Irene ein: Hans habe sich schnell getröstet und sei mit der Wirtin auf und davon gelaufen. Irene gibt sich selbst hierfür die Schuld. Als der Vater sie zur Hochzeit mit Wolf drängt, willigt sie schließlich ein. Die Gäste huldigen dem Brautpaar und nehmen an der Festtafel Platz. Auch der böse Jäger kommt und preist Wernhart, daß er Wort gehalten und nach zehn Jahren alle Gäste feierlich versammelt habe. Dann merkt er, daß kein Stuhl für ihn frei ist, und fordert Wolf auf, den Platz für ihn zu räumen. Wolf fordert von Wernhart, er solle den Fremden hinauswerfen. Schließlich wettet der Jäger, Wolf werde, wenn er sein Lied gehört habe, freiwillig aufspringen: Im Walde habe er das Geheul eines Hundes vernommen; der scharrte in der Erde, wo ein Ermordeter lag. Das Schilfrohr habe ihm erzählt, hier läge Hans, den sein Bruder durch eine Intrige umgebracht habe. Als Wolf den Jäger als Verleumder bezeichnet, enthüllt der, daß er selbst als Wolfs Kumpan an dem Komplott mitgewirkt hat. Tatsächlich springt Wolf auf – und der Jäger setzt sich auf seinen Platz. Wernhart und Irenes Mutter fordern Wolf auf, seine Unschuld zu beschwören. Wolf schweigt und entfernt sich. Nun fordert der Jäger Irene zum Weib. Irene fragt, ob sie ein Stück Vieh oder eine Ware sei, daß sie so verschachert werden solle. Dies sei menschenunwürdig. Aber weil sie den Vater liebe, der dem Fremden offenbar zu Dank verpflichtet sei, willige sie ein, er solle ihr entgegengehen. Das aber vermag der Jäger nicht. Wütend ruft er Wernhart zu, er sei ihm verfallen. Dann stürzt der Palast ein.

Wernhart, seine Frau und Irene stehen in Bettlerkleidung inmitten der Trümmer. Die Mutter dankt Irene, die durch ihre Reinheit die Eltern von der Lüge befreit habe.

DRITTER AKT

Wernhart ist gestorben und wie ein Selbstmörder in ungeweihter Erde im Wald begraben worden. Bereits die dritte Nacht hält der Arme, seinem Versprechen getreu, am Grab Wernharts, auf einer Waldlichtung Wache. Da kommt Hans des Weges. Der Arme erkennt ihn, und Hans erzählt, wie er bewußtlos eingegraben lag, aber von einem Wanderer gerettet wurde, der durch das Geheul von Hans' Hund aufmerksam gemacht worden war. Der böse Jäger kommt, um Wernhart zu holen, aber Hans widersetzt sich ihm und ist nur bereit, den Platz zu verlassen, wenn der Jäger ihm einen Stiefel mit Gold anfüllt. Während der Jäger das Gold holt, schneidet Hans die Sohle des Stiefels heraus, damit das Gold hindurchfällt. Die Knechte des Jägers kommen mit Goldsäcken und beginnen mit ihrer Sisyphus-Arbeit. Als die Sonne aufsteigt, hat der Jäger das Spiel um Wernharts Seele verloren. Wernharts Frau und Irene kommen, um ein Birkenholz auf das Grab zu stecken. Der Arme bereitet Irene sanft darauf vor, daß Hans noch lebt. Als sie sich gegenüberstehen, fragt Irene ihn, ob er sie immer noch verachte. Hans aber betont, nur zwei Gefühle zu kennen, Mitleid und Liebe, und glücklich sinkt Irene in seine Arme. Dem Dankgebet der Liebenden schließen sich Irenes Mutter und der Arme an.

Das Flüchlein, das Jeder mitbekam

Personen: Die gute Frau (Alt) – Der König (Baß) – Maleen, seine jüngste Tochter (Jugendl.-dram. Sopran, auch Mezzosopran) – Nanny, seine Tochter (hoher Sopran) – Lisel, seine Tochter (Mezzosopran) – Seine neun weiteren Töchter (Sopran und Alt [Chor]) – Ältester Königsohn (Bariton) – Zehn weitere Königsöhne (Tenor und Baß [Chor]) – Wehrhold, Königsohn (jugendl. Tenor) – Das tapfere Schneiderlein als »Graf Erpelmann« (Charaktertenor) – Wolf, Räuberhauptmann (Baß) – Urschel, seine Köchin (Alt) – Ein Diener (Bariton) – Ein Bauer (Spieltenor) – Ein Räuber (Bariton) – Eine junge Schneiderin – Volk, Räuber, Soldaten.
Ort und Zeit: In unserer Märchenwelt.

VORGESCHICHTE

Wehrhold, ein Königsohn, ist wegen seiner Stiefmutter von zu Hause fortgelaufen. Elf andere Königsöhne hat die gute Frau einer Bewährungsprobe unterzogen, die sie nicht bestanden haben: Sie sind in Schwäne verwandelt worden.

ERSTER AKT

1. Auf seiner Wanderschaft trifft Wehrhold im Wald auf die gute Frau. Er fügt sich ihrer Autorität, erhält Ratschläge und einen Zaubermantel, der ihn unsichtbar machen kann.
2. Im Königsschloß umjubelt das Volk den Grafen Erpelmann, der eine schier unmögliche Tat vollbracht hat: Er hat ein Fabelwesen, ein Einhorn, gefangen. Nun fordert er vom König als versprochenen Lohn eine von dessen zwölf Töchtern zur Frau, doch der König stellt ihm eine weitere Aufgabe: Das Land von einer mordenden Räuberbande zu befreien.
3. Graf Erpelmann weiß, daß ihm das nur mit Hilfe von Soldaten möglich ist, und will deshalb gleich den nächstbesten anwerben: Dieser jedoch ist niemand anderer als der als Soldat verkleidete Wehrhold, der sich durch Erpelmanns Henkerwitzchen nicht abschrecken läßt, um eine der Königstöchter zu werben.
4. Der König trägt ihm auf, das Rätsel zu

lösen, warum allmorgendlich die Bettschuhe der Prinzessinnen zertanzt und durchlöchert sind. Die Königstöchter haben für den vermeintlichen Soldaten nur Spott übrig, einzig die jüngste, Maleen, empfindet Mitleid; denn wenn er das Rätsel nicht löst, soll er, wie seine Vorgänger, an den Galgen. Zwei der Töchter versuchen Wehrhold mit einem Schlaftrunk zu betäuben, doch Wehrhold stellt sich nur schlafend und folgt den Mädchen in ein unterirdisches Zauberland.
5. Im Schutz seines unsichtbar machenden Zaubermantels sieht er das Treiben der Königstöchter mit elf jungen Männern, die tagsüber als Schwäne ihre Schuld verbüßen und erst durch die Liebe der Königstöchter zu reifen Menschen werden können. Wehrhold entwendet ein Trinkgefäß und je ein Blatt vom goldenen und silbernen Baum als spätere Beweisstücke.
6. Maleen hat Mitleid mit dem unbekannten Soldaten. Sie will ihn wecken und zur Flucht überreden, aber ihre Schwester Nanny hindert sie daran. Vor dem Tribunal des Königs gibt Wehrhold am nächsten Tag einen Bericht über die Ereignisse der Nacht. Der König jedoch löst sein Versprechen nicht ein; Wehrhold – in seinem Zaubermantel jagt erbost alle aus dem Saal – mit Ausnahme von Maleen. Die aber weist ihn ab, weil er ihren Vater geschlagen hat. Sie fordert von ihm als Beweis seiner Liebe den goldenen Apfel vom Baum des Lebens, woraufhin Wehrhold von ihr das Wasser des Lebens verlangt. Er nennt sie herzlos und überläßt sie ihrem Schicksal.

ZWEITER AKT

1. Maleen ist Wehrhold in den Wald gefolgt. Sie wird vom Räuberhauptmann Wolf in die Räuberhöhle verschleppt. Dort ist – bereits zum zweiten Mal – die gute Frau in die Rolle der Räuberköchin geschlüpft. Sie klärt Maleen über die Absichten der Räuber auf, gibt ihr den Rat, die Räuber mit deren sadistischen Handlungen zu konfrontieren, und reicht ihr als Beweisstück den abgehackten Finger eines Mädchens.
2. Die Räuberbande feiert Maleen als Wolfs neue Braut und quält sie mit angeblichen Beweisen von Wehrholds Tod; Wehrhold jedoch befindet sich, in Absprache mit den königlichen Soldaten, verkleidet unter den Räubern. Als Maleen das Lied von der zerstückelten Braut als ihren eigenen Traum zum besten gibt und das Los jenes unglücklichen Mädchens teilen soll, ruft Wehrhold – im Zaubermantel unsichtbar – die Soldaten herbei. Die Räuber werden überwältigt und abgeführt. Kurz nach den Soldaten ist auch Graf Erpelmann in der Höhle erschienen und gibt sich als deren Anführer und als Maleens Retter aus. Er versucht seinerseits, Maleen zu vergewaltigen, was Wehrhold verhindert. Die gute Frau weist Maleen den Weg durch den Wald zum Wasser des Lebens.

DRITTER AKT

1. Maleen hat das Wasser, Wehrhold den goldenen Apfel gefunden. Sie begegnen sich im Wald, aber Maleen ist noch nicht reif, Wehrhold zu erkennen. Sie verweigert ihm einen Schluck aus ihrem Krug, den sie vor dem Einschlafen in der Erde vergräbt. Wehrhold, der dies beobachtet hat, gräbt den Krug aus und legt an seine Stelle den goldenen Apfel. Die erwachende Maleen erkennt an der Frucht, daß Wehrhold bei ihr gewesen ist.
2. Seit Wehrhold dem König das Geheimnis der zertanzten Schuhe verraten hat, dürfen die elf Töchter nicht mehr zu ihren Liebsten hinabsteigen. Sie lügen dem erblindeten Vater vor, es sei Tag, damit er sie endlich freigebe, denn ihre Liebesqual ist unermeßlich. Der König jammert nach der fortgelaufenen Maleen. Die gute Frau verspricht den Mädchen zu helfen: Sie führt dem König eine als Maleen verkleidete Schneiderin zu, doch der König erkennt den Trug. Als die Stimmen der klagenden Königssöhne für

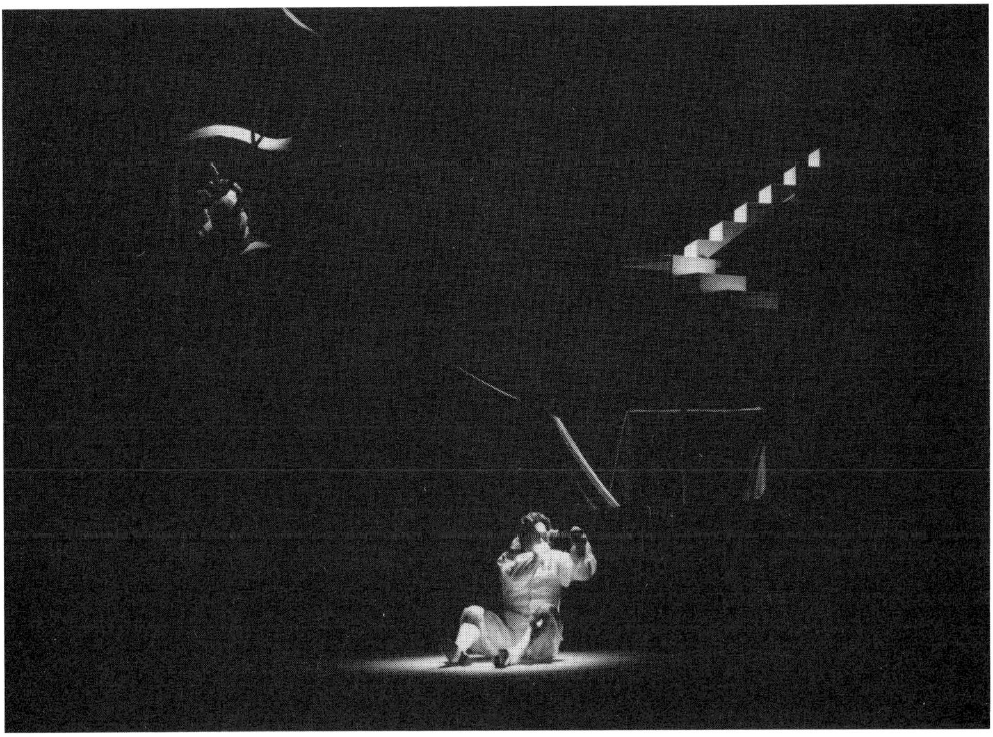

»Das Flüchlein, das Jeder mitbekam«
I,1 und I,2 in der Kieler Uraufführung am 29. 4. 1984 mit Dieter Podszus (Wehrhold), Attila Kovács (König), Viktor Lederer (Diener) und Edgar Schäfer (Schneiderlein). Regie: Peter P. Pachl, Ausstattung: Tamara Oswatitsch

»Das Flüchlein, das Jeder mitbekam«

I,6 und II,2 in der Kieler Uraufführung am 29. 4. 1984 mit Erika Detmer (Die gute Frau), Marilyn Found (Maleen) und Hans Georg Ahrens (Wolf)

den König unerträglich werden, gibt er seine Töchter frei und hat nur noch den einen Wunsch, lachend zu sterben.
3. Graf Erpelmann läßt sich vom Volk als Held des Tages, als Erretter vor der Räubergefahr feiern und fordert vom König die versprochene Tochter. Auf Anraten der guten Frau vermählt ihn der König mit der verkleideten Schneiderin. Die echte, aber vermummte Maleen entlarvt den Grafen Erpelmann vor seinen Anhängern als Betrüger. Erpelmann erkennt, daß er einer falschen Maleen verheiratet wurde, und will erneut Gewalt üben, was Wehrhold verhindert. Wehrhold und Maleen sinken sich in die Arme und danken der guten Frau für ihr göttliches Wirken. Maleens Schwestern bringen ihre elf Männer ins Schloß. Das Wasser des Lebens schenkt dem König das Augenlicht wieder. Die gute Frau wendet die Strafe, die der König Erpelmann zugedacht hat, ab; Erpelmann ist in Wirklichkeit ein Schneider, der auch nur eine Wildsau als Einhorn drapiert hatte. Die Wildsau aber hatte ein Bauer gefangen, der sich nun bei Hof den Lohn abholen soll. Doch der Bauer hat nur einen Wunsch, das Schloß möglichst schnell wieder zu verlassen. Darüber lacht sich der König tot, und der Thron verwaist, da niemand einen Anspruch darauf erhebt. Maleen, die den Bauern glücklich preist, den letzten Wunsch ihres Vaters erfüllt zu haben, wünscht sich, dereinst auch heiter zu sterben und dann Frieden zu haben – wie sie auch jetzt ihre Umwelt zum Frieden mahnt.

»Das Flüchlein, das Jeder mitbekam« II,2

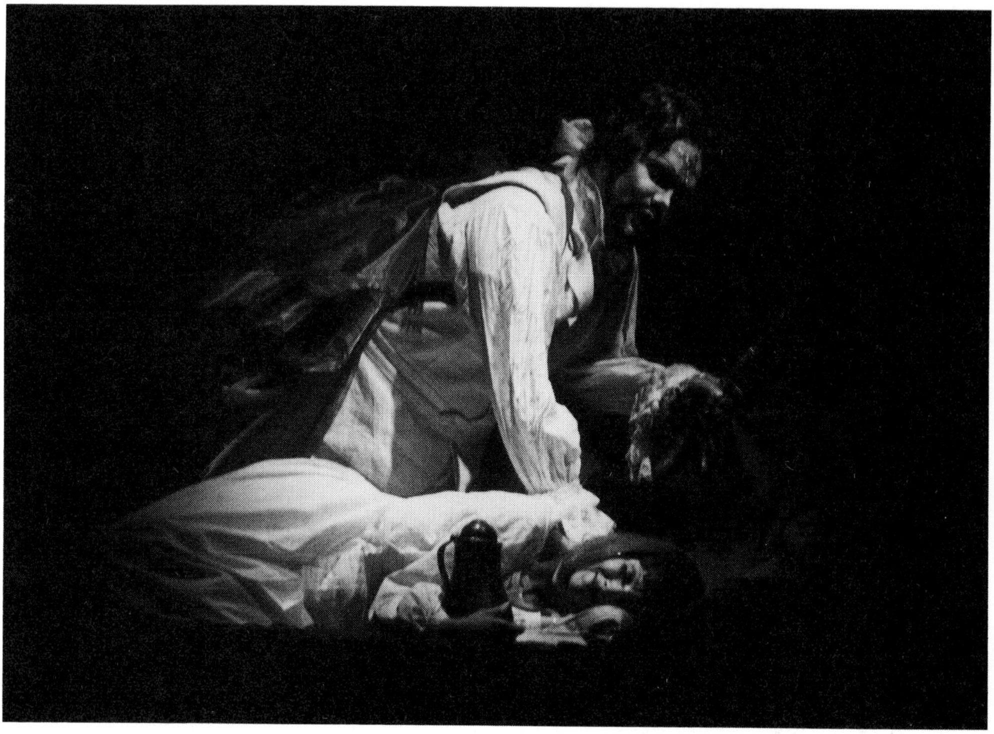

»Das Flüchlein, das Jeder mitbekam«
III,1 und III,3 in der Kieler Uraufführung am 29. 4. 1984 mit Erika Detmer (Die gute Frau), Dieter Podszus (Wehrhold) und Marilyn Found (Maleen)

Bibliographie

I. Selbstzeugnisse Siegfried Wagners

1. Schriften

»Reisetagebuch 1892«, herausgegeben und erläutert von Winifred Wagner, Privatdruck, Bayreuth 1935.
Offener Brief, in: Allgemeine Musikzeitung Berlin, 16. 11. 1894.
Eine Rede Siegfried Wagners, in: Die redenden Künste, Zeitschrift für Musik und Literatur, o. O., 1896/97, Heft 31. S. 701
»Zur Oper ›Der Bärenhäuter‹, offener Brief.« Darmstädter Zeitung, 21. 4. 1898
»Wie ›Der Bärenhäuter‹ entstand«, in: Neues Wiener Journal, 1898.
»An Heinrich Porges' Grabe«, in: Bayreuther Blätter, Bayreuth 1901, S. 2f.
»Zischen. Eine im Speisewagen des Orient-Express abgefasste unnöthige Plauderei«, in: Neues Wiener Tagblatt, 25. 12. 1902.
»Ansprache Siegfried Wagners an das Orchester und den Chor«, in: Bayreuther Blätter, Bayreuth 1909, S. 248ff.
»Wie mein Strauß-Interview zustande kam«, in: Berliner Tagblatt, 21. 10. 1911.
»Eine Nachtfahrt mit den Dresdener Philharmonikern«, Manuskript, Dezember 1914.
»Erinnerungen«, Autobiographie, Stuttgart 1923.
»Vortrag für Königsberg/Bern«, Manuskript 1923.
»Der Erfolg von Bayreuth«, Bayreuther Tagblatt, 5. 9. 1924.
»Meine Amerikafahrt« (Rundfunkvortrag), Manuskript 1925.
»Meine Amerikafahrt«, in: Deutsches Musikjahrbuch, (Hrsg. Rolf Cunz), Essen o. J. (1925), S. 276ff.
»Der Wohltäter, Bitte an die tanzende Jugend«, (Flugblatt), München o. J. (1925).
»Bayreuther Festspiele«, in: Münchener Neueste Nachrichten, Februar 1927.
»Geleitwort« zu: Marie d'Agoult, »Memoiren«, Bd. 2, übertragen von Egas von Wenden, Dresden 1928.
»Herbstreise 1928«, Manuskript.
»Rede für den Ostmarker Rundfunk«, Manuskript 1929.
»Reisetagebücher 1929–1930«, Manuskript.
»Die Mailänder Wochen vom 4.–30. März«, Manuskript 1930.
»Zu Dr. Karl Mucks 70. Geburtstag« in: Festspielführer, Bayreuth 1930, S. 96f.
»Bayreuth«, in: Die Musik, Monatsschrift, hrsg. von Bernhard Schuster, 22. Jg., Berlin 1930, S. 576f.

2. Interviews

Berliner Lokal-Anzeiger, 29. 3. 1901.
Riga'sche Zeitung, 27. 10. 1907.
Neues Wiener Journal, 20. 1. 1911.
Der Turm, Berlin, 16. 10. 1911.
Breslauer Morgenzeitung, 21. 2. 1913

3. Veröffentlichte Briefe

Lettres de Siegfried Wagner, in: Henri Rebois, La Renaissance de Bayreuth à son fils Siegfried, Paris 1933, S. 51 ff.
Brief an Engelbert Humperdinck (9. 2. 1893), in: Carl Dahlhaus (Hrsg.), Das Drama Richard Wagners als musikalisches Kunstwerk, Regensburg 1970, S. 191 f.
Brief an Heinrich Chevalley (Winter 1895/96), in: Friedrich Wild (Hrsg.), Praktisches Handbuch für Festspielbesucher, Bayreuth, Leipzig/Baden-Baden 1896, II S. 28.
Brief an Malwida von Meysenbug (11. 5. 1895) und Brief an Anton Schmid (23. 9. 1929), in Adolf Zinsstag (Hrsg.), Die Briefsammlungen des Richard Wagner-Museums in Tribschen bei Luzern, Basel 1961.
Brief an Ernst von Possart (10. 12. 1900), in: Peter P. Pachl, Siegfried Wagners musikdramatisches Schaffen, Tutzing 1979, S. 78 ff.
Brief an Herrn A. Püringer (1921), in: Friedelind Wagner, Nacht über Bayreuth, Bern o. J., S. 162 ff.
Briefe an Hans Pfitzner (1924), in: Allgemeine Musik-Zeitung (Hrsg. Paul Schwers), 51. Jg. Nr. 39, Berlin 1924, S. 669.
Brief an Dr. Bruno Weill (25. 2. 1925), in: Berliner 8 Uhr-Abendblatt, Berlin 9. 3. 1925.
Brief an Dr. Bruno Weill (5. 1. 1927), in: Programmheft »Schwarzschwanenreich«, Harburg, 20. 11. 1930.
Brief an Max Reger, in: Max Reger, Briefe eines deutschen Meisters, Ein Lebensbild (Hrsg. Else Hase-Köhler), Leipzig 1928, S. 271.
Briefe an Kurt Söhnlein, in: Kurt Söhnlein, Erinnerungen an Siegfried Wagner und Bayreuth (Hrsg. Peter P. Pachl), Bayreuth 1980, S. 93 ff.
Briefe und Brief-Fragmente, in: Otto Daube (Hrsg.), Amtlicher Führer durch die 5. Richard-Wagner-Festwoche, Detmold 1939.
Briefwechsel mit Richard Strauss, in: Cosima Wagner - Richard Strauss, ein Briefwechsel (Hrsg. Franz Tenner), Tutzing 1978, S. 259 ff.

4. Literatur über Siegfried Wagner mit Zitaten von Briefen und Äußerungen des Komponisten

Daube, Otto: Siegfried Wagner und die Märchenoper, Leipzig 1936.
Glasenapp, Carl Friedrich: Siegfried Wagner, Reihe: Das Theater, Berlin und Leipzig o. J. (1906).
Glasenapp, Carl Friedrich: Siegfried Wagner und seine Kunst, Leipzig 1911.
Glasenapp, Carl Friedrich: Siegfried Wagner und seine Kunst, Neue Folge I: Schwarzschwanenreich, Leipzig 1913.
Glasenapp, Carl Friedrich: Siegfried Wagner und seine Kunst, Neue Folge II: Sonnenflammen, Leipzig 1919.
Karpath, Ludwig: Siegfried Wagner als Mensch und Künstler, Leipzig o. J.
Kraft, Zdenko von: Der Sohn, Siegfried Wagner, Leben und Umwelt, Graz/Stuttgart 1969.
Reichelt, Johannes: Siegfried Wagner, in: Erlebte Kostbarkeiten, Begegnungen mit Künstlern in Bekenntnisstunden, Leipzig 1936, S. 9 ff.
Stassen, Franz: Erinnerungen an Siegfried Wagner (Hrsg. Bayreuther Bund der deutschen Jugend), Detmold 1942.

5. Eigene Programmerläuterungen

»Der Bärenhäuter«, Ouvertüre, in: Verlagsprogramm Max Brockhaus, Leipzig 1898, Programmheft Vereinigung der Musikfreunde, Dresden, 27. 2. 1913.
»Herzog Wildfang«, Ouvertüre, Programmheft Vereinigung der Musikfreunde, Dresden, 27. 2. 1913.
»Der Kobold«, Verenas Klage, Programmheft Gesellschaft der Musikfreunde, Bayreuth, 5. 4. 1921.
»Bruder Lustig«, Ouvertüre, Programmheft Gesellschaft der Musikfreunde, Bayreuth 7. 6. 1921.
»Sternengebot«, Huldigungsreigen, Programmheft Siegfried-Wagner-Konzert, Bayreuth, 17. 3. 1913.
»Schwarzschwanenreich«, Vorspiel, Programmheft Philharmonie Berlin, 3. 2. 1922.
»Der Heidenkönig«, Trinkszene, Programmheft Liederkranz Bayreuth, 27. 4. 1921.
»Der Friedensengel«, Vorspiel, Programmheft Orchesterkonzert Halberstadt, 11. 5. 1922.
»Der Schmied von Marienburg«, Vorspiel, Programmheft Gesellschaft der Musikfreunde Bayreuth, 5. 4. 1921.
»Rainulf und Adelasia«, Vorspiel, Programmheft Orchesterkonzert Halberstadt, 11. 5. 1922.
»Die heilige Linde«, Vorspiel, Programmheft Siegfried-Wagner-Konzert, Weimar, Siegfried-Wagner-Festspielwoche, Juli 1926.
»Glück«, Symphonische Dichtung, Partitur S. 2, Leipzig o. J. (1923).
»Scherzo: Und wenn die Welt voll Teufel wär«, Programmheft Siegfried-Wagner-Konzert, Weimar, Siegfried-Wagner-Festspielwoche, Juli 1926.

II. Literatur über Siegfried Wagner

Bergfeld, Joachim: »Er wird meine Werke der Welt erhalten...«, Siegfried Wagner zum 100. Geburtstag, Festspielnachrichten »Parsifal«, Bayreuth 1969.
Bistron, Julius: Persönliches von Siegfried Wagner, Neues Wiener Journal, 5. August 1930.
Bock, Claus Victor: Pente Pigadia und die Tagebücher des Clement Harris, Amsterdam 1962.
Böhner, Fritz: Der Humor in Siegfried Wagners Bühnenwerken, Bayreuther Land, Juni 1929.
Böhner, Fritz: Siegfried Wagner als schaffender Künstler, Bayreuth o. J. (1920).
Bosshart, Rudolf: Siegfried Wagner, der Regisseur, Festspielführer, Bayreuth 1930, S. 25ff.
Brekenfeld, Irma D. W.: Siegfried Wagners »Flüchlein, das Jeder mitbekam« – Eine moderne Märchen-Verwirr-Oper?, Mitteilungsblatt XII der ISWG e. V., München 1979, S. 14ff.
Bronnenmeyer, Walter: Siegfried Wagner im Widerspruch der Meinungen, Vom Tempel zur Werkstatt, Geschichte der Bayreuther Festspiele, Bayreuth 1970, S. 60ff.
Busch, Fritz: Aus dem Leben eines Musikers, Kapitel IX, Bayreuth, Berlin (2. Auflage) 1974.
Cahn, Peter: Das Hochsche Konservatorium 1878–1978, Frankfurt/M. 1979.
Crommelin, Armand: Siegfried Wagners »Schwarzschwanenreich«, Festspielführer, Bayreuth 1925, S. 67ff.

Curjel, Hans: Experiment Krolloper 1927–1931, München 1975.
Daube, Otto: »Der Bärenhäuter«, Märchenspiel in 7 kurzen Bildern nach dem gleichnamigen Werke von Siegfried Wagner, für die deutsche Jugend bearbeitet, Leipzig 1924.
Daube, Otto: Siegfried Wagner und sein Werk, Handbuch, Bayreuth 1925.
Daube, Otto: Siegfried Wagner, Leben, Werk, Persönlichkeit, Darmstadt 1966.
Debussy, Claude: Musik und Musiker, ins Deutsche übertragen von Hansjürgen Wille und Barbara Klau, Potsdam o. J. (1951).
Ebermayer, Erich: Magisches Bayreuth, Legende und Wirklichkeit, Stuttgart o. J. (1951).
Eggert, Walther: Siegfried Wagner als Künstler und Mensch, Vortrag, gehalten auf Veranlassung des Bayerischen Rundfunks, München, Bayreuther Festspiel-Brevier 1930, Karlsruhe 1930.
Eidam, Rosa: Die Bayreuther Festspielzeit 1930, Siegfried Wagner zum Gedächtnis, Bayreuth o. J. (1931).
Eidam, Rosa: Bayreuther Erinnerungen, Ansbach 1930.
Ellwanger (Hrsg.): Bärenhäuter-Blätter, Eine Beilage von Bayreuthern für Bayreuther, mit Beiträgen von Hans von Wolzogen, Franz Muncker, Theodor Antropp, Michael Conrad, Gustav Schoenaich, Houston Stewart Chamberlain, Dr. Richard Batka, Oskar Merz, Max von Millenkovics, Bayreuth o. J. (1899).
Erhardt, Otto: Zur neuen Bühneneinrichtung von Siegfried Wagners »Der Bärenhäuter«, Blätter der Staatsoper, Dresden, 27. 5. 1931, S. 79f.
Fröhlich, Lud(wig): Aus Siegfried Wagners Jugendjahren, Bayreuther Land, Bayreuth 6. 6. 1929, S. 147ff.
Glasenapp, Carl Friedrich: Siegfried Wagners Bärenhäuter-Dichtung mit anderweitigen Behandlungen des gleichen Gegenstandes verglichen, 3 Teile o. O., o. J.
Glasenapp, Carl Friedrich: Siegfried Wagner und das deutsche Publikum, Separatdruck aus den Münchener Neuesten Nachrichten, o. J. (1906).
Glasenapp, Carl Friedrich: Siegfried Wagners Werke in Wien, Die Musik, Berlin 1912, S. 202ff.
Glasenapp, Carl Friedrich: Siegfried Wagners »Banadietrich« in Wien (Separatdruck, Broschüre), Riga 1912.
Goetz, Bruno: Siegfried Wagners »Banadietrich« nebst einem Anhang: Aussprüche verschiedener Autoren über das gleiche Werk, Riga 1912.
Goslich, Siegfried: Der Erbe von Bayreuth, Zum 100. Geburtstag von Siegfried Wagner, gehört-gelesen, München, Juli 1969.
Golther, Wolfgang: Der Bärenhäuter, Der Türmer, Stuttgart, Mai 1926, S. 140ff.
Golther, Wolfgang: Siegfried Wagner, Festspielführer, Bayreuth 1931, S. 13ff.
Golther, Wolfgang: Siegfried Wagner-Feier in Stuttgart, Bayreuther Blätter, Bayreuth 1935, S. 149ff.
Hammer, Willi: Letztes Gespräch mit Siegfried Wagner, Zeitungsartikel zur Rundfunkübertragung aus dem Harburger Stadttheater, 20. 11. 1930.
Harden, Maximilian: Tutte la Corde, in: Die Zukunft, Bd. 87, Berlin 1914.
Hartmann, Rudolf: Das geliebte Haus, Mein Leben mit der Oper, München/Zürich 1975.
Heidrich, Katharina: Erinnerungen an Siegfried Wagner, Mitteilungsblatt XIV der ISWG e. V., München 1980, S. 39f.
Heinz, Dieter: Szenischer Aufbau und Proportion bei Siegfried Wagner, Mitteilungsblätter X bis XVII der ISWG e. V., München 1979ff.
Hofmann, Friedrich: Siegfried Wagner als Künstler, Bayreuther Blätter, Bayreuth 1929, S. 70ff.

Hoursch's Opernführer: Der Bärenhäuter, Nr. 22, Köln o. J.
Humperdinck, Wolfram: Der Spielleiter Siegfried Wagner, Programmheft zu »An allem ist Hütchen schuld«, Leipzig 11. 5. 1939.
Jacobi, Erwin R.: Veröffentlichungen zur Biographie von Albert Schweitzer, in: Musikwissenschaftliche Arbeiten, Zürich 1984.
Karpath, Ludwig: Der Kobold von Siegfried Wagner, Eine Erläuterung der Dichtung und Musik, Berlin und Leipzig o. J.
Karpath, Ludwig: Eine kurze Einführung in Siegfried Wagners Bruder Lustig, mit Thementafel, Leipzig o. J. (1905).
Keller, Walter: Des Zwiespalts wildem Schmerze verpflichtet, Mitteilungsblatt VIII der ISWG e. V., München, Juli 1976, S. 12ff.
Kirchhoff, Walter: Siegfried Wagner, aus handschriftlichen Lebenserinnerungen des Sängers zusammengestellt von Frau Dr. Höllein, Mitteilungsblatt X/XI der ISWG e. V., München 1979, S. 32f.
Kirchner, Volker David: Siegfried Wagner, allein... Mitteilungsblatt XII der ISWG e. V., München 1979.
Kittel, Carl: »Frieder und Katherlieschen«, nach Siegfried Wagners Märchenspiel »An allem ist Hütchen schuld« für Kinderpuppen- oder Marionettenspiel eingerichtet und frei bearbeitet, Manuskript, Bayreuth 1929 (Richard Wagner-Gymnasium Bayreuth).
Kittel-Westermeyer, Herma: Erinnerungen an Siegfried Wagner, Mitteilungsblatt XIV der ISWG e. V., München 1980, S. 40.
Klee, Paul: Briefe an die Familie, 1893–1940 (Hrsg.: Felix Klee), Bd. 1.,Köln 1979.
Koerber, Herrmann: Die Krankheit Siegfried Wagners, Bericht der Festspielleitung, Bayreuth 1930.
Kreutz, Heinrich: Zur Inszenierung von »An allem ist Hütchen schuld«, Mitteilungsblatt IV der ISWG e. V., München 6. 6. 1974, S. 11 f.
Koch, Max: Siegfried Wagner, (Broschüre), o. O., o. J. (1925?).
Lebede, Hans: Siegfried Wagner als Regisseur, Festspielführer, Bayreuth 1931, S. 22ff.
Linke, Carl: Das Leitmotiv bei Siegfried Wagner, Der Merker, Wien 1912, S. 372ff.
Lummer, Rupert: »Der Schmied von Marienburg« oder »Von der Feindlichkeit einer repressiven Gesellschaftsordnung«, Mitteilungsblatt VI der ISWG e. V., München Juli 1975, S. 10ff.
Mack, Dietrich: Die szenische Kunst des Siegfried Wagner, Programmheft »Meistersinger«, Bayreuth 1969, S. 14ff.
Mahler, Gustav: Unbekannte Briefe (Hrsg.: Herta Blaukopf), Wien/Hamburg 1983.
Mayer, Hans: Siegfried Wagner, Richard Wagner in Bayreuth 1876–1976, Stuttgart/Zürich 1976, S. 87ff.
Matthes, Wilhelm: Unvergessene Bayreuther Begegnungen, Die Regiekunst Siegfried Wagners, Programmheft »Parsifal«, Bayreuth 1952, S. 23ff.
Merian, Hans: Der Bärenhäuter von Siegfried Wagner, Reihe: Der Opernführer, Berlin und Leipzig o. J.
Mey, Kurt: Siegfried Wagners dramatisches Schaffen, Illustrierte Zeitung, Leipzig 15. 7. 1909.
Mey, Kurt: Das Kunstwerk Siegfried Wagners (Separatdruck, Broschüre), Riga 1909.
Mey, Kurt: Siegfried Wagner als reproduzierender Künstler und Leiter der Festspiele, Festspielführer, Bayreuth 1911, S. 70ff.
Mey, Kurt: Siegfried Wagner als schaffender Künstler, Festspielführer, Bayreuth 1912, S. 146ff.

Mohr, Hans Peter: Siegfried Wagner zum 105. Geburtstag, Mitteilungsblatt IV der ISWG e. V., München, 6. 6. 1974, S. 6f.
Mohr, Hans Peter: »Ein echter Siegfried Wagner«, Gespräch mit Peter P. Pachl über die Fertigstellung von Siegfried Wagners letzter Oper »Das Flüchlein, das Jeder mitbekam«, Mitteilungsblatt XII der ISWG e. V., München 1979, S. 16ff.
Mohr, Hans Peter: Eigenheiten von Siegfried Wagners Kompositionsstil, Werkjournal »Sonnenflammen«, Hamburg/München/Wiesbden 1979, S. 7.
Mohr, Hans Peter: Auf der Suche nach dem eigenen Stil, Zur Partitur des »Herzog Wildfang«, Werkjournal »Herzog Wildfang« München 1980, S. 13f.
Müller, Herbert: Siegfried Wagner, Festspielführer, Bayreuth 1925, S. 50ff.
Müller, Herbert: Das Menschentum der Gestalten Siegfried Wagners, Festspielführer, Bayreuth 1930, S. 141 ff.
Oswatitsch, Tamara: Siegfried W. und die gute Frau, Programmheft zur Uraufführung der Oper »W. und die gute Frau« (»Das Flüchlein, das Jeder mitbekam«) am 29. April 1984 Bühnen der Landeshauptstadt Kiel, S. 16f.
Pachl, Peter P.: Siegfried Wagners musikdramatisches Schaffen, Tutzing 1979.
Pachl, Peter P.: Siegfried Wagners »Sehnsucht«, Philharmonische Programme des Berliner Philharmonischen Orchesters 1983/84, Heft 2.
Pachl, Peter P.: Zeitstück im Märchengewand, Siegfried Wagners politisches Anliegen, Programmheft zur Uraufführung der Oper »W. und die gute Frau« (»Das Flüchlein, das Jeder mitbekam«) am 29. 4. 1984, Bühnen der Landeshauptstadt Kiel, S. 12ff.
Pachl, Peter P.: Die Märchenoper der Wagnernachfolge, in: Oper und Operntext (Hrsg.: Jens Malte Fischer), Heidelberg 1985, S. 131 ff.
Pacht, Agnés C.: Symbolik in »An allem ist Hütchen schuld«, Mitteilungsblatt IV der ISWG e. V., München 6. 6. 1974, S. 6ff.
Pacht, Agnés C.: Mythos und Realität im »Friedensengel«, Mitteilungsblatt V der ISWG e. V., München Dezember 1974, S. 8f.
Pacht, Agnés C.: Vergleichende Analyse der Meer-Lieder von Siegfried Wagner und Clement Harris, Mitteilungsblatt VI der ISWG e. V., München, Juli 1975, S. 6ff.
Peter, Wolf-Dieter: Der historische Hintergrund zu Siegfried Wagners »Sternengebot«, Mitteilungsblatt VIII der ISWG e. V., München, Juli 1976, S. 8ff.
Peter, Wolf-Dieter: Historische Streiflichter zu Siegfried Wagners »Sonnenflammen«, Werkjournal »Sonnenflammen«, Hamburg/München/Wiesbaden 1979, S. 6f.
Pretzsch, Paul: Die Kunst Siegfried Wagners, Ein Führer durch seine Werke mit zahlreichen Notenbeispielen, Leipzig 1919 (Reprint, mit einem Vorwort von Peter P. Pachl, Aachen 1980).
Pretzsch, Paul: Zur Musik Siegfried Wagners, Bayreuther Blätter, Bayreuth 1919, S. 88ff.
Pretzsch, Paul: Siegfried Wagner und das deutsche musikalische Drama, Deutsche Festspiele in Weimar 1926, Festspielführer, Bayreuth 1926.
Pretzsch, Paul: Oberfranken in der Kunst Siegfried Wagners, Bayreuther Land, Bayreuth 1927, S. 18ff.
Pretzsch, Paul: Siegfried Wagner, der Hüter des Bayreuther Erbes, Wahnfried (Hrsg. Karl Meier-Gesees), Bayreuth 1928.
Pretzsch, Paul: »Die heilige Linde«, Bayreuther Blätter, Bayreuth 1929, S. 75ff.
Pretzsch, Paul: Der Tanz bei Siegfried Wagner, Bayreuther Land, Bayreuth Juni 1929, S. 174ff.
Pretzsch, Paul: Siegfried Wagner zum 6. Juni 1929, Festspielführer, Bayreuth 1930, S. 141 ff.

Prüfer, Arthur: Deutsche Festspiele in Weimar 1926, Bayreuther Blätter, Bayreuth 1926, S. 150f.
Prüfer, Arthur: Siegfried Wagner und Jacob Grimm, Illustrierte Zeitung, Leipzig 20. 7. 1911, S. 19f.
Prüfer, Arthur: Bach – Richard Wagner – Siegfried Wagner – Liszt, Monatsblatt des Bayreuther Bundes e. V., Karlsruhe 1936, S. 71 ff.
Puttkamer, Albert von: Die Weimarer Festspiele 1926 des Bayreuther Bundes der deutschen Jugend, Festspielführer, Bayreuth 1927, S. 75ff.
Reimers, Theresia E.: Siegfried Wagner as Innovator, Opera, Seymour Press Ltd., London, Oktober 1972, S. 888ff.
Reimers, Theresia E.: Siegfried Wagners Bayreuther Regiearbeit, Oper 1974, Jahrbuch (Hrsg. Imre Fabian), Velber 1974, S. 84ff.
Reimers,Theresia E.: Die Bühnenbilder Kurt Söhnleins, Festspielnachrichten Nr. 5, Bayreuth 1975, S. 4ff.
Reinsch, Johannes: Siegfried Wagners Kunst, Festspielführer, Bayreuth 1928, S. 141 ff.
Richter de Rangenier, Peter: Siegfried Wagner, Hofer Symphoniker, Konzerte 1968/69, Hof, Februar 1969.
Sachs, Harvey: Toscanini, München 1980.
Sakolowski, Paul: Herzog Wildfang von Siegfried Wagner, Reihe: Der Opernführer, Berlin und Leipzig o. J.
Sakolowski, Paul: Die Ouvertüre zu Siegfried Wagners Herzog Wildfang, Berlin und Leipzig o. J.
Sattler, Bernhard (Hrsg.): Adolf von Hildebrand und seine Welt, München 1962.
Schäfer, Karl: Das Opernschaffen Siegfried Wagners, Phil. Diss. (Typoskript), Wien 1936.
Schmitz, Eugen: Siegfried Wagner, Die Musik, Berlin 1909, S. 21 ff.
Schmitz, Eugen: Siegfried Wagner als Opernkomponist, Blätter der Staatsoper, Berlin, 27. Mai 1931, S. 73ff.
Schönberg, Arnold: Parsifal und Urheberrecht, Rheinische Musik- und Theater-Zeitung, Allgemeine Zeitschrift für Musik (Hrsg. Dr. Gerhard Tischer), Köln 23. 3. 1912.
Schönberg, Arnold/Schreker, Franz: Briefwechsel (Hrsg.: Friedrich C. Heller), Tutzing 1974.
Schwebsch, Erich: Rede auf Siegfried Wagner (Broschüre), Berlin 1914.
Schweitzer, Albert: Erinnerungen an Cosima und Siegfried Wagner, Programmheft »Der fliegende Holländer«, Bayreuth 1969, S. 30ff.
Seidl, Arthur: Vom »Bärenhäuten«, Vom »herzoglichen Wildfang«, in Wagneriana, Kritische Ästhetik, Bd. 3, Berlin und Leipzig 1902, S. 446ff.
Seidl, Arthur: Siegfried Wagner, Neuzeitliche Tondichter und zeitgenössische Tonkünstler, Regensburg 1926, Bd. 2, S. 312ff.
Shaw, George Bernard: Siegfried Wagner als Dirigent, Programmheft »Der fliegende Holländer«, Bayreuth 1955, S. 18ff.
Söhnlein, Kurt: Siegfried Wagners »Schmied von Marienburg«, Festspielführer, Bayreuth 1925, S. 55ff.
Söhnlein, Kurt: Gedanken über das Szenenbild in den Werken Siegfried Wagners, Festspielführer, Bayreuth 1928, S. 144ff.
Söhnlein, Kurt: Erinnerungen an Siegfried Wagner und Bayreuth (Hrsg. Peter P. Pachl), Bayreuth 1980.
Söhnlein, Kurt: »Hütchen«-Erinnerungen, Mitteilungsblatt X/XI der ISWG e. V., München 1979.

Söhnlein, Kurt: Lebensarbeit (Typoskript), Hannover 1984.
Specht, Richard: Siegfried Wagner, Der Merker, Wien 1911, S. 74ff.
Speyer, Edward: My Life and Friends, London o. J. (1937).
Spring, Alexander: Siegfried Wagner, Zur 70. Wiederkehr seines Geburtstages am 6. Juni 1939, Festspielführer, Bayreuth 1939, S. 13ff.
Spring, Alexander: Dem Gedenken meines Freundes und Meisters Siegfried Wagner, Vorwort zu Richard Wagners Weg und Wirken, Stuttgart 1933.
Storz, Walter: Vergleichende Betrachtung über die Kunst Siegfried Wagners, Amtlicher Theaterzettel, Badisches Landestheater Nr. 232, Karlsruhe 19. 4. 1929.
Thode, Daniela: (Siegfried Wagners) Letzte Tage (Typoskript), RWA, Bayreuth 1930.
Vollmer, Eva Christina: Die Bühnenbildentwürfe Wieland Wagners zu den Opern seines Vaters, Mitteilungsblätter XIII–XV der ISWG e. V., München 1980ff.
Waack, Carl: Über Dichtung und Musik von Siegfried Wagners Sternengebot, Riga 1908.
Wagner, Friedelind: Nacht über Bayreuth, Bern o. J.
Wagner, Friedelind: Der Friedensengel, Werkjournal zur Aufführung der Pro Opera in London, Bayreuth 1975.
Wagner, Friedelind: An attempted portrait of Siegfried Wagner, Opera, Seymour Press Ltd., London November 1975, S. 1010ff.
Wagner, Friedelind: Mein Vater Siegfried Wagner, Mitteilungsblatt XIV der ISWG e. V., München 1980, S. 28ff.
Wagner, Wolf Siegfried: Die Geschichte unserer Familie in Bildern, Bayreuth 1876–1976, München 1976.
Weickmann, Dorion: Wer ist das tapfere Schneiderlein, Programmheft 15, Bühnen der Landeshauptstadt Kiel, 29. 4. 1984, S. 14ff.
Westernhagen, Curt von: Siegfried Wagner dirigiert, Covertext zu den Schallplatten Siegfried Wagner dirigiert Richard Wagner, Electrola, Lüdenscheid 1976.
Westernhagen, Curt von: Die Ära Siegfried Wagner (1908–1930), Beiheft zu: Sänger auf dem grünen Hügel, Eine Schallplatten-Dokumentation aus Anlaß des 100jährigen Jubiläums der Bayreuther Festspiele, Electrola, Lüdenscheid 1976.
Wittig, Siegmund: Siegfried Wagners Vermächtnis, Der Dreiklang, Mainz, Heft 10, 1930.
Wolzogen, Hans von: Das Märchen vom Bärenhäuter in dramatischer Neugestaltung, in: Aus Siegfried Wagners Geisterswelt, Berlin und Leipzig 1908, S. 230ff.
Wolzogen, Hans von: Erstaufführung von Siegfried Wagners »Kobold«, Bayreuther Land, Bayreuth, Juni 1929, S. 160ff.
Wolzogen, Hans von: Siegfried Wagners Persönlichkeit, Festspielführer, Bayreuth 1931, S. 7ff.
Wossidlo, Walther: Siegfried Wagner, Der Bärenhäuter, Führer durch Poesie und Musik, Wossidlos Opernbibliothek, Leipzig o. J.
Zinsstag, Adolf: Die Zukunft der Bühnenwerke Siegfried Wagners, Bayreuther Blätter, Bayreuth 1919, S. 97ff.

Ohne Autorenangabe:
Siegfried Wagner, in: Richard Wagner, Illustrierte Blätter für Wagnersche Musik, Kunst und Literatur, Wien, Juli 1909.
Der Bärenhäuter, in: Der Regisseur, Fachblatt für Theater, Musik und Kunst, Verlagsbuchhandlung Hugo Steinitz, Berlin 11. März 1899.
Herzog Wildfang, in: Der Regisseur, Berlin 1. 10. 1901.
Der Kobold, in: Der Regisseur, Berlin 22. 2. 1904.
Bruder Lustig, in: Der Regisseur, Berlin 1905.

III. Literatur zur Geschichte der Bayreuther Festspiele und ihrer Ideologisierung

Barth, Henrik (Hrsg.): Internationle Wagner-Bibliographie; Die Besetzung der Bayreuther Festspiele 1876–1960, Bayreuth 1961.
Baumann, Carl-Friedrich, Bühnentechnik im Festspielhaus Bayreuth, München 1980
Chamberlain, Houston Stewart: Richard Wagner, Neue illustrierte Ausgabe, München 1911.
Chamberlain, Houston Stewart: Mein Weg nach Bayreuth, München 1919.
Chamberlain, Houston Stewart: Das Drama Richard Wagners (6. Aufl.), Leipzig 1921.
Geissmar, Berta: Musik im Schatten der Politik, Vorwort und Anmerkungen von Fred K. Prieberg, (4. Aufl.), Zürich 1985.
Goléa, Antoine: Gespräche mit Wieland Wagner, Salzburg 1967.
Grossmann-Vendrey, Susanna: Bayreuth in der deutschen Presse (4 Bde.), Regensburg 1983.
Karbaum, Michael: Studien zur Geschichte der Bayreuther Festspiele, Regensburg 1976.
Mack, Dietrich: Der Bayreuther Inszenierungsstil 1876–1976, München 1977.
Niehrenheim, Georg (Hrsg.): (Bayreuther) Festspielführer, Bayreuth 1908 ff.
Puttkamer, Albert von: Fünfzig Jahre Bayreuth, Berlin 1927.
Schüler, Winfried: Der Bayreuther Kreis von seiner Entstehung bis zum Ausgang der wilhelminischen Ära, Wagnerkult und Kulturreform im Geiste völkischer Weltanschauung, Münster 1971.
Skelton, Geoffrey: Wieland Wagner, The Positive Sceptic, London 1971.
Thoma, Hans/Thode, Henry: Briefwechsel, Leipzig 1928.
Voss, Egon: Die Dirigenten der Bayreuther Festspiele, Regensburg 1976.
Wessling, Berndt W.: Bayreuth im Dritten Reich, Richard Wagners politische Erben, Basel 1983.
Zeh, Gisela: Das Bayreuther Bühnenkostüm, München 1973.
Zelinsky, Hartmut: Richard Wagner – ein deutsches Thema, Frankfurt 1976.

Diskographie

I. Werke Siegfried Wagners

»Der Bärenhäuter«, Ouvertüre
Berliner Staatsoper, Dirigent: Siegfried Wagner, Parlophon PE, 1952 1/2 (nicht elektrisch) Electrola Dacapo-Edition 1 C 147-30648 M (Siegfried Wagner dirigiert Richard Wagner) 30 cm Mono

»Der Schmied von Marienburg«, Vorspiel
Bayreuther Festspielorchester (1936), Dirigent: Heinz Tietjen, Telefunken, T. SK. 2110/11

»Konzert für Violine und Orchester«,
»Glaube«, Zwischenspiel aus »Der Heidenkönig«, »An allem ist Hütchen schuld«, Vorspiel
Nürnberger Symphoniker, Jenny Abel, Violine, Dirigent: Gilbert Graf Gravina, Collosseum Colos SM 532, 30 cm Stereo

»Konzertstück für Flöte und kleines Orchester«, »Der Bärenhäuter«, Ouvertüre
Nürnberger Symphoniker, Gerhard Wiesner, Flöte, Dirigent: Gilbert Graf Gravina, Collosseum Colos SM 513, 30 cm Stereo

»Glück«, Symphonische Dichtung, »Scherzo: Und wenn die Welt voll Teufel wär«, »Die heilige Linde«, Vorspiel
Symphonisches Orchester Berlin, Dirigent: John Bell, Mixtur MXT 3005, 30 cm Stereo

»Glück«, »Und wenn die Welt voll Teufel wär«, »Sehnsucht«,
Aalborg Symphony Orchestra; Dirigent: Peter Erös, Delysé Record Productions Ltd., SLL 3, 30 cm Stereo und CD

Lieder: »Schäfer und Schäferin«, »Frühlingsblick«, »Abend am Meer«,
Hanne-Lore Kuhse, Sopran, Taijiro Iimori Pianist, Liederabend, Markgräfliches Opernhaus Bayreuth, 27. 8. 1966, Private Label, Bayreuth Festival, Master Classes, Inc., 30 cm Mono

»Sonnenflammen«, Fridolins Abschied,
»Bruder Lustig«, Ballade der Urme,
»Der Friedensengel«, erste und zweite Szene des zweiten Aktes,
»Herzog Wildfang«, Von Reinharts junger Liebe,
»Sternengebot«, Monolog des Helferich aus dem ersten Akt,
»Schwarzschwanenreich«, Liebestraum,
»Das Flüchlein, das Jeder mitbekam«, Schlußszene
Sabine Hass, Sopran, Ortrun Wenkel, Alt, Manfred Jung, Tenor, Friedrich Lenz, Tenor, Klaus Hirte, Bariton, Frauenchor der Kantorei Bayreuth, Münchner Rundfunkorchester, Dirigent: Heinz Wallberg, A. N. N. A. Record Company (Private Label) 1067, 30 cm Stereo

»Sternengebot«, Schlußgesang der Agnes,
Nadine Secunde, Sopran, Orchester des Hessischen Staatstheaters Wiesbaden,

Dirigent:Siegfried Köhler, »Raritäten aus dem Wiesbadener Spielplan«, zu beziehen über Hessisches Staatstheater Wiesbaden, Postfach 3247, 6200 Wiesbaden, 30 cm Stereo

»Symphonie«,
Aalborg Symphony Orchestra; Dirigent: Peter Erös, Delysé Record Productions Ltd., SLL 2, 30 cm Stereo und CD

»Weihnacht«,
in: Die Nacht der Wunder, Weihnachtslieder der Romantik,
Brigitte Ganady, Sopran, Ursula Jurk, Klavier, MXT 2015, 30 cm Stereo

»Das Märchen von dicken fetten Pfannekuchen«
in: Westfälisches Sinfonieorchester – live – Musik aus dem Repertoire, Cornelia Kallisch, Mezzosopran, Westfälisches Sinfonieorchester, Dirigent: Karl Alfons Rickenbacher, B 1163 1155 (zu beziehen über das Büro des Westfälischen Sinfonie-Orchesters, Dorstener Straße 10, 4350 Recklinghausen), 30 cm Stereo

II. Von Siegfried Wagner dirigierte Werke

»Huldigungsmarsch«
Londoner Symphonieorchester (4/1927), Electrola E. J. 144,
Electrola Dacapo-Edition 1 C 147-30648 M (Siegfried Wagner dirigiert Richard Wagner)

»Siegfried-Idyll«
Berliner Staatsoper, Parlophon (1924, nicht elektrisch)
Londoner Symphonieorchester (4/1927), Electrola E. J. 163/4, D 1297/98
Electrola Dacapo-Edition IC 147-30647 M (Siegfried Wagner dirigiert Richard Wagner)

»Lohengrin«, Vorspiel
Londoner Symphonieorchester (4/1927),
Electrola D 1258
Electrola Dacapo-Edition IC 147-30647 M (Siegfried Wagner dirigiert Richard Wagner)

»Parsifal«,
Bayreuther Festspielorchester (18. 8. 1927), Vorspiel I, Columbia LCX Nr. 41, Vorpiel III, Columbia LCX 369, LCX 2012
Electrola Dacapo-Edition IC 147-30648 M (Siegfried Wagner dirigiert Richard Wagner)
Karfreitagszauber, Alexander Kipnis, Gurnemanz Fritz Wolff, Parsifal,
Columbia 67370/71,
Electrola Dacapo-Edition IC 181-30678 M (Sänger auf dem grünen Hügel)

»Parsifal«, Karfreitagszauber (konzertant)
Berliner Staatsoper (8. 12. 1926),
Parlophon E 9075/6, E 10543/4,
Odeon 0 6896/7,
Electrola Dacapo-Edition IC 147-30648 M (Siegfried Wagner dirigiert Richard Wagner)

»Rheingold«, Einzug der Götter (konzertant),
Berliner Staatsoper (26. 1. 1927),

Parlophon E 9095, E 10554,
Odeon 0 170024, O 7550
Electrola Dacapo-Edition IC 147-30647 M (Siegfried Wagner dirigiert Richard Wagner)

»Walküre«, Walkürenritt (konzertant),
Berliner Staatsoper (8. 12. 1926),
Parlophon P 9040, P 59080,
Odeon 7769,
Electrola Dacapo-Edition IC 147-30647 M (Siegfried Wagner dirigiert Richard Wagner)

Wotans Abschied und Feuerzauber (konzertant),
Berliner Staatsoper (26. 1. 1927),
Parlophon E 9096/7, E 10566/7,
Electrola Dacapo-Edition IC 147-30647 M (Siegfried Wagner dirigiert Richard Wagner)

»Tannhäuser«, Einzug der Gäste,
Berliner Staatsoper (21. 1. 1927),
Parlophon P 9067,
Odeon O 6897, O 177510, O 170023,
Electrola Dacapo-Edition IC 147-30648 M (Siegfried Wagner dirigiert Richard Wagner)

»Tristan und Isolde«, Vorspiel und Liebestod, für Orchester,
Berliner Staatsoper (11. 10. 1926),
Parlophon E 10508/9, E 9012/3,
Odeon O 177511/2,
Electrola Dacapo-Edition IC 147-30648 M (Siegfried Wagner dirigiert Richard Wagner)

»Der fliegende Holländer«, Ouvertüre, Einleitung zum 2. Akt und Spinnerchor
(für Orchester)
Parlophon P. 1956/7

»Parsifal«, Blumenmädchenszene,
Max Lorenz, Parsifal,
Berliner Staatsoper (1925),
Electrola Dacapo-Edition IC 147-29154/55 M (Max Lorenz)

»Siegfried«, Verwandlungsmusik aus dem 3. Aufzug,
Orchester der Berliner Funkstunde (1929),
Acanta 40.23502-11
(Richard Wagner – Sein Werk in dokumentarischen Aufnahmen)

»Götterdämmerung«, Siegfrieds Rheinfahrt,
Orchester der Berliner Funkstunde (1929),
Acanta 40.23502-11
(Richard Wagner – Sein Werk in dokumentarischen Aufnahmen)

PERSONENREGISTER